Alciphron

———

Siris

FUNDAÇÃO EDITORA DA UNESP

Presidente do Conselho Curador
Mário Sérgio Vasconcelos

Diretor-Presidente / Publisher
Jézio Hernani Bomfim Gutierre

Superintendente Administrativo e Financeiro
William de Souza Agostinho

Conselho Editorial Acadêmico
Divino José da Silva
Luís Antônio Francisco de Souza
Marcelo dos Santos Pereira
Patricia Porchat Pereira da Silva Knudsen
Paulo Celso Moura
Ricardo D'Elia Matheus
Sandra Aparecida Ferreira
Tatiana Noronha de Souza
Trajano Sardenberg
Valéria dos Santos Guimarães

Editores-Adjuntos
Anderson Nobara
Leandro Rodrigues

GEORGE BERKELEY

Alciphron
ou *O filósofo minucioso*

Siris

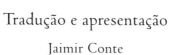

Tradução e apresentação

Jaimir Conte

Títulos originais:
Alciphron: or the Minute Philosopher. In seven dialogues containing an apology for the Christian religion, against those who are classed free-thinkers. (1732)

Siris, a Chain of Philosophical Reflexions and Inquiries, Concerning the Virtues of Tar-water, and divers other Subjects connected together and arising One from Another. (1744)

© 2022 Editora Unesp

Direitos de publicação reservados à:
Fundação Editora da Unesp (FEU)
Praça da Sé, 108
01001-900 – São Paulo – SP
Tel.: (0xx11) 3242-7171
Fax: (0xx11) 3242-7172
www.editoraunesp.com.br
www.livrariaunesp.com.br
atendimento.editora@unesp.br

Dados Internacionais de Catalogação na Publicação (CIP) de acordo com ISBD
Elaborado por Vagner Rodolfo da Silva – CRB-8/9410

B512a
    Berkeley, George
        Alciphron ou O filósofo minucioso; Siris / George Berkeley; tradução e apresentação por Jaimir Conte. — São Paulo: Editora Unesp, 2022.

        Tradução de: *Alciphron; Siris*
        Inclui bibliografia.
        ISBN: 978-65-5711-096-6

        1. Filosofia. 2. George Berkeley. I. Conte, Jaimir. II. Título.

2021-3493
                              CDD 100
                              CDU 1

Editora afiliada:

Sumário

Apresentação . 7

Notas a esta edição . 17

Alciphron, ou o filósofo minucioso

Advertência . 25

Índice das seções . 27

Primeiro diálogo . 35

Segundo diálogo . 75

Terceiro diálogo . 129

Quarto diálogo . 163

Quinto diálogo . 201

Sexto diálogo . 253

Sétimo diálogo . 329

Apêndice . *377*

    Três seções suprimidas . *377*

    Uma visita à glândula pineal . *382*

    A glândula pineal (*continuação*) . *385*

    Filósofos minuciosos . *390*

Siris

Índice do autor . *399*

Siris . *403*

Notas biográficas . *551*

Seleção bibliográfica . *561*

Referências . *567*

Índice onomástico . *571*

Apresentação

George Berkeley (1685-1753) é hoje mais conhecido por suas obras da juventude, especialmente pelo *Tratado sobre os princípios do conhecimento humano* (1710) e pelos *Três diálogos entre Hylas e Philonous* (1713), do que por quaisquer outros de seus escritos posteriores. Estas duas obras concentram os seus principais argumentos sobre diversas questões ontológicas, epistemológicas e metafísicas que continuam a ser objeto de grande interesse filosófico. É nelas que se encontram sua engenhosa negação da existência da "matéria" e sua consequente defesa do idealismo, sintetizada no princípio *esse est percipi* – ser é ser percebido –, pelo qual ele é frequentemente lembrado.

Durante a vida de Berkeley, no entanto, seus primeiros escritos publicados não despertaram o mesmo interesse que as duas últimas grandes obras: *Alciphron* (1732) e *Siris* (1744). Estas obras da maturidade, mais do que as anteriores, contribuiriam para a fama que ele desfrutou em seu tempo. Posteriormente, porém, esse interesse foi suplantado pela maior atenção dada aos primeiros escritos. Nas últimas décadas, elas voltaram a ser objeto de muitos estudos e artigos, e também a receber novas traduções.

Embora aparentemente muito diferentes entre si, *Alciphron* e *Siris* têm em comum a defesa da religião cristã. Essa preocupação, na verdade, é uma marca constante em outros escritos de Berkeley. Ela está presente nos *Princípios* e nos *Diálogos,* cujo objetivo explícito é a refutação do ceticismo e do ateísmo, que ele via como uma ameaça para a filosofia e para a religião.

O grande interesse de Berkeley pela religião levou-o também a seguir a carreira eclesiástica. Em 1734, foi nomeado bispo anglicano, assumindo, no extremo sul da Irlanda, a diocese de Cloyne, razão pela qual quando hoje se menciona o seu nome ele é lembrado como filósofo irlandês e Bispo de Cloyne.

O título completo do *Alciphron* (*Alciphron: ou o filósofo minucioso, em sete diálogos, contendo uma apologia da religião cristã, contra aqueles que são chamados livres-pensadores*) segue o espírito dos títulos completos dos *Princípios* e dos *Três diálogos*. Ele deixa claro o fundo apologético da obra, que se insere na longa tradição da apologética cristã, dirigida expressamente contra os "livres-pensadores", considerados promotores do ceticismo moral e inimigos do cristianismo. O ataque visava figuras particulares do seu tempo, dentre os quais John Toland (1670-1722), Anthony Ashley-Cooper, o terceiro Conde de Shaftesbury (1671-1713), Anthony Collins (1676-1729), Francis Hutcheson (1694-1746) e Bernard Mandeville (1670-1733), e remonta a alguns ensaios publicados anonimamente no *The Guardian* durante a permanência de Berkeley em Londres em 1713, em especial aos ensaios "Filósofos minuciosos", e "Uma visita à glândula pineal" (razão pela qual estes ensaios foram incluídos neste volume).

Alciphron, a mais extensa das obras de Berkeley, foi escrito entre os anos de 1729 e 1731 durante sua prolongada permanência em Rhode Island, na América do Norte, enquanto ele aguardava um subsídio financeiro prometido pelo Parlamento Inglês para o seu plano de fundar um colégio missionário no Arquipélago das Bermudas. O projeto Bermudas, anunciado em 1724 num panfleto intitulado "Uma proposta para melhor abastecer as Igrejas em nossas colônias estrangeiras e para converter os americanos selvagens ao cristianismo", visava introduzir as artes e o ensino na América, acerca da qual em 1725 Berkeley escreveu o poema *Uma profecia*, em que vaticinava: "rumo ao oeste o império se encaminha" (*Versos sobre a América*, 7, p.373).

Convencido de que a Europa vivia uma decadência moral e espiritual, e de que a América oferecia esperança de uma nova idade do ouro, Berkeley obteve do Parlamento britânico a promessa de financiamento do seu projeto. Em setembro de 1728, após casar-se com Anne Forster, ele viajou para o Novo Mundo. Desembarcou em Newport, onde adquiriu uma fazenda para servir de base para o plano de estabelecer um colégio nas ilhas Bermudas para os filhos dos colonos e americanos nativos. No entanto, após passar três anos esperando a subvenção prometida, e já tendo consumido uma boa soma de sua fortuna, parte da qual havia herdado alguns anos antes de Esther Vanhomrigh, a escritora "Vanessa", correspondente de Jonathan Swift, Berkeley foi obrigado a abandonar os planos e retornar à Grã-Bretanha em 1731.

Algumas alusões logo no início do primeiro diálogo situam a obra no contexto do fracasso do Projeto Bermudas. Díon, o personagem narrador dos diálogos, encarrega-se de informar por escrito ao amigo Theages, que permaneceu na Inglaterra, sobre o "empreendimento" que o levou àquela "remota região do país" e sobre o "fracasso" do seu projeto, que lhe acarretou "uma grande perda de tempo, de esforços e de dinheiro" (*Alc.* 1.1: 31). As descrições que se encontram na abertura do segundo e quarto diálogos remetem a determinados cenários da ilha de Rhode Island, próximos a Newport, onde Berkeley se encontrava durante a composição da obra e onde ele situa o desenrolar dos diálogos entre os vários personagens. O *Alciphron* pode ser considerado, assim, como uma das primeiras obras filosóficas escritas na América.

A primeira edição do *Alciphron*, em dois volumes, foi publicada em Londres pelo editor Jacob Tonson, e em Dublin, pelos livreiros G. Risk, G. Ewing e W. Smith, em fevereiro de 1732, pouco tempo depois do retorno de Berkeley da América, ocorrido em outubro de 1731. O primeiro volume incluía a "Advertência", o "Sumário" e os Diálogos 1 a 5; o segundo volume continha os Diálogos 6 e 7, e a republicação do *Ensaio para uma nova teoria da visão*, publicado pela primeira vez em 1709. A edição não informava a autoria das obras, mas, como Berkeley já era conhecido como o autor do ensaio sobre a visão, a omissão do seu nome aparentemente não visava dificultar a identificação da autoria do *Alciphron*. No mesmo ano de 1732 foi publicada em Londres uma segunda edição, novamente em dois volumes e com a mesma distribuição dos textos, mas já com algumas pequenas modificações textuais. Em 1752, ainda em Londres, foi publicada a terceira edição, com uma revisão final, cuja modificação mais significativa foi a supressão dos parágrafos 5 a 7 do

George Berkeley

sétimo diálogo (inseridos neste volume em Apêndice). De forma diferente das edições anteriores, a terceira saiu num único volume e sem a inclusão do *Ensaio sobre a visão*. O volume mais uma vez não identificava o nome do autor.

Alciphron despertou atenção imediata e maior interesse que as primeiras obras de Berkeley. Seu sucesso pode ser avaliado pelas sucessivas edições que teve e pelas reações críticas que despertou. (Berman, 1993, p.2). Além das várias edições em inglês, a obra recebeu uma tradução imediata para o holandês (Leyden, 1733) e outra para o francês (La Haye, 1734). Em 1753, mesmo ano da morte de Berkeley, apareceu a primeira edição póstuma. Em 1757, 1767, 1777 foram publicadas novas edições, o que indica que, no decorrer daquele século, a obra continuou a ser relativamente popular.

Parte do sucesso do *Alciphron* talvez se explique pelas qualidades literárias e pelo estilo da obra, composta na forma de diálogos filosóficos, segundo o modelo platônico. Embora os *Três diálogos entre Hylas e Philonous*, publicados em 1713, rivalizem em beleza e sutileza filosófica, e por si só já fariam de Berkeley um mestre da escrita elegante na forma de diálogos, do ponto de vista literário pode-se considerar *Alciphron,* como T. E. Jessop o descreveu, a melhor das grandes obras de Berkeley. Segundo Jessop (editor da edição moderna das obras completas de Berkeley), como obra de arte *Alciphron* é uma obra suprema no conjunto total da literatura filosófica inglesa, e talvez suprema também na literatura apologética religiosa. (Luce & Jessop, *Works*, 1950, v.3, p.2).

Os sete diálogos que compõem a obra, estruturados em breves capítulos, estão escritos como se fossem uma carta de Díon, o personagem narrador, que raramente entra na discussão, dirigida a seu amigo Theages, que se encontra na Inglaterra.

O primeiro diálogo introduz os protagonistas dos diálogos e a seita dos livres-pensadores ou filósofos minuciosos. Estes são representados por Alciphron e seu aliado Lysicles. Alciphron é caracterizado como um livre-pensador ilustrado e minucioso que argumenta, no primeiro diálogo, que a religião é apenas uma impostura dos sacerdotes para fins políticos. Lysicles é caracterizado como alguém dotado de um "espírito vivaz e de uma visão geral das letras", que se tornou amigo de libertinos e livres-pensadores, em prejuízo de sua saúde e de sua fortuna. (*Alc.* I: 32). Euphranor, um agri-

10

cultor que passou pela universidade, e seu amigo e aliado cristão Crito, são os outros dois protagonistas dos diálogos, que, de modo geral, representam as ideias de Berkeley. Eles enfrentam os livres-pensadores e argumentam, no primeiro diálogo, a favor da utilidade e necessidade da religião para a moralidade.

No segundo diálogo, o personagem Eufranor procura enfraquecer a tese defendida por Lysicles — tomada de empréstimo da *Fábula das abelhas*, de Mandeville, cuja quinta edição tinha sido publicada em Londres em 1728 —, de que os "vícios privados trazem benefícios públicos". A hipótese da utilidade do vício proposta por Mandeville é atacada por Eufranor e Crito porque ela não forneceria uma motivação para agir em benefício público, apenas para buscar o prazer e satisfação do interesse próprio.

No terceiro diálogo, os porta-vozes das ideias de Berkeley dirigem suas críticas contra as teorias éticas de Shaftesbury e Hutcheson. Eles sugerem, opondo-se à tese da existência de um *senso moral* que nos faria perceber a beleza abstrata da virtude e que serviria de fundamento para a conduta humana virtuosa, que as únicas motivações efetivas para agir são as expectativas de recompensas ou punições futuras. Como resultado, defendem a necessidade de acreditar na onipresença de Deus e em seu governo moral nesta vida, bem como na vida futura.

O quarto diálogo retoma e expande a concepção metafísica de Berkeley desenvolvida no *Ensaio sobre a visão*, segundo a qual a Mente é o princípio original que dirige tudo. Nele, através do personagem Eufranor, Berkeley desenvolve uma prova da existência de Deus com base num argumento analógico, ao tratar a existência de Deus ou mente infinita da mesma maneira como tratamos a existência de uma pessoa ou uma mente finita. Do mesmo modo como reconhecemos que existem outras pessoas ou mentes finitas independentes da nossa porque elas nos falam e se comunicam conosco, nós também poderíamos reconhecer a existência de Deus pelas suas marcas, que nos são inteligíveis, mediante a linguagem visual da natureza através qual ele nos falaria continuamente. A interpretação teísta do universo promovida pelo diálogo pretende demonstrar, assim, que a cada vez que abrimos os olhos "vemos", literalmente, Deus.

No quinto diálogo, a discussão avançada por Eufranor volta-se para o teísmo em sua forma cristã. Apesar de reconhecer os defeitos do clericalismo, a variedade de religiões, os conflitos teológicos e outras falhas ligadas à religião cristã, ele passa a ilustrar como o cristianismo e suas instituições são moralmente excelentes e úteis; como, mais do que outras formas de fé, ele torna as pessoas mais virtuosas e mais felizes, trazendo benefícios não apenas para os indivíduos, mas também para as nações.

O sexto diálogo, o mais longo de todos, passa do tema anterior sobre a utilidade da religião cristã para um debate sobre a natureza divina do cristianismo. Os protagonistas do diálogo discutem sobre as evidências a favor da verdade do cristianismo. A religião cristã é apresentada como a revelação consumada de Deus aos homens, que se prenuncia em suas marcas visíveis na natureza. O diálogo acaba sugerindo que a aceitação da revelação divina, como o seria a aceitação da ciência natural, é uma questão de fé. De qualquer modo, os efeitos da fé genuína produziriam probabilidade e certezas práticas que já seriam suficientes, contra toda dúvida, como base para a religião.

No sétimo e último diálogo, os protagonistas passam da discussão anterior acerca das evidências morais a favor do cristianismo para uma discussão sobre a credibilidade da fé cristã. Segundo os livres-pensadores, por envolver os mistérios da fé, o cristianismo não poderia ser justificado por nenhuma evidência, por mais provável que esta fosse. O livre-pensador Alciphron, que se apoia na ciência e exige uma demonstração estrita da verdade do cristianismo, exige assim que se abandone o uso de palavras ininteligíveis como "graça". Contra essa posição, Euphranor defende os mistérios da fé, recorrendo ao nosso uso da linguagem. Isso conduz o diálogo a uma discussão acerca da relação entre "fé" e "ciência" e acerca do significado e utilidade da linguagem mesmo quando as palavras não sugerem ideias. Eufranor argumenta que, se a religião emprega noções misteriosas às quais não corresponde nenhuma ideia ou acerca das quais não podemos formar uma ideia – como "graça", "trindade", "encarnação", "pecado original" e "livre arbítrio" –, a ciência também emprega conceitos, como "força", raiz quadrada de um número negativo, e outros termos teóricos, que não sugerem ideias.

Dada a discussão levantada no último diálogo, *Alciphron* acaba sendo, assim, uma fonte fundamental das visões de Berkeley sobre a linguagem em geral. Opondo-se à tese semântica de John Locke (1632-1704) segundo a qual toda palavra significativa deve representar uma ideia, Berkeley pode ser visto como um defensor de uma doutrina do significado mais ampla do que a teoria ideacional lockeana. O significado das palavras não poderia apenas ser atrelado a ideias que podemos conceber distintamente, mas sim ao lugar que elas ocupam em um sistema de signos relacionados com a prática ou com a experiência.

A esse respeito, alguns intérpretes contemporâneos vislumbram em Berkeley, em particular no sétimo diálogo do *Alciphron*, uma antecipação da teoria emotiva de significado (Belfrage 1986; Berman, 1993); outros, uma antecipação da teoria do significado como uso, semelhante à do segundo Wittgenstein. (Flew, 1974). Tal aproximação se justificaria na medida em que Berkeley nos incentivaria a abordar a linguagem da perspectiva de suas múltiplas funções e da sua conexão com a atividade humana. (Roberts, 2017; Pearce, 2022).

Como se pode ver num rápido levantamento dos estudos contemporâneos sobre a filosofia de Berkeley, *Alciphron* tem suscitado renovado interesse entre os seus intérpretes. Apesar de seu acentuado caráter moral e apologético, os diálogos colocam questões filosóficas que extrapolam o âmbito religioso. Como uma obra clássica da tradição filosófica que é, *Alciphron* trata de diversas questões permanentes e vivas, que continuam a despertar grande interesse. Sua importância reside tanto nas visões avançadas sobre determinadas questões quanto na maneira dialogal exemplar e elegante de abordá-las.

Siris, a última grande obra filosófica de Berkeley, foi publicada em 1744. Ela obteve um grande êxito em sua época, tornando-se imediatamente um verdadeiro *best-seller*. No decorrer do mesmo ano foram publicadas várias edições consecutivas, em Dublin e em Londres. No ano seguinte passou a ser lida com grande interesse em toda a Europa, recebendo traduções parciais em holandês, alemão, e uma tradução integral em francês.

O título deriva da palavra grega Σεὶρις, diminutivo de σεὶρα: pequena corda ou cadeia. Berkeley emprega este termo tanto para se referir ao encadeamento literário estrutural da obra – descrita pelo título completo como uma *"uma cadeia de reflexões e investigações filosóficas acerca das virtudes da água de alcatrão e diversos outros assuntos relacionados entre si e derivados uns dos outros"* –, como para designar a própria estrutura do mundo, onde se poderia perceber admirável conexão e encadeamento entre todas as coisas, o que revelaria a unidade viva da Natureza.

Uma das ideias centrais desenvolvida em *Siris*, tomada de empréstimo de Jâmblico e dos Platônicos, é que "não há nenhum salto na natureza, mas uma Cadeia ou Escala de seres que se eleva por gradações moderadas e ininterruptas dos seres inferiores aos mais elevados, cada natureza recebendo sua forma e sendo aperfeiçoada pela participação em uma superior" (*Siris*, § 274).

Siris é uma obra de difícil interpretação. Apresentado com o objetivo de defender as virtudes medicinais da água de alcatrão, o livro na verdade trata de diversos assuntos, que vão desde a alquimia até a medicina, da física à metafísica, da ciência à teologia e à filosofia platônica.

A obra apresenta uma cadeia de reflexões que pretende conduzir o leitor de um extremo a outro da cadeia dos seres: das coisas sensíveis mais grosseiras ao ser puramente espiritual do qual emanaria o todo. "Nessa cadeia, cada elo leva a outro. As coisas mais baixas estão conectadas às mais elevadas." (*Siris*, § 303). Assim, do alcatrão – base para a preparação da água de alcatrão apresentada no início da obra como uma panaceia universal –, Berkeley passa em seguida para as resinas; das resinas para o espírito vegetal; do espírito vegetal para o espírito etéreo que animaria todas as coisas no mundo sensível e constituiria um princípio universal da vida; o espírito etéreo, por sua vez, encaminha as reflexões de Berkeley para os espíritos finitos e, finalmente, para o próprio Deus.

Em seus parágrafos finais, *Siris* culmina numa reflexão metafísica e especulativa abertamente platônica sobre a unidade primordial, o τὸ ἕν, ou o ser Uno dos platônicos, considerado por Plotino como anterior ao próprio espírito de Deus. Uma visão que, segundo Berkeley, não apenas não conduz ao ateísmo, como é compatível com a doutrina cristã e já comporta, sob a forma das três hipóstases divinas, uma ideia exata da Trindade.

Assim, o desenvolvimento inicial de uma argumentação de natureza químico medicinal, com o objetivo de defender as virtudes terapêuticas da água de alcatrão (uma mistura preparada com base na resina de *pinus*), com parágrafos dedicados à química dos ácidos e dos sais, converte-se, em seguida, num tratado sobre tópicos distintos, com reflexões acerca da natureza, sobre filosofia mecanicista, sobre a alma e a divindade, visando estabelecer a ligação do mundo com a Santíssima Trindade.

Ainda que não seja anunciada de forma tão explícita como em *Alciphron* ou nas obras precedentes, a intenção apologética de *Siris* torna-se, então, evidente. Ao argumentar que a natureza é o efeito de uma causa inteligente, Berkeley não apenas salienta a necessidade de um Espírito como causa última, como pretende também levar a mente do leitor, gradativamente, à contemplação de Deus.

Embora *Siris* mantenha as bases do idealismo de Berkeley, é uma obra que possui um estilo muito diferente dos *Princípios* e do *Diálogos*, sendo fortemente marcada por influências neoplatônicas. Apesar disso, *Siris* permanece uma fonte importante para entender a filosofia de Berkeley, uma vez que "o livro está repleto de passagens em que as principais teses das obras anteriores são reiteradas, muitas vezes com argumentos mais elaborados: o empirismo em sua forma estrita, a conformação da filosofia natural a esse empirismo, a visão nomológico-dedutiva da explicação nesse domínio do conhecimento, a crítica ao mecanicismo cartesiano, a interpretação instrumentalista das forças, a transferência para a metafísica e teologia do estudo das causas reais dos fenômenos, o caráter espiritual dessas causas etc." (Chibeni, 2010, p.405).

Como se pode ver, e apesar das informações "científicas" apresentadas em *Siris* parecerem completamente ultrapassadas, apesar dos seus conhecimentos de química e física evocados terem sido em sua maior parte suplantados ou mesmo consideradas errados (Jessop, 1953, p.7), da mesma forma que em relação a *Alciphron*, há muita coisa interessante em *Siris* para o estudioso da filosofia em geral e para o interessado na filosofia de Berkeley em particular. E este interesse pode aumentar ainda mais quando o leitor e intérprete contemporâneo consegue deixar de "considerar Berkeley interessante apenas na medida em que ele tem algo relevante a dizer sobre os problemas com os quais *nós* estamos preocupados, e apenas na medida em que ele é capaz de resolver o que *nós* consideramos problemas filosóficos significativos" (Bradatan, 2022, p.16).

Jaimir Conte

Notas a esta edição

1. As traduções das obras *Alciphron* e *Siris*, aqui apresentadas pela primeira vez em português, foram realizadas com base nos textos estabelecidos pela edição inglesa organizada por A. A. Luce e T. E. Jessop. *The Works of George Berkeley, Bishop of Cloyne*. Londres/Edimburgo: Thomas Nelson and Sons, 1948-1957, 9 volumes.

2. A fim de indicar a paginação da edição Luce e Jessop, introduzimos duas barras "//" no interior dos textos, e nas margens laterais os números das páginas correspondentes aos respectivos volumes das obras: *Alciphron or the Minute Philosopher,* 1950, v.3 e *Siris*, 1953, v.5.

3. Não obstante o uso preferencial da edição Luce e Jessop, consulta-mos também cópias digitalizadas das edições originais de *Alciphron* (1732 e 1752), e de *Siris* (1744, 1745, 1747), assim como a primeira edição moderna organizada por A. C. Fraser, *The Works of George Berkeley, including his posthumous works, with prefaces, annotations, appendices and an account of his life.* 2.ed. 4 vols. Oxford, 1901. *Alciphron*, v.II e *Siris*, v.III.

4. A tradução dos ensaios originalmente publicados no *The Guardian*, "Uma visita à glândula pineal" e "Filósofos minuciosos", incluídos em Apêndice ao *Alciphron,* também foi realizada com base no texto estabelecido pela edição inglesa de Luce e Jessop, 1955, v.7.

5. A edição Luce e Jessop do *Alciphron* reproduz o texto da terceira edi-ção, de 1752. As variações relativas à primeira e segunda edições, ambas

publicadas em 1732 e nesta edição referidas como edições A e B, foram assinaladas mediante o uso de colchetes [ ]. Outras variações textuais mais significativas são informadas em notas de rodapé.

6. Todas as notas de rodapé introduzidas na tradução por meio de asterisco são de autoria de George Berkeley. As demais notas foram elaboradas para esta edição. Uma boa parcela das informações apresentadas nas notas de rodapé foi tomada de empréstimo das edições modernas consultadas. Elas foram introduzidas a fim detalhar as fontes mencionadas por Berkeley ou a fim de indicar alusões ou referências não explícitas feitas por ele, assim como para encaminhar o leitor a conferir outros textos da autoria Berkeley ou de outros autores.

7. O título *"Alciphron: or the Minute Philosopher"* explora deliberadamente o duplo sentido do termo inglês "minute". Em inglês "minute" pode ter uma conotação positiva e significar "minucioso", criterioso, marcado pela atenção aos detalhes. É esse o sentido destacado pelo personagem Alciphron, quando, opondo-se ao personagem Crito, afirma que a denominação *filósofos minuciosos* "pode ter derivado do fato de considerarem as coisas minuciosamente, e não acreditarem nelas por inteiro sem suspeitas, como outros homens costumam fazer." (*Alc.* 1.10:53). Alciphron acrescenta ainda que "nós todos sabemos que os melhores olhos são necessários para discernir os objetos diminutos; parece, portanto, que os filósofos minuciosos podem ter sido chamados assim por causa de sua notável perspicácia." (*Alc.* 1.10:53). Um pouco antes disso, porém, evocando Cícero, o personagem ortodoxo Crito sublinha a conotação negativa da denominação, em que "filósofo minucioso" quer dizer "insignificante", "de pequena importância", "diminuto", "miúdo" ou "minúsculo", "uma vez que eles constituem uma espécie de seita que diminui todas as coisas mais valiosas, os pensamentos, as opiniões e as esperanças humanas. Todo o conhecimento, as noções e as teorias da mente eles as reduzem aos sentidos, apequenam e degradam a natureza humana até o mais reduzido e baixo nível da vida animal, e nos atribuem só uma insignificante miséria de tempo em vez da imortalidade." (*Alc.* 1.10:53). No sentido sublinhado por Euphranor, os filósofos minuciosos seriam aqueles que, concentrando-se nos detalhes particulares, perdem de vista o conjunto das coisas e não sabem dar o justo valor àquilo que é mais

importante. Esta seria a posição crítica de Berkeley ao condenar os livres-
-pensadores que, ao se aterem aos pequenos problemas, não teriam uma
visão da grandeza da realidade e da dignidade humana proposta pelo cristianismo. Da mesma forma como uma mosca pousada nas colunas de uma
catedral, cuja perspectiva se limitaria a uma pequena parte das pedras da
coluna e perderia de vista a beleza do conjunto arquitetônico da edificação,
assim seria o filósofo sem amplitude de visão. Do ponto de vista crítico de
Berkeley, o personagem Alciphron poderia então ser qualificado de filósofo
"minúsculo", "pequeno", ou "diminuto". Essa qualificação negativa tem
prevalecido nas traduções para outros idiomas, como na primeira tradução
para o francês, *Alciphron, ou Le petit philosophe*, e na tradução para o alemão por
Louise e Friedrich Raa, *Alciphron oder der kleine Philosoph.* No entanto, acreditamos que a nossa escolha se justifica, e não apenas porque temos *Alcifrón, o*
el filósofo minucioso, na tradução para o espanhol de Pablo García Castilho,
e *Alcifrone. Ossia il filosofo minuzioso*, na tradução para o italiano de Daniele
Bertini, senão porque o termo "minucioso" em português não parece se prestar
apenas a uma interpretação positiva, que ressaltaria uma particular perspicácia e agudeza de observação, mas também caracteriza alguém que se prende
a coisas muito pequenas e insignificantes, a minúcias ou ninharias.

Jaimir Conte

Alciphron, ou o filósofo minucioso

Em sete diálogos,
contendo uma apologia da religião cristã, contra aqueles
que são chamados de livres-pensadores

Eles me abandonaram, a mim, fonte de água viva,
e cavaram suas próprias cisternas,
cisternas rachadas, que não retêm água.

Jeremias 2: 13

*Sin mortuus, ut quidam Minuti Philosophi censent, nihil sentiam,
non vereor ne hunc errorem meum mortui philosophi irrident.*

Cícero*

---

* Cícero, *Sobre a velhice*, 23.86. "Se uma vez morto não sentirei nada, conforme pensam alguns filósofos minuciosos, não devo tampouco temer que estes filósofos, mortos como eu, riam do meu erro". (N. T.)

//*Advertência*

Sendo a intenção do autor considerar o livre-pensador sob os diversos aspectos de ateu, libertino, entusiasta, escarnecedor, crítico, metafísico, fatalista e cético, não se deve, portanto, imaginar que cada um desses traços de caráter corresponda individualmente a cada livre-pensador; não se subentendendo senão que cada aspecto corresponde a um ou outro indivíduo da seita. É possível que algum leitor pense que a reputação de ateu não convenha a nenhum deles, mas, embora se diga frequentemente que não há tal coisa como um ateu especulativo, ainda assim devemos admitir que há vários ateus que pretendem especular. O autor sabe que isso é verdadeiro, e está bem seguro de que um dos mais famosos escritores anticristãos em nosso tempo[1] declarou que havia descoberto uma demonstração contra a existência de Deus. E ele não duvida de que qualquer um que faça um esforço para se informar sobre os princípios e dogmas dos nossos livres-pensadores modernos, seja por meio de uma conversação geral ou por meio dos livros, encontrará muitas razões para se persuadir de que, nos personagens que se seguem, não há nada além da realidade.

[Como o autor não se limitou a escrever apenas contra os livros, ele pensa que é necessário fazer esta declaração. Portanto, não se deve pensar que os autores estão mal representados se todas as noções de Alciphron ou

---

1 Alusão ao livre-pensador Anthony Collins. (N. T.)

de Lysicles não se encontram precisamente neles. Pode-se presumir que um cavalheiro, em uma conversação privada, fale de maneira mais clara do que outros escrevem, melhorando suas sugestões e tirando conclusões a partir de seus princípios.

Quaisquer que sejam suas pretensões, a opinião do autor é que, de todos aqueles que escrevem, de forma explícita ou por meio de insinuações, contra a dignidade, a liberdade e a imortalidade da alma humana, pode-se dizer com toda justiça que abalam os princípios da moralidade e destroem os meios de tornar os homens razoavelmente virtuosos. Muito se deve temer desta postura contra os interesses da virtude. Se // o receio de certo escritor muito admirado,[2] de que a causa da virtude provavelmente sofra menos de seus engenhosos antagonistas do que de suas afetuosas amas, que tendem a cobri-la e matá-la com excesso de cuidado e afagos, e convertê-la numa coisa mercenária ao falar tanto de suas recompensas; se, repito, este receio tem algum fundamento, cabe ao leitor determinar.][3]

---

2 Shaftesbury, *Características*, I, p.97. (N. T.)

3 As edições A e B, de 1732, acrescentam: "Quanto ao tratado referente à visão, a razão pela qual o autor o anexou ao *Filósofo minucioso* aparecerá após a leitura do Quarto diálogo". Na terceira edição, de 1752, o *Ensaio sobre a visão* não foi anexado. (N. T.)

// *Índice das seções*

Primeiro diálogo

1   Introdução.
2   Propósitos e esforços dos livres-pensadores.
3   Oposição por parte do clero.
4   Liberdade de livre-pensamento.
5   Consideração adicional sobre as opiniões dos livres-pensadores.
6   O progresso de um livre-pensador rumo ao ateísmo.
7   Impostura comum do sacerdote e do magistrado.
8   O método dos livres-pensadores para fazer prosélitos e descobertas.
9   Somente o ateu é livre. Seu senso do bem natural e do mal natural.
10 Os livres-pensadores modernos são chamados, de maneira mais apropriada, de filósofos minuciosos.
11 Que espécie de homens são e como são educados os filósofos minuciosos.
12 O número, o progresso e os princípios dos filósofos minuciosos.
13 Os filósofos minuciosos comparados com outros filósofos.
14 Que coisas e noções devem ser consideradas naturais.
15 A verdade é a mesma, não obstante a diversidade de opiniões.
16 Regra e medida das verdades morais.

Segundo diálogo

1 O erro vulgar de que o vício é prejudicial.

2 O benefício da embriaguez, dos jogos, e da prostituição.

3 Desaparecimento do preconceito contra o vício.

4 A utilidade do vício ilustrada com os exemplos de Cálicles e Tellesilla.

5 Exame do raciocínio de Lysicles a favor do vício.

6 O erro de punir as ações, quando se toleram as doutrinas das quais elas derivam.

7 Arriscado experimento dos filósofos minuciosos.

8 A doutrina sobre a circulação e a revolução.

9 Seu senso de uma reforma.

10 A riqueza por si só não constitui o bem público.

11 A autoridade dos filósofos minuciosos: seu preconceito contra a religião.

12 Efeitos do luxo: se a virtude é nocional.

13 O prazer dos sentidos.

14 Que tipos de prazeres são mais naturais aos homens.

15 Dignidade da natureza humana.

16 O prazer equivocado.

26 17 // Diversões, miséria e covardia dos filósofos minuciosos.

18 Os libertinos desconhecem a medida.

19 Habilidades e sucessos dos filósofos minuciosos.

20 Efeitos felizes da filosofia minuciosa em casos particulares.

21 As livres noções dos livres-pensadores sobre o governo.

22 A Inglaterra é o país adequado para a filosofia minuciosa.

23 A política e a habilidade dos que professam a filosofia minuciosa.

24 O mérito dos filósofos minuciosos para o público.

25 A noção e o caráter do filósofo minucioso.

26 A tendência dos filósofos minuciosos em relação ao papismo e à escravidão.

Terceiro diálogo

1 Considerações de Alciphron sobre a honra.

2 Caráter e conduta dos homens de honra.

Alciphron, ou o filósofo minucioso

3 O senso da beleza moral.

4 O *honestum* ou τὸ καλὸν dos antigos.

5 Se o gosto pela beleza moral é um guia ou regra segura.

6 Os filósofos minuciosos arrebatados pela beleza abstrata da virtude.

7 Só a virtude dos filósofos minuciosos é desinteressada e heroica.

8 O que é a beleza dos objetos sensíveis, e como é percebida.

9 A ideia da beleza explicada pela pintura e arquitetura.

10 Em que consiste a beleza do sistema moral.

11 O sistema moral supõe uma providência.

12 Influência do τὸ καλὸν e do πρέπον.

13 O entusiasmo de Crátilo comparado com as opiniões de Aristóteles.

14 O entusiasmo de Crátilo comparado com os princípios estoicos.

15 O talento dos filósofos minuciosos para a zombaria e o ridículo.

16 A sabedoria daqueles que consideram a virtude
em si sua própria recompensa.

Quarto diálogo

1 Preconceitos quanto a uma divindade.

2 Regras estabelecidas por Alciphron para serem observadas nas provas
da existência de Deus.

3 Que tipo de prova Alciphron espera.

4 De onde inferimos a existência de outros indivíduos pensantes.

5 O mesmo método, *a fortiori*, prova a existência de Deus.

6 Outros pensamentos de Alciphron sobre a existência de Deus.

7 Deus fala aos homens.

8 Como a distância é percebida pela vista.

9 Os objetos próprios da vista não estão a nenhuma distância.

10 Luzes, sombras e cores, combinadas de várias maneiras, formam uma
linguagem.

11 O significado dessa linguagem se aprende pela experiência.

12 Deus se manifesta aos olhos dos homens pelo uso arbitrário de
signos sensíveis.

13 Os preconceitos e as duas faces de um filósofo minucioso.

27 14 // Deus se apresenta aos homens, os informa, adverte
e orienta de uma maneira sensível.

George Berkeley

15 A admirável natureza e o uso desta linguagem visual.

16 Os filósofos minuciosos contentam-se em admitir um Deus em
certo sentido.

17 A opinião de alguns que sustentam que conhecimento
e sabedoria não estão propriamente em Deus.

18 A perigosa tendência desta noção.

19 A origem desta noção.

20 A opinião dos escolásticos sobre esta noção.

21 A explicação do uso escolástico dos termos analogia e analógico:
as perfeições analógicas de Deus são interpretadas incorretamente.

22 Deus é inteligente, sábio e bom, no sentido próprio destas palavras.

23 Consideração sobre a objeção do mal moral.

24 Os homens argumentam a partir de seus próprios defeitos contra
uma divindade.

25 O culto religioso é razoável e conveniente.

Quinto diálogo

1 Os filósofos minuciosos juntam-se à matilha e seguem os rastros
dos outros.

2 O culto prescrito pela religião cristã é adequado a Deus e ao homem.

3 Poder e influência dos druidas.

4 Excelência e utilidade da religião cristã.

5 A religião cristã enobrece o gênero humano e o torna feliz.

6 A religião não é nem fanatismo nem superstição.

7 Os médicos e a medicina para a alma.

8 O caráter do clero.

9 A religião natural e a razão humana não devem ser depreciadas.

10 Tendência e utilidade da religião pagã.

11 Os bons efeitos do cristianismo.

12 Os ingleses comparados com os gregos e romanos antigos.

13 A moderna prática do duelo.

14 Como se formou o caráter dos romanos antigos.

15 Frutos genuínos do Evangelho.

16 Guerras e facções não são efeitos da religião cristã.

17 A violência civil e os massacres na Grécia e Roma.

18 A virtude dos gregos antigos.

19 Querelas de teólogos polêmicos.

20 Tirania, usurpação e sofismas dos eclesiásticos.

21 Críticas às universidades.

22 Os escritos teológicos de certo crítico moderno.

23 A cultura, efeito da religião.

24 A barbárie da escolástica.

25 A quem se deve a restauração da cultura e das Belas Artes.

26 Preconceito e ingratidão dos filósofos minuciosos.

27 As pretensões e a conduta dos filósofos minuciosos são incoerentes.

28 Comparação entre os homens e os animais a respeito da religião.

28 29 // O cristianismo é o único meio para estabelecer a religião natural.

30 Os livres-pensadores confundem seus talentos; têm uma forte imaginação.

31 Os dízimos e os bens eclesiásticos.

32 Distinção entre homens e criaturas humanas.

33 Divisão dos homens em pássaros, animais e peixes.

34 Admite-se invocar a razão, mas censura-se a deslealdade.

35 A liberdade é uma bênção ou uma maldição segundo o uso que se fizer dela.

36 O clericalismo não é o mal predominante.

Sexto diálogo

1 Pontos de acordo.

2 Diversas pretensões de revelação.

3 Incerteza da tradição.

4 Objeto e fundamento da fé.

5 Alguns livros são controversos, outros evidentemente falsos.

6 Estilo e composição da Sagrada Escritura.

7 Dificuldades que se encontram na Sagrada Escritura.

8 A obscuridade nem sempre é um defeito.

9 A inspiração não é impossível nem absurda.

10 Exame das objeções a partir da forma e matéria da revelação divina.

11 A falta de fé é um efeito da estreiteza e do preconceito.

12 Os artigos da fé cristã não são irracionais.

13 A culpa é a mãe natural do medo.

14 Os homens reduzem as coisas desconhecidas à classe das que conhecem.

15 Preconceitos contra a encarnação do filho de Deus.

16 A ignorância da economia divina é uma fonte de dificuldades.

17 Sabedoria de Deus, loucura para o homem.

18 A razão não é um guia cego.

19 Utilidade da revelação divina.

20 Porque as profecias são obscuras.

21 Relatos orientais de época mais antiga que a de Moisés.

22 Explicação do costume dos egípcios, dos assírios, dos caldeus e de outros povos de aumentar além da verdade a sua antiguidade.

23 Razões que confirmam o relato de Moisés.

24 Os historiadores profanos se contradizem.

25 Celso, Porfírio e Juliano.

26 Considerações sobre o testemunho de Josefo.

27 O testemunho dos judeus e gentios a favor do cristianismo.

28 Falsificações e heresias.

29 Juízo e atenção dos filósofos minuciosos.

30 Fé e milagres.

31 Argumentos prováveis são um fundamento suficiente da fé.

32 A religião cristã pode resistir à prova da investigação racional.

29 // *Sétimo diálogo*

1 A fé cristã é impossível.

2 As palavras representam ideias.

3 Não há conhecimento nem fé sem ideias.

4 Não há ideia da graça.

5 Sugerir ideias não é o único uso das palavras.

6 É tão difícil formar uma ideia da força como da graça.

Alciphron, ou o filósofo minucioso

7 Não obstante isso, pode-se formular proposições úteis acerca da força.

8 A crença na Trindade e em outros mistérios não é absurda.

9 Os erros sobre a fé dão lugar a zombarias profanas.

10 A fé: sua verdadeira natureza e efeitos.

11 A natureza da fé esclarecida pela ciência.

12 A natureza da fé esclarecida especialmente pela aritmética.

13 As ciências versam sobre signos.

14 O verdadeiro fim da linguagem, da razão, da ciência e da fé.

15 As objeções metafísicas contra a ciência humana são tão fortes quanto aquelas contra os artigos da fé.

16 Não há religião, porque não há liberdade humana.

17 Outra prova contra a liberdade humana.

18 O fatalismo é uma consequência de suposições errôneas.

19 Homem é um agente responsável.

20 Incoerência, singularidade e credulidade dos filósofos minuciosos.

21 Caminhos inexplorados e nova perspectiva sobre os filósofos minuciosos.

22 Os raciocínios sofísticos dos filósofos minuciosos.

23 Os filósofos minuciosos são ambíguos, enigmáticos e impenetráveis.

24 O ceticismo dos filósofos minuciosos.

25 Como um cético deve se comportar.

26 Por que é difícil convencer os filósofos minuciosos.

27 O mal epidêmico desses tempos não é pensar.

28 A falta de fé não é um efeito da razão ou do pensamento: determinação de seus verdadeiros motivos.

29 A diversidade de opiniões sobre a religião e seus efeitos.

30 Método para lidar com os filósofos minuciosos.

31 Falta de pensamento e falta de educação: defeitos de nosso tempo.

Apêndice – Seções 5-7 do sétimo diálogo omitidas na edição de 1752

5 O que são as ideias abstratas e como se formam.

6 As ideias gerais abstratas são impossíveis.

7 Em que sentido podem existir ideias gerais.

// *Primeiro diálogo*

1. Eu teria ficado feliz, Theages, se tivesse podido enviar a você, com antecedência, um relato agradável do sucesso do empreendimento que me trouxe a esta remota região do país.[4] Mas, em vez disso, deverei agora lhe fornecer os detalhes de seu fracasso, se não preferisse entretê-lo com alguns incidentes divertidos, que me ajudaram a suportar uma circunstância que não pude evitar nem prever. Os acontecimentos não estão em nosso poder, mas sempre é possível tirar proveito deles, até mesmo dos piores. E devo reconhecer que o rumo e o resultado deste empreendimento me deram oportunidade para reflexões, que me compensam, de algum modo, por uma grande perda de tempo, de esforços e de dinheiro. Uma vida de ação, que tem sua origem nos conselhos, paixões e opiniões de outros homens, se não leva um homem a imitar, pelo menos o ensinará a observar. E uma mente livre para refletir sobre suas próprias observações, se não produz nada de útil para o mundo, raramente deixa de entreter-se. Há vários meses, tenho desfrutado de tanta liberdade e ócio neste distante refúgio, longe do alcance desse grande turbilhão de negócios, facções e prazeres que se chama *o mundo*. E um refúgio em si mesmo agradável, após um longo período de

---

4 Referência a Newport, Rhode Island, onde Berkeley se estabeleceu na América nos anos de 1729-1731 para levar adiante o projeto de fundar um colégio nas ilhas Bermudas. (N. T.)

preocupação e inquietação, tornou-se ainda mais prazeroso pela conversa e as excelentes qualidades de meu anfitrião, Euphranor, que une em sua pessoa o filósofo e o agricultor, dois caracteres não tão incompatíveis por natureza quanto eles parecem ser pelo costume.

Euphranor, desde o momento em que deixou a Universidade, tem vivido nesta pequena vila, onde possui uma casa cômoda // com cem hectares de terra adjacentes a ela; esta terra, sendo cultivada pelo seu próprio trabalho, proporciona-lhe abundantes meios de subsistência. Ele tem uma boa coleção de livros, sobretudo de livros antigos, deixados a ele por seu tio, um clérigo, sob os cuidados de quem foi educado. E o trabalho na sua propriedade não o impede de fazer bom uso dessa coleção. Ele tem lido muito, e pensado mais, uma vez que sua saúde e força física permitem que suporte melhor a fadiga mental. Ele considera que não poderia dedicar-se a seus estudos com mais proveito em casa do que no campo, onde sua mente raramente fica ociosa enquanto ele poda as árvores, segue o arado ou cuida de seu rebanho.

Na casa deste amigo honesto conheci Crito, um vizinho, homem honrado, de mérito e posição distinta, que mantém uma grande amizade com Euphranor.

No verão passado, Crito, que frequenta a igreja paroquial em nosso povoado, jantava num dia de domingo na casa de Euphranor, quando lhe perguntei por seus hóspedes, a quem tínhamos visto na igreja com ele no domingo anterior.

Ambos estão bem, disse Crito, mas, tendo uma vez se sujeitado a ver que tipo de assembleia nossa paróquia poderia oferecer, eles não têm mais nenhuma curiosidade para satisfazer na Igreja e preferem ficar em casa.

Como, disse Euphranor, então eles são dissidentes?

Não, respondeu Crito, eles são *livres-pensadores*.

Euphranor, que nunca havia se deparado com nenhuma dessas espécies ou seitas de homens, tampouco com seus escritos, mostrou um grande desejo de conhecer seus princípios ou sistema.

Isso é mais, disse Crito, do que eu posso lhe dizer. Seus escritores têm opiniões diferentes. Alguns vão mais longe, e se explicam de forma mais livre que outros. Mas as noções gerais e comuns da seita são mais bem

Alciphron, ou o filósofo minucioso

aprendidas conversado com aqueles que as professam. Sua curiosidade pode agora ser satisfeita se você e Díon passarem uma semana em minha casa com esses cavalheiros, que parecem muito dispostos a declarar e propagar suas opiniões. Alciphron tem mais de quarenta anos e não desconhece nem os homens nem os livros. Eu o conheci pela primeira vez no Templo, que, depois que recebeu uma herança, ele abandonou para viajar pelas regiões cultas da Europa. Desde seu retorno ele tem vivido nos locais de diversões da cidade, que, tendo se tornado insípidas e sem graça para seu gosto, mergulharam-no numa espécie de indolência esplenética. O jovem cavalheiro Lysicles é um parente próximo meu, homem de espírito vivaz e de uma visão geral das letras, que, depois de ter concluído as etapas de educação e visto um pouco o mundo, tornou-se amigo íntimo de homens de prazer e livres-pensadores, em detrimento, receio, de sua saúde e de sua fortuna.

33 Mas o que mais lamento é a // corrupção de sua mente por um conjunto de princípios perniciosos que, tendo-se observado que sobrevivem às paixões juvenis, excluem toda esperança de correção, mesmo a mais remota. Ambos são homens da moda, e seriam bastante agradáveis se não se considerassem livres-pensadores. Mas isso, para falar a verdade, deu-lhes certo ar e uns modos que revelam, de maneira muito clara, que se julgam mais sábios do que o resto do mundo. Assim, não ficaria de modo algum descontente se meus convidados encontrassem com quem falar, onde menos o esperam, na pessoa de um rude agricultor.

Não pretendo, respondeu Euphranor, senão apenas me informar sobre seus princípios e opiniões. Para este fim planejo amanhã atribuir a tarefa semanal de meus trabalhadores e aceitar seu convite, se Díon achar conveniente.

Ao que dei meu consentimento.

Enquanto isso, disse Crito, prepararei os meus convidados e lhes farei saber que um vizinho honrado tem a intenção de lhes falar sobre o tema do livre-pensamento. E, se não estou muito enganado, eles se agradarão com a perspectiva de deixar algum convertido como legado, mesmo em uma aldeia rural.

Na manhã seguinte, Euphranor se levantou cedo e passou a manhã ordenando seus negócios. Depois do almoço fomos até a casa de Crito, situada ao lado de uma vereda que atravessa meia dúzia de campos aprazíveis cercados de plátanos, muito comuns nesta região do país. Caminhamos sob a deliciosa sombra dessas árvores por cerca de uma hora antes de chegarmos à casa de Crito, que fica no meio de um pequeno vale, embelezado por dois belos bosques de carvalhos e nogueiras, e um córrego sinuoso de água doce e cristalina.[5] Encontramos à porta um criado com uma pequena cesta de frutas que ele ia levar ao bosque onde, disse ele, seu senhor estava com os dois visitantes. Nós os encontramos todos os três sentados sob uma sombra. E depois dos cumprimentos habituais de um primeiro encontro, Euphranor e eu nos sentamos ao lado deles. Começamos nossa conversa falando sobre a beleza dessa paisagem campestre, sobre a bela estação do ano, e sobre alguns progressos que haviam sido alcançados nas terras vizinhas por meio de novos métodos agrícolas. Então, Alciphron aproveitou a ocasião para observar que os progressos mais importantes ocorreram recentemente.

Eu estaria pouco tentado, disse ele, a viver onde os homens não têm nem costumes civilizados nem o espírito cultivado, ainda que o solo de seu país esteja sempre bem cultivado. Mas tenho observado há muito tempo que existe um progresso gradual nos assuntos humanos. A primeira preocupação dos homens é satisfazer as exigências da natureza, em segundo lugar eles tomam em consideração as vantagens e comodidades da vida. Mas quanto a vencer os preconceitos e adquirir o verdadeiro conhecimento, esse trabalho hercúleo é o último, uma vez // que requer as habilidades mais perfeitas, e para o qual todas as outras vantagens são preparatórias.

Bem, disse Euphranor, Alciphron tocou em nosso verdadeiro defeito. Sempre pensei que, assim que tivéssemos conseguido subsistência para o corpo, a nossa próxima preocupação deveria ser cultivar a mente. Mas o desejo de riqueza se interpõe e absorve os pensamentos dos homens.

2. *Alc.* O pensamento, diz-se, é aquilo que distingue o homem do animal; e a liberdade de pensamento estabelece uma grande diferença entre um

---

5 Descrição correspondente à paisagem de uma região próxima a Whitehall, a casa de fazenda na qual Berkeley morou durante três anos, quando esteve em Newport, Rhode Island, a partir de janeiro de 1729. (N. T.)

Alciphron, ou o filósofo minucioso

homem e outro homem. É aos nobres defensores desse privilégio e perfei-ção da espécie humana, que chamo de livres-pensadores e que surgiram e se multiplicaram nos últimos anos, que devemos todas essas importantes descobertas, esse oceano de luz que irrompeu e abriu caminho, apesar da escravidão e da superstição.

Euphranor, que é um inimigo sincero de ambas, manifestou uma grande estima por aquelas pessoas notáveis que preservaram seu país de ser arruina-do por elas, tendo espalhado tanta luz e conhecimento sobre a terra. Acres-centou que gostava do nome e da fama de livre-pensador, mas no sentido autêntico da palavra todo investigador honesto da verdade, em qualquer época ou país, tinha direito a ela. Ele, portanto, desejava saber qual era essa seita da qual Alciphron havia falado como recém-surgida; quais eram os seus princípios; quais foram suas descobertas; e em que os membros da seita as empregavam para o benefício da humanidade. Sobre tudo isso, pensava que deveria agradecer a Alciphron se este o informasse.

Farei isso com muita facilidade, respondeu Alciphron, pois me considero um deles, e os meus amigos mais íntimos são alguns dos mais importantes entre eles.

E percebendo que Euphranor o ouvia com atenção, continuou de maneira muito fluente.

Saiba, disse ele, que a mente humana pode ser apropriadamente com-parada a um pedaço de terra. O que arrancar, arar, cavar e rastelar é para a terra, pensar, refletir e analisar é para a mente. Cada qual tem seu cultivo próprio; e como a terra que foi abandonada e não cultivada por um longo espaço de tempo será coberta de mato, sarças, espinheiros e vegetação que não têm utilidade nem beleza, assim também não deixará de crescer em uma mente negligenciada e inculta um grande número de preconceitos e opiniões absurdas, que devem sua origem, em parte, ao próprio solo, às paixões e imperfeições da mente humana, e em parte àquelas sementes que **35** de maneira casual são // espalhadas nela por todo vento doutrinário que a astúcia dos políticos, a singularidade dos pedantes, a superstição dos tolos ou a impostura dos sacerdotes pode suscitar. Imagine a mente humana, ou a natureza humana em geral, que durante muito tempo esteve exposta aos enganos dos insidiosos e às tolices dos homens sem lógica. Como ela deve ter se enchido de preconceitos e erros, que raízes firmes e profundas eles devem ter lançado e, consequentemente, quão difícil deve ser a tarefa de extirpá-los. E, no entanto, este trabalho, não menos difícil do que glorioso, é a ocupação dos livres-pensadores modernos. Alciphron, tendo dito isso, fez uma pausa e olhou à sua volta os seus companheiros.

Com certeza, disse eu, uma empresa muito louvável!

Pensamos, disse Euphranor, que é louvável limpar e cultivar a terra, domesticar os animais selvagens, cuidar da aparência dos homens, prover o sustento para seus corpos e curar suas enfermidades. Mas o que é tudo isso em comparação com o empreendimento mais excelente e útil de libertar a humanidade de seus erros, e aperfeiçoar e guarnecer suas mentes? Por coisas de menos mérito para o mundo foram levantados altares e construídos templos nos tempos antigos.

Muitos em nossos dias, respondeu Alciphron, são tão tolos a ponto de não distinguir seus melhores benfeitores de seus piores inimigos. Eles têm um respeito cego por aqueles que os escravizam, e olham para seus libertadores como uma espécie de homens perigosos que podem solapar seus princípios e opiniões aceitas.

Euph. Seria uma grande lástima se homens com tanto mérito e tão engenhosos fossem desencorajados. De minha parte, consideraria um homem que gastou seu tempo numa busca tão árdua e imparcial da verdade como sendo mais amigo da humanidade do que o maior estadista ou herói, pois o proveito dos trabalhos destes está confinado a uma pequena parte do mundo e a um curto espaço de tempo, ao passo que um raio de verdade pode iluminar o mundo inteiro e propagar-se a épocas futuras.

Alc. Receio que levará algum tempo até que as pessoas comuns pensem como você. Mas os melhores, os homens de qualidades e educação esmerada, prestam o devido respeito aos patronos da luz e da verdade.

3. *Euph.* O clero, sem dúvida, está sempre pronto a promover e aplaudir seus valiosos esforços.

Ao ouvir isso, Lysicles mal pôde deixar de rir. E Alciphron, com certo ar de pena, disse a Euphranor que ele // percebeu que não estava familiarizado com o verdadeiro caráter daqueles homens.

Pois, disse ele, você deve saber que, dentre todos os homens vivos, eles são nossos maiores inimigos. Se fosse possível, eles extinguiriam a própria luz da natureza, transformariam o mundo em uma masmorra e manteriam os seres humanos para sempre encarcerados e nas trevas.

Euph. Nunca imaginei nada parecido com isso de nosso clero protestante, em particular dos membros da Igreja estabelecida, a quem, se me for permitido julgar pelo que tenho visto deles e de seus escritos, eu teria considerado amantes do saber e do conhecimento útil.

Alc. Acredite em mim, os sacerdotes de todas as religiões são iguais: onde quer que haja sacerdotes, haverá clericalismo, e onde quer que haja clericalismo, haverá um espírito de perseguição que eles nunca deixam de exercer até o máximo de seu poder contra todos aqueles que têm a coragem de pensar por si mesmos, e não se sujeitam a ser enganados e manipulados pelos seus veneráveis líderes. Esses grandes mestres do pedantismo e do jargão inventaram vários sistemas, todos igualmente verdadeiros e de igual importância para o mundo. Cada uma das seitas rivais são igualmente aficionadas por si mesmas, e igualmente propensas a descarregar sua fúria sobre todos os que discordam delas. Sendo a crueldade e a ambição os vícios preferidos dos sacerdotes e eclesiásticos do mundo inteiro, eles se esforçam em todos os países para alcançar uma superioridade sobre os demais seres humanos; e o magistrado, tendo um interesse comum com o sacerdote em subjugar, distrair e amedrontar as pessoas, muitas vezes dá uma mão à hierarquia, pois eles nunca pensam que sua autoridade e suas posses estão seguras, enquanto aqueles que discordam de suas opiniões sejam autorizados a participar dos direitos comuns pertencentes a seu nascimento ou casta. Para representar a questão sob uma verdadeira luz, imagine um monstro ou espectro formado pela superstição e pelo entusiasmo, produto comum da astúcia dos políticos e do poder sacerdotal, chacoalhando correntes em uma das mãos, e com a outra brandindo uma espada flamejante sobre a terra, e ameaçando de destruição todos os que se atreverem a seguir os ditames da razão e do senso comum. Considere apenas isso, e depois me diga se não havia perigo, assim como dificuldade, em nosso empreendimento. No entanto, tal é o ardor generoso que a verdade inspira que nossos livres-pensadores não se deixam vencer por uns, nem atemorizar por outros. Apesar de ambos, já fizemos muitos prosélitos entre os melhores, e seu número aumenta tão rapidamente que esperamos ser capazes de conquistar a todos, // vencer os baluartes da tirania, secular ou eclesiástica, quebrar os grilhões e cadeias de nossos compatriotas e restabelecer os direitos naturais e fundamentais, as liberdades e prerrogativas da humanidade.

Euphranor ouviu este discurso boquiaberto e com os olhos fixos em Alciphron, que, tendo-o proferido com muita emoção, parou para tomar fôlego e se recuperar; mas, vendo que ninguém respondia, retomou o fio do seu discurso e, voltando-se para Euphranor, falou num tom mais baixo o seguinte. Quanto mais inocente e honesto for um homem, mais ele será suscetível de ser enganado pelas falsas aparências de outros homens. Você provavelmente já se deparou com certos escritos de nossos teólogos que tratam da graça, da virtude, da bondade e de assuntos semelhantes adequados para distrair e enganar uma mente simples e honesta. Mas acredite em mim, quando lhe digo que, no fundo, todos eles (embora possam disfarçar suas intenções) estão unidos por um princípio comum no mesmo interesse. Não negarei que possa existir, aqui e ali, algum pobre idiota que não tenha má intenção, mas ousarei dizer que todos os homens sensatos entre eles são fiéis, no fundo, a estes três propósitos: ambição, avareza e vingança.

4. Enquanto Alciphron falava, um criado veio dizer a ele e a Lysicles que alguns homens, que estavam prestes a ir para Londres, esperavam para receber suas ordens. Em seguida, ambos se levantaram e foram para casa. Eles mal tinham partido quando Euphranor, dirigindo-se a Crito, disse que acreditava que o pobre cavalheiro tinha sofrido muito por causa do seu livre-pensamento, por isso ele parecia se expressar com a paixão e o ressentimento naturais aos homens que receberam muitos maus-tratos.

Não acredito nisso, respondeu Crito, mas observei muitas vezes que, ao conversar, os membros dessa seita incorrem em duas faltas, a declamação e a zombaria, conforme predomina o seu humor trágico ou cômico. Às vezes eles se entregam a grandes paixões, e se assustam com os fantasmas que eles mesmos inventaram. Nesses ataques todo vigário de aldeia é considerado um inquisidor. Outras vezes atuam de maneira astuta e jocosa, valendo-se de insinuações e alusões, expressando pouco, insinuando muito, e, de modo geral, parecendo se divertir com o assunto e com seus adversários. Mas se você deseja conhecer as opiniões deles, deve fazê-los falar de forma aberta e que se atenham ao ponto. A perseguição ao livre-pensamento é um tema sobre o qual eles estão dispostos a discorrer, ainda que sem qualquer **38** // causa justa, cada um tendo plena liberdade de pensar o que quiser, não havendo na Inglaterra tal coisa que eu conheça como perseguição a opiniões, sentimentos ou pensamentos. Mas em todos os países, suponho, são tomadas algumas medidas para coibir as palavras insolentes, e seja qual for a intenção das pessoas, para desencorajar um visível desprezo por aquilo que o público considera sagrado. Se essas medidas na Inglaterra têm sido ultimamente muito excessivas, a ponto de afligir os súditos deste governo outrora liberal e moderado, se os livres-pensadores podem realmente se queixar de qualquer privação de liberdade de consciência ou opinião, você poderá julgar melhor quando ouvir deles mesmos um relato dos números, do progresso, e das noções de sua seita; o que, não tenho dúvidas, eles comunicarão de maneira completa e livre, sem que ninguém presente se escandalize ou se ofenda, pois neste caso é possível que as boas maneiras imponham a eles alguma reserva.

Oh!, disse Euphranor, nunca me zango com ninguém por causa de sua opinião; seja ele judeu, turco ou idólatra, ele pode me dizer o que pensa de forma livre, sem medo de me ofender. Eu até me alegraria em ouvir o que ele tem a dizer, desde que o diga de uma maneira franca e sincera. Considero meu companheiro de trabalho todo aquele que cava na mina da verdade, mas se, enquanto eu faço verdadeiros esforços, ele se diverte zombando de mim e jogando poeira em meus olhos, eu logo me aborrecerei com ele.

5. Nesse meio tempo, Alciphron e Lysicles, depois de terem se despachado daqueles que os solicitaram, regressaram. Lysicles sentou-se no mesmo lugar onde estava antes. Mas Alciphron permaneceu em pé diante de nós, com os braços cruzados e a cabeça reclinada sobre o ombro esquerdo, numa postura de um homem meditando. Nós ficamos sentados em silêncio, para não perturbar os seus pensamentos, e depois de dois ou três minutos ele pronunciou essas palavras:

"Oh verdade! Oh liberdade!"

Após estas palavras ele permaneceu pensativo como antes.

Então Euphranor tomou a liberdade de interrompê-lo. Alciphron, disse ele, não é bom perder o seu tempo em solilóquios. É muito raro ter uma conversa com homens instruídos e inteligentes nesta região remota, e aprecio muito a oportunidade que você nos oferece para não aproveitá-la melhor.

Alc. Você é então um devoto sincero da verdade, e é possível que você aceite uma investigação imparcial?

Euph. É o que eu desejo acerca de todas as coisas.

Alc. O quê! Sobre qualquer tema? Sobre as noções que você // recebeu pela primeira vez desde a amamentação, e que a partir de então têm sido alimentadas pelos pais, pastores, tutores, assembleias religiosas, livros de devoção e outros métodos semelhantes de predispor a mente humana?

Euph. Eu busco informação sobre todos os assuntos com os quais me deparo, e em especial sobre aqueles que são mais importantes.

Alc. Então, se você está determinado, mantenha-se calmo e firme, enquanto examino seus preconceitos e extirpo os seus princípios.

Dum veteres avias tibi de pulmone revello.[6]

Tendo dito isso, Alciphron franziu as sobrancelhas e fez uma breve pausa, após a qual continuou da seguinte maneira.

Se nos esforçarmos para mergulhar e penetrar no fundo nas coisas, e analisarmos as opiniões em seus primeiros princípios, descobriremos que aquelas opiniões que são consideradas as mais importantes têm a origem mais insignificante, sendo derivadas ou dos costumes casuais do país em que vivemos, ou dos primeiros ensinamentos instilados em nossa mente sensível, antes de sermos capazes de discernir entre o certo e o errado, o verdadeiro e o falso. O vulgo (por quem entendo todos aqueles que não fazem uso livre de sua razão) é capaz de tomar esses preconceitos como coisas sagradas e inquestionáveis, acreditando que foram impressas nos corações humanos por Deus, ou transmitidas pela revelação do céu, ou que

---

6 Pérsio, *Sátiras*, 5, p.92. *"Enquanto arranco da sua cabeça as noções de sua velha esposa".* Alusão aos preconceitos e votos feitos pelas mulheres. (N. T.)

contêm suficiente luz e evidência que devem obrigar a um assentimento sem qualquer investigação ou exame. Assim, o vulgo superficial tem a cabeça cheia de diversas ideias, princípios e doutrinas religiosas, morais e políticas, todas as quais eles mantêm com zelo proporcional à sua falta de razão. Por outro lado, aqueles que empregam devidamente suas faculdades na busca da verdade, tomam especial cuidado para eliminar de suas mentes e extirpar todas as noções e preconceitos que foram plantados nelas antes que eles alcançassem o uso livre e completo da razão. Essa difícil tarefa tem sido realizada com sucesso por nossos livres-pensadores modernos, que não só dissecaram com grande sagacidade os sistemas aceitos e seguiram o curso de cada preconceito estabelecido até sua origem, os verdadeiros e genuínos motivos de assentimento, mas também, depois de terem sido capazes de abarcar em uma visão abrangente as várias regiões e épocas do mundo, eles observaram uma variedade maravilhosa de costumes e ritos, de instituições religiosas e civis, de noções e opiniões muito diferentes e até contrárias // umas às outras: um sinal evidente de que nem todas podem ser verdadeiras. E, no entanto, todas elas são mantidas por seus vários partidários com a mesma atitude dogmática e zelo apaixonado, mas, se as examinarmos, nós descobriremos que se sustentam, no fundo, em um único e mesmo fundamento: a força do preconceito. Graças a essas observações e descobertas, os livres-pensadores romperam as vendas do costume popular e, tendo se libertado da impostura, agora estendem de forma generosa a mão aos seus companheiros subjugados para conduzi-los pelo mesmo caminho de luz e de liberdade. Eis, senhores, uma visão geral dos pontos de vista e esforços daqueles que são chamados livres-pensadores. Se no decurso do que disse ou direi a seguir, houver algumas coisas contrárias às vossas opiniões preconcebidas e, portanto, chocantes e desagradáveis, queiram perdoar a liberdade e a franqueza de um filósofo e considerar que, seja qual for o desprazer que eu vier a proporcionar a vocês, o que faço é puramente em nome da verdade e em obediência aos seus próprios mandamentos. Compreendo muito bem que os olhos que permaneceram durante muito tempo no escuro não podem suportar uma visão repentina da luz do meio-dia, mas devem se acostumar a ela aos poucos. É por essa razão que os engenhosos cavalheiros de nossa profissão estão acostumados a proceder de forma gradual, começando com aqueles preconceitos aos quais os homens têm menos apego, e a partir daí passam a minar os demais com passos lentos e imperceptíveis, até que eles tenham demolido a estrutura inteira da loucura e da superstição humana. Mas o pouco tempo que posso dispor para gastar aqui me obriga a tomar um curso mais curto e a ser mais direto e claro do que talvez aconselhem a prudência e a educação.

A partir disso, nós lhe asseguramos que ele tinha plena liberdade para falar o que pensava acerca das coisas, das pessoas e opiniões, sem a menor reserva.

É uma liberdade, respondeu Alciphron, que nós, livres-pensadores, estamos igualmente dispostos a dar e a receber. Gostamos de chamar as coisas pelos seus verdadeiros nomes, e não podemos tolerar que a verdade seja vítima da complacência. Portanto, vamos estabelecer de maneira preliminar que ninguém se ofenda por qualquer coisa que seja de ambos os lados. Com o que todos concordamos.

6. Então, disse Alciphron, a fim de descobrir a verdade vamos supor que fui educado, por exemplo, na Igreja da Inglaterra. Quando chego à maturidade de julgamento e reflito sobre o culto e as opiniões particulares desta **41** igreja, não me // lembro quando nem de que forma elas se apoderaram pela primeira vez de minha mente, mas ali as encontro desde tempos imemoriais. Então, examinando a educação das crianças, a partir da qual posso julgar a minha, observo que são instruídas em questões religiosas antes de poderem raciocinar sobre elas e, consequentemente, que toda essa instrução não é outra coisa senão encher a mente tenra de uma criança de preconceitos. Assim, portanto, rejeito todas estas noções religiosas que considero como outras loucuras da minha infância. Confirmo esta opinião quando olho para o mundo, para o exterior, quando observo os católicos, e várias seitas dissidentes, que concordam em uma profissão geral de fé em Cristo, mas discordam imensamente umas das outras nas particularidades de sua fé e culto. A seguir, amplio minha visão de modo a incluir os judeus e os maometanos, entre os quais — além de entre os cristãos — percebo, de fato, uma pequena concordância na crença em um só Deus, mas neste caso cada qual tem suas leis e revelações distintas, pelas quais expressam a mesma consideração. Mas estendendo minha visão ainda mais longe, até as nações bár-

Alciphron, ou o filósofo minucioso

baras e idólatras, descubro uma variedade infinita, não apenas nas opiniões particulares e formas de culto, mas até mesmo na própria noção de uma divindade, em que elas diferem de maneira ampla umas das outras, e de todas as seitas mencionadas. De modo geral, em vez da verdade simples e uniforme, não percebo senão discórdia, oposição e alegações disparatadas, que provêm todas da mesma fonte, a saber, o preconceito da educação. A partir de raciocínios e reflexões como estas, os homens pensantes concluíram que todas as religiões são igualmente falsas e fabulosas. Um é cristão, outro é judeu, um terceiro é maometano, um quarto é um pagão idólatra, mas todos por uma única e mesma razão: porque cada um deles foi criado em sua respectiva seita. Da mesma maneira, portanto, como cada uma dessas partes em conflito condena as demais, assim um observador imparcial as condenará e rejeitará todas ao mesmo tempo, observando que todas provêm de um mesmo princípio falacioso, e são movidas pelo mesmo artifício de atender às mesmas finalidades dos sacerdotes e dos magistrados.

7. *Euph.* Você sustenta, então, que os magistrados cooperam com os sacerdotes para impor-se às pessoas.

Alc. Sustento; e o mesmo deve pensar qualquer um que considere as coisas sob uma luz verdadeira. Pois saiba que o principal objetivo dos magistrados é o de manter as pessoas submissas pelo medo. Agora, a vigilância pública impede os homens de cometer infrações visíveis contra as leis e // o governo. Mas, para evitar transgressões secretas, um magistrado acha oportuno que os homens acreditem que há um olho da providência vigiando suas ações e intenções privadas. E, para intimidar aqueles que de outro modo poderiam ser levados a cometer crimes pela perspectiva de prazer e lucro, ele os faz compreender que quem escapar do castigo nesta vida certamente o encontrará na próxima; e que será tão intenso e duradouro que prevalecerá de maneira infinita sobre o prazer e as vantagens advindas de seus crimes. Por esta razão, a crença em um Deus, a imortalidade da alma e um estado futuro de recompensas e punições têm sido considerados mecanismos úteis de governo. E, a fim de que estas doutrinas especulativas imaginárias pudessem causar uma impressão sensível e ser retidas na mente dos homens, governantes habilidosos, em várias nações civilizadas da terra, inventaram templos, sacrifícios, igrejas, ritos, cerimônias, costumes, músicas, orações, sermões e outras tantas tolices espirituais, por meio das quais os sacerdotes obtêm ganhos temporais e os magistrados se aproveitam para amedrontar e subjugar o povo.[7] Esta é a origem da união entre Igreja e Estado, da religião com a lei estabelecida, dos direitos, isenções e ganhos dos sacerdotes em todo o mundo: uma vez que não há governo que não deseje que se tema a Deus, a fim de que se possa honrar o rei ou o poder civil. E sempre se observará que os chefes políticos mantêm um bom entendimento com os clérigos a fim de que eles, em troca, ao inculcar a religião e a lealdade na mente das pessoas, possam torná-las submissas, temerosas e servis.

Crito e eu ouvimos este discurso de Alciphron com a maior atenção, embora sem qualquer manifestação de surpresa, uma vez que nada nele era novo ou inesperado para nós. Mas Euphranor, que nunca antes havia estado presente numa conversa semelhante, não pôde deixar de mostrar algum espanto. Percebendo isso, Lysicles perguntou-lhe com um ar alegre se ele havia gostado da exposição de Alciphron. Creio, disse ele, que é a primeira vez que **43** você // escuta estas coisas, e é preciso um estômago forte para digeri-las.

Euph. Confesso a você que minha digestão não é das mais rápidas, mas às vezes, aos poucos, fui capaz de digerir coisas que a princípio pareciam indigestas. No momento, admiro o espírito livre e a eloquência de Alciphron, mas, para falar a verdade, estou mais surpreso do que convencido da verdade de suas opiniões. Como (disse ele, voltando-se para Alciphron) é então possível que você não acredite na existência de um Deus?

Alc. Para ser franco com você, não acredito.

8. Mas isso é o que eu previa, uma vez que uma torrente de luz que de repente invade a mente tende a deslumbrá-la e confundi-la, em vez de

---

7 A visão de que a religião foi um artifício inventado pelos governos remonta ao sofista Crítias (404 a.C.). Segundo Sexto Empírico, "Crítias, um dos tiranos de Atenas, parece que era do grupo dos ateus, dizendo que os antigos legisladores formaram um deus como um inspetor das ações dos homens, boas e más, para que ninguém injuriasse o seu próximo secretamente mas que o honrasse com receio da vingança dos deuses" (Sexto Empírico. *Adv. Math.* IX 54, 1-5; DK 88B25); Essa visão é mencionada por Cícero em *Sobre a natureza dos deuses*, 1.42; em Platão, *Leis*, 10. 889e; e também por Santo Agostinho, *A cidade de Deus*, 6.5. (N. T.)

Alciphron, ou o filósofo minucioso

esclarecê-la. Se eu tivesse tido mais tempo, o método natural seria ter começado com as circunstâncias da religião, depois ter atacado os mistérios do cristianismo, depois disso passado às doutrinas práticas; e, em último lugar, ter extirpado aquele que, entre todos os preconceitos religiosos, é ensinado em primeiro lugar e a base dos demais, e criou as raízes mais profundas em nossas mentes, ou seja, a crença em Deus. Não me surpreende que isso lhe espante, pois conheci vários homens muito inteligentes que encontraram dificuldades para libertar-se desses preconceitos.

Euph. Nem todos os homens têm a mesma vivacidade e vigor de pensamento. De minha parte, acho difícil acompanhar o seu ritmo.

Alc. Para ajudá-lo, voltarei um pouco e retomarei o fio do meu raciocínio. Em primeiro lugar, devo informá-lo de que, tendo aplicado minha mente para contemplar a ideia da verdade, descobri que ela é de natureza estável, permanente e uniforme, nem variada e mutável, como os costumes ou a moda, ou as coisas que dependem da fantasia. Em segundo lugar, depois de ter observado várias seitas e subdivisões de seitas defendendo opiniões muito diferentes e contrárias, e não obstante todas professando o cristianismo, rejeitei aqueles pontos em que elas diferiam, mantendo apenas aqueles sobre os quais todas concordavam, e assim tornei-me um latitudinário.[8] Tendo depois, a partir de uma visão mais ampla das coisas, percebido que cristãos, judeus e maometanos tinham, cada um, seus diferentes sistemas de fé, estando de acordo apenas na crença de um Deus, tornei-me um deísta. Por último, estendendo minha visão a todas as outras várias nações que habitam este globo, e descobrindo que elas não concordavam em nenhum ponto de fé, mas discordavam umas das outras, bem // como das seitas já mencionadas, até mesmo acerca da noção de um Deus, a propósito da qual há tanta diversidade quanto formas de culto, eu então me tornei um ateu, uma vez que minha opinião é que um homem corajoso e sensato deve seguir seu argumento até suas últimas consequências, e que nada é mais ridículo do que ser um livre-pensador pela metade. Louvo o homem que faz um

---

8 Adepto do latitudinarianismo, doutrina religiosa defendida por teólogos e clérigos anglicanos moderados ligados à Universidade de Cambridge que se contrapunham aos puritanos. (N. T.)

trabalho completo e, não contente em podar os ramos, extirpa a própria raiz da qual eles surgiram.

9. O ateísmo, portanto, esse pesadelo das mulheres e dos tolos, é o verdadeiro ápice e a perfeição do livre-pensamento. É o grande *arcanum* em direção ao qual um verdadeiro gênio naturalmente avança, por um certo clímax ou gradação de pensamento, e sem o qual ele nunca pode ter sua alma em liberdade e repouso absolutos. Para se convencer totalmente sobre este ponto principal, examine a noção de um Deus com a mesma liberdade com que examinaria outros preconceitos. Remonte à sua origem e você não achará que obteve essa noção por meio de qualquer um dos seus sentidos, os únicos meios verdadeiros de descobrir o que é real e substancial na natureza. Você a achará falsa, escondida entre muitos outros trastes em algum recanto obscuro da imaginação, o receptáculo apropriado de visões, fantasias e preconceitos de todos os tipos. E se você está mais apegado a esta noção que às demais, é simplesmente porque é a mais antiga. Isso é tudo, acredite em minha palavra, e não só na minha, mas na de muitos dos homens mais inteligentes de nossa época que, posso lhe assegurar, pensam como eu a respeito da divindade, embora alguns deles considerem apropriado proceder com mais reserva do que muitos outros ao declarar ao mundo suas opiniões sobre esta questão. E, é preciso admitir, ainda há muitos na Inglaterra que mantêm um preconceito tolo contra a denominação de ateu. Mas isso diminui a cada dia entre os melhores e, quando for erradicado por inteiro, nossos livres-pensadores poderão então (e só então) dizer que deram o golpe final contra a religião, pois é evidente que, enquanto se continuar a acreditar na existência de Deus, a religião deverá subsistir de uma forma ou de outra. Mas, uma vez arrancada a raiz, os rebentos que brotaram dela certamente murcharão e se decomporão. Essas são todas aquelas extravagantes noções de consciência, dever, princípio, e outras semelhantes, que enchem a cabeça de um homem de escrúpulos, infundem-lhe temores e o tornam um escravo mais completo do que o cavalo que ele monta. É mil vezes preferível para um homem ser perseguido por oficiais ou emissários da justiça do que ser assombrado por esses espectros que perturbam e amargam todos os seus prazeres, criando a servidão mais real e penosa // sobre a terra. Mas o livre-pensador, com um vigoroso voo do pensamento,

quebra esses laços imaginários e afirma a sua original independência. Outros com certeza podem falar, escrever, lutar pela liberdade e ostentá-la, mas só o livre-pensador é verdadeiramente livre.

Tendo Alciphron terminado este discurso com um ar de triunfo, Euphranor falou com ele da seguinte maneira: você faz um trabalho perfeito. Os cavalheiros da sua seita são, ao que parece, admiráveis capinadores. Você arrancou um mundo de noções. Eu gostaria de saber que coisas excelentes você plantou em seu lugar.

Alc. Tenha paciência, caro Euphranor. Em primeiro lugar, mostrarei a você que tudo o que era perfeito e bom deixamos intacto e o encorajamos para que cresça na mente humana. E, em segundo lugar, mostrarei a você que excelentes coisas temos plantado nela. Saiba, então, que seguindo nosso exame atento e rigoroso, finalmente chegamos a algo sólido e real, sobre o qual toda a humanidade está de acordo, ou seja, os apetites, as paixões e os sentidos: estes estão fundados na natureza, são reais, têm objetos reais e são acompanhados de prazeres reais e substanciais; comida, bebida, sono e outros prazeres animais existentes que todos os homens desfrutam e amam. E se estendermos nosso olhar para outras espécies de animais, descobriremos que todos concordam nisso, que têm certos apetites e sentidos naturais para cuja satisfação e agrado estão constantemente empenhados. Ora, essas coisas realmente boas e naturais, que não incluem nenhuma noção ou fantasia, estamos tão longe de destruí-las que fazemos todo o possível para apreciá-las e aprimorá-las. Em nossa opinião, todo homem sábio olha para si mesmo, ou para sua própria existência corpórea neste mundo presente, como o centro e o fim último de todas as suas ações e preocupações. Ele considera seus apetites como guias naturais que o dirigem para seu próprio bem, suas paixões e sentidos como os meios verdadeiros e naturais de desfrutar desse bem. Por isso, ele se esforça para manter em alta satisfação seus apetites, suas paixões e sentidos fortes e vivos, e para fornecer a maior quantidade e variedade de objetos reais convenientes a eles, os quais ele estuda para desfrutar por todos os meios possíveis, e com a maior perfeição imaginável. E o homem que pode fazer isso sem restrição, remorso ou medo, é tão feliz quanto qualquer outro animal, ou quanto sua natureza é capaz de ser. Eis então para você uma visão sucinta dos princípios, descobertas e doutrinas dos espíritos seletos desta época esclarecida.

46   // 10. Crito observou que Alciphron havia expressado seu pensamento com grande clareza.

Sim, replicou Euphranor, somos gratos ao cavalheiro por nos ter introduzido imediatamente nos princípios de sua seita. Mas, se me permitem expressar meu pensamento, Alciphron, embora em conformidade com meu próprio pedido, não deixou de me inquietar um pouco.

Você não precisa, disse Alciphron, se desculpar por falar livremente o que pensa a alguém que se declara um livre-pensador. Eu é que deveria me desculpar por inquietar alguém a quem eu pretendia agradar. Diga-me, por favor, em que eu o ofendi.

Estou meio envergonhado, respondeu Euphranor, de confessar que eu, que não sou grande gênio, tenho uma fraqueza própria dos pequenos. Eu diria que minhas opiniões favoritas são as que você representa como sendo erros e preconceitos. Por exemplo, a imortalidade da alma é uma noção a qual estou apegado, uma vez que mantém a mente com uma perspectiva muito agradável. E se fosse um erro, pensaria talvez como Cícero, que neste caso professou que deveria lamentar conhecer a verdade, não reconhecendo nenhum tipo de obrigação em relação a certos filósofos de seu tempo, que ensinavam que a alma humana era mortal.[9] Eles foram, ao que parece, predecessores daqueles que agora são chamados de livres-pensadores, cujo nome, sendo demasiadamente geral e indefinido, na medida que abrange todos aqueles que pensam por si mesmos, concordem eles com a opinião desses cavalheiros ou não, não deveria parecer impróprio atribuir-lhes uma denominação específica ou nome próprio para distingui-los de outros filósofos, pelo menos em nossa presente conversa. Pois não suportaria argumentar contra o livre-pensamento e os livres-pensadores.

Alc. Aos olhos de um homem sábio as palavras têm pouca importância. Não pensamos que a verdade esteja ligada a um nome.

Euph. Então, por favor, para evitar confusão, permita-me chamar a sua seita pelo mesmo nome que Cícero (que entendia a força da linguagem) deu a ela.

Alc. Com todo meu coração. Por favor, diga-me qual seria esse nome?

---

9 Cícero, *Discussões tusculanas*, 1.24. (N. T.)

Alciphron, ou o filósofo minucioso

Euph. Pois bem, ele os chama de *filósofos minuciosos*.[10]

Bem, disse *Crito*, os livres-pensadores modernos são muito semelhantes aos que Cícero chamou de filósofos minuciosos, cujo nome lhes convém admiravelmente, uma vez que eles constituem uma espécie de seita que diminui todas as coisas mais valiosas, os pensamentos, as opiniões e as esperanças humanas. Todo o conhecimento, as noções e as teorias da mente eles as reduzem aos sentidos, apequenam e degradam a natureza humana **47** // até o mais reduzido e baixo nível da vida animal, e nos atribuem só uma insignificante miséria de tempo em vez da imortalidade.

Alciphron observou, de maneira muito séria, que os cavalheiros de sua seita não haviam feito nenhuma ofensa ao homem, e que se este era um animal pequeno, efêmero, desprezível, não era o que eles diziam que assim o tornava, e que não se podia imputar a eles a culpa por quaisquer defeitos que descobrissem, mais do que a um espelho fiel de ser o responsável pelas rugas que ele simplesmente mostra. Quanto ao que você observa, disse ele, acerca daqueles que hoje chamamos de livres-pensadores e que outrora foram denominados de filósofos minuciosos, minha opinião é que esta denominação pode ter derivado do fato de considerarem as coisas minuciosamente, e não acreditarem nelas por inteiro sem suspeitas, como outros homens costumam fazer. Além disso, nós todos sabemos que os melhores olhos são necessários para discernir os objetos diminutos; parece, portanto, que os filósofos minuciosos podem ter sido chamados assim por causa de sua notável perspicácia.

Euph. Oh Alciphron! Esses filósofos minuciosos (pois esse é seu verdadeiro nome) são uma espécie de piratas que saqueiam tudo o que encontram em seu caminho. Eu me considero um homem despojado e abandonado numa praia deserta.

11. Mas quem são esses homens profundos e versados que nos últimos anos têm demolido todo o edifício que os legisladores, os filósofos e os teólogos haviam edificado durante tantos séculos?

---

10 Cícero, *Sobre a velhice*, 86; *Sobre a adivinhação*, 1.62; *As últimas fronteiras do bem e do mal*, 1.18. (N. T.)

Lysicles, ao ouvir essas palavras, sorriu e disse acreditar que Euphranor imaginava os filósofos com gorros antiquados e togas longas; mas, graças a esses tempos felizes, o reinado do pedantismo havia terminado. Nossos filósofos, disse ele, são de uma classe muito diferente daqueles estudantes ineptos, que pensam chegar ao conhecimento se debruçando sobre línguas mortas e autores antigos, ou se afastando das preocupações do mundo para meditar em solidão e isolamento. Eles são os homens mais bem-educados da época, homens que conhecem o mundo, homens de prazer, homens da moda, e excelentes cavalheiros.

Euph. Tenho uma pequena noção das pessoas que você menciona, mas nunca as teria tomado por filósofos.

Cri. Nem qualquer outra pessoa até recentemente. O mundo, ao que parece, foi durante muito tempo vítima de um erro sobre o caminho para o conhecimento, pensando que se chegava a ele mediante um tedioso curso de educação e de estudo acadêmico. Mas, entre as descobertas da época atual, uma das principais é descobrir que tal método mais atrasa e obstrui do que promove o conhecimento.

48 *Alc.* O estudo acadêmico pode compreender dois pontos: // a leitura e a meditação. A leitura se concentra principalmente em autores antigos nas línguas mortas, de modo que grande parte de seu tempo é gasto no aprendizado de palavras. Quando dominadas com infinito esforço, o que eles ganham com elas a não ser noções antigas e obsoletas, que agora estão completamente desacreditadas e fora de uso? Então, quanto às suas meditações, para que elas podem servir? Aquele que carece dos materiais adequados de pensamento pode pensar e meditar para sempre sem nenhum propósito. Esses argumentos sutis que os eruditos tiram do próprio cérebro são igualmente inservíveis, tanto para uso como para ornamento. As ideias ou materiais adequados só podem ser obtidos frequentando a boa companhia. Conheço vários cavalheiros que, desde seu aparecimento no mundo, gastaram tanto tempo para remover a influência prejudicial e o pedantismo de uma educação universitária quanto gastaram antes para adquiri-la.

Lys. Garanto que um jovem de quatorze anos, criado à maneira moderna, se sairá melhor e será mais estimado em qualquer salão ou assembleia de pessoas educadas do que um de vinte e quatro que tenha frequentado durante

Euph. Onde ele adquirirá todo esse aperfeiçoamento?

Cri. Onde os nossos distintos antepassados jamais o teriam procurado: em um salão, num café, numa chocolataria, numa taberna ou na recepção de uma portaria.[11] Nestes e em outros locais modernos muito frequentados, as pessoas educadas têm o costume de falar livremente sobre todos os assuntos, religiosos, morais ou políticos. De modo que um jovem cavalheiro que os frequenta têm oportunidade de ouvir muitas conversas instrutivas, cheias de humor e zombaria, e proferidas com espírito. Três ou quatro frases de um homem de qualidade, ditas com elegância, impressionam e transmitem mais conhecimento do que uma dezena de dissertações conforme um árido método acadêmico.

Euph. Então não há nenhum método ou curso de estudos nesses locais.

Lys. Nenhum, a não ser uma conversação livre que versa sobre qualquer coisa que se apresente, sem nenhuma regra ou plano.

Euph. Sempre pensei que alguma ordem é necessária para alcançar algum grau conveniente de conhecimento; que a precipitação e a confusão engendram uma ignorância presunçosa; que, para tornar nossos progressos seguros, estes devem ser graduais, e que os primeiros pontos aprendidos podem lançar luz sobre os seguintes.

49   *Alc.* Enquanto o saber era obtido apenas por esse // método de estudo lento e formal, alguns dos melhores aprendiam muito com ele, mas agora que ele se converteu em uma diversão, nossa jovem aristocracia e nobreza o absorve sem perceber em meio às suas diversões, e faz um considerável progresso.

Euph. Daí provavelmente o grande número de filósofos minuciosos.

Cri. É a isso que a seita deve tantos versados engenhosos de ambos os sexos. Você pode agora ver comumente (o que jamais se viu em nenhuma época precedente) uma jovem dama ou um *petit maitre*[12] confundir um

---

11   No original: "groom-porter", oficial da corte encarregado de administrar o local onde se reuniam jogadores. (N. T.)

12   Em francês no original. Literalmente "pequeno mestre". Usado no sentido pejorativo em referência a um jovem elegante, presunçoso, com aparência e maneiras afetadas. (N. T.)

teólogo ou um cavalheiro educado à moda antiga, que leu muitos autores gregos e latinos e gastou muito tempo num estudo metódico difícil.

Euph. Parece, então, que método, exatidão e destreza são uma desvantagem.

Então Alciphron, voltando-se para Lysicles, disse que ele poderia esclarecer melhor o ponto se Euphranor tivesse alguma noção de pintura.

Euph. Nunca vi um quadro de primeira classe em minha vida, mas tenho uma coleção razoável de gravuras, e já vi alguns bons esboços.

Alc. Você conhece então a diferença entre o estilo holandês e o italiano.

Euph. Tenho alguma noção.

Alc. Imagine agora um esboço feito pelas delicadas e laboriosas pinceladas de um pintor holandês, e outro improvisado de maneira livre por um grande mestre italiano. O quadro holandês, que custou muito trabalho e tempo, será perfeito, sem dúvida, mas sem aquela força, espírito ou graça que aparecem no outro e são os efeitos de um pincel leve e livre. Faça essa comparação e o tema ficará claro.

Euph. Por favor, diga-me, estes grandes mestres italianos começaram e desenvolveram sua arte sem qualquer escolha de método ou tema, e sempre desenharam com a mesma facilidade e liberdade? Ou eles observaram algum método, começando com as partes simples e elementares, um olho, um nariz, um dedo, que eles representavam com grande esmero e cuidado, muitas vezes desenhando a mesma coisa, a fim de desenhá-la corretamente, e assim procedendo com paciência e destreza, até alcançar, depois de um período considerável de tempo, esse estilo livre e magistral do qual você fala? Se este for o caso, cabe a você dizer.

Alc. Você pode contestar a questão se quiser. Mas um homem de talento é uma coisa, e um pedante é outra. Trabalho e método são próprios de certa classe de pessoas. Uma pessoa leva // muito tempo para fazer a palha úmida acender e se tornar uma pequena chama fumegante, mas o espírito se inflama imediatamente.

Euph. Os filósofos minuciosos têm, ao que parece, mais talento que outros homens, o que os qualifica para uma educação diferente.

Alc. Diga-me, Euphranor, o que é que dá a um homem um aspecto melhor do que a outro, mais delicadeza nos trajes, nas palavras e movimentos?

Nada senão frequentar boas companhias. Pelos mesmos meios os homens adquirem de maneira imperceptível um gosto requintado, um julgamento refinado, uma certa polidez de pensamento e expressão. Não surpreende que seus conterrâneos desconheçam as vantagens de uma conversa civilizada, que de forma constante mantém a mente desperta e ativa, exercitando suas faculdades e invocando toda a sua força e vivacidade em milhares de ocasiões e temas diferentes, que jamais se apresentam na rotina de um rato de biblioteca numa faculdade, não mais do que na de um lavrador.

Cri. Daí essas faculdades vívidas, essa agilidade mental, essa zombaria do ridículo, esse extraordinário talento cheio de sagacidade e humor, que distinguem os cavalheiros de sua seita.

Euph. Parece, então, que sua seita é formada por aqueles que você chama de distintos cavalheiros.

Lys. Não de todo, pois temos entre nós alguns espíritos contemplativos de uma educação mais rude que, pela observação do comportamento e da conduta dos aprendizes, dos barqueiros, dos carregadores e das assembleias da ralé nas ruas, chegaram a um conhecimento profundo da natureza humana e fizeram grandes descobertas sobre os princípios, as origens e os motivos das ações morais. Estes destruíram os sistemas aceitos e instauraram um mundo de bem-estar nas cidades.

Alc. Digo a vocês que temos homens de todas as classes e profissões, cidadãos laboriosos, agiotas prósperos, homens hábeis nos negócios, cortesãos educados, militares valentes; mas a nossa principal força e fina flor do grupo são aqueles jovens promissores que têm a vantagem de uma educação moderna. Eles são a grande esperança de nossa seita, por cujo prestígio e influência em poucos anos esperamos ver realizadas essas grandes coisas que temos em vista.

Euph. Nunca imaginei que sua seita fosse tão importante.

Alc. Há na Inglaterra muita gente honesta com um desconhecimento tão grande sobre esses assuntos quanto o seu.

51 // 12. Seria um erro julgar a opinião predominante entre as pessoas da alta sociedade com base no que diz um senador no senado, um juiz no tribunal ou um sacerdote no púlpito; uma vez que todos falam de acordo com a lei, isto é, conforme aos sagrados preconceitos dos nossos antepassados. Você deve andar em boa companhia e levar em conta o que dizem os homens de talento e educação, aqueles que são mais ouvidos e mais admirados, tanto em locais públicos muito frequentados como em visitas privadas. Só aquele que tem essas oportunidades pode conhecer a nossa verdadeira força, quantos somos e o que representamos.

Euph. Segundo você, deve haver muitos filósofos minuciosos entre os homens de posição e fortuna.

Alc. Acredite em minhas palavras, não são poucos, e eles contribuem muito para a divulgação de nossas noções. Pois aquele que conhece o mundo deve observar que a moda muda de forma constante. Portanto, a maneira correta de propagar uma opinião é de cima para baixo. Sem contar que o apoio de tais homens é um encorajamento para os nossos autores.

Euph. Parece então que há autores entre vocês.

Lys. Temos vários, e muitos deles são homens eminentes, que proporcionaram descobertas úteis e profundas para o mundo.

Cri. Moschon,[13] por exemplo, provou que o homem e os animais são na realidade da mesma natureza; que, em consequência, um homem precisa

---

13 Neste e nos parágrafos seguintes, Berkeley lança mão da prática comum da escrita polêmica do século XVIII de ocultar o nome das pessoas vivas que estavam sendo criticadas fazendo uso de nomes fictícios aparentemente históricos. Moschion historicamente foi um poeta trágico ateniense do séc. III a.C., acerca do qual não sobreviveram muitas informações. Numa de suas obras teria tratado sobre o progresso humano e afirmado que os humanos viviam originalmente como animais, na ausência de leis. Berkeley, no entanto, emprega a forma "Moschon", e, segundo Luce & Jessop, provavelmente se refere a algum obscuro autor de panfletos de seu tempo. "Címon", conforme as *Vidas Paralelas* de Plutarco, remete historicamente ao estadista e general ateniense (c. 510 a.C a 440 a.C), mas no contexto oculta algum outro alvo. "Tryphon", na sequência, é claramente uma referência a Bernard de Mandeville, autor de *Fábulas das abelhas*, embora também remeta ao filósofo judeu com quem Justino de Roma manteve um debate, reproduzido no *Dialogo com Trifão*. "Diágoras", no parágrafo seguinte, é uma alusão a Anthony Collins, que recebeu esse apelido em homenagem ao poeta e sofista Diágoras de Melos (séc. V a.C.), denominado o "Ateu", acusado em Atenas de impiedade em 411 a.C. "Glauco", mais adiante, aludirá a Mathew Tindal, embora também remeta ao interlocutor de Sócrates no diálogo platônico *A República*. (N. T.)

Alciphron, ou o filósofo minucioso

apenas satisfazer seus sentidos e apetites para ser tão feliz quanto um animal. Górgias chegou a ir mais longe, ao demonstrar que o homem é uma peça de um relógio ou de uma máquina, e que o pensamento e a razão são idênticos ao impulso de uma bola contra outra. Címon fez uso nobre dessas descobertas, ao provar de maneira tão clara quanto qualquer proposição em matemática, que a consciência é um capricho e a moralidade, um preconceito; e que o homem não é mais responsável por suas ações do que um relógio por suas batidas. Tryphon escreveu de forma irrefutável sobre a utilidade do vício. Thrasenor contestou o preconceito tolo que os homens tinham em relação ao ateísmo, mostrando que uma república de ateus poderia viver em harmonia de maneira muito feliz. Demylus zombou da **52** lealdade e convenceu o mundo // de que não há nada nela. Para ele, e outros filósofos de sua espécie, esta época é devedora por descobrir que o espírito público é um entusiasmo inútil que se apodera apenas das mentes fracas. Seria interminável referir as descobertas feitas pelos escritores dessa seita.

Lys. Mas a obra-prima, o golpe decisivo, é uma sábia anedota do nosso grande Diágoras, que contém uma demonstração contrária à existência de Deus, para a qual, imagina-se, o público ainda não está preparado. Mas alguns amigos judiciosos que a viram me asseguraram que é tão clara como a luz do dia, e que tornará o mundo melhor, e de um só golpe destruirá todos os sistemas religiosos. Estas descobertas são publicadas por nossos filósofos, às vezes em volumes próprios, mas frequentemente em panfletos e folhetos para uma distribuição mais rápida no reino. E a eles se deve atribuir aquela liberdade absoluta e independente, que cresce tão rapidamente, para o terror de todos os fanáticos. Até mesmo os estúpidos e ignorantes começam a abrir os olhos e a deixar-se influenciar pelo exemplo e pela autoridade de tantos homens engenhosos.

Euph. Parece, por este relato, que sua seita estende suas descobertas para além da religião, e que a lealdade ao seu príncipe, ou o respeito às leis, são coisas insignificantes aos olhos de um filósofo minucioso.

Lys. Muito insignificantes. Somos demasiado sábios para pensar que há algo sagrado na pessoa do rei ou na constituição, ou, na realidade, em qualquer outra coisa. Um homem sensato pode talvez parecer ter uma consideração ocasional por seu príncipe, mas isso, no fundo, não é mais do que o respeito que ele tem por Deus, quando se ajoelha diante do sacramento para qualificar-se para um ofício. "Temer a Deus" e "honrar o rei" são duas máximas servis que, por muito tempo, oprimiram a natureza humana, e atemorizaram não apenas as mentes fracas, mas também os homens de bom entendimento, até que seus olhos, como já observei, foram abertos por nossos filósofos.

Euph. Parece-me que posso compreender facilmente que, quando o temor a Deus se extingue completamente, a mente deve ficar muito tranquila com respeito a outros deveres, que se convertem em veleidades e formalidades exteriores a partir do momento que deixam de influenciar a consciência, e a consciência sempre supõe a existência de um Deus. Mas eu ainda pensava que os ingleses de todas as seitas (por mais que difiram quanto a alguns // pontos específicos) concordavam na crença em um Deus, e, pelo menos, em relação à assim chamada religião natural.

Alc. Já lhe disse a minha opinião sobre esses assuntos, e sei que esta é a opinião de muitos outros.

Cri. Provavelmente, Euphranor, pelo título de deístas, que às vezes se dá aos filósofos minuciosos, você foi induzido a imaginar que eles acreditam e cultuam um Deus de acordo com a luz da natureza; mas, vivendo entre eles, você pode logo se convencer do contrário. Eles não têm tempo, nem lugar, nem forma de adoração divina; não dirigem orações nem louvores a Deus em público; e em sua prática privada mostram desprezo ou desagrado até mesmo pelos deveres da religião natural. Por exemplo, agradecer antes e após as refeições é um gesto comum de adoração natural, e já foi universalmente praticado; mas à medida que esta seita prevaleceu, esse gesto tem sido posto de lado, não apenas pelos próprios filósofos minuciosos, que se envergonhariam infinitamente de uma tal fraqueza como a de pedir a bênção de Deus, ou de dar graças a Deus por sua alimentação diária; mas também por outros que têm medo de ser considerados loucos pelos filósofos minuciosos.

Euph. É possível que os homens, que realmente acreditam em Deus, recusem-se a cumprir um dever tão elementar e razoável por medo de incorrer no desprezo de ateus?

Cri. Digo a vocês que há muitos que, acreditando de forma sincera nas verdades religiosas, ainda têm medo ou vergonha de confessá-lo, para não perder a reputação diante daqueles que têm a sorte de passar por grandes inteligências e homens geniais.

Alc. Oh, Euphranor! Devemos levar em conta o preconceito de Crito. Ele é um cavalheiro digno e de boas intenções. Mas não parece preconceito atribuir o respeito que se dá a nossos engenhosos livres-pensadores mais à boa sorte do que a seus méritos?

Euph. Reconheço que seu mérito é muito admirável e que esses autores devem necessariamente ser grandes homens, capazes de provar tais paradoxos. Por exemplo, que um homem tão inteligente quanto um filósofo minucioso é uma simples máquina, ou, na melhor das hipóteses, não superior a um animal.

Alc. É uma máxima verdadeira que um homem deve pensar como o sábio e falar como o vulgo.[14] Eu relutaria em colocar um cavalheiro de mérito no mesmo nível dos homens preconceituosos e ignorantes. Os princípios de nossa filosofia têm isso em comum com muitas outras verdades da metafísica, da geometria, // da astronomia e da filosofia natural, que os ouvidos vulgares não podem suportá-los. Todas as nossas descobertas e noções são em si verdadeiras e certas; mas atualmente são conhecidas apenas por uma elite e soariam estranhas e excêntricas para o vulgo. É de se esperar, porém, que isso desapareça com o tempo.

Euph. Não me surpreende que as mentes vulgares se assustem diante das noções de sua filosofia.

Cri. Na verdade, uma espécie de filosofia muito curiosa, e muito digna de ser admirada.

13. Os pensadores profundos dessa via seguiram um curso diretamente contrário ao de todos os grandes filósofos das épocas passadas, que se esforçaram em elevar e aperfeiçoar a espécie humana e afastá-la o mais

---

14 "Loquendum est ut plures, sentiendum ut pauci", expressão também citada nos *Princípios*, § 51, extraída de Agostinho Nifo, *Aristotelis de generatione & corruptione*, 1506, citada também por Francis Bacon em *O progresso do conhecimento* 5.4. (N. T.)

longe possível dos animais; em moderar e subjugar apetites humanos; em recordar-lhes a dignidade de sua natureza; em despertar e melhorar as suas faculdades superiores e dirigi-las aos objetos mais nobres; em imbuir a mente dos homens com um elevado senso da divindade, do bem supremo e da imortalidade da alma. Eles fizeram grandes esforços para fortalecer as obrigações em relação à virtude e, sobre todos esses assuntos construíram teorias nobres e as trataram com a singular força da razão. Mas parece que nossos filósofos minuciosos agem de modo contrário aos demais homens sensatos e pensantes, sendo seu propósito e intenção extinguir os princípios de tudo o que existe de elevado e bom na mente humana, perturbar toda a ordem da vida civil, solapar os fundamentos da moralidade e, em vez de aperfeiçoar e enobrecer nossa natureza, submeter-nos às máximas e formas de pensar das nações mais ignorantes e bárbaras, e até mesmo degradar a espécie humana ao nível dos animais irracionais. Contudo, eles pretendem o tempo todo passar diante do mundo por homens de profundo conhecimento. Mas, na verdade, o que é todo esse conhecimento negativo senão absoluta ignorância selvagem? Que não há nenhuma providência, nenhum espírito, nenhum estado futuro, nenhum dever moral. Realmente um sistema excelente para que um homem honesto o adote, ou para que um homem inteligente se vanglorie dele!

Alciphron, que ouviu este discurso com alguma insatisfação, respondeu com muita seriedade: as disputas não devem ser decididas pelo peso da autoridade, mas pela força da razão. Você pode expressar, de fato, reflexões gerais sobre nossas noções e chamá-las, se quiser, de brutais e bárbaras; mas essa brutalidade e essa barbárie poucos poderiam alcançá-las se homens de maior // gênio não tivessem aberto o caminho, pois não há nada mais difícil do que alcançar uma educação superior e vencer velhos preconceitos. Remover e rejeitar uma grande quantidade de tolices que se acumula na alma desde nossa tenra infância requer muita coragem e muita força de vontade. Nossos filósofos, portanto, fazem bem por merecer o nome de *espíritos fortes, homens de cabeça forte*,[15] *livres-pensadores* e denominações semelhantes que

---

15 Este é o significado etimológico de Alciphron, que em grego (ἀλκίφρων) significa "de sentimentos corajosos", "belicoso". (N. T.)

denotam grande força e liberdade de espírito. É bem possível que os trabalhos heroicos desses homens possam ser representados (pois o que não é passível de ser deturpado?) como um saque de piratas e espoliação das riquezas e ornamentos da mente quando é, na verdade, apenas libertação de seus preconceitos e recondução a seu primitivo estado natural de pureza. Oh natureza! A beleza genuína da natureza pura!

Euph. Você parece dar muita importância à beleza da natureza. Faça o favor de dizer-me, Alciphron, quais são as coisas que você considera naturais, ou por quais características eu poderia reconhecê-las.

14. *Alc*. Para uma coisa ser natural, por exemplo, para a mente humana, deve aparecer originalmente nesta, deve encontrar-se universalmente em todos os homens, deve ser invariavelmente a mesma em todas as nações e épocas. Estas limitações – ser *original*, *universal* e *invariável* – excluem todas aquelas noções que se encontram na mente humana, que são o efeito do costume e da educação. O mesmo ocorre em relação a todas as demais espécies de seres. Um gato, por exemplo, tem uma inclinação natural para perseguir um rato, porque isso está de acordo com as características acima mencionadas. Mas se ensinarmos um gato a fazer travessuras, você não dirá que essas travessuras são naturais. Pela mesma razão, se enxertarmos pêssegos e damascos em cima de um pé de ameixa, ninguém dirá que eles são frutos naturais da ameixeira.

Euph. Mas voltemos ao homem. Parece que você só admite que são naturais para ele aquelas coisas que se mostram quando ele ingressa pela primeira vez no mundo, isto é, os sentidos, as paixões e os apetites tais como se manifestam em sua primeira aplicação a seus respectivos objetos.

Alc. Essa é a minha opinião.

Euph. Diga-me, Alciphron, se de uma macieira jovem, após um certo período, brotam folhas, flores e maçãs, você negaria que essas coisas sejam naturais, porque elas não se revelaram nem se manifestaram em seu delicado botão de flor?

// *Alc*. Eu não negaria.

Euph. Imagine que no homem, depois de certo tempo, apareçam e se manifestem, como as folhas e flores numa árvore, o desejo sexual ou a faculdade da razão; você negaria por isso que são naturais para ele, porque não apareceram em sua primeira infância?

Alc. Reconheço que não.

Euph. Parece, portanto, que o primeiro sinal de que uma coisa é natural para a mente não é o que de maneira cautelosa você afirmou, ou seja, que deve aparecer originalmente nela.

Alc. Parece que sim.

Euph. Mais uma vez, diga-me, Alciphron, se você não acha que é natural que uma laranjeira produza laranjas?

Alc. Acho.

Euph. Mas plante-a no extremo norte da Grã-Bretanha, e, com cuidado, ela produzirá, talvez, uma boa salada; nas partes meridionais da mesma ilha, pode com muito trabalho e cultivo prosperar e produzir frutos medianos; mas em Portugal ou Nápoles ela produzirá muito mais com pouco ou nenhum trabalho. Isso é verdade ou não?

Alc. É verdade.

Euph. Apesar de a planta ser semelhante em todos os lugares, ela não produz os mesmos frutos. O sol, o solo e o cultivo fazem uma certa diferença.

Alc. Concordo.

Euph. E visto que o mesmo ocorre, como você diz, com respeito a todas as espécies, por que não podemos concluir por um paralelismo que as coisas podem ser naturais para a espécie humana, ainda que não se encontrem em todos os homens, nem sejam invariavelmente as mesmas onde elas são encontradas?

Alc. Espere, Euphranor, você deve se explicar melhor. Não serei tão precipitado em minhas concessões.

Lys. Você está certo, Alciphron, em ser precavido. Não gosto dessas perguntas capciosas.

Euph. Não desejo que você faça concessões para me agradar, mas apenas que me diga sua opinião sobre cada coisa, para que possamos nos entender, para saber se estamos de acordo e procuremos, juntos, descobrir a verdade. Mas (acrescentou Euphranor, voltando-se para Crito e para mim), se os cavalheiros são contrários a uma investigação livre e imparcial, não lhes causarei mais problemas.

Alciphron, ou o filósofo minucioso

57 // *Alc.* Nossas opiniões resistirão ao teste. Não tememos nenhum julgamento. Faça o que você quiser.

Euph. Parece então, pelo que você concedeu, seguir-se que as coisas podem ser naturais para os homens, embora elas não se manifestem realmente em todos eles, nem com igual perfeição; visto que em relação à natureza humana há tanta diferença cultural e alguma outra preponderância, quanto a que se pode encontrar no que diz respeito à natureza vegetal das plantas, para usar sua própria comparação. É assim ou não?

Alc. É.

Euph. Responda-me, Alciphron, os homens em todos os tempos e lugares, quando chegam a certa idade, não expressam seus pensamentos por meio da fala?

Alc. Sim

Euph. Não parece então que a linguagem é natural?

Alc. Parece.

Euph. E, no entanto, há uma grande variedade de idiomas.

Alc. Reconheço que há.

Euph. Não decorrerá de tudo isso que uma coisa pode ser natural e, no entanto, admitir variedade?

Alc. Admito que sim.

Euph. Não deveria, portanto, seguir-se que uma coisa pode ser natural para o gênero humano, embora ela não tenha aquelas características ou condições atribuídas; embora ela não seja original, universal e invariável?

Alc. Sim.

Euph. E que consequentemente o culto religioso e o governo civil podem ser naturais ao homem, apesar de admitirem diversas formas e diferentes graus de perfeição?

Alc. Parece que sim.

Euph. Você já admitiu que a razão é natural para o gênero humano.

Alc. Já.

Euph. Portanto, tudo o que é conforme à razão é conforme à natureza humana.

Alc. É.

Euph. Não decorre disso que a verdade e a virtude são naturais ao homem?

Alc. Tudo o que é razoável, admito que é natural.

Euph. E como os frutos que nascem de uma planta mais forte e adulta, em melhor solo e com o melhor cultivo, são os mais apreciados, do mesmo modo, não devemos pensar // que aquelas verdades sublimes que são frutos do pensamento maduro, e foram deduzidas racionalmente pelas pessoas de melhor e mais perfeito entendimento, são os produtos seletos da natureza racional do homem? E, se assim for, sendo de fato razoáveis, naturais e verdadeiras, elas não devem ser consideradas fantasias antinaturais, erros da educação e preconceitos infundados, porque nasceram e foram transmitidas com o abono e cultivo das nossas mentes tenras, uma vez que elas se enraizaram logo e brotaram cedo graças ao cuidado e à diligência dos nossos preceptores.

Alc. Concordo, desde que ainda possam ser deduzidas racionalmente. Mas, tomar como certo isso que os homens vulgarmente denominam de verdades da moral e da religião seria petição de princípio.

Euph. Você está certo. Por isso não tomei como certo que elas são deduzidas racionalmente. Suponho apenas que, se forem, devem ser consideradas naturais ao homem, ou, em outras palavras, em conformidade com a parte mais excelente e peculiar da natureza humana e proveniente dela.

Alc. Não tenho nada a objetar a isso.

Euph. O que devemos pensar, então, de suas afirmações anteriores? Que nada é natural ao homem, exceto o que pode ser encontrado em todos os homens, em todas as nações e épocas do mundo? Que para obter uma visão genuína da natureza humana, devemos extirpar todos os efeitos da educação e da instrução, e considerar apenas os sentidos, apetites e paixões que se encontram originalmente em todo o gênero humano? Que, portanto, a noção de um Deus não pode ter nenhum fundamento na natureza, por não estar originalmente na mente, nem ser a mesma em todos os homens? Gostaria que conciliasse essas coisas com suas concessões anteriores, que a força da verdade parece ter extorquido de você.

15. *Alc.* Diga-me, Euphranor, se a verdade não é a mesma coisa uniforme e invariável e, em caso afirmativo, se as muitas noções diferentes e incoerentes

Alciphron, ou o filósofo minucioso

que os homens mantêm sobre Deus e sobre o dever não constituem uma prova evidente de que elas não são verdadeiras?

Euph. Admito livremente que a verdade é constante e uniforme, e que, consequentemente, opiniões contrárias umas às outras não podem ser verdadeiras. Mas penso que daí não decorre que sejam todas igualmente falsas. Se entre várias opiniões sobre a mesma coisa uma se fundamenta em razões claras e evidentes, esta deve ser considerada verdadeira, e as demais somente à medida que se conformam a ela. A razão é idêntica, e, aplicada corretamente, levará às mesmas conclusões // em todos os tempos e lugares. Sócrates, dois mil anos atrás, parece ter se persuadido sobre a mesma noção de um Deus que é mantida pelos filósofos de nossos dias, se você permitir que se conceda esse nome a qualquer um que não pertença à sua seita.[16] E a observação de Confúcio de que um homem deve guardar-se em sua juventude contra a luxúria, na idade adulta contra a dissensão, e na velhice contra a avareza, é uma advertência moral corrente na Europa como na China.

Alc. Mas, mesmo assim, seria uma satisfação se todos os homens pensassem da mesma forma, uma vez que as diferenças de opiniões implicam incerteza.

Euph. Diga-me, Alciphron, qual você considera que é a causa de um eclipse lunar.

Alc. A sombra da Terra que se interpõe entre o Sol e a Lua.

Euph. Você tem certeza disso?

Alc. Sem dúvida.

Euph. Estão todos os homens de acordo com esta verdade?

Alc. De modo algum. As pessoas ignorantes e bárbaras atribuem diferentes causas ridículas a este fenômeno.

Euph. Parece então que existem diferentes opiniões sobre a natureza de um eclipse.

Alc. Existem.

Euph. E, no entanto, uma só dessas opiniões é verdadeira.

Alc. Sim.

---

16 Edição A: "que não seja ateu". (N. T.)

Euph. Portanto, a diversidade de opiniões sobre uma coisa não impede que essa coisa possa existir, e que uma das opiniões sobre ela possa ser verdadeira.

Alc. Isso eu reconheço.

Euph. Parece, portanto, que o seu argumento contra a crença em Deus por causa da variedade de opiniões sobre sua natureza não é conclusivo. Tampouco vejo como você pode concluir contra a verdade de qualquer doutrina moral ou religiosa por causa das diversas opiniões dos homens sobre o mesmo assunto. Não poderia alguém também argumentar que nenhum relato histórico de uma questão de fato pode ser verdadeiro quando diferentes versões a seu respeito são apresentadas? Ou não podemos também inferir que, em virtude de as diversas seitas filosóficas manterem opiniões diferentes, nenhuma delas pode estar certa, nem mesmo a dos próprios filósofos minuciosos?

Durante essa conversa Lysicles parecia preocupado, como alguém que desejasse de maneira sincera que não houvesse nenhum Deus. Alciphron, disse ele, // parece-me que você deixou de maneira muito fácil que Euphranor solapasse os fundamentos de sua doutrina.

Anime-se, respondeu Alciphron. Sabe-se que um jogador habilidoso pode derrotar o seu adversário concedendo-lhe alguma vantagem inicial. Alegro-me, disse ele, voltando-se para Euphranor, que você tenha sido levado a discutir e apelar à razão. De minha parte, não tenho medo de seguir para onde quer que a razão me leve. Saiba então, Euphranor, que renuncio livremente àquilo contra o que você agora argumenta. Não valorizo o sucesso de algumas noções imperfeitas lançadas num discurso vago, mais do que os turcos valorizam a perda de sua desprezível infantaria, que eles colocam à frente de seus exércitos sem nenhum outro fim a não ser desperdiçar a pólvora e quebrar a ponta das espadas de seus inimigos. Asseguro-lhe que tenho na reserva uma série de argumentos de outro tipo que estou disposto a apresentar. Tratarei de provar.

Euph. Eu não duvido de sua capacidade de provar, Alciphron! Mas antes de colocar você diante da dificuldade de alguma prova posterior, gostaria de saber se as noções de sua filosofia minuciosa são dignas de demonstração. Quero dizer, se elas são úteis e vantajosas para a humanidade?

Alciphron, ou o filósofo minucioso

16. *Alc.* Quanto a isso, permita-me dizer a você que uma coisa pode ser útil na opinião de um homem e não na de outro. Não obstante a verdade é a verdade, seja útil ou não, e não deve ser medida pela conveniência deste ou daquele homem ou grupo de homens.

Euph. Mas não deve o bem geral da humanidade ser considerado como uma regra ou medida das verdades morais, de todas as verdades que dirigem ou influenciam as ações morais dos homens?

Alc. Esse ponto não está claro para mim. Eu sei, de fato, que os legisladores, os teólogos e os políticos sempre alegaram que é necessário para o bem-estar dos homens que estes sejam mantidos atemorizados pelas noções servis da religião e da moralidade.* Mas, admitindo tudo isso, como se provará que essas noções são verdadeiras? A conveniência é uma coisa, e a verdade é outra. Um filósofo autêntico, portanto, negligenciará todas as vantagens e considerará somente a própria verdade, enquanto tal.

Euph. Diga-me, Alciphron, o seu filósofo autêntico é um homem sábio ou um tolo?

// *Alc.* Sem dúvida, o mais sábio dos homens.

Euph. Quem deve ser considerado o homem sábio, aquele que age com desígnio ou aquele que age ao acaso?

Alc. Aquele que age com desígnio.

Euph. Aquele que age com desígnio, age em vista de um fim, não é mesmo?

Alc. Sim.

Euph. E um homem sábio age com vistas a um bom fim?

Alc. Exato.

Euph. E ele demonstra sua sabedoria ao escolher os meios adequados para alcançar seu fim.

Alc. Reconheço que sim.

Euph. Portanto, quanto mais excelente for o fim proposto, e quanto mais adequados forem os meios empregados para alcançá-lo, muito mais sábio deve ser considerado o agente.

---

* "As virtudes morais são a prole política que a adulação engendrou com o orgulho". *A fábula das abelhas*, Parte I, p. 37. [Nota acrescentada na terceira edição, de 1752. (N. T.)]

Alc. Isso parece ser verdade.

Euph. Pode um agente racional propor um fim mais excelente do que a felicidade?

Alc. Não pode.

Euph. Entre as coisas boas, o bem maior é o mais excelente.

Alc. Sem dúvida.

Euph. Não é a felicidade geral da humanidade um bem maior do que a felicidade pessoal de um homem ou de alguns homens?

Alc. É.

Euph. Não é este, portanto, o fim mais excelente?

Alc. Parece que sim.

Euph. Não são, então, aqueles que buscam esse fim pelos métodos adequados, considerados os homens mais sábios?

Alc. Admito que são.

Euph. Por quais ideias um homem sábio é governado, por noções sábias ou insensatas?

Alc. Por noções sábias, sem dúvida.

Euph. Parece então seguir-se que aquele que promove o bem-estar geral da humanidade pelos meios necessários e adequados é verdadeiramente sábio e age de maneira sábia.

Alc. Parece que é assim.

Euph. E não é a loucura de natureza oposta à sabedoria?

62 // *Alc.* É.

Euph. Não se poderia inferir, portanto, que são tolos aqueles homens que se dedicam a perturbar os princípios que têm uma conexão necessária com o bem geral da humanidade?

Alc. Talvez se possa admitir isso, mas, ao mesmo tempo, devo observar que não está em meu poder negá-lo.

Euph. Como! Você certamente não negará a conclusão depois de ter admitido as premissas!

Alc. Gostaria de saber em que termos argumentamos; se, nesta série de perguntas e respostas alguém comete um deslize, será totalmente irremediável? Pois, se com engano você busca obter qualquer vantagem, sem considerar a surpresa ou desatenção, devo lhe dizer que esta não é a maneira de me convencer.

Euph. Oh Alciphron! Não viso o triunfo, mas a verdade. Você tem, portanto, plena liberdade de desenredar tudo o que foi dito e de reparar ou corrigir qualquer deslize que você cometeu. Mas, então, você deve indicar isso de forma clara. Caso contrário, será impossível chegar a qualquer conclusão.

Alc. Estou inteiramente de acordo com você em prosseguir desta maneira na busca da verdade, da qual sou um sincero seguidor. No curso de nossa presente investigação eu cometi, ao que parece, um descuido, ao reconhecer que a felicidade geral da humanidade é um bem maior do que a felicidade particular de um só homem. Pois, de fato, a felicidade individual de cada homem, por si só, constitui todo o seu bem. A felicidade dos demais homens, separada da minha, não é para mim um bem, ou seja, um verdadeiro bem natural. Portanto, não pode ser um fim razoável a ser proposto por mim como verdadeiro e natural (pois não falo de pretextos políticos), visto que nenhum homem sábio perseguirá um fim que não lhe diga respeito. Esta é a voz da natureza. Oh, natureza! Tus és a fonte, a origem e o modelo de tudo o que é bom e sábio.

Euph. Você gostaria então de seguir a natureza e propô-la como um guia e modelo para imitação?

Alc. De todas as coisas.

Euph. De onde provém esse seu respeito pela natureza?

Alc. Da excelência de suas produções.

Euph. Em um vegetal, por exemplo, você diz que há utilidade e excelência, porque suas diversas partes estão tão conectadas e ajustadas umas às outras para proteger e nutrir o todo, promover o crescimento individual e propagar a espécie, e porque // seus frutos ou qualidades são adaptados para agradar os sentidos, ou contribuir para o benefício dos homens.

Alc. Isso mesmo.

Euph. Da mesma maneira, você não infere a excelência dos corpos dos animais observando o arranjo e a adequação de suas várias partes, graças às quais elas contribuem mutuamente para o bem-estar de cada uma das demais partes, assim como do todo? Você não observa também uma união natural e um acordo entre animais da mesma espécie, e que mesmo as diferentes espécies de animais têm certas qualidades e instintos por meio dos quais contribuem para o exercício, sustento e deleite dos demais? Até mesmo os elementos inanimados e inorgânicos parecem ter uma excelência uns em relação aos outros. Onde estaria a excelência da água se ela não fizesse brotar da terra as ervas e vegetais, e produzir flores e frutos? E o que aconteceria com a beleza da terra se ela não fosse aquecida pelo sol, umedecida pela água e arejada pelo ar? Em toda parte do sistema do mundo visível e natural você não percebe uma conexão mútua e uma correspondência entre as partes? E não é a partir disso que você formou uma ideia da perfeição, da ordem, e da beleza da natureza?

Alc. Admito tudo isso.

Euph. E os estoicos (que não eram mais fanáticos do que você) não disseram outrora, e você mesmo não disse, que este modelo de ordem era digno de ser imitado por agentes racionais?

Alc. Não nego que isso seja verdade.

Euph. Não deveríamos, portanto, inferir a mesma união, ordem e regularidade no mundo moral que aquela que observamos existir no natural?

Alc. Deveríamos.

Euph. Portanto, não deveria se seguir que as criaturas racionais foram, como observa o imperador filósofo,* feitas umas para as outras e, consequentemente, que o homem não deve se considerar um indivíduo autossuficiente, cuja felicidade não está conectada com a dos demais homens; mas sim como parte de um todo, para o bem comum com o qual ele deveria cooperar, e regular adequadamente sua conduta e ações, se ele quisesse viver de acordo com a natureza?

Alc. Supondo que isso seja verdade, o que se deduz?

Euph. Não se deduzirá que um homem sábio deve considerar // e buscar o seu bem particular em relação com o de outros homens e em conjunção com os deles? Admitindo isso, você não acha que é culpado de cometer um erro? Ainda que, de fato, a simpatia pela dor e pelo prazer, e os sentimentos recíprocos pelos quais os seres humanos se unem, sempre tenham sido

---

* M. Antonin. L. IV. [Marco Aurélio. *Meditações*, 1.4 τὰ λογικὰ ζῷα ἀλλήλων γέγονε; "todos os seres racionais foram feitos uns para os outros" (N. T.)]

considerados uma prova evidente desse ponto; e ainda que essa tenha sido a doutrina constante daqueles que foram considerados os homens mais sábios e inteligentes entre os antigos, como os platônicos, os peripatéticos e os estoicos; para não dizer nada dos cristãos, que você julga que são uma espécie de pessoas irracionais e preconceituosas.

Alc. Não discutirei esse ponto com você.

Euph. Portanto, dado que até agora estamos de acordo, parece que deveria decorrer dessas premissas que as crenças em um Deus, em um estado futuro e nos deveres morais são os únicos princípios sábios, corretos e genuínos da conduta humana, uma vez que têm uma conexão necessária com o bem-estar da humanidade? Você foi levado a essa conclusão por suas próprias concessões e pela analogia da natureza.

Alc. Fui levado a ela, passo a passo, através de várias etapas preliminares de que não me recordo muito bem. Mas uma coisa que observo é que você se apoia na conexão necessária que esses princípios têm com o bem-estar da humanidade, que é um ponto que não foi provado nem admitido.

Lys. Considero que este é um preconceito fundamental que, não tenho dúvidas, se tivesse tempo poderia mostrar. Mas agora é tarde, e vamos, se você achar apropriado, adiar este assunto para amanhã.

Depois dessa proposta de Lysicles, encerramos a nossa conversa daquela noite.

65 *// Segundo diálogo*

I. Na manhã seguinte, Alciphron e Lysicles disseram que o tempo estava tão bom que tinham a intenção de passar o dia fora de casa e fazer um banquete, à sombra, em algum lugar agradável do campo. Em seguida, após o café da manhã, descemos até uma praia a aproximadamente meia milha de distância, onde caminhamos sobre a areia macia, com o oceano de um lado e, do outro, pedaços de rochas desertas[17] entremeadas de árvores frondosas e mananciais de água, até que o sol começou a se tornar escaldante. Então nos retiramos para uma clareira aberta, entre duas rochas, onde, mal havíamos nos sentado, Lysicles, dirigindo-se a Euphranor, disse: agora estou pronto para cumprir o que prometi ontem à noite, que era mostrar que não há nenhuma conexão necessária, como alguns homens imaginam, entre os princípios que você defende e o bem comum. Admito de bom grado que se essa questão fosse decidida pela autoridade dos legisladores ou dos filósofos, ela seria desfavorável a nós. Pois esses homens em geral consideram certo que o vício é pernicioso para a sociedade, e que os homens não podem ser afastados do vício a não ser pelo temor a Deus e pela crença em um estado futuro; motivo pelo qual são induzidos a pensar que a crença em tais coisas é necessária para

---

17 Descrição correspondente à "The Second Beach" e "Hanging Rocks", próximo a Newport, Rhode Island. (Fraser, 1901, 2, p.70, e Luce & Jessop, 1950, 3, p.65). (N. T.)

o bem-estar da espécie humana. Essa falsa noção tem prevalecido no mundo durante muitos séculos e causado uma infinidade de danos, sendo na verdade a causa das instituições religiosas, e obtendo a proteção e o apoio de leis e magistrados para o clero e suas superstições. Mesmo alguns dos mais sábios entre os antigos, que estão de acordo com a nossa seita ao negar uma providência e a imortalidade da alma, tiveram, no entanto, a fraqueza de cair neste preconceito comum de que o vício era prejudicial às sociedades humanas. Mas a Inglaterra produziu recentemente grandes filósofos que têm livrado o mundo do engano e provado por demonstração que os vícios privados são benefícios públicos.[18] Esta descoberta estava reservada para nossa época, e nossa seita teve a glória de realizá-la.

Cri. É possível que alguns homens de excelente entendimento tenham tido, em épocas passadas, um vislumbre desta importante verdade, mas // pode-se presumir que viveram em tempos ignorantes e em países intolerantes, que não estavam preparados para tal descoberta.

Lys. Homens de capacidade limitada e visão curta, que não são capazes de ver mais do que um elo em uma cadeia de consequências, se escandalizam com os pequenos males que acompanham o vício. Mas aqueles que podem ampliar sua visão, e olhar através de uma longa série de eventos, podem ver a felicidade que resulta do vício, e o bem que nasce do mal, em mil casos.[19] Para provar minha afirmação não o incomodarei com autoridades nem com argumentos rebuscados, mas apresentarei a você simples fatos concretos. Tente examinar cada vício particular e segui-lo através de seus efeitos e consequências, e então você perceberá claramente as vantagens que ele traz para o público.

2. A embriaguez,[20] por exemplo, é considerada por seus moralistas sóbrios um vício pernicioso; mas é por deixar de considerar os bons efeitos que dela decorrem. Pois, em primeiro lugar, ela aumenta a coleta de impostos sobre

---

18 Alusão à obra de Mandeville, *A fábula das abelhas*. (N. T.)

19 Paráfrase do texto de *A fábula das abelhas*, 1724, p.89. (N. T.)

20 Esse parágrafo segue o texto de *A fábula das abelhas*, "Observações E, F, G", 1724, p.76-90; 2017, p.89-102. (N. T.)

a cerveja,[21] uma das principais fontes de receita de sua majestade, e, assim, promove a segurança, o poder e a glória da nação. Em segundo lugar, emprega um grande número de trabalhadores: cervejeiros, fabricantes de malte, lavradores, comerciantes de lúpulo, ferreiros, carpinteiros, caldeireiros, marceneiros, junto aos demais artesãos necessários para fornecer àqueles seus respectivos instrumentos e utensílios. Todas essas vantagens são produzidas pela embriaguez vulgar, pela cerveja forte. Este ponto é tão claro que não admite nenhuma discussão. Mas, embora você seja forçado a admitir isso, prevejo que está disposto a objetar contra a embriaguez ocasionada pelo vinho e pelos licores, como exportação de riqueza para países estrangeiros. Mas você não reflete sobre o número de trabalhadores que, de igual modo, esses produtos empregam no país: os destiladores, os vinicultores, os comerciantes, os marinheiros, os construtores navais, além de todos aqueles que trabalham no abastecimento e carregamento dos navios, os quais, se você fizer bem as contas, descobrirá que incluem uma variedade incrível de negócios e ocupações. Além disso, para carregar nossos navios a fim de atender as importações estrangeiras, são empregadas todas as manufaturas do reino: os fiandeiros, os tecelões, os tintureiros, os cardadores de lã, os transportadores, os empacotadores. E o mesmo se pode dizer de muitas outras manufaturas

67 similares às têxteis. E se // você considerar, além disso, quantos homens enriqueceram com todas essas profissões e atividades mencionadas, e os gastos desses homens e de suas famílias com diversos artigos para viver de maneira conveniente e conforme a moda, por meio dos quais se mantém empregados todos os tipos de negócios e ocupações, não somente em nosso país, mas em todos os lugares para onde se estende nosso comércio, você se surpreenderá com a maravilhosa série de benefícios que surgem do simples vício da embriaguez, tão criticado e difamado por todos os graves reformadores.

É com o mesmo critério que seus estúpidos partidários estão acostumados a censurar os jogos.[22] E, de fato (tal é a ignorância e a insensatez da

---

21 No original: "malt-tax", taxa sobre o malte imposta pelo parlamento em 1697, substituída pelo imposto sobre a cerveja em 1880. (N. T.)

22 Sobre as vantagens dos jogos para a moralidade social ver Mandeville, *A fábula das abelhas*, Observação E, 2017, p.89-93. (N. T.)

humanidade), um jogador e um beberrão são considerados perturbações públicas, quando, na verdade, cada um à sua maneira, contribuem muito para o benefício público. Se você olhar apenas a superfície e a primeira aparência das coisas, sem dúvida achará que jogar baralho é uma ocupação muito ociosa e inútil. Mas mergulhe mais a fundo e você perceberá que essa diversão ociosa emprega o fabricante de baralho, e este movimenta as fábricas de papel, que sustentam o pobre trapeiro, sem mencionar os construtores e os carpinteiros e ferreiros que trabalham para montar e equipar essas fábricas. Observe ainda mais a fundo, e você descobrirá que as velas e o aluguel de cadeiras empregam o industrioso e o pobre, os quais terminam assim por ser socorridos por vigaristas e cavalheiros que não dariam um centavo em caridade. Mas você dirá que muitos cavalheiros e damas são arruinados pelo jogo, sem considerar que aquilo que um homem perde, outro ganha, e que, em consequência, há tanto ganhadores como perdedores: o dinheiro muda de mãos, e a vida dos negócios e do comércio consiste nessa circulação. Quando o dinheiro é gasto, não importa ao público quem o gasta. Suponha que um néscio da alta sociedade seja enganado por um homem pobre e de nascimento humilde, que teve mais habilidade. Nesse caso, que dano sofrerá o público? A pobreza é mitigada, a habilidade, recompensada, o dinheiro permanece no país e circula com rapidez, uma vez que o vigarista esperto reúne grande comitiva e gasta com liberalidade, o que não pode fazer sem empregar muitas pessoas. Mas talvez você objete que um homem dominado pelo jogo pode ser levado a tomar uma atitude desesperada, prejudicial ao público. Imagine algo pior, e que ele se converta num salteador; tal homem tem uma vida breve e divertida. Enquanto ele vive, ele gasta, e para cada um que ele rouba, enriquece vinte às suas custas. E // quando chega sua hora, uma família pobre pode ser socorrida pelas cinquenta ou cem libras de recompensa por sua cabeça. Aos olhos do vulgo, muitos indivíduos parecem inúteis e nocivos. Vendo-os de outra perspectiva, o verdadeiro filósofo os considera homens de ocupação agradável que se divertem e beneficiam o público, e que com grande facilidade empregam um grande número de homens e colocam em movimento uma máquina imensa, sem saber o bem que fazem ou até mesmo sem a intenção de fazer bem algum: o que é uma maneira peculiar desses cavalheiros fazerem o bem por meio do vício.

Eu estava considerando o jogo e isso me levou imperceptivelmente às vantagens que acompanham os roubos nas estradas. Oh, a bela e nunca bastante admirada conexão dos vícios! Levaria muito tempo para mostrar como todos eles se relacionam e que quantidade infinita de bens provém de cada um deles. Direi uma só palavra em relação a um vício favorito, e deixarei que você mesmo decifre o resto sozinho, aplicando a mesma maneira de raciocinar a todos os outros vícios. Uma pobre garota, que talvez não tenha meia coroa por semana para gastar numa vida que você chama de honesta, tão logo tem a sorte de tornar-se uma concubina, emprega modistas, lavadeiras, camareira, vendedores de tecidos, e um grande número de outros trabalhadores, para o benefício de seu país. Seria interminável investigar e ir ao encalço de cada vício particular através das suas consequências e efeitos, e mostrar a grande vantagem que todos eles representam para o público. As verdadeiras causas que acionam a grande máquina do comércio, e fazem que um estado seja próspero, têm sido até agora pouco compreendidas. Os seus moralistas e teólogos têm, durante séculos, corrompido o verdadeiro bom senso dos homens e enchido suas cabeças com esses princípios absurdos, que só alguns homens podem contemplar a verdadeira vida com um olhar livre de preconceitos. E menos ainda têm talento e sagacidade suficientes para seguir uma longa série de consequências, relações e dependências, o que deve ser feito a fim de formar uma noção exata e completa do bem público. Mas, como eu disse antes, nossa seita produziu homens capazes dessas descobertas, que as expuseram em plena luz e as tornaram públicas para o benefício de nosso país.

3. Oh, disse Euphranor, que ouviu esse discurso com grande atenção, você, Lysicles, é exatamente o homem que eu procurava, eloquente e engenhoso, conhecedor dos princípios de sua seita, e disposto a transmiti-los. Diga-me, por favor, esses princípios são facilmente admitidos no mundo?

69 // *Lys.* Eles são admitidos pelos homens inteligentes e pelas pessoas da moda, embora às vezes você encontre fortes preconceitos contra eles na classe média, fruto de talentos medíocres e educação mesquinha.

Euph. Eu me espantaria se os homens não ficassem chocados diante de noções de uma natureza tão surpreendente, tão contrárias a todas as leis, educação e religião.

Lys. Eles ficariam muito mais chocados se não fosse o hábil discurso de nossos filósofos, que, considerando que a maioria dos homens é influenciada pelos nomes mais do que pelas coisas, introduziram certa maneira educada de falar, o que diminui muito a aversão e o preconceito contra o vício.

Euph. Explique-me isso.

Lys. Em nosso dialeto, um homem vicioso é um homem de prazer, um vigarista é alguém que joga todo jogo; uma dama é uma mulher que tem um caso, um cavalheiro é um cortejador, um trapaceiro nos negócios é alguém que conhece o mundo. Dessa forma não temos coisas como os beberrões, devassos, prostitutas ou vadias do *beau monde*, que podem desfrutar de seus vícios sem incorrer em alcunhas desagradáveis.

Euph. O vício é, então, ao que parece, uma coisa boa com um nome feio.

Lys. Tenha certeza de que é.

Euph. Parece, então, que o receio de Platão de que a juventude pudesse ser corrompida por aquelas fábulas que representavam os deuses cheios de vícios era um efeito de sua fraqueza e ignorância.[23]

Lys. Era, eu lhe garanto.

Euph. E, no entanto, Platão manteve boas companhias e viveu em uma corte. E Cícero,[24] que conhecia bem o mundo, demonstrou uma profunda estima por ele.

Cri. Digo a você, Euphranor, que Platão e Cícero poderiam talvez ser admirados em Atenas ou Roma; mas se eles ressuscitassem em nossos dias não passariam de pedantes mal-educados, havendo em muitos cafés de Londres vários homens hábeis que poderiam convencê-los de que não saberiam nada sobre moral e política, assuntos pelos quais são muito estimados.

Lys. Conheço muitos homens sagazes, tanto na corte quanto na cidade, cinco vezes mais sensatos que Platão, que não dão a mínima importância a quais noções seus filhos têm sobre Deus ou sobre a virtude.

// 4. *Cri.* Posso ilustrar essa doutrina de Lysicles com exemplos que farão você perceber sua força. Cleophon, um filósofo minucioso, tomou um

---

23 Platão, *República*, 2.377e. (N. T.)
24 Cícero, *Discussões tusculanas*, 11.17. (N. T.)

Alciphron, ou o filósofo minucioso

cuidado rigoroso na educação de seu filho, e o iniciou cedo nos princípios de sua seita. Callicles (este era o nome de seu filho), sendo um jovem talentoso, fez um progresso notável, tanto que, antes de atingir a maioridade, ele matou de desgosto seu velho e avarento pai e, logo depois, dilapidou a herança que este lhe havia deixado, ou, em outras palavras, entregou-a de presente ao público, espalhando sobre o solo do país o monturo juntado por seus antepassados, transformando uma herança desmedida em várias fortunas consideráveis para homens inteligentes que vivem à custa dos vícios dos grandes. Telesila, embora fosse uma mulher distinta e nobre, não se destacou no mundo até ser instruída por seu marido nos princípios da filosofia minuciosa, o que ela sabiamente pensou que a impediria de dar esmolas. A partir de então ela passou a se dedicar a diversões dispendiosas, em particular a jogos secretos, por meio dos quais logo transferiu uma parte considerável de sua fortuna para vários homens perspicazes versados nesse mistério, que a desejavam mais e a fizeram circular de maneira mais rápida do que seu marido o teria feito, o qual, em troca, obteve um herdeiro de seus bens, sem nunca ter tido um filho antes. A mesma Telesila, que não havia se destacado em nada antes de acreditar em seu catecismo, agora brilha em todos os lugares públicos, é uma dama elegante e da moda e, por sua extravagante ostentação de rendas e roupas finas, suscitou uma mania de luxo em outras damas, para maior benefício público, embora, deve-se confessar, para mortificação de muitos maridos parcimoniosos.

Enquanto Crito relatava esses fatos com uma expressão séria, não pude deixar de sorrir. Ao observar isso, Lysicles disse: — as mentes superficiais talvez encontrem algo para ridicularizar nesses relatos, mas todos os que gozam de uma maneira correta de pensar precisam ver que essas máximas, cujo benefício é universal e o dano só limitado a algumas pessoas ou famílias particulares, devem ser encorajadas em uma comunidade de sábios.

De minha parte, disse Euphranor, confesso estar mais deslumbrado e confuso do que convencido pelo seu raciocínio; o que, como você mesmo observou, levando em consideração a conexão de muitos pontos distantes, requer muita reflexão para compreendê-lo. Devo, portanto, suplicar-lhe que tolere os meus defeitos e me permita dividir o que é demasiado amplo para **71** ser compreendido // de uma só vez; e onde não posso acompanhar o seu ritmo, permita-me que o siga passo a passo, o mais rápido que eu puder.

81

Lys. Há razão no que você diz. Nem todos podem acompanhar subitamente um longo encadeamento argumentativo.

5. *Euph.* Seus vários argumentos parecem centrar-se nisso, que o vício faz o dinheiro circular e promove a indústria,[25] o que faz um povo prosperar. Não é isso?

Lys. É.

Euph. E a razão pela qual o vício produz esse efeito é porque ele gera um consumo exorbitante que é muito benéfico para os fabricantes, dado que seu incentivo aumenta a demanda e eleva o preço.

Lys. É verdade.

Euph. Por isso você considera que um beberrão é mais benéfico para o fabricante de cerveja e o comerciante de vinhos, por provocar um grande consumo de bebidas alcoólicas, já que ele bebe mais do que os outros homens?

Lys. Sem dúvida.

Euph. Diga, Lysicles, quem bebe mais, um homem doente ou um homem saudável?

Lys. Um saudável.

Euph. E quem é mais saudável, um homem sóbrio ou beberrão?

Lys. Um homem sóbrio.

Euph. Portanto, um homem sóbrio e saudável pode beber mais do que um beberrão quando este está doente?

Lys. Pode.

Euph. O que você acha, um homem consumirá mais alimentos e bebidas em uma vida longa ou numa vida curta?

Lys. Em uma longa.

Euph. Um homem sóbrio e saudável, portanto, durante uma vida longa, pode fazer circular mais dinheiro ao comer e beber do que um glutão ou beberrão durante uma vida breve.

Lys. E daí?

Euph. E daí que parece que é mais benéfico para o público este modo de comer e de beber.

---

25 Mandeville, *A fábula das abelhas*, Observação E, 2017, p.89-93. (N. T.)

Lys. Nunca reconhecerei que a temperança seja a maneira de incentivar o consumo de bebida.

Euph. Mas você reconhecerá que a doença reduz e a morte acaba com todo o consumo de bebida. Pode-se sustentar o mesmo argumento, até onde posso ver, com respeito a todos os outros vícios que prejudicam a // saúde dos homens e encurtam sua vida. E, se admitirmos isso, não será tão evidente que o vício seja benéfico para o público.

Lys. Mas admitindo que alguns artesãos e comerciantes possam ser encorajados tanto pelos homens sóbrios quanto pelos viciosos, o que diremos daqueles que vivem de maneira exclusiva do vício e da vaidade?

Euph. Se estes existem, não poderiam ser empregados de outra forma sem prejuízo para o público? Diga-me, Lysicles, há alguma coisa na natureza do vício, como tal, que o converta em um benefício público, ou é somente o consumo que o ocasiona?

Lys. Já mostrei como ele beneficia a nação pelo consumo de seus produtos.

Euph. E você admitiu que durante uma vida longa e saudável se consome mais do que durante uma vida breve e doentia; e você não negará que muitos consomem mais do que um sozinho. De um modo geral então calcule e diga o que é mais provável que promoverá a indústria de nossos conterrâneos, um homem virtuoso e casado, com uma prole numerosa e saudável, e que alimenta e veste os órfãos de sua vizinhança, ou um elegante libertino na cidade? Gostaria de saber se o dinheiro gasto de maneira inocente não circula tanto quanto aquele gasto com o vício. E, se é assim, se segundo sua própria norma não beneficia de igual modo o público?

Lys. O que eu provei, provei de forma clara, e não há necessidade de mais palavras sobre isso.

Euph. Parece-me que você não provou nada, a menos que possa demonstrar que é impossível gastar uma fortuna de maneira inocente. E penso que o bem-estar público de uma nação consiste no número e nas boas condições de seus habitantes; você tem alguma coisa a objetar a isso?

Lys. Acho que não.

Euph. O que mais contribui para esse fim, o trabalho humano ao ar livre e exercícios pesados, ou as ocupações sedentárias em lugares fechados?

Lys. O primeiro, suponho.

Euph. Não deveria parecer então que a construção, a jardinagem e a agricultura empregariam os homens de maneira mais útil para o público do que se fossem multiplicados os alfaiates, os barbeiros, os perfumistas, os destiladores e outros ofícios semelhantes?

// *Lys.* Admito tudo isso, mas isso depõe contra você. Pois o que move os homens a construir e a plantar senão a vaidade, e o que é a vaidade senão vício?

Euph. Mas se um homem fizesse essas coisas para a sua conveniência ou prazer, e em proporção à sua fortuna, sem uma ostentação tola, nem superestimando-as além de seu devido valor, elas não seriam então efeitos do vício. E como você sabe que esse não é o caso?

Cri. Uma coisa eu sei, que a maneira mais rápida de acelerar esse tipo de indústria e empregar carpinteiros, pedreiros, ferreiros e outras profissões semelhantes, seria colocar em prática a feliz sugestão de um célebre filósofo minucioso[26] que, através de um pensamento profundo, descobriu que queimar a cidade de Londres não seria uma ação tão má, como as pessoas tolas e preconceituosas poderiam talvez imaginar, visto que produziria uma rápida circulação da propriedade, transferindo-a dos ricos para os pobres, e empregando um grande número de artesãos de todos os tipos.[27] Pelo menos não se pode negar isso, que ele inaugurou uma nova maneira de pensar em relação aos nossos incendiários, de quem o público começou recentemente a colher os benefícios.

Euph. Não consigo admirar de maneira suficiente esse pensamento engenhoso.

6. Mas parece-me que seria perigoso tornar essas noções públicas.

Cri. Perigoso para quem?

Euph. Em primeiro lugar, para quem as divulga.

Cri. Isso é um erro, pois tais noções foram publicadas e receberam a devida aprovação nesta era mais sábia e feliz do livre-pensamento, da liberdade de expressão, da livre escrita e da livre ação.

---

26 Mandeville, *Letter to Dion*, 1732, p.4. (N. T.)

27 Mandeville, *A fábula das abelhas*, 1724, p.515. (N. T.)

Euph. Como! Pode então um homem publicar e praticar essas coisas impunemente?

Cri. Para falar a verdade, não tenho tanta clareza com relação à parte prática. Um acidente infeliz ocorre de vez em quando a um homem inventivo. O filósofo minucioso Magirus, desejoso de beneficiar o público, ao gastar uma fortuna que um parente próximo possuía e que este não tinha coragem de gastar, logo se convenceu, com base nesses princípios, de que seria uma boa ação afastar do caminho um sujeito tão inútil, de quem ele era o herdeiro mais próximo. Mas, por essa tentativa louvável, teve a infelicidade de ser enforcado por um juiz e um júri mal-educados. Poderia haver alguma coisa mais injusta?

Euph. Por que injusta?

Cri. Não é injusto punir as ações, quando os princípios dos quais elas decorrem diretamente são tolerados e aplaudidos pelo público? Pode haver alguma coisa mais incoerente do que condenar na prática o que se aprova na especulação? A verdade é uma e a mesma, sendo impossível que uma coisa seja na prática falsa e em teoria verdadeira. Assim, é de todo certo que Magirus era um mestre perfeito de toda esta teoria e argumentou de forma muito penetrante sobre isso com um amigo meu um pouco antes de realizar o ato pelo qual ele morreu.

Lys. O melhor disso é que o mundo se torna cada dia mais sábio [embora se deva reconhecer que os escritores de nossa seita ainda não abandonaram todo o respeito pelas leis humanas, independentemente do que possam fazer em relação às divinas. Parece que não se aventuram mais além de recomendar um princípio interno do vício, operando sob a restrição externa das leis humanas.

Cri. O escritor que considera o homem somente um instrumento da paixão, que o exime de todos os laços da consciência e da religião, e o deixa sem leis para respeitar ou temer, exceto a lei do país, tem a certeza de um benefício público.][28] Você se engana, Euphranor, se considera os filósofos minuciosos teóricos inúteis; eles são homens de visões práticas.

---

28 Acrescentado na edição B. (N. T.)

Euph. Por mais que eu ame a liberdade, eu temeria viver entre essas pessoas; seria viver, como disse Sêneca em algum lugar, *in libertate bellis ac tyrannis saeviore.*[29]

Lys. O que você pretende ao citar Platão e Sêneca? Você consegue imaginar um livre-pensador influenciado pela autoridade de escritores tão antiquados?

Euph. Você, Lysicles, e seu amigo citaram para mim cavalheiros modernos engenhosos, distintos e profundos, bem como novos nomes de autores da filosofia minuciosa, cujos méritos eu desconheço por completo. Permitam-me, por minha vez, citar as autoridades que conheço e que têm sido respeitadas durante muito tempo.

7. Mas, autoridade à parte, o que você diz da experiência? Minha observação não alcança além de uma família em particular, e alguns sábios pensaram que uma família pode ser considerada um pequeno // reino, ou um reino, como uma grande família. Você admite que isso seja verdade?

Lys. Se eu disser que sim, você tirará uma conclusão, e se eu disser que não, você me pedirá uma razão. A melhor saída é não dizer nada em absoluto. Ou seja, não vejo nenhum motivo para responder.

Euph. Se você abandonar o ponto que prometeu provar, a discussão acaba de modo imediato, mas se você espera me convencer, deve responder às minhas perguntas e me dar a liberdade de argumentar e inferir.

Lys. Bem, suponha que eu admita que um reino pode ser considerado uma grande família.

Euph. Eu lhe perguntarei então se alguma vez você viu famílias particulares prosperarem por causa desses vícios que você considera tão benéficos para o público?

Lys. Suponha que não.

Euph. Não se poderia então, por uma analogia, suspeitar de sua utilidade para o público?

Lys. Não tema, a próxima era prosperará e florescerá.

---

29 "na guerra, durante o período dos tiranos ou sob uma democracia mais cruel ainda do que as guerras ou os tiranos." Sêneca. *Cartas a Lucílio*, 104.27-8. (N. T.)

Euph. Por favor, diga-me Lysicles; suponha que você viu uma fruta de uma espécie nova, nunca experimentada, você a recomendaria para que sua própria família se alimentasse apenas com ela?

Lys. Eu não a recomendaria.

Euph. Por que então você propõe ao seu próprio país essas máximas que nunca foram admitidas em nenhum outro?

Lys. O experimento deve começar em algum lugar, e decidimos que o nosso próprio país tivesse esta honra e este privilégio.

Euph. Oh Lysicles! a velha Inglaterra não sobreviveu durante muitos séculos sem a ajuda das suas noções?

Lys. Sim

Euph. E não se destacou?

Lys. Admito que sim.

Euph. Por que então você pretende que ela corra o risco de uma nova experiência, quando é certo que pode viver sem ela?

Lys. Mas gostaríamos de torná-la melhor. Gostaríamos de produzir nela uma mudança que nunca foi vista em qualquer nação.

Euph. Salústio[30] observa que um pouco antes da queda do Império romano a avareza (efeito do luxo) tinha destruído // os bons e velhos princípios da probidade e da justiça; havia produzido um desprezo pela religião e tornado todas as coisas venais, enquanto a ambição engendrava dissimulação e induzia os homens a se unirem em clubes e partidos, não por motivos honráveis, mas por propósitos mesquinhos e interesseiros. O mesmo historiador[31] observa a respeito daquele grande livre-pensador Catilina, que em seus negócios ele se insinuava na intimidade dos jovens, cujas mentes, não melhoradas pelos anos e pela experiência, eram facilmente seduzidas. Eu não sei como isso acontece, mas essas passagens ocorreram em meus pensamentos mais de uma vez durante esta conversa.

Lys. Salústio era um moralista pedante.

Euph. Mas consulte qualquer historiador, leia qualquer outro escritor. Veja, por exemplo, o que Xenofonte e Tito Lívio dizem de Esparta e Roma,

---

30 Salústio, *A conjuração de Catilina*, 10. (N. T.)

31 Salústio, *A conjuração de Catilina*, 16. (N. T.)

e depois me diga se o vício não é o meio mais adequado para arruinar e escravizar um povo.

Lys. Quando uma questão é clara por sua própria evidência, nunca acho que valha a pena consultar a seu respeito autores antigos.

Cri. Requer-se muita atenção e uma observação fina para ir até o fundo das coisas. Mas quem chega à verdade com dificuldade pode transmiti-la com facilidade. Portanto, Euphranor, explicarei a você em três palavras (o que nenhum dos seus escritores antigos jamais sonhou) a verdadeira causa da ruína daqueles Estados. Saiba que o vício e a virtude, sendo princípios opostos e incompatíveis, ambos trabalhando ao mesmo tempo em um Estado, produzirão efeitos contrários, e esta discórdia interna deve de maneira necessária conduzir à dissolução e ruína de tudo. Mas essa é a intenção dos nossos filósofos minuciosos ao representar os homens perversos por princípio, uma coisa desconhecida dos antigos, e assim enfraquecer e destruir a força da virtude, para que seus efeitos não sejam percebidos em público. Nesse caso, sendo o vício descontrolado sem obstáculo ou impedimento de princípio, puro e genuíno, sem mescla de virtude, a nação deve, sem dúvida, ser muito florescente e próspera.

Euph. Realmente, um plano nobre!

Cri. E em boas vias de realizar-se. Pois os nossos jovens versados na filosofia minuciosa, por uma rara felicidade em sua educação, não estando impregnados de fanatismo ou preconceito, superam em muito os defensores e professores veteranos da seita; os quais, embora homens de talentos admiráveis, mas tendo a infelicidade de terem sido impregnados na infância de algumas noções religiosas e não podendo nunca mais se livrar totalmente delas, conservam ainda alguns pequenos grãos de escrúpulo e de superstição, o que constitui um obstáculo à sua inteligência superior. Como prova disso, lembro que o famoso filósofo minucioso, // o velho Demodicus, retornava certa vez cheio de espanto de uma conversa sobre negócios com Timander, um jovem cavalheiro da mesma seita. Estou surpreso, disse ele, de ver um vilão tão jovem e, ao mesmo tempo, tão completo; e, tal era a força do preconceito, falou de Timander com desdém, sem se dar conta de que ele era o mais extraordinário e profundo filósofo dentre os dois.

Alciphron, ou o filósofo minucioso

8. *Euph.* Embora se possa esperar muita coisa da educação sem preconceitos dos jovens cavalheiros, todavia parece que não devemos esperar uma felicidade estável e completa, antes que o vício reine puro e sem mistura. Até então, há muito a se temer da perigosa luta entre o vício e a virtude, o que pode talvez derrubar e dissolver este governo, como sucedeu a outros.

Lys. Isso não tem importância, se outro melhor surgir em seu lugar. Nós limpamos o país de todos os preconceitos em relação ao governo ou à constituição, e os fizemos desaparecer como aos demais fantasmas diante da luz da razão e do bom senso. Os homens que pensam de maneira profunda não conseguem ver nenhuma razão pela qual o poder, tal como a propriedade, não deve mudar de mãos; ou por que a forma de um governo não pode mudar tão facilmente quanto a moda de um vestido. A alternância e circulação perpétua da riqueza e do poder, não importa por meio de quais ou de quantas mãos, é o que mantém a vida e o espírito de um Estado.[32] Até aqueles que conhecem de modo superficial a nossa filosofia sabem que de todos os preconceitos o mais absurdo é o apego às formas.

Cri. Para não falar mais sobre uma questão tão clara, a derrocada de um governo pode ser justificada com base nos mesmos princípios que justificam o incêndio de uma cidade: produziria efeitos semelhantes e contribuiria de igual modo para o bem público. Em ambos os casos as causas naturais da ação são violentamente exercidas e, nessa atividade geral, o que um perde o outro ganha, pois uma rápida circulação da riqueza e do poder faz com que a soma total aumente.

Euph. E os filósofos minuciosos divulgam essas coisas ao mundo?

Lys. É preciso confessar que nossos escritores procedem em política com mais prudência do que julgam necessário no que diz respeito à religião.

Cri. Mas essas coisas derivam evidentemente dos seus princípios e devem ser admitidas como doutrina genuína da seita, expressas talvez com mais liberdade e clareza do que se poderia // pensar prudente por aqueles que desejam guiar o público ou não ofender seus irmãos mais fracos.

Euph. E, diga-me, não tem necessidade de prudência um rebelde ou incendiário, sendo sujeitos contra os quais muitos homens têm preconceitos?

---

32 Mandeville, *A fábula das abelhas*, Observações G, I, L. N, 1724. (N. T.)

Lys. Pessoas tolas de todas as classes têm uma infinidade de preconceitos absurdos.

Euph. Mas os melhores, como os governantes e legisladores, você acha que eles não têm a mesma indisposição para admitir seus princípios?

Lys. Talvez eles tenham, mas a razão é clara.

Cri. Isso me faz lembrar daquele filósofo engenhoso, o jogador Glauco, que costumava dizer que os governantes e legisladores podem manter um alvoroço sobre o certo e o errado, o justo e o injusto, mas que, na verdade, a propriedade de todas as coisas havia sido muitas vezes transferida de seus verdadeiros donos por fraude e violência, que agora devia ser considerada como bem comum, e com igual direito pertencia a todo aquele que pudesse apoderar-se dela.

Euph. O que devemos pensar então das leis e normas relativas ao certo e ao errado, aos crimes e aos deveres?

Lys. Elas servem para obrigar as mentes fracas, e manter o vulgo amedrontado. Mas assim que surge um verdadeiro gênio, ele abre o caminho para a grandeza através de todos os entraves do dever, da consciência, da religião, da lei; a tudo o que ele se mostra infinitamente superior.

9. *Euph.* Parece que você está querendo promover uma reforma completa.

Lys. Em relação àquilo que em geral se chama Reforma, nunca pude ver como ou em que beneficiou o mundo. É muito semelhante ao catolicismo, com esta diferença, de que é ainda mais puritana e desagradável. Um dos nossos famosos escritores lhe faz um grande elogio quando calcula que o benefício das anáguas de arco é quase igual ao da Reforma.[33] Reforma total é liberdade total. Deixe a natureza em completa liberdade para seguir o seu próprio caminho, e tudo ficará bem. Isso é o que almejamos, e nada menos do que isso pode estar à altura de nossos princípios.

Crito, que é um protestante fervoroso, ao ouvir essas palavras não pôde conter-se. O pior efeito da Reforma, disse ele, foi salvar os homens maus da ignorância que os mantinha no // temor. Isso, como se provou, trouxe à luz ladrões e assassinos. A luz em si mesma é boa, e a mesma luz que mostra a

---

33 Mandeville, *A fábula das abelhas*, 1724, p.411. (N. T.)

um homem a loucura da superstição pode mostrar-lhe a verdade da religião e a loucura do ateísmo. Mas fazer uso da luz apenas para ver os males por um lado, e nunca para ver o pior extremo, senão para correr cegamente para ele, isso é fazer com que as melhores coisas produzam o mal no mesmo sentido que você provou que as piores coisas produzem o bem, ou seja, de forma acidental ou indireta. E pelo mesmo método de argumentação você pode provar que até as doenças são úteis, mas qualquer benefício que pareça advir para o público, seja de uma doença mental ou do corpo, não é um resultado genuíno e pode ser obtido sem elas.

Lysicles ficou um pouco desconcertado pela atitude afirmativa de Crito, mas após uma breve pausa respondeu de forma brusca que ter em vista o bem público não era dom de todo mundo.

É verdade, disse Euphranor, duvido que todos possam formar uma noção do bem público, muito menos julgar os meios para promovê-lo.

10. Mas você, Lysicles, que é mestre neste assunto, poderia me informar se o bem público de uma nação não implica o bem particular de seus indivíduos?

Lys. Sim.

Euph. E o bem ou a felicidade de um homem não consiste em ter a alma e o corpo sãos e em boas condições, desfrutando aquelas coisas que suas respectivas naturezas exigem e livres daquelas coisas que lhe são odiosas ou prejudiciais.

Lys. Não nego que tudo isso seja verdade.

Euph. Então parece que vale a pena considerar se a vida regular e digna de um homem virtuoso não pode conduzir melhor para este fim do que as furiosas investidas da intemperança e libertinagem.

Lys. Reconheço que uma nação pode simplesmente subsistir ou manter-se viva, mas é impossível que possa prosperar sem a ajuda do vício.[34] Para produzir uma rápida circulação do comércio e da riqueza em um Estado, deve haver movimentos exorbitantes e irregulares nos apetites e nas paixões.

---

34 Mandeville, *A fábula das abelhas*, 1724, p.425. (N. T.)

Euph. Quanto mais pessoas uma nação contém, e quanto mais felizes essas pessoas são, mais se pode dizer que essa nação é próspera. Acho que estamos de acordo sobre esse ponto.

// *Lys.* Estamos.

Euph. Você admite, então, que as riquezas não constituem um fim último, mas devem ser consideradas apenas um meio para obter a felicidade.

Lys. Admito.

Euph. Não lhe parece que os meios não podem ser úteis sem que conheçamos o fim e como aplicá-los para isso?

Lys. Parece que sim.

Euph. Não decorrerá que, sem conhecer o verdadeiro fim e a felicidade da humanidade, e sem saber como aplicar a riqueza para alcançar esse fim, não é suficiente tornar uma nação rica a fim de fazê-la prosperar? À medida que esses pontos são conhecidos e praticados, penso que a nação provavelmente prosperará. Mas para um povo que não os conhece nem os pratica, obter riquezas seria de tanta utilidade quanto para um doente ter comida e bebida em abundância, as quais ele não poderia usar senão para o seu próprio mal.

Lys. Isso não passa de um mero sofisma; é argumentar sem persuadir. Observe a vida comum, examine as ocupações dos homens, mantenha o devido respeito pelo consenso geral, e você logo se convencerá de que a riqueza por si só é suficiente para tornar uma nação próspera e feliz. Dê aos homens riquezas e eles serão felizes sem aquela invenção política que o embuste dos governantes e dos filósofos tem chamado de virtude.

11. *Euph.* A virtude então, em sua opinião, é um embuste dos governantes.

Lys. É.

Euph. Por que então sua sagaz seita revela e divulga esse embuste ou segredo de Estado que os homens sábios têm julgado necessário para o bom governo do mundo?

Como Lysicles hesitava, Crito respondeu que ele presumia que isso era porque sua seita, sendo mais sábia do que todos os outros homens sábios, odiava ver o mundo governado por máximas erradas e desejava colocar cada coisa sobre seu fundamento correto.

Euph. Uma coisa é certa, se examinarmos todas as instituições de governo e os escritos políticos daqueles que até agora se passaram por sábios, descobriremos um grande respeito pela virtude.

Lys. Você descobrirá fortes laivos de preconceitos, mas, como eu disse antes, consulte a multidão se você quiser descobrir a natureza e a verdade.

// *Euph.* Mas, entre camponeses e agricultores, e entre os melhores comerciantes, não é a virtude uma coisa respeitável?

Lys. Você considera autoridades os homens de vida humilde e baixa educação.

Euph. Talvez devêssemos mostrar um respeito adequado à autoridade dos filósofos minuciosos.

Lys. E gostaria de saber: que autoridade deveria ser mais estimada do que a desses cavalheiros que estão livres de preconceitos e pensam por si mesmos?

Euph. De onde você tirou que vocês são os únicos entre os humanos a não ter preconceitos? Não pode um filósofo minucioso, assim como qualquer outro homem, ter preconceitos em favor dos líderes de sua seita? Não pode uma educação ateísta prejulgar em favor do ateísmo? O que pode impedir que um homem tenha preconceitos contra a religião, assim como contra o ateísmo? Ou você pode apontar alguma razão pela qual o apego ao prazer, ao interesse, ao vício ou à vaidade não possa ser considerado um preconceito dos homens contra a virtude?

Lys. Isso chega a ser engraçado. O quê? Você supõe que os mesmos homens que estão sempre lutando contra os preconceitos e cujo propósito constante é detectar e derrubar os preconceitos de todos os tipos são influenciados por preconceitos!

Exceto os deles, respondeu Crito, pois você deve me perdoar se não posso deixar de pensar que eles têm algum pequeno preconceito, ainda que não em favor da virtude.

12. Observo, Lysicles, que você concedeu a Euphranor que quanto maior for o número de pessoas felizes em um Estado, mais próspero pode ser considerado esse Estado. Segue-se, portanto, que esses métodos que multiplicam os habitantes são bons para o público, e os que os diminuem são ruins. E parece que não é necessário dizer que a força de um Estado

George Berkeley

consiste no número e na classe de pessoas mais do que em qualquer outra coisa. Mas à medida que o vício e o luxo, essas bênçãos públicas encorajadas por esta filosofia minuciosa, prevalecem entre nós, poucos estão dispostos a se casar, muitos sendo desviados pelo prazer, incapacitados pela doença ou amedrontados pelas despesas. O vício não somente apequena uma nação, mas também a rebaixa a uma raça fraca e degenerada. Eu poderia acrescentar que é prejudicial para os nossos fabricantes, porque tanto o vício como o luxo encarecem o trabalho e, portanto, permitem que nossos vizinhos mais parcimoniosos nos vendam a preço inferior; e também porque desvia as pessoas de classe baixa das ocupações honestas para projetos perniciosos.

82 Se essas e // outras considerações fossem levadas em consideração, acredito que seria evidente para qualquer homem sensato que os benefícios imaginários do vício não têm comparação com as desgraças reais, incontestáveis, que o acompanham.

Lysicles, neste ponto, balançou a cabeça e sorriu para Crito, sem dignar-se a dar nenhuma outra resposta. Depois do que, dirigindo-se a Euphranor, disse: não pode haver um exemplo mais claro de preconceito do que o de um homem que, nestes tempos atuais, mantenha uma reverência por esta virtude ídolo, uma coisa tão eficazmente desvelada e desacreditada pelos homens mais sábios da época, que mostraram que o homem é uma mera máquina, manipulada e dirigida por objetos sensíveis; e que a virtude moral é apenas um nome, uma noção, uma quimera, um arrebatamento, ou, na melhor das hipóteses, uma moda, incerta e inconstante, como todas as outras modas.*

Euph. O que você acha, Lysicles, da saúde? Ela depende da fantasia e do capricho, ou é algo real na composição corporal de um homem?

Lys. A saúde é algo real, que resulta da boa constituição e temperatura dos órgãos e dos fluídos que circulam através deles.

Euph. Isso que você diz é a saúde do corpo?

Lys. É.

Euph. E não podemos supor uma saudável constituição da alma, quando as noções são corretas, os julgamentos verdadeiros, a vontade regular, as

---

* "Na moral não há maior certeza do que na moda". *A fábula das abelhas,* Parte I, p.379. [Nota acrescentada na terceira edição, de 1752 (N. T.)]

paixões e os apetites dirigidos a seus objetos próprios e encerrados dentro dos devidos limites? Isso, no que diz respeito à alma, parece o que a saúde é para o corpo. E o homem cuja mente é assim constituída não é chamado propriamente de virtuoso? E não deveria todo homem bom empregar seus esforços para produzir essa disposição saudável na mente de seus conterrâneos? Se essas coisas têm alguma aparência de verdade, como para mim parece que elas têm, não seria então tão clara a afirmação de que a virtude é uma mera fantasia ou moda, como você gosta de representá-la. Eu devo admitir uma coisa de maneira um tanto inesperada, depois do que se disse na discussão de ontem à tarde, e que se você puder lembrar, talvez possa nos poupar de alguns problemas,

Lys. Você deseja saber a verdade, Euphranor? Devo confessar que esqueci completamente todo o seu discurso sobre a virtude, o dever, e todos esses pontos, os quais, sendo de uma natureza nocional e imaginária, // tendem a desaparecer e não deixam vestígios em uma mente acostumada somente a receber impressões reais.

83

13. Tendo ouvido essas palavras, Euphranor olhou para Crito e para mim e disse sorrindo: eu me enganei, a minha obrigação era apreender, e a sua, instruir. Então, dirigindo-se a Lysicles, disse: fale com sinceridade e permita-me saber se o benefício público do vício é, na verdade, aquilo que faz você defendê-lo?

Lys. Gosto de dizer francamente o que penso. Saiba, então, que o interesse privado é a primeira e principal consideração para os filósofos de nossa seita. Agora, de todos os interesses, o prazer é aquele que possui os encantos mais fortes, e nenhum prazer como aqueles que são intensificados e estimulados pela licenciosidade. Nisto consiste a excelência peculiar de nossos princípios, que eles mostram às pessoas como servir ao seu país divertindo-se, fazendo com que as duas correntes do espírito público e do amor-próprio se unam e corram na mesma direção. Já lhe disse que admito que uma nação pode subsistir segundo as regras da virtude. Mas permita-me dizer que apenas subsistirá em um estado melancólico, triste e monótono, ao passo que os excitantes excessos do vício inspiram os homens de alegria. E onde os indivíduos se alegram, o público, que se compõe de indivíduos, também deve se alegrar, ou seja, o público deve ser feliz. Considero este um argumento irrefutável. Mas para mostrar-lhe toda a sua força e torná-lo o mais claro possível, descreverei as coisas desde o princípio. A felicidade é o fim para o qual os seres criados tendem naturalmente,[35] mas descobrimos que todos os animais, sejam homens ou animais irracionais, buscam naturalmente e em primeiro lugar o verdadeiro prazer dos sentidos, que, portanto, deve ser considerado seu bem supremo, seu verdadeiro fim e felicidade. É para isso que os homens vivem, e qualquer um que compreenda a vida deve reconhecer que o homem desfruta o melhor e o mais belo dela, que tem um intenso sentido de prazer, e, ao mesmo tempo, espírito, habilidade e fortuna suficientes para satisfazer todos os apetites e todos os gostos. Os avarentos e os tolos invejarão ou difamarão este ou aquele porque não podem igualar-se a ele. Daí toda essa sóbria leviandade na depreciação daquilo de que cada um seria dono se pudesse, de uma plena liberdade e uma perspectiva ilimitada de prazer.

Euph. Deixe-me ver se eu o entendi. O prazer dos sentidos, você diz, é o principal prazer?

Lys. Sim.

84 // *Euph.* E este seria reduzido e diminuído pela virtude?

Lys. Seria.

Euph. Diga-me, Lysicles, o prazer então atinge o auge quando os apetites são satisfeitos?

Lys. Existe então apenas uma indolência, uma vez que a viva sensação de prazer passou.

Euph. Parece, portanto, que os apetites devem permanecer sempre desejando para manter o prazer vivo.

Lys. Isso é o que nós achamos sobre o assunto.

Euph. Tinha razão, portanto, o filósofo grego que considerava o corpo de um homem de prazer como um vaso furado, sempre se enchendo e nunca cheio.[36]

---

35 Aristóteles, *Ética a Nicômaco*, 1.4-7, 1096a-1098; 10.1-7, 1172a–1178a. Cícero, *As últimas fronteiras do bem e do mal*, 1.2. (N. T.)

36 Platão, *Górgias*, 493d. Ver o texto de Jeremias, citado no início do *Alciphron*. Nas edições A e B, de 1732, a imagem aqui descrita era sugerida por uma gravura inserida no frontispício. (N. T.)

Lys. Você pode se divertir com alegorias, se quiser. Mas o tempo todo o nosso é literalmente o verdadeiro gosto da natureza. Observe por toda parte o universo e você encontrará aves e peixes, animais e insetos, todas as espécies de animais, das quais a criação está cheia, constantemente empenhadas pelo instinto na busca do prazer sensível. E deve ser o homem o único tolo austero que frustra, impede e refreia seus apetites, enquanto as demais criaturas os satisfazem com o máximo gozo e com liberalidade?

Euph. Como Lysicles? Achava que ser governado pelos sentidos, apetites e paixões fosse a escravidão mais dolorosa, e que a tarefa própria dos livres-pensadores ou filósofos fosse libertar os homens do poder da ambição, da avareza e da sensualidade.

Lys. Você se engana. Nós fazemos com que os homens apreciem o mundo, atentos aos seus interesses, animados e voluptuosos em seus prazeres, sem medo nem restrição de Deus ou do homem. Nós desprezamos aqueles escritores predicadores que costumam perturbar ou restringir os prazeres e diversões da vida humana. Sustentamos que um homem sábio que se interessa pelos negócios o faz totalmente para o seu próprio interesse e submete seu interesse ao seu prazer. É uma máxima nossa que um homem deve aproveitar os momentos que passam. Sem amor, vinho, jogos e diversões noturnas, consideramos que a vida não vale a pena ser vivida. Admito, entretanto, que há algo grosseiro e mal-educado nos vícios dos homens mesquinhos, que um filósofo refinado abomina.

Cri. Mas trapacear, corromper-se, trair, embriagar-se, fazer todas essas coisas de maneira decente, essa é a verdadeira sabedoria e elegância de gosto.

85 // 14. *Euph.* Para mim, que estou acostumado a outra maneira de pensar, essa nova filosofia parece difícil de digerir. Devo, pois, pedir que me permita examinar os seus princípios, com a mesma liberdade com que você examina os das outras seitas.

Lys. De acordo.

Euph. Você diz, se não me engano, que um homem sábio busca apenas seu interesse particular, e que este consiste no prazer sensual, e para provar isso você apela à natureza. Não é isso que você afirma?

Lys. É.

Euph. Você conclui, portanto, que, assim como outros animais são governados pelo instinto natural, os homens também devem seguir os ditames dos sentidos e do apetite.

Lys. Sim.

Euph. Mas, nisso, você não argumenta como se o homem tivesse apenas os sentidos e o apetite como seus guias, em cuja suposição poderia haver verdade no que você diz? Mas e se ele tivesse intelecto, razão, um instinto superior e uma vida mais nobre? Se este fosse o caso, e sendo você um homem, viveria como um animal, não seria esta a maneira de ser privado de sua verdadeira felicidade, de ser mortificado e frustrado? Observe a maior parte das espécies animais, talvez você descubra que elas têm uma parcela maior de felicidade sensual do que o homem.

Lys. Para nossa tristeza é assim. Isso fez com que vários cavalheiros de nossa seita invejassem os animais e lamentassem a sorte da espécie humana.

Cri. Foi uma consideração deste tipo que inspirou Erotylus à louvável ambição de converter-se num caracol ao ouvir certas particularidades descobertas naquele animal por um especialista moderno.

Euph. Diga-me, Lysicles, se você tivesse uma inesgotável quantidade de ouro e prata, invejaria um outro que tivesse um pouco mais de cobre do que você?

Lys. Não invejaria.

Euph. Não são a razão, a imaginação e os sentidos, faculdades de naturezas diferentes, e, em uma hierarquia, uma mais elevada que a outra?

Lys. Eu não nego isso.

Euph. Seus atos, portanto, são de natureza distinta?

Lys. Sim.

Euph. Consequentemente, os prazeres perfectivos desses atos também são diferentes.

Lys. São.

Euph. Você admite, portanto, três tipos de prazer: // o prazer da razão, o prazer da imaginação e o prazer dos sentidos.

Lys. Sim.

Euph. E, como é razoável pensar que a operação da faculdade mais elevada e mais nobre deve ser acompanhada com o maior prazer, não podemos supor

Alciphron, ou o filósofo minucioso

que as duas primeiras sejam como o ouro ou a prata, e a última, apenas como o cobre? Daí parece decorrer que o homem não precisa invejar ou imitar um animal.

Lys. E, no entanto, existem homens muito inteligentes que o fazem. E certamente deve admitir-se que cada um sabe o que quer e em que consiste a sua verdadeira felicidade.

Euph. Não é evidente que animais diferentes têm prazeres diferentes? Tire um porco de sua pocilga ou monturo, coloque-o numa cama esplêndida, trate-o com doces, música e perfumes. Nada disso o divertirá. Acaso um pássaro, um quadrúpede, um peixe, não se divertem de várias maneiras, de modo que o que é agradável para um, pode ser mortal para outro? E já se viu algum desses animais abandonar seu próprio elemento ou forma de viver para adotar a de outro? E deverá o homem abandonar sua própria natureza para imitar um animal?

Lys. Mas os sentidos não são naturais apenas aos animais; não são também naturais ao homem?

Euph. Sim, mas com essa diferença: eles representam tudo para os animais, ao passo que são a parte ou faculdade inferior da alma humana. A natureza de qualquer coisa é em particular aquilo que a distingue de outras coisas, não o que tem em comum com elas. Você admite que isso é verdadeiro?

Lys. Admito.

Euph. E não é a razão o que constitui a principal diferença entre o homem e os demais animais?

Lys. É.

Euph. Sendo a razão, portanto, a parte principal de nossa natureza, tudo o que é mais razoável deve parecer mais natural para o homem. Não devemos, portanto, pensar que os prazeres racionais convêm melhor à espécie humana do que os dos sentidos? O homem e os animais, tendo naturezas diferentes, parecem ter diferentes faculdades, diferentes deleites e diferentes tipos de felicidade. Você pode facilmente conceber que o modo de vida que faz a felicidade de uma toupeira ou de um morcego seria um modo de vida muito infeliz para uma águia. E você não pode conceber também que a felicidade de um animal irracional nunca pode constituir a verdadeira felicidade de um homem? Um quadrúpede, // desprovido de reflexão ou remorso, desprovido de perspectiva ou desejo de imortalidade, sem noção do vício ou da virtude, da ordem, da razão, do conhecimento! Que motivos, que razões pode haver para rebaixar o homem, que possui todas estas coisas, ao nível dessas criaturas? Que mérito, que ambição leva o filósofo minucioso a fazer de tal animal um guia ou uma regra para a vida humana?

15. *Lys.* É estranho, Euphranor, que alguém que admite a liberdade de pensamento, como você faz, ainda seja tão escravo de tais preconceitos. Você ainda fala de ordem e virtude, como de coisas reais, como se nossos filósofos nunca tivessem demonstrado que elas não têm fundamento na natureza, e que são apenas efeitos da educação.

Sei, disse Crito, como os filósofos minuciosos estão acostumados a demonstrar esse ponto. Eles consideram a natureza animal do homem, ou o homem enquanto animal, e, deve-se admitir que, considerado sob esse aspecto, ele não tem nenhum senso de dever, nenhuma noção de virtude. Aquele, portanto, que buscasse a virtude entre os animais, ou na espécie humana enquanto tal, buscaria no lugar errado. Mas aquele filósofo que só presta atenção à parte animal do seu ser e constrói suas teorias a partir da própria escória de nossa espécie, pode provavelmente, refletindo melhor, achar-se enganado.

Olhe, Crito, disse Lysicles, meu argumento destina-se a Euphranor; a quem dirigiu seu discurso. — Observo, disse ele, que você insiste muito na dignidade da natureza humana. Essa coisa, a dignidade, é uma noção velha e fora de moda, que depende de outras noções antigas, obsoletas e fora de moda, tais como a de um espírito imaterial e a de um raio proveniente da Divindade. Mas hoje em dia os homens de bom senso zombam de toda essa grandeza e dignidade, e há muitos que de bom grado trocariam seu quinhão pelo repouso, pela liberdade e pela lascívia de um animal. Mas as comparações são detestáveis. Deixando de lado, portanto, todas as indagações relativas às respectivas excelências do homem e dos animais, e se é indigno um homem seguir ou imitar os animais irracionais, ao julgar o soberano bem, a conduta de vida ou os costumes, contentar-me-ei em apelar para a autoridade dos próprios homens quanto à verdade de minhas // noções. Basta olhar o mundo exterior e perguntar para a massa comum dos homens

Alciphron, ou o filósofo minucioso

se o prazer dos sentidos não é o único bem verdadeiro, sólido e substancial de nossa espécie?

Euph. Mas não poderia a mesma classe vulgar de homens preferir um quadro medíocre a um quadro de Rafael, ou uma balada de Grub-street[37] a uma ode de Horácio? Não há uma verdadeira diferença entre uma obra excelente e uma obra ruim?

Lys. Há.

Euph. E ainda assim você admitiria que deve haver uma maturidade e um aperfeiçoamento do entendimento para discernir esta diferença, o que não a torna, por conseguinte, menos real?

Lys. Admito.

Euph. Da mesma maneira, o que impede que haja na natureza uma verdadeira diferença entre o vício e a virtude, embora se exija algum grau de reflexão e discernimento para observá-la? A fim de saber se uma coisa está de acordo com a natureza racional do homem, parece que se deve antes observar e consultar aqueles que mais têm empregado e aperfeiçoado sua razão.

Lys. Bem, não insistirei em consultar à massa comum dos homens. Em vez do ignorante e vulgo grosseiro, eu mesmo poderia apelar em muitos casos a homens da alta sociedade.

Euph. Eles são uma classe de homens que eu não tenho a honra de conhecer muito por observação própria. Mas lembro-me de uma observação de Aristóteles, que era um cortesão e os conhecia bem. "A virtude", disse ele,* "e o bom senso não são propriedades de um nascimento nobre ou de uma grande fortuna. E se aqueles que possuem essas vantagens, desconhecendo o gosto pelos prazeres racionais, entregam-se eles mesmos aos dos sentidos, não deveríamos estimá-los mais preferíveis do que estimamos os brinquedos e passatempos das crianças, porque assim lhes parecem?" E, de fato, pode-se perguntar se devemos esperar o verdadeiro apreço das coisas

---

37 Nome originalmente dado a uma rua de Londres "muito habitada por escritores de pequenas histórias, dicionários e poemas temporários, onde qualquer meio de produção é chamado grubstreet" (Dicionário de Samuel Johnson). O nome adquiriu conotação pejorativa, referindo-se aos escritores iniciantes de pouca importância e obras de baixo valor literário. (N. T.)

* *Ethic. ad. Nicom.* L.10, c. 6. [Aristóteles, *Ética a Nicômaco*, 10.6, 1176b. (N. T.)]

de uma mente contaminada pelo luxo e deslumbrada com o esplendor de uma vida suntuosa.

Cum stupet insanis acies fulgoribus, et cum
Acclinis falsis animus meliora recusat.[38]

A esse respeito Crito observou que conhecia um nobre inglês[39] que na flor da idade professava uma arte liberal e era o homem mais destacado de sua profissão no mundo; e que ele estava muito certo // de que este homem sentia mais prazer no exercício desta arte superior do que com qualquer deleite sensual ao alcance de uma das maiores fortunas e de um dos espíritos mais generosos da Grã-Bretanha.

16. *Lys.* Mas por que precisamos recorrer ao julgamento de outros homens em um caso tão evidente? Eu apelo ao seu próprio coração: consulte-o e depois diga se o prazer sensual não é o principal bem do homem.

Euph. Eu, de minha parte, muitas vezes pensei que os prazeres que são mais estimados pelos sensualistas estão longe de ser o bem supremo, que parece duvidoso de um modo geral que eles constituam um bem qualquer mais do que a mera supressão da dor. Nossos desejos e apetites não são causa de inquietude?

Lys. São.

Euph. O prazer sensual não consiste em satisfazê-los?

Lys. Sim.

Euph. Mas os desejos ardentes são tediosos, a satisfação, momentânea. Não é assim?

Lys. É, mas e daí?

Euph. Ora, parece então que o prazer sensual não é mais que uma breve libertação de uma longa dor. Uma longa avenida de mal-estar conduz a um momento de prazer, que termina em desgosto ou remorso.

---

38 Horácio, *Sátiras*, 1.2.11.5-6. "... que esses vãos fulgores / A vista nos embotam, e nossa alma,/ Propensa a ilusões, ao bem se esquiva". (N. T.)

39 Provável referência ao arquiteto Richard Boyle (1694-1753). (N. T.)

Alciphron, ou o filósofo minucioso

Cri. E aquele que persegue este *ignis fatuus*[40] se imagina um filósofo e livre-pensador.

Lys. Os pedantes são governados por palavras e noções, ao passo que os homens de prazer, mais sábios, seguem os fatos, a natureza e os sentidos.

Cri. Mas e se os prazeres imaginários fossem de fato os mais reais e duradouros? Os prazeres puros da razão e da imaginação não prejudicam a saúde, nem desperdiçam a fortuna, nem atormentam a consciência. Com eles, a mente se entretém de forma considerável, sem aversão ou saciedade. Por outro lado, uma noção (que para você parece não significar nada) muitas vezes amarga os prazeres sensuais mais vivos, que, no fundo, descobrimos que também dependem de noções mais do que se imagina, uma vez que, segundo uma observação comum, se desfrutam mais essas coisas pela esperança e antegozo da alma do que pela posse. Admite-se assim que o gozo real é muito breve, e a sucessão de desejos e de desgostos tão longa quanto dolorosa. De modo que, no final // das contas, parece que esses cavalheiros que são chamados de homens de prazer, devido a sua ávida busca de prazer, na realidade, em detrimento de sua fortuna, tranquilidade e saúde, conseguem obter dor.

Lys. Você pode prolongar argumentos plausíveis, mas, não obstante, será uma tarefa difícil me convencer de que tantos homens inteligentes não sejam capazes de distinguir entre coisas tão diretamente opostas como dor e prazer. Como é possível explicar isso?

Cri. Acredito que se pode dar uma razão para isso, mas, para os homens de prazer, nenhuma verdade é tão palatável quanto uma fábula. Outrora Júpiter ordenou que o prazer e a dor deveriam ser misturados em proporções iguais em cada momento da vida humana. E, a partir da queixa de que alguns homens se esforçavam para separar o que ele havia juntado, e tomar mais quantidade de prazer da que lhes cabia, deixando tudo o que fosse desagradável para os outros, ordenou a Mercúrio que colocasse um fim a esse mal, colocando em cada culpado um par de óculos invisíveis que mudava a aparência das coisas, fazendo com que a dor se parecesse com o prazer, e o

---

40 Em português, "fogo-fátuo". (N. T.)

prazer, com a dor, e o trabalho, com o divertimento, e o divertimento, com o trabalho. Desde então os homens de prazer se enganam e se arrependem eternamente.

Lys. Se a sua doutrina for posta em prática, gostaria de saber qual pode ser a vantagem de uma grande fortuna, coisa que toda humanidade busca de maneira tão ávida?

Cri. É um ditado comum de Eucrates que *uma grande fortuna é uma ferramenta afiada*, que cem homens poderão adquirir, mas que apenas um saberá usufruir, tão mais fácil é a arte de obtê-la do que a de gastá-la. Não sei dizer quais são suas vantagens, mas me arrisco a dizer quais não são. Estou certo de que onde a abundância exclui a necessidade, e a fruição impede os apetites, não existe a intensa percepção desses prazeres de que falamos, nos quais o criado tem frequentemente uma participação maior que seu senhor, que não pode aumentar seu estômago na proporção de suas posses.

17. Os homens razoáveis e bem-educados de todas as classes têm, creio eu, mais ou menos as mesmas diversões, não obstante a diferença de suas fortunas; mas aqueles que são particularmente distinguidos como homens de prazer parecem desfrutá-las num grau muito baixo.

Euph. Ouvi dizer que, entre as pessoas desse caráter, o jogo de cartas é considerado a principal diversão.

Lys. Sem cartas não poderia haver vida alguma para as pessoas da alta
91 sociedade. É a maneira mais agradável de passar uma noite // quando se reúnem cavalheiros e damas, que de outra maneira não saberiam o que dizer nem fazer entre eles. Mas um baralho de cartas é tão envolvente que não só os ocupa quando se encontram, senão que serve para atraí-los e reuni-los. O quatrilho lhes dá a perspectiva de prazer durante as maçantes horas do dia; eles refletem sobre o quatrilho com deleite, e este lhes fornece assunto quando o jogo termina.

Cri. Alguém poderia ser tentado a suspeitar que essas pessoas distintas passam seu tempo de maneira triste e que não são muito favorecidas por suas fortunas, e que sua principal diversão é uma coisa que está ao alcance de qualquer lacaio, que é tão qualificado quanto um nobre para se divertir com as cartas. Posso facilmente conceber que, quando pessoas de certa categoria se reúnem, devem preferir fazer qualquer coisa ao tédio de sua própria conversa, mas não é fácil conceber que haja algum grande prazer nisso. O que uma mesa de jogo pode oferecer não requer nem talento nem fortuna para julgar.

Lys. O jogo é uma diversão séria que serve de descanso para um homem de prazer depois dos mais intensos e emocionantes gozos dos sentidos. Ele mata o tempo melhor que qualquer outra coisa, e é o mais admirável paliativo para distrair ou impedir o pensamento, que de outro modo perturbaria a mente.

Cri. Compreendo facilmente que nenhum homem na terra deveria apreciar os paliativos para a melancolia mais do que um homem da moda e de prazer. Um sábio antigo, falando de um desses personagens, disse que eram esses desapontamentos e apetites que o afligiam, λυπεῖται ἀποτυγχάνων καὶ ἐπιθυμῶν ["pois sofre tanto por não saciá-los como simplesmente por desejá--los" (N.T.)].[41] E se isso era verdade acerca dos gregos que viviam ao sol e tinham tanto espírito, estou propenso a pensar que seja ainda mais verdade acerca dos nossos ingleses modernos. Há algo em nosso clima e temperamento que faz com que a ociosidade seja o castigo da Inglaterra, mais que o de qualquer outro país; nela, um cavalheiro inculto e elegante paga por seus prazeres momentâneos com longos e duros intervalos de melancolia, para alívio dos quais ele é levado a excessos sensuais, que produzem uma depressão proporcional dos espíritos, já que, ao criar um grande desejo de prazeres, diminui com isso a capacidade de desfrutá-los. Há uma disposição mental no temperamento de um inglês que o torna o libertino mais infeliz do mundo. Ele está (como Aristóteles diz) em desacordo consigo mesmo.[42] Ele não é nem selvagem // o bastante para desfrutar de seus apetites, nem homem o bastante para governá-los. Ele sabe e sente que o que ele persegue não é o seu verdadeiro bem, sua reflexão só serve para lhe mostrar essa miséria que sua habitual preguiça e indolência não lhe permitirão remediar.

---

41 Aristóteles, *Ética a Nicômaco*, 3.11. 1119a. (N. T.)

42 Aristóteles, *Magna moralia*, 2.6.1203a. "ὁ δὲ ἀκρατὴς λόγον ἔχει ὃς ἐναντιοῦται αὐτῷ" ["o intemperante é aquele que não tem um princípio racional que se oponha ao que lhe parece agradável"]. (N. T.)

Por fim, tornando-se odioso para si mesmo e abominando sua própria companhia, acode a todas as festas, não com a esperança de prazer, mas apenas para aliviar a angústia de sua própria mente. Indiferente e inquieto no presente, não encontra nenhum deleite em refletir sobre o que passou, ou na perspectiva de qualquer coisa por vir. Esse homem de prazer, quando, depois de uma vida infeliz de vanidade e infortúnio, sua natureza animal está esgotada, deseja e teme a morte alternadamente, e está farto de viver sem nunca ter experimentado ou conhecido a verdadeira vida humana.

Euph. É bem esse tipo de vida que beneficia tão pouco aquele que a vive que produz muito benefício público. Mas, diga-me, por favor, esses cavalheiros se apresentam como filósofos minuciosos?

Cri. Saiba que essa seita contém duas espécies de filósofos: os úmidos e os secos. Os que eu descrevi são da primeira espécie. Eles diferem mais na prática do que em teoria: como um homem mais velho, mais sério ou mais obtuso, difere de alguém que é mais jovem e mais capaz ou mais amante do prazer. O filósofo seco não passa seu tempo senão de maneira árida. Ele tem a honra de favorecer os vícios dos homens mais impulsivos, que em troca lhe oferecem um pouco de incenso à sua vaidade. Com este estímulo, e para tranquilizar sua própria mente quando já não estiver mais satisfeito, ele se empenha em justificar aqueles excessos dos quais não pode tomar parte. Mas voltando à sua pergunta, essas pessoas miseráveis são pessoas importantes para a filosofia minuciosa.

Euph. O que os impede, então, de colocar um fim às suas vidas?[43]

Cri. Não estarem persuadidos da verdade do que eles professam. Alguns, de fato, em um ataque de desespero ocasionalmente infligem a si mesmos uma morte violenta. E à medida que a filosofia minuciosa prevalece, a cada dia vemos mais exemplos de suicídio. Mas eles não têm nenhuma relação com aqueles que colocariam um fim a suas vidas se tivessem coragem. Meu amigo Clínias, que foi um deles, e um filósofo distinto, contou-me a história secreta de suas dúvidas, de seus medos, e de suas indecisas resoluções

---

43 Referência aos livres-pensadores Charles Blount e Alberto Radicati, que justificaram a permissão moral e a ocasional conveniência do suicídio. (N. T.)

Alciphron, ou o filósofo minucioso

de acabar com suas vidas, assunto que, assegurou-me, é frequente entre os homens de prazer, quando a embriaguez lhes dá um pouco de ânimo.

93 Graças à virtude dessa coragem mecânica // o famoso filósofo Hermócrates atirou em sua própria cabeça. A mesma coisa foi praticada depois por vários outros, para grande alívio de seus amigos. Esplenéticos, angustiados e assustados, eles caminham para a perdição, com a mesma coragem com que um pássaro se precipita na boca de uma cobra cascavel, não porque têm coragem de morrer, mas porque têm medo de viver. Clínias se esforçou para fortalecer sua irreligião com os raciocínios e as opiniões de outros filósofos minuciosos, os quais foram reciprocamente fortalecidos em sua própria incredulidade com a sua opinião. Desta maneira, a autoridade se exerce em círculo, empenhando-se em se ateizar uns aos outros. Mas, embora ele pretendesse mesmo demonstrar a inexistência de Deus, contudo, no íntimo ele não pôde vencer a sua própria crença. Ele adoeceu, e reconheceu esta verdade, e agora é um homem moderado e cristão, e confessa que nunca foi tão feliz como desde que se converteu, nem tão infeliz como quando era um filósofo minucioso. E ele, que viveu nessas duas condições, pode ser considerado um juiz imparcial de ambas.

Lys. Verdadeiramente uma excelente descrição dos homens mais brilhantes e corajosos da época!

Cri. Brilhantes e corajosos são excelentes atributos. Mas o nosso vigário pensa que todos os seus livres-pensadores libertinos são tolos ou covardes. E argumenta assim: se tal homem não vê seu verdadeiro interesse, falta-lhe inteligência, mas se o vê e não ousa persegui-lo, então falta-lhe coragem. Desta maneira, pela falta de inteligência e de coragem, ele deduziu que há duas espécies de homem que estão inclinadas a se orgulhar dessas duas qualidades.

Lys. Quanto à sua coragem, estão a todo momento sempre dispostos a prová-la, e quanto ao seu entendimento, graças à natureza, ele é de tal dimensão que não pode ser medido por párocos do interior.

18. *Euph.* Mas Sócrates, que não era nenhum pároco do interior, suspeitava que seus homens de prazer fossem assim por sua ignorância.

Lys. Ignorância de quê?

Euph. Da arte de calcular. Ele pensava que os libertinos não sabiam calcular.* E que por desconhecer essa arte faziam julgamentos errados sobre o prazer, de cuja escolha correta depende sua felicidade.

94 // *Lys.* Eu não o entendo.

Euph. Você admite que os sentidos percebem somente coisas sensíveis?

Lys. Admito.

Euph. Os sentidos percebem somente coisas presentes.

Lys. Admito também isso.

Euph. Os prazeres futuros, portanto, e os prazeres do entendimento, não devem ser julgados pelos sentidos.

Lys. Não.

Euph. Então aqueles que julgam os prazeres pelos sentidos podem errar no final das contas.

> *Cum lapidosa chiragra*
> *Contudit articulos veteris ramalia fagi,*
> *Tum crassos transisse dies lucemque palustrem,*
> *Et sibi jam seri vitam ingemuere relictam.***

Para fazer um cálculo correto, não é necessário considerar todas as faculdades e todos os tipos de prazer, levando em conta o futuro, bem como o presente, avaliando-os todos de acordo com seu verdadeiro valor?

Cri. Os próprios epicuristas admitiam que aquele prazer que proporciona uma dor maior, ou impede um prazer maior, devia ser considerado uma dor, e que aquela dor que proporciona um prazer maior, ou impede uma dor maior, devia ser considerada um prazer.[44] Portanto, a fim de fazer uma estimativa verdadeira do prazer, a grande fonte das ações e que orienta a conduta humana, devemos ter em conta os prazeres intelectuais e os

---

* Plato *in Prot.* [Platão, *Protágoras,* 355e-357e (N. T.)]

** Persius, *Sat.* 5. [Pérsio, *Sátiras,* 5.58-61. "mas quando a gota nodosa tiver quebrado as suas articulações até ficarem como os ramos de uma velha faia, então lamentarão terem vivido vulgarmente seus dias, tomado a névoa pela luz, e lamentarão tarde demais a vida deixada para trás." (N. T.)]

44 Cícero, *As últimas fronteiras do bem e do mal,* 1. (N. T.)

Alciphron, ou o filósofo minucioso

prazeres futuros, bem como os presentes e sensíveis; devemos tomar em consideração, na avaliação de cada prazer particular, todos os sofrimentos e males, todos os desgostos, remorsos e a vergonha que os acompanham; devemos considerar tanto a qualidade como a quantidade, a sinceridade, a intensidade e a duração dos prazeres. [Que um livre-pensador considere quão poucos dentre os prazeres humanos consistem numa sensação presente, e quantos numa expectativa! Que ele depois compare a perspectiva de um crente virtuoso com a de um libertino incrédulo.][45]

Euph. E, todos estes pontos devidamente considerados, não parece que **95** Sócrates tinha razão, de sua parte, quando pensava que a // ignorância fizesse os libertinos e, particularmente por serem ignorantes do que ele chamava a ciência do mais e do menos, do maior e do menor, da igualdade e da comparação, ou seja, a arte de calcular?

Lys. Todo este raciocínio parece especulativo. Sabe-se muito bem que, pelos verdadeiros dons intelectuais de todo tipo, temos entre nós os homens mais brilhantes da época. Mas todos aqueles que conhecem o mundo calculam que aquele que você chama de um bom cristão, que não tem uma grande consciência, nem uma mente livre de preconceitos, deve ser inepto para os negócios mundanos. Assim, como você vê, enquanto você os considera incapazes de prazer, outros os consideram inúteis para os negócios. Então, para que servem todos esses cálculos?

Euph. Tenho todo o respeito que se possa imaginar pelas habilidades dos livres-pensadores. Meu único receio era que seu espírito pudesse ser demasiado intenso para essa escassa capacidade de previsão e cálculo presentes nos homens comuns.

19. *Cri.* Não posso fazer-lhes o mesmo elogio que Euphranor faz. Pois, embora eu não pretenda caracterizar toda a seita, creio poder afirmar que aqueles que eu conheci foram em sua maioria homens de prazer, grosseiros, velhos trapaceiros nos negócios, ou uma terceira espécie de pedantes preguiçosos, que não são nem homens de negócio nem homens especulativos, mas que se erigiram em juízes ou críticos de qualquer assunto, sem

---

45 Acréscimo da edição B. (N. T.)

ter progredido em nenhum. Estes passam por profundos teóricos, entre os homens do mundo, e por conhecedores do mundo entre os homens especulativos; uma raça presunçosa, igualmente inútil para os negócios e para os estudos humanos. Homens como esses, em sua maioria, parecem ser sectários da filosofia minuciosa. Não vou negar que você possa encontrar um homem de costumes simples, que, sem esses defeitos e afetações, tenha entrado na seita pelo simples curso da educação, da moda ou convivência, pois tudo o que fazemos nesta época predispõe os homens contra a religião, até mesmo aqueles que de maneira mecânica protestam contra os preconceitos. Não posso negar que os filósofos minuciosos também têm muitos seguidores entre as belas e distintas damas; e, como as afetações de caráter costumam ser muitas vezes as mais fortes, não há nenhuma pessoa mais dogmática e inconvencível do que uma dessas belas damas quando se integra ao livre-pensamento. Mas, embora esses integrantes da seita nunca sejam tão dogmáticos, sua autoridade deveria ser necessariamente pequena entre os homens de bom senso. Quem escolheria como seu guia, na busca **96** da verdade, alguém cujos pensamentos // e cujo tempo são ocupados com vestidos, visitas e diversões? Ou cuja educação se deu atrás de um balcão ou em um escritório? Ou alguém cujas especulações foram empregadas nas formas de negócios, que só conhece bem os costumes e os procedimentos comerciais dos homens, a especulação, a arte de roubar, suplantar, subornar? Ou será que alguém em sã consciência daria uma ninharia para meditações e descobertas feitas em torno de uma garrafa? E, no entanto, é certo que, em vez de pensamento, livros e estudo, a maioria dos livres-pensadores são partidários de um clube de bebedores. Seus princípios são frequentemente estabelecidos, e suas decisões, sobre os assuntos mais profundos, tomadas quando não estão em condições de fazer um trato.

Lys. Você se esquece de nossos escritores, Crito. Eles fazem inúmeros prosélitos.

Cri. Os piores escritores em tal causa também fariam. Meu deus! Como são poucos os instruídos! E dentre esses, como são poucos os capazes de julgar! Quantos desejam que suas noções sejam verdadeiras! Quantos desejam antes divertir-se que instruir-se! Quantos são convencidos por um título! Posso admitir que as suas razões sejam eficazes, sem admitir que elas

Alciphron, ou o filósofo minucioso

sejam boas. Os argumentos, em si mesmos de pouco peso, surtem grande efeito quando recomendados por um interesse equivocado, quando são defendidos com paixão, quando são favorecidos pela disposição de espírito da época; e, acima de tudo, para alguns homens, quando são contra a lei, o governo e as opiniões estabelecidas, coisas que um homem sábio e bom não rejeitaria sem evidências claras, e que um homem fraco ou mau fingirá desacreditar por motivos insignificantes.

Lys. E, no entanto, os argumentos de nossos filósofos causam alarme.

Cri. A força de seus raciocínios não é o que causa alarme; seu desprezo pelas leis e pelo governo é que é alarmante; sua aplicação aos jovens e ignorantes é perigosa.

Euph. Mas sem discutir nem menosprezar seu talento no raciocínio, é bem possível que seu sucesso não se deva apenas a isso. Não pode ser atribuído, em certa medida, aos defeitos dos outros, bem como às suas próprias perfeições? Meu amigo Eucrates costumava dizer que a Igreja prosperaria e floresceria além de toda oposição se algumas pessoas se importassem mais com a piedade do que com a política, com a prática mais do que com as polêmicas, com os fundamentos mais do que com as consequências, com a substância mais do que com as circunstâncias, com as coisas mais do que com as noções, e com as noções mais do que com as palavras.

Lys. Qualquer que seja a causa, os efeitos são claros demais para serem negados. E quando um homem ponderado observa que nossas // noções, nesta época tão ilustrada e culta, se espalham e multiplicam, em oposição às leis estabelecidas, e a cada dia ganham terreno contra um corpo tão numeroso, tão erudito, tão bem amparado, protegido e encorajado para o serviço e a defesa da religião; quando um homem, digo eu, observar e considerar tudo isso, ele estará apto a atribui-lo à força da verdade e aos méritos da nossa causa; e se estas tivessem sido sustentadas com as receitas e instituições da Igreja e das universidades, você pode imaginar que figura fariam, pela figura que fizeram sem elas.

Euph. É uma pena que pessoas cultas de sua seita não tenham encontrado o apoio que merecem.

Lys. Tudo a seu devido tempo. As pessoas começam a abrir os olhos. Não é impossível que essas receitas, que em tempos de ignorância foram aplicadas para um uso indevido, possam, em uma época mais esclarecida, ser aplicadas para um uso melhor.

Cri. Mas para que professores e incentivo para o que não precisa ser ensinado? Um conhecido meu tem um criado muito inteligente que não sabe ler nem escrever, que aprendeu todo o seu sistema em meia hora: ele sabe quando e como anuir, balançar a cabeça, sorrir e sugerir tão bem quanto o mais hábil cético, e é de fato um filósofo minucioso.

Lys. Perdoe-me, mas leva-se tempo para desaprender os preconceitos religiosos, e requer uma cabeça forte.

Cri. Não sei como poderia ter sido em outra época, mas com a louvável educação atual, conheço vários que não foram impregnados de nenhuma noção religiosa, e outros que a receberam de forma superficial, e que sem grande esforço a esqueceram.

20. Panope,[46] jovem e formosa, sob os cuidados de sua tia, e admiradora da filosofia minuciosa, foi impedida de aprender os princípios da religião, para que não se acostumasse a acreditar sem uma razão, nem a assentir àquilo que ela não compreendia. Panope não tinha na verdade preconceitos em relação às noções religiosas, mas adquiriu uma noção das intrigas, e uma noção dos jogos, que arruinou sua reputação aos quatorze anos, e sua fortuna aos vinte e quatro. Muitas vezes refleti sobre o destino diferente de dois irmãos, meus vizinhos. Cleon, o mais velho, estando // destinado a ser um perfeito cavalheiro, foi enviado para a cidade, e recebeu sua educação primária num importante colégio. A religião que ali aprendeu ele a esqueceu logo numa célebre sociedade que, até que não tenhamos uma melhor, pode ser considerada um berçário de filósofos minuciosos. Cleon se vestia bem, sabia trapacear no jogo de cartas, tinha um gosto refinado, compreendia o mistério dos dados, era um homem importante na filosofia minuciosa; e, tendo brilhado durante alguns anos nessas proezas, morreu antes dos trinta anos, sem filhos e consumido, expressando a maior indignação por não poder sobreviver ao velho cão que era o seu pai, o qual, tendo uma grande

---

46 Ver nota 13. Alusão à personagem das cartas ficcionais do sofista grego Alcifrão. *Alciphronai Epistolae* I, carta 6.

Alciphron, ou o filósofo minucioso

noção das maneiras nobres e conhecimento do mundo, havia comprado, com grandes gastos, ambas as coisas para o seu filho predileto, mas tinha sido mais econômico na educação de Chaerephon, o filho mais novo, que foi educado em uma escola do interior e entrou para a universidade como simples estudante, onde se qualificou para uma paróquia doada por seu pai, que ele agora possui, junto com a propriedade da família e uma prole numerosa.

Lys. Um monte de crianças mal-educadas, eu garanto.

Cri. Pouco educadas, talvez, mas mais íntegras, mais honestas, e [provavelmente] mais úteis do que muitos que se passam por cavalheiros distintos. Crates, um respeitável juiz de paz neste condado, tendo sido desencaminhado um filho seu em Londres pela conversa de um filósofo minucioso, costumava dizer com ar de profundo lamento: se um homem estraga meu trigo, ou fere meu rebanho, tenho um remédio contra ele, mas se corrompe meu filho, não tenho nenhum.

Lys. Garanto a você que se referia aos métodos penais: ele teria desejado uma lei para perseguir consciências delicadas.

Cri. A consciência delicada de um filósofo minucioso! Aquele que instruiu o filho de Crates, logo depois fez justiça a si mesmo. Pois ele ensinou a Lycidas, um jovem modesto, os princípios de sua seita. Lycidas, em troca, seduziu sua filha única. Depois disso, Charmides (este era o nome do filósofo minucioso) enforcou-se. O velho Bubalion perambula na cidade, passando fome e trapaceando os outros para que seu filho possa beber e jogar, ter amantes, cães, cavalos, e morrer na prisão. Bubalion, no entanto, se considera sábio, e passa por alguém de muita sorte. Ele é um filósofo minucioso, cuja educação adquiriu atrás de um balcão a partir das obras de Pródico e Tryphon. Este mesmo Bubalion estava certa noite num jantar falando contra a imortalidade da alma com dois ou três // cidadãos respeitáveis, um dos quais no dia seguinte se declarou falido, com cinco mil libras de Bubalion em suas mãos; e, na noite seguinte, ele recebeu um bilhete de um criado, que durante sua conferência serviu à mesa, exigindo que a soma de cinquenta guinéus fosse colocada debaixo de uma pedra, e concluindo com as mais terríveis ameaças e imprecações.

Lys. Para não repetir o que já havia sido demonstrado, que o público, no fundo, não sofre com esses acidentes, que na verdade são inconvenientes apenas para pessoas privadas, as quais, por sua vez, também podem obter benefício deles, e para não repetir tudo o que foi demonstrado sobre esse assunto, eu apenas lhe perguntarei se não haveria libertinos e tratantes, ainda que não os criássemos? Acredite-me, o mundo sempre foi e sempre será o mesmo, enquanto os homens forem homens.

Cri. Nego que o mundo seja sempre o mesmo. A natureza humana, para usar a comparação de Alciphron, é semelhante à terra, melhor ou pior segundo seja cultivada e de acordo com as sementes ou princípios nela semeados. Embora ninguém compartilhe seus princípios, admito que possa haver homens maus por força de apetites corrompidos e paixões irregulares, mas quando os homens, à força do apetite e da paixão, acrescentam a da opinião e são maus por princípio, então serão homens mais perversos, e o serão de maneira mais irremediável e ultrajante. O erro de um libertino espirituoso reside em suas paixões, e pode ser corrigido, mas o que se converte em um insensível canalha por princípio é incorrigível. Aristóteles observa que há dois tipos de devassos: o ἀκρατής e o ἀκόλαστος,[47] dos quais um é assim contra seu julgamento, o outro em conformidade com ele, e que pode haver esperanças em relação ao primeiro, mas não em relação ao segundo. E, na verdade, sempre observei que um libertino que era um filósofo minucioso, quando envelhece torna-se um trapaceiro nos negócios.

Lys. Eu poderia citar a você vários desses que se tornaram grandes patriotas.

Cri. Patriotas? Patriotas como Catilina e Marco Antonio!

Lys. E então? Esses romanos famosos foram corajosos, embora desventurados. Nenhum dos dois carecia de inteligência nem de coragem, e se seus planos tivessem funcionado, seus compatriotas mais sagazes teriam sido muito melhores graças a eles.

// 21. As engrenagens do governo continuam a rodar, embora sejam acionadas por mãos diferentes, se não da mesma forma, de alguma outra, quem sabe melhor. Há uma variedade infinita de coisas. Os homens fra-

---

47 Aristóteles, *Ética a Nicômaco*, 3.2; 7.8; "o intemperante", "o libertino". (N. T.)

cos, de fato, têm preconceito em relação às regras e sistemas de vida e de governo, e pensam que se estes desaparecerem, tudo desaparecerá. Mas um homem magnânimo e de espírito livre se deleita com o nobre experimento de destruir sistemas e dissolver governos, para moldá-los novamente sobre outros princípios e outra forma. Acredite em mim, há uma natureza plástica nas coisas que busca realizar seu próprio fim. Desmonte um Estado em pedaços, desorganize, misture e agite junto as partes da sociedade humana, e então deixe-as repousar por algum tempo, e logo você verá elas mesmas se disporem em alguma ordem conveniente, onde as pessoas tolas estarão no lugar mais baixo e os homens de gênio no lugar mais alto.

Euph. Lysicles fala o que pensa livremente.

Lys. Onde está a vantagem do livre-pensamento se não for acompanhado de liberdade de expressão, ou se a liberdade de expressão não produzir uma ação livre? Defendemos uma liberdade absoluta, independente e original.[48] A liberdade interior, sem a exterior, não serve para nada, a não ser para colocar o julgamento de um homem em desacordo com a sua prática.

Cri. Este método livre de Lysicles pode parecer novo para você, mas não é para mim. Dado que os filósofos minuciosos estabelecem como máxima que não há nada sagrado de qualquer espécie, nada de que não se possa zombar, desacreditar e mudar como se mudam as roupas segundo a moda, então nada é mais frequente do que vê-los expressar seus projetos e princípios, não só em companhia seleta, mas mesmo em público. Em certa esfera social, onde homens inteligentes costumam relatar minuciosamente suas especulações, recordo ter visto um valetudinário com uma longa peruca e um manto, sentado na extremidade superior de uma mesa, com uma meia dúzia de discípulos ao seu redor. Depois de ter falado sobre religião de uma maneira e num tom que alguém poderia pensar que o ateísmo estava estabelecido por lei e a religião era apenas tolerada, começou a falar sobre o governo civil e disse para seu público que o mundo natural estava em uma perpétua circulação.[49] Os animais, disse ele, que tiram seu sustento da

---

48 Edição A: "liberdade original de pensamento, palavra e ação". (N. T.)

49 Caricatura da obra *Pantheisticon*, de John Toland, um dos primeiros a ser qualificado por Berkeley como livre-pensador. (N. T.)

George Berkeley

terra, voltam para essa mesma terra, e por sua vez tornam-se alimentos para os vegetais, que novamente alimentam a // espécie animal; os vapores que sobem deste globo voltam a cair nele na forma de chuva; os elementos se devoram reciprocamente uns aos outros; aquilo que uma parte da natureza perde uma outra ganha, mas a soma total permanece sempre a mesma, não sendo nem maior nem menor, nem melhor nem pior, apesar de todas essas mudanças internas. Mesmo assim, disse o erudito professor, as revoluções no mundo civil não produzem nenhum prejuízo para a espécie humana, uma parte da qual ascende enquanto a outra cai, e uma ganha com a perda da outra. Portanto, o homem que pensa profundamente e olha para o sistema como um todo, não é um fanático do governo mais do que da religião. Ele sabe como se adequar às circunstâncias e extrair o melhor proveito de cada evento. Quanto ao resto, ele vê com indiferença filosófica o poder e a propriedade passar de uma mão à outra. Nosso conferencista concluiu seu discurso com uma análise muito engenhosa de todas as virtudes políticas e morais em seus primeiros princípios e causas, mostrando que elas são simples modas, artifícios dos Estados e ilusões do vulgo.

Lys. Ouvimos falar muitas vezes sobre os bons efeitos da religião e do ensino, das igrejas e universidades, mas ouso afirmar que uma dúzia ou duas de homens inteligentes da nossa seita fizeram mais para o avanço do verdadeiro conhecimento, por meio de palestras improvisadas, no decurso de poucos anos, do que todos os eclesiásticos juntos durante tantos séculos.

Euph. E a nação sem dúvida alguma prosperou de maneira proporcional. Mas parece, Crito, que você já os ouviu falar.

Cri. Depois de ter ouvido este e outros discursos da mesma natureza, pensei que seria desnecessário instituir professores para o ensino de filosofia minuciosa em qualquer universidade, enquanto houvesse tantos oradores espontâneos em cada esquina das ruas, dispostos a abrir os olhos dos homens e a remover seus preconceitos sobre a religião, a lealdade e o espírito público.

Lys. Se os desejos servissem para algum propósito, eu desejaria ter um telescópio que me permitisse ver as coisas futuras no tempo, assim como as distantes no espaço. Oh! Como gostaria de ver a próxima geração e contemplar o que estamos nos preparando para ser, a gloriosa colheita dos

Alciphron, ou o filósofo minucioso

nossos princípios, cuja propagação tem produzido no país uma tendência visível rumo a algo grande e novo.

Cri. O que eu imagino que você pode esperar ver, sejam quais forem as mudanças e revoluções populares, é todos os livres-pensadores de pé. Todos vocês são filhos da natureza, que seguem alegremente o destino da multidão comum.

102 // *Lys.* É preciso reconhecer que temos uma máxima, *que cada um cuide de si mesmo.*

Cri. Infelizmente, Lysicles, você está enganado sobre seu próprio caráter. Vocês gostariam de ser considerados diante do mundo e de si mesmos como homens espertos e interessados, mas pode haver algo mais desinteressado do que sacrificar todas as considerações à especulação abstrata da verdade? Ou pode haver algo mais desprovido de esperteza do que publicar suas descobertas para o mundo, ensinar os demais a jogar o jogo inteiro e armar a humanidade contra vocês mesmos?

22. Se um homem se aventurar a sugerir um pensamento tão mesquinho como o amor ao seu país para almas inflamadas pelo amor à verdade, pelo amor à liberdade e acostumadas a abarcar toda a extensão da natureza, eu humildemente proporia a vocês, meus senhores, que observassem o cuidado tomado pelos demais descobridores, inventores e realizadores de experimentos, que não arriscam tudo na primeira tentativa. Não seria prudente provar o sucesso de vossos princípios, em pequena amostra, em algum canto remoto? Por exemplo, fundar uma colônia de ateus em Monomotapa[50] e ver como ela prospera antes de prosseguir em nosso país? Uma meia dúzia de navios carregados de filósofos minuciosos poderia facilmente ser reservada para esse belo projeto. Nesse meio-tempo vocês, senhores, que descobriram que não há nada a se esperar ou temer em outra vida, que a consciência é um fantasma, que os laços de governo e o cimento da sociedade humana são coisas corrompidas, a serem dissolvidas e reduzidas a nada pela argumentação de cada filósofo minucioso, tenham a bondade de guardar para

---

50 Império indígena que floresceu entre os séculos XV e XVIII na região que corresponde ao território atual de Moçambique e Zimbábue. (N. T.)

117

George Berkeley

vocês essas descobertas sublimes. Permitam que nós, nossas esposas, nossos filhos, nossos criados e nossos vizinhos, continuemos na crença e forma de pensar estabelecida pelas leis de nosso país. Sinceramente, gostaria que vocês tentassem vossos experimentos entre os hotentotes ou os turcos.

Lys. Nós imaginamos os hotentotes como pessoas que não têm preconceitos, mas receamos que seu regime e seus costumes não estejam de acordo com os dos nossos filósofos. Quanto aos turcos, eles são fanáticos, têm uma noção de Deus e um respeito por Jesus Cristo: duvido que seja seguro aventurar-se entre eles.

Cri. Faça então seu experimento em alguma outra parte da cristandade.

Lys. Consideramos que todas as demais nações cristãs estão muito submetidas ao poder do preconceito. Até mesmo os nossos vizinhos, os holandeses, são // demasiado impregnados de preconceitos em favor de sua religião estabelecida pela lei para que um homem prudente tente inovações sob seu governo. De modo geral, parece que não podemos executar nossos planos em nenhum lugar com tanta segurança e tanta perspectiva de sucesso como em nosso país. Isso não quer dizer que já tenhamos feito um grande progresso. Oh! Se pudéssemos ver apenas uma vez um parlamento de livres-pensadores autênticos, leais e libertinos!

Cry. Deus me livre! Eu lamentaria que houvesse homens semelhantes como meus criados, para não dizer como meus senhores.

Lys. Nisso nós divergimos.

23. Mas você concordará comigo que a maneira certa de chegar a isso era começar extirpando os preconceitos das pessoas particulares. Nós realizamos essa tarefa durante muitos anos com muita arte e engenho, e a princípio em segredo, trabalhando como toupeiras sob a terra, ocultando nosso progresso do público e nossas intenções últimas de muitos, até mesmo de nossos próprios discípulos, atiçando o fogo das polêmicas teológicas, tomando e aproveitando a ocasião de cada incidente que as paixões ou a loucura dos clérigos proporcionavam para o proveito de nossa seita. Como nossas doutrinas foram bem acolhidas, procedemos a outras inferências, e à medida que nossos números se multiplicaram, aos poucos nos revelamos

a nós mesmos e nossas opiniões. Não é preciso dizer aonde chegamos. Nós cortamos, arrancamos as ervas daninhas e limpamos a natureza humana a tal ponto que, em pouco tempo, deixando-a sozinha, sem qualquer necessidade de cultivo ou de ensino, você verá brotar, de forma espontânea, ideias justas e naturais.

Cri. Mas ouvi um homem, que viveu muito e observou muito, dizer que a pior e mais prejudicial erva daninha era essa mesma filosofia minuciosa. Tivemos em nosso país, disse ele, várias doenças epidêmicas, mas esta produziu a praga mais destrutiva de todas. O entusiasmo teve seus dias, seus efeitos foram violentos e logo terminaram; ele contagia de maneira mais discreta, mas espalha-se amplamente. A primeira produz uma febre no Estado, esta gera a devastação e a decadência final. Uma rebelião ou uma invasão produz alarme e coloca o público na defensiva, mas uma corrupção de princípios opera sua ruína de forma mais lenta talvez, mas de maneira mais certa. Isso pode ser ilustrado com uma fábula que encontrei em algum lugar nos escritos de um filósofo suíço, que expõe a origem do // conhaque e da pólvora. Achando-se o governo do norte certa vez vago, o príncipe das potestades do ar convocou um conselho no inferno, no qual se determinou que dois demônios distintos competissem entre si dando mostras de suas habilidades, e que venceria aquele que causasse mais dano. Um apareceu em forma de pólvora, o outro em forma de conhaque. O primeiro era um inimigo declarado, e rugia com um ruído terrível que amedrontava as pessoas e as punha de sobreaviso. O outro, considerado como um amigo e um médico por todos, disfarçou-se com doces, perfumes e drogas, e introduziu-se nas alcovas das damas e nas lojas dos boticários, e sob o pretexto de favorecer a digestão, levantar o ânimo e alegrar o coração, produziu efeitos diretamente contrários; e tendo de forma imperceptível lançado um grande número de seres humanos em uma decadência fatal,[51] levou as pessoas ao inferno e à sepultura de forma tão rápida que mereceu o governo que ainda possui.

24. *Lys.* Quem quiser pode se divertir com fábulas e alegorias. Esta é uma linguagem clara: a liberdade é um bem, e nós somos os pilares da liberdade.

---

51 Edições A e B: "decadência prolongada, mas fatal". (N. T.)

Cri. Para mim, parece que a liberdade e a virtude foram feitas uma para a outra. Se alguém deseja escravizar o seu próprio país, não há meio mais adequado do que o vício, e nada leva ao vício de modo tão seguro quanto a irreligião. De minha parte, não consigo compreender nem descobrir, depois de ter considerado isso sob todos os pontos de vistas, como este descrédito da religião pode ser consequência de uma admiração honesta à autêntica e legítima liberdade. Alguns parecem propor uma condescendência com o vício. Outros podem ter em vista as vantagens que os homens necessitados e ambiciosos costumam obter com a ruína de um Estado. Um parece deixar-se levar por um espírito petulante e insolente; outro espera ser considerado entre os libertinos, quando carece de espírito para agradar ou habilidades para ser útil. Mas, sejam quais forem as opiniões dos homens, examinemos o bem que seus princípios fizeram. Quem se tornou melhor, graças às instruções desses filósofos minuciosos? Comparemos o que somos em relação a cultura, lealdade, honestidade, riqueza, poder e espírito público, com o que temos sido. O livre-pensamento (como é chamado) cresceu de maneira notável nos últimos anos. Vejamos o que se desenvolveu com ele, ou que efeitos ele produziu. Fazer um catálogo dos males é desagradável e o único benefício que o livre-pensamento pode aspirar parece ser o luxo, o mesmo benefício // que o mundo romano antigo obteve; aquele mesmo luxo que faz uma nação, como um corpo enfermo e bem tratado, mostrar-se forte e saudável apesar de ter um pé na cova.

Lys. Você confunde as coisas. Não há pessoas que pensam e raciocinam melhor sobre o bem público de um Estado que as de nossa seita, que também inventaram muitas coisas que tendem para esse fim, que ainda não podemos colocar convenientemente em prática.

Cri. Mas há um ponto a partir do qual se deve reconhecer que o público já recebeu alguma vantagem, que é o efeito de seus princípios, que decorre deles e que se espalha com eles. Eu me refiro àquela velha prática romana do suicídio, que de uma só vez põe fim a todas as angústias, livrando o mundo e a si próprios dos miseráveis.

Lys. Antes, ao fazer algumas reflexões sobre este costume, você estava satisfeito, e riu da indecisão dos nossos livres-pensadores. Mas posso afirmar, de fato, que eles o aconselharam frequentemente, tanto com seus exemplos

Alciphron, ou o filósofo minucioso

como com seus argumentos,[52] e que é apenas graças a eles que essa prática, tão útil e magnânima, foi retirada das mãos de lunáticos, e restituída entre os homens sensatos a boa reputação que ela outrora tinha. Sob qualquer aspecto que você o considere, esse é de fato um incontestável benefício, mas o melhor efeito de nossos princípios é que a luz e a verdade se espalharam amplamente no mundo. De quantos preconceitos, erros, perplexidades e contradições libertamos as mentes dos nossos seguidores! Quantas palavras difíceis e noções absurdas e intrincadas ocuparam as mentes dos homens antes que nossos filósofos aparecessem no mundo! Mas agora também as mulheres e as crianças têm noções corretas e sensatas das coisas. O que você diz disso, Crito?

Cri. Digo, com relação a essas grandes vantagens de destruir homens e noções, que duvido que o público obtenha alguma vantagem tanto com a perda destas últimas quanto com a perda dos primeiros. De minha parte, preferiria que minha esposa e meus filhos todos acreditassem que não têm noção alguma, e todos os dias pronunciassem palavras desprovidas de significado, do que qualquer um deles cortasse a garganta ou se jogasse de uma janela. Erros e absurdos, enquanto tais, pouco importam aos olhos do público, que não considera a verdade // metafísica das noções, mas sim a tendência que elas têm de produzir o bem ou o mal. A verdade mesma é valorizada pelo público à medida que tem uma influência e se faz sentir no curso da vida. Você pode refutar todos os argumentos dos escolásticos, e descobrir muitas verdades especulativas, sem grande mérito para o seu país. Mas, se não me engano, os filósofos minuciosos não são os homens a quem mais devemos gratidão pelas descobertas desse gênero. Isso se deve admitir, supondo, o que de modo algum eu admito, que suas noções sejam verdadeiras. Pois, para dizer com clareza o que penso, a tendência de suas opiniões é tão ruim que nenhum homem sincero pode tolerá-las, e seus argumentos a favor delas são tão fracos que nenhum homem sábio os admitirá.

Lys. Não se provou com tanta clareza como o sol do meio dia que os homens mais educados levam uma vida muito mais feliz, e nadam no prazer,

---

52 Epicuro, *Dissertações*, 3.13; Marco Aurélio, *Meditações*, 5.29; Epicteto, *Diss.*, 3.13; Radicati, A. *Dissertation upon Death*, 1732. (N. T.)

desde a difusão dos nossos princípios? Mas para não repetir ou insistir mais sobre o que tem sido de forma tão ampla deduzido, devo apenas acrescentar que as vantagens decorrentes deles se estendem à idade mais tenra e ao sexo mais frágil. Os nossos princípios libertam as crianças dos terrores noturnos, e as damas das horas melancólicas durante o dia.

Cri. [Em vez dessas coisas antiquadas como as orações e a Bíblia, ocupam-se com agradáveis diversões, com bebidas, jogos de dados, *billets-doux*.[53] O belo sexo não tem agora outra coisa a fazer a não ser vestir-se e pintar-se, beber e jogar, enfeitar-se e divertir-se, e gozar as delícias da vida em sociedade.][54] Mas eu pensei, Lysicles, que o argumento do prazer tinha sido esgotado: entretanto, uma vez que você não concluiu esse ponto, permitam-me, mais uma vez, segundo a norma de Euphranor, considerar o prazer e a dor, o mérito e o demérito, em artigos distintos. Colocaremos na vida das suas belas damas vestidos luxuosos, jogos de dados, licores, fofocas, vigílias, por um lado; por outro, melancolia, desgosto, remorso, perdas nos jogos e a terrível angústia do tempo mal empregado aumentando a cada dia. Suponhamos que não haja nenhum acidente cruel devido ao ciúme, nenhuma loucura ou infâmia amorosa; no entanto, no final das contas você encontrará tal vida vazia, vertiginosa, espalhafatosa, agitada, e que não tem metade da felicidade de uma borboleta ou de um gafanhoto num dia de verão. E quanto à vida de um libertino ou homem de prazer, o cálculo será o mesmo, se você comparar a indiferença, a ignorância, a corrupção, a aversão, o desejo ardente, as disputas e as qualidades ou realizações semelhantes, com o seu pequeno círculo de diversões fugazes, longa aflição em comparação com um // prazer momentâneo. E se você considerar que, quando os sentidos e os apetites desaparecem, embora ele busque refúgio para sua consciência na filosofia minuciosa, até mesmo nisso você descobrirá, se esquadrinhar a fundo, que ele finge muito, acredita pouco, e não sabe nada.

Diante disso Lysicles, virando-se para mim, observou que Crito poderia contestar os fatos se quisesse, mas que todos deveriam reconhecer que a nação era mais alegre por causa de seus princípios.

---

53 "Cartas de amor". (N. T.)
54 Nas edições A e B, fala atribuída a Lysicles. (N. T.)

Alciphron, ou o filósofo minucioso

É verdade, respondeu Crito, realmente somos uma nação alegre: os jovens riem dos velhos, as crianças desprezam seus pais; e os súditos zombam do governo: efeitos felizes da filosofia minuciosa!

25. *Lys.* Tire as conclusões que quiser, isso não tornará os nossos princípios menos verdadeiros.

Cri. Não é a sua verdade o que estou considerando agora. A questão no momento é a utilidade de seus princípios; e para decidir esse ponto precisamos apenas ter uma visão razoavelmente resumida deles colocados juntos: que não há Deus nem providência; que o homem é como os animais que morrem; que sua felicidade, como a dos animais, consiste em obedecer aos instintos, apetites e paixões; que todos os remorsos de consciência e sentimentos de culpa são preconceitos e erros da educação; que a religião é um artifício do estado; que o vício é benéfico para o público; que a alma humana é corpórea, e se dissolve como uma chama ou vapor; que o homem é uma máquina acionada de acordo com as leis do movimento; que, em consequência, ele não é agente moral, ou sujeito à culpabilidade; que um homem sábio fará de seu interesse individual particular na vida presente a norma e a medida de todas as suas ações. Essas e outras opiniões semelhantes são, ao que parece, os princípios de um filósofo minucioso, que considera a si mesmo, de acordo com seus próprios princípios, um órgão tocado por objetos sensíveis, uma bola jogada de um lado para outro por apetites e paixões. Este homem é tão sutil que é capaz de demonstrar tudo isso por meio de hábeis raciocínios; ele é tão perspicaz e penetrante até o fundo das coisas a ponto de descobrir que a astúcia mais interessada e oculta é a única sabedoria verdadeira. Para completar seu caráter, esta curiosa peça de relojoaria, que não tem nenhum princípio de ação em si mesma, e que nega que tem ou possa ter qualquer pensamento ou movimento livre, se levanta como protetora da liberdade e luta fervorosamente a favor do livre-pensamento.

Crito mal havia terminado de falar quando Lysicles se dirigiu a Euphranor e a mim. Crito, disse ele, esforçou-se muito, // mas me convenceu somente de uma coisa, a saber, que não devo desesperar de convencê-lo. Nunca, em todo o curso de minha vida, encontrei um homem tão profundamente imerso em preconceitos: que outro o livre deles por mim. Mas mantenho mais esperanças em você.

Posso responder, disse eu, por mim mesmo, que meus olhos e ouvidos estão sempre abertos ao convencimento. Estou atento a tudo o que se passa, e de um modo geral formarei uma opinião, verdadeira ou falsa, muito imparcial.

Crito, disse Euphranor, é um homem mais ousado do que eu para enfrentar e dialogar com um filósofo. De minha parte, sempre achei mais fácil aprender do que ensinar. Por isso, peço sua ajuda para livrar-me de alguns escrúpulos sobre a tendência de suas opiniões, as quais me acho incapaz de dominar, embora esteja muito disposto. Fazendo isso, embora não sigamos exatamente os mesmos passos nem talvez sigamos o mesmo caminho, todavia não caminharemos em todos os pontos para direções diametralmente opostas uma da outra.

26. Diga-me agora, Lysicles, você que é um observador minucioso das coisas, se a sombra é mais agradável de manhã, à noite ou ao meio-dia.

Lys. Sem dúvida ao meio-dia.

Euph. E o que dispõe os homens ao descanso?

Lys. O exercício.

Euph. Quando é que os homens fazem as maiores fogueiras?

Lys. No tempo mais frio.

Euph. E o que engendra um gosto por bebidas geladas?

Lys. O calor excessivo.

Euph. E o que ocorre se você erguer um pêndulo a uma grande altura, de um lado?

Lys. Quando o soltar ele subirá à mesma altura do outro lado.

Euph. Parece, então, que a escuridão provém da luz, o repouso, do movimento, o calor, do frio e, em geral, que um extremo é a consequência do outro.

Lys. Parece.

Euph. E essa observação não vale tanto no mundo civil quanto no mundo natural? O poder não produz licença, e a licença, poder? Os *whigs* não en-

Alciphron, ou o filósofo minucioso

gendram os *tories* e os *tories*, os *whigs*, os fanáticos engendram os ateus e os ateus, os fanáticos?

Lys. E admitindo que isto seja verdade?

109 // *Euph.* Não se seguirá portanto que, ao abominarmos os princípios servis, deveríamos evitar cair nos licenciosos? Sou e sempre fui um amante sincero da liberdade, da liberdade legal inglesa, que considero uma bênção suprema, um ornamento e conforto da vida, e a grande prerrogativa de um inglês. Mas não se deve temer que, se a nação cair numa licenciosidade que nunca foi suportada em nenhum país civilizado, ao sentir os males intoleráveis de um extremo os homens possam naturalmente cair no outro? Você deve reconhecer que a maior parte da humanidade não são filósofos, como você e Alciphron.

Lys. Isso eu reconheço prontamente.

Euph. Tenho outro escrúpulo sobre a tendência de suas opiniões. Suponha que você triunfe e destrua a Igreja e o clero protestante: como você dominaria os católicos? Estou bem informado de que há um grande número de emissários da Igreja de Roma disfarçados na Inglaterra. Quem pode dizer que resultado poderá conseguir um clero tão numeroso, tão sutil e tão bem preparado com argumentos para convencer as mentes vulgares e incultas em um país privado de toda religião e que sente a sua falta? Quem pode dizer se o espírito do livre-pensamento acabará com a oposição, e a vaidade, com a distinção, quando todas as nações são igualmente infiéis? Quem pode assegurar, digo eu, se em tal conjuntura os próprios homens de gênio não podem fingir uma nova distinção e ser os primeiros a converter-se ao catolicismo?

Lys. Suponhamos que eles possam. Entre amigos isso não seria um grande problema. Estas são nossas máximas. Em primeiro lugar, consideramos que seria melhor não ter religião alguma. Em segundo lugar, acreditamos que todas as religiões são indiferentes. Se, portanto, após um teste descobrimos que o país não pode viver sem uma religião, por que não a católica tanto quanto outra? Conheço vários homens inteligentes de nossa seita que, se tivéssemos um príncipe católico no trono, se converteriam ao catolicismo amanhã. Isso é um paradoxo, mas eu o explicarei. Um príncipe a quem homenageamos com nossa religião com certeza deve ser grato.

125

Euph. Eu o entendo. Mas o que acontece com o livre-pensamento o tempo todo?

Lys. Oh! Nós teremos mais liberdade do que nunca, pois será toda nossa. Quanto à diversão de vendê-la, a sua carência seria amplamente compensada por sólidas vantagens de outra natureza.

Euph. Parece, então, conforme este relato, que a tendência que você // observou na nação para algo grande e novo prova uma tendência para o catolicismo e a escravidão.

Lys. Não nos interprete mal, caro Euphranor. A primeira coisa que entra em nossa intenção é uma liberdade absoluta, mas se esta não ocorrer e, acima de tudo, for preciso tolerar certas coisas como a religião e o governo, estamos sabiamente dispostos a tirar o melhor partido de ambos.

Cri. Isso me faz lembrar de um pensamento que tive muitas vezes, de que os filósofos minuciosos são enganados pelos jesuítas. Os dois mais declarados, professos e ativos propagadores da infidelidade, em todas as sociedades ou em todas as ocasiões, que jamais encontrei, eram ambos católicos fanáticos, e sendo ambos homens de consideráveis fortunas, sofreram consideravelmente por esse motivo; sobre o que é surpreendente que seus discípulos pensantes nunca devam refletir. Hegemon, um dos mais ilustres escritores dentre os filósofos minuciosos e herói dessa seita, estou certo, era um católico e nunca soube que ele professasse qualquer outra religião. Sei que muitos da Igreja Romana no exterior estão satisfeitos com o crescimento da infidelidade entre nós, na esperança de que ela possa abrir caminho para eles. Sabe-se que os emissários de Roma personificaram várias outras seitas que, de tempos em tempos surgiram entre nós, e por que não esta dos filósofos minuciosos, dentre todas as demais a mais bem calculada para arruinar tanto a Igreja quanto o Estado? Eu mesmo conheci um jesuíta estrangeiro que falava entre cavalheiros ingleses como um livre-pensador. Estou bem informado de que os jesuítas, reconhecidos como tais pelos filósofos minuciosos do nosso país, são admitidos em seus círculos, e tenho observado que estes os aprovam e falam melhor deles do que de qualquer outro clérigo. Aqueles que não estão familiarizados com o espírito sutil, a política refinada e a economia maravilhosa daquela renomada sociedade precisam apenas ler o relato que o jesuíta Inchofer faz deles, em seu livro *De monarchia solipsorum; e* aqueles que estão familiarizados não se surpreenderão de que sejam capazes de enganar nossos filósofos minuciosos: enganar, digo, porque não posso pensar que eles suspeitem que sejam tão somente instrumentos para servir os fins de homens mais sagazes que eles. Eles me parecem embriagados e tontos com uma falsa noção de liberdade, e, estimulados por esse princípio, a fazer experiências absurdas em seu país, eles concordam apenas em destruir // tudo o que encontram em seu caminho, sem qualquer plano combinado e sem se preocupar nem saber o que erguer em seu lugar. Ouvi-los falar, como o fiz muitas vezes, sobre as virtudes morais, transformá-las em vergonha, e depois rir da vergonha como uma fraqueza, admirar a vida sem limites dos selvagens, desprezar toda a ordem e decência na educação, alguém poderia pensar que a intenção destes filósofos, quando podaram e extirparam as noções dos seus concidadãos e os despojaram de seus preconceitos, era despi-los de suas roupas e encher o país de nudistas seguidores da natureza, desfrutando de todos os privilégios da animalidade.

Aqui Crito fez uma pausa e fixou seus olhos em Alciphron, que durante toda essa conversa havia permanecido pensativo e atento, sem dizer uma palavra e com um aspecto às vezes descontente com o que Lysicles dizia, e outras vezes sereno e satisfeito, parecendo aprovar algum pensamento melhor que o dele. Mas como o dia já havia transcorrido, Alciphron propôs adiar a discussão para o dia seguinte, quando, disse ele, "estabelecerei as questões sobre um novo fundamento, e com tanta clareza que, não tenho dúvida, dará plena satisfação". Assim mudamos de assunto e, depois de um repasto com alimentos em estado natural, fizemos um passeio pela praia, e no frescor do anoitecer retornamos para a casa de Crito.

112

// *Terceiro diálogo*

I. No dia seguinte, enquanto estávamos sentados ao redor da mesa do chá, numa varanda com vista para o jardim, Alciphron, depois de ter se servido, repousou sua taça e, reclinando-se em sua cadeira, continuou da seguinte maneira.

Acima de todas as seitas da Terra é privilégio peculiar da nossa não estar sujeita a quaisquer princípios. Enquanto outros filósofos professam uma adesão servil a determinados princípios, os nossos defendem uma nobre liberdade que os diferencia não somente uns dos outros, mas muitas vezes o mesmo homem de si mesmo. Esta forma de proceder, além de outras vantagens, incorpora mais esta: que somos de todos os homens os mais difíceis de refutar. Você pode, talvez, refutar algum princípio específico, mas nesse caso isso afeta somente aquele que o mantém, e apenas enquanto ele o mantém. Alguns de nossa seita dogmatizam mais que outros e, em alguns pontos mais do que em outros. A doutrina da utilidade do vício é um ponto em que não estamos todos de acordo. Alguns de nós somos grandes admiradores da virtude. Para outros, as questões do vício e da virtude são problemáticas. De minha parte, embora eu ache que a doutrina mantida ontem por Lysicles seja uma especulação engenhosa, no entanto, de um modo geral, há diversas razões que me inclinam a afastar-me dela e, de preferência, a abraçar o lado virtuoso da questão, com a minoria, talvez, mas com a parte mais contemplativa e louvável de nossa seita. Parece-me

129

que, depois de uma investigação precisa e imparcial de ambos os lados, deveríamos preferir a virtude ao vício, e que essa preferência contribuiria tanto para o bem-estar público quanto para a reputação de nossos filósofos. Você deve saber, então, que temos entre nós muitos que, sem um pingo de religião, são homens de honra inatacável e, portanto, homens virtuosos porque são homens de honra. A honra é uma fonte nobre e pura de virtude, sem a menor mistura de medo, interesse ou superstição. Ela tem todas as vantagens, sem ter os males que acompanham a religião. É a marca de uma alma distinta e magnânima, e pode ser encontrada entre pessoas distintas e educadas. Ela se manifesta na Corte, no Senado e no campo, e, em geral, em todos os círculos de pessoas da moda.

113   // *Euph.* Você diz então que a honra é a fonte da virtude?

Alc. Sim.

Euph. Pode uma coisa ser fonte de si mesma?

Alc. Não pode.

Euph. A fonte, portanto, é distinta daquilo de que ela é a fonte?

Alc. Sem dúvida.

Euph. A honra então é uma coisa, e a virtude, outra?

Alc. Eu concedo. As ações virtuosas são o efeito e a honra é a fonte ou a causa desse efeito.

Euph. Diga-me, a honra é a vontade que produz essas ações, ou a causa final para a qual elas são produzidas, ou é a reta razão que é a sua norma e limite, ou o objeto ao qual elas se referem? Ou pela palavra honra você entende uma faculdade ou apetite? Pois se supõe que tudo isso seja, em um sentido ou outro, fonte das ações humanas.

Alc. Nada disso tudo.

Euph. Faça o favor então de me fornecer alguma noção ou definição da mesma.

Tendo refletido um pouco, Alciphron respondeu que definia a honra como um princípio das ações virtuosas.

Ao que Euphranor respondeu: Se eu entendi bem, a palavra princípio pode ser usada de várias maneiras.[55] Às vezes, por princípios, queremos

---

55 *Sobre o movimento*, §§ 36-42. (N. T.)

dizer as partes das quais se compõe um todo, e às quais ele pode reduzir-se. Assim, diz-se que os elementos são os princípios dos corpos compostos. E, portanto, que as palavras, as sílabas e as letras são os princípios da linguagem. Outras vezes, por princípio queremos dizer uma pequena semente particular, cujo crescimento ou desenvolvimento gradual produz um corpo organizado, animal ou vegetal, em seu tamanho e forma apropriados. Supõe-se outras vezes que princípios são certos teoremas fundamentais nas artes e nas ciências, na religião e na política. Diga-me em qual desses sentidos, ou se é em algum outro sentido, que você entende a palavra, quando diz que a honra é um princípio da virtude.

A isso Alciphron respondeu que, de sua parte, ele não a entendia em nenhum desses sentidos, mas que definia a honra como certo ardor ou entusiasmo que incandesce no peito de um homem destemido.

Acerca disso, observou Euphranor, sempre se admitiu colocar a definição no lugar da coisa definida. Isso é permitido, disse ele, ou não?

Alc. É.

114 // *Euph.* Não podemos, portanto, dizer que um homem de honra é um homem fervoroso ou um entusiasta?

Ao ouvir isso, Alciphron declarou que essa exatidão não servia para nada, que os pedantes, de fato, podiam discutir e definir, mas nunca poderiam alcançar o sentido elevado da honra que distingue o bom cavalheiro, e que era uma coisa mais para ser sentida do que explicada.

2. Crito, percebendo que Alciphron não suportaria ser pressionado ainda mais sobre esse assunto e desejando dar alguma satisfação a Euphranor, disse que ele mesmo, na verdade, não se comprometeria a explicar um tema tão sutil, mas lhes relataria parte de uma conversa que certa vez ouviu entre Nicander, um filósofo minucioso, e Menecles,[56] um cristão, sobre o mesmo assunto, cujo teor foi o seguinte:

M. De que princípios, senhores, vocês são virtuosos?

---

56 Ver nota 13. Em grego, os nomes "Nicander" e "Menecles" significam, respectivamente, "o matador" e "o homem de reputação sólida". (N. T.)

N. Da honra. Somos homens de honra.

M. Não pode um homem de honra seduzir a esposa de outro, ou embriagar-se, ou vender o voto, ou recusar-se a pagar as suas dívidas, sem diminuir ou manchar sua honra?

N. Ele pode ter os vícios e defeitos de um cavalheiro, mas é obrigado a pagar as dívidas de honra, ou seja, todas as que são contraídas pelo jogo.

M. Não está o seu homem de honra sempre pronto a ressentir-se das ofensas e a envolver-se em duelos?[57]

N. Ele está pronto a exigir e a dar satisfação como um cavalheiro em todas as ocasiões sempre que necessário.

M. Parece, segundo este relato, que arruinar os comerciantes, ser infiel à própria esposa, seduzir a de outro homem, aceitar subornos, enganar o público, cortar a garganta de um homem por causa de uma palavra, tudo isso é compatível com o seu princípio de honra.

N. Não se pode negar que somos homens destemidos, homens inflamados, homens que conhecem o mundo, e tudo o que se segue disso.

115 // M. Parece, portanto, que a honra entre os infiéis é como a honestidade entre os piratas: algo confinado a eles próprios, entre os quais a fraternidade talvez possa ter sua importância, mas todos os outros deveriam estar em guarda[58] contra eles.

Por meio desse diálogo, continuou Crito, um homem que vive distante do *grand monde* pode ser capaz de formar uma noção daquilo que o mundo chama de honra e homem de honra.

Euph. Peço-lhe que não me distraia com a opinião de Nicander, de quem nada sei, mas, antes, que me diga a sua própria opinião, extraída da sua própria observação sobre os homens de honra.

Cri. Se devo me pronunciar, posso lhe assegurar com toda sinceridade que, por tudo o que tenho ouvido ou visto, nunca achei que a honra, considerada como um princípio distinto da consciência, da religião, da razão e da virtude, fosse mais do que um nome vazio. E eu realmente acredito que aqueles que se baseiam nessa noção têm menos virtude do que outros

---

57 Mandeville defende o duelo em *A fábula das abelhas*, 1724, p.242-4. (N. T.)

58 Edição A: "constantemente em guarda". (N. T.)

homens, e que o que eles têm ou parecem ter se deve à moda (de natureza respeitável), se não a uma consciência imbuída desde a infância de princípios religiosos e que mais tarde conserva alguns traços deles sem sabê-lo. Esses dois princípios parecem explicar tudo o que se parece com a virtude nesses senhores. Os vossos homens da moda, entre os quais prevalece a vida animal, uma espécie de valentões da moralidade, que desdenham pensar que têm escrúpulos de consciência, discorrem muito sobre a honra e pretendem ser chamados de homens de honra, em vez de homens conscienciosos ou honestos. Mas, por tudo o que eu pude observar, este caráter enganoso, em que não há nada de consciência ou religião no fundo, para lhe dar vida e substância, não é melhor do que um meteoro ou uma nuvem pintada.

Euph. Eu tinha uma noção confusa de que a honra era alguma coisa estreitamente conectada com a verdade, e que os homens de honra eram os maiores inimigos de todas as hipocrisias, falácias e disfarces.

Cri. Longe disso, um infiel que se propõe a mais bela honra deve, sem o menor pingo de fé ou religião, fingir-se um cristão, submeter-se a qualquer provação, participar de qualquer ato de adoração, ajoelhar-se, rezar, receber os sacramentos para atender a um interesse. A mesma pessoa, sem que se possa contestar a sua honra, deve declarar e jurar com a maior solenidade diante de Deus // e do mundo que amará a sua esposa, e, afastando-se de todas as demais mulheres, que lhe será fiel, embora, ao mesmo tempo, é certo que ele não tem a mínima intenção de cumprir sua promessa, e convencerá todo mundo sobre isso assim que ele a tenha em seu poder, bem como a sua fortuna, em razão do que este homem de honra imaculada não tem nenhum escrúpulo de enganar e de mentir.

Euph. Aqui nesta região rural pensamos que é a coisa mais odiosa de todas, e uma das mais arriscadas e perigosas, acusar de mentiroso um homem de honra.

Cri. É verdade. Ele abomina que o acusem de mentiroso, mas não abomina mentir.

3. Alciphron, tendo ouvido tudo isso com grande serenidade de espírito e compostura, disse o seguinte.[59] [A palavra *livre-pensador*, visto que

---

59 Shaftesbury, *Características*, 2, p.22, 42-3, 414; 3, p.31. (N. T.)

George Berkeley

compreende homens de naturezas e sentimentos muito diferentes, não pode, em sentido estrito, dizer-se que representa uma seita particular, que mantém um certo sistema de opiniões positivas e distintas. Embora se deva reconhecer que todos concordamos em certos pontos de incredulidade, ou princípios negativos, cuja concordância, em certo sentido, nos une sob a ideia comum de uma seita. Mas então esses princípios negativos, à medida que se enraízam em homens de diferentes idades, temperamentos e educação, produzem várias tendências, opiniões e caracteres, amplamente diferentes uns dos outros.][60] Você não deve pensar que a nossa maior força reside em nosso maior número de libertinos e simples homens de honra. Não. Temos entre nós filósofos de um caráter muito diferente, homens de singular contemplação, não governados por coisas tão grosseiras como os sentidos e os costumes, mas por uma virtude abstrata e moral sublime, e quanto menos religiosos, mais virtuosos. Para a virtude de natureza elevada e desinteressada, nenhum homem está tão bem qualificado como um infiel, já que é uma coisa mesquinha e egoísta ser virtuoso por medo ou esperança. A noção de uma Providência e de um estado futuro de recompensas e punições pode de fato seduzir os homens de espírito simples a práticas contrárias à inclinação natural de suas almas ou assustá-los, mas nunca produzirá uma virtude verdadeira e genuína. Para ir ao fundo das coisas, para analisar a virtude em seus primeiros princípios e estabelecer um sistema de moral[61] // sobre sua verdadeira base, você deve entender que existe uma ideia de beleza natural para a mente humana. Isso é o que todos os homens desejam, isso agrada e deleita por si só, puramente por um instinto da natureza. Um homem não precisa de argumentos para discernir e aprovar o que é belo. O belo impressiona à primeira vista e atrai sem uma razão. E como essa beleza se encontra na figura e na forma das coisas corpóreas, assim também, de maneira análoga, existe uma beleza de outra espécie, uma ordem, uma simetria e uma graça no mundo moral. E assim como o olho percebe uma, a mente, por um determinado sentido interior, percebe a outra. E esse sentido, capacidade, ou faculdade, é sempre mais vivo e mais puro nas

---

60 Acréscimo da terceira edição, de 1752. (N. T.)
61 Edições A e B: "de dever moral". (N. T.)

mentes mais nobres. E, como pela vista eu distingo a beleza de uma planta ou de um animal, exatamente da mesma forma a mente também apreende a excelência moral, a beleza, e a conveniência da justiça e da temperança. E assim como declaramos prontamente que um vestido é apropriado, ou uma atitude, graciosa, com o mesmo julgamento livre e inexperiente podemos declarar de imediato que essa ou aquela conduta ou ação é adequada e bela. Para apreciar esse tipo de beleza é preciso ter um gosto delicado e refinado. Mas onde existe esse gosto natural não é preciso mais nada, nem princípios para convencer, nem motivos para induzir os homens ao amor à virtude. E, em maior ou menor grau, esse gosto ou sentido existe em toda criatura dotada de razão.

Todos os seres racionais são sociáveis por natureza. Eles se sentem atraídos uns pelos outros por afeições naturais. Eles se unem e se associam em famílias, clubes, partidos e comunidades por simpatia mútua. E, tal como por meio de nossa alma sensitiva, nossos vários órgãos e diferentes membros colaboram nas funções animais, e estão conectados em um todo, da mesma forma as várias partes desses sistemas racionais ou corpos políticos, em virtude desse sentido moral ou interior, são mantidas juntas, têm um sentimento de solidariedade, se ajudam e protegem umas às outras e cooperam em conjunto para o mesmo fim. Daí aquela alegria em sociedade, aquela propensão para fazer o bem à nossa espécie, aquela satisfação e deleite em contemplar as ações virtuosas de outros homens, ou em refletir sobre as nossas próprias. Pela contemplação da adequação e ordem das partes de um sistema moral, operando regularmente e unidas de forma estreita por sentimentos benevolentes, a mente humana alcança a mais elevada noção de beleza, excelência e perfeição. Absortos e arrebatados por essa ideia sublime, nossos filósofos desprezam e se compadecem infinitamente de quem quer que proponha ou aceite qualquer outro motivo para a virtude. O interesse é uma coisa desprezível e mesquinha, que destrói o mérito da virtude, e // a falsidade de qualquer espécie é incompatível com o verdadeiro espírito da filosofia.

Cri. Portanto, o amor que você tem pela beleza moral e sua paixão pela verdade abstrata não permitirão que você pense com paciência nessas imposições fraudulentas sobre a humanidade. A Providência, a imortalidade da alma e uma futura retribuição de recompensas e punições, ao que parece, sob o pretexto de promover, destroem toda a verdadeira virtude e, ao mesmo tempo, contradizem e desacreditam suas nobres teorias, tendendo manifestamente à perturbação e inquietação das mentes humanas, enchendo-as de esperanças estéreis e terrores vãos.

Alc. Os primeiros pensamentos e as noções naturais dos homens são os melhores em questões morais. E não há necessidade de que a humanidade seja exortada, ou persuadida, ou amedrontada a respeito da virtude, uma coisa tão natural e adequada a toda alma humana. Ora, se esse for o caso, como certamente é, segue-se que todos os fins da sociedade são garantidos sem a religião, e que um infiel pretende ser o homem mais virtuoso, em um sentido verdadeiro, sublime e heroico.

4. *Euph.* Oh, Alciphron! Enquanto você fala, sinto uma sensação em minha alma semelhante à vibração de um alaúde quando toca em uníssono com outro instrumento. Sem dúvida, há uma beleza da mente, um encanto na virtude, uma simetria e proporção no mundo moral. Essa beleza moral era conhecida pelos antigos pelo nome de *honestum*[62] ou τὸ καλὸν.[63] E, a fim de conhecer sua força e influência, não seria fora de propósito perguntar o que se entendia que fosse e que significado tinha para os primeiros que a consideraram e lhe deram um nome. Τὸ καλὸν, de acordo com Aristóteles, é o ἐπαινετὸν, ou louvável;[64] de acordo com Platão é o ἡδὺ, ou o ὠφέλιμον[65] o *agradável* ou *útil*, que se refere a uma mente razoável e a seu verdadeiro interesse. Agora eu gostaria de saber se uma mente, que considera uma ação como louvável, não se deixa levar além da mera ação em si mesma ao considerar a opinião dos outros a respeito dessa ação?

Alc. Sim.

Euph. E é esta uma razão suficiente ou princípio de virtude para um homem agir, quando ele pensa que está longe dos olhos e da observação de qualquer outro ser inteligente?

---

62 Cícero, *As últimas fronteiras do bem e do mal,* 3.38. (N. T.)

63 Platão, *Lísis,* 216c; *Filebo,* 66b. (N. T.)

64 Aristóteles, *Ética a Nicômaco* 1109a, 29; 1144a, 26; 1169a, 30-1. (N. T.)

65 Platão, *Hípias maior* 303e. *Protágoras,* 358b; *Alcebíades II,* 145c. (N. T.)

Alc. Parece que não.

119   // *Euph.* Novamente, pergunto se um homem que faz uma coisa agradável ou útil enquanto tal, não deveria abster-se de fazê-la, ou mesmo fazer o contrário, se tivesse a perspectiva de maior prazer ou utilidade?

Alc. Deveria.

Euph. Não decorre disso que a beleza da virtude ou τὸ καλὸν, seja no sentido de Aristóteles ou no sentido de Platão, não é um princípio ou fundamento suficiente para engajar os homens sensuais e de mentalidade mundana a praticá-la?

Alc. E então?

Euph. Então se deduzirá que a esperança de recompensa e o medo de punição são altamente convenientes para fazer a balança do agradável e do útil inclinar para o lado da virtude e, assim, produzir um benefício muito maior para a sociedade humana.

Alciphron contestou isso. Senhores, disse ele, vocês são testemunhas do procedimento desleal de Euphranor, que argumenta contra nós com base em explicações dadas por Platão e Aristóteles sobre a beleza da virtude, que são coisas sobre as quais não temos nada a dizer. Os filósofos de nossa seita se abstraem de todo o louvor, prazer e interesse, quando estão enamorados e arrebatados por essa sublime ideia.

Peço perdão, respondeu Euphranor, por ter suposto que os filósofos minuciosos de nossos dias pensavam como aqueles sábios antigos. Mas você precisa me dizer, Alciphron, uma vez que você não acha adequado adotar o sentido de Platão ou Aristóteles, em que sentido você entende a beleza da virtude? Defina-a, explique-a, faça-me entender o seu significado, que assim poderemos discutir sobre a mesma coisa, sem o que nunca poderemos chegar a uma conclusão.

5. *Alc.* Algumas coisas são mais bem compreendidas mediante definições e descrições, mas sempre observei que aqueles que querem definir, explicar e disputar sobre esse assunto o minimizam. A beleza moral é de natureza tão peculiar e abstrata, algo tão sutil, fino e fugaz, que não suportaria ser tratada e examinada como qualquer tema vulgar e comum. Você me perdoará, por conseguinte, se eu defender minha liberdade filosófica, e escolher de

preferência entrincheirar-me no sentido geral e indefinido, em vez de entrar em uma explicação precisa e particular desta beleza, possivelmente perdê-la de vista, ou dar a você algum motivo para argumentar com sofismas, // inferir, e levantar dúvidas, questionamentos e dificuldades sobre um ponto tão claro como o sol, quando ninguém raciocina sobre ele.

Euph. O que você diz, Alciphron? Essa noção é mais clara quando ela não é examinada?

Alc. Digo que é algo para ser sentido mais do que compreendido, um certo *je ne sais quoi*.[66] Um objeto, não da faculdade discursiva, mas de um sentido peculiar, que é propriamente chamado de *senso moral*,[67] sendo adaptado à percepção da beleza moral, como o olho às cores, ou o ouvido aos sons.

Euph. Estou claramente convencido de que os homens possuem, por natureza, certas sensações instintivas ou paixões que os tornam amáveis e úteis uns aos outros. Tais são o sentimento de solidariedade para com os aflitos, a ternura por nossos filhos, uma afeição por nossos amigos, nossos vizinhos e nosso país, uma indignação contra as coisas vis, cruéis ou injustas. Essas paixões são implantadas na alma humana, com vários outros medos e apetites, aversões e desejos, alguns dos quais são mais fortes e predominantes numa mente, outros em outra. Não parece, portanto, uma norma moral muito incerta que um homem siga as suas paixões ou os seus sentimentos internos? E essa norma não conduziria infalivelmente homens diferentes a comportamentos diferentes, de acordo com o predomínio deste ou daquele apetite ou paixão?

Alc. Eu não nego isso.

Euph. E não decorrerá disso que o dever e a virtude têm mais possibilidades de serem praticados se os homens forem guiados pela razão e pelo julgamento, equilibrando a influência dos prazeres inferiores e sensuais com os de

---

66 Shaftesbury, *Solilóquio*, 3.3; *Características*, 1, p.332. (N. T.)

67 Termo introduzido na época de Berkeley para expressar a visão de que as distinções morais são apreendidas por uma sensibilidade natural análoga ao gosto estético, e não, por exemplo, pela revelação ou pela razão. É empregado por Shaftesbury, *Investigação sobre a virtude*, 1.1.3.1; *Características*, 2, p.42; e especialmente por Francis Hutcheson, nas obras *Investigação sobre a origem das ideias de beleza e virtude*, 1725, e *Ilustrações sobre o senso moral*, 1728. (N. T.)

uma natureza superior, comparando as perdas presentes com os ganhos futuros, e o mal-estar e desgosto de cada vício com a prática deliciosa da virtude oposta e com as consequências e esperanças agradáveis que a acompanham? Ou pode haver algum motivo mais forte para a virtude do que demonstrar que, considerada sob todos os aspectos, ela representa para cada homem o seu verdadeiro interesse?

6. *Alc.* Digo-lhe, Euphranor, que desprezamos a virtude daquele homem que calcula e delibera, e que deve ter uma razão para ser virtuoso. Os moralistas sofisticados da nossa seita são cativados e arrebatados pela beleza abstrata da virtude. Eles desdenham todos os motivos legais a seu favor e amam a virtude apenas // pela virtude. Oh arrebatamento! Oh entusiasmo! Oh quintessência da beleza! Parece-me que poderia viver eternamente nessa contemplação; mas, em vez de me entreter, devo esforçar-me para convencê-lo. Faça um experimento com o primeiro homem que você encontrar. Proponha a ele uma ação vil ou injusta. Examine a sua primeira impressão sobre a questão e você descobrirá que ele a detesta. Ele pode, de fato, mais tarde, ser enganado por argumentos ou dominado pela tentação, mas seus pensamentos originais, espontâneos e genuínos são justos e ortodoxos. Como poderíamos explicar isso a não ser por um senso moral que, deixado a si mesmo, tem uma percepção tão viva e verdadeira da beleza e da fealdade das ações humanas quanto os olhos têm das cores?

Euph. Não se explica isso suficientemente pela consciência, sentimentos, paixões, educação, razão, costumes, religião, cujos princípios e hábitos, pelo que sei, podem ser o que você chama metaforicamente de senso moral?

Alc. O que chamo de senso moral é estrita, adequada e verdadeiramente tal, e difere por natureza de todas essas coisas que você enumerou. É o que todos os homens têm, embora nem todos possam observá-lo.

Diante disso, Euphranor sorriu e disse: Alciphron fez descobertas onde eu menos esperava. Pois, disse ele, em relação a todos os outros pontos, eu esperava aprender com ele, mas sobre o conhecimento de mim mesmo, ou das faculdades e poderes de minha própria mente, acreditava ter perfeito conhecimento por conta própria. E poderia ter procurado durante muito tempo sem encontrar essa nova capacidade que, mesmo agora, depois de ter sido ensinado, não consigo compreender. Pois Alciphron, devo dizer, é muito sublime e enigmático sobre um ponto que, de todos os outros, deveria ser mais claramente compreendido. Ouvi dizer muitas vezes que seus adeptos mais profundos e professores de ciências mais antigos são os mais obscuros. Lysicles é jovem e fala sem rodeios. Se ele nos conceder a graça de dar sua opinião sobre esse tema, talvez pudesse ser mais convincente estando ao nível de minha compreensão.

7. Lysicles balançou a cabeça e, de maneira grave e séria, dirigiu-se ao grupo. Meus senhores, disse ele, Alciphron expressa suas próprias convicções. Eu não compartilho essas sublimes noções que ele agora se empenha em defender. Se devo dominar minhas paixões, abstrair, contemplar, estar apaixonado pela virtude, em suma, se devo ser um entusiasta, tenho demasiado respeito às leis do meu país para escolher ser um entusiasta à sua maneira. Além disso, é melhor ser assim por algum fim do que por nada. Esta // doutrina tem todos os graves inconvenientes da doutrina cristã, sem suas agradáveis esperanças e perspectivas.

Alc. Nunca contei com a colaboração de Lysicles nessa matéria que, afinal de contas, não precisa de sua ajuda nem de sua explicação. Nem todos os assuntos devem ser tratados da mesma maneira. O método de definição e divisão é árido e pedante. Além disso, o assunto às vezes é demasiado obscuro, às vezes demasiado simples para este método. Às vezes sabemos muito pouco sobre uma questão, outras muito para torná-la mais clara pelo raciocínio.

Cri. Ao ouvir Alciphron falar me recordei daquele grego engenhoso[68] que, tendo coberto o irmão de um homem com um manto, perguntou-lhe se conhecia aquela pessoa, tratando de confundir sua resposta, qualquer que fosse, ao ocultar e descobrir a quem cobria com o manto. De minha parte, acredito que, se o assunto fosse explicado adequadamente, a satisfação racional, a paz de espírito, o bem-estar interior e a alegria conscienciosa que um bom cristão encontra nas boas ações, não seriam descobertos como

---

68 Alusão a Eubúlides e ao paradoxo do "velado". Ver Diógenes Laércio, *Vidas*, 2.108. (N. T.)

Alciphron, ou o filósofo minucioso

sendo inferiores a todo êxtase, arrebatamento e entusiasmo que são considerados como o efeito daquele sublime e inefável princípio. Sinceramente, pode haver um êxtase mais elevado, um arrebatamento mais comovente, do que aquele que nasce do amor de Deus e do homem, a partir de uma consciência livre de culpa, e de um íntimo cumprimento do dever, com o secreto deleite, confiança e esperança que o acompanha?

Alc. Oh Euphranor! Nós, devotos da verdade, não invejamos, apenas lamentamos, as alegrias infundadas e as esperanças ilusórias de um cristão. E, quanto à consciência e ao prazer racional, como podemos admitir uma consciência sem admitir uma Providência vingativa? Ou, como podemos supor que o encanto da virtude consiste em algum prazer ou benefício que acompanha as ações virtuosas,* sem conceder grandes vantagens para a religião cristã, que, ao que parece, incita seus fiéis à virtude em troca dos mais elevados benefícios e prazeres? Ai de mim! Se admitíssemos isso, abriríamos uma porta para todos aqueles antiquados pregadores da necessidade e da utilidade dos grandes dogmas da fé: a imortalidade da alma, um estado futuro, recompensas e punições, e semelhantes conceitos caídos em descrédito, os quais, de acordo com o nosso sistema e nossos princípios, poderiam talvez produzir uma espécie de virtude mesquinha, popular e interessada, mas a destruiriam e extinguiriam absolutamente no sentido heroico e sublime.

123 // 8. *Euph.* O que você diz agora é muito inteligível. Gostaria de compreender também o seu princípio fundamental.

Alc. E então você está de fato perplexo? É possível que você não tenha nenhuma noção da beleza, ou que, tendo alguma, você não saiba que ela é algo amável, amável digo em si mesma e por si mesma?

Euph. Por favor, diga-me, Alciphron, todos os homens estão de acordo sobre a noção de um rosto belo?

Alc. A beleza na espécie humana parece ser de uma natureza mais mista e variada; visto que as paixões, sentimentos e qualidades da alma, sendo

---

* Jamais poderá haver menos autossatisfação do que naqueles supostos personagens sábios, esses calculadores egoístas da felicidade e dos bens privados. Shaftesbury, *Características*, v.3, p.301. [Nota acrescentada na terceira edição, de 1752 (N. T.)]

percebidas através dos traços do rosto e misturando-se a eles, atuam de forma diferente em diferentes mentes, conforme a simpatia seja maior ou menor. Mas em relação a outras coisas não existe nenhum princípio estável de beleza? Existe na terra alguma mente humana sem a ideia de ordem, harmonia e proporção?

Euph. Oh, Alciphron!, tal é minha fraqueza que sou capaz de perder-me[69] em abstrações e generalidades, mas uma coisa particular é mais adequada às minhas faculdades. Acho fácil considerar e ter em vista os objetos dos sentidos; tentemos, então, descobrir o que é sua beleza, ou em que ela consiste, e, assim, com a ajuda dessas coisas sensíveis, como pelos degraus de uma escada, ascendamos à beleza moral e intelectual. Tenha a bondade então de me informar, o que é que chamamos de beleza nos objetos dos sentidos?

Alc. Todo mundo sabe que a beleza é o que agrada.

Euph. Existe então beleza no cheiro de uma rosa, ou no gosto de uma maçã.

Alc. De maneira alguma. A beleza é, para falar corretamente, percebida apenas pelos olhos.

Euph. Ela não pode, portanto, ser definida em geral como aquilo que agrada.

Alc. Admito que não.

Euph. Como então a delimitaremos ou definiremos?

Alciphron, após uma breve pausa, disse que a beleza consistia em uma certa simetria ou proporção agradável aos olhos.

Euph. Essa proporção é uma e a mesma em todas as coisas, ou é diferente nos diferentes tipos de coisas?

Alc. Diferente, sem dúvida. As proporções de um boi não seriam belas em um cavalo. E observamos também nas coisas inanimadas que a beleza de uma mesa, uma cadeira, uma porta, consiste em diferentes proporções.

Euph. Essa proporção não implica a relação de uma coisa com outra?

// *Alc.* Implica.

Euph. E essas relações não se fundam no tamanho e na forma?

Alc. Sim.

---

69 Edição A: "perder-me e confundir-me". (N. T.)

Euph. E, para tornar adequadas as proporções, essas relações mútuas de tamanho e forma entre as partes não devem ser de tal natureza que formem um todo completo e perfeito em seu gênero?

Alc. Admito que devem.

Euph. E não se diz que uma coisa é perfeita em seu gênero quando ela responde ao fim para o qual foi feita?

Alc. Sim.

Euph. As partes, portanto, segundo suas verdadeiras proporções, devem estar relacionadas e ajustadas umas às outras, de forma que possam melhor cooperar para a utilidade e funcionamento do todo.

Alc. Assim parece.

Euph. Mas comparar as partes umas com as outras, considerá-las como pertencentes a um todo, e relacionar esse todo com sua utilidade ou finalidade, parece trabalho da razão, não parece?

Alc. Parece.

Euph. As proporções, portanto, não são, estritamente falando, percebidas pelo sentido da visão, mas apenas pela razão por meio da visão.

Alc. Isso eu admito.

Euph. Por conseguinte, a beleza, em seu sentido próprio, é um objeto, não dos olhos, mas da mente.

Alc. É.

Euph. Portanto, os olhos sozinhos não podem ver que uma cadeira é bonita, ou uma porta perfeitamente proporcional.

Alc. Isso parece seguir-se, mas não tenho clareza quanto a este ponto.

Euph. Vejamos se há nisso alguma dificuldade. Você acha que a cadeira na qual está sentado poderia ser considerada perfeitamente proporcional ou bonita se não tivesse tal altura, largura, tamanho, e não fosse reclinada de tal modo a ponto de proporcionar um assento confortável?

Alc. Não poderia.

Euph. A beleza, portanto, ou simetria de uma cadeira não pode ser percebida senão conhecendo seu uso, e comparando sua forma com este uso, o que não pode ser feito apenas pelos olhos, mas é uma consequência do juízo. Portanto, uma coisa é ver um objeto, e outra, discernir sua beleza.

Alc. Admito que isso é verdade.

George Berkeley

125 // 9. *Euph.* Os arquitetos julgam que uma porta possui uma bela proporção quando sua altura é o dobro de sua largura. Mas se você inverter as proporções de uma porta perfeitamente proporcional, fazendo com que sua largura se torne sua altura, e sua altura, a largura, a forma continuaria a ser mesma, mas nesta posição não haverá a beleza que havia na outra. Qual pode ser a causa disso senão que, na suposição acima mencionada, a porta não permitiria uma entrada conveniente para criaturas com uma forma humana? Mas se supusermos que em alguma outra parte do universo existem animais racionais de uma estatura invertida, deveríamos supor que eles inverteriam a regra de proporção das portas, e aquilo que para nós é desagradável, para eles seria belo.

Alc. Contra isso, não tenho nenhuma objeção.

Euph. Diga-me, Alciphron, não há algo realmente apropriado e bonito no vestuário?

Alc. Há, sem dúvida.

Euph. E há alguém com mais condições de nos dar uma ideia dessa beleza no vestuário do que pintores e escultores, cujo trabalho e estudo próprios são almejar representações graciosas da beleza?

Alc. Acredito que não.

Euph. Examinemos então as roupagens dos grandes mestres nessas artes: como, por exemplo, eles costumam vestir uma matrona ou um homem distinto. Dê uma olhada nessas figuras (disse ele, apontando para algumas gravuras de Rafael e Guido, que estavam penduradas na parede). Que aparência você acha que teria um cortesão ou magistrado inglês, com suas vestes góticas, curtas e com pequenas dobras, e sua grande cabeleira postiça, ou uma de nossas damas em seu vestido afetado, apertado, preso e aumentado com aros e barbatanas, engomado, entre aquelas figuras tão decentemente vestidas com roupagens que apresentam tal variedade de dobras naturais, simples e amplas,[70] e que cobrem o corpo sem sobrecarregá-lo e o adornam sem alterar sua forma?

Alc. Na verdade, acho que eles teriam uma aparência bastante ridícula.

Euph. E de onde você acha que isso procede? Como se explica que as nações orientais, os gregos e os romanos encontraram naturalmente as roupas

---

70 Edições A e B: "amplas, que aparecem com tanta dignidade e simplicidade". (N. T.)

Alciphron, ou o filósofo minucioso

mais apropriadas, enquanto nossa pequena nobreza gótica, depois de tantos séculos extorquindo suas invenções, consertando, alterando, aperfeiçoando e girando numa perpétua alternância da moda, ainda não teve a sorte de // se deparar com alguma que não fosse absurda e ridícula? Isso não decorre de que, em vez de consultar o uso, a razão e a conveniência, eles se entregaram à fantasia,[71] mãe desnaturada de monstros? Enquanto os antigos, considerando o uso e a finalidade do vestuário, subordinaram-no à liberdade, naturalidade e conveniência do corpo, e, sem pretender corrigir ou mudar a forma natural, visavam apenas mostrá-la com decência e vantagem. E, se isso é assim, não devemos concluir que a beleza do vestuário depende da sua subordinação a certos fins e usos?

Alc. Isso parece ser verdade.

Euph. Essa natureza relativa e subordinada da beleza talvez se torne ainda mais clara se examinarmos as respectivas belezas de um cavalo e de uma coluna. A descrição que Virgílio faz do primeiro é:

> Illi ardua cervix,
> Argutumque caput, brevis alvus, obesaque terga,
> Luxuriatque toris animosum pectus.[72]

Agora, gostaria de saber se as perfeições e usos de um cavalo não podem reduzir-se a esses três atributos: coragem, força e velocidade, e se cada uma dessas qualidades enumeradas não ocasiona ou indica uma dessas perfeições? Da mesma maneira, se examinarmos as partes e as proporções de uma bela coluna, talvez possamos descobrir que respondem à mesma ideia. Os que estudaram a teoria da arquitetura nos dizem* que as proporções das três

---

71 Edições A e B: "...irregular fantasia". (N. T.)

72 Virgílio, *Geórgicas,* 3, p.79-81."Ele tem um pescoço altivo, uma cabeça finamente cinzelada, uma pequena barriga, flancos bem arredondados, e ondulações de músculos no peito ardente". (N. T.)

* Ver os *Comentários sobre Vitrúvio* do sábio Patriarca de Aquileia, Livro IV, cap. I. [Referência a *Dieci libri dell'architettura*, de Marco Vitruvio Pollione. Além de baseado em obras como esta, o conhecimento de Berkeley sobre arquitetura provinha de sua familiaridade com o arquiteto Richard Boyle, e de suas viagens à Itália. (N. T.)]

ordens gregas foram tiradas do corpo humano, como a mais bela e perfeita obra da natureza. Daí foram derivadas as ideias graciosas sobre as colunas que tinham um caráter de força sem falta de graça, ou de delicadeza sem fraqueza. Essas belas proporções foram, digo, tomadas originalmente da natureza, que, em suas criaturas, como já se tem observado, dirige-as para algum fim, uso ou propósito. Também a *gonfiezza* // ou alargamento, e o estreitamento de uma coluna, não é numa tal proporção de modo a fazê-la parecer forte e leve ao mesmo tempo? Da mesma maneira, não deve todo o entablamento, com as suas saliências, ter tais proporções que pareça grande mas não pesado, leve mas não pequeno, visto que um desvio para um ou outro extremo frustraria essa razão e o uso das coisas, no qual se funda sua beleza e ao qual se subordina? O entablamento e todas as suas partes e ornamentos: arquitrave, friso, cornija, tríglifos, métopas, modilhões etc., têm cada qual um uso ou um uso aparente, dando firmeza e união para a construção, ao protegê-la das intempéries e evitar a chuva, ao representar as extremidades das vigas com seus intervalos, o prolongamento dos esteios, e assim por diante. E se considerarmos os ângulos graciosos nos frontispícios, os espaços entre as colunas, ou os ornamentos de seus capitéis, não acharemos que a sua beleza provém de seu uso aparente, ou da sua imitação das coisas naturais, cuja beleza originalmente se funda no mesmo princípio? E essa é, de fato, a grande distinção entre a arquitetura grega e a gótica, sendo esta última fantástica, e em sua maior parte sem fundamento na natureza ou na razão, na necessidade ou no uso; cuja aparência explica toda a beleza, graça e ornamento da primeira.

Cri. O que Euphranor disse confirma a opinião que sempre tive, que as regras da arquitetura foram fundadas, como todas as outras artes que floresceram entre os gregos, na verdade, na natureza e no bom senso. Mas os antigos, que, a partir de um perfeito conhecimento dos fundamentos e princípios da arte, formaram a sua ideia de beleza, nem sempre se limitaram estritamente às mesmas regras e proporções, mas, sempre que a distância, a posição, a altura, ou dimensão particulares do edifício ou de suas partes parecia exigir, não tinham nenhum escrúpulo em afastar-se delas, sem, todavia, abandonar os princípios originais da beleza, os quais governavam todos os desvios que fizessem. Talvez fosse imprudente conceder essa liberdade

Alciphron, ou o filósofo minucioso

ou licença à maioria dos arquitetos modernos que, com suas audaciosas inovações parecem agir sem objetivo ou desígnio, e que não são governados por nenhuma ideia, nenhuma razão ou princípio de arte, mas por puro capricho, junto com um completo desprezo por essa nobre simplicidade dos antigos, sem a qual não pode haver nenhuma unidade, graciosidade ou grandeza em suas obras; cuja consequência deve servir apenas para desfigurar e desonrar a nação, permanecendo assim, para as épocas futuras, muitos monumentos da opulência // e do mau gosto do nosso tempo, o que, é de se temer, triunfaria tão miseravelmente e produziria obras tão deploráveis em outros negócios, se os homens seguissem, em vez de regras, preceitos e modelos, seu próprio gosto e suas primeiras ideias de beleza.

Alc. Eu deveria agora, creio eu, ficar feliz por ver um pouco mais claramente o uso e o propósito dessa digressão sobre a arquitetura.

Euph. Não era a beleza precisamente o que estávamos buscando?

Alc. Era.

Euph. O que você acha, Alciphron? Pode a aparência de uma coisa que agradou há dois mil anos e há duas mil milhas de distância, agradar atualmente e neste lugar sem que exista algum real princípio de beleza?

Alc. Não pode.

Euph. E não é esse o caso em relação a uma obra arquitetônica adequada?

Alc. Ninguém nega isso

Euph. A arquitetura, fruto nobre do juízo e da fantasia, desenvolveu-se de maneira gradual nos países mais civilizados e cultos da Ásia, Egito, Grécia e Itália. Foi apreciada e valorizada pelos Estados mais florescentes e pelos mais renomados governantes, que, com grandes gastos, a promoveram e elevaram à perfeição. Mais que todas as outras artes, parece que ela se relaciona com a ordem, proporção e simetria. Não se pode então supor, em razão de tudo isso, que ela é a mais adequada para nos dar alguma noção racional do *je ne sais quoi*, na beleza? E, com efeito, não aprendemos com esta digressão que, assim como não há beleza sem proporção, também as proporções devem ser consideradas justas e corretas apenas quando são relativas a algum uso ou fim determinado, sendo sua aptidão e subordinação a esse fim, no fundo, o que as torna agradáveis e encantadoras?

Alc. Admito que tudo isso seja verdade.

George Berkeley

10. *Euph.* De acordo com essa doutrina, gostaria de saber, de bom grado, que beleza pode ser encontrada em um sistema moral formado, conectado e governado pelo acaso, pelo destino, ou por qualquer outro princípio irracional, cego; visto que sem reflexão não pode haver fim ou desígnio; e sem um fim não pode haver utilidade; e sem utilidade não há nenhuma aptidão ou adequação da proporção, de onde nasce a beleza?

Alc. Não podemos supor um determinado princípio vital de beleza, ordem e harmonia, difundido por todo o mundo, // sem supor uma providência vigilante, que castiga e recompensa as ações morais dos homens; sem supor a imortalidade da alma, ou uma vida futura; em uma palavra, sem admitir nada do que em geral se chama fé, culto e religião?

Cri. Ou você supõe que este princípio é inteligente ou não inteligente. Se não é, então se identifica com o acaso ou com o destino, contra o que há pouco argumentamos. Se ele é inteligente, você deve me explicar, Alciphron, em que consiste a beleza de um sistema moral, com uma inteligência suprema no seu comando, que não protege os inocentes, nem pune os ímpios, nem recompensa os virtuosos? Supor de fato uma sociedade de agentes racionais que agem sob o olhar da Providência, colaborando no projeto de promover o bem comum de todos e conformando suas ações com as leis estabelecidas e à ordem da sabedoria divina e paterna, em que cada agente particular não deve se considerar à parte, mas como membro de uma grande cidade, cujo autor e fundador é Deus: na qual as leis civis não são senão as regras da virtude e os deveres da religião, e onde o verdadeiro interesse de cada um é combinado com o seu dever; supor isso seria agradável. Nesta suposição um homem não precisa ser nem estoico nem cavaleiro andante para explicar sua virtude. Num tal sistema o vício é loucura, a astúcia é insensatez, a sabedoria e a virtude são a mesma coisa; onde, apesar de todos os caminhos e percursos sinuosos, os apetites e as inclinações caprichosas dos homens, a razão soberana permanece firme para corrigir qualquer coisa que pareça errada, para reconduzir aquele que está desencaminhado, endireitar o que está torto, e finalmente governar tudo de acordo com as mais exatas normas da sabedoria e da justiça. Num tal sistema ou sociedade, governado pelos preceitos mais sábios, reforçados pelas mais altas recompensas e reprovações, é agradável considerar como a regulamentação das

Alciphron, ou o filósofo minucioso

leis, a distribuição do bem e do mal, a finalidade dos agentes morais, tudo colabora, com a devida subordinação, para promover o mais nobre fim, ou seja, a felicidade completa ou bem-estar do todo. Ao contemplar a beleza de semelhante sistema moral podemos exclamar com o salmista: "Muitas coisas excelentes se dizem de ti, oh! cidade de Deus."[73]

11. Num sistema de espíritos, subordinado à vontade e sob a direção do Pai dos espíritos que os governa por leis e os conduz por métodos adequados a fins sábios e bons, haverá grande beleza. Mas em um sistema incoerente e fortuito, // governado pelo acaso, ou em um sistema cego, governado pelo destino, ou em qualquer sistema onde a Providência não presida, como pode existir beleza, a qual é impossível sem ordem, a qual não pode existir sem um desígnio? Quando um homem está consciente de que sua vontade se conforma intimamente com a vontade divina, produzindo ordem e harmonia no universo, e conduzindo o todo pelos métodos mais justos para o melhor fim, isso proporciona uma bela ideia. Mas, por outro lado, uma consciência da virtude desprezada, negligenciada e desamparada pelos homens, e não considerada ou recompensada por Deus, maltratada neste mundo, sem esperança nem perspectiva de ser recompensada no outro, gostaria de saber onde está o prazer desta reflexão, onde está a beleza deste panorama? Ou como poderia alguém, em sã consciência, pensar que a divulgação dessas noções seja o caminho para difundir ou propagar a virtude no mundo? Não é, eu lhe pergunto, um sistema desprezível aquele no qual você não pode supor nenhuma lei nem dever para cumprir, no qual os homens prosperam pela maldade e sofrem pela virtude? Não seria um espetáculo desagradável ver um homem honesto roubado por trapaceiros, e ver homens virtuosos injuriados e desprezados enquanto o vício triunfa? Um entusiasta pode se entreter com considerações e palavras bonitas sobre tal sistema, mas quando este for examinado por homens equânimes e razoáveis, creio que não encontrarão nenhuma beleza nem perfeição nele; nem parecerá que semelhante sistema moral possa sair da mesma mão, ou ser compatível com o sistema natural, em toda parte do qual brilha tanta ordem, harmonia e proporção.

---

73 *Salmos*, 86: 3. (N. T.)

Alc. Seu discurso serve para me confirmar em minha opinião. Você deve recordar que eu declarei, com relação à beleza da moralidade em seu sentido mais elevado, que os primeiros pensamentos de um homem são os melhores; e que, se pretendemos examinar, inspecionar e raciocinar, corremos o perigo de perdê-los de vista.* Não se pode duvidar de que, de fato, tal coisa existe, quando consideramos que em nossos dias alguns de nossos filósofos têm um elevado senso de virtude sem a menor noção de religião, uma prova clara da utilidade e eficácia de nossos princípios!

12. *Cri.* Sem discutir a virtude dos filósofos minuciosos, podemos nos aventurar a colocar em questão os seus motivos e a questionar se a causa da virtude é uma inexplicável noção entusiasta da // beleza moral, ou, antes, como me parece, a que já foi assinalada por Euphranor: o temperamento, o costume e a educação religiosa. Mas, admitindo a beleza que você concede à virtude em um sistema irreligioso, ela não pode ser menor em um sistema religioso, a menos que você suponha que seus encantos diminuam à medida que seu dote aumenta. A verdade é que um crente tem todos os motivos da beleza da virtude em qualquer sentido que um incrédulo possa ter, além de outros motivos que um incrédulo não tem. Portanto, está claro que aqueles de sua seita que têm virtude moral, não a devem a seus princípios peculiares, que só servem para diminuir os motivos para a virtude. Aqueles, portanto, que são bons são menos bons, e aqueles que são maus são mais maus do que seriam se eles fossem crentes.

Euph. Parece-me que aqueles heroicos infiéis enamorados da beleza abstrata merecem maior compaixão e maior admiração.

Ao ouvir isso Lysicles disse com certa impaciência: Senhores, apresentarei a vocês todas as minhas ideias sobre esse tema com clareza e simplicidade. Tudo o que se diz sobre um senso moral, ou sobre a beleza moral, em qualquer sentido, seja o de Alciphron ou o de Euphranor, ou qualquer outro, não é, no fundo, senão mera impostura e ostentação. O τὸ καλὸν e o

---

* "Os primeiros pensamentos dos homens sobre questões morais são geralmente melhores do que os segundos: suas noções naturais são melhores do que aquelas refinadas pelo estudo". *Características* v. I, p.13 [Nota acrescentada na terceira edição, de 1752. (N. T.)]

τὸ πρέπον, o belo e o conveniente,[74] são coisas exteriores, relativas e super-ficiais, que não têm nenhum efeito real,[75] mas são tópicos especiosos para se discutir e discorrer sobre eles, como costumam fazer alguns aspirantes formais de nossa seita, embora em outros pontos sejam muito ortodoxos. Mas se algum deles chegar ao poder, você não iria achá-lo tão tolo quanto Euphranor imagina. Ele logo mostraria ter descoberto que o amor à pátria é um preconceito, que os homens são tratantes e hipócritas, e que seria loucura se sacrificar por eles; que todas as atenções se centram nessa vida e que, como esta vida é para cada um a sua própria vida, segue-se de maneira clara que a caridade começa em casa. A benevolência para com a humanidade talvez seja fingida, mas a benevolência para consigo mesmo é praticada pelos sábios. Os mais vivos dos nossos filósofos não hesitam em admitir essas máximas, e quanto aos mais graves, se eles forem fiéis aos seus princípios, pode-se adivinhar o que, no fundo, eles devem pensar.

Cri. Qualquer que seja o efeito da teoria pura sobre certos espíritos seletos, de um feitio especial, ou em alguma outra parte do mundo, eu na verdade acho que em nosso país a razão, a religião e a lei são, todas juntas, insuficientes para governar os // homens externa e interiormente, e que só um insensato e louco poderia imaginar que sem elas os homens ficariam cativados pelo meio-termo. A isso meus compatriotas talvez estejam menos inclinados do que outros, uma vez que há na estrutura de uma mente inglesa certa melancolia e impaciência que a leva a tristes extremos: a religião leva ao fanatismo; o livre-pensamento, ao ateísmo; a liberdade, à rebelião; nem devemos nos aventurar a ser governados pelo gosto, mesmo em assuntos de menor importância. A beleza das roupas, do mobiliário e dos edifícios é, como Euphranor observou, algo real e bem fundamentado, e, no entanto, nossos ingleses não a descobrem por si mesmos. Que trabalho miserável fazem eles e outros povos do norte quando seguem seu próprio critério de beleza em qualquer uma dessas artes, em vez de buscar a verdadeira beleza, que deve ser obtida dos modelos antigos e dos princípios da arte, como no caso da virtude a partir dos grandes modelos e da meditação, até onde

---

74 Platão, *Hípias maior*, 284a. (N.T)

75 Em tradução literal: "que não tem nenhum efeito no escuro". (N. T.)

podem chegar os meios naturais! Mas em nenhum caso é de se esperar que τò καλòν seja a ideia diretriz de todos os que têm sentidos penetrantes, paixões fortes e entendimento vulgar.

13. *Alc.* Quanto mais raros são, mais devemos estimar e admirar esses filósofos, cujas almas são tocadas e arrebatadas por essa ideia sublime.

Cri. Mas então se poderia esperar de tais filósofos tanto bom senso e filantropia a ponto de manter para si seus próprios princípios, e considerar seus irmãos fracos, que são mais fortemente afetados por certos conceitos e noções de outra natureza, do que pela noção da beleza da virtude pura e desinteressada. Crátilo,[76] um homem cheio de preconceitos contra a religião cristã, de uma constituição estranha, de uma classe superior à ambição da maioria dos homens e de uma fortuna equivalente à sua posição, tinha pouca aptidão para os vícios sensuais, ou inclinação para os desonestos. Crátilo, tendo-se convencido, ou imaginado que ele tinha se convencido, com o entusiasmo estoico sobre a beleza da virtude, esforçou-se, sob o pretexto de tornar os homens heroicamente virtuosos, para destruir os meios de torná-los razoáveis e humanamente virtuosos. Um exemplo claro de que nem o nascimento, nem os livros, nem a conversação, podem introduzir um conhecimento do mundo em uma mente presunçosa, a qual sempre será seu próprio objeto, e contemplará a humanidade em seu próprio espelho!

133 *Alc.* Crátilo era um amante da liberdade e de seu país, // e tinha a intenção de tornar os homens incorruptos e virtuosos, de acordo com os princípios mais puros e desinteressados.

Cri. É verdade que o principal objetivo de todos os seus escritos (como ele mesmo nos diz)[77] foi afirmar a realidade de uma beleza e um encanto tanto nas coisas morais como nas naturais; demonstrar um gosto que ele considera mais eficaz do que um princípio; recomendar a moral sobre a mesma base dos costumes; e, assim, fazer a filosofia avançar sobre a mesma base do que se chama agradável e polido. Quanto aos escrúpulos religiosos, a crença em um futuro estado de recompensas e punições, e outras semelhan-

---

76 Alusão a Shaftesbury, alvo da crítica de Berkeley. (N. T.)
77 Shaftesbury, *Características*, 3, p.303. (N. T.)

tes, este grande homem não hesita em declarar que a parcela liberal, educada e culta da humanidade deve necessariamente considerá-los apenas como contos infantis e entretenimentos do vulgo.* Para o bem dos melhores, ele, com grande bondade e sabedoria, pensou em outra coisa, a saber, um gosto ou prazer. Isso, nos assegura, é o que importa, já que, segundo ele, qualquer um que tenha alguma marca de nobreza (como a chama) ou educação, está tão familiarizado com a conveniência e graça das coisas, a ponto de ser facilmente levado à sua contemplação. Sua conduta parece tão sábia como se um monarca dissesse que em seu reino não haveria necessidade de cárcere nem de execuções para fazer cumprir as leis, mas que seria belo observá-las e que, ao observá-las, os homens experimentariam o puro deleite que provém da ordem e da conveniência.

Alc. Afinal, não é verdade que alguns filósofos antigos, de grande notoriedade, tinham a mesma opinião de Crátilo, declarando que não estava à altura do personagem, ou merecia o título de um homem bom, quem praticasse a virtude por qualquer outra coisa que não fosse sua própria beleza?

Cri. Acredito, de fato, que alguns dos antigos disseram tais coisas que deram ocasião a essa opinião. Aristóteles** distingue entre dois caracteres de um homem bom: um que ele chama ἀγαθός, ou simplesmente bom, o outro καλὸς κἀγαθός, de onde o termo composto καλοκἀγαθία, que não pode, talvez, ser traduzido por uma só palavra em nossa língua. Mas seu sentido é claramente este: ἀγαθὸς define o homem para quem as coisas boas da natureza são boas. Pois, de acordo com //ele, aquelas coisas que são vulgarmente consideradas os maiores bens, como as riquezas, as honras, o poder e as perfeições corporais, são de fato boas por natureza, mas elas podem, no entanto, ser nocivas e prejudiciais para algumas pessoas por causa de seus maus hábitos; na medida em que nem um insensato, nem um homem injusto, nem um intemperante, pode ser em absoluto melhor por fazer uso delas, de igual maneira que um homem doente não se curará com o uso de uma alimentação adequada àqueles que tem saúde. Mas καλὸς κἀγαθὸς

---

* Ver *Características* v. III; *Miscel.* 5. cap. 3; *Miscel.* 3, cap. 2. [Nota acrescentada na edição B, 1732. (N. T.)]

** *Ethic. ad. Eudemum*, lib. vii, cap. ult. [Aristóteles, *Ética a Eudemo*, 1248B 34. (N. T.)]

é aquele homem em quem se encontram todas as coisas dignas, decentes e louváveis, puramente em si mesmas e por si mesmas, e que pratica a virtude por nenhum outro motivo senão só pelo amor exclusivo de sua própria beleza natural. Esse filósofo observa também que há um certo costume político, tal como o dos espartanos e outros povos, que consideravam que a virtude devia ser valorizada e praticada por conta das vantagens naturais que a acompanham. Por esta razão, acrescenta, eles são realmente bons, mas não possuem a καλοκἀγαθία, ou virtude suprema e consumada. A partir disso se deduz claramente que, segundo Aristóteles, um homem pode ser um homem bom sem acreditar que a virtude seja sua própria recompensa, ou ser simplesmente movido à virtude pelo senso da beleza moral. É também claro que ele distingue a virtude política das nações, que o público está sempre interessado em manter, desse tipo de virtude sublime e especulativo. Deve-se também observar que essa ideia sublime é compatível com a suposição de uma providência que vigia e recompensa as virtudes dos melhores homens. Pois, diz ele em outro lugar,* se os deuses cuidam dos assuntos humanos, como parece que eles fazem, pareceria razoável supor que eles estão mais satisfeitos com a natureza mais excelente e mais próxima à sua própria, que é a mente, e que eles recompensarão aqueles que sobretudo amem e cultivem o que lhes é mais caro. O mesmo filósofo observa** que a maioria dos homens não está naturalmente disposta a ser intimidada pela vergonha, mas pelo medo; nem a abster-se de práticas viciosas por causa de sua fealdade, mas somente por causa do castigo que as acompanha. E, novamente,*** ele nos diz que os jovens, sendo por si próprios contrários à abstinência e à sobriedade, deveriam estar submetidos à restrição das leis que regulam a sua educação e seu trabalho, e que a mesma disciplina deveria ser mantida mesmo depois de se tornarem homens. Para isso, diz ele, necessitamos de leis, e, em uma palavra, para // o completo ordenamento da vida, porquanto a maioria dos homens obedece mais à força que à razão, e é influenciada mais pelos castigos do que pela beleza da virtude ζημίαις ἤ πῷ καλῷ. Disso

---

* *Ad Nicom.*, lib. x., cap. 8. [Aristóteles, *Ética a Nicômaco*, 10.8, 1179a. (N. T.)]

** *Ibid.*, lib. x., cap. 9. [Aristóteles, *Ética a Nicômaco*, 10.9, 1179b. (N. T.)]

*** *Ibid.*, lib. x., cap. 9. [Aristóteles, *Ética a Nicômaco*, 10.9, 1179b. (N. T.)]

tudo se deduz com clareza o que Aristóteles teria pensado daqueles que tentam diminuir ou destruir as esperanças e os temores da humanidade a fim de torná-los virtuosos por este único princípio da beleza da virtude.

14. *Alc.* Mas, independentemente do que estagirita e seus peripatéticos possam ter pensado, não é certo que os estoicos mantiveram essa doutrina em seu sentido mais elevado, afirmando que a beleza da virtude era totalmente suficiente, que a virtude era sua própria recompensa, que ela por si só poderia fazer o homem feliz, apesar de todas aquelas coisas que são comumente consideradas as maiores desgraças e misérias da vida humana? E tudo isso eles sustentavam ao mesmo tempo em que acreditavam que a alma humana era de natureza corpórea, e que ao morrer se dissipava como uma chama ou vapor.

Cri. É preciso reconhecer que os estoicos às vezes falavam como se acreditassem que a alma era mortal. Sêneca, em uma carta sua a Lucílio, fala de maneira muito parecida a um filósofo minucioso sobre esse ponto. Mas, em vários outros lugares,[78] ele mesmo declara ter uma opinião claramente contrária, afirmando que as almas dos homens após a morte sobem aos céus, contemplam do alto a terra e se entretém com a teoria dos corpos celestes, com o curso da natureza e com a conversação de homens sábios e excelentes que, tendo vivido na terra em épocas e países distantes, formam uma só sociedade no outro mundo.

Também se deve reconhecer que Marco Antônio às vezes fala da alma como perecendo, ou se desintegrando em suas partes elementares. Mas é preciso notar que ele distingue três princípios na composição da natureza humana, σῶμα, ψοχή, νοῦς* (corpo, alma, mente), ou como ele mesmo o expressa de outra forma, σαρκία, πνευμάτιον e ἡγεμονικόν (carne, espírito e princípio governante). O que ele chama de ψοχή ou alma, que compreende a parte animal de nossa natureza, ele a considera, de fato, um composto dissolúvel, e, realmente dissolvido pela morte, mas o νοῦς ou τό ἡγεμονικόν, a mente ou princípio governante, ele considerou ser de uma natureza celestial

---

78 Sêneca, *Consolação a Márcia*, 25. (N. T.)

* L. 3, c. 16. [Marco Aurélio, *Meditações*, 3.16. (N. T.)]

pura, θεοῦ ἀπόσπασμα, uma partícula de Deus, que ele envia de volta inteira até as estrelas e a divindade. Além disso, entre todas as suas magníficas lições e esplêndidos sentimentos, sobre a força e a beleza da virtude, ele está convencido da existência de Deus, e não simplesmente como uma // mera natureza plástica, ou alma do mundo, mas no sentido estrito de uma Providência que vigia e toma cuidado dos assuntos humanos.*

Os estoicos, portanto, embora seu estilo fosse elevado, e muitas vezes acima da verdade e da natureza, todavia não se pode dizer que reduzissem todos os motivos para uma vida virtuosa à beleza exclusiva da virtude, a ponto de se esforçarem para destruir a crença na imortalidade da alma e numa providência distributiva. Afinal de contas, admitindo que os desinteressados estoicos (não diferentemente nisso de nossos modernos quietistas)[79] tenham feito da virtude sua única recompensa, no sentido mais rigoroso e absoluto, contudo, que importância tem isso para aqueles que não são estoicos? Se adotarmos todos os princípios dessa seita, admitindo suas noções do bem e do mal, sua célebre apatia e, em uma palavra, se nos considerássemos perfeitos estoicos, poderíamos possivelmente sustentar esta doutrina com a maior boa vontade, pelo menos isso seria coerente com a própria doutrina e com o resto. Mas aquele que tomar emprestado dos estoicos este esplêndido fragmento na esperança de causar efeito inserindo-o numa obra moderna, melhorada com a inteligência e as noções desses tempos, certamente causará efeito, mas aos olhos de um homem sábio pode não ser o efeito que ele esperava.

15. Entretanto, deve-se reconhecer que a época presente é muito indulgente com tudo o que tende a uma zombaria profana;[80] o que por si só é suficiente para recomendar qualquer composição fantástica ao público. Você pode ver que o falso brilho de um autor moderno passa, nessa época instruída e culta, por boa escrita; a expressão afetada, por espirituosidade;

---

* Marc. Antonin., lib. II, §11.[Marco Aurélio, *Meditações*, 2.11. (N. T.)]
79 Adeptos do quietismo defendido por Miguel de Molinos. (N. T.)
80 Alusão ao *Essay on the Freedom of Wit and Humour*, de Shaftesbury, *Caracteristicas*, I.

Alciphron, ou o filósofo minucioso

o pedantismo, por cultura; a obscuridade, por profundidade; as divagações, por inspirações; a mais inepta imitação, por humor original; e tudo isso graças ao único mérito de um pouco de profanação ardilosa.

Alc. Nem todos gostam igualmente de textos humorísticos, nem estão igualmente preparados para eles. Esta é a fina ironia de um autor[81] de qualidade: "que certos autores respeitáveis que podem condescender com o espírito laico, são perfeitamente capazes de adotar a aparência da boa educação e nobreza e que, com o tempo, sem dúvida, poderão refinar suas maneiras para a edificação do mundo educado; o qual // foi durante muito tempo seduzido pela zombaria e humor".[82] A verdade é que os vários gostos dos leitores exigem vários tipos de escritores. Nossa seita providenciou isso com grande discernimento. Para convencer os mais sérios temos certos homens profundos em seu pensamento e argumentação. Para os cafés e para as pessoas em geral, temos oradores de veia copiosa. De tal escritor não é nenhuma desonra dizer que *fluit lutulentus*,[83] ele é o mais adequado para os seus leitores. Finalmente, para os homens de classe e educação, temos os melhores e mais engenhosos *railleurs*[84] do mundo, cujo ridículo é a prova mais segura da verdade.

Euph. Diga-me, Alciphron, estes engenhosos *railleurs* são homens de saber?

Alc. De muito saber.

Euph. Eles conhecem, por exemplo, o sistema de Copérnico, ou a circulação do sangue?

Alc. Alguém poderia pensar que você julga nossa seita baseado no que você sabe de seus vizinhos do campo. Não há ninguém na cidade que não conheça esses temas.

Euph. Você acredita então nos antípodas, nas montanhas lunares e no movimento terrestre?

Alc. Acredito.

---

81 Edições A e B: "de um homem". (N. T.)
82 Shaftesbury, *Características*, 3, p.291. Citação não literal. (N. T.)
83 Horácio, *Sátiras*, 1.4.11. "que é prolixo mas não é claro". (N. T.)
84 Em francês no original. "escarnecedores". (N. T.)

157

Euph. Suponha que cinco ou seis séculos atrás um homem tivesse sustentado essas noções entre os *beaux esprits* de uma corte inglesa. Como você acha que elas teriam sido recebidas?

Alc. Com grande escárnio.

Euph. E agora seria ridículo ridicularizá-las?

Alc. Seria.

Euph. Mas a verdade era a mesma outrora como agora.

Alc. Era.

Euph. Parece, portanto, que o ridículo não é essa pedra de toque soberana, nem uma marca da verdade, como vocês imaginam.

Alc. Uma coisa nós sabemos, nossas zombarias e nossos sarcasmos irritam a tribo negra,[85] e esse é o nosso consolo.

Cri. Há outra coisa que vale a pena que você saiba, que esses homens, num ataque de riso, podem aplaudir algo ridículo que lhes parecerá desprezível quando se derem conta. Uma prova disso é a ridicularização de Sócrates pelo poeta cômico, e o humor e a acolhida que ele encontrou não provam nada contra Sócrates, senão a invariável inclinação do primeiro, // para ser justo, quando considerado com serenidade por homens de bom senso.

Alc. Afinal, uma coisa é bastante certa, nossos homens engenhosos fazem adeptos ridicularizando os princípios da religião. E, acredite, é o método mais bem-sucedido e agradável para convencer. Esses autores, com o riso, afastam os homens da religião, como Horácio os afastou de seus vícios: *admissi circum praecordia ludunt.*[86] Mas um fanático não pode apreciar nem perceber sua espirituosidade.

16. *Cri.* A espirituosidade sem sabedoria, se é que pode existir uma coisa dessas, não vale a pena encontrá-la. E quanto à sabedoria desses homens, ela é de natureza tão peculiar que alguém pode desconfiar dela. Cícero foi um homem sensato, e não fanático, não obstante, ele faz que Cipião se confesse muito mais vigilante e forte na corrida pela virtude, por supor o

---

85 Alusão aos "homens da Igreja e das universidades", na caracterização oferecida por Shaftesbury. Ver *Quinto diálogo*, p. 228.

86 Pérsio, *Sátiras* 1.117. Citação ligeiramente alterada, "admissus circum praecordia ludit / aceito, brinca em torno ao coração". (N. T.)

Alciphron, ou o filósofo minucioso

céu como recompensa.* E ele apresenta Catão declarando que este nunca teria suportado aqueles trabalhos virtuosos para o bem público se tivesse pensado que sua existência terminaria nesta vida.**

Alc. Reconheço que Catão, Cipião e Cícero foram muito bons para seu tempo, mas você deve me desculpar se não penso que eles chegaram à virtude sublime e consumada de nossos livres-pensadores modernos.

Euph. Parece então que a virtude floresceu mais do que nunca entre nós.

Alc. Sim.

Euph. E que esta virtude abundante se deve ao método utilizado por seus profundos escritores para recomendá-la.

Alc. Isso eu concedo.

Euph. Mas você reconheceu que os amantes entusiastas da virtude não são muitos em sua seita, mas apenas alguns espíritos seletos. Dado que Alciphron não respondeu, Crito dirigiu-se a Euphranor. Para fazer, disse ele, uma estimativa verdadeira do valor e do progresso da virtude moderna, você não deve considerar somente os homens virtuosos, mas de preferência considerar a qualidade de sua virtude. E você deve saber que a virtude desses teóricos refinados é algo tão puro e genuíno que é realmente // impossível avaliá-la. Ela não tem nenhuma relação com a virtude razoável e interessada dos antigos ingleses ou espartanos.

Euph. Diga-me, Alciphron, não existem males da alma, assim como males do corpo?

Alc. Sem dúvida.

Euph. E esses males não são hábitos viciosos?

Alc. São.

Euph. E, como os males do corpo são curados pela medicina, os da mente são curados pela filosofia, não são?

Alc. Eu reconheço que sim.

Euph. Parece, portanto, que a filosofia é um remédio para a alma humana.

Alc. É.

---

* *Somn. Scipionis.* [Cícero, 'O sonho de Cipião', *República*, 6.9. (N. T.)]

** *De Senectude.* [Cícero, *Sobre a velhice*, 23. (N. T.)]

Euph. E como seremos capazes de julgar os remédios, ou saber qual preferir? Não será a partir dos efeitos produzidos por eles?

Alc. Sem dúvida.

Euph. Suponha que um médico inexperiente, quando uma doença epidêmica assola, condene a prática conhecida e estabelecida e recomende outro método de cura. Você não se veria tentado, na medida em que as taxas de mortalidade aumentassem, a suspeitar desse novo método, apesar de todas as razões plausíveis dos seus defensores?

Alc. Isso serve apenas para nos distrair e nos desviar da questão.

Cri. Isso me faz lembrar do meu amigo Lâmprocles, que precisava de um só argumento contra os infiéis. Observei, disse ele, que à medida que aumentava a incredulidade, aumentava a corrupção de todos os tipos e novos vícios. Esta simples observação dos fatos foi suficiente para fazê-lo, apesar do protesto de vários homens inteligentes, incutir e acostumar as mentes de seus filhos desde cedo com os princípios da religião. As novas teorias, que os nossos críticos modernos têm se esforçado para colocar no lugar da religião, tiveram completo desenvolvimento na época atual e produziram seus efeitos nas mentes e nos costumes dos homens. Que os homens são homens é uma máxima certa, mas é igualmente certo que os ingleses não são os mesmos homens que eram; se melhores ou piores, mais ou menos virtuosos, não preciso dizer. Cada um pode ver e julgar. Embora, de fato, depois que Aristides foi banido e Sócrates condenado à morte em Atenas, um homem, sem ser um mago, poderia adivinhar o que a beleza da virtude poderia fazer na Inglaterra. Mas agora não é o momento nem a ocasião para adivinhá-lo. Temos nossa própria experiência para abrir nossos olhos, **140** // que, no entanto, se continuarmos a mantê-los fechados, até que os vestígios da educação religiosa sejam completamente extirpados das mentes dos homens, é de temer que os abramos amplamente, não para evitar, mas para contemplar e lamentar a nossa ruína.[87]

---

87 Em 1721, Berkeley escreveu o *Ensaio para prevenir a ruína da Grã-Bretanha*, no qual atribuiu a ruína da Inglaterra, diante do fracasso financeiro da Companhia Britânica dos Mares do Sul, à perda dos princípios religiosos. (N. T.)

Alc. Sejam quais forem as consequências, jamais poderei concordar com a opinião daqueles que medem a verdade pela sua conveniência. A verdade é a única divindade que adoro. Aonde quer que a verdade me conduza, eu a seguirei.

Euph. Você tem então uma paixão pela verdade?

Alc. Sem dúvida.

Euph. Por todas as verdades?

Alc. Por todas.

Euph. Por conhecê-las ou por comunicá-las?

Alc. Ambas as coisas.

Euph. Como! Você abriria os olhos de uma criança que estivesse tomando remédio? Você interviria e corrigiria um determinado inimigo que estivesse fazendo um ataque errado? Você ofereceria sua espada para ajudar um homem enfurecido?

Alc. Nesses casos, o bom senso indica o que fazer.

Euph. O bom senso, parece então, deve ser consultado se uma verdade é salutar ou prejudicial, digna de ser declarada ou ocultada.

Alc. Como! Você pretende que oculte e encubra a verdade e a guarde para mim? É isso o que você pretende?

Euph. Eu só fiz uma inferência óbvia a partir do que você admitiu. Quanto a mim, não acredito que suas opiniões sejam verdadeiras. E, apesar de você acreditar, você não deveria, portanto, se quisesse ser coerente consigo mesmo, achar necessário ou sábio divulgar verdades prejudiciais. Que serviço pode prestar à humanidade diminuir os motivos para a virtude, ou que dano pode causar aumentá-los?

Alc. Absolutamente nenhum. Mas devo dizer que não posso conciliar as noções aceitas de um Deus e da Providência com o meu entendimento, e minha natureza abomina a vileza de ser conivente com uma falsidade.

Euph. Devemos, portanto, apelar para a verdade e examinar as razões pelas quais você está impedido de acreditar nestas coisas?

Alc. Com todo o meu coração, mas basta por ora. Trataremos deste assunto em nossa próxima conversa.

// *Quarto diálogo*

1. No início da manhã seguinte, enquanto olhava pela janela, vi Alciphron passeando no jardim com todos os sinais de um homem em profunda reflexão. Em seguida, desci e fui ao seu encontro.

Alciphron, disse eu, essa meditação matinal e profunda me assusta muito. Por quê? Porque me desagradaria ser convencido de que Deus não existe. O pensamento da anarquia na natureza é, para mim, mais chocante do que a anarquia na vida civil, na medida em que os assuntos naturais são mais importantes do que os civis e a base de todos os outros.

Eu admito, respondeu Alciphron, que algum inconveniente possa talvez resultar da negação de um Deus, mas quanto ao que você diz sobre o medo e ao espanto, tudo isso não passa de mero preconceito. Os homens formam uma ideia ou quimera em suas próprias mentes, e em seguida se prostram e a adoram. As noções governam a humanidade, mas, de todas as noções, a de um Deus governando o mundo enraizou-se mais profundamente e se espalhou mais amplamente. Portanto, é um feito heroico na filosofia destituir esse monarca imaginário de seu governo e banir todos esses medos e espectros que somente a luz da razão pode dissipar:

> *Non radii solis, non lucida tela diei*
> *Discutiunt, sed naturae species ratioque.*[88]

---

88 Lucrécio, *Sobre a natureza das coisas*, 6, 40. "Não com os raios do sol nem com as lúcidas lanças do dia/ dispersemos, mas com a forma e a razão da natureza". (N. T.)

Minha participação, disse eu, será a de assistir, como tenho feito até aqui,[89] e tomar notas de tudo o que se passa durante esse evento memorável, enquanto um filósofo minucioso,[90] não mais alto que seis pés, tenta destronar o monarca do universo.

Ai de mim!, respondeu Alciphron, os argumentos não devem ser medidos por pés e polegadas. Um homem pode ver mais do que um milhão, e um argumento breve, empregado por um livre-pensador, pode ser suficiente para derrubar a quimera mais gigantesca.

Enquanto estávamos ocupados com essa conversa, Crito e Euphranor se juntaram a nós.

Vejo que hoje você chegou antes de nós, disse Crito a Alciphron, e aproveitou a solidão e as horas matinais, // enquanto Euphranor e eu dormíamos em nossas camas. Portanto, podemos esperar ver o ateísmo exposto da melhor forma e apoiado pelos argumentos mais fortes.

2. *Alc.* A existência de um Deus é um assunto sobre o qual há inúmeros lugares-comuns, que é desnecessário repetir. Permitam-me, portanto, estabelecer certas regras e restrições, a fim de encurtar a nossa presente conversa. Pois, como o objetivo do debate é persuadir, todas as coisas que são estranhas a esse fim devem ser excluídas de nosso debate.

Em primeiro lugar, permita-me dizer-lhe, não serei persuadido por argumentos metafísicos, tais como, por exemplo, os que são extraídos da ideia de um ser absolutamente perfeito, ou do absurdo de uma série infinita de causas.[91] Sempre achei que argumentos como esses são áridos e estéreis, e, como não são adequados ao meu modo de pensar, talvez possam me con-

---

89 O narrador aqui continua sendo Díon, que, como ele diz, mais assiste do que participa efetivamente do diálogo. (N. T.)

90 Mantemos aqui a tradução do termo "minute" pelo termo minucioso, apesar do claro contexto em que se poderia usar "minúsculo" ou "miúdo", um significado distinto do empregado para caracterizar alguém que costuma "considerar as coisas de maneira rigorosa e minuciosamente" (*Alc.* 181.). (N. T.)

91 Referência a dois tipos de argumentos *a priori* comumente empregados. O primeiro remete ao argumento ontológico de Santo Anselmo (*Proslógio*, cap. 2); o segundo remonta a ideia do absurdo de um regresso infinito das causas (Aristóteles, *Metafísica*, 11, 994a 3; Platão, *Fedro*, 245c; *Leis,* 894d). (N. T.)

fundir, mas jamais me convencerão. Em segundo lugar, não serei persuadido pela autoridade, seja de épocas passadas ou presentes, seja da humanidade em geral ou de homens sábios em particular, pois tudo isso conta pouco ou nada para um homem de argumentos sólidos e de pensamento livre. Em terceiro lugar, todas as provas extraídas da utilidade ou conveniência são estranhas ao propósito. Elas podem provar, de fato, a utilidade da noção, mas não a existência da coisa. Seja o que for que os legisladores e políticos possam pensar, a verdade e conveniência são coisas muito diferentes ao olhar rigoroso de um filósofo.

E agora, para que eu não pareça parcial, limitar-me-ei também a não objetar, em primeiro lugar, de qualquer coisa que possa parecer irregular ou inexplicável nas obras da natureza, contra uma causa de poder e sabedoria infinitos, porque eu já sei a resposta que você daria, a saber, que ninguém pode julgar sobre a simetria e a função das partes de uma máquina infinita, que são todas relativas umas às outras, e ao todo, sem ser capaz de compreender a máquina inteira ou todo o universo.[92] E, em segundo lugar, eu me comprometerei a não objetar contra a justiça e a providência de um Ser supremo a partir do mal que sobrevém aos homens bons, nem a partir da prosperidade de que frequentemente os homens maus desfrutam nessa vida; porque sei que, // em vez de admitir que isso seja uma objeção contra uma divindade, você transformaria isso um argumento a favor de um estado futuro, no qual haverá tal retribuição de recompensas e punições, que pode justificar os atributos divinos, reparar todas as coisas no final. Agora, essas respostas, embora devam ser admitidas como boas, na verdade não são provas da existência de Deus, mas apenas soluções de certas dificuldades que podem ser objetadas, supondo que já tenham sido provadas por argumentos adequados. Assim, julguei que seria adequado pressupor isso tudo a fim de poupar tempo e evitar problemas, tanto para vocês, quanto para mim.

Cri. Penso que, assim como devemos supor que a finalidade adequada de nossa conversa deve ser a descoberta e a defesa da verdade, da mesma forma a verdade pode ser justificada, não somente persuadindo seus adversários, mas também, quando isso não puder ser feito, mostrando-lhes que os argu-

---

92 Butler, *Analogy of Religion*, 1736, 1.7. (N. T.)

mentos não são razoáveis. É por isso que argumentos que lançam luzes têm efeito mesmo contra um oponente que fecha seus olhos, porque mostram que ele é obstinado e preconceituoso. Além disso, essa distinção entre argumentos que confundem e que convencem é a menos observada de todas pelos filósofos minuciosos e, portanto, não precisa ser observada por outros em seu favor. Mas talvez Euphranor esteja disposto a discutir com você segundo os seus próprios termos e, nesse caso, não tenho mais nada a dizer.

3. *Euph.* Alciphron age como um general habilidoso que está empenhado em tirar vantagem do terreno e atrair o inimigo para fora de suas trincheiras. Nós, que acreditamos em um Deus, estamos entrincheirados dentro da tradição, dos costumes, da autoridade e da lei. E, no entanto, em vez de tentar nos forçar, ele propõe que abandonemos voluntariamente essas trincheiras e façamos o ataque, quando podemos agir na defensiva com muito mais segurança e facilidade, deixando-lhe o trabalho de nos despojar daquilo a que não precisamos renunciar. Essas razões (continuou ele, dirigindo-se a Alciphron) que você reuniu na meditação desta manhã, se não enfraquecem, devem estabelecer nossa crença em um Deus; pois se deve esperar o máximo de um mestre tão importante em sua profissão, quando ele coloca sua força em favor de um ponto.

Alc. Eu considero que a noção confusa de uma divindade, ou de algum poder invisível, é, de todos os preconceitos, o mais insuperável. Quando meia dúzia de homens engenhosos se reúne com uma taça de vinho na mão, junto a uma lareira agradável, em uma sala bem iluminada, banimos com facilidade todos os espectros da fantasia ou da educação, e somos muito // lúcidos em nossas decisões. Mas enquanto eu fazia um passeio solitário antes do raiar do dia naquele bosque, pareceu-me que a questão não era tão clara, nem pude recordar facilmente a força daqueles argumentos que costumavam parecer tão conclusivos em outras ocasiões. Eu tinha não sei que pavor em minha mente, e parecia assombrado por uma espécie de pânico, que não posso explicar de outra maneira a não ser supondo-o como o efeito do preconceito, pois você deve saber que eu, como o resto do mundo, fui outrora catequizado e educado na crença de um Deus ou Espírito. Não há marca mais segura de preconceito do que acreditar em algo sem razão.

Que necessidade pode haver, pois, de que eu deva assumir a difícil tarefa de provar uma negação, quando é suficiente observar que não há prova da afirmação, e que admiti-la sem prova não é razoável? Prove então a sua opinião, ou, se você não puder, poderá certamente mantê-la, mas estará de posse apenas de um preconceito.

Euph. Oh Alciphron, para contentá-lo devemos provar, ao que parece, e devemos provar segundo os seus próprios termos. Mas, em primeiro lugar, vejamos que tipo de prova você espera.

Alc. Talvez eu não espere nenhuma, mas direi a você que tipo de prova eu desejaria, e essa é, em suma, a prova que qualquer homem sensato exige de uma questão de fato, ou de existência de qualquer outra coisa particular. Por exemplo, se alguém me perguntasse por que eu acredito que existe um rei da Grã-Bretanha, eu poderia responder, porque eu o vi; ou um rei da Espanha? Porque eu vi aqueles que o viram. Mas, quanto a esse rei dos reis, eu mesmo não o vi, nem ninguém alguma outra vez o viu. Certamente, se existir algo como Deus, é muito estranho que ele mesmo não tenha deixado uma testemunha; que os homens ainda discutam sua existência; e que não haja dela nenhuma prova evidente, perceptível e clara, sem recorrer à filosofia ou à metafísica. Uma questão de fato não deve ser provada por noções, mas por fatos.[93] Isso é claro e vai direto ao ponto. Você vê o que eu esperaria. Com base nesses princípios, eu desafio a superstição.

Euph. Você acredita então até onde você pode ver?

Alc. Essa é minha regra de fé.

Euph. Como! Você não acreditará na existência de coisas que você ouve, a menos que também as veja?

Alc. Não diria isso também. Quando insisti sobre a visão, quis dizer a percepção em geral. Objetos externos produzem sobre os // espíritos animais impressões muito diferentes, todas as quais são compreendidas sob o nome comum de sentido. E podemos ter certeza de tudo o que podemos perceber por qualquer sentido.

---

93 Tese seguida por Hume, para quem, "Se perguntássemos a um homem por que ele acredita em alguma afirmação factual... ele nos apresentaria alguma razão, e essa razão seria algum outro fato" (*EHU*, 4.4). (N. T.)

4. *Euph.* O quê! Você acredita então que existem coisas como os espíritos animais?[94]

Alc. Sem dúvida alguma.

Euph. Por qual sentido você os percebe?

Alc. Eu não os percebo imediatamente por nenhum dos meus sentidos. Não obstante, estou persuadido de sua existência porque posso inferi-la a partir dos seus efeitos e operações. Eles são os mensageiros que, correndo de um lado para outro através dos nervos, mantêm uma comunicação entre a alma e os objetos externos.

Euph. Você admite então a existência de uma alma?

Alc. Desde que eu não admita uma substância imaterial, não vejo nenhum inconveniente em admitir que pode haver algo como uma alma. E essa talvez não seja mais do que uma textura fina e delicada de partes ou espíritos sutis que residem no cérebro.

Euph. Não pergunto sobre sua natureza. Pergunto apenas se você admite que existe um princípio do pensamento e ação, e se ele é perceptível pelos sentidos.

Alc. Admito que existe tal princípio e que ele mesmo não é objeto dos sentidos, mas inferido das aparências que são percebidas pelos sentidos.

Euph. Se entendi corretamente, das funções e dos movimentos animais você infere a existência de espíritos animais, e a partir de atos racionais você infere a existência de uma alma racional. Não é isso?

Alc. É.

Euph. Parece então que a existência de coisas imperceptíveis aos sentidos pode ser inferida de efeitos e signos, ou indícios sensíveis.

Alc. Pode.

Euph. Diga-me, Alciphron, não é a alma que constitui a principal distinção entre uma pessoa real e uma sombra, um homem vivo e uma carcaça?

Alc. Admito que é.

Euph. Não posso, portanto, saber que você, por exemplo, é um indivíduo pensante distinto, ou um homem real vivente, por sinais mais seguros e diferentes do que aqueles dos quais se pode inferir que você tem uma alma?

---

94 *Sobre o movimento*, § 42. (N. T.)

Alc. Você não pode.

// *Euph.* Diga-me, por favor, não são todos os atos imediata e propriamente percebidos pelos sentidos redutíveis ao movimento?[95]

Alc. São.

Euph. Portanto, dos movimentos você infere um motor ou causa; e dos movimentos racionais (ou que parecem calculados para um fim racional), uma causa racional, alma ou espírito?

Alc. Isso mesmo.

5. *Euph.* A alma humana atua somente sobre um corpo pequeno, uma partícula insignificante, em comparação com as grandes massas da natureza, dos elementos e corpos celestiais e do sistema do mundo. E a sabedoria que se revela nesses movimentos, que são o efeito da razão humana, é incomparavelmente menor do que aquela que se descobre na estrutura e no uso dos corpos naturais organizados, animais ou vegetais. Um homem com sua mão não pode fazer nenhuma máquina tão admirável quanto a própria mão; tampouco qualquer um desses movimentos pelos quais expressamos a razão humana aproximam-se da habilidade e complexidade desses movimentos maravilhosos do coração, do cérebro e de outras partes vitais, que não dependem da vontade humana.

Alc. Tudo isso é verdadeiro.

Euph. Não se segue, então, que, de movimentos naturais, independentes da vontade humana, pode-se inferir tanto um poder quanto uma sabedoria incomparavelmente maiores do que os da alma humana?

Alc. Parece que sim.

Euph. Além disso, não há nas produções e nos efeitos naturais uma unidade visível de plano e desígnio? As regras não são fixas e imutáveis?[96] Não prevalecem em tudo as mesmas leis do movimento? As mesmas na China e aqui, as mesmas dois mil anos atrás e hoje?

Alc. Não nego nada disso.

---

95 *Princípios*, §§ 145-9. (N. T.)

96 *Obediência passiva*, § 14; *Princípios*, §§ 29-32; *Siris*, §§ 60-61. (N. T.)

Euph. Não há também uma conexão ou relação entre os animais e os vegetais, entre ambos e os elementos, entre os elementos e os corpos celestes; de modo que, a partir de suas // mútuas relações, influências, subordinações e usos, eles possam ser inferidos como partes de um único todo, cooperando para um mesmo fim e cumprindo o mesmo desígnio?

Alc. Supondo que tudo isso seja verdade.

Euph. Não se seguirá, então, que este imensamente grande ou infinito poder e sabedoria devem ser supostos em um único e mesmo agente, espírito ou mente; e que temos, pelo menos, uma certeza tão clara, plena e imediata da existência desse espírito infinitamente sábio e poderoso, quanto de qualquer outra alma humana, além da nossa?

Alc. Deixe-me refletir. Suspeito que raciocinamos com muita pressa. O quê! Você pretende que pode ter a mesma certeza da existência de um Deus como é capaz de ter da minha, a quem você realmente vê estar diante de você e que fala com você?

Euph. Exatamente a mesma, se não maior.[97]

Alc. Como você pode demonstrar isso?

Euph. Por pessoa, Alciphron, entendemos uma coisa pensante individual, e não o cabelo, a pele, a aparência visível, ou qualquer parte da forma externa, cor ou aspecto de Alciphron.[98]

Alc. Isso eu admito.

Euph. E ao admitir isso você admite que, em sentido estrito, não vejo Alciphron, ou seja, aquela coisa pensante individual, mas apenas certos signos e indícios visíveis que sugerem e implicam[99] a existência daquele princípio pensante invisível ou alma? Mesmo assim, de maneira idêntica, parece-me que, embora eu não possa ver com os olhos da cara o Deus invisível, contudo, no sentido mais estrito, vejo e percebo por todos os meus sentidos, tais signos e indícios, tais efeitos e operações que sugerem, indicam e demonstram um Deus invisível, tão certamente e com a mesma evidência, pelo menos, como quaisquer outros signos percebidos pelos sen-

---

97 *Princípios*, § 147. (N. T.)

98 Referência a Descartes, *Meditações metafísicas*, 2. (N. T.)

99 *A Teoria da visão confirmada e explicada*, § 42. (N. T.)

tidos sugerem-me a existência de sua alma, espírito ou princípio pensante, da qual estou convencido apenas por uns poucos signos ou efeitos e pelos movimentos de um pequeno corpo organizado, ao passo que, em todos os momentos e em todos os lugares, percebo signos sensíveis que evidenciam a existência de Deus.[100] Portanto, o ponto colocado em dúvida, ou negado por você no início, agora parece manifestamente resultar das premissas. Ao longo de toda essa investigação, não consideramos cada passo com cuidado e não fizemos o menor avanço sem evidências claras? Você e eu examinamos separadamente cada uma das proposições precedentes e assentimos a elas. O que faremos então com a conclusão? De minha parte, se você não me ajudar a evitá-la, sinto-me na absoluta necessidade de admiti-la como // verdadeira. Portanto, você deve estar disposto daqui em diante a assumir a culpa, se eu viver e morrer na crença de um Deus.

6. *Alc.* Devo confessar que não encontro facilmente uma resposta. Parece haver algum fundamento para o que você diz. Mas, por outro lado, se o ponto fosse tão claro quanto você pretende, não posso conceber como tantos homens sagazes de nossa seita permanecem numa tal escuridão a ponto de não conhecerem ou acreditarem em uma sílaba disso.

Euph. Oh, Alciphron!, não é nosso assunto presente explicar os erros ou defender a honra daqueles grandes homens, os livres-pensadores, quando sua própria existência corre o risco de ser posta em questão.

Alc. Como assim?

Euph. Trate de relembrar as concessões que você fez, e então me mostre se os argumentos a favor da divindade não são conclusivos, por qual argumento melhor você pode provar a existência dessa coisa pensante, que estritamente constitui o livre-pensador.

Assim que Euphranor pronunciou essas palavras, Alciphron parou e permaneceu em uma postura de meditação, enquanto eu e os demais continuamos o passeio e demos duas ou três voltas; depois disso ele se juntou a nós novamente, com um semblante sorridente, como alguém que tivesse feito alguma descoberta.

---

100 *Princípios*, § 148. (N. T.)

Descobri, disse ele, o que pode esclarecer o ponto em disputa e dar a Euphranor inteira satisfação. Eu diria que é um argumento que prova a existência de um livre-pensador, mas não pode ser utilizado para provar a existência de Deus. Saiba, então, que não pude de modo algum digerir sua noção de que percebemos a existência de Deus de forma tão certa e imediata como percebemos a existência de uma pessoa humana, embora eu deva confessar que essa noção me confundiu, até quando considerei a questão. Em princípio, pareceu-me que uma estrutura, forma ou movimento particular era a prova mais certa de uma alma racional e pensante. Mas um pouco de atenção me convenceu de que essas coisas não têm conexão necessária com a razão, o conhecimento e a sabedoria, e que, admitindo que sejam provas certas de uma alma vivente, elas não podem ser de uma alma racional e pensante. Depois de pensar melhor, portanto, e de um exame minucioso desse ponto, descobri que nada me convence tanto da existência de outra pessoa quanto o fato de falar comigo. Para mim, ouvir você falar é, em verdade estrita e filosófica, o **149** melhor argumento a favor de sua existência. E este é um // argumento peculiar e inaplicável para o seu propósito, pois suponho que você não pretende que Deus fale ao homem da mesma maneira clara e sensível que um homem fala ao outro.

7. *Euph.* Como! Então a impressão do som é muito mais evidente do que a dos demais sentidos? Ou, se for assim, a voz do homem é mais alta do que a de um trovão?

Alc. Ai de mim! Você confunde as coisas. Não me refiro ao som da fala meramente como tal, mas ao uso arbitrário de signos sensíveis, que não têm nenhuma semelhança ou conexão necessária[101] com as coisas significadas, de maneira a sugerir e a exibir para a minha mente, pelo uso adequado desses signos, uma variedade interminável de coisas, diferentes por natureza, tempo e lugar, e, por meio disso, informar-me, entreter-me e orientar-me

---

101 Em *Um ensaio para uma nova teoria da visão*, §§ 17, 23, 51, 58-66, 147; em P, §§ 30, 31, 65; em *A nova teoria da visão confirmada e explicada*, §§ 30, 39, 40, 42-45, e em *Siris*, §§ 252-255, Berkeley reforça o caráter arbitrário, do ponto de vista humano, das relações de coexistência e sucessão entre os fenômenos da natureza, na medida em que uma exaustiva interpretação das mudanças na natureza transcenderia a inteligência humana. (N. T.)

sobre como agir, não somente com relação a coisas próximas e presentes, mas também com relação às coisas distantes e futuras. Não importa se esses signos são falados ou escritos, se entram pelos olhos ou pelos ouvidos: eles têm o mesmo uso, e são igualmente provas de uma causa inteligente, pensante e planejadora.

Euph. Mas e se ficasse manifesto que Deus realmente fala ao homem? Isso o deixaria satisfeito?

Alc. Sou a favor de não admitir nenhuma voz interior, nenhum instinto sagrado, nem inspirações da luz ou do espírito. Tudo isso, você deve saber, não significa nada para um homem sensato.[102] Se você não deixar claro para mim que Deus fala aos homens por signos sensíveis externos, de tal tipo e da maneira que eu defini, você não conseguirá nada.

Euph. Mas se parecer claramente manifesto que Deus fala aos homens pela intervenção e uso de signos arbitrários, externos e sensíveis, que não têm nenhuma semelhança nem conexão necessária com as coisas que eles representam e sugerem? Se parecer que, por inumeráveis combinações desses signos, descobrimos e conhecemos uma infinita variedade de coisas; e que deste modo somos instruídos ou informados de suas diferentes naturezas; que somos ensinados e advertidos sobre o que evitar e o que buscar; e que somos orientados sobre como regular os nossos movimentos e como agir com relação às coisas distantes de nós, tanto no tempo como no espaço? Isso o convenceria?

Alc. É exatamente isso o que eu gostaria que você fizesse, pois nisso consiste a força, o uso e natureza da linguagem.

150   // 8.[103] *Euph.* Olhe Alciphron, você não vê um castelo naquela colina?

---

102 Locke, *Ensaio*, 4.19. (N. T.)

103 Esta e as quatro seções seguintes tratam da interpretação dos signos visuais da distância e reapresentam a teoria de Berkeley de uma linguagem visual divina, exposta em *Um ensaio para uma nova teoria da visão*, e resumida nos *Princípios*, §§ 43ss., e em *A nova teoria da visão confirmada e explicada*, §§ 38ss., O *Ensaio para uma nova teoria da visão* foi anexado às duas primeiras edições do *Alciphron*, no segundo volume, o que indica que Berkeley considerava que o *Ensaio* era importante para a compressão do *Alciphron*. (N. T.)

Alc. Vejo.

Euph. Não está a grande distância de você?

Alc. Está.

Euph. Diga-me Alciphron, a distância não é uma linha perpendicular ao olho?

Alc. Sem dúvida.

Euph. E pode uma linha, nessa situação, projetar mais do que um único ponto no fundo do olho?

Alc. Não pode.

Euph. Portanto, a aparência de uma distância longa e de uma distância curta é da mesma magnitude ou, antes, de nenhuma magnitude, sendo em todos os casos um único ponto.

Alc. Parece que sim.

Euph. Não deveria decorrer disso que a distância não é imediatamente percebida pelo olho?

Alc. Deveria.

Euph. Não deve então ser percebida pela mediação de alguma outra coisa?

Alc. Deve.

Euph. Para descobrir que coisa é essa, examinemos que alteração pode haver na aparência do mesmo objeto, colocado a diferentes distâncias do olho. Ora, sei por experiência que quando um objeto é afastado ainda mais longe, em uma linha reta desde o olho, sua aparência visível diminui progressivamente e se torna mais fraca, e essa mudança da aparência, sendo proporcional e universal, parece-me ser aquela pela qual apreendemos os vários graus de distância.

151 // *Alc.* Não tenho nada a objetar contra isso.

Euph. Mas a pequenez ou a fraqueza, em sua própria natureza, parece não ter nenhuma conexão necessária com uma distância maior.

Alc. Admito que isso é verdadeiro.

Euph. Não se seguirá então que a pequenez e a fraqueza jamais poderiam sugerir a distância, a não ser a partir da experiência?

Alc. Sim.

Euph. Ou seja, percebemos a distância, não imediatamente, mas por intermédio de um signo que não tem semelhança alguma, nem conexão

Alciphron, ou o filósofo minucioso

necessária, com ela, mas que apenas a sugere a partir da experiência repetida, como as palavras sugerem as coisas.

Alc. Um momento, Euphranor. Agora que estou pensando nisso, os autores de óptica nos falam de um ângulo formado por dois eixos ópticos quando estes se encontram no ponto ou objeto visível. Quanto mais obtuso é esse ângulo, mais próximo nos mostra que o objeto está, e quanto mais agudo, mais longe. E isso a partir de uma conexão necessária demonstrável.

Euph. A mente então descobre a distância das coisas pela geometria?

Alc. Sim.

Euph. Não deveria se seguir, portanto, que ninguém poderia ver, exceto aqueles que tivessem aprendido geometria e conhecessem alguma coisa sobre linhas e ângulos?

Alc. Existe uma espécie de geometria natural[104] que se obtém sem aprendizagem.

Euph. Por favor, Alciphron, diga-me, a fim de construir uma prova de qualquer tipo, ou deduzir um ponto de outro, não é necessário que eu perceba a conexão dos termos nas premissas, e a conexão das premissas com a conclusão? E, em geral, para saber uma coisa por meio de outra, não devo primeiro saber essa outra coisa? Quando percebo o que você quer dizer com suas palavras, não devo primeiro perceber as próprias palavras? E não devo conhecer as premissas antes de inferir a conclusão?

Alc. Tudo isso é verdadeiro.

Euph. Portanto, quem quer que infira uma distância menor a partir de um ângulo mais obtuso, ou uma distância maior a partir de um ângulo mais agudo, deve primeiro perceber esses ângulos. E quem não percebe esses ângulos, nada pode inferir a partir deles. É assim ou não?

Alc. É como você diz.

// *Euph.* Pergunte agora ao primeiro homem que você encontrar se ele percebe ou sabe alguma coisa desses ângulos ópticos, ou se alguma vez pensou sobre eles, ou se fez alguma inferência a partir deles, tanto pela geometria natural quanto pela artificial. Que resposta você acha que ele daria?

---

104 Descartes, *Dióptrica* 6.137. (N. T.)

Alc. Para falar a verdade, acredito que sua resposta seria que ele não sabe nada a respeito desses assuntos.

Euph. Portanto, não pode ser que os homens julguem a distância pelos ângulos, nem, consequentemente, que haja qualquer força no argumento que você extraiu daí para provar que a distância é percebida por meio de alguma coisa que tem uma conexão necessária com ela.

Alc. Concordo com você.

9. *Euph.* Parece-me que um homem pode saber se percebe uma coisa ou não; e se a percebe, se é imediatamente ou mediatamente; e se a percebe de maneira mediata, se é por meio de alguma coisa semelhante ou dessemelhante, necessariamente ou arbitrariamente conectada com ela.

Alc. Parece que é assim.

Euph. E não é certo que a distância é percebida apenas pela experiência, já que não pode ser percebida imediatamente por si mesma, nem por meio de qualquer imagem, nem por quaisquer linhas e ângulos que sejam semelhantes a ela, ou tenham uma conexão necessária com ela?

Alc. É.

Euph. Não parece se seguir, do que foi dito e admitido por você, que, antes de qualquer experiência, um homem não poderia imaginar que as coisas que ele vê se situam a uma determinada distância dele?

Alc. Como? Deixe-me ver.

Euph. A pequenez ou debilidade da aparência, ou qualquer outra ideia ou sensação não necessariamente conectada com a distância, nem semelhante a ela, não pode sugerir diferentes graus de distância, nem qualquer distância para a mente, a qual não experimentou uma conexão das coisas significantes e significadas, mais do que as palavras podem sugerir noções antes que um homem tenha aprendido a linguagem.

Alc. Admito que isso é verdadeiro.

Euph. Não se seguirá daí que um cego de nascença que passasse a ver, ao receber a visão pela primeira vez, tomaria as //coisas que vê não como situadas a qualquer distância dele, mas em seus olhos ou, antes, em sua mente?[105]

---

105 *Um ensaio para uma nova teoria da visão* § 41; *A teoria da visão confirmada e explicada*, § 71. (N. T.)

Alc. Devo admitir que parece que sim. E, no entanto, por outro lado, dificilmente posso me persuadir de que, se estivesse em tal estado, pensaria que aqueles objetos que agora vejo a uma tão grande distância, não estariam a nenhuma distância em absoluto.

Euph. Parece então que você agora pensa que os objetos da visão estão a uma distância de você?

Alc. Sem dúvida, penso. Pode alguém duvidar que aquele castelo esteja a uma grande distância?

Euph. Diga-me, Alciphron, você pode distinguir as portas, as janelas e as ameias desse mesmo castelo?

Alc. Não posso. A esta distância parece apenas uma pequena torre redonda.

Euph. Mas eu, que já estive nesse castelo, sei que não é uma pequena torre redonda, mas uma ampla construção quadrada com ameias e torreões, os quais parece que você não vê.

Alc. O que você inferirá disso?

Euph. Eu inferirei que o próprio objeto, que você estrita e propriamente percebe pela vista, não é aquela coisa que está a muitas milhas de distância.

Alc. Por quê?

Euph. Porque um objeto pequeno e redondo é uma coisa, e um objeto grande e quadrado é outra. Não é?

Alc. Não posso negar isso.

Euph. Diga-me, o objeto próprio da visão não é somente a aparência visível?

Alc. É.

O que você pensa agora (disse Euphranor, apontando para o céu) da aparência visível daquele planeta lá longe? Não é um simples disco redondo e luminoso, não maior do que uma pequena moeda de seis pences?

Alc. E daí?

Euph. Diga-me então o que você pensa do planeta enquanto tal. Você não o concebe como um vasto globo opaco, com várias elevações e vales desiguais?

Alc. Sim.

Euph. Como você pode, então, concluir que o objeto próprio de sua visão existe à distância?

Alc. Confesso que não sei.

// *Euph.* Para sua maior convicção, considere aquela nuvem carmesim. Acha que, se você estivesse exatamente no lugar em que aquela nuvem está, perceberia alguma coisa semelhante ao que vê agora?

Alc. De modo nenhum. Eu perceberia apenas uma névoa escura.

Euph. Não é evidente, portanto, que nem o castelo, nem o planeta, nem a nuvem, que você vê daqui, são aquelas coisas reais que você supõe que existem à distância?[106]

10. *Alc.* O que devo pensar, então? Vemos realmente alguma coisa, ou tudo não passa de fantasia e ilusão?

Euph. De um modo geral, parece que os objetos próprios da visão são luz e cores,[107] com seus vários tons e graus, todos os quais, sendo infinitamente diversificados e combinados, formam uma linguagem maravilhosamente adaptada para nos sugerir e exibir as distâncias, figuras, situações, dimensões e várias qualidades de objetos tangíveis, não por semelhança, nem tampouco por implicar uma conexão necessária, mas pela imposição arbitrária da Providência, assim como as palavras sugerem as coisas por elas significadas.

Alc. Como! Não percebemos pela vista, estritamente falando, coisas como árvores, casas, homens, rios e outras semelhantes?

Euph. Sem dúvida, de fato, percebemos ou apreendemos essas coisas pela faculdade da visão. Mas se segue daí que elas são os objetos próprios e imediatos da vista mais do que todas essas coisas denotadas pelas palavras ou sons constituem os objetos próprios e imediatos da audição?

Alc. Você gostaria que pensássemos, então, que luz, sombras e cores, combinadas de várias maneiras, correspondem às várias articulações do som na linguagem, e que, por meio disso, todos os tipos de objeto são sugeridos à mente através do olho, da mesma maneira que são sugeridos por palavras ou sons através do ouvido, ou seja, não ao julgamento a partir de uma dedução necessária, nem à imaginação a partir da semelhança, mas única e exclusivamente a partir da experiência, do costume e hábito?

---

106 *Um ensaio para uma nova teoria da visão*, §§ 43, 117; *Três diálogos*, 1. (N. T.)

107 *Um ensaio para uma nova teoria da visão*, § 43. (N. T.)

Euph. Não quero que você pense nada além do que a natureza das coisas o obrigue a pensar, nem se submeta minimamente ao meu julgamento, mas apenas à força da verdade, que é uma imposição da qual suponho que os pensadores mais livres não pretenderão estar isentos.

Alc. Você me conduziu, ao que parece, passo a passo, até que eu chegasse não sei bem onde. Mas tentarei sair novamente, se não pelo caminho que percorri, por algum outro que eu mesmo descobrirei. // Nesse momento Alciphron, depois de fazer uma breve pausa, continuou como se segue.

11. Responda-me Euphranor, não se deduz destes princípios que um cego de nascença que passasse a ver, ao ver pela primeira vez, não só não perceberia a distância das coisas mas também não conheceria as próprias coisas que visse, por exemplo, homens ou árvores? Seria certamente absurdo supor isso.[108]

Euph. Concedo, como consequência desses princípios, os quais tanto você como eu admitimos, que tal pessoa nunca pensaria em homens, árvores ou quaisquer outros objetos que ela estava acostumada a perceber pelo tato, após ter sua mente preenchida com novas sensações de luz e cores, cujas diversas combinações ele ainda não entende, ou não conhece o significado, não mais do que um chinês ao ouvir pela primeira vez as palavras homem e árvore pensaria nas coisas que elas significam. Em ambos os casos, é preciso tempo e experiência, por meio de atos repetidos, para adquirir um hábito de conhecer a conexão entre os signos e as coisas significadas, isto é, para compreender a linguagem, seja a dos olhos ou a dos ouvidos. E eu não vejo nenhum absurdo em tudo isso.

Alc. Portanto, em estrita verdade filosófica, vejo aquela pedra apenas no mesmo sentido em que se pode dizer que ouço a palavra *pedra* quando ela é pronunciada.

Euph. Exatamente no mesmo sentido.

Alc. Como é então que cada um dirá que vê, por exemplo, uma pedra ou uma casa, quando essas coisas estão diante de seus olhos, mas ninguém dirá

---

108 *Um ensaio para uma nova teoria da visão*, §§ 41, 78, 106-8, 132; *A teoria da visão confirmada e explicada*, § 71. (N. T.)

que ouve uma pedra ou uma casa, mas apenas as palavras ou os próprios sons pelos quais se considera que essas coisas são significadas ou sugeridas, mas não ouvidas?[109] Além disso, se a visão for apenas uma linguagem que fala aos olhos, pode-se perguntar, quando os homens aprenderam essa linguagem? Adquirir o conhecimento de tantos signos quantos entram na composição de uma linguagem é um trabalho de alguma dificuldade. Mas será que alguém dirá que gastou tempo, ou se esforçou, para aprender essa linguagem da visão?

Euph. Não é estranho, pois não podemos nos referir a um tempo além da nossa mais remota memória. Se todos nós praticamos essa linguagem desde nosso aparecimento no mundo, se o Autor da natureza fala constantemente aos olhos de toda a humanidade, mesmo em // sua primeira infância, sempre que os olhos estão abertos à luz, seja sozinho ou em companhia, não me parece nada estranho que os homens não estejam conscientes de nunca terem aprendido uma linguagem, que começou tão cedo e foi praticada tão constantemente, como a da visão. E se considerarmos também que é a mesma em todo o mundo, e não, como outras línguas, diferentes em lugares diferentes, não parecerá inexplicável que os homens erroneamente pensem que a conexão entre os objetos próprios da visão e as coisas por eles significadas funda-se na relação necessária ou na semelhança, ou ainda que os tomem sempre pelas mesmas coisas. Portanto, parece fácil conceber por que os homens, que não pensam, confundem, nesta linguagem da visão, os signos com as coisas significadas, ao contrário do que estão acostumados a fazer nas diversas línguas particulares, formadas pelas diversas nações humanas.[110]

12. Talvez também valha a pena observar que os signos, sendo pouco considerados em si mesmos, ou por si mesmos, mas apenas em sua capacidade relativa e por causa daquelas coisas de que são signos, são frequentemente ignorados pela mente que presta atenção imediatamente nas coisas signifi-

---

109 *Um ensaio para uma nova teoria da visão*, §§ 46, 47, 65; *Comentários filosóficos*, 220. (N. T.)

110 *Um ensaio para uma nova teoria da visão*, § 144. (N. T.)

cadas.[111] Assim, por exemplo, ao ler, mal prestamos atenção nas letras e logo passamos ao significado. Por isso é frequente que os homens digam que veem palavras, noções e coisas ao ler um livro, ao passo que, estritamente falando, eles veem apenas os caracteres, os quais sugerem palavras, noções e coisas. E, por uma analogia, não podemos supor que os homens, sem deter-se nos objetos próprios e imediatos da visão, mas negligenciando-os como coisas de pouca importância, prestem atenção nas próprias coisas significadas e falem como se vissem os objetos secundários, os quais, em sentido rigoroso e verdadeiro, não são vistos mas somente sugeridos e apreendidos por meio dos objetos próprios da visão, os únicos que são vistos?

Alc. Para falar com franqueza o que penso, esta conversa ficou tediosa e entrou em pontos demasiados áridos e minuciosos para a atenção de um cavalheiro.

Acredito, disse Crito, ter ouvido dizer que os filósofos minuciosos gostam de considerar as coisas de maneira rigorosa e minuciosamente.

Alc. Isso é verdade, mas em uma época tão culta, quem seria um mero filósofo? Há certa precisão escolástica que não convém à liberdade e franqueza de um homem bem-educado. Mas, // para encurtar este enredo, proponho sinceramente que você diga se realmente pensa que Deus ele mesmo fala todos os dias e em todos os lugares aos olhos de todos os homens.

Euph. Essa é realmente e em verdade minha opinião; e deveria ser também a sua se você for coerente consigo mesmo e mantiver a sua própria definição de linguagem. Pois você não pode negar que o grande motor e autor da natureza constantemente se manifesta aos olhos dos homens pela intervenção sensível de signos arbitrários, que não têm semelhança nem conexão com as coisas significadas, de maneira a lhes sugerir e apresentar, por sua composição e disposição, uma infinita variedade de objetos diferentes por natureza, tempo e lugar, informando e orientando assim os homens sobre como agir com respeito às coisas distantes e futuras, bem como com as próximas e presentes.[112] Em consequência, digo, de suas próprias opiniões e concessões,

---

111 *Um ensaio para uma nova teoria da visão,* §§ 51, 59, 66, 145; *Três diálogos,* I. (N. T.)
112 *Um ensaio para uma nova teoria da visão,* §§ 59, 148. (N. T.)

você tem tantos motivos para pensar que é Deus ou o agente universal que fala aos seus olhos, quantos pode ter para pensar que qualquer pessoa particular fala aos seus ouvidos.

Alc. Não posso deixar de pensar que alguma falácia permeia todo esse raciocínio, embora talvez eu não possa apontá-la facilmente. [Parece-me que todos os outros sentidos podem ser considerados uma linguagem tanto quanto o da visão. Os odores e os sabores, por exemplo, são signos que nos informam sobre outras qualidades com as quais eles não têm semelhança nem conexão necessária.

Euph. Que eles são signos, isso é certo, como também é certo que a linguagem e todos os outros signos coincidem na natureza geral do signo, ou na medida em que são signos. Mas é igualmente certo que nem todos os signos são linguagem, tampouco todos os sons significativos, tais como os gritos naturais dos animais ou os sons inarticulados e interjeições dos homens. É a articulação, a combinação, a variedade, a copiosidade, o uso extenso e geral e a fácil aplicação dos signos (tudo o que comumente se encontra na visão) que constitui a verdadeira natureza da linguagem. Outros sentidos podem, de fato, fornecer signos, mas estes signos não têm, mais que os sons inarticulados, o direito de serem considerados uma linguagem.][113]

Alc. Um momento! Deixe-me ver. Na linguagem os signos são arbitrários, não são?

Euph. São.

Alc. E, consequentemente, nem sempre sugerem fatos reais. Ao passo que essa linguagem natural, como você a denomina, ou estes signos visíveis, sempre sugerem as coisas da mesma maneira uniforme e têm a mesma conexão regular // e constante com os fatos concretos; e de acordo com isso parece que a conexão seria necessária e, portanto, de acordo com a definição estabelecida, ela não pode ser uma linguagem. Como você resolve essa objeção?

Euph. Você pode resolvê-la sozinho com a ajuda de um quadro ou espelho.[114]

---

113 Acréscimo da 3ª edição, de 1752. (N. T.)
114 *Um ensaio para uma nova teoria da visão*, § 45. (N. T.)

Alc. Você tem razão. Vejo que a objeção não tem fundamento. Não sei mais o que dizer contra essa opinião, exceto que ela é tão estranha e contrária à minha maneira de pensar que jamais darei a ela meu assentimento.

13. *Euph.* Trate de recordar suas próprias lições sobre o preconceito e aplicá-las ao caso presente. Talvez elas possam ajudá-lo a seguir o caminho da razão e a suspeitar de noções que estão tão firmemente enraizadas, sem jamais terem sido examinadas.

Alc. Repudio a suspeita de preconceito. E não falo somente por mim. Eu conheço uma associação de homens muito engenhosos, os mais livres de preconceitos dentre os homens existentes, que abominam a noção de um Deus, e não duvido de que seriam bem capazes de desfazer esse nó.

Diante dessas palavras de Alciphron, eu, que estava agindo como um espectador indiferente, observei a ele que não convinha ao seu caráter e às suas repetidas declarações confessar que ele possuía um apego ao julgamento ou baseava-se nas supostas habilidades de outros homens, por mais engenhosos que fossem; e que esse procedimento poderia encorajar seus adversários a recorrerem à autoridade, na qual talvez encontrassem sua razão mais do que ele.

Oh!, disse Crito, observei frequentemente a conduta dos filósofos minuciosos. Quando um deles está rodeado por um grupo de discípulos, seu método é exclamar contra o preconceito e recomendar o pensamento e o raciocínio, dando a entender que ele mesmo é um homem de investigações profundas e argumentos rigorosos, alguém que examina com imparcialidade e conclui com cautela. O mesmo homem, em outra companhia, se por acaso for pressionado pela razão, rirá da lógica e assumirá ares de apatia e superioridade de um fino cavalheiro, ou seja, de um *railleur*, para evitar a aridez de uma investigação metódica e rigorosa. Essa dupla face do filósofo minucioso é de grande utilidade para propagar e manter suas noções. Embora para mim pareça claro que se um refinado cavalheiro se liberta da autoridade e recorre da religião à razão, ele deve seguir a // razão. E, se não puder andar sem rédeas, certamente será melhor ser conduzido pela autoridade do público do que pela autoridade de qualquer grupo de filósofos minuciosos.

Alc. Cavalheiros, este discurso é muito enfadonho e desnecessário. De minha parte, sou um amigo da investigação. Desejo que a razão tenha um desenvolvimento livre e completo. Não me apoio na autoridade de ninguém. De minha parte, não tenho interesse em negar um Deus. Por mim, qualquer homem pode acreditar ou não acreditar em um Deus, como ele quiser. Mas, afinal de contas, Euphranor deve permitir que eu examine um pouco mais suas conclusões.

Euph. As conclusões são tanto suas quanto minhas, pois você foi levado a elas por suas próprias concessões.

14. Você, ao que parece, fica espantado ao descobrir que Deus não está longe de cada um de nós, e que nele vivemos, nos movemos e existimos.[115] Você, que no início dessa conversa matinal achou estranho que Deus não tivesse deixado nenhum testemunho, agora acha estranho que o testemunho seja tão completo e claro.

Alc. Devo confessar que sim. Eu estava ciente, de fato, de uma certa hipótese metafísica segundo a qual vemos todas as coisas em Deus pela união da alma humana com a substância inteligível da Divindade, que nem eu nem ninguém poderia entender.[116] Mas eu nunca imaginei que se pudesse afirmar que vemos Deus com nossos olhos carnais tão claramente quanto vemos qualquer pessoa humana, seja qual for, e que ele fala diariamente aos nossos sentidos em um dialeto claro e manifesto.

Cri. [Quanto a essa hipótese metafísica, não consigo entendê-la melhor do que você. Mas acho que é clara,] esta linguagem óptica tem uma conexão necessária com o conhecimento, a sabedoria e a bondade. Ela é equivalente a uma criação contínua,[117] denotando um ato imediato de poder e providência. Ela não pode ser explicada por princípios mecânicos, por átomos, atrações, ou eflúvios. A produção e reprodução instantânea de tantos signos combinados, dissolvidos, transpostos, diversificados e adaptados para // semelhante variedade infinita de propósitos, sempre mudando com as ocasiões e adequando-se a elas, sendo absolutamente inexplicável e injusti-

---

115 *Atos dos apóstolos*, 17: 28. Ver *Princípios*, §§ 66, 149; *Três diálogos*, 2, p.214; 3, p.236. (N. T.)

116 Alusão à concepção de Malebranche, que aqui e em outros escritos Berkeley desaprova. Ver *Princípios*, §§ 147, 148 e *Três diálogos*, 2, p.214. (N. T.)

117 *Princípios*, § 46. (N. T.)

ficável pelas leis do movimento, pelo acaso, pelo destino, ou por princípios cegos similares, manifesta e testemunha a operação imediata de um espírito ou ser pensante, e não simplesmente de um espírito, que todo movimento ou gravitação pode talvez implicar, mas de um Espírito sábio, bom e providente, que dirige, ordena e governa o mundo. Alguns filósofos,[118] convencidos da sabedoria e do poder do Criador, a partir da complexidade e organização dos corpos e do sistema ordenado do universo, imaginaram, no entanto, que ele abandonou esse sistema, com todas as suas partes e conteúdos bem ajustados e colocados em movimento, como um artista abandona um relógio para que daí em diante ande por si só por um certo período. Mas esta linguagem visual prova não apenas um criador, mas um governante previdente, real e intimamente presente, e atento a todos os nossos interesses e movimentos, que zela por nossa conduta e cuida de nossas ações e propósitos mais insignificantes, ao longo de todo o curso de nossas vidas, informando, advertindo e orientando incessantemente, da maneira mais evidente e perceptível. Isso é realmente maravilhoso.

Euph. E não é assim que os homens devem ser cercados por semelhante maravilha, sem refletir sobre ela?

15. Há algo de divino e admirável nesta linguagem, dirigida aos nossos olhos, que pode muito bem despertar a mente e merecer a sua máxima atenção: ela é aprendida com pouco esforço; ela expressa as diferenças entre as coisas de maneira muita clara e adequada; ela instrui com facilidade e rapidez, transmitindo por um relance de olhos uma grande variedade de conselhos, e um conhecimento mais distinto das coisas do que poderia ser obtido por um discurso de várias horas, e, enquanto informa, diverte e entretém a mente com um prazer e deleite singulares.[119] Sua utilidade é extraordinária, uma vez que dá estabilidade e permanência ao discurso humano, para registrar sons e dar vida a línguas mortas, permitindo-nos conversar com homens de épocas e países remotos.[120] E ela responde de

---

118 Alusão a Leibniz e à sua teoria da harmonia preestabelecida. (N. T.)
119 *Princípios,* § 146; *Três diálogos,* 2. (N. T.)
120 *Princípios,* §§ 108-9, 147. (N. T.)

maneira apropriada aos usos e necessidades da humanidade, informando-nos mais claramente sobre aqueles objetos cuja proximidade e magnitude os qualificam como de maior dano ou benefício para nosso corpo, e menos exatamente // na medida em que sua pequenez ou distância os tornem menos preocupantes para nós.[121]

Alc. E, no entanto, essas coisas estranhas afetam pouco os homens.

Euph. Mas elas não são estranhas, elas são familiares, e isso faz com que passem despercebidas.[122] As coisas que raramente ocorrem impressionam; ao passo que a frequência diminui a admiração das coisas, embora em si mesmas sejam tão admiráveis.[123] Por isso, um homem comum, que não está acostumado a pensar e fazer reflexões, provavelmente seria mais convencido da existência de um Deus por uma única frase do céu, ouvida uma única vez em sua vida, do que por toda a experiência que ele teve desta linguagem visual, inventada com extraordinária maestria, tão constantemente dirigida a seus olhos, e que tão claramente mostra a proximidade, sabedoria e providência daquele de quem estamos falando.[124]

Alc. Apesar de tudo, não consigo me convencer de como os homens estão tão pouco surpresos ou maravilhados a respeito dessa capacidade visual, se ela é realmente de uma natureza tão surpreendente e maravilhosa.

Euph. Mas suponhamos uma nação de homens cegos desde a infância, entre os quais chega um estrangeiro, o único homem que pode ver em todo o país. Suponhamos que este estrangeiro viaje com alguns dos nativos e que em certo momento ele lhes prediga que, caso eles sigam adiante, em meia hora encontrarão homens ou um rebanho, ou chegarão a uma casa; que, se virarem à direita e prosseguirem, em poucos minutos correrão o risco de cair em um precipício; que, se tomarem seu curso pela esquerda eles chegarão, em tal tempo, a um rio, um bosque ou uma montanha. O que você acha? Não deveriam eles ficar infinitamente surpresos que alguém, que nunca tinha

---

121 *Um ensaio para uma nova teoria da visão,* § 59. (N. T.)

122 *Princípios,* §§ 63, 149. (N. T.)

123 Argumento que lembra o nono tropo cético de Enesidemo. Ver Sexto Empírico, *Hipotiposes pirrônicas.*, 1.141ss. (N. T.)

124 *Princípios,* § 57. (N. T.)

Alciphron, ou o filósofo minucioso

estado em seu país antes, o conhecesse muito melhor do que eles mesmos? E essas predições não lhes pareceriam tão inexplicáveis e incríveis, como uma profecia para um filósofo minucioso?[125]

Alc. Eu não posso negar isso.

Euph. Mas parece que se requer um pensamento intenso para se poder desembaraçar de um preconceito que se formou durante muito tempo; para se superar o erro vulgar das ideias comuns a ambos os sentidos, e assim distinguir entre os objetos da visão e do tato,* que // cresceram (por assim dizer) misturadas[126] em nossa fantasia; para sermos capazes de nos imaginarmos exatamente no estado em que um daqueles homens estaria, se lhe fosse dado ver. E, no entanto, creio que isso seja possível, e valeria a pena, ao que parece, o trabalho de uma pequena reflexão, especialmente por parte daqueles homens cujo trabalho e profissão é propriamente pensar, desemaranhar-se dos preconceitos e refutar os erros. Eu francamente confesso que não consigo encontrar o caminho para sair deste labirinto, e de bom grado aceitaria ser orientado por aqueles que veem melhor do que eu.

Cri. Perseguir este assunto em seus próprios pensamentos possivelmente abrirá um novo cenário para esses cavalheiros especulativos da filosofia minuciosa. Isso me faz lembrar uma passagem dos *Salmos*, que representa Deus envolto com uma luz como se tivesse um manto, e creio que não seria impróprio comentar sobre a antiga noção de alguns sábios orientais, que Deus tem por corpo a luz, e por alma a verdade.[127] Essa conversa durou até que um criado veio nos dizer que o chá estava pronto, após o que nós o seguimos e encontramos Lysicles sentado à mesa para o chá.

---

125 *Um ensaio para uma nova teoria da visão*, §§ 59, 148; *Siris*, § 252. (N. T.)

  * Ver o tratado em anexo, no qual esse ponto e toda teoria da visão são mais completamente explicados. [Nota da edição A (N. T.)]. Os paradoxos dessa teoria, embora inicialmente recebidos com grande ridículo por aqueles que pensam ridicularizar a prova da verdade, foram muitos anos depois surpreendentemente confirmados por um caso de uma pessoa que era cega desde seu nascimento que tornou a ver. Ver *Philosophical Transactions*, n. 402. [Acréscimo da nota na edição B. Na terceira edição, de 1752, o *Ensaio sobre a visão* não foi anexado, tal como nas edições A e B, de 1732, e, consequentemente, a nota foi suprimida. (N. T.)].

126 *Um ensaio para uma nova teoria da visão*, § 51; *Princípios*, § 108. (N. T.)

127 *Salmos*, 104.2; *Siris*, §§ 178-9. (N. T.)

16. Assim que nos sentamos, Alciphron disse: estou contente por haver encontrado aqui meu ajudante, um homem descansado para manter a nossa causa comum, a qual, talvez, Lysicles pensará que sofreu com sua ausência.

Lys. Por quê?

Alc. Porque fui conduzido a algumas concessões que você não aprovará.

Lys. Deixe-me saber quais são.

Alc. Ora, que existe tal coisa como um Deus, e que sua existência é muito certa.

Lys. Por favor! Como você chegou a admitir uma noção tão extravagante?

Alc. Você sabe que professamos seguir a razão seja onde for que ela nos leve. E, em resumo, fui conduzido a ela pela razão.

Lys. Conduzido pela razão! Você deveria dizer "enganado pelas palavras, confundido por sofismas".

Euph. Você está disposto a ouvir o mesmo raciocínio que levou Alciphron e a mim passo a passo, para que possamos examinar se é sofisma ou não?

Lys. Quanto a isso estou disposto. Adivinho tudo o que se pode dizer sobre esse assunto. Eu me empenharei em ajudar meu amigo a sair da dificuldade, quaisquer que sejam os argumentos que o conduziram a ela.

// *Euph.* Você admitirá as premissas e negará as conclusões?

Lys. E qual o problema se eu admitir a conclusão?

Euph. Como! Você admitirá que existe um Deus!

Lys. Talvez eu possa.

Euph. Então estamos de acordo.

Lys. Talvez não.

Euph. Oh, Lysicles!, você é um adversário sutil. Não sei o que você pretende.

Lys. Você deve saber então que, no fundo, a existência de Deus é um ponto em si mesmo de pouca importância, e pode-se fazer essa concessão sem ceder muito. O ponto importante é em que sentido se deve tomar a palavra Deus. Os próprios epicuristas admitiam a existência de deuses, mas então eram deuses indolentes, indiferentes aos assuntos humanos. Hobbes admitiu um Deus corpóreo, e Espinosa sustentou que o universo era Deus. E, no entanto, ninguém duvida de que eles foram livres-pensadores convictos. Eu desejaria, de fato, que a palavra Deus fosse totalmente su-

Alciphron, ou o filósofo minucioso

primida, porque, na maioria das mentes, ela está associada a uma espécie de temor supersticioso, que é a verdadeira raiz de todas as religiões. No entanto, não me incomodarei muito se o nome for mantido e a existência de Deus for admitida em qualquer sentido, exceto no de uma mente que conhece todas as coisas e contempla as ações humanas, como um juiz ou magistrado, com observação e inteligência infinitas. A crença em um Deus, neste sentido, enche a mente humana de escrúpulos, restringe e amarga sua própria existência; mas em outro sentido, ela pode ser admitida sem grandes consequências prejudiciais. Sei que esta foi a opinião de nosso grande Diágoras,[128] que me disse que nunca teria se dado ao trabalho de descobrir uma demonstração da inexistência Deus se a noção sobre Deus admitida fosse a mesma que a de alguns padres e escolásticos.

Euph. Diga-me, qual era essa noção?

17. *Lys.* Você deve saber que Diágoras, um homem de muita leitura e investigação, havia descoberto que certa vez os teólogos mais profundos e especulativos,[129] achando impossível conciliar os atributos de Deus, tomados no sentido comum ou em qualquer sentido conhecido, com a razão humana e a aparência das coisas, estabeleceram que as palavras *conhecimento, sabedoria, bondade*, e // outras semelhantes, quando se trata da Divindade, devem ser entendidas em um sentido bastante diferente daquele que elas significam na acepção vulgar, ou de qualquer coisa de que possamos formar uma noção ou conceber. Assim, quaisquer que fossem as objeções que pudessem ser feitas contra os atributos de Deus, eles facilmente as resolviam negando que esses atributos pertenciam a Deus, neste, naquele ou em qualquer outro sentido ou noção particular conhecida, o que era a mesma coisa que negar que lhe pertenciam em absoluto. E, assim, negando os atributos de Deus, eles na verdade negavam sua existência, embora talvez eles não estivessem cientes disso.

Suponha, por exemplo, que uma pessoa objete que as contingências futuras são incompatíveis com a presciência de Deus, porque é contraditório

---

128 Alusão a Anthony Collins. (N. T.)
129 Alusão ao teólogo Peter Browne. (N. T.)

que exista um conhecimento certo de uma coisa incerta. A isso se pode responder de maneira rápida e fácil dizendo que pode ser verdade no que diz respeito ao conhecimento tomado no sentido comum, ou em qualquer outro sentido acerca do qual podemos talvez formar alguma noção, mas que não apareceria a mesma inconsistência, entre a natureza contingente das coisas e a presciência divina, entendida como significando algo do qual nada sabemos, que em Deus ocupa o lugar do que entendemos por conhecimento, do qual difere não só em quantidade ou grau de perfeição, mas totalmente e quanto à sua natureza, como a luz difere do som, e ainda mais, visto que estes têm em comum o fato de que ambos são sensações, ao passo que o conhecimento em Deus não tem nenhum tipo de semelhança ou conformidade com qualquer noção que o homem possa formar do conhecimento. O mesmo se pode dizer de todos os outros atributos, que de fato podem por este meio ser igualmente conciliados com todas as coisas ou com nada. Mas qualquer homem que pense deve necessariamente ver que isso significa evitar as dificuldades e não resolvê-las.[130] Pois como se conciliam as coisas com os atributos divinos, quando se negam em todos os sentidos inteligíveis esses próprios atributos e, consequentemente, a própria noção de Deus é suprimida e nada resta a não ser o nome, sem qualquer significado anexado a ele? Em suma, a crença de que existe um ser desconhecido, de atributos absolutamente desconhecidos, é uma doutrina muito ingênua, o que o arguto Diágoras percebeu muito bem e ficou, portanto, admiravelmente encantado com este sistema.

18. Pois, disse ele, se isso pudesse ser difundido e aceito no mundo, seria o fim de toda a religião natural ou racional, que é a base tanto do judaísmo quanto do cristianismo. Pois, aquele que se dirige a Deus, ou entra na igreja de Deus, deve primeiro acreditar que existe um Deus em algum sentido inteligível, // e não apenas que há *algo em geral*, sem qualquer noção apropriada, embora nunca tão inadequada, de qualquer uma de suas qualidades ou atributos; pois este pode ser o destino, ou o caos,

---

130 No original: "utting knots and not untying them", ou seja, "cortar os nós e não desatá-los". (N. T.)

ou a natureza plástica,[131] ou qualquer outra coisa, tanto quanto Deus. Também não adiantará dizer que há algo neste ser desconhecido análogo ao conhecimento e à bondade, isto é, que produz aqueles efeitos que não poderíamos conceber que fossem produzidos pelos homens, em qualquer grau, sem conhecimento e bondade. Pois isso, na verdade, equivale a abandonar o ponto em discussão entre teístas e ateístas, questão que sempre tem sido, não se existe um princípio (ponto que sempre foi admitido pelos filósofos, tanto antes como depois de Anaxágoras), mas se esse princípio era um νοῦς, um ser inteligente, pensante, isto é, se aquela ordem, beleza e utilidade, visíveis nos efeitos naturais, poderia ser produzida por qualquer coisa que não seja uma mente ou inteligência, no sentido próprio da palavra; e se não haveria um conhecimento verdadeiro, real, e próprio na primeira causa. Portanto, devemos reconhecer que todos esses efeitos naturais, que são vulgarmente atribuídos ao conhecimento e à sabedoria, provêm de um ser no qual não há, propriamente falando, nenhum conhecimento nem sabedoria alguma, mas somente algo que, na realidade, é a causa daquelas coisas que os homens, por não conhecê-las melhor, atribuem ao que eles chamam de conhecimento, sabedoria e entendimento. Você talvez estranhe ouvir um homem de prazer, que se diverte como eu o faço, filosofar deste modo. Mas você deveria considerar que é muito proveitoso conversar com homens de engenho, que é o caminho mais curto para o conhecimento, que poupa ao homem o trabalho enfadonho de ler e pensar.

E agora que concordamos com você que existe um Deus neste sentido indefinido, gostaria de saber que uso você pode fazer desta concessão. Você não pode argumentar a partir de atributos desconhecidos, ou, o que é a mesma coisa, a partir de atributos em um sentido desconhecido. Você não pode provar que Deus deve ser amado por sua bondade, ou temido por sua justiça, ou respeitado por seu conhecimento. Todas essas consequências, nós reconhecemos, se seguiriam daqueles atributos admitidos em um sentido inteligível. Mas negamos que estas ou quaisquer outras consequências possam ser inferidas de atributos admitidos que não têm um significado particular, ou que têm um significado que ninguém compreende. Portanto,

---

131 *Três diálogos*, 3, p.258. (N. T.)

visto que não se pode inferir nada de tal representação de Deus, você pode tirar proveito dela em relação à consciência, ao culto, à religião. E, para não sermos diferentes, usaremos também o seu nome, e assim, ao mesmo tempo, acabaremos com o ateísmo.

166   // *Euph.* Esta representação de uma Divindade é nova para mim. Eu não a compartilho e por essa razão deixarei que seja defendida por aqueles que a sustentam.

19. *Cri.* Ela não é nova para mim. Recordo ter ouvido, não faz muito tempo, um filósofo minucioso triunfar sobre este ponto; o que me levou a investigar que fundamento havia a seu favor nos padres ou escolásticos. E, pelo que pude descobrir, ela deve a sua origem a esses escritos que foram publicados sob o nome de Dionísio, o Areopagita. O autor desses escritos, deve-se reconhecer, escreveu sobre os atributos divinos em um estilo muito singular. Em seu tratado *Sobre a hierarquia celestial*,* ele disse que Deus é algo que está acima de toda essência e vida, ὑπὲρ πᾶσαν οὐσίαν καὶ ζωήν, e novamente em seu tratado sobre os nomes divinos,** que ele está acima de toda a sabedoria e entendimento ὑπὲρ πᾶσαν σοφία καὶ σύνεσιν, *inefável e inominável*, ἄρρητος καὶ ἀνώνυμος, e denomina a sabedoria de Deus como irracional, ininteligente e tola; τὴν ἄλογον, καὶ ἄνουν, καὶ μορὰν σοφίαν. Mas a razão que ele apresenta para expressar-se dessa maneira estranha é que a sabedoria divina é a causa de toda a razão, sabedoria e entendimento, e nela estão contidos os tesouros de toda a sabedoria e conhecimento. Ele chama Deus de ὑπέρσοφος e ὑπέρζως, como se sabedoria e vida fossem palavras indignas para expressar as perfeições divinas; e ele acrescenta que os atributos ininteligente e insensato devem ser atribuídos à divindade, não κατ᾽ ἔλλειψιν como defeitos, mas καθ᾽ ὑπεροχήν, como eminências, o que ele explica pelo fato de darmos o nome de trevas à luz inacessível. E, não obstante a rispidez de suas expressões em alguns lugares, ele afirma repetidamente em outros que Deus conhece todas as coisas, não que ele esteja em dívida com as cria-

---

* *De Hierarch. Coelest.* c. 2. [Pseudo-Dionísio, *De coelesti hierarchia*, cap. 2. (N.T.)]

** *De Nom. Div.* c. 7. [Pseudo-Dionísio, *De divinis nominibus*, cap. 7 (N.T.)]

Alciphron, ou o filósofo minucioso

turas por seu conhecimento, mas por conhecer-se a si mesmo, ele, de quem todas derivam sua existência, e em quem todas estão contidas como em sua causa. Demorou muito tempo antes que esses escritos fossem conhecidos no mundo, e embora tenham obtido crédito durante a época dos escolás-ticos, contudo desde que os estudos críticos // passaram a ser cultivados eles perderam esse crédito, e atualmente são considerados espúrios, por conterem várias marcas evidentes de uma época muito posterior à época de Dionísio. De modo geral, embora este método de cuidar da expressão des-cuidando da noção, de esclarecer as dúvidas mediante absurdos, e de evitar as dificuldades caindo em aparentes contradições, talvez possa proceder de um zelo bem-intencionado, contudo parece que não está de acordo com o conhecimento e, em vez de reconciliar os ateus com a verdade, tem, eu suspeito, uma tendência para confirmá-los em sua própria convicção. Parece, portanto, muito inadequado e imprudente em um cristão adotar essa linguagem rude de um escritor apócrifo, de preferência a das Sagra-das Escrituras. Recordo, entretanto, ter lido sobre um certo filósofo, que viveu há alguns séculos, que costumava dizer que, se estas supostas obras de Dionísio tivessem sido conhecidas pelos primitivos padres, elas teriam lhes fornecido admiráveis armas contra os hereges, e os teriam poupado de muito trabalho. Mas os acontecimentos posteriores a sua descoberta não confirmaram de maneira alguma esta opinião.

É preciso reconhecer que o célebre Pico della Mirandola, entre as suas novecentas conclusões (que este príncipe, sendo muito jovem, propôs que fossem submetidas ao debate público em Roma), manteve esta, a saber, que é mais impróprio dizer de Deus que ele é um intelecto ou ser inteligente, do que dizer de uma alma racional que é um anjo; doutrina esta que, parece, não agradou. E Pico, quando teve de defendê-la, apoiou-se totalmente no exemplo e na autoridade de Dionísio, e, na verdade, a explicou por meio de uma mera diferença verbal, afirmando que nem Dionísio nem ele mesmo pretendiam privar Deus do conhecimento, ou negar que ele conhece todas as coisas, mas que, como a razão é algo peculiar ao homem, entendia por intelecção uma espécie ou maneira de conhecimento peculiar dos anjos, e que o conhecimento que existe em Deus é superior à intelecção dos anjos, e que a dos anjos é superior à do homem. Ele acrescentou que, como sua doutrina era compatível com a admissão do mais perfeito conhecimento de Deus, de modo algum queria dar a entender que excluía da divindade a intelecção mesma, tomada no sentido comum ou geral, mas apenas aquele tipo peculiar de intelecção própria dos anjos e que pensava que não devia ser atribuída a Deus mais // do que a razão humana.* Assim, embora Pico fale como Dionísio, o apócrifo, contudo, quando ele se explica é evidente que ele fala como os outros homens. E, embora os livros anteriormente mencionados sobre a hierarquia celestial e sobre os nomes divinos, atribuídos a um santo e mártir da era apostólica, fossem respeitados pelos escolásticos, é todavia certo que rejeitaram ou suavizaram suas expressões rudes e explicaram de outra maneira ou reduziram sua doutrina às noções aceitas tomadas das Sagradas Escrituras e da razão natural.

20. Tomás de Aquino expressa sua opinião sobre este ponto da seguinte maneira. Todas as perfeições, diz ele, derivadas de Deus para as criaturas, existem em Deus num sentido mais elevado, ou (como dizem os escolásticos) existem eminentemente em Deus. Portanto, sempre que se atribui a Deus um nome tomado de empréstimo de qualquer perfeição na criatura, devemos excluir de seu significado tudo o que pertence ao modo imperfeito em que esse atributo se encontra na criatura. Por isso ele conclui que o conhecimento em Deus não é um hábito, mas um ato puro.** E novamente o mesmo doutor observa que nosso intelecto obtém suas noções de todas as espécies de perfeições das criaturas, e que, conforme apreende essas perfeições, ele também as denota por nomes. Portanto, diz ele, ao atribuir esses nomes a Deus, devemos considerar duas coisas: primeiro, as próprias perfeições, como bondade, vida e outras semelhantes, que estão propriamente em Deus; e, em segundo lugar, a maneira que é peculiar à criatura, e não pode, falando de maneira rigorosa e correta, dizer-se que se aplica ao Criador.***

---

* Pic. Mirand. in Apolog., p. 155, ed. Bas. [Pico della Mirandola, *Apologia*, Basileae, Sebastianum Henricpetri, 1601, p.155. (N. T.)]

** *Sum. Theolog.*, p. I., quest. xiv., art.I. [Tomás de Aquino, *Suma teológica*, 1.14.1. (N. T.)]

*** *Ibid.,* quest. xiii., art. 3. [Tomás de Aquino, *Suma teológica*, 1.13.3. (N. T.)]

Alciphron, ou o filósofo minucioso

E embora Suarez, como outros escolásticos, ensine que a mente humana concebe o conhecimento e a vontade como estando em Deus enquanto faculdades ou operações, por analogia apenas com os seres criados, também ele expressa claramente a opinião de que quando se diz que o conhecimento não existe propriamente em Deus, isso deve ser entendido num sentido que inclui imperfeição, tal como o conhecimento discursivo, ou qualquer outra forma imperfeita que se encontra nas criaturas; e que, dado que nenhuma dessas imperfeições no conhecimento dos homens ou dos anjos pertence **169** ao conhecimento como tal, não se segue daí que o conhecimento, // em seu sentido próprio, não possa ser atribuído a Deus. E, do conhecimento tomado em geral, como compreensão clara e evidente de toda a verdade, ele afirma expressamente que está em Deus, e que isso nunca foi negado por nenhum filósofo que acreditasse num Deus.* E era, na verdade, uma opinião comum entre os escolásticos, que a existência em si mesma deveria ser atribuída analogicamente a Deus e às criaturas. Ou seja, eles sustentavam que não se deveria supor que Deus, causa suprema, independente, origem de si e fonte de todos os seres, existiria no mesmo sentido que os seres criados; não porque ele exista menos verdadeiramente e propriamente que eles, mas apenas porque ele existe de uma maneira mais eminente e perfeita.

21. Mas, para evitar que alguém seja levado, por um uso equivocado dos termos escolásticos *analogia* e *analógico*, a uma opinião de que não podemos formar em qualquer grau uma noção verdadeira e adequada dos atributos aplicados por analogia, ou, na formulação escolástica, predicados analogicamente, pode ser oportuno investigar o verdadeiro sentido e significado dessas palavras. Todos sabem que *analogia* é uma palavra grega usada pelos matemáticos para significar uma semelhança de proporções. Por exemplo, quando observamos que dois é em relação a seis o mesmo que três em relação a nove, essa semelhança ou igualdade de proporção é chamada de analogia. E embora a proporção signifique estritamente a disposição ou relação de uma quantidade em comparação a outra, todavia, em um sentido mais

---

* Suarez *Disp. Metaph.* Tom. 2 Disp. 30, Sect. 15. [Francisco Suárez, *Disputationes Metaphysicae*, 1597, 2.30.15. (N. T.)]

George Berkeley

amplo ou figurado, foi aplicada para significar qualquer outra disposição; e, consequentemente, o termo *analogia* passa a significar toda similitude de relações ou disposições, quaisquer que sejam. Por isso, os escolásticos nos dizem que há analogia entre intelecto e visão; visto que o intelecto é para a mente o que a visão é para o corpo, e que aquele que governa um Estado é análogo àquele que comanda um navio. Por isso, um príncipe é denominado analogicamente de piloto, estando para o Estado como um piloto para seu navio.*

Para esclarecer ainda mais este ponto, deve-se observar que os escolásticos distinguiam dois tipos de analogia: metafórica e própria. Do primeiro tipo há frequentes // exemplos na Sagrada Escritura, que atribui membros e paixões humanas a Deus. Quando ele é representado como tendo dedos, olhos ou ouvidos, quando se diz que ele se arrepende, está furioso ou ofendido, todo mundo vê que a analogia é meramente metafórica, porque estes membros e paixões, tomados em sentido próprio, devem necessariamente em todos os graus, e conforme a natureza formal das coisas, incluir imperfeição. Assim, quando se diz que o dedo de Deus aparece neste ou naquele acontecimento, os homens de senso comum não entendem outra coisa senão que se pode atribuir verdadeiramente a Deus, como as obras feitas pelas mãos humanas são atribuídas ao homem, e o mesmo se pode dizer em relação às demais. Mas o caso é diferente quando se atribui sabedoria e conhecimento a Deus. Paixões e sentidos, enquanto tais, implicam defeitos; mas no conhecimento simplesmente, ou enquanto tal, não há nenhum defeito. O conhecimento, portanto, no sentido próprio e formal da palavra, pode ser atribuído a Deus proporcionalmente, ou seja, preservando uma proporção em relação à natureza infinita de Deus. Podemos dizer, portanto, que como Deus é infinitamente superior ao homem, assim o conhecimento de Deus é infinitamente superior ao conhecimento do homem, e isso é o que Caetano chama *analogia proprie facta*. E, conforme essa mesma analogia, devemos entender que todos aqueles atributos pertencem à Divindade, que, sendo em si mesmos simples, e como tais, denotam perfeição. Podemos, portanto, de maneira coerente com aquilo que foi estabelecido nas premis-

---

* Vide Cajetan. *de Nom. Analog.* c. 3. [Caetano, *De nominum analogia*, 3. (N. T.)]

Alciphron, ou o filósofo minucioso

sas, afirmar que todos os tipos de perfeição, os quais podemos conceber em um espírito finito, estão em Deus, mas sem nenhum dos defeitos que se encontram nas criaturas. Esta doutrina, portanto, das perfeições analógicas em Deus, ou nosso conhecimento de Deus por analogia, parece que tem sido muito mal compreendida e mal aplicada por aqueles que deduzem dela que não podemos formar qualquer noção direta ou própria, por mais inadequada que seja, do conhecimento ou da sabedoria tal como são em Deus; ou que não as compreendemos melhor que um cego de nascença compreende de luz e cores.

22. E agora, senhores, pode-se esperar que eu lhes peça desculpa por ter me demorado tanto tempo sobre um tema de metafísica, e por ter apresentado esses escritores pouco refinados e antiquados como os escolásticos, diante de cavalheiros tão distintos; mas, como Lysicles me propiciou a ocasião, deixo que ele responda a isto.

Lys. Nunca imaginei uma dissertação tão árida. Mas se lhe propiciei a ocasião para discutir estes assuntos escolásticos, por ter, infelizmente, mencionado os escolásticos, foi meu primeiro equívoco deste tipo, e prometo que será o último. A intromissão na discussão de autores obscuros de qualquer espécie não é de meu agrado. Admito que alguém // encontre de vez em quando uma boa noção nos assim chamados escritores áridos, tal como aquela, por exemplo, que mencionei antes, que, devo admitir, chamou minha atenção. Mas então, para estes autores, temos pessoas como Pródico ou Diágoras, que mergulham nesses livros obsoletos e nos poupam desse trabalho.

Cri. Então você deposita a sua fé neles?

Lys. Somente em relação a algumas opiniões raras, questões de fato e pontos críticos. Além disso, conhecemos os homens a quem damos crédito: são judiciosos e honestos e não servem a outro fim a não ser a verdade. E estou confiante de que algum autor ou outro manteve a noção acima mencionada, no mesmo sentido em que Diágoras a relatou.

Cri. Pode ser. Mas nunca foi uma noção aceita, e nunca o será, enquanto os homens acreditarem em um Deus. Os mesmos argumentos que provam uma causa primeira provam uma causa inteligente; inteligente, digo, em seu sentido próprio: sábia e boa na acepção verdadeira e formal das palavras. Caso contrário, é evidente que todo silogismo apresentado para provar esses atributos, ou (o que é a mesma coisa) para provar a existência de Deus, consistirá em quatro termos e, consequentemente, nada poderá concluir. Mas, de sua parte, Alciphron, você tem plena convicção de que Deus é um ser pensante e inteligente no mesmo sentido que outros espíritos, embora não da mesma maneira ou grau imperfeito.[132]

23. *Alc.* E, no entanto, não deixo de ter meus escrúpulos, pois do conhecimento você infere sabedoria, e da sabedoria, bondade. [Embora eu não consiga ver que seja sábio ou bom promulgar leis como essas, que nunca podem ser obedecidas.

Cri. Pode alguém julgar falha a exatidão das regras geométricas, porque ninguém na prática pode alcançá-las? A perfeição de uma regra é útil, embora não seja alcançada. Muitos poderiam avizinhar-se daquilo que ninguém poderia alcançar.]

Alc. Mas como é possível conceber Deus tão bom, e o homem tão perverso? Pode-se talvez alegar como pretexto que uma pequena e débil sombra mal faz ressaltar as partes brilhantes e luminosas da criação, e assim contribui para a beleza de // toda a obra, mas uma mancha tão grande e tão negra é impossível de explicá-la mediante este princípio. Que haja tanto vício e tão pouca virtude sobre a terra, e que as leis do reino de Deus sejam tão mal observadas por seus súditos, é o que nunca se pode conciliar com aquela sabedoria e bondade insuperáveis do monarca supremo.

Euph. Diga-me, Alciphron, você argumentaria que um Estado foi mal administrado, ou julgaria a conduta de seus cidadãos, pelas desordens cometidas na prisão ou no calabouço?

Alc. Eu não faria isso.

Euph. E pelo que sabemos, este lugar, que possui alguns pecadores, não tem maior relação com o universo de inteligências do que uma prisão com um reino. Parece que somos levados, não só pela revelação mas pelo bom

---

132 *Um ensaio para uma nova teoria da visão* §§ 81, 123; *Princípios* §§ 119, 123-132, 146. (N. T.)

senso, observando e inferindo a partir da analogia das coisas visíveis, a concluir que existem inúmeras ordens de seres inteligentes mais felizes e mais perfeitos que o homem, cuja vida não passa de um instante, e cujo lugar neste globo terrestre é apenas um ponto em relação a todo o sistema da criação de Deus. Nós nos deslumbramos, de fato, com a glória e a grandeza das coisas terrenas, porque não conhecemos nada melhor. Mas estou inclinado a pensar que, se soubéssemos o que é ser um anjo durante uma hora, voltaríamos a este mundo, ainda que fosse para nos sentar no seu mais esplêndido trono, com muito mais aversão e relutância do que se agora descêssemos a um calabouço ou sepulcro asquerosos.

24. *Cri.* Parece-me natural que uma criatura tão fraca, dominada por paixões e míope como o homem, esteja sempre sujeita a escrúpulos de uma espécie ou outra. Mas, como essa mesma criatura tende a ser muito dogmática em seus juízos e muito precipitada em suas conclusões, resulta que essas dificuldades e escrúpulos sobre a conduta de Deus convertem-se em objeções contra sua existência. E assim os homens passam a argumentar a partir de seus próprios defeitos contra as perfeições divinas. E como os pontos de vista e os humores dos homens são diferentes e frequentemente opostos, às vezes você pode vê-los deduzir a mesma conclusão ateísta de premissas contrárias. Observei um exemplo disso em dois filósofos minuciosos que conheço, que costumavam argumentar contra a Providência, cada um por causa de seu próprio temperamento. Um deles, um homem de um espírito colérico e vingativo, disse que não podia acreditar numa providência, porque Londres não foi engolida nem consumida por um fogo celestial, estando as ruas, como disse, cheias de pessoas que não mostravam outra crença ou culto a Deus, mas rezavam // constantemente para que ele os amaldiçoasse, os apodrecesse, enterrasse e destruísse. O outro, sendo de um temperamento indolente e afável, concluiu que não poderia haver algo como uma Providência, pois um ser de sabedoria consumada devia necessariamente dedicar-se a algo melhor do que ocupar-se com orações, ações e interesses mesquinhos da humanidade.

Alc. Afinal, se Deus não tem paixões, como pode ser verdade que a vingança é sua? Ou como se pode dizer que ele zela pela sua glória?

Cri. Acreditamos que Deus executa a vingança sem ódio, e zela sem fraqueza, assim como a mente humana vê sem olhos e apreende sem mãos.

25. *Alc.* Para colocar um ponto final nessa discussão, admitamos que há um Deus no sentido de um ser impassível. Mas e daí? O que isso tem a ver com religião ou culto divino? Qual é o propósito de todas essas orações, louvores, ações de graças e cânticos de salmos, que os vulgos insensatos chamam servir a Deus? Que sentido, uso ou fim há em todas estas coisas?

Cri. Nós adoramos, louvamos e oramos a Deus, não porque pensamos que ele se orgulha de nossa adoração, ou ame nossos louvores e orações, e se comova com elas como elas comovem os homens, ou que todo o nosso serviço possa contribuir minimamente para a sua felicidade ou bem, mas porque é bom para nós estarmos assim dispostos em relação a Deus; porque é justo, correto e conforme a natureza das coisas, e porque convém à relação que temos com nosso Senhor e governador supremo.

Alc. Se é bom para nós adorar a Deus, parece que a religião cristã, que pretende ensinar aos homens o conhecimento e o culto a Deus, será de alguma utilidade e benefício para a humanidade.

Cri. Sem dúvida.

Alc. Se isso puder ser demonstrado, admitirei que estou muito enganado.

Cri. Agora é quase hora do jantar. Portanto, se você quiser, encerraremos essa conversa por ora e amanhã de manhã retomaremos nosso assunto.

// Quinto diálogo

I. No dia seguinte nos entretivemos cada um ao seu bel-prazer até as nove horas da manhã, quando nos foi informado que a mesa do chá estava posta na biblioteca, que é uma galeria no térreo, com uma porta arqueada numa das extremidades que dava para uma alameda de tílias; onde, assim que tomamos o chá, seduzidos pelo bom tempo decidimos fazer um passeio que nos levou a uma pequena colina de fácil subida, no topo da qual encontramos um lugar para nos sentarmos à sombra de uma árvore frondosa. Neste lugar tínhamos como vista, de um lado, uma baía estreita ou enseada do mar, delimitada em ambos os lados por uma costa embelezada com rochas e bosques, com prados verdes e casas de campo. No final da baía ficava uma pequena cidade situada na encosta de uma colina, que, pela sua localização privilegiada, tinha uma importância extraordinária. Vários botes e barcos pesqueiros deslizavam para cima e para baixo sobre uma superfície tão lisa e brilhante como o espelho, animando a paisagem. Do outro lado, observávamos, sobre os pastos verdes, rebanhos e manadas aquecendo-se sob a luz do sol, enquanto nós, em nossa localização elevada, desfrutávamos o frescor do ar e da sombra.[133]

---

133 Descrição da baía de Narragansett e dos arredores da cidade de Newport, Rhode Island. Ver Luce & Jessop, 1950, 3, p.174. (N. T.)

Neste lugar sentimos aquela espécie de instinto prazeroso que uma cena campestre e o clima agradável inspiram, e nos propusemos, com grande prazer, retomar e continuar sem interrupção a nossa conversa até o jantar, mas mal havíamos nos sentado, e observado ao nosso redor, quando vimos uma raposa correndo, ao pé de nossa colina, até um matagal próximo. Poucos minutos depois, ouvimos um ruído confuso de cães alvoroçados, sons de cornetas e gritos de batedores do campo. Enquanto a nossa atenção estava suspensa por esse acontecimento, um criado chegou correndo sem fôlego, e disse a Crito que seu vizinho Ctesippus, um fidalgo rural distinto, havia caído de seu cavalo ao tentar saltar sobre uma sebe, e que havia sido levado para casa, onde estava para morrer. Por causa desta notícia, nos levantamos e fomos às pressas para a casa, onde encontramos Ctesippus, que acabara de recobrar consciência, em meio a alguns // fidalgos rurais queimados pelo sol, em manteletes, perucas curtas e botas de montar. Quando perguntado como se sentia, respondeu que tinha apenas uma costela quebrada. Com alguma dificuldade, Crito o persuadiu a deitar-se em uma cama até que o médico chegasse. Esses caçadores de raposa, tendo se levantado mais cedo para seu esporte, estavam ansiosos para comer, o que foi consequentemente apressado. Eles passaram a tarde em um grande alvoroço, dando provas de sua religião e de sua lealdade, brindando à saúde do enfermo, conversando sobre cães e cavalos, eleições e assuntos do campo, até o momento em que o médico, que havia se ocupado em atender Ctesippus, desejou que o colocassem na carruagem de Crito e o levassem para casa, tendo se recusado a ficar a noite toda.

Quando os nossos hóspedes partiram, ficamos descansando após a fadiga dessa visita tumultuada e, na manhã seguinte, voltamos a nos reunir no local situado no alto da colina.

Ora, Lysicles, sendo um homem refinado e um *bel esprit*, tinha um desprezo infinito pelos modos rudes e pelas conversas dos caçadores de raposas, e não conseguia pensar, sem se impacientar, que havia perdido, como ele dizia, tantas horas em sua companhia. Alegra-me, disse ele, que nenhum deles tenha permanecido entre nós. É estranho que os homens possam divertir-se com um alvoroço e confusão tão rudes, ou encontrar prazer na companhia de cães e cavalos! Quanto mais requintadas são as diversões da cidade!

Alciphron, ou o filósofo minucioso

Parece, respondeu Euphranor, que há alguma semelhança entre os caçadores de raposa e os livres-pensadores. Os primeiros exercitam suas faculdades animais em busca da presa, assim como vocês, cavalheiros, empregam as suas faculdades intelectuais na busca da verdade. O tipo de diversão é o mesmo, embora o objeto seja diferente.

Lys. Prefiro ser comparado a qualquer animal da terra do que com um animal racional.

Cri. Você teria então ficado menos descontente com meu amigo Pythocles, a quem ouvi comparar a classe comum dos filósofos minuciosos, não com os caçadores, mas com os cães. Pois, segundo ele, muitas vezes você pode observar entre os cães um ladrador barulhento, de péssimo olfato, conduzindo os mais inexperientes da matilha, que se juntam todos aos seus latidos sem seguir o próprio olfato, como tampouco o rebanho de livres-pensadores segue sua própria razão.

2. Mas Pythocles era um homem obtuso e jamais deve ter conhecido pensadores como vocês, cavalheiros, que podem defender durante tanto tempo um argumento, que disputam cada centímetro do terreno e ainda sabem quando fazer uma concessão razoável.

176 // *Lys.* Não sei como isso aconteceu, mas acho que Alciphron fez concessões por ele mesmo e também por mim. De minha parte, não tenho um temperamento tão complacente, mas tampouco me importa ser singular.

Cri. Na verdade, Alciphron, quando considero onde chegamos, e até que ponto estamos do acordo, considero provável que possamos concordar totalmente no final. Você admitiu que uma vida virtuosa é, sob todos os aspectos, preferível, como a mais propícia tanto para o bem geral como para o bem particular da humanidade, e você admitiu que a beleza da virtude por si só não é um motivo suficiente para que os homens a pratiquem. Isso o levou a reconhecer que a crença em um Deus seria muito útil no mundo, e que, consequentemente, você estaria disposto a admitir qualquer prova razoável de sua existência. Este ponto foi provado, e você admitiu a prova. Então, se admitimos uma divindade, por que não o culto ao divino? E se admitimos o culto, por que não a religião para ensinar este culto? E se admitimos uma religião, por que não a cristã, se outra melhor não pode ser assinalada, e já está estabelecida pelas leis de nosso país, e nos foi transmitida por nossos antepassados? Acreditaremos em um Deus e não suplicaremos a ele nenhum benefício futuro nem lhe agradeceremos pelos benefícios passados? E não confiaremos em sua proteção, nem amaremos a sua bondade, nem louvaremos a sua sabedoria, nem adoraremos o seu poder? E se devemos fazer essas coisas, poderíamos fazê-las de uma maneira mais adequada à dignidade de Deus ou do homem, do que o prescreve a religião cristã?

Alc. Não estou completamente seguro de que a religião seja absolutamente prejudicial para o público, mas não posso suportar ver a política e a religião andarem de mãos dadas. Não gosto de ver os direitos humanos ligados ao divino. Não aceito nenhum *pontifex maximus*, como na Roma antiga ou na moderna; nem tampouco nenhum sumo sacerdote, como na Judeia; nem nenhum sacerdote real, como no Egito e em Esparta; nem nada semelhante aos dairos do Japão, ou aos lamas da Tartária.

3. Conheci um arguto cavalheiro da nossa seita, recentemente falecido, que era um grande admirador dos antigos druidas.[134] Ele tinha uma antipatia mortal à religião estabelecida atual, mas costumava dizer que gostaria muito de ver os druidas e sua religião restaurada, tal como // floresceu outrora na Gália e na Grã-Bretanha; pois seria bastante correto que houvesse um número de homens contemplativos dedicados a preservar o conhecimento das artes e ciências, a educar os jovens e a ensinar aos homens a imortalidade da alma e as virtudes morais. Assim eram, segundo ele, os druidas de outrora, e me alegraria vê-los mais uma vez estabelecidos entre nós.

Cri. Você gostaria então, Alciphron, que os sacerdotes tivessem poder para decidir todas as controvérsias, estabelecer a posse da propriedade, distribuir recompensas e punições; que todos os que não cumprissem seus decretos fossem excomungados, abominados, excluídos de todas as honras e privilégios, e privados do benefício comum das leis; e que, de vez em quando, vários leigos fossem empilhados juntos com um ídolo de vime e queimados como oferenda a seus deuses pagãos? Você gostaria de viver sob tais sacerdotes e tal religião?

---

134 Alusão a Jonh Toland. (N. T.)

Alc. De modo algum. Tal situação não seria, de maneira alguma, admitida pelos livres-pensadores.

Cri. Mas assim eram os druidas e sua religião, se acreditarmos no relato que César faz deles.*

Lys. Estou agora convencido, mais do que nunca, de que não deveria haver religião estabelecida de qualquer tipo. Certamente todas as nações do mundo estiveram até agora fora de si. Até mesmo os próprios atenienses, as pessoas mais sábias e mais livres da terra, tinham, eu não sei qual apego absurdo à sua igreja estabelecida. Eles ofereceram, ao que parece, um talento[135] como recompensa a quem matasse Diágoras de Melos,[136] um livre-pensador daqueles tempos que zombava de seus mistérios. E Protágoras, outro da mesma tendência, escapou por pouco de ser condenado à morte, por ter escrito algo que parecia contradizer suas noções tradicionais sobre os deuses. Esse foi o tratamento que nossa seita generosa recebeu em Atenas. E não tenho dúvidas de que os druidas teriam oferecido muitos holocaustos de livres-pensadores. Eu não daria um único centavo para trocar uma religião por outra. É preciso extirpá-las todas ao mesmo tempo, suas raízes e ramos, ou você não terá nada de bom. Para mim, nada de druidas ou sacerdotes de qualquer espécie; não vejo nenhum motivo para qualquer um deles.

4. *Euph.* O que Lysicles disse me fez lembrar do final de nossa última conversa, na qual concordamos em retomar na seguinte o tema que então nos ocupava, a saber, a // utilidade ou benefício da religião cristã, que Alciphron esperava que Crito demonstrasse.

Cri. Estou mais disposto a abordar este ponto, porque não o considero difícil, e porque uma grande marca da verdade do cristianismo é, em minha opinião, sua tendência para fazer o bem, o que parece ser a estrela polar que guia o nosso julgamento em questões morais e em todas as coisas de natureza prática; as verdades morais ou práticas estando sempre conectadas com o

---

* De Bello Gallico, I.6. [César, *Comentários sobre a Guerra Gálica*, 6.16. (N. T.)]

135 Moeda antiga da Grécia e de Roma. (N. T.)

136 Poeta e sofista grego do século V a.C, considerado "ateu" e acusado de impiedade em Atenas no ano de 411 a.C. (N. T.)

George Berkeley

benefício universal. Mas, para julgar corretamente a respeito deste assunto, devemos nos esforçar para agir como Lysicles em outra ocasião, levando em conta o montante das coisas, e considerando os princípios como ramificados em consequências até a máxima extensão que pudermos. Não devemos nos preocupar tanto com o humor, ou capricho, ou as angústias imaginárias de alguns homens desocupados, cujo orgulho pode ser ofendido, embora sua consciência não possa ser ferida; mas devemos considerar com imparcialidade os verdadeiros interesses dos indivíduos, bem como os da sociedade humana. Ora, a religião cristã, considerada como uma fonte de luz, alegria e paz, como manancial de fé, esperança e caridade (e o fato de que é assim será evidente para qualquer um que conheça o Evangelho) deve necessariamente ser um princípio de felicidade e virtude. E quem não vê que a destruição dos princípios das boas ações deve destruir as boas ações nada vê, e quem, vendo isso, persistir em fazê-lo, se não for mau, o que é?

5. Parece-me que não pode ver com profundidade nem amplitude o homem que não tem consciência de sua própria miséria, pecaminosidade e dependência; aquele que não percebe que este mundo presente não é projetado nem adaptado para fazer as almas racionais felizes;[137] aquele que não se contentaria em alcançar um estado melhor, e aquele que não se alegraria em descobrir que o caminho que leva até esse estado é o amor de Deus e dos homens, a prática de todas as virtudes, a vida de acordo com a razão enquanto estamos aqui na terra, acomodando nosso juízo ao valor das coisas, e usando este mundo sem abusar dele, pois isso é o que o cristianismo exige. E isso não é prescrito nem pela indecência dos cínicos, nem pela insensibilidade dos estoicos. Pode haver uma ambição maior do que conquistar o mundo, ou mais sábia do que dominar a nós mesmos, ou uma doutrina mais consoladora do que a remissão dos pecados, ou uma perspectiva mais alegre do que a de // ter nossa humilde natureza renovada e assimilada à Divindade, nos convertendo em concidadãos dos anjos e filhos de Deus? Alguma vez os pitagóricos, os platônicos ou os estoicos, propuseram à mente humana, sequer em ideia ou desejo, meios mais puros

---

137 Joseph Butler, *Fifteen Sermons*, 1726, sermão 6. (N. T.)

Alciphron, ou o filósofo minucioso

ou um fim mais nobre? Quão grande parcela de nossa felicidade depende da esperança! Como a filosofia minuciosa a destruiu por completo! Por outro lado, como ela é valorizada e promovida pelo Evangelho! Que todo homem que pensa com seriedade considere essas coisas e depois diga quem ele acha mais conveniente para a humanidade, aquele que recomenda ou aquele que censura o cristianismo? O que ele acha mais adequado para levar uma vida feliz, ser um filho cheio de esperanças, um comerciante honesto ou um patriota digno; aquele que acredita sinceramente no Evangelho, ou aquele que não acredita sequer numa letra sua? Aquele que aspira ser um filho de Deus, ou aquele que se contenta em ser considerado, e ser, um dos porcos de Epicuro? E, de fato, examine o caráter e observe o comportamento da classe comum dos homens de ambos os lados. Observe e diga, quem vive mais de acordo com os ditames da razão? Sobre como as coisas deveriam ser, a razão é clara; sobre como elas são na realidade, apelo aos fatos.

6. *Alc.* É maravilhoso observar como as coisas mudam de aparência conforme são contempladas sob diferentes perspectivas, ou por diferentes olhos. A imagem que eu formo da religião, Crito, é muito diferente da sua, quando considero como ela desumaniza a alma, enchendo-a de devaneios absurdos e temores servis; como extingue as paixões moderadas, inspirando um espírito de malícia, raiva e perseguição; quando vejo ressentimento amargo e ira profana naqueles mesmos homens que pregam docilidade e caridade aos outros.

Cri. É muito provável que os cavalheiros de sua seita pensem que a religião é um assunto indigno de sua atenção; mas, ainda assim, parece que qualquer um que se oponha a qualquer doutrina deveria conhecer aquilo contra o que se opõe. Saiba então que a religião é o meio termo entre a incredulidade e a superstição. Não devemos, portanto, discutir acerca das absurdas superstições ou a respeito da fúria dos fanáticos. O que defendemos é a religião contra a profanação, a lei contra a confusão, a virtude contra o vício, a esperança de um cristão // contra o desânimo de um ateu. Não justificarei amargos ressentimentos nem ira profana em qualquer homem, muito menos em um cristão, e menos ainda em um clérigo. Mas, se explosões de paixões humanas aparecem às vezes mesmo nos melhores, não surpreenderá a ninguém que reflita sobre os sarcasmos e os maus modos com que são tratados pelos filósofos minuciosos. Pois, como Cícero em algum lugar observa, *habet quendam aculeum contumelia, quem pati prudentes ac viri boni difficillime possunt.*[138] Mas, embora você possa ocasionalmente observar indivíduos que, professando-se cristãos, incorrem em faltas extremas de algum tipo por causa da paixão e da fraqueza, enquanto os infiéis de um temperamento mais tranquilo e desapaixonado talvez se comportem melhor, essas tendências naturais de ambos os lados, contudo, não provam nada, nem a favor dos princípios infiéis, nem contra os cristãos. Se um crente age mal, isso se deve ao homem, não à sua crença. E, se um infiel age bem, isso se deve ao homem e não à sua infidelidade.

7. *Lys.* Para encurtar este assunto, tomarei emprestada uma alusão à medicina, que um de vocês usou contra nossa seita. Não se pode negar que o sacerdote é considerado um médico da alma, e que a religião é uma espécie de remédio que ele receita e administra. Então, se um grande número de almas estão enfermas e se perdem, como podemos pensar que o médico é habilidoso e sua medicina, boa? É uma queixa comum que o vício aumenta e que os homens a cada dia se tornam cada vez mais perversos. Se o rebanho de um pastor está doente ou em estado precário, de quem é a culpa senão do pastor, por negligenciá-lo ou não saber como curá-lo? Uma figa, portanto, para tais pastores, tal medicina, e tais médicos que, como outros charlatães, com grande gravidade e elaboradas arengas subministram suas pílulas ao povo, que nunca é o melhor para eles.

Euph. Nada parece mais razoável do que esta observação, que os homens devem julgar um médico e sua medicina por seus efeitos sobre o doente. Mas diga-me, Lysicles, você julgaria um médico segundo aqueles doentes que tomam seus remédios e seguem suas prescrições ou segundo aqueles que não as seguem?

Lys. Sem dúvida, segundo aqueles que as seguem.

---

138 "O insulto e a injúria tem certo aguilhão que mesmo os homens prudentes e bons dificilmente podem suportar." Cícero, *Verrinas*, 2.3.41. (N. T.)

Euph. O que diremos, então, se um grande número se recusar a tomar o remédio, ou em seu lugar toma um veneno de natureza diretamente contrária, prescrito por outros que se ocupam em // desacreditar o médico e seus remédios, em impedir os homens de usá-los, e em destruir os seus efeitos com suas próprias drogas? Deve o médico ser responsabilizado pelo malogro dessas pessoas?

Lys. De maneira alguma.

Euph. Por uma analogia, não se segue disso que a tendência das doutrinas religiosas deveria ser julgada pelos efeitos que elas produzem, não sobre todos os que as escutam, mas apenas sobre aqueles que as aceitam ou acreditam nelas?

Lys. Parece que sim.

Euph. Portanto, para proceder justamente, não deveríamos julgar os efeitos da religião segundo os religiosos, os da fé segundo os crentes, e os do cristianismo segundo os cristãos?

8. *Lys.* Mas receio que esses crentes sinceros sejam muito poucos.

Euph. Mas não será suficiente para justificar os nossos princípios se, proporcionalmente ao número que os aceitam e ao grau de fé com que são aceitos, eles produzam bons efeitos? Talvez o número de crentes não seja tão reduzido quanto você imagina; e se fosse, de quem seria a culpa, senão daqueles que se dedicam abertamente a diminuir esse número? E quem são esses, senão os filósofos minuciosos?

Lys. Digo a você que isso se deve aos próprios clérigos, à maldade e corrupção dos clérigos.

Euph. E quem nega que possa haver filósofos minuciosos mesmo entre os clérigos?

Cri. Em um grupo tão numeroso, deve-se presumir que haja homens de todos os tipos. Mas, apesar das reprovações cruéis lançadas sobre essa ordem por seus inimigos, um observador imparcial dos homens e das coisas, se não me engano, se inclinará a pensar que essas reprovações se aplicam a outras faltas como se aplicam às do clero, especialmente se ele considerar a maneira declamatória de quem os censura.

Euph. Meu conhecimento do mundo é muito limitado para pretender julgar a virtude, o mérito e as abundantes conquistas dos homens nas diversas profissões. Além disso, não me ocupo com o odioso trabalho de comparação, mas posso me aventurar a dizer que o clero deste país onde vivo não é de forma alguma uma desonra para ele; pelo contrário, as pessoas parecem muito melhores por seu exemplo e sua doutrina. Mas, supondo que os clérigos // sejam (como certamente todos os homens são) pecadores e imperfeitos; supondo que você possa espiar aqui e ali entre eles inclusive grandes crimes e vícios, o que você pode concluir contra a profissão mesma a partir da indignidade daqueles que a professam, algo mais do que poderia concluir contra a filosofia a partir do orgulho, do pedantismo e da vida depravada de alguns filósofos, ou algo mais contra a lei a partir da indignidade dos advogados?

9. *Cri.*[139] É certamente correto julgar os princípios a partir de seus efeitos, mas neste caso devemos saber que eles são efeitos daqueles princípios. Este é exatamente o método que observei com respeito à religião e à filosofia minuciosa. E posso honestamente afirmar que nunca soube que alguma pessoa ou uma família piorasse na proporção em que se tornava religiosa; mas muitas vezes observei que a filosofia minuciosa é a pior coisa que pode entrar em uma família, a maneira mais rápida de empobrecê-la, dividi-la, e desonrá-la.

Alc. Com o mesmo método de determinar as causas a partir de seus efeitos, observei que o amor à verdade, virtude e felicidade da humanidade são pretextos enganosos, mas não os princípios internos que põe os teólogos em ação; caso contrário, por que eles afetariam insultar a razão humana, depreciar a religião natural e difamar os filósofos como universalmente fazem?

Cri. Talvez não tão universalmente quanto você imagina. Um cristão, de fato, deve confinar a razão dentro dos seus devidos limites; do mesmo modo como o faz todo homem razoável. Se formos proibidos de nos ocupar com questões inúteis, com a assim chamada vã filosofia e falsa ciência, não se pode então inferir daí que todas as investigações sobre questões proveitosas, sobre filosofia útil e verdadeira ciência, sejam ilegítimas.

---

139 As edições A e B atribuíam esta fala ao personagem Euphranor. (N. T.)

Alciphron, ou o filósofo minucioso

É possível, claro, que um filósofo minucioso atribua essas inferências a nós, ou que um companheiro sem lógica as imagine, mas um homem sensato jamais as fará. Deus é o pai comum das luzes, e todo o conhecimento autêntico, seja natural ou revelado, é derivado da mesma fonte de luz e verdade. Seria desnecessário citar autoridades sobre um ponto tão evidente. Contudo, deve-se reconhecer que alguns homens, tendo atribuído muito à razão humana, como é natural, fizeram com que outros lhe atribuíssem muito pouco. Mas geralmente se reconhece que existe uma religião natural, que pode ser descoberta e provada pela luz da razão por aqueles que são capazes de tais provas. Mas deve-se reconhecer também que os preceitos e **183** oráculos do céu são incomparavelmente mais adequados para o // bem-estar do povo e para o bem da sociedade do que os raciocínios dos filósofos; e, consequentemente, não achamos que a religião natural ou racional alguma vez se tornou a religião nacional popular de algum país.

10. *Alc.* Não se pode negar que em todos os países pagãos se aceitou, sob a aparência de religião, uma grande quantidade de fábulas e ritos supersticiosos. Mas eu me pergunto se eles eram tão absurdos e de influência tão perniciosa como vulgarmente são representados, uma vez que os seus respectivos legisladores e magistrados deviam, sem dúvida, considerá-los úteis.

Cri. Seria supérfluo investigar todos os ritos e as noções do mundo pagão. Isso já foi feito em grande parte quando se considerou necessário. E quem achar que vale a pena, pode facilmente obter qualquer esclarecimento sobre eles. Mas, quanto à tendência e utilidade da religião pagã em geral, peço licença para mencionar um comentário de Santo Agostinho,* que observa que os pagãos em sua religião não tinham assembleias para pregar e instruir as pessoas sobre os deveres ou virtudes que os deuses exigiam, nem tinham lugar ou meios para lhes ensinar o que Pérsio os exorta a aprender.

> *Disciteque o miseri et causas cognoscite rerum,*
> *Quid sumus, et quidnam victuri gignimur.***

---

* De Civitate Dei, l. ii. [Santo Agostinho, *A cidade de Deus*, 2. (N. T.)]

** Sat. 3. [Pérsio, *Sátiras*, 3.66-7. "Aprendam, infelizes, descubram a lógica da existência, quem somos e para que tipo de vida nascemos?". (N. T.)]

211

Alc. Este é o verdadeiro espírito de partido, jamais admitir a mínima utilidade ou bondade a respeito de qualquer coisa fora de sua própria paróquia; mas nós tivemos pessoas eruditas que fizeram justiça à religião dos pagãos.

Cri. Não negamos que haja algo de útil nas antigas religiões de Roma e da Grécia, e em alguns outros países pagãos. Pelo contrário, reconhecemos sinceramente que elas produziram alguns bons efeitos sobre as pessoas; mas, neste caso, esses bons efeitos se deviam às verdades contidas nessas religiões falsas. Quanto mais verdadeiras, portanto, mais úteis. Acredito que você achará muito difícil mostrar em qualquer sistema pagão qualquer verdade útil, qualquer preceito moral, qualquer princípio ou noção salutar, seja de religião ou filosofia, que não esteja contido no sistema cristão e que não seja reforçado por motivos mais fortes, ou apoiado por uma autoridade melhor, ou levado a um ponto mais alto de perfeição.

184   // 11. *Alc.* Consequentemente, você quer que nos consideremos um povo mais refinado que os gregos ou romanos antigos.

Cri. Se por "mais refinado" você quer dizer "melhor", talvez sejamos melhores; e se não somos, isso não se deve à religião cristã, mas a sua falta.

Alc. Você diz, talvez sejamos melhores. Eu não me vanglorio de minha erudição, mas seria muito ignorante se me deixasse enganar em um ponto tão claro. O quê! Comparar Cícero ou Brutus a um patriota inglês, ou Sêneca a um de nossos párocos! Então aquela invencível constância e vigor de espírito, aquela virtude desinteressada e nobre, aquele adorável espírito público que você tanto admira, são coisas neles tão bem conhecidas e tão diferentes de nossos costumes, que não sei como desculpar o teu *talvez*. Euphranor, de fato, que passa sua vida nesse lugar remoto, pode talvez interpretar mal o caráter dos homens de nosso tempo, mas você que conhece o mundo, como você poderia ser culpável de tal má interpretação?

Cri. Oh, Alciphron!, eu de forma alguma menosprezaria a nobre virtude dos heróis antigos, mas observo que aqueles grandes homens não eram os filósofos minuciosos de seus tempos, [e] que os melhores princípios a partir dos quais eles agiam eram idênticos aos dos cristãos, entre os quais não seria difícil apontar, [se não em nossa época, todavia dentro do compasso de nossa própria história], muitos casos, de todos os tipos de valor e virtude, públicos ou privados, iguais aos mais célebres casos dos antigos, embora talvez a sua história não tenha sido tão bem contada, nem adornada com tantas imagens e nem com estilo tão brilhante, nem tão comumente conhecida e considerada por todo estudante. Mas, embora se deva conceder que uma vez ou outra um gênio grego ou romano, educado sob leis rígidas e disciplina severa, encorajado para a virtude pública por estátuas, coroas, arcos triunfais e semelhantes recompensas e monumentos por grandes ações, podia alcançar um caráter e fama superiores aos demais homens, isso apenas prova, contudo, que eles tinham mais espírito e viviam sob um governo civil mais sabiamente ordenado em determinados pontos do que o nosso. Mas as vantagens da natureza e instituição civil não serão argumento a favor da sua religião nem contra a nossa. Pelo contrário, parece uma prova irrefutável do poder e excelência da religião cristã, que, sem a ajuda dessas instituições civis, e dos incentivos para a glória, tenha sido capaz de inspirar em um povo fleumático os mais nobres sentimentos e suavizar as maneiras rudes // dos rústicos nórdicos, convertendo-as em delicadeza e humanidade, e que essas excelentes qualidades tenham se tornado nacionais e aumentem ou diminuam segundo o grau de pureza de nossa religião, conforme ela se aproxima ou se distancia do plano de vida previsto no Evangelho.

12. Para fazer um julgamento correto sobre os efeitos da religião cristã, façamos um levantamento das noções e costumes predominantes neste país em que vivemos, e comparemos estes com os de nossos predecessores pagãos.

Alc. Já ouvi muito sobre a gloriosa luz do Evangelho, e ficaria feliz se visse alguns de seus efeitos em meu querido país, que, a propósito, é um dos mais corruptos e dissolutos da terra, apesar da alardeada pureza de nossa religião. Mas parece mesquinho e de pouca confiança pretender fazer uma comparação com os bárbaros pagãos, de quem descendemos. Se você quiser honrar a sua religião, não receie compará-la com os pagãos mais famosos da Antiguidade.

Cri. É um preconceito comum desprezar o presente e superestimar tempos e coisas remotas. Algo semelhante parece entrar nos julgamentos que os homens fazem dos gregos e romanos.[140] Porque, embora se deva admitir que essas nações produziram alguns espíritos nobres e grandes modelos de virtude, de modo geral parece-me que foram muito inferiores, quanto à verdadeira virtude e aos bons costumes, mesmo em relação a esta nação corrupta e dissoluta, como agora lhe agrada chamá-la para desonrar nossa religião; no entanto, você pode considerar esta caracterização adequada, quando quiser honrar a filosofia minuciosa. Isso, eu acho, ficará evidente para qualquer um que desviar seus olhos de alguns personagens ilustres para observar as condutas e costumes gerais dessas pessoas. Seu modo insolente de tratar os prisioneiros, mesmo da classe mais alta e do sexo mais frágil, sua desumana maneira de abandonar seus próprios filhos, seus sangrentos espetáculos de gladiadores, comparados com as noções comuns dos ingleses, são para mim uma prova clara de que nossas mentes foram muito enternecidas pelo cristianismo. Poderia haver alguma coisa mais injusta do que a de condenar uma jovem ao mais infame castigo, e mesmo à morte, por um delito cometido por seu pai, ou castigar uma família inteira de escravos, talvez algumas centenas, por um crime cometido por um só deles?

186 Ou algo mais abominável do que // as bacanais e as desenfreadas paixões ardentes de todas as espécies? Isso, não obstante tudo o que foi feito pelos filósofos minuciosos para corromper a nação, e de suas tentativas bem-sucedidas em alguma parte dela, não foi igualado entre nós, pelo menos não em todas as circunstâncias de impudência e desfaçatez. Enquanto os romanos eram pobres, eram moderados; mas, à medida que enriqueceram, tornaram-se luxuosos a um grau que quase não conseguimos acreditar ou conceber. Não se pode negar que o antigo espírito romano era grande. Mas é igualmente certo que houve inúmeros exemplos da coragem mais resoluta e manifesta entre os britânicos e, geralmente por uma causa religiosa. De modo geral, parece uma prova da maior cegueira e ingratidão, que não vejamos e reconheçamos os excelentes benefícios do cristianismo, que, sem levar em conta considerações mais elevadas, suavizou, poliu e embelezou visivelmente nossas maneiras.

---

140 Tindal, *Christianity as Old as the Creation*, 1730, p.366. (N. T.)

Alciphron, ou o filósofo minucioso

13. *Alc.* Oh, Crito! Nós nos alarmamos com a crueldade sob uma forma estranha, mas não a vemos se ela nos é familiar. De outro modo, como é possível que você não veja a desumanidade desse costume bárbaro de duelar, uma coisa admitida e tolerada e até honrada entre nós? Ou que, vendo isso, você possa supor que os nossos ingleses possuem uma disposição mais gentil do que os antigos romanos, que desconheciam completamente esse costume?

Cri. Não pretendo de modo algum fazer uma apologia desses bárbaros que passeiam pelas ruas com um firme propósito de matar qualquer homem que se atreva a cuspir em seu rosto ou os chamar de mentirosos. Tampouco acho que a religião cristã seja menos responsável por uma prática tão diretamente oposta a seus preceitos, e que está em uso apenas entre alguns membros ociosos da nação, vossos homens da moda, que, em vez de pelo direito, pela razão ou pela religião, são governados pela moda. Por favor, considere que o que pode ser, e realmente é, a mais escandalosa reprovação para um país cristão, pode não ser em absoluto para a religião cristã, pois os pagãos encorajam os homens a vários vícios, mas os cristãos a nenhum.

Alc. Permita-me observar que o que você diz agora é estranho à nossa discussão. Pois a questão, no momento, não diz respeito às respectivas tendências das religiões pagã e cristã, mas a respeito de nossos costumes atuais em comparação com aqueles dos antigos pagãos, que, afirmo, não tinham um costume tão bárbaro como o duelo.

Cri. E eu afirmo que, por pior que seja este costume, eles tinham outro pior, o do // envenenamento. Temos razão para pensar, desta maneira, que muito mais vidas foram destruídas, do que por este crime bárbaro do duelo, na medida em que ele se estendia a todas as idades, sexos, e pessoas, e que seus efeitos eram muito mais secretos e inevitáveis; e que havia mais tentações, interesse bem como paixão, para recomendá-lo aos homens perversos. E sobre essa prática, para não perder tempo, indico a você os próprios autores romanos.

Lys. É absolutamente verdadeiro. O duelo não é um flagelo tão geral quanto o envenenamento, nem de natureza tão vil. Este crime, se for um crime, é muito provável que se mantenha apesar da lei e do Evangelho. Os clérigos nunca pregam contra ele, porque eles mesmos nunca sofreram

George Berkeley

com ele, e os homens de honra não devem manifestar-se contra os métodos de defender a honra.

Cri. Embora alguns membros de sua seita observem que os clérigos não estão acostumados a pregar contra o duelo, no entanto, não acho que a observação em si seja justa, nem a razão que se lhe apresenta. Na verdade, a metade de seus sermões, e tudo o que dizem sobre a caridade, amor fraternal, paciência, humildade e perdão das ofensas, é diretamente contra este costume perverso; pelo que os próprios clérigos estão bastante longe de nunca sofrer, que, bem pensado, talvez se possa dizer que sofrem por sua causa mais frequentemente do que os outros homens.

Lys. Como você poderia explicar isso?

Cri. Um observador dos homens pode observar dois tipos de fanfarrões, o agressivo e o manso, ambos flagelos públicos. O primeiro (que é o animal mais perigoso dos dois, mas muito menos comum) se ocupa inteira e exclusivamente contra os leigos, enquanto a espécie mansa exerce seu talento sobre os clérigos. As qualidades constitutivas desse fanfarrão manso são a rudeza natural unida a um refinado senso de perigo. Pois, você deve saber, a força da insolência inata e os maus modos não diminuem, embora adquiram uma nova determinação, a partir do costume da moda de chamar os homens a prestar contas de seu comportamento. Por isso, muitas vezes você pode ver um desses fanfarrões mansos prestes a explodir de orgulho e de mau humor, o que ele não ousa dar expansão até que um pároco se apresente em seu auxílio. E o homem zombador, que preferiria morder sua língua a fazer uma piada sobre a profissão das armas na presença de um militar, instantaneamente se tornará agradável e assumirá um ar familiarizado com a religião e a igreja diante dos eclesiásticos. Dorcon, que é considerado um covarde e estúpido em todas as outras companhias, e // realmente o é, quando se encontra entre os eclesiásticos afeta um caráter completamente oposto. E há muitos Dorcons que devem a sua inteligência e coragem a essa disposição passiva.

14. *Alc.* Mas, voltando ao ponto em questão, você pode negar que os antigos romanos foram tão famosos pela justiça e integridade quanto os homens de hoje pelas qualidades contrárias?

Cri. O caráter dos romanos não deve ser deduzido a partir das opiniões de Cícero, ou das ações de Catão, ou de uma passagem brilhante aqui e ali em sua história, mas do caráter predominante de suas vidas e noções. Mas, se eles e nossos bretões modernos forem pesados na mesma balança imparcial, tenho a impressão, se não me engano, que você teve preconceito em favor dos antigos romanos contra seu próprio país, provavelmente porque ele professa o cristianismo. Quaisquer exemplos de fraude ou de injustiça que possam ser vistos nos cristãos carregam com eles sua própria censura, no cuidado que se toma para ocultá-los e na vergonha que acompanha sua descoberta. Há, ainda hoje, uma espécie de modéstia em todos os nossos conselhos e deliberações públicas. E acredito que o mais ousado de nossos filósofos minuciosos dificilmente se comprometeria, em uma assembleia popular, a propor qualquer coisa semelhante ao rapto das Sabinas, à injusta conduta de Lúcio Tarquínio Colatino, ou ao ingrato tratamento de Camilo; exemplos de iniquidade que, como observa um sábio prelado, receberam o assentimento do organismo público dos romanos. E se Roma, em seus primeiros tempos, foi capaz de tão flagrante injustiça, é muito certo que não corrigiu seus costumes à medida que crescia em riqueza e império, tendo produzido monstros em todo gênero de maldades, excedendo tanto os outros homens quanto eles os ultrapassavam em poder. Eu reconheço sinceramente que a religião cristã não teve a mesma influência que teria sobre a nação caso sempre tivesse sido professada em sua pureza e tivesse sido cordialmente aceita por todos os homens. Mas me arriscaria a dizer que, se você considerar a história romana de um extremo ao outro, e fizer uma comparação imparcial com a nossa, não a achará tão boa, nem a de nossos compatriotas tão má quanto você imagina. Pelo contrário, creio, na verdade, que um observador imparcial pode perceber um traço de caridade e justiça, efeito dos princípios cristãos, que atravessa a nossa; que, embora não seja igualmente discernível em todas as partes, ainda se revela o suficiente para fazer uma grande diferença no todo, apesar dos apetites e paixões gerais da natureza humana, bem **189** como da dureza e aspereza peculiares do bloco // do qual fomos talhados. E pode-se observar (o que os próprios autores romanos frequentemente sugerem) que até mesmo suas virtudes e ações magnânimas cresceram ou declinaram com um senso de providência e de um estado futuro, e uma filosofia mais próxima à religião cristã.

George Berkeley

15. Depois de ter falado isso, Crito fez uma pausa. Mas Alciphron, dirigindo-se a Euphranor e a mim, disse: é natural que os homens, de acordo com sua educação e preconceitos diversos, formem julgamentos contrários sobre as mesmas coisas, que eles veem de perspectivas muito diferentes. Crito, por exemplo, imagina que nada provém da religião além de efeitos salutares. Por outro lado, se você apelar para a experiência geral e a observação de outros homens, você descobrirá que se tornou um provérbio que a religião é a raiz do mal:

Tantum religio potuit suadere malorum.[141]

E isso não apenas entre os epicuristas ou outros antigos pagãos, mas também entre os modernos que falam da religião cristã. Agora, penso que não é razoável opor contra a opinião geral e concordante do mundo a observação de uma pessoa particular, ou de um grupo particular de fanáticos, cujos preconceitos estão estreitamente unidos e sempre misturados com seus juízos e que interpretam, raciocinam e observam não para descobrir a verdade, mas para defender os seus preconceitos.

Cri. Embora eu não possa pensar como Alciphron, todavia devo admitir que admiro a sua maneira de falar e sua destreza na argumentação. A opinião popular e geral é por ele representada, em certas ocasiões, como um sinal seguro de erro. Mas quando convém a suas pretensões que pareça o contrário, ele facilmente a converte num critério da verdade. Mas de forma alguma se seguirá que um provérbio profano usado pelos amigos e autores admirados de um filósofo minucioso deva, portanto, ser uma opinião aceitável, muito menos uma verdade fundamentada na experiência e observação da humanidade. A tristeza pode surgir da culpa ou da superstição, e a raiva, do fanatismo, mas a obscuridade pode muito bem ser considerada como o efeito natural da luz do sol, como as paixões sombrias e furiosas procedem da boa nova e dos preceitos divinos do Evangelho. Qual é a essência e a substância, o escopo e o fim da religião cristã, senão o amor de Deus

---

141 Lucrécio, *Sobre a natureza das coisas*, 1.102. "Pôde a religião persuadir a tais males imensos." (N. T.)

190 e do homem? Todos os outros preceitos e deveres // [(sejam positivos ou morais)] são relativos e subordinados a este, como partes ou meios, como signos, princípios, motivos, ou efeitos. Agora, eu gostaria de saber, como é possível que o mal ou a maldade de qualquer espécie surjam de tal fonte? Não pretendo afirmar que não existem defeitos nos cristãos, nem qualidades nos filósofos minuciosos. Mas eu afirmo que qualquer que seja o mal que exista em nós, nossos princípios certamente conduzem ao bem; e, seja qual for o bem que possa existir em você, é absolutamente certo que seus princípios conduzem ao mal.

16. *Alc.* Deve-se reconhecer que a religião, considerada simplesmente tal como se encontra no Evangelho, parece bela e que muitas coisas plausíveis podem ser ditas dela. Mas, segundo a observação de um dos nossos grandes escritores, os primeiros pregadores cristãos muito astuciosamente começaram com a face mais bela e as melhores doutrinas morais do mundo.[142] Era tudo amor, caridade, humildade, paciência, e assim por diante. Mas, quando por esse meio conquistaram o mundo e alcançaram o poder, subitamente mudaram sua aparência e mostraram crueldade, ambição, avareza, e todas as más qualidades.

Cri. Ou seja, alguns homens pregaram com muita astúcia e passaram muitas dificuldades, e entregaram suas vidas para propagar os melhores princípios e a melhor moral, a fim de que outros, alguns séculos depois, pudessem tirar proveito de princípios e morais perversas. Qualquer que fosse sua astúcia, certamente não há muita astúcia em quem fez esta observação.

Alc. E, no entanto, desde que essa religião apareceu no mundo, sempre estivemos envolvidos em contendas, dissensões, massacres e guerras eternas, justamente o contrário daquele hino com o qual ela foi introduzida no Evangelho: "Glória a Deus nas alturas, paz na Terra, e boa vontade para com os homens".[143]

---

142 Shaftesbury, *Características*, 3, p.114; Tindal, *Christianity as Old as the Creation*, 1730, p.85, 243. (N. T.)
143 *Lucas*, 2: 14. (N. T.)

Cri. Não vou negar isso. Vou até confessar que o Evangelho e a religião cristã têm sido frequentemente os pretextos para esses males; mas daí não se conclui que eles foram a causa. Pelo contrário, é evidente que eles não poderiam ser a causa real e própria desses males, porque um espírito rebelde, orgulhoso, vingativo, briguento, é diretamente oposto a todo o teor e aos preceitos mais expressos do cristianismo. Um ponto tão claro que não o provarei. E, em segundo lugar, porque todos aqueles males que você menciona eram tão frequentes, e até mesmo muito mais frequentes, antes que a religião cristã fosse conhecida no mundo. Eles são o produto comum // das paixões e dos vícios da humanidade, que às vezes são cobertos com a máscara da religião por homens perversos, tendo a forma da piedade sem ter o seu poder. Esta verdade parece tão clara que me surpreende que um homem sensato, instruído e sincero possa duvidar dela.

17. Dê apenas uma olhada na Roma pagã; que espetáculo de discórdia, fúria e violência civil! Que qualquer um considere as rixas perpétuas entre os patrícios e os plebeus, as sangrentas e desumanas lutas de Mário e Sila, Cina e Otávio, e o vasto massacre de homens durante os dois famosos triunviratos. Para ser breve, que qualquer homem suficientemente sincero e sensato lance um olhar de uma ponta a outra da história romana e observe aquele longo panorama de sedições, assassinatos, massacres, banimentos e desolações de todo tipo, agravados por todas as circunstâncias cruéis da fúria, rapina e vingança; e então diga se aqueles males foram introduzidos no mundo pela religião cristã, ou se eles são menos frequentes agora do que antes?

Alc. Os antigos romanos, deve-se reconhecer, tinham um espírito soberbo e impetuoso, que produzia contendas encarniçadas e catástrofes muito sangrentas. Os gregos, por outro lado, eram uma espécie de homens educada e gentil, suavizada pelas artes e pela filosofia. É impossível pensar nos pequenos estados e cidades da Grécia sem desejar ter vivido naquela época, sem admirar sua política e invejar sua felicidade.

Cri. Os homens tendem a considerar os aspectos negativos do que eles possuem e os positivos das coisas que estão fora do seu alcance. Um clima excelente, gosto refinado, diversões civilizadas, amor à liberdade e o espíri-

Alciphron, ou o filósofo minucioso

to inventivo mais engenhoso para as artes e as ciências eram prerrogativas indiscutíveis da Grécia antiga. Mas, quanto à paz e sossego, gentileza e humanidade, acho que temos manifestamente a vantagem; pois aquelas cidades invejáveis compostas por gregos gentis não estavam livres de suas facções, que perseguiam umas às outras com tal traição, fúria e maldade, que em relação a elas nossos partidos são meros cordeiros. Para se convencer desta verdade, você só precisa ler Tucídides,* onde você encontrará que aquelas cidades estavam em geral envolvidas em discórdias tão rancorosas que os concidadãos se matavam uns aos outros sem as formalidades da guerra, até mesmo no Senado e nos seus templos, sem levar em consideração o 192 mérito, a posição, obrigação // ou laços de sangue. E, se a natureza humana se esquenta a tal grau de veemência nas pessoas mais educadas, não admira que as nações selvagens devessem se escalpelar, assar, torturar e destruir umas às outras, como sabemos que o fazem? Está claro, portanto, que, sem religião, não faltam pretextos para discussões e discórdias; todas elas podem facilmente ser explicadas pelas fraquezas naturais e pela corrupção dos homens. Talvez não fosse tão fácil explicar a cegueira daqueles que imputam os efeitos mais diabólicos ao mais divino princípio, se pudéssemos considerá-los pessoas sérias e que examinaram a questão. É possível ver diariamente homens ignorantes e preconceituosos cometendo os erros mais absurdos; mas que livres-pensadores, que mergulham até o fundo das coisas, que são bons investigadores, que abrem os olhos dos outros, sejam capazes de cometer um erro tão grosseiro, é o que ninguém esperaria.

18. *Alc.* Quanto ao resto da humanidade poderemos renunciar mais facilmente, mas, quanto aos gregos, os homens de gênio mais refinado, nós os temos em alta estima, não só por conta das qualidades que você julga conveniente atribuir-lhes, mas também por suas virtudes.

Cri. Não me encarregarei de dizer até que ponto alguns homens podem estar impregnados de preconceitos contra o seu país, ou se outros não podem ter preconceitos a seu favor. Mas, baseando-me na observação mais completa e imparcial que sou capaz de fazer, minha opinião é que, se por

---

* Thucyd. I. 3. [Tucídides, *História da Guerra do Peloponeso*, 3. (N. T.)]

virtude se entende a verdade, a justiça, a gratidão, há incomparavelmente mais virtude hoje na Inglaterra do que em qualquer outro momento na Grécia antiga. Assim, deve-se admitir que conhecemos poucos países, se conhecemos algum, onde homens de valor eminente e famosos por sua entrega ao bem público enfrentaram um destino mais cruel e tenham sido tratados com mais ingratidão do que nos estados gregos mais civilizados e cultos.[144] Embora Sócrates, é preciso reconhecer, não admitisse que aqueles políticos, ao embelezar a cidade, aumentar a frota ou ampliar o comércio de Atenas, merecessem o bem de seu país; ou pudessem queixar-se com justiça das ingratas recompensas de seus concidadãos, a quem, enquanto estavam no poder, não haviam se preocupado em torná-los homens melhores, aperfeiçoando e cultivando suas mentes com os princípios da virtude, pois, se tivessem feito isso, não precisariam temer sua ingratidão. Se eu tivesse que declarar minha opinião sobre o que conferiu maior vantagem aos gregos e romanos e outras nações, sobre o que lhes permitiu ser tão importantes no mundo, tenderia a pensar que foi seu peculiar // respeito a suas respectivas leis e instituições, o que lhes inspirou sua constância e coragem, e um amor sincero e generoso a sua pátria. E por pátria eles não entendiam apenas uma determinada língua ou tribo de homens, muito menos um lugar particular da terra, mesmo que incluísse um certo sistema de usos, costumes, ideias, ritos e leis civis e religiosas.

Alc. Oh! Percebo a sua intenção. Você pretende que respeitemos as leis e as instituições religiosas de nosso país. Mas aqui você nos desculpará se não achamos conveniente imitar os gregos, nem ser governados por qualquer autoridade que seja.

[*Cri.* Muito longe disso. Se a religião maometana fosse estabelecida pela autoridade, não tenho dúvida de que aqueles mesmos livres-pensadores, que atualmente aplaudem as máximas e os costumes dos turcos a tal ponto que você acha que estão prontos a se tornarem turcos, seriam então os primeiros a exclamar contra eles.][145]

---

144 Cícero, *Da república*, 3. (N. T.)
145 Acréscimo da edição B, de 1732. (N. T.)

Alc. Mas, voltando ao tema, quanto às guerras e discórdias, admito que elas sempre existiram e sempre existirão no mundo, sob um pretexto ou outro, enquanto os homens forem homens.

19. Mas há uma espécie de guerra e de guerreiros peculiares ao cristianismo, dos quais os pagãos não tinham nenhuma noção. Refiro-me às disputas teológicas e aos teólogos polêmicos que importunam extraordinariamente o mundo; esses predicadores da paz, da humildade, da concórdia, e, a acreditar em suas palavras, de não sei o que mais! Mas, se você lançar um olhar sobre a sua conduta, descobrirá que, em todas as épocas, eles foram a quadrilha mais contenciosa, litigiosa e divergente que já apareceu na terra. Observar a habilidade e os sofismas, o zelo e o afã com o qual esses bárbaros, os teólogos escolásticos, se perdem em minúcias e disputam sobre quimeras, me dá mais indignação, por ser mais absurdo e mais escandaloso para a razão humana, do que observar todas as intrigas ambiciosas, conspirações e interesses partidários da corte romana.

Cri. Se os teólogos são litigiosos, não o são precisamente por serem teólogos, mas por não serem teólogos nem cristãos. A justiça é um bem, e a arte de curar é excelente; no entanto, na aplicação da justiça ou da medicina, os homens podem ser injustiçados ou envenenados. Mas, assim como o dano não pode ser justiça, ou o efeito da justiça, o veneno não pode ser remédio ou efeito do remédio; assim tampouco o orgulho ou as disputas podem ser religião ou efeito da religião. Tendo estabelecido isso, eu reconheço, você pode muitas vezes ver // fanáticos exaltados se empenharem tanto em assuntos religiosos quanto em civis, sem serem úteis ou benéficos para nenhum dos dois. E, quanto aos escolásticos em particular, não creio de modo algum que a religião cristã se interesse na defesa deles, de seus princípios ou de seu método de lidar com eles; mas, seja qual for a futilidade que possa haver em suas noções, ou a falta de elegância em sua linguagem, por pura justiça à verdade deve-se admitir que eles nem a ridiculizam nem a injuriam, nem a declamam em seus escritos, e estão tão longe de mostrar fúria ou paixão, que talvez um juiz imparcial pensará que os filósofos minuciosos não devem de maneira alguma ser comparados com eles, por se aterem estritamente ao assunto, ou pelo temperamento e boas maneiras. Mas, afinal, se os homens ficam intrigados, discutem, falam absurdos e discordam sobre a religião, fazem o mesmo sobre o direito, a medicina, a política, e qualquer outra coisa importante. Eu pergunto se nestas profissões ou em quaisquer outras em que os homens se aprimoraram e destacaram, eles não se deparam com disputas, chicanas, absurdos e contradições, assim como na teologia? E, ainda assim, isso não impede que haja muitas regras excelentes, opiniões sólidas e verdades úteis em todas essas áreas. Em todas as disputas, as paixões humanas muitas vezes se misturam, na proporção em que o assunto é concebido como mais ou menos importante. Mas não devemos confundir a causa dos homens com a causa de Deus, ou fazer das loucuras humanas uma objeção às verdades divinas. É fácil distinguir o que parece sabedoria superior e o que procede da paixão e da fraqueza dos homens. Este é um ponto tão claro que alguém seria tentado a pensar que não distinguir isso seria um efeito não da ignorância, mas de algo pior.

20. A conduta dos filósofos minuciosos que criticamos é uma consequência natural de seus princípios. Tudo o que eles podem nos censurar é um efeito, não de nossos princípios, mas da paixão e fragilidade humanas.

Alc. Isso é admirável. Não devemos mais então fazer objeções aos cristãos, às absurdas contendas dos concílios, à crueldade da Inquisição, à ambição e às usurpação dos clérigos.

Cri. Você pode fazer objeções aos cristãos, mas não ao cristianismo. Se o autor divino de nossa religião e seus discípulos semearam a boa semente, e junto com esta boa semente os inimigos de seu Evangelho (entre os quais devem ser contados os filósofos minuciosos de todas as épocas) semearam as sementes ruins, das quais // nascem o joio e os cardos, não é evidente que essas ervas daninhas não podem ser imputadas à boa semente, ou àqueles que as semearam? Seja o que for que você objete ou possa objetar contra a tirania, a usurpação ou os sofismas dos eclesiásticos, pode, sem qualquer mancha ou desvantagem para a religião, ser reconhecido por todos os verdadeiros cristãos; contanto que, todavia, você atribua esses efeitos perversos à sua verdadeira causa, não culpando quaisquer princípios ou pessoas por eles, a não ser aqueles que realmente os produzem ou justificam. Certamente, como os interesses do cristianismo não devem ser defendidos

Alciphron, ou o filósofo minucioso

por métodos anticristãos, sempre que estes forem usados, deve-se supor que existe algum outro princípio latente que os põe em ação. Se o próprio tribunal de Roma ficou conhecido, por motivos políticos, por opor-se ao estabelecimento da Inquisição em um reino onde o poder secular havia se esforçado para introduzi-la, apesar daquele tribunal,* podemos muito bem supor que, em outros lugares, as facções do Estado e as visões políticas dos príncipes deram origem a transações aparentemente religiosas nas quais, no fundo, nem a religião, nem a Igreja, nem os eclesiásticos, foram absolutamente levados em conta. E, como nenhum homem de bom senso e honesto se empenhará em uma defesa geral dos eclesiásticos, então também acho que nenhum homem imparcial poderá condená-los em geral. Você acharia razoável censurar todos os políticos, [ou] legisladores, ou soldados, pelas faltas cometidas por aqueles de sua profissão, embora em outras épocas, ou em outros países, e influenciados por outras máximas e outras disciplinas? E se não, por que você avalia os clérigos com um critério e os leigos com outro? Certamente, a melhor razão que se pode dar para isso é o preconceito. Se alguém reunisse todos os males que foram cometidos, em todas as épocas e nações, por soldados e advogados, suponho que você concluiria a partir disso, não que o Estado deveria privar-se dessas profissões úteis, mas apenas que deveria proteger-se contra os seus excessos e puni-los. Se você adotasse a mesma atitude equitativa em relação ao clero, haveria, sem dúvida, muito menos a ser dito contra você, mas então você teria muito pouco a dizer. Essa consideração simples e óbvia, se for levada em conta por qualquer leitor, diminuirá o crédito dos seus arengadores.

Alc. Mas, quando se diz tudo o que se pode dizer, deve provocar a indignação de um homem ver criaturas racionais, sob a // noção de estudo e aprendizagem, dedicadas à leitura e à escrita de tantos volumes extensos de *lana caprina*.[146]

---

* P. Paolo, *Istoria dell'Inquisitione*, 42. [Paolo Sarpi, *Historia della sacra Inquisitione*, 1638. (N. T.)]

146 Expressão consagrada por um verso de Horácio, *Epístolas*, 1.18.15, *"alter rixatur de lana saepe caprina"*/ "ele discute muitas vezes acerca de pêlo de cabra", utilizada para se referir a discussões vazias ou sobre coisas óbvias ou de pouca importância. (N. T.)

Cri. Não tentarei defender os escritos teológicos, dado que uma defesa geral é tão desnecessária quanto uma acusação geral é infundada. Deixe-os apenas falar por si mesmos, e que ninguém os condene com as palavras de um filósofo minucioso. Mas imaginemos o pior e suponhamos [que] um polemista pedante em disputas teológicas reflita e escreva sobre um ponto sutil, tão inútil e ininteligível quanto você queira. Suponha que essa mesma pessoa tenha sido educada como um leigo. Não poderia ela ter se dedicado a negócios escusos, processos vexatórios, facções, sedições e outras diversões semelhantes, muito mais nocivas para o público? Qual é então o mal em permitir que esses espíritos sutis teçam suas teias de aranha?

Alc. O mal é que os homens comumente suprem com o entusiasmo o que não alcançam com o entendimento. O zelo e a malícia são as armas constantemente empregadas pelos partidários, assim como pelos defensores, de ambos os lados, e estes talvez não sejam pedantes nem ratos de bibliotecas. Você muitas vezes verá até mesmo o erudito e eminente teólogo empenhar--se em explicar coisas inexplicáveis, ou lutar por uma questão teórica estéril, como se a sua vida, sua liberdade ou sua fortuna estivessem em jogo.

Cri. Sem dúvida, nem todos os argumentos teológicos têm a mesma importância. Alguns podem ser muito sutis e outros recebem mais ênfase do que merecem. Mas, qualquer que seja o assunto, você observará muitas vezes que uma questão, ao ser debatida, destacada, examinada e inspecionada de perto, adquire considerável importância para o próprio observador, que, talvez, a teria negligenciado num exame geral e abrangente. Também não é raro ver a ignorância e o zelo unidos naqueles homens que nascem com espírito partidário, embora a Igreja ou a religião tenham, na verdade, pouca participação nisso. Nada é mais fácil do que fazer uma caricatura (como a chamam os pintores) de qualquer profissão sobre a terra; mas, no fundo, em toda essa censura contra o clero não se encontrará nada tão estranho como a parcialidade daqueles que o censuram, supondo os defeitos comuns da humanidade peculiares à sua ordem, ou efeito dos princípios religiosos.

Alc. Outras pessoas podem discutir ou brigar como quiserem, e ninguém se importará com elas; mas parece que essas veneráveis disputas // dos clérigos são consideradas instrutivas e vantajosas para a humanidade. Para usar as palavras do mais engenhoso pintor de caracteres do nosso tempo:

Alciphron, ou o filósofo minucioso

"Monta-se uma arena, e os leitores se reúnem em grande número. Cada um toma partido e encoraja o seu favorito. Este será o meu campeão! Aposto meu dinheiro neste homem! Um bom golpe de nosso favorito! Mais um bom golpe! Lá estão eles, igualados! Ataque-o mais uma vez! Excelente esporte!"*

Cri. Parece-me que reconheço o homem de qualidade e de educação nesta sátira refinada, que de forma tão educada ridiculariza os argumentos, respostas, defesas e réplicas sob as quais a imprensa se agita.

Alc. Infinito desperdício de tempo e de papel, e enquanto isso ninguém chega a ser nem um pouco mais sábio. E quem de fato pode ser mais sábio lendo livros sobre temas completamente estranhos e incompreensíveis, e tão miseravelmente escritos? Que homem de bom senso ou educação não abominaria a influência da prolixa eloquência do púlpito, ou daquele estilo árido, formal, pedante, rígido e canhestro que recende a vela e ao ambiente escolar?

21. Aqueles que têm a fraqueza de reverenciar as universidades como lugares de saber devem considerar estranha esta crítica, mas ela é bastante justa. Pois os homens mais engenhosos estão agora de acordo que elas são apenas seminários de preconceitos, corrupção, barbárie e pedantismo.[147]

Lys. De minha parte, não encontro nenhum defeito nas universidades. Tudo o que sei é que gastei trezentas libras ao ano em uma delas, e acho que foi a época mais alegre da minha vida. Quanto aos seus livros e estilo, eu não tive tempo de ocupar-me com eles.

Cri. Qualquer um que tenha a intenção de arrancar as ervas daninhas jamais deixará de ter trabalho, e aquele que escolher livros ruins sobre qualquer assunto rapidamente encherá sua biblioteca. Não sei que escritos teológicos Alciphron e seus amigos podem conhecer, mas me arriscaria a dizer que é possível encontrar entre os nossos teólogos ingleses muitos escritores que, pela extensão de seu saber, importância da matéria, força dos argumentos e pureza de estilo, não são inferiores a nenhum outro escritor

---

* *Characteristcs,* v. III. c. 2. [Shaftesbury, *Características,* 3.2, p.9. (N. T.)]

147 Shaftesbury, *Características,* I, p.333-5. (N. T.)

de nossa língua. Não é minha intenção fazer uma defesa das universidades. Tudo o que existe de errado nelas (e o que há de perfeito entre os homens?) desejo sinceramente que seja corrigido. Mas me atrevo a dizer, porque // sei que é verdade, que qualquer observador imparcial, embora as universidades não estejam à altura que em teoria ele poderia desejar ou imaginar, irá considerá-las muito superiores àquelas que de fato existem em outros países, e muito distantes da imagem mesquinha que os filósofos minuciosos fizeram delas. É natural que aqueles que obtiveram menos proveito dos centros de educação se dediquem a criticá-los. Pais pusilânimes e condescendentes também imputarão prontamente a uma causa errada a corrupção que eles mesmos ocasionaram ao conceder a seus filhos mais dinheiro do que eles sabiam gastar inocentemente. E, muito frequentemente, um cavalheiro que foi preguiçoso na faculdade e viveu em má companhia julgará a universidade inteira segundo sua própria associação secreta.

Alc. Crito se engana sobre a questão. Invoco a autoridade, não de um ignorante ou de um libertino, ou de um antepassado ridículo, mas do crítico mais consumado que esta época já produziu. Este grande homem caracteriza os homens da Igreja e das universidades com os mais finos traços e com as pinceladas mais magistrais. Como você acha que ele os chama?

Euph. Como?

Alc. Ora! De tribo negra, de magos, formalistas, pedantes, de jovens barbudos e, depois de ter suficientemente ridicularizado e desacreditado o seu ensino mesquinho e vulgar, ele mesmo oferece admiráveis exemplos da arte de escrever bem; e devemos reconhecer que são as coisas mais belas que há em nossa língua, como eu poderia facilmente convencê-lo, pois nunca ando sem ter comigo alguma coisa desse nobre escritor.

Euph. Ele é então um nobre escritor?

Alc. Digo a você que ele é um nobre.

Euph. Mas uma coisa é um nobre que escreve, e outra um nobre escritor.

Alc. Ambos os caracteres coincidem, como você pode ver.

22. Neste momento Alciphron tirou do seu bolso um tratado intitulado *Solilóquio, ou conselho a um autor*. Quer ver, disse ele, voltando-se a todos os

acompanhantes, uma nobre amostra dessa bela escrita? Pois basta mergulhar neste livro. E Crito, abrindo-o, leu textualmente o seguinte.[148]

199 //

"Onde estão então os prazeres que a ambição promete,
e que o amor procura? Como se desfruta a alegria do mundo?
Ou não devem ser considerados prazeres aqueles
que se perdem com o embotamento e a inação?
Mas a indolência é o prazer supremo.
Viver e não sentir! Não sentir perturbação.
O que há de bem então? A vida mesma. E é
isso propriamente viver? Dormir é viver?
É isso o que devo esforçar-me para prolongar?
Aqui,
a própria tribo fantástica parece escandalizada.
Uma guerra civil começa: a maior parte
das caprichosas damas se alinha
do lado da razão,
e se declara contra a lânguida sereia.
A ambição enrubesce ante o prazer oferecido.
A presunção e a vaidade assumem ares superiores.
Até mesmo o próprio luxo com seu educado
e elegante caráter reprova a sua apóstata
Irmã,
e a estigmatiza como uma estranha ao verdadeiro prazer.
Fora, tu,
fantasma sonolento! Não me assombres mais, pois eu
aprendi com coisas melhores do que com tua irmandade
que a vida e a felicidade consistem em ação
e em ocupação.
Mas aqui uma figura agitada nos solicita,
ativa, diligente, vigilante e desprezando
dores e fadigas. Ela mostra o sério

---

148 Part. III, sec. 2. [Shaftesbury, *Características*, 1, p.318-20. (N. T.)]

semblante da virtude, mas com feições
de ansiedade e inquietação.
O que é que ela murmura? O que ela olha com
tanta admiração e espanto?
Bolsas! Cofres! Pilhas de metais brilhantes! Para quê?
A serviço do luxo? Para ele
estes preparativos? Tu és então sua amiga,
grave fantasia! É para ele que trabalhas?
Não, mas para a provisão contra a carência.
Mas, luxo à parte, diga-me agora,
porventura não tens já o suficiente?
É bom estar seguro contra o medo
de morrer de fome. Não há então nenhuma morte senão esta?
Nenhuma outra saída fora dessa vida? Há outras portas
seguras se esta está fechada? Diga avareza!
Tu a mais vã dos fantasmas, não é a vil
covardia a quem tu serves? O que mais posso
fazer contigo, tu dependente duplamente vil,
quando eu tenha destituído a tua protetora,
e desprezado suas ameaças?
Assim luto contra a fantasia e a opinião."

200 //

Euphranor, tendo ouvido até aqui, exclamou: O quê! Você nunca termina com a sua poesia? Num outro momento poderia servir, mas por que deveríamos interromper nossa conversa para ler uma peça de teatro?

Você está enganado, não é nenhuma peça de teatro nem poesia, respondeu Alciphron, mas um famoso crítico moderno que moraliza em prosa. Saiba que este grande homem revelou (para usar suas próprias palavras) um *grand arcanum* para o mundo, tendo instruído a humanidade no que ele chama de *escrita em espelho, prática de autodiscurso, e prática do autor,* e mostrou "que em virtude de um recolhimento interior, podemos descobrir uma certa duplicidade da alma, e dividir nosso eu em duas partes, ou (como ele diz com outras palavras) formar praticamente o número dual".[149] Em consequência

---

149 Shaftesbury, *Características*, I, p.169. (N. T.)

disso, ele descobriu que um homem pode discutir consigo mesmo, e não apenas consigo mesmo, mas também com noções, sentimentos e vícios, que por uma maravilhosa prosopopeia ele converte em diferentes damas, e assim convertidos ele os refuta e destrói em uma cepa divina. Pode haver alguma coisa mais sutil, mais ousada ou mais sublime?

Euph. É muito maravilhoso. De fato, achei que você estava lendo um fragmento de uma tragédia. É este aquele que despreza as nossas universidades e se esforça para reformar o estilo e o gosto da época?

Alc. Ele mesmo. É o crítico admirado do nosso tempo. Nada pode resistir ao teste de seu julgamento correto, que é igualmente severo com os poetas e os clérigos. "As musas britânicas", disse este grande homem, "balbuciam como as crianças em seus berços; e suas línguas tartamudeantes, que nada a não ser sua juventude e inexperiência pode desculpar, até agora só falaram em trocadilhos e sofismas miseráveis. Nosso dramaturgo Shakespeare, nosso Fletcher, Johnson, e nosso épico Milton preservam este estilo."[150] E, de acordo com ele, até nossos recentes autores, "aspirando um falso sublime, entretêm a nossa indisciplinada imaginação e nossos ouvidos inexperientes, que ainda não tiveram tempo livre de se formar e de se tornar verdadeiramente musicais".

Euph. Diga-me que efeito podem ter sobre o público as lições desse grande homem, aos olhos de quem nossos sábios professores não passam de jovens barbados, e nossos mais célebres engenhos não passam de míseros fazedores de trocadilhos? Porventura ele eliminou o ranço universitário, remediou a grosseria e inexperiência dos nossos autores, e os converteu ao seu próprio padrão ático? Será que eles aspiram ao seu verdadeiro sublime, ou imitam seu estilo simples e sem afetação?

Alc. Sem dúvida o gosto da época melhorou muito; uma prova disso é que seus escritos são universalmente admirados. Quando o nosso // autor publicou este tratado, ele previu que o gosto do público melhoraria rapidamente; que as artes e as letras alcançariam grande perfeição; que haveria um feliz renascimento do gênio. Ele falou de todas essas coisas, como ele mesmo disse, num estilo profético.

---

150 Shaftesbury, *Características*, I, p.217. (N. T.)

Cri. E, no entanto, apesar das previsões proféticas deste crítico, não encontro nenhuma ciência que tenha prosperado tanto entre nós nos últimos tempos quanto a filosofia minuciosa. Neste gênero, é preciso confessar, tivemos muitas produções notáveis. Mas, se são elas obras-primas literárias, deixo que seus leitores decidam.

23. Enquanto isso, devo pedir desculpas se não consigo acreditar no seu grande homem com base em suas simples palavras, quando quer nos fazer pensar que a ignorância e o mau gosto se devem à religião cristã ou ao clero. Pois minha opinião sincera é que tudo o que sabemos ou conhecemos deriva desta religião. Se aqueles que são tão sagazes em descobrir um cisco nos olhos alheios limparem os seus próprios, acredito que poderiam facilmente ver essa verdade. Pois, o que a não ser a religião poderia acender e manter a chama do saber em um povo tão rude como o nórdico? A Grécia produziu homens de gênio ativo e sutil. As assembleias públicas e as rivalidades entre suas cidades fomentaram este gênio, e sua curiosidade natural foi entretida e estimulada por conversas instrutivas em seus passeios públicos, jardins e pórticos. Nosso gênio nos leva a diversões de natureza mais vulgar. Respiramos um ar mais denso e mais frio, e aquela curiosidade que era geral entre os atenienses, e cuja satisfação era seu principal passatempo, é entre nossa gente da moda tratada como afetação, e como tal banida dos círculos cultos e dos locais de encontro. E, sem dúvida, em pouco tempo ela seria banida do país se não fosse pelos grandes reservatórios de saber, onde esses formalistas, pedantes e jovens barbudos, como o seu profundo crítico os chama, são mantidos graças à liberalidade e piedade de nossos predecessores. Pois é tão evidente que a religião foi a causa desses seminários como é evidente que eles são a causa ou a fonte de toda a cultura e gosto que descobrimos, até mesmo nos próprios homens que se declaram inimigos de nossa religião e de nossas instituições públicas. Quem quer que saiba alguma coisa, sabe // que devemos nossa cultura às línguas grega e latina. Isso os mais severos críticos concederão prontamente. Talvez eles não estejam tão dispostos a conceder com tanta facilidade o que todos os homens devem ver: que devemos essas línguas à nossa religião. De outro modo, o que mais poderia fazer que línguas estrangeiras e mortas tivessem

essa acolhida entre nós? O que poderia mantê-las e transmiti-las aos nossos tempos, através de tantas épocas incultas nas quais o mundo foi destruído e desfigurado por guerras e violência? O que, senão o respeito às Sagradas Escrituras e aos escritos teológicos dos padres e doutores da Igreja? E, de fato, não achamos que a cultura daqueles tempos estava exclusivamente nas mãos dos eclesiásticos, que somente eles acendiam a tocha sucessivamente uns aos outros, e a transmitiam a épocas posteriores, e que os livros antigos foram reunidos e preservados em suas faculdades e seminários, quando todo o amor e lembrança das belas artes e das ciências haviam desaparecido entre os leigos, cuja ambição se voltava inteiramente para as armas?

24. *Alc.* Há, devo dizer, uma espécie de cultura indubitavelmente de origem cristã, e peculiar às universidades onde a nossa juventude passou vários anos adquirindo aquele misterioso jargão da escolástica, que é o método mais efetivo que jamais poderia ter sido inventado para desconcertar e confundir o entendimento humano. É verdade, o mundo faz esses cavalheiros desaprenderem o que aprenderam na universidade, e em consequência seu tempo é duplamente perdido.

Cri. Mas e se esse saber escolástico não fosse de origem cristã, mas maometana, proveniente dos árabes? E se esta queixa de que os cavalheiros passam vários anos aprendendo e desaprendendo esse jargão fosse só um fingimento e uma prova apenas da verdade e da sinceridade de certos filósofos minuciosos, que levantam grandes invectivas por motivos insignificantes e julgam muitas vezes sem investigar? Certamente não se consideraria uma deplorável perda de tempo que um jovem cavalheiro dedicasse alguns meses a esta arte da lógica, tão desprezada e desacreditada, cujo excesso não é de forma alguma o maior incômodo nesta época. Uma coisa é perder tempo aprendendo e desaprendendo os termos bárbaros, as distinções elaboradamente sutis e os sofismas prolixos dos escolásticos, e outra é alcançar alguma exatidão na definição e argumentação: coisas // talvez não totalmente inconvenientes também para a dignidade de um filósofo minucioso. Houve de fato um tempo em que a Lógica era considerada como tendo um fim em si mesma, e aquela arte de raciocinar, em vez de referir-se às coisas, voltou-se totalmente para palavras e abstrações, o que produziu uma espécie de

George Berkeley

lepra em todas as partes do conhecimento, corrompendo-as e convertendo-as em disputas verbais vazias no mais impuro dos dialetos. Mas aqueles tempos já passaram, e aquilo que foi cultivado como o principal saber em outras épocas é agora considerado sob outra perspectiva, e não possui de modo algum aquela importância nas universidades, nem tem tal influência nos estudos dos jovens cavalheiros educados nelas, como pretendem esses admiráveis reformadores da religião e da cultura, os filósofos minuciosos.

25. Mas quem são os que incentivaram e realizaram a restauração das artes e da alta cultura? Que participação tiveram neste caso os filósofos minuciosos? Matias Corvino, rei da Hungria, Afonso, rei de Nápoles, Cosme de Médici, Pico della Mirandola, e outros príncipes e grandes homens, famosos por sua própria cultura e por incentivá-la nos demais com uma generosa liberalidade, não eram turcos, nem gentios, nem filósofos minuciosos. Quem foi que transplantou e reviveu a língua e os autores gregos, e com eles todas as belas artes e a literatura no Ocidente? Não foram principalmente Bessarion, um cardeal, Marco Musuro, um arcebispo, Teodore de Beza, um simples clérigo? Houve maior e mais renomado patrono e restaurador dos estudos superiores de toda espécie, desde os tempos de César Augusto, do que Leão X, papa de Roma? Algum escritor se aproximou mais da pureza dos clássicos do que os cardeais Bembo e Sadoleto, ou do que os bispos Giovio e Vida? Sem mencionar um número infindável de engenhosos eclesiásticos, que floresceram do outro lado dos Alpes, na Idade de Ouro (como os italianos a chamaram) de Leão X, e escreveram, tanto em sua própria língua quanto em latim, seguindo os modelos supremos da Antiguidade. É verdade que esse primeiro renascimento cultural precedeu a Reforma e abriu o caminho para ela, mas as controvérsias religiosas que se seguiram a propagaram e a melhoraram maravilhosamente em todas as partes da cristandade. E, seguramente, a Igreja da Inglaterra está, pelo menos, tão bem preparada para promover a cultura quanto a Igreja de Roma. A experiência confirma esta observação, e acredito que os filósofos minuciosos não serão tão parciais com Roma a ponto de negá-lo.

204 // *Alc.* É impossível que o seu relato da cultura do outro lado dos Alpes seja verdadeiro. O nobre crítico que tenho em minhas mãos, depois de ter

elogiado os franceses, entre os quais ele reconhece alguns bons autores, afirma sobre os outros estrangeiros, particularmente sobre os italianos "que eles não podem ser considerados senão como corruptores da verdadeira cultura e erudição."[151]

Cri. Para certos tipos de críticos, as censuras e conclusões dogmáticas nem sempre são o resultado de um conhecimento perfeito ou de uma investigação exata. E se eles arengam sobre o gosto, a verdade da arte, o valor de uma obra, a graça do estilo, a elegância ática, e temas semelhantes, deve-se entender apenas que eles gostariam de bom grado alcançar uma boa reputação pela coragem. Ao ouvir Trasímaco falar de ressentimento, de duelos e de questão de honra, alguém pensaria que ele estava pronto para explodir de coragem.

Lys. Qualquer que seja o mérito que esse escritor possa ter como demolidor, sempre achei que ele tinha muito pouco como um construtor. É natural que escritores descuidados incorram em erros que nunca imaginaram, mas que um crítico rigoroso e severo dispare sua flecha ao acaso é imperdoável. Se aquele que professa a todo o momento uma alta estima pela elegância literária desprezasse, não obstante, aqueles que mais se destacam nela, alguém poderia se sentir tentado a suspeitar de seu gosto. Mas se o mesmo homem, que mais que todos os outros, fala sobre a arte, sobre o gosto e habilidade crítica, e que deve ser considerado um especialista nessas matérias, se desviasse frequentemente de suas próprias normas, caindo num falso sublime ou numa *mauvaise plaisanterie,*[152] que pessoa sensata seguiria o gosto ou o julgamento de tal guia, ou seria persuadido a subir a íngreme escalada, ou a trilhar os difíceis caminhos da virtude, com base em seus conselhos?

26. *Alc.* Mas, para voltar ao assunto, parece-me que Crito não faz nenhum elogio ao gênio de seu país, ao supor que os ingleses não poderiam ter alcançado por si mesmos toda a arte e a ciência e o bom gosto, sem a ajuda da Igreja, ou das universidades, ou das línguas antigas.

---

151 Shastesbury, *Características*, I, p.335. (N. T.)
152 Em francês no original. "piada de mau gosto". (N. T.)

Cri. O que poderia ter ocorrido é apenas uma conjectura. O que ocorreu não é difícil de saber. Que existe na Grã-Bretanha uma jazida do minério mais precioso que jamais existiu em qualquer outro país, não vou negar; mas ele jaz profundamente, e custará muito esforço para chegar até ele; e esforços extraordinários requerem um motivo extraordinário. Quanto ao que se acha na superfície, parece insignificante, dado que não é tão bom nem tão abundante quanto em alguns outros países. Segundo // a comparação de um florentino engenhoso, os famosos poemas de Tasso e Ariosto são como dois jardins, um de pepinos e outro de melões. Em um deles você encontrará poucos frutos ruins, mas os melhores não são muito bons; no outro, a maior parte não presta, mas os poucos bons são excelentes. Talvez a mesma comparação possa valer entre os ingleses e alguns de seus vizinhos.

Alc. Mas suponha que admitamos que a religião cristã e seus seminários tenham sido úteis para a preservação ou restauração das belas artes e da literatura. O que você deduzirá disso? Você fará disso uma prova de sua verdade?

Cri. Farei disso um argumento para provar o preconceito e a ingratidão dos filósofos minuciosos que consideram a obscuridade, a ignorância e a incivilidade um efeito daquilo que, acima de tudo, iluminou, civilizou e embelezou seu país; que seu país deve verdadeiramente à religião tanto as artes e as ciências (que só a religião, como sabemos, plantou nessas latitudes), quanto aquele senso geral de virtude e humanidade, e a crença em uma providência e estado de vida futuro, que todos os argumentos dos filósofos minuciosos ainda não foram capazes de abolir.

27. *Alc.* É estranho que você ainda insista em argumentar como se todos os cavalheiros de nossa seita fossem inimigos da virtude, e totalmente ateus, embora eu tenha lhe assegurado o contrário, e que temos entre nós vários que se professam no interesse da virtude e da religião natural, e também declarei que eu mesmo agora argumento sobre esta base.

Cri. Como você pode pretender estar interessado na religião natural e ao mesmo tempo confessar-se inimigo declarado da religião cristã, a única religião estabelecida que inclui tudo o que há de excelente na religião natural, e que é o único meio de fazer que esses preceitos, deveres e noções, como você diz, tornem-se reverenciados em todo o mundo? Não seria considerado tolo

Alciphron, ou o filósofo minucioso

ou insincero aquele que procurasse persuadir as pessoas de que defendia os interesses de um monarca mundano, que amava e admirava o seu governo, quando, ao mesmo tempo, se mostrava, em todas as ocasiões, o inimigo mais cruel daquela pessoa e dos métodos que mais contribuiriam para servi-la, e para tornar sua dignidade conhecida e reverenciada, suas leis observadas, ou seu poder, ampliado? E não é isso o que os filósofos minuciosos fazem quando se arvoram em defensores // de Deus e da religião, e ao mesmo tempo fazem tudo o que podem para desacreditar os cristãos e seu culto? Deve-se reconhecer, de fato, que você argumenta contra o cristianismo como a causa do mal e da maldade no mundo, mas com tais argumentos, e de tal maneira, que poderia igualmente provar a mesma coisa do governo civil, da comida e da bebida, de todas as faculdades e profissões, da cultura, da eloquência, e até mesmo da própria razão humana. Afinal, mesmo aqueles de sua seita que admitem ser chamados deístas, se suas noções forem examinadas a fundo, receio que elas pouco incluirão de religião.[153] Quanto à providência de Deus, que vigia a conduta dos agentes humanos e distribui bênçãos ou castigos, a imortalidade da alma, um juízo final, e um estado futuro de recompensas e punições; quão poucos de seus livres-pensadores, se houve alguns, se esforçaram para imbuir as mentes dos homens com um senso de seriedade sobre esses grandes pontos da religião natural! Quantos, pelo contrário, se esforçam para tornar essas crenças duvidosas ou ridículas! [Devemos admitir que podemos encontrar homens que, sem cuidar desses pontos, queiram passar em algum grau por religiosos, mas quem os levará a sério? Você verá às vezes os próprios mentores do vício e da profanação escreverem como se fossem homens de coração virtuoso e piedoso. Isso pode talvez provar que são escritores incoerentes, mas nunca que são inocentes. Quando os princípios declarados e os dogmas peculiares de uma pessoa são totalmente subversivos, tudo o que essa pessoa diga da virtude, da piedade e da religião será entendido como mera discrição e conformidade com as formas comuns].[154]

---

153 *A teoria da visão confirmada e explicada*, §§ 2, 5. (N. T.)
154 Acréscimo da edição B, de 1732. (N. T.)

Lys. Para falar a verdade, eu, de minha parte, nunca tive nenhuma inclinação por religião de qualquer espécie, revelada ou não revelada, e ouso dizer o mesmo em relação aos senhores de nossa seita que conheço, nunca tendo observado neles um defeito tão vulgar como o de pronunciar o nome de Deus com respeito, ou falar com o mínimo de consideração da piedade ou de qualquer tipo de culto. Talvez haja um ou dois pretendentes formais do entusiasmo e da devoção em questões de religião natural, que riem dos cristãos porque publicam hinos e meditações enquanto eles infestam o mundo com o pior de si mesmos. Mas os homens inteligentes zombam de tudo isso. // Parece-nos mero pedantismo. Às vezes, é claro, em boa companhia, podemos ouvir escapar uma palavra a favor da honra e da bondade natural. Mas a honra, para os entendidos, nada mais significa do que a moda, assim como a bondade natural nada mais é do que o temperamento e a constituição, que guiam o homem, assim como o apetite guia os animais irracionais.

28. E depois de todos esses argumentos e noções, que se engendram um aos outros sem fim, para resumir a questão direi que nem eu nem meus amigos, por nossas almas, jamais poderemos compreender por que o homem não poderia se sair muito bem e governar a si mesmo sem religião alguma da mesma forma que um animal, que consideramos uma criatura mais estúpida. Não têm os animais instintos, sentidos, apetites e paixões para governá-los e conduzi-los? Os homens também os têm, e acima de tudo têm a razão para consultar segundo a ocasião. A partir dessas premissas concluímos que o caminho da vida humana está suficientemente iluminado sem religião.

Cri. Mas os animais que têm pouca força, limitada às coisas presentes ou particulares, são suficientemente dominados e controlados pela força ou faculdades de outros animais e pela habilidade do homem, sem consciência nem religião. Mas a consciência é um contrapeso necessário para a razão humana, uma faculdade de grande poder e alcance, especialmente contra o mal. Além disso, outros animais são, pela lei de sua natureza, determinados a um certo fim ou forma de existência, sem inclinação nem meios para desviar-se ou ir além dela. Mas o homem tem dentro de si uma vontade ou princípio superior, em virtude do qual pode perseguir fins diferentes ou mesmo contrários, e não ficar aquém ou exceder a perfeição natural de

Alciphron, ou o filósofo minucioso

sua espécie neste mundo, dado que é capaz também, ao dar rédeas soltas aos seus apetites sensuais, de degradar-se até a condição dos animais, ou, então, ao ordenar e aperfeiçoar sua mente, tornar-se semelhante aos anjos. O homem é o único dentre todos os animais que tem entendimento para conhecer o seu Deus. Mas para que serve esse conhecimento, a menos que seja para enobrecer o homem e elevá-lo a uma imitação e participação da divindade? Ou de que valeria tal enobrecimento se findasse ao mesmo tempo que esta vida? Ou como essas coisas surtem efeito sem a religião? Mas as questões do vício e da virtude, do homem e dos animais, do bom senso e da inteligência, já foram bastante discutidas.[155] O quê! Lysicles, você quer que retrocedamos ao ponto onde estávamos há três ou quatro dias?

208 *Lys.* De maneira nenhuma. Preferiria avançar e // terminar o mais rápi-do possível. Mas, para evitar problemas, permita-me lhe dizer de uma vez por todas, que, diga o que quiser, você jamais me persuadirá de que tantos homens engenhosos e agradáveis estejam equivocados, e um bando de fa-náticos desagradáveis e resmunguentos estejam certos.

29. *Cri.* Oh, Lysicles, não vejo religião entre os fanáticos, nem razão entre os libertinos; uns e outros desonram suas diversas pretensões. Os liberti-nos, por não levarem em consideração nem mesmo as verdades mais claras e mais importantes, enquanto os fanáticos por revelarem um entusiasmo inflamado a respeito das questões mais insignificantes. E, certamente, tudo o que há de tolo, mesquinho e pouco indulgente no fanático, o mesmo deve ser imputado à ignorância presunçosa e profanidade petulante do libertino. E não é de todo improvável que, assim como os libertinos engendram os fanáticos, os fanáticos também engendram os libertinos, uma vez que sem-pre se observou que o extremo de um partido produz o extremo contrário de outro. E embora a razão e a religião sejam frequentemente invocadas, enquanto esses adversários puxam a corda cada qual para o seu lado, talvez elas sejam muito pouco consideradas e examinadas na disputa.

Lysicles, em vez de responder a Crito, voltou-se inesperadamente para Alciphron.

---

155 *Segundo diálogo*, §§ 13ss. (N. T.)

George Berkeley

Sempre achei, disse ele, que nada poderia ser mais tolo do que pensar em destruir o cristianismo louvando a religião natural. Qualquer um que pense bem da religião natural não pode, logicamente, pensar mal do cristianismo, pois é muito evidente que a religião natural, sem a revelada, nunca foi nem jamais poderá ser estabelecida ou aceita em qualquer lugar, exceto nos cérebros de alguns homens especulativos e ociosos. Eu sabia até onde podiam chegar suas concessões. A crença em Deus, na virtude, em um estado futuro, e semelhantes noções refinadas são, como qualquer um pode ver com um só olho, a verdadeira base e pedra fundamental da religião cristã. Estabeleça apenas esta base sobre a qual eles possam construir, e logo você verá que superestruturas nossos teólogos levantarão a partir dela. Uma vez admitida a verdade e a importância desses pontos, um homem não precisa ser nenhum prestidigitador para provar, com base nesse princípio, a excelência e utilidade da religião cristã. E, então, para ter certeza, deve haver sacerdotes para ensinar e propagar esta religião útil. E se há sacerdotes, deve haver, sem dúvida, uma subordinação regular nesta sociedade digna, e uma provisão para suas necessidades, de maneira que possa capacitá-los a realizar todos os seus ritos e cerimônias com decência, e manter seu caráter

209 sagrado acima do desprezo. E a clara // consequência de tudo isso é uma aliança entre o governo e o clero para subjugar o povo. E assim sofremos de imediato uma longa série de males eclesiásticos, clericalismo, hierarquias, inquisição. Perdemos nossa liberdade e propriedade, e impomos à nação grandes despesas, apenas para comprar rédeas e selas para [nossas próprias bocas e][156] nossas próprias costas.

30. Estas palavras, pronunciadas em tom áspero e com um ar de repreensão, impressionaram Alciphron, que nada respondeu, mas mostrou confusão em seu olhar.

Crito, sorrindo, olhou para Euphranor e para mim, e então, lançando um olhar aos dois filósofos, disse o seguinte: se me permitirem utilizar meus bons serviços para evitar uma discórdia entre velhos amigos e irmãos de opinião, gostaria de observar que nesta acusação de Lysicles há algo certo e algo

---

156 Acréscimo da terceira edição, de 1752. (N. T.)

errado. Parece certo afirmar, como ele faz, que a verdadeira crença na religião natural levará um homem a aprovar a religião revelada; mas é errado afirmar, no entanto, que dela devem decorrer a inquisição, a tirania e a ruína. Seus livres-pensadores, sem querer ofender, parecem confundir sua inteligência. Eles imaginam muito, mas raciocinam pouco. São poderosos no exagero e estéreis nos argumentos! Não se pode encontrar nenhum método para livrá-los do terror daquele animal feroz e sangrento que é um vigário inglês? Não será suficiente cortar suas garras sem decepar seus dedos? Então, que maravilhosos patriotas da liberdade e da propriedade serão! Quando ouço essas duas palavras na boca de um filósofo minucioso, recordo os *Teste di Ferro* de Roma. Parece que sua santidade, não podendo conceder uma pensão pelos benefícios hispânicos a todos os nativos da Espanha, mantém sempre em Roma dois espanhóis chamados *Teste di Ferro*, que têm o nome de todas aquelas pensões, mas não têm o benefício de que desfrutam os italianos. Assim podemos ver diariamente coisas e noções referidas à liberdade e propriedade, as quais na realidade não têm nem pretendem ter qualquer relação com elas. O quê?! É impossível que um homem seja cristão a não ser que ele seja um escravo, ou um clérigo a não ser que ele tenha os princípios de um inquisidor? Não pretendo ocultar nem justificar o apetite de dominação ou de poder tirânico nos eclesiásticos. Alguns que são culpados a esse respeito pagaram caro por isso, e é de se esperar que sempre seja assim. Mas, tendo aplacado a fúria e a loucura dos ambiciosos prelados, não é hora de olhar em volta // e ver se, por outro lado, não pode talvez advir do excesso de zelo de um liberal independente algum mal para o Estado? Posso afirmar, sem qualquer dificuldade para provar isso, que a pior tirania que esta nação já sofreu foi das mãos de patriotas dessa espécie.

31. *Lys.* Não sei. Tirania é uma palavra dura, e às vezes mal aplicada. Quando homens determinados, de máximas independentes, criam uma agitação, ou produzem uma mudança no Estado, aquele que perde está inclinado a considerar as coisas de uma maneira, e aquele que vence, de outra. Enquanto isso, esta é certamente uma boa política, que devemos ser parcimoniosos com o nosso dinheiro, e reservá-lo para usos melhores do que gastá-lo com a Igreja e a religião.

George Berkeley

Cri. Certamente o velho apólogo do estômago e dos membros[157] não precisa ser repetido para homens tão cultos. Parece desnecessário observar que todos os outros Estados que já tiveram alguma importância no mundo por causa de seu saber e cultura, pensaram que a ciência merece tanto estímulo quanto a espada; que as subvenções para as práticas religiosas são tão convenientes quanto para os serviços militares; e os fundamentos para propagar a devoção, tão necessários para o bem-estar e defesa pública quanto as instituições civis ou militares. [Antigamente, quando o clero era um corpo muito mais numeroso, rico e poderoso; quando em seu estado de celibato não faziam promessas ao público; quando gozavam de grandes isenções e privilégios superiores aos de seus concidadãos súditos; quando deviam obediência a um potentado estrangeiro, o caso era evidentemente e amplamente diferente do que é nos dias de hoje. E não discernir, ou não reconhecer essa diferença, não é prova alguma de sagacidade ou de honestidade nos filósofos minuciosos.][158] Mas eu pergunto: quem fazia essas despesas, e quais eram essas despesas tão criticadas?

Lys. Como se você nunca tivesse ouvido falar das propriedades e dos dízimos da Igreja.

Cri. Mas eu gostaria de saber como essas coisas podem ser consideradas uma despesa pela qual uma nação ou as pessoas são cobradas. Quando nada sai do país, a nação não perde nada; e é indiferente para o público se o dinheiro circula no país pelas mãos de um vigário ou de um escudeiro. E quanto aos homens particulares que, por falta de reflexão reclamam tanto sobre o pagamento de dízimos, pode alguém queixar-se com justiça disso como de um imposto, se paga algo que jamais lhe pertenceu? O arrendatário arrenda sua fazenda com essa condição, e paga ao proprietário proporcionalmente menos do que se a // fazenda estivesse isenta de imposto; assim ele não perde nada, uma vez que para ele dá no mesmo pagar ao seu pastor ou ao seu proprietário. O proprietário não pode queixar-se de não possuir aquilo a que ele não tem direito, seja por concessão, compra ou herança.

---

157 Referência ao apólogo narrado por Menênio Agripa, citado por Tito Lívio, *História de Roma*, 5.32. (N. T.)

158 Acréscimo da edição B, de 1732. (N. T.)

Esse é o caso dos dízimos. E quanto às propriedades da Igreja, não pode certamente ser um livre-pensador, nem pensador de qualquer espécie, aquele que não percebe que nenhum homem, seja nobre, cavalheiro ou plebeu, tem qualquer tipo de direito ou título em relação a elas, coisa que ele não pode com igual justiça pretender de todas as terras do reino.

Lys. Atualmente, de fato, não temos nenhum direito, e é essa a nossa reclamação.

Cri. Você quer ter então aquilo sobre o qual não tem nenhum direito.

Lys. Não é isso. O que nós queremos ter é, em primeiro lugar, o direito conferido por lei, e, em segundo, as terras em virtude desse direito.

Cri. Para isso, seria preciso, em primeiro lugar, a sanção de uma lei que privasse de todos os direitos civis todo aquele que fosse cristão, universitário, e que usasse um hábito preto, como culpável de três crimes capitais contra o bem público desse reino.

Lys. Para falar francamente, acho que seria uma lei excelente.

Cri.[159] Ela beneficiaria imediatamente vários homens merecedores, extraordinários mestres do humor, da argumentação e da zombaria, que têm, muitos deles, apenas uma escassa fortuna, para seu crédito, como recompensa pelos serviços prestados a seu país, que eles há tanto tempo iluminam e ilustram gratuitamente.

Euph. Por favor, diga-me, Lysicles, o clero não possui legalmente suas terras e suas rendas?

Lys. Ninguém nega isso.

Euph. E porventura não as possuem desde tempos imemoriais?

Lys. Admito também isso.

Euph. Eles não as reivindicam por leis e prescrições antigas?

Lys. Sim.

Euph. As famílias mais antigas da nobreza têm um título melhor?

Lys. Acredito que não. Entristece-me ver tantas propriedades incultas nas mãos de famílias antigas, em razão de nenhum outro mérito a não ser o de terem nascido nelas.

---

159 Nas edições A e B, fala atribuída ao personagem Lysicles. (N. T.)

212   *Euph.* Você não pode, então, tomar também suas terras e // concedê-las aos filósofos minuciosos como pessoas de maior mérito?

Lys. Seria muito melhor. Isso amplia a nossa visão, e abre um novo panorama. É muito agradável, na contemplação da verdade, observar como uma teoria se desenvolve a partir de outra.

Alc. O velho Peto costumava dizer que, se os clérigos fossem privados de suas rendas, perderíamos o argumento mais popular contra eles.

Lys. Mas, enquanto a religião for um meio de subsistência, nunca faltarão mestres e escritores para defendê-la.

Cri. E como você pode ter certeza de que faltariam, se não vivessem dela, já que se sabe muito bem que o cristianismo teve seus defensores mesmo quando os homens morreram por ele?

Lys. Uma coisa eu sei, há um viveiro de plantas jovens em desenvolvimento, que foram cuidadosamente protegidas contra qualquer ar de preconceito e regadas com o orvalho de nossos princípios mais excelentes. Entretanto, os desejos são exaustivos, e, para nosso infinito desgosto, nada pode ser feito enquanto permanecer qualquer preconceito em favor dos velhos costumes, leis e constituições nacionais que, no fundo, conhecemos muito bem e podemos demonstrar que são apenas palavras e conceitos.

32. Mas, não posso esperar, Crito, que você considere razoáveis os meus planos. Cada um de nós raciocina segundo os seus próprios princípios, e nunca estaremos de acordo até que abandonemos os nossos princípios, o que não pode ser alcançado por meio do raciocínio. Todos nós falamos de justo, certo, errado, bem público, e de todas essas coisas. Os termos podem ser os mesmos, mas as noções e conclusões muito diferentes, talvez diametralmente opostas; e, no entanto, cada uma pode admitir provas claras, e ser inferidas pelo mesmo método de raciocínio. Por exemplo, os cavalheiros do círculo que frequento definem o homem como um animal sociável; consequentemente, excluímos desta definição todas aquelas criaturas humanas das quais podemos dizer que passaríamos bem sem a sua companhia. E estas, apesar de possuírem aspectos humanos, devem ser consideradas com toda a razão, não como homens, mas apenas como criaturas humanas. Portanto, segue-se claramente que só os homens de prazer, os homens de

Alciphron, ou o filósofo minucioso

humor e os homens de inteligência devem ser considerados própria e verdadeiramente como homens. Portanto, qualquer coisa que contribua para o benefício de tais homens é para o bem da humanidade e, consequentemente, é muito justa e legítima, embora pareça produzir prejuízo ou dano a outras criaturas: uma vez que nenhum prejuízo real pode ser ocasionado à //
vida ou propriedade daqueles que não sabem sequer desfrutar delas. Este é para nós um raciocínio claro e coerente. Mas outros podem ver as coisas sob outra luz, dando definições diferentes, fazendo outras inferências e, talvez, considerando apenas como um defeito ou excrescência da natureza humana o que para nós é o suprassumo e fina-flor da criação. De tudo isso deve resultar um sistema muito diferente de moral, política, direito e ideias.

Cri. Se você quiser discutir, vamos discutir, se você quiser fazer uma gozação, vamos rir com você.

> *Lys. Ridentem dicere verum*
> *Quid vetat?*[160]

Essa divisão de nossa espécie em homens e criaturas humanas me faz pensar em outra noção, abordada por alguém do nosso círculo, a quem costumávamos chamar o Pitagórico.[161]

33. Ele fez uma divisão tríplice da espécie humana em pássaros, quadrúpedes e peixes,[162] sendo de opinião que o curso da vida está evoluindo, em uma ascensão perpétua através da escala dos seres, de tal sorte que as almas dos insetos após a morte fazem sua segunda aparição, na forma de perfeitos animais, pássaros, quadrúpedes ou peixes; que após sua morte apresentam-se em corpos humanos, e na próxima fase em seres de uma espécie mais elevada e mais perfeita. Este homem nós o consideramos a princípio uma espécie de herege, porque seu sistema não parecia ser compatível com o nosso princípio fundamental, a mortalidade da alma. Mas ele justificou a

---

160 Horácio, *Sátiras*, 1.1.24. "Rindo se diz a verdade. Quem impedirá?". (N. T.)
161 Alusão a Jonh Toland. (N. T.)
162 Toland, *Pantheisticon*, 1720, 7. (N. T.)

noção como sendo inocente, visto que ela não incluía nenhuma recompensa ou punição, e não era provada por qualquer argumento que supusesse ou implicasse, seja um espírito incorpóreo ou uma providência, sendo apenas inferida, por analogia, do que ele havia observado nos assuntos humanos, na corte, na Igreja, e no exército, onde a tendência é sempre ascender dos postos mais baixos aos mais elevados. Segundo esse sistema, os peixes são aqueles homens que nadam no prazer, como os *petits maitres*, os *bons vivants*, e os bons camaradas. Os quadrúpedes são as pessoas sequiosas, afanosas, avarentas e vorazes, e todas aquelas viciadas em cuidados e negócios, como os bois e outros animais de terra árida, que passam suas vidas no labor e na fadiga. Os pássaros são os homens visionários, especulativos, entusiastas, idealizadores, [poetas],[163] filósofos, e outros do mesmo gênero. Em cada espécie // cada indivíduo mantém traços de seu estado anterior, o que constitui o que se chama de gênio. Se você me pergunta de qual espécie de gênero humano eu mais gosto, eu respondo "do peixe-voador", ou seja, um homem de prazer animal com uma mistura de fantasia. Assim, você vê que nós temos nossos credos e nossos sistemas, assim como as pessoas mais respeitáveis, com esta diferença, eles não são excessivamente rígidos, mas adaptam-se facilmente, de modo que podem ser endossados ou rejeitados conforme a disposição e a ocasião. E agora posso, com a maior tranquilidade que se possa imaginar, ouvir minhas opiniões serem contestadas ou refutadas.

34. *Alc.* Seria desejável que todos os homens tivessem essa disposição de espírito. Mas você encontrará uma espécie de homens,[164] a quem não preciso nomear, que não pode suportar, com o mínimo de serenidade, ter suas opiniões examinadas ou seus defeitos censurados. Eles são contra a razão, porque a razão é contra eles. De nossa parte, todos defendemos a liberdade de consciência. Se nossos princípios forem absurdos, permitimos que sejam discutidos e examinados livremente. E, por uma equivalência da razão, esperamos que se conceda o mesmo privilégio com respeito às opiniões de outros homens.

---

163 Acréscimo da edição B. (N. T.)
164 Edições A e B, "criaturas humanas". (N. T.)

Alciphron, ou o filósofo minucioso

Cri. Oh, Alciphron! É preciso justamente desconfiar dos assuntos que não suportam exame. Portanto, seja o que for que leve você a fazer esta reclamação, asseguro que nunca lhe darei motivos para tal. Mas assim como até agora admiti os seus raciocínios em todo o seu alcance, também o farei sempre no futuro. E embora eu não possa aprovar insultos ou declamações, nem mesmo da minha parte, sempre que você me der motivo para tal, ainda assim responderei que você sempre poderá raciocinar tão rigorosa e energicamente quanto puder. Mas, em nome da verdade, seja franco e não gaste suas forças e nosso tempo em questões insignificantes, ou estranhas ao nosso propósito, ou com as quais estamos de acordo. Admitimos que a tirania e a escravidão são coisas ruins. Mas por que deveríamos receá-las do clero nesta época? Admitimos que ritos e cerimônias são pontos de grande importância na religião, mas por que deveríamos ridicularizar coisas que em sua própria natureza, pelo menos, são indiferentes e que trazem o selo da autoridade suprema? Reconheço livremente que em teologia, assim como em outros assuntos, os homens se enredam em disputas inúteis, e que assim será enquanto o mundo durar, mas por que todas as fraquezas e erros humanos dos clérigos devem ser imputados a desígnios perversos? Por que criticar indiscriminadamente seu caráter e sua doutrina? É isso imparcialidade, amor à verdade, e livre-pensamento? É preciso reconhecer que se pode encontrar, de vez em quando, // rancor e má educação entre os clérigos. Mas não se encontram esses mesmos defeitos entre os leigos ingleses de uma educação isolada e vida no campo? Admito que haja uma infinita futilidade nos escolásticos, mas nego que um volume deles faça tanto mal como uma página de filosofia minuciosa. Que homens fracos ou ímpios cheguem, com a permissão das pessoas, ao poder e a cargos elevados na Igreja, não é nada surpreendente; e é natural supor que em tais cargos se comportem à sua maneira. Mas o tempo todo é evidente que não foi o Evangelho, mas o mundo, não o espírito, mas a carne, não Deus, mas o diabo, quem os colocou em suas indignas conquistas. Não temos dificuldade em admitir que nada é mais infame do que o vício e a ignorância em um clérigo; nada mais vil do que um hipócrita, mais frívolo do que um pedante, mais cruel do que um inquisidor. Mas também deve ser concedido por vocês, cavalheiros, que nada é mais ridículo e absurdo do que homens pedantes, ignorantes e corruptos atirarem a primeira pedra, em cada sombra de seus próprios defeitos e vícios, em outros homens.

35. *Alc.* Quando considero o detestável estado de escravidão e superstição, sinto meu coração se dilatar e se expandir para compreender aquela benção inestimável da liberdade independente.[165] Esta é a sagrada e sublime prerrogativa, a própria vida e saúde de nossa constituição Inglesa. Você não deve, portanto, achar estranho, se com um olhar vigilante e curioso, nós a guardamos contra a mais ínfima aparência do mal. Você deve até permitir que examinemos o seu entorno, e profundamente, e façamos uso da lupa, para ver melhor e extirpar qualquer pequena mancha que se descobrir naquilo que nós conservamos com tanto cuidado e zelo, como a menina dos olhos.

Cri. Quanto à liberdade ilimitada, deixo-a para os selvagens, entre os quais, somente, acredito que possa ser encontrada. Mas, quanto a liberdade razoável e legal de nossa constituição, desejo sincera e cordialmente que ela possa subsistir e florescer entre nós para sempre. Você e todos os outros ingleses não podem ser muito vigilantes, ou muito cuidadosos, para preservar este excelente arranjo, ou para refrear e conter a ambição perversa de quem quer que seja, leigo ou eclesiástico, que tente mudar o nosso governo livre e moderado em um governo escravizante ou severo. Mas, que pretexto isso pode fornecer para seus ataques contra a religião, ou, na verdade, como pode ser coerente com eles? Não é // a religião protestante uma parte importante de nossa constituição legal? Lembro-me de ter ouvido um comentário de um estrangeiro, que nós, desta ilha, éramos protestantes muito bons, mas não cristãos. Mas seja o que for que os filósofos minuciosos possam desejar, ou os estrangeiros digam, é certo que nossas leis falam uma linguagem diferente.

Alc. Isso me faz lembrar do sábio raciocínio de um certo magistrado judicioso que, pressionado pelas zombarias e argumentos de um homem engenhoso, nada tinha a dizer a favor de sua religião, exceto que dez milhões de pessoas, habitantes da mesma ilha, podiam, de maneira certa ou errada, se estimassem conveniente, estabelecer leis para a adoração de Deus em seus

---

165 Edição A: "liberdade, liberdade absoluta em sua extensão máxima ilimitada". (N. T.)

templos, e apelar a ele em seus tribunais de justiça. E que, no caso de dez mil homens engenhosos zombarem publicamente e desprezarem essas leis, seria justo e legítimo que os ditos dez milhões de homens expulsassem da ilha os ditos dez mil homens engenhosos.

Euph. E, por favor, que resposta você daria a essa observação do sábio magistrado?

Alc. A resposta é clara. Pela lei da natureza, que é superior a todas as instituições positivas, a inteligência e o conhecimento têm o direito de dominar a insensatez e a ignorância.[166] Eu assevero que os homens inteligentes têm, por direito natural, um domínio sobre os tolos.

Euph. Não discutirei que domínio sobre as leis e o povo da Grã-Bretanha os filósofos minuciosos podem, por natureza, ter direito, mas deixarei que isso seja examinado pelo público.

Alc. Essa doutrina, deve-se reconhecer, nunca foi compreendida completamente antes de nossa época. No século passado, Hobbes e seus seguidores, embora fossem homens destacados em outros aspectos, declararam-se partidários da religião do magistrado, provavelmente porque tinham medo do magistrado. Mas os tempos mudaram e os magistrados podem agora ter medo de nós.

Cri. Admito que o magistrado pode muito bem ter medo de você em certo sentido, quero dizer, medo de confiar em você. Isso me traz à mente uma passagem sobre o julgamento de Leandro por um crime capital. Este cavalheiro, tendo escolhido e excluído de seu júri, por exceção peremptória, todos, exceto alguns homens da moda e homens de prazer, propôs humildemente, no momento em que Dorcon fosse beijar a Bíblia, que ele fosse obrigado a jurar em sua honra, se acreditava em Deus e no Evangelho. Dorcon, em vez de arriscar sua reputação de homem de honra e livre-pensador, confessou abertamente que não acreditava em nenhum dos dois. Após o que o tribunal o declarou // inapto para fazer parte de um júri. Pelo mesmo motivo, muitos foram afastados, o que tornou necessário o adiamento do julgamento. Nós estamos contentes, respondeu Alciphron, quanto a não sermos confiáveis

---

166 Aristóteles, *Política*, I.5. (N. T.)

para servir em júris, desde que sejamos admitidos para servir em empregos lucrativos.

Cri. Mas e se o governo ordenasse que cada um, antes de tomar posse, fizesse a mesma declaração que Dorcon foi abrigado a fazer?

Alc. Deus me livre! Espero que um plano desse tipo não esteja em curso.

Cri. Quaisquer que sejam os planos em andamento, uma coisa é certa: a religião cristã reformada é uma parte principal e pedra angular de nossa constituição livre; e verdadeiramente acho que é a única coisa que nos faz merecedores da liberdade, ou capazes de desfrutá-la. A liberdade é uma bênção ou uma maldição, conforme os homens a usem. E me parece que, se nossa religião fosse alguma vez destruída entre nós, e essas noções, que não passam de preconceitos de uma educação cristã, apagadas das mentes dos britânicos, o melhor que poderia nos acontecer seria a perda da nossa liberdade. Certamente um povo em que existe tal ambição desassossegada, tal espírito soberbo, tal animosidade entre os partidos, tantos interesses em disputa, tamanha liberdade de expressão e de imprensa, em meio a tanta riqueza e luxo, nada a não ser aquelas *veteres aviae*,[167] que você pretende extirpar, poderia até aqui salvá-lo da ruína.

36. Sob a religião cristã, esta nação progrediu muito. De uma espécie de selvagens, tornamo-nos civilizados, educados e cultos. Nós conquistamos uma imagem respeitável e nobre tanto no país como no estrangeiro. E, à medida que nossa religião enfraquece, receio que se descubra que declinamos. Por que, então, devemos persistir neste perigoso experimento?

Alc. Alguém poderia pensar, Crito, que você esqueceu as numerosas calamidades ocasionadas pelos eclesiásticos e pela religião.

Cri. E alguém poderia pensar que você esqueceu o que eu respondi hoje contra essa objeção. Mas, para não repetir eternamente as mesmas coisas, observarei, em primeiro lugar, que se refletirmos sobre o estado pretérito da cristandade, e de nosso país em particular, com as nossas permanentes disputas e discórdias, enquanto nós todos professávamos a mesma religião,

---

167 Pérsio, *Sátiras*, 5: 92. Ver *Primeiro diálogo*, p.44, nota 6. (N. T.)

por exemplo, a Guerra das Duas Rosas,[168] tão violenta e sangrenta e de tão longa duração, não poderemos assegurar que aqueles maus humores, que // desde então se manifestaram sob a máscara da religião, não teriam eclodido por algum outro pretexto, se este tivesse faltado. Observo, em segundo lugar, que não se deduzirá, de quaisquer observações que você possa fazer sobre nossa história, que os males, acidentalmente ocasionados pela religião, têm qualquer proporção seja com os bons efeitos que ela realmente produziu, seja com os males que ela preveniu. Por último, observo que as melhores coisas podem acidentalmente ser a ocasião de um mal, e este efeito acidental não é, para falar adequada e sinceramente, produzido pelo bem em si mesmo, mas por alguma coisa má, que não sendo nem parte, nem propriedade, nem seu efeito, encontra-se casualmente associado a ele. Mas me envergonharia insistir e me estender sobre um ponto tão claro. Certamente, sejam quais forem os males que outrora esta nação possa ter sofrido por causa da superstição, nenhum homem de bom senso poderá dizer que os males sentidos ou temidos atualmente provêm dela. O clericalismo não é a doença predominante em nossos dias. E seguramente se admitirá que um homem sábio que se comprometesse a velar pelo bem-estar público tomaria as medidas corretas nos momentos oportunos, e não prescreveria um remédio para indigestão quando a enfermidade é a tuberculose.

Alc. Acho que já discutimos suficientemente o tema da nossa conversa de hoje. E agora, seja como for que Lysicles o tome, devo, em consideração à minha própria reputação, na condição de adversário justo e imparcial, reconhecer que tem certo sentido o que Crito disse sobre a utilidade da religião cristã. Devo mesmo confessar a você que alguns de nossa seita se inclinam a admitir certa tolerância. Lembro-me que, em uma conversa entre vários homens inteligentes, depois de muito debate, chegamos sucessivamente a diversas resoluções. A primeira era que não se deveria tolerar nenhuma religião no Estado; mas isso, depois de pensar melhor, foi considerado impraticável. A segunda era que todas as religiões deveriam ser toleradas,

---

168 Referência às disputas entre as dinastias da casa de York (rosa branca) e da casa de Lancaster (rosa vermelha) pelo trono da Inglaterra, ocorridas entre 1455 e 1485. (N. T.)

mas nenhuma favorecida, exceto o ateísmo; mas receou-se que isso poderia gerar contendas entre as classes mais baixas de pessoas. Chegamos então à conclusão, em terceiro lugar, de que uma ou outra religião deveria ser estabelecida para o uso do vulgo. E, depois de uma longa discussão sobre qual deveria ser essa religião, Lysis, um jovem esperto, percebendo que não havia nenhum sinal de acordo, propôs que se tolerasse a religião atual até que se encontrasse uma melhor. Mas, mesmo admitindo que ela seja conveniente, não posso de modo algum julgá-la verdadeira enquanto houver objeções irrespondíveis contra ela, as quais, se você permitir, tomarei a liberdade de propor para nosso próximo encontro. Com o que todos nós concordamos.

// Sexto diálogo

I. No dia seguinte, por ser domingo, nossos filósofos permaneceram muito tempo na cama, enquanto os demais fomos à Igreja na cidade vizinha, onde jantamos na casa de Euphranor, e depois da cerimônia religiosa noturna voltamos à companhia dos dois filósofos, a quem nós encontramos na biblioteca. Eles nos disseram que, se Deus existisse, devia estar presente em qualquer lugar, assim como na Igreja, e que, se lhe havíamos rendido culto de uma maneira, eles não haviam se furtado a fazer o mesmo de outra, visto que se deve admitir que um livre exercício da razão é o serviço e culto mais aceitável que uma criatura racional pode oferecer ao seu Criador. No entanto, disse Alciphron, se vocês, cavalheiros, são capazes de resolver as dificuldades que apresentarei amanhã de manhã, prometo ir à igreja no próximo domingo.

Depois de uma conversa geral desse tipo, sentamo-nos para uma ceia leve e, na manhã seguinte, nos reunimos no mesmo lugar do dia anterior, onde, estando todos sentados, observei que na semana anterior as nossas conversas haviam se prolongado durante muito tempo e com menos interrupções do que outras vezes, ou do que seria normal na cidade, onde o tempo das pessoas é interrompido por visitas, negócios e diversões, de maneira que quem se contenta em formar suas próprias noções apenas a partir de conversas deve necessariamente tê-las muito desordenadas e imperfeitas.

E o que conseguimos, respondeu Alciphron, com todas essas conversas contínuas? De minha parte, acho que estou exatamente onde eu estava no que diz respeito ao ponto principal que nos separa: a verdade da religião cristã.

Respondi que muitos pontos haviam sido examinados, discutidos e acordados, entre ele e seus adversários, que esperava vê-los // chegar a um acordo completo no final. Pois, em primeiro lugar, disse eu, os princípios e as opiniões daqueles que são chamados livres-pensadores, ou filósofos minuciosos, foram explicados com bastante clareza. Houve também acordo que o vício não é tão vantajoso para a nação como alguns imaginam; que a virtude é altamente útil para a humanidade, mas que a beleza da virtude não é por si só suficiente para comprometê-los a praticá-la e que, portanto, a crença em Deus e na Providência deveria ser encorajada no Estado e tolerada em boa companhia, como uma noção útil. Além disso, foi demonstrado que existe um Deus; que é razoável adorá-lo; e que o culto, a fé e os princípios prescritos pela religião cristã têm uma intenção útil.

Admitamos, respondeu Alciphron, dirigindo-se a Crito, que tudo o que Díon disse seja verdade. No entanto, isso não impede que eu esteja exatamente onde eu estava com relação ao ponto principal. Uma vez que não há nada em tudo isso que prove a verdade da religião cristã; embora cada uma das particularidades enumeradas possa talvez nos predispor a seu favor. Devo, portanto, suspeitar de mim mesmo, no momento, de ser uma pessoa preconceituosa; preconceituosa, digo, em favor do cristianismo. Isso, como eu amo a verdade, coloca-me em guarda contra o engano. Devo, portanto, estar atento e considerar com cuidado cada passo que dou.

2. *Cri.* Você deve se lembrar, Alciphron, que propôs como tema de nossa presente conversa o exame de certas dificuldades e objeções que você tinha a oferecer contra a religião cristã. Agora estamos prontos para ouvir e considerar tudo o que você achar oportuno dizer sobre esta questão. O ateísmo, e uma falsa noção do cristianismo, como algo prejudicial à humanidade, são grandes preconceitos, cuja remoção pode dispor um homem a argumentar com imparcialidade e a aceitar provas razoáveis; mas a remoção dos preconceitos contra uma opinião não deve ser considerada preconceito em favor

da mesma. Pode-se esperar, portanto, que você seja capaz de fazer justiça à sua causa, sem ser escravo dela.

Alc. Oh, Crito! Deve dar graças à sua boa estrela aquele homem a quem a natureza deu uma alma sublime, que pode elevar-se acima das opiniões vulgares e, olhando o rebanho dos homens, contemplá-los espalhados sobre a superfície de toda a terra, divididos e subdivididos em inúmeras nações e tribos, diferindo em noções e princípios, como na linguagem, nos costumes e na moda. O homem que tem uma visão geral do mundo e de seus // habitantes a partir desta posição elevada, acima do alcance do preconceito, parece respirar um ar mais puro, e ver com uma luz mais clara; mas, como transmitir esta visão clara e extensa para aqueles que estão vagando nos caminhos estreitos e sombrios do erro? Esta realmente é uma tarefa difícil; mas, por mais difícil que seja, tentarei realizá-la por todos os meios.

Clara tuae possim praepandere lumina menti.[169]

Saiba então que todas as diversas castas ou seitas dos filhos dos homens têm cada uma a sua fé e seu sistema religioso germinando e brotando daquele grão comum do entusiasmo,[170] que é um ingrediente originário na composição da natureza humana. Cada uma delas falará de comunicação com o mundo invisível, de revelações celestiais, de oráculos divinos e coisas similares. Quando as examino com um olhar imparcial, é impossível que eu concorde com todas estas pretensões; e encontro dentro de mim algo que me impede de aprovar qualquer uma delas. Pois, embora eu esteja disposto a seguir tanto o senso comum como a luz natural, aonde quer que me conduzam, no entanto, a mesma razão que me leva a ceder diante de uma prova racional impede-me de admitir opiniões sem provas. Isso se aplica em geral contra qualquer revelação. E esta é a minha primeira objeção contra a revelação cristã em particular.

---

169 Lucrécio, *Sobre a natureza das coisas*, 1.144. "Pra revelar à tua mente a claridade das luzes." (N. T.)

170 Sobre o entusiasmo, ver Locke, *Ensaio* 4.20; Shaftesbury, *Carta sobre o entusiasmo*, 1707. (N. T.)

Cri. Como essa objeção supõe que não há nenhuma prova ou razão para crer na [revelação] cristã, se uma boa razão puder ser oferecida em favor dessa crença, essa objeção desaparecerá. Agora, presumo que você admitirá que a autoridade do testemunho é uma razão verdadeira e adequada para acreditar em suas informações; e, quanto melhor for esta autoridade, mais justificativa haverá para dar nosso assentimento. Mas a autoridade de Deus é, sob todos os pontos de vista, a melhor, portanto, tudo aquilo que provém de Deus é mais razoável de acreditar.

3. *Alc.* Isso eu admito, mas então deve-se provar que provém de Deus.

Cri. E não são os milagres, e as realizações das profecias, juntamente com a excelência de sua doutrina, uma prova suficiente de que a religião cristã provém de Deus?

Alc. Os milagres, de fato, poderiam provar alguma coisa. Mas que provas temos desses milagres?

Cri. Provas do mesmo tipo que temos ou podemos ter de quaisquer outros fatos ocorridos a grande distância, e há muito tempo. Temos // relatos autênticos transmitidos a nós por testemunhas oculares, que não podemos imaginar induzidas a nos enganar por qualquer motivo humano, porquanto essas testemunhas agiram até mesmo contra seus próprios interesses, preconceitos e princípios nos quais haviam sido criadas e educadas. Esses relatos foram confirmados pela destruição sem paralelo da cidade de Jerusalém e pela dispersão da nação judaica, que é um testemunho permanente da verdade do Evangelho, particularmente das predições de nosso abençoado Salvador. Esses relatos, em menos de um século, foram espalhados por todo o mundo e acreditados por um grande número de pessoas. Esses mesmos relatos foram entregues por escrito, traduzidos em diversas línguas e transmitidos com o mesmo respeito e consentimento dos cristãos nas igrejas mais distantes.

Você não vê, disse Alciphron, olhando fixamente para Crito, que tudo isso se mantém por tradição?[171] E a tradição, eu lhe asseguro, oferece ape-

---

171 A crítica à tradição é um tema frequente entre os livres-pensadores. Neste diálogo Berkeley confronta especialmente as ideias de Anthony Collins, *The Scheme of Literal prophecy Considered*, 1727, I.3. (N. T.)

nas uma garantia fraca; é uma corrente, cujos primeiros elos podem ser mais fortes do que o aço, mas o último, fraco como a cera e frágil como o cristal. Imagine um quadro copiado sucessivamente por uma centena de pintores, uns dos outros. Que semelhança deve ter a última cópia com o original! Quão viva e distinta será uma imagem, depois de ter se refletido uma centena de vezes entre dois espelhos paralelos! Esta será, penso eu, a semelhança e vivacidade da fraca e evanescente tradição após dezesseis ou dezessete séculos. Alguns homens têm um coração falso, outros, uma mente defeituosa, e quando ambos são verazes, a memória pode ser traiçoeira. Consequentemente, sempre há algo acrescentado, algo omitido e algo que se afasta da verdade; e a soma de muitas dessas adições, subtrações e alterações, acumuladas durante muitos séculos, no final das contas convertem o relato em outra coisa completamente distinta.

Cri. Podemos conhecer os fatos antigos pela tradição oral ou escrita; e esta última podemos dividi-la em dois tipos: privada e pública, segundo os escritos sejam conservados nas mãos de homens particulares ou guardados em arquivos públicos. Agora, todos estes três tipos de tradição, pelo que posso ver, concorrem para atestar a genuína antiguidade dos Evangelhos. E elas são confirmadas por evidências indiretas de ritos instituídos, de festividades celebradas e monumentos erguidos pelos cristãos antigos, tais como igrejas, batistérios e sepulcros. Agora, admitindo que sua objeção seja válida contra a tradição oral, tomada isoladamente, ainda não posso pensar que seja algo tão difícil de // transcrever fielmente. E as coisas, uma vez confiadas à escrita, estão a salvo dos lapsos de memória e podem, com o cuidado comum, ser preservadas integralmente por tanto tempo quanto durar o manuscrito; e a experiência demonstra que este pode conservar-se por mais de mil anos. Admite-se que o manuscrito alexandrino[172] tenha mais de 1200 anos, e é muito provável que existissem então cópias de quatrocentos anos antes. Uma tradição, portanto, com mais de 1600 anos só precisou de dois ou três elos em sua corrente. E estes elos, apesar do grande período de tempo, podem ser muito bons e íntegros, visto que nenhum homem razoá-

---

172 Referência ao *Codex Alexandrinus*, datado do séc. V, um dos mais completos manuscritos gregos da Bíblia, conservado no Bristish Museum. (N. T.)

vel negará que um manuscrito antigo pode ter agora o mesmo crédito que tinha quando foi escrito. Sabemos, mediante autoridade confiável, e parece provável, que os cristãos primitivos tiveram grande cuidado ao transcrever as cópias do Evangelho e as Epístolas para seu uso privado; e que outras cópias foram preservadas como documentos públicos em várias Igrejas espalhadas pelo mundo, e que partes delas eram frequentemente lidas em suas assembleias. O que mais se pode dizer para provar que os escritos dos autores clássicos, ou os registros antigos de qualquer tipo, são autênticos?

Alciphron, dirigindo a palavra a Euphranor, disse: uma coisa é silenciar um adversário, outra, convencê-lo. O que você acha, Euphranor?

Euph. Sem dúvida que é.

Alc. Mas o que eu quero é ser convencido.

Euph. Esse ponto não é tão claro.

Alc. Mas, por mais boa intenção que um homem tenha, ele não pode ser convencido por argumentos prováveis contra uma demonstração.

Euph. Admito que não pode.

4. *Alc.* Agora, é tão evidente tanto quanto uma demonstração pode ser que nenhuma fé divina pode ser construída sobre a tradição. Imaginemos um cidadão honesto, crédulo, catequizado e admoestado todos os domingos por seu pároco: é evidente que ele acredita no clérigo, e não em Deus. Ele nada sabe sobre revelações, doutrinas e milagres, a não ser o que o sacerdote // lhe diz. Nisso ele acredita, e sua fé é puramente humana. Se você diz que ele tem a liturgia e a Bíblia como fundamento de sua fé, a dificuldade ainda persiste. Porque, quanto à liturgia, ele deposita sua fé no magistrado civil, assim como no eclesiástico: nenhum dos quais pode pretender uma inspiração divina. Quanto à Bíblia, ele a toma, assim como o seu livro de orações, na confiança de que o impressor tenha feito, como ele acredita, edições fiéis de cópias fiéis. Eis aqui a fé, mas que fé? Fé no pároco, no magistrado, no impressor, no editor, no copista, mas nenhuma das quais pode, sob qualquer pretexto, chamar-se fé divina. Recebi esta indireta de Crátilo;[173] é uma flecha de sua aljava, e acreditem-me, muito afiada.

---

173 Alusão a Shaftesbury, *Características*, 3, p.72. (N. T.)

Euph. Permitam-me tomar e experimentar esta mesma flecha com minhas mãos. Suponhamos então que seu conterrâneo ouça um magistrado proclamar a lei desde o tribunal, ou suponhamos que ele a leia em um livro de estatutos. O que você pensa, é o impressor ou a justiça o objeto verdadeiro e próprio de sua fé e submissão? Ou você reconhece uma autoridade superior sobre a qual se fundam esses atos de lealdade, e na qual eles realmente se apoiam? Novamente, suponha que você leia uma passagem em Tácito, que você acredita ser verdadeira; você diria que deu seu assentimento a ela pela autoridade do impressor ou do copista mais que pela autoridade do historiador?

Alc. Talvez sim, talvez não. Não me considero obrigado a responder a esses pontos. O que é isso senão transferir a questão de um assunto para outro? Aquilo que estamos examinando não é nem a lei nem a história profana, mas a tradição religiosa e a fé divina. Vejo claramente o que você almeja, mas jamais aceitarei como resposta para uma dificuldade a apresentação de outra.

Cri. Oh, Alciphron!, assim não é possível convencer você, que exige que os outros (como você gosta de dizer),[174] se mantenham firmes e seguros enquanto você arranca seus preconceitos. Como discutir com você a não ser mediante suas concessões, e como saber o que você concede se você não se dispõe a dizê-lo?

Euph. Mas, para lhe poupar o trabalho, pela primeira vez vou supor uma resposta. A minha pergunta admite apenas duas respostas: faça sua escolha. Da primeira se deduzirá, por uma analogia, que podemos facilmente conceber que um homem pode ter uma fé divina, embora nunca tenha sentido inspiração ou visto um milagre, na medida em que é igualmente possível para a mente, qualquer que seja o meio, oral ou escrito, através do qual a revelação divina seja transmitida, // remontar seu pensamento e submissão até sua fonte e apoiar sua fé não em uma autoridade humana, mas na autoridade divina; não no instrumento ou meio de comunicação, mas em sua própria origem elevada, como seu próprio e verdadeiro objeto. Da outra resposta se deduzirá que você introduz um ceticismo geral no conheci-

---

174 Ver *Primeiro diálogo*, p.44, nota 6. (N. T.)

mento humano, e que você quebra as dobradiças sobre as quais giram e se sustentam o governo civil e todos os assuntos humanos. Em uma palavra, você destruiria a fé humana para desfazer-se da fé divina. E como isso está de acordo com a sua declaração de que você deseja ser convencido, deixo isso para sua consideração.

5. *Alc.* Ficaria realmente feliz em ser convencido de uma forma ou de outra, e de chegar a alguma conclusão. Mas tenho tantas objeções de reserva que você não deve ter tanta esperança baseado no fato de superar alguma. Você pode ter certeza de que me comportarei como um cavalheiro e um amante da verdade. Vou propor minhas objeções de forma breve e clara, e aceitar as respostas razoáveis tão prontamente quanto você puder apresentá-las. Vamos, Euphranor, tire o máximo partido de sua tradição, você nunca poderá considerar constante e universal uma tradição que se reconhece que foi desconhecida, ou, na melhor das hipóteses, contestada na Igreja durante muitos séculos; e este é o caso do cânone do Novo Testamento. Pois, embora nós tenhamos agora um cânone, como o chamam, estabelecido, contudo todos devemos reconhecer e admitir que a tradição não pode se tornar mais forte com o tempo, e que o que era incerto nos tempos primitivos não pode ser indubitável nos tempos subsequentes. O que você diz em relação a isso, Euphranor?

Euph. Gostaria de compreender claramente as suas palavras antes de lhe responder. Parece-me que esta sua objeção supõe que, onde uma tradição foi constante e indiscutível, essa tradição pode ser admitida como uma prova, mas que, onde a tradição é defeituosa, a prova deve também ser defeituosa. É isso o que você quer dizer?

Alc. É.

Euph. Consequentemente, os Evangelhos e as Cartas de São Paulo, que foram universalmente aceitos no início, e desde então nunca foram postos em dúvida pela Igreja, devem, apesar dessa objeção, ser admitidos com toda razão como genuínos. E se esses livros contiverem, como realmente contêm, todos aqueles pontos que eu e você estamos discutindo, que necessidade tenho de discutir com você sobre a autoridade de alguns outros livros do Novo Testamento, que mais tarde vieram a ser amplamente conhecidos e

226 recebidos na Igreja? Se um homem aceita os // livros incontestados, já não é mais um infiel, embora ele não considere canônicas as revelações ou a *Epístola de São Tiago* ou a de São Judas, ou a última de São Pedro, ou as duas últimas de São João. A autoridade adicional dessas partes das Sagradas Escrituras pode ter a sua importância em determinadas controvérsias entre os cristãos, mas não pode acrescentar nada aos argumentos contra o infiel enquanto tal. Por isso, embora eu acredite que [uma era subsequente possa esclarecer o que estava obscuro ou duvidoso numa precedente, e que]¹⁷⁵ podem atribuir-se boas razões para aceitar esses livros, ainda assim, essas razões parecem agora alheias ao nosso propósito. Quando você for um cristão, então haverá tempo suficiente para discutir este tema. E você estará mais próximo disso se abreviarmos o caminho, omitindo este tema no momento.

Alc. Não tão próximo como você talvez imagine, pois, apesar de todas as coisas justas e plausíveis que você possa dizer sobre a tradição, quando considero o espírito de falsificação que reinou nos tempos primitivos, e reflito sobre os vários Evangelhos, Atos e Epístolas atribuídos aos apóstolos, que ainda são considerados espúrios, confesso que não posso deixar de desconfiar de tudo.

Euph. Diga-me, Alciphron, você considera espúrios todos os escritos de Platão porque o *Diálogo sobre a morte,* por exemplo, é considerado espúrio? Ou você não admitiria nenhum dos escritos de Cícero como genuínos porque Sigonio impôs um livro de sua própria autoria como o tratado *De Consolatione* de Cícero, e sua impostura se manteve durante algum tempo no mundo?

Alc. Suponha que eu admita como obras de Cícero e Platão aquelas que comumente são consideradas como tais. E então?

Euph. Então eu gostaria de saber se é justo e imparcial que um livre-pensador avalie a credibilidade dos livros profanos e dos sagrados por uma regra diferente. Diga-me sobre que base nós, cristãos, devemos discutir com os filósofos minuciosos; se estamos autorizados a tirar partido das máximas comuns à lógica e à crítica? Se pudermos, teremos o prazer de apontar uma razão pela qual os escritos espúrios – que, no estilo, na forma e na matéria trazem marcas visíveis de impostura, e foram consequentemente rejeitados

---

175 Acréscimo da edição B. (N. T.)

pela Igreja –, podem servir de argumento contra aqueles que foram universalmente aceitos e transmitidos // por uma tradição unânime e constante.
[Não conheço nada verdadeiramente valioso que não tenha sido falsificado;
por isso, este argumento é universal. Mas aquilo que se infere contra todas
as coisas não deve ser admitido contra nenhuma.][176] Em todas as épocas
e em todas as grandes sociedades humanas têm havido muitos impostores
caprichosos, vaidosos ou perversos, que por diferentes motivos enganaram
o mundo através de escritos espúrios, e deram trabalho para os críticos,
tanto no saber profano como no sagrado. E pareceria tão estúpido rejeitar
os verdadeiros escritos dos autores profanos por causa dos espúrios como
pareceria irracional supor que entre os hereges e as diversas seitas dos cristãos não pudesse haver ninguém capaz de semelhante impostura.

[*Alc.* Não vejo nenhum meio de julgar: é tudo obscuro e duvidoso, uma
mera conjectura, tendo transcorrido há tanto tempo.

Cri. Mas, se sei que várias pessoas preparadas se reuniram num Concílio,
examinaram e distinguiram os escritos autênticos dos espúrios, relativos
a um ponto de máxima importância, em uma época próxima à de redação
desses escritos; embora eu, à distância de tantos séculos, não tivesse outra
prova; no entanto, sua decisão seria importante para inclinar o meu juízo,
visto que é provável que eles tivessem várias provas e razões para o que fizeram, e não é totalmente improvável, sem dúvida, que essas razões possam
ter desaparecido num intervalo de tempo tão longo.*][177]

6. *Alc.* Mas, ainda que a tradição esteja sempre bem atestada e os livros
sejam sempre autênticos, ainda não posso supor que eles foram escritos por
pessoas divinamente inspiradas, visto que encontro neles certos caracteres
incompatíveis com tal suposição. Certamente, a linguagem mais pura, o
estilo mais perfeito, o método mais exato e, em resumo, todas as excelências
da boa escrita, podem ser esperados em uma obra composta ou ditada pelo

---

176 Acréscimo da terceira edição, de 1752. (N. T.)

  * Vide Can. lx. Concil. Laodicen. [A nota se refere ao Cânone do Concílio de Lao-
    diceia, em 360, no qual se fixou o cânone do Novo Testamento. (N. T.)]

177 Acréscimo da edição B, de 1732. (N. T.)

Espírito de Deus. Mas seria ímpio não rejeitar, e atribuir à Divindade, livros nos quais descobrimos o contrário de tudo isso.[178]

Euph. Diga-me, Alciphron, os lagos, os rios e os oceanos estão delimitados por linhas retas? As colinas e as montanhas são pirâmides ou cones exatos? Ou as estrelas compõem figuras regulares?

228 // *Alc.* Não.

Euph. Mas, nas obras dos insetos, podemos observar figuras quase tão exatas como se fossem desenhadas por meio de réguas e compasso.

Alc. Podemos.

Euph. Não parece, então, que uma exatidão regular, ou uma atenção escrupulosa ao que os homens chamam de regras da arte, não é observada nas grandes obras do Autor da Natureza?

Alc. Sim.

Euph. E quando um grande príncipe declara sua vontade por meio de leis e decretos a seus súditos, ele se preocupa com um estilo puro ou composição elegante? Ele não deixa que seus secretários e funcionários expressem suas ordens com as palavras deles? Em tais ocasiões, não se considera a expressão adequada se ela transmite tudo o que se pretendia dizer? E não se julgaria afetado e impróprio para tal uso o tom divino de certos críticos modernos?

Alc. Deve-se admitir que leis, decretos e concessões, por solecismo e tautologia, são uma ofensa muito grave para os ouvidos melodiosos de um homem de engenho.[179]

Euph. Por que então deveríamos esperar dos oráculos de Deus uma exatidão que seria inadequada e abaixo da dignidade de um monarca terreno, e que não tem nenhuma relação ou semelhança com as magníficas obras da criação?

Alc. Mas, admitindo que uma atenção precisa em relação às partículas e regras críticas seja uma coisa muito trivial e insignificante para ser esperada nas revelações divinas, e que há mais força, espírito e verdadeira grandeza em um estilo negligente e irregular do que nas frases bem construídas de um escritor culto; que relação, porém, tudo isso guarda com as composições triviais e maçantes daqueles que você chama de escritores sagrados? Nunca

---

178 Shaftesbury, *Características*, 3, p.231, 237; Butler, *Analogy*, 2.3. (N. T.)

179 Edições A e B: "um bom escritor". (N. T.)

poderia convencer-me de que o Ser supremo escolheria os mais pobres e insignificantes dos escribas como seus secretários.

Euph. Oh, Alciphron!, se me atrevesse a seguir o meu próprio julgamento, seria capaz de pensar que há belezas esplêndidas no estilo das Sagradas Escrituras. Nas partes narrativas um estilo tão simples e espontâneo; nas partes devocionais e proféticas, um estilo tão animado e sublime; e nas partes doutrinárias, um ar de dignidade e autoridade que parece expressar sua origem divina. Mas não entrarei numa discussão sobre gostos, e muito menos ainda imporei o meu julgamento sobre um tema tão atraente contra aquele dos homens sagazes, e de gênio, dos quais sua seita está cheia. E não tenho nenhuma tentação para fazer isso, visto que me parece que os oráculos de Deus // não são inferiores por serem expostos num estilo simples, em vez de "nas palavras sedutoras da sabedoria humana."[180]

Alc. Esta talvez seja uma apologia da simplicidade e negligência na escrita.

7. Mas que apologia pode ser feita da insensatez, da pura insensatez,[181] da qual eu poderia facilmente apresentar inúmeros exemplos, tendo uma vez em minha vida lido toda a Escritura justamente com essa mesma visão? Veja aqui, disse ele, abrindo uma Bíblia no salmo 49: o autor começa com grande magnificência, exortando a todos os habitantes da terra a prestar atenção, e assegurando-lhes que sua boca falará de sabedoria, e a meditação de seu coração será de compreensão.

Quid dignum tanto feret hic promitente hiatu?[182]

Ele mal terminou seu prólogo, lançou esta insensata pergunta: "Por que deveria ter medo nos dias infortunados, quando a maldade dos meus calcanhares me circunda?" A iniquidade dos meus calcanhares! Que absurdo, depois de uma introdução tão solene!

---

180 *Coríntios*, 2: 1 e 2: 4. (N. T.)

181 Tindal, *Christianity as Old as the Creation*, 1730, p.207. (N. T.)

182 Horácio, *Arte poética*, v, 138. "Que obra digna de tal exórdio nos dará o autor desta promessa?" (N. T.)

Euph. De minha parte, tenho olhos naturalmente fracos e sei que há muitas coisas que não posso ver, as quais são, não obstante, muito claras para outras pessoas. Portanto, não posso concluir que uma coisa seja absolutamente invisível, porque ela é assim para mim. E, visto que é possível que ocorra com o meu entendimento o que ocorre com meus olhos, não me atrevo a dizer que uma coisa é absurda porque eu não a compreendo. Desta passagem foram apresentadas várias interpretações. A palavra traduzida por "calcanhares"[183] pode significar fraude ou suplantação; alguns a têm traduzido por "maldade do passado", sendo o calcanhar a parte posterior do pé; outros por "iniquidade no fim dos meus dias", sendo o calcanhar uma extremidade do corpo; alguns por "iniquidade de meus inimigos que podem me suplantar"; outros por "minhas próprias faltas ou iniquidades que deixei passar por questões de pouca importância e que pisoteei com meus pés". Alguns a traduziram por "a iniquidade de meus passos"; outros por "minhas transgressões, que são como escorregões e tropeços do calcanhar"; e, ao fim e ao cabo, não poderia esta expressão, tão áspera e estranha aos ouvidos ingleses, ter sido muito natural e óbvia na língua hebraica, que, como todas as demais línguas, tinha seus dialetos? Pode-se entender facilmente que a força e a propriedade de certas expressões tenha se perdido // com o passar do tempo, assim como o significado de diversas palavras hebraicas, que agora não são inteligíveis, embora ninguém duvide que já tiveram um significado tanto quanto as outras palavras daquela língua. Admitindo, portanto, que certas passagens nas Sagradas Escrituras não podem ser compreendidas, não se seguirá daí que seus autores escreveram absurdos; pois penso que *absurdo* é uma coisa, e *ininteligível*, outra.

Cri. Um cavalheiro inglês que conheço, tendo certo dia hospedado em sua casa alguns estrangeiros, mandou seu criado saber o motivo de um repentino tumulto no pátio, e o criado lhe trouxe a notícia de que *"the horses were fallen together by the ears"*. Seus convidados lhe perguntaram qual era o problema, e ele traduziu literalmente: *Les chevaux son tombés ensemble par les oreilles,*[184] o que os surpreendeu, porque aquilo que tinha um sentido muito claro em inglês

---

183 No original: *"heels"*.

184 O sentido da expressão inglesa é: "os cavalos brigam". A tradução literal para o francês equivale à tradução literal para o português: "Os cavalos caíram juntos pelas orelhas". (N. T.)

George Berkeley

era incompreensível quando traduzido palavra por palavra em francês. E lembro-me de ter ouvido um homem se desculpar pelos despropósitos de seus concidadãos, por fazerem tantas traduções literais.

Euph. Mas, para não tornar-me enfadonho, remeto aos críticos e comentadores, onde você encontrará o uso desta observação, que, esclarecendo várias passagens obscuras que você considera absurdas, pode talvez inclina-lo a desconfiar de seu próprio julgamento sobre o resto. Neste mesmo salmo que você mencionou, o bom senso e a moral contidos no que se segue deveriam, a meu ver, fazer que um leitor imparcial julgasse favoravelmente o sentido original do autor naquela parte que ele não poderia compreender. Diga-me, Alciphron, ao ler os clássicos, você conclui imediatamente que toda passagem que você não entende é absurda?

Alc. De maneira alguma; deve-se supor que as dificuldades surgem por causa dos diferentes dialetos, dos costumes antigos, das insinuações e alusões, claras em determinada época e em determinado lugar, e obscuras em outro.

Euph. E por que você não julga as Escrituras pela mesma regra? Essas causas de obscuridade que você menciona são todas comuns tanto aos escritos sagrados quanto aos profanos; e não há dúvida de que um conhecimento mais exato da linguagem e das circunstâncias faria com que tanto as causas como as dificuldades desaparecessem como as sombras à luz do sol. Jeremias, para descrever um invasor furioso, disse: "Eis que, como um leão, emergirá das enchentes do Jordão um inimigo contra a morada do forte."[185]

231 // Alguém poderia pensar que esta passagem é estranha e imprópria, e que teria sido mais razoável ter dito "um leão da montanha ou do deserto". Mas os viajantes, como observa um homem engenhoso, que viram o rio Jordão ladeado por planícies, com muitos juncos e moitas que oferecem abrigo aos animais selvagens (que, sendo repentinamente desalojados por um rápido transbordamento do rio, correm para as terras altas), percebem a força e propriedade da comparação; e que a dificuldade procede, não do disparate do escritor, mas da ignorância do leitor.[186]

---

185 *Jeremias,* 49: 19. (N. T.)

186 As edições A e B, de 1732, incluíam o seguinte parágrafo, suprimido na terceira edição, de 1752: "É supérfluo acumular exemplos que podem ser encontrados em todos os comentadores. Permitam-me apenas observar que às vezes os homens,

Alc. Às vezes uma ou outra passagem difícil pode ser esclarecida, mas há muitas que nenhuma arte ou sagacidade humana pode explicar. O que você diria em relação àquelas descobertas feitas por alguns de nossos doutos escritores sobre as falsas citações do Antigo Testamento, encontradas no Evangelho?

Euph. Que algumas poucas passagens do Antigo Testamento sejam citadas erroneamente pelos escritores do Novo Testamento, e do Novo pelos Padres, que não reproduzem exatamente o texto nele encontrado, não é uma descoberta nova dos filósofos minuciosos, mas algo conhecido e observado muito tempo antes pelos escritores cristãos; que não tiveram nenhum escrúpulo em reconhecer que algumas coisas podem ter sido inseridas no texto por descuido ou erro dos copistas, à margem, umas omitidas e outras alteradas; daí tantas leituras diversas. // Mas essas são coisas de pouca importância e às quais todos os outros autores antigos estiveram sujeitos, e

---

por buscar mais a fundo e mais além do que o necessário um sentido profundo ou remoto, deixam de ver o sentido natural e óbvio que está, por assim dizer, a seus pés, criando assim dificuldades em vez de resolvê-las. Este parece ser o caso daquela célebre passagem da primeira carta de São Paulo aos Coríntios, que tanto deu o que falar: 'Doutra maneira, o que farão os que se batizam pelos mortos? Se, absolutamente, os mortos não ressuscitam, por que se batizam por eles?' (*Coríntios.* 15, 29) Lembro-me de ter ouvido Laches, o vigário de nossa paróquia, explicar este texto ao meu vizinho Lycon, que estava muito perplexo com seu significado. Se tivesse sido traduzido, tal como poderia ter sido muito bem, por 'batizados pelo amor dos mortos', não vejo, disse Laches, por que as pessoas deveriam ficar perplexas com o sentido desta passagem. Pois, diga-me, eu lhe peço, por amor de quem você acha que aqueles cristãos foram batizados? Pelo amor de quem, respondeu Lycon, senão pelo amor de si mesmos? O que você quer dizer? Pelo amor de si mesmos nesta vida ou na outra? Sem dúvida na outra, pois estava claro que não podiam obter nenhum bem nesta. Então eles foram, respondeu Laches, batizados não pelo amor de si mesmos nesta vida, senão pelo amor de si mesmos depois da morte, ou seja, não pelos vivos, mas pelos mortos. Certamente. O batismo, portanto, deve ter sido para eles uma coisa estéril, se os mortos não ressuscitam? Deve. Daí Laches inferiu que o argumento de São Paulo era claro e pertinente para a ressurreição, e Lycon admitiu que se tratava de um *argumentum ad hominem* para aqueles que haviam buscado o batismo. Não há, então, concluiu Laches, nenhuma necessidade de supor que naqueles tempos os vivos eram batizados no lugar dos mortos que morriam sem o batismo, ou de recorrer a outras estranhas suposições, ou interpretações forçadas e exageradas para dar sentido a essa passagem". (N. T.)

das quais nenhum ponto da doutrina depende, que não possa ser provado sem elas. Mais ainda, se isso favorece a sua causa, observou-se que o salmo 18, tal como é citado no capítulo 22 do segundo do livro de Samuel, apresenta mais de quarenta variantes se você considerar cada pequena diferença literal; e, que um crítico pode ocasionalmente descobrir pequenas variações, é algo que ninguém pode negar. Mas, para tirar o máximo proveito dessas concessões, o que você pode inferir delas senão que o desígnio da Sagrada Escritura não era nos informar exatamente todos os detalhes? E que o Espírito não ditou cada letra ou sílaba, nem as preservou milagrosamente da menor alteração? Acreditar nisso pareceria superstição rabínica.

Alc. Mas que marcas da divindade pode haver em escritos que não alcançam sequer a exatidão da arte humana?

Euph. Nunca pensei nem esperei que a Sagrada Escritura se mostrasse divina, por uma precisão circunstancial da narrativa, por uma exatidão de método, por uma estrita observância das regras da retórica, da gramática e da crítica, em períodos harmoniosos, em expressões graciosas e seletas, ou em definições e divisões técnicas. Essas coisas se pareceriam muito a uma composição humana. Parece-me que existe naquele estilo simples, não afetado, natural, irregular, ousado e figurativo da Sagrada Escritura, um caráter singularmente grandioso e majestoso, e que se assemelha mais a uma inspiração divina do que qualquer outra composição que eu conheça. Mas, como eu disse antes, não discutirei sobre um ponto de crítica com os cavalheiros de sua seita, que, ao que parece, são o padrão moderno de inteligência e bom gosto.

Alc. Bem, não insistirei sobre pequenos lapsos ou sobre a imprecisão das citações ou transcrições. E eu livremente reconheço que as repetições, a falta de método ou a falta de exatidão nos detalhes não são as coisas que principalmente me incomodam; não mais do que os simples usos e costumes patriarcais, ou os usos e costumes peculiares dos judeus e dos primeiros cristãos, tão diferentes dos nossos; e que rejeitar a Escritura por tais motivos seria agir como aqueles franceses espirituosos, que censuram Homero porque não encontram nele o estilo, as noções e os costumes de sua própria época e de seu país. Não houvesse mais nada a nos dividir, eu não teria nenhuma grande dificuldade em admitir que um estilo popular

233 e incorreto poderia // responder aos fins gerais da revelação, assim como, talvez, um estilo mais criterioso e preciso. Mas ainda me resta a objeção da obscuridade. Acho que se o Ser supremo tivesse falado ao homem, ele teria lhe falado claramente, e que a palavra de Deus não precisaria de um comentário.

8. *Euph.* Você parece, Alciphron, pensar que a obscuridade é um defeito; mas se se demonstrasse que não é um defeito, então esta objeção não teria nenhuma força.

Alc. Admito que não teria.

Euph. Por favor, diga-me, não são as palavras e o estilo instrumentos para transmitir os pensamentos e as noções, para gerar conhecimento, opinião e assentimento?

Alc. Isso é verdade.

Euph. E a perfeição de um instrumento não deve ser medida pelo uso para o qual ele serve?

Alc. Sim.

Euph. Por conseguinte, o que é um defeito em um instrumento pode não sê-lo em outro. Por exemplo, as ferramentas afiadas são, em geral, projetadas para cortar; mas, sendo diferentes os usos de um machado e de uma navalha, não é nenhum defeito em um machado que ele não tenha o fio cortante de uma navalha, nem na navalha que ela não tenha o peso ou o poder de um machado.

Alc. Reconheço que isso é verdade.

Euph. E não podemos dizer, em geral, que todo instrumento que atende ao propósito ou a intenção daquele que o usa é perfeito?

Alc. Podemos.

Euph. Consequentemente, parece seguir-se que nenhuma linguagem humana é defeituosa quanto a sua clareza, ainda que não seja inteligível para todos os homens, se for o suficiente para aqueles que, segundo sua intenção, deveriam compreendê-la; ou embora não seja igualmente clara em todas as partes, ou não transmita um conhecimento perfeito, quando pretendia apenas uma sugestão imperfeita.

Alc. Parece que sim.

Euph. Não deveríamos nós, portanto, conhecer a intenção do falante para sermos capazes de saber se o seu estilo é obscuro por defeito ou intencionalmente?

Alc. Deveríamos.

Euph. Mas será que é possível que um homem conheça todos os fins e propósitos das revelações de Deus?

// *Alc.* Não é.

Euph. Como, então, você pode dizer que a obscuridade de algumas partes das Escrituras pode ser compatível com as intenções que você não conhece e, consequentemente, que não é um argumento contra a sua procedência divina? Os livros das Sagradas Escrituras foram escritos em línguas antigas, em tempos distantes, em diversas ocasiões, e sobre temas muito diferentes. Não é então razoável imaginar que algumas partes ou passagens poderiam ter sido claramente compreendidas por aqueles, para cujo uso adequado elas foram principalmente destinadas, ainda que nos pareçam obscuras para nós que falamos outra língua e vivemos em outros tempos? É totalmente absurdo ou incompatível com a noção que temos de Deus ou do homem supor que Deus pode revelar, e todavia revelar com reserva, determinados assuntos remotos e sublimes, contente em nos fornecer alusões e sugestões, em vez de nos fornecer visões? Não podemos também supor, pela razão das coisas e pela analogia da natureza, que alguns pontos, que de outra forma poderiam ter sido explicados com mais clareza, tenham sido deixados obscuros simplesmente para encorajar nossa diligência e modéstia? Duas virtudes que, se não parecem desrespeitosas a tais grandes homens, eu recomendaria aos filósofos minuciosos.

Lysicles respondeu: Isso de fato é excelente! Você espera que os homens de bom senso e espírito fechem com grande humildade seus olhos e acreditem cegamente em todos os absurdos e disparates que serão apresentados a eles como revelação divina.

Euph. Pelo contrário, gostaria que abrissem os olhos, olhassem atentamente e examinassem o espírito, se é de Deus, e que não condenassem indistintamente e de forma ignorante todas as religiões em conjunto, nem a piedade por causa da superstição, nem a verdade por causa do erro, nem as questões de fato por causa de ficções: uma conduta que, à primeira vista,

Alciphron, ou o filósofo minucioso

pareceria absurda na História, nas Ciências Naturais, ou em qualquer outro ramo da investigação humana. Mas, comparando a doutrina cristã, ou as Sagradas Escrituras, com outras pretensões à revelação divina, examinando com imparcialidade as doutrinas, os preceitos e os acontecimentos nela contidos; pesando-a na balança com outras explicações religiosas, naturais, morais ou históricas, e examinando atentamente todas as provas internas e externas, que durante tantos séculos foram capazes de influenciar e persuadir tantos homens sábios, cultos e curiosos, talvez tais homens de bom senso e espírito possam encontrar na doutrina cristã algumas características peculiares que a distinguem suficientemente de todas as outras religiões e pretensas revelações, sobre as quais fundamentar uma **235** fé racional. Neste caso, deixo que eles // considerem se seria justo rejeitar com desprezo absoluto uma revelação tão distinta e atestada por causa da obscuridade de algumas de suas partes. E seria indigno aos homens de bom senso e espírito como eles reconhecer que, pelo que sabem, uma luz inadequada às coisas pode, contudo, ser adequada para os propósitos da Providência? Ou seria indigno de sua sagacidade e habilidade crítica admitir que as traduções literais de livros escritos em uma língua oriental antiga, na qual há tantas peculiaridades, quanto à maneira de escrever, as figuras de linguagem e as expressões idiomáticas,[187] tão distante de todas as nossas línguas modernas, e da qual não temos outros escritos contemporâneos subsistentes, poderia muito bem ser obscura em muitas passagens, especialmente naquelas que tratam de temas sublimes e difíceis por sua própria natureza, ou aludem a coisas, costumes, ou eventos muito distantes do nosso conhecimento? E, por fim, não conviria a seu caráter, como homens imparciais e sem preconceitos, considerar a Bíblia sob o mesmo ponto de vista com que examinam os autores profanos? Os homens são bastante indulgentes com as transposições, omissões e erros literais dos copistas em outros livros antigos, e muito mais com as diferenças de estilo e forma, especialmente em escritos orientais, como os que se conservam de Zoroastro e Confúcio, e por que não com o dos profetas? Ao ler Horácio ou Pérsio, para penetrar o seu sentido, é preciso um grande esforço para descobrir um

---

187 Edições A e B: "e as estruturas das frases". (N. T.)

drama oculto, e por que não ao ler Salomão ou São Paulo? Ouvi dizer que há certos homens engenhosos que desprezam a poesia do rei Davi e, não obstante, dispõe-se a admirar Homero e Píndaro. Se não houver nenhum preconceito nem afetação nisso, que eles façam uma tradução literal desses autores para a prosa inglesa, e eles estarão então em melhores condições de julgar os *Salmos*.

Alc. Você pode discorrer e estender-se, mas, não obstante tudo o que você disse ou dirá, é um ponto claro que uma revelação que não revela, não pode ser mais que uma contradição em termos.

Euph. Diga-me, Alciphron, você não reconhece que a luz do sol é a obra mais gloriosa da Providência neste mundo natural?

Alc. Suponha que sim.

Euph. Essa luz,[188] no entanto, que você não pode negar que seja obra de Deus, brilha apenas sobre a superfície das coisas, não brilha de jeito nenhum durante a noite, brilha imperfeitamente no crepúsculo, e às vezes é // ocultada, refratada e obscurecida, e mostra as coisas distantes e pequenas de forma imperfeita e vagamente, ou não as mostra de modo algum. Isso é verdade ou não?

Alc. É.

Euph. Não deveria seguir-se, portanto, que esperar neste mundo uma iluminação uniforme e constante de Deus, sem qualquer mistura de sombra ou mistério, significaria distanciar-se da regra e da analogia da criação? E que, consequentemente, não constitui um argumento que a luz da revelação não seja divina, porque pode não ser tão clara e plena quanto você espera, [ou porque pode não brilhar igualmente o tempo todo ou em todos os lugares].

Alc. Como prometi ser sincero e imparcial ao longo de todo este debate, devo reconhecer que você disse algumas coisas plausíveis, como um bom argumentador nunca deixará de fazer para defender seus preconceitos.

9. Mas, para falar francamente, devo dizer, de uma vez por todas, que você pode perguntar e responder, exemplificar e estender-se sem parar, sem ser capaz de me convencer de que a religião cristã é divinamente revelada.

---

188 *Siris*, § 340. (N. T.)

Alciphron, ou o filósofo minucioso

Já disse muitas coisas, e tenho muito mais a dizer, as quais, acredite em mim, têm peso não somente a meus olhos, mas também aos olhos de muitos grandes homens, meus bons amigos, e terão seu peso, seja o que for que Euphranor possa dizer em sentido contrário.

Euph. Oh, Alciphron! Invejo a sua felicidade por tais amizades. Mas, como me coube em sorte viver neste lugar remoto, não desfruto deste privilégio e sou obrigado a tirar o maior proveito desta oportunidade que você e Lysicles colocaram em minhas mãos. Eu os considero dois médicos competentes, e vocês devem me considerar como um paciente que vocês generosamente tentaram curar. Agora, o paciente deve ter total liberdade para explicar seu caso e relatar todos os seus sintomas, pois sua ocultação poderia impedir uma cura perfeita. Então, gostaria que você me entendesse não como contestando ou argumentando contra sua habilidade ou seus medicamentos, mas somente como expondo meu próprio caso e os efeitos que os medicamentos têm sobre mim. Diga-me, Alciphron, você não me deu a entender que iria extirpar meus preconceitos?

Alc. É verdade. Um bom médico erradica todos os vestígios da doença. Vamos, eu o escutarei pacientemente.

237 *Euph.* Diga, não era a opinião de Platão que Deus // inspirou determinados homens, como órgãos ou trompetes, para proclamar e fazer ressoar seus oráculos ao mundo?* E não foi a mesma opinião também abraçada por outros grandes escritores da Antiguidade?

Cri. Sócrates parece ter pensado que todos os verdadeiros poetas falavam por inspiração, e Cícero, que não havia nenhum gênio extraordinário sem ela. Isso fez com que alguns de nossos afetados livres-pensadores tentassem se passar diante do mundo como entusiastas.

Alc. O que você infere de tudo isso?

Euph. Eu inferiria que a inspiração não parece algo impossível ou absurdo, mas sim em conformidade com a luz da razão e com as noções dos seres humanos. E isso, suponho, você reconhecerá, uma vez que fez uma objeção contra uma revelação particular, que existem muitos pretextos para ela em todo o mundo.

---

* Plato *in* Ione. [Platão, *Íon*, 533e. (N. T.)]

Alc. Oh, Euphranor! Aquele que examina o fundo das coisas, e as esclarece em seus primeiros princípios, não se deixa enganar facilmente pelas palavras. A palavra *inspiração* parece, sem dúvida, importante, mas examinemos em sua origem, se você quiser, seu verdadeiro significado. *Inspirar* é uma palavra emprestada do latim, e tomada em sentido estrito não significa outra coisa senão respirar ou soprar; nada, portanto, pode ser inspirado a não ser o que pode ser respirado ou soprado; e nada pode sê-lo a não ser o vento ou o vapor, que de fato podem encher ou inflar os homens de delírios fanáticos e hipocondríacos. Este tipo de inspiração eu admito prontamente.

Euph. O que você diz é sutil, e não sei que efeito poderia ter sobre mim, se seu discurso[189] profundo não impedisse a sua própria ação.

Alc. Como assim?

Euph. Diga-me, Alciphron, você discursa ou não? Para mim, parece-me que você discorre admiravelmente.

Alc. Seja como for, é certo que eu discorro.

Euph. Mas, quando me esforço para examinar o fundo das coisas, eis que surge uma dúvida em minha mente sobre como isso pode ocorrer; pois *discurso* é uma palavra derivada do latim, que originalmente significa correr para cá e para lá; e um homem não pode correr para cá e para lá a não ser que ele mude de lugar e movimente as pernas; assim, enquanto você permanece sentado neste banco, não se pode dizer que você discorre. Resolva-me essa dificuldade, e então talvez eu possa ser capaz de resolver a sua.

238 // *Alc.* Saiba que *discursar* é uma palavra tomada emprestada das coisas sensíveis para expressar uma ação invisível da mente, que raciocina ou deduz uma coisa da outra; e, traduzida nesse sentido, pode-se dizer que discorremos ainda que continuemos sentados.

Euph. E não podemos igualmente conceber que o termo *inspiração* pode ter sido tomado emprestado das coisas sensíveis para denotar uma ação de Deus que, de uma maneira extraordinária, influencia, excita e ilumina a mente de um profeta ou de um apóstolo, que, neste sentido secundário, figurado e traduzido, pode ser verdadeiramente considerado inspirado, em-

---

189 Na sequência o termo "discourse" foi traduzido ora por "discurso", ora por "discorrer". (N. T.)

Alciphron, ou o filósofo minucioso

bora neste caso não deva haver aquele vento ou vapor implícito no sentido original da palavra? Parece-me que podemos, examinando nossa própria mente, perceber claramente certos instintos, impulsos, e tendências, que em momentos e ocasiões apropriados surgem inexplicavelmente na alma humana. Observamos sinais bastante evidentes dos mesmos em todos os outros animais. E, sendo essas coisas comuns e naturais, o que impede que possamos admitir a possibilidade de que uma mente humana, por uma causa extraordinária, seja movida de uma maneira extraordinária, e suas faculdades estimuladas e dirigidas por um poder sobrenatural? Que existem, existiram, e provavelmente existirão visões disparatadas e delírios hipocondríacos, ninguém pode negar, mas inferir daí que não há inspirações verdadeiras seria como concluir que alguns homens estão fora de si, porque outros homens estão loucos. E, embora eu não seja um profeta, e consequentemente não possa pretender ter uma noção clara deste assunto, contudo, nem por isso me encarregarei de negar que um verdadeiro profeta, ou pessoa inspirada, poderia ter recebido os meios certos para discernir entre a inspiração divina e a fantasia hipocondríaca, como você pode distinguir entre o sono e a vigília, até que você prove o contrário. Você pode encontrar no livro de Jeremias esta passagem: "O profeta que tem um sonho, que conte o sonho: e aquele que tem a minha palavra, que expresse minha palavra fielmente: o que é a palha comparada ao trigo, diz o Senhor? Não é a minha palavra como o fogo, diz o Senhor, e como um martelo que quebra a rocha em pedaços?"* Observe aqui uma distinção entre trigo e palha, entre verdadeiro e espúrio, com a poderosa força e poder do primeiro. Mas eu peço perdão por citar as Escrituras para você; faço meu apelo ao sentimento geral da **239** humanidade e à opinião dos mais sábios pagãos, o que // parece suficiente para concluir que a inspiração divina é possível, se não provável, pelo menos até você provar o contrário.

10. *Alc.* Eu não acho que seja necessário negar a possibilidade de inspirações e revelações. Tire o melhor proveito que puder desta concessão.

Euph. E o que se admite como possível nós podemos supor de fato?

---

* Jerem. xxiii, 28, 29 [Jeremias, 23: 28-29. (N. T.)]

Alc. Podemos.

Euph. Suponhamos então que Deus tenha desejado fazer uma revelação aos homens, e que ele inspirou a alguns como um meio para instruir os outros. Tendo suposto isso, poderia você negar que seus discursos e revelações inspirados tenham sido confiados por escrito, ou que sendo escritos, depois de um longo período de tempo, eles poderiam se tornar em vários lugares obscuros; que alguns deles poderiam até mesmo ter sido originalmente menos claros do que outros, ou que eles poderiam sofrer algumas alterações pelas frequentes transcrições, como se sabe que ocorreu em relação a outros escritos? Não é mesmo muito provável que todas essas coisas aconteçam?

Alc. Admito que sim.

Euph. E admitindo isso, com que pretensão você pode rejeitar as Sagradas Escrituras como não sendo divinas, por causa de tais signos ou marcas que, como você reconhece, acompanhariam provavelmente uma revelação divina transmitida a nós através dos séculos?

Alc. Mas, admitindo tudo o que você pode razoavelmente desejar, e concedendo que isso pode explicar certa obscuridade, é possível resolver algumas pequenas diferenças ou convencer-nos de como puderam surgir algumas dificuldades, inserindo, omitindo ou alterando aqui e ali uma letra, uma palavra, ou talvez uma frase. No entanto, estas são coisas insignificantes comparadas às objeções muito mais consideráveis e graves que eu poderia apresentar contra as doutrinas admitidas, ou contra o conteúdo desses escritos. Vejamos o que contêm esses livros sagrados, e depois julguemos se é provável ou possível que tais revelações deveriam ter sido feitas por Deus. Agora, desafio a sagacidade humana a inventar algo mais extravagante do que os relatos que ali encontramos de aparições, demônios, milagres, encarnação de Deus, regeneração, graça, abnegação, ressurreição dos mortos e semelhantes *aegri somnia:* [190] coisas tão estranhas, inexplicáveis e distantes da compreensão humana, que você pode mais facilmente converter um negro num branco do que livrá-los do absurdo. Nenhuma habilidade crítica pode justificá-los, // nenhuma tradição, recomendá-los, não direi pelas revelações divinas, mas pelas invenções dos homens sensatos.

---

190 Horácio, *Arte poética*, 7. "Sonhos de um homem doente." (N. T.)

Euph. Sempre tive uma excelente opinião sobre a sua sagacidade, mas agora, Alciphron, considero que você é alguma coisa mais que um homem, do contrário, como seria possível que você soubesse o que, ou o quanto, convém a Deus revelar? Parece-me que não é incompatível, com o devido respeito às maiores inteligências humanas, supor que elas ignoram muitas coisas que não são adequadas às suas faculdades, ou estão fora de seu alcance. Também os conselhos dos príncipes às vezes vão além da compreensão de seus súditos, que só podem saber o que lhes revelam aqueles que os governam, e frequentemente não estão qualificados para julgar a utilidade e a intenção mesmo disso, até que, a seu devido tempo, descobrem as razões e se dão conta delas pelos sucessivos acontecimentos. Que muitos pontos contidos nas Sagradas Escrituras estão longe da compreensão geral dos seres humanos, não se pode negar. Mas não vejo que daí se conclua que não sejam revelação divina. Ao contrário, não seria razoável supor que uma revelação divina possa conter algo de natureza diferente, ou de classe mais elevada, do que o que está ao alcance do senso comum dos homens, ou mesmo que possa ser descoberto pelo filósofo mais sagaz? Os relatos de espíritos separados, bons ou maus, profecias, milagres e coisas como estas, são, sem dúvida, estranhos; mas gostaria de bom grado de ver como você pode provar que são impossíveis ou absurdos.

Alc. Algumas coisas são tão evidentemente absurdas que seria quase tão estúpido refutá-las quanto acreditar nelas; e penso que aquelas pertencem a esta classe.

11. *Euph.* Mas não é possível que alguns homens mostrem tanto preconceito e estreiteza ao rejeitar todos esses relatos como outros poderiam mostrar facilidade e credulidade ao admiti-los? Nunca ousei fazer de minha própria observação e experiência a regra e medida das coisas espirituais, sobrenaturais ou relativas a outro mundo, porque a acho uma regra inadequada também para as coisas visíveis e naturais deste mundo. Seria julgar como um siamês,[191] que tinha certeza de que não se congelaria na Holanda, porque nunca havia conhecido algo como a água congelada ou gelo em seu

---

191 Habitante do antigo Sião, atual Tailândia. (N. T.)

próprio país. Não consigo compreender por que alguém, que admite a união da alma e do corpo, declara impossível que a natureza humana se una à divina, de maneira inefável e incompreensível // para a razão. Também não consigo ver nenhum absurdo em admitir que o homem pecador possa se tornar regenerado ou uma nova criatura, pela graça de Deus, que o resgata de uma vida carnal para uma vida espiritual de virtude e de santidade. E, uma vez que ser governado pelos sentidos e apetites é contrário à felicidade e à perfeição de uma criatura racional, não me admira de forma alguma que nos seja prescrita a abnegação. Quanto à ressurreição dos mortos, não a concebo de forma contrária à analogia da natureza, quando vejo vegetais deixados apodrecer na terra renascer novamente com nova vida e vigor, ou uma larva, segundo todas as aparências morta, mudar sua natureza, e aquilo que em sua primeira existência rastejou sobre a terra, tornar-se uma nova espécie e voar para o espaço com asas. E, de fato, quando considero que a alma e o corpo são coisas muito diferentes e heterogêneas, não vejo razão alguma para assegurar que a alma deva necessariamente extinguir-se após a dissolução do corpo; especialmente porque encontro em mim um desejo forte e natural de imortalidade; e não observei que os apetites naturais costumam ser dados em vão, ou simplesmente frustrados. Em suma, aqueles pontos que você considera extravagantes e absurdos, não ouso declarar que são isso até que veja uma boa razão para tal.

12. *Cri.* Não, Alciphron, sua atitude dogmática não deve ser considerada uma prova, nem tampouco é suficiente dizer que uma coisa é contrária ao senso comum para nos fazer pensar que seja assim. Por senso comum suponho que se deva entender o sentimento geral dos seres humanos ou a razão aperfeiçoada de pensadores. Agora, acredito que se pode demonstrar que todos os artigos de fé, que você com tanta capacidade e ardor ao mesmo tempo resumiu e criticou, não estão em desacordo e menos ainda são incompatíveis com o senso comum em uma ou outra dessas acepções. Que os deuses aparecessem e conversassem com os homens, e que a divindade habitasse a natureza humana, eram pontos admitidos pelos pagãos; e quanto a isso eu apelo aos seus poetas e filósofos, cujos testemunhos são tão numerosos e claros que seria uma afronta repeti-los a um homem

de qualquer educação. E, embora a noção de um demônio possa não ser tão óbvia, ou tão amplamente descrita, ainda assim aparecem traços claros dela, extraídos da razão ou da tradição. Os neoplatônicos, como Porfírio e Jâmblico, são muito claros sobre este ponto, admitindo //que os demônios malignos enganam e seduzem, prejudicam e possuem os homens.[192] Que os antigos gregos, caldeus e egípcios, acreditavam em anjos bons e maus, pode deduzir-se claramente de Platão, Plutarco, e dos oráculos caldeus. Orígenes observa que quase todos os gentios que admitiram a existência de demônios os consideraram maus.* Há até mesmo algo tão antigo quanto Homero, que segundo o erudito cardeal Bessarion** alude à queda de Satanás, ao referir-se a relato de Ate, a quem o poeta representa como lançado do céu por Zeus, e que andava vagando sobre a terra, fazendo mal à humanidade. Essa mesma Ate é considerada por Hesíodo como a filha da Discórdia,[193] e por Eurípedes, em seu *Hipólito*,[194] é mencionada como uma sedutora do mal. E é muito notável que Plutarco, em seu livro *De vitando aere alieno*, fale seguindo Empédocles, de certos demônios que caíram do céu e foram banidos por Deus, Δαίμονες θεήλατοι καὶ οὐρανοπετεῖς.[195] E não é menos notável aquilo que Ficino observa, a partir de Ferécides de Siro: que houve uma queda de demônios que se sublevaram contra Deus; e que Ofioneu (a antiga serpente), era chefe daquela tripulação rebelde.*** Quanto aos outros artigos de fé, que qualquer um considere o que os pitagóricos ensinaram sobre a purificação e sobre a λύσις, ou sobre a libertação da alma; o que a maioria dos filósofos, mas especialmente os estoicos, ensinaram sobre subjugar nossas paixões; o que Platão e Hiérocles disseram sobre o perdão das ofensas;[196] o que o arguto e sagaz Aristóteles escreveu, em sua *Ética a Nicômaco*, sobre a vida espiritual e divina,[197] aquela vida que, segundo

---

192 Ver *Siris*, §§ 271-74. (N. T.)

   * Origen, l. 7, contra Celsun. [Orígenes, *Contra Celso*, 7. (N. T.)]

  ** *In calumniat Platonis*, l. 3, c. 7. [Bessarion, *Calumniat Platonis*, 3.7. (N. T.)]

193 Hesíodo, *Teogonia*, 230. (N. T.)

194 Eurípedes, *Hipólito*, 276. (N. T.)

195 Plutarco, "De vitando aere alieno", *Moralia*, 830 F, "demônios expulsos pelos deuses e caídos do céus". (N. T.)

  *** Vid. Argum. in *Phaedrum Platonis*. [Platão, *Fedro*, 1177b, 26. (N. T.)]

196 Platão, *República*, 2.364e. (N. T.)

197 Aristóteles, *Ética a Nicômaco*, 8, 7, 1177b26. (N. T.)

ele, é excelente demais para ser considerada humana, na medida em que o homem, enquanto homem, não pode alcançá-la, mas apenas na medida em que ele tem algo de divino nele; e, particularmente, que ele reflita sobre o que Sócrates ensinou, a saber, que a virtude não se aprende dos homens, que é um dom de Deus, e que os homens bons não são bons em virtude do cuidado ou diligência humana, οὐκ εἶναι ἀνθρωπίνην ἐπιμέλειαν ᾗ ἀγαθοὶ ἀγαθοὶ γίγνονται.* Que quem realmente pensa considere somente o que outros pensadores pensaram, aqueles que não podem ser considerados preconceituosos em favor da religião revelada, e ele encontrará motivos, se não para considerar com respeito as doutrinas cristãs da graça, da abnegação, da regeneração, da santificação, e todas as demais, mesmo as mais misteriosas, **243** pelo menos para julgar de forma mais moderada e com cautela // do que aquele que, com um ar de suficiência, as considera absurdas e contrárias à razão dos homens. E, no que se refere a uma vida futura, o bom senso do mundo pagão, moderno ou antigo, e as opiniões dos homens mais sábios da Antiguidade, são coisas tão bem conhecidas que não preciso dizer nada sobre elas. Parece-me que os filósofos minuciosos, quando apelam à razão e ao bom senso, aludem apenas ao senso de seu próprio partido: uma moeda que, por mais corrente que seja entre eles, outros homens aduzirão como pedra de toque, e nunca será tomada por mais do que ela vale.

Lys. Que aquelas noções estejam de acordo com não importa qual sentido que seja, nem de quem, elas não estão de acordo com o meu. E, se sou considerado ignorante por isso, tenho pena daqueles que me julgam assim.

13. Eu me divirto e sigo o meu próprio curso, sem remorso ou medo, o que não poderia fazer se a minha cabeça estivesse cheia de entusiasmo; seja pagão ou cristão, filosófico ou revelado, pois para mim tanto faz. Que os demais pensem ou creiam no que quiserem, e tirem o melhor proveito disso; eu, de minha parte, estou feliz e seguro em minha ignorância.

Cri. Talvez não esteja tão seguro assim.

Lys. Por quê? Com certeza você não pretende dizer que a ignorância é um crime?

---

* Vid. Plat. in Protag. & *alibi passin*. [Platão, *Protágoras*, 328e, "não acreditava que as pessoas boas fossem boas em virtude do cuidado humano" (N. T.)]

Cri. A ignorância em si mesma não é um crime. Mas, que aquela ignorância intencional, ignorância afetada, ignorância por preguiça ou ignorância presunçosa é um defeito, pode ser facilmente provado pelo testemunho dos escritores pagãos; e não é necessário nenhuma prova para demonstrar que, se a ignorância for culpa nossa, não podemos estar seguros dela como uma desculpa.

Lys. O honesto Crito parece sugerir que um homem deveria ter o cuidado de informar-se, enquanto vivo, para que sua negligência não seja punida quando ele estiver morto. Nada é tão pusilânime e indecoroso para um cavalheiro quanto o medo; nem tampouco se poderia adotar uma conduta melhor para entreter e manter um homem de honra em sua falta do que tentar assustá-lo. Este é o estratagema antiquado e absurdo dos sacerdotes, e o que os torna, a eles e a sua religião, mais odiosos e desprezíveis para mim do que todos os outros artigos de fé juntos.

Cri. Gostaria de saber: por que não é razoável que um homem de honra, ou qualquer outro homem que tenha cometido um delito, tenha medo? A culpa é a mãe natural do medo, e a natureza não pode infundir temor nos homens quando não há motivo para isso. Não parece absurdo pensar que os homens ímpios // e profanos temam o castigo divino e que, por causa dessa expectativa, estejam inquietos e até assustados, por mais ou menos de acordo que esteja com a honra, estou certo de que está de acordo com a razão.

Lys. Quanto a essa coisa de inferno e de castigo eterno, é o pensamento mais absurdo e mais desagradável que já passou pela cabeça de um mortal.

Cri. Mas você deve reconhecer que não é um absurdo peculiar aos cristãos, uma vez que Sócrates, o grande livre-pensador de Atenas, pensou ser provável que pudesse existir algo semelhante ao castigo eterno dos homens ímpios no inferno.* Do próprio Sócrates se registra que era frequentemente conhecido por pensar durante vinte e quatro horas seguidas, mantendo a mesma postura e absorto na meditação.[198]

Lys. Nossos modernos livres-pensadores são uma classe de homens mais vivazes. Aqueles antigos filósofos eram, em sua maioria, extravagantes. Eles

---

* Vid. Platon, in Gorgia. [Platão, *Górgias*, 523b e 525c. (N. T.)]
198 Platão, *Banquete*, 220c. (N. T.)

tinham, em minha opinião, uma forma de pensar estreita e tímida, que não corresponde de forma alguma ao humor franco de nosso tempo.

Cri. Mas apelo ao seu próprio julgamento, se um homem que não conhece a natureza da alma pode estar seguro pela luz da razão se ela é mortal ou imortal?

An simul intereat nobiscum morte perempta,
An tenebras orci visat vastasque lacunas?[199]

Lys. Mas e se eu conhecer a natureza da alma? E se este segredo me tiver sido revelado por completo por um livre-pensador moderno, por um homem de ciência que o descobriu, não por uma introversão cansativa de suas faculdades, não por se divertir num labirinto de noções, ou pensando estupidamente durante dias e noites inteiras, sem interrupção, mas olhando para as coisas e observando a analogia da natureza?

14. Este grande homem é um filósofo de inspiração poética,[200] que fez muitos trabalhos sobre os vegetais. Ele pensa que os homens e vegetais são realmente da mesma espécie; que os animais são vegetais que se movem e os vegetais animais fixos; que as raízes destes e a boca daqueles servem para o mesmo fim, diferindo apenas na posição; que os botões e as flores // correspondem às partes mais indecentes e ocultas do corpo humano; que os corpos vegetais e os corpos animais estão igualmente organizados, e que em ambos há vida ou um determinado movimento e circulação de sucos através de tubos ou vasos apropriados. Nunca esquecerei que este homem experiente expôs a natureza da alma da seguinte maneira:

A alma, disse ele, é aquela forma ou princípio específico de onde procedem as qualidades ou propriedades distintas das coisas. Agora, como os vegetais têm uma composição mais simples e menos perfeita e, consequentemente, mais fácil de analisar do que os animais, começaremos pelo estudo

---

199 Lucrécio, *Sobre a natureza das coisas*, I.114-115. "Se ao mesmo tempo perece conosco levada da morte, / ou se visita as trevas do Orco e as vastas lagoas." (N. T.)
200 No original: *"by fire"*.

das almas dos vegetais. Saiba então que a alma de qualquer planta, de um alecrim, por exemplo, não é nem mais nem menos que o seu óleo essencial. Deste depende sua fragrância, seu gosto, e suas virtudes medicinais peculiares, ou, em outras palavras, sua vida e seu funcionamento. Separe ou extraia este óleo essencial pela arte química, e você obterá a alma da planta. O que permanece é uma carcaça morta, sem qualquer propriedade ou virtude da planta, que se conserva inteiramente no óleo, um grama do qual vale mais que vários quilos da planta. Agora, este mesmo óleo essencial é ele próprio uma composição de enxofre e sal, ou de uma substância espessa, untuosa, e de um princípio sutil e fino ou sal volátil aprisionado na planta.[201] Este sal volátil é propriamente a essência da alma da planta, contendo todas as suas virtudes, e o óleo é o veículo daquela parte mais sutil da alma, ou seja, aquilo que a fixa e a individualiza. E como, após a separação desse óleo da planta, a planta morre, então sobrevém uma segunda morte, ou a morte da alma pela dissolução desse óleo essencial em seus princípios; como ocorre deixando-a exposta por algum tempo ao ar livre, de modo que o sal ou espírito volátil pode evaporar-se; depois do que o óleo permanece morto e insípido, mas sem qualquer diminuição sensível de seu peso, pela perda daquela essência volátil da alma, daquela aura etérea, daquela centelha de ser, que regressa e se mistura com a luz solar, a alma universal do mundo, e única fonte de vida, seja vegetal, animal ou intelectual,[202] a qual difere somente segundo a grossura ou sutileza dos veículos, e as diferentes texturas dos alambiques naturais, ou, em outras palavras, dos corpos organizados, onde a essência volátil acima mencionada habita e é elaborada, e onde ela atua e é posta em ação.

Este sistema químico permite que você entre imediatamente na natureza da alma e nas explicações de todos os seus fenômenos. Nesse composto que chamamos homem, a alma ou óleo essencial é o que geralmente // recebe o nome de espírito animal. Pois, você deve saber, é um ponto admitido pelos químicos que os espíritos nada mais são do que óleos mais sutis. Agora, na proporção em que o óleo essencial do homem [vegetal] é mais sutil do que o

---

201 Ver *Siris*, §§ 8, 38, 42, 44-7, 59-61. (N. T.)
202 Ver *Siris*, §§ 43, 152, 162, 193, 194; *Primeira carta a Thomas Prior*, 16, 17. (N. T.)

dos outros vegetais, o sal volátil que o impregna tem mais liberdade para agir, o que explica aquelas propriedades e ações específicas da espécie humana, o que a coloca acima das outras criaturas. Assim, você pode entender por que, entre os sábios antigos, o sal era outro nome para sagacidade, e em nossos tempos se diz que um homem obtuso é insípido ou insosso. Os óleos aromáticos, maturados por um largo período de tempo, transformam-se em sais. Isso mostra por que a espécie humana tornou-se mais sábia com o tempo. E o que eu disse sobre a dupla morte ou dissolução, primeiro da composta, pela separação da alma do corpo orgânico, e em segundo lugar da própria alma, pela separação do sal volátil do óleo, ilustra e explica aquela noção de determinados filósofos antigos de que, assim como o homem era um composto de alma e corpo, da mesma forma a alma era composta de mente ou intelecto, e de seu veículo etéreo; e que a separação da alma e do corpo, ou a morte do homem, é, após um longo período, sucedida por uma segunda morte da própria alma, a saber, a separação ou libertação do intelecto de seu veículo, e sua reunião com o sol.

Euph. Oh! Lysicles, seu engenhoso amigo abriu um novo panorama e explicou os pontos mais obscuros e difíceis da maneira mais clara e mais fácil.

Lys. Devo reconhecer que essa explicação das coisas impressionou a minha imaginação. Eu não sou um grande amante de credos ou sistemas, mas, quando uma noção é razoável e baseada na experiência, sei apreciá-la.

Cri. Sinceramente, Lysicles, você acredita que essa explicação seja verdadeira?

Lys. Realmente não sei se é ou não. Mas posso assegurar a você que o próprio artista engenhoso não tem a menor dúvida sobre isso. E acreditar no artista sobre sua arte é uma máxima justa e um caminho breve para a ciência.

Cri. Mas que relação tem a alma humana com a arte química? A mesma razão que me leva a confiar em um artista habilidoso na sua arte inclina-me a desconfiar dele no que é alheio à sua arte. Os homens são muito inclinados a reduzir as coisas desconhecidas ao padrão daquelas que eles conhecem e // a aduzir um preconceito ou conhecimento superficial das coisas com as quais se familiarizaram, para julgar desse modo as coisas que lhes são estranhas. Conheci um violinista que dizia solenemente que a alma era harmonia,[203] um geômetra muito dogmático que dizia que a alma deve ser extensa, e um médico que, depois de haver conservado meia dúzia de embriões e dissecado inúmeros ratos e sapos, tornou-se presunçoso e afirmou que não existia alma nenhuma, e que esta era um erro vulgar.

Lys. Minhas noções acomodam-se facilmente. Não pretendo me envolver em disputas pedantes sobre elas. E aqueles que não gostam delas podem abandoná-las.

Euph. Isso é que é, suponho, falar como um cavalheiro.

15. Mas, por favor, Lysicles, diga-me se os clérigos se enquadram nessa sua norma geral, segundo a qual podemos confiar em um artista quanto à sua arte?

Lys. De modo algum.

Euph. Por que não?

Lys. Porque eu mesmo acredito saber sobre esses assuntos tanto quanto eles.

Euph. Mas você admite que, em qualquer outra profissão, alguém que dedicou muito tempo e esforço pode alcançar mais conhecimento do que um homem de talento igual ou maior, que nunca fez dela sua ocupação específica?

Lys. Admito.

Euph. E, no entanto, nas coisas religiosas e divinas, você pensa que todos os homens sabem de modo igual.

Lys. Não digo todos os homens. Mas acho que todos os homens de bom senso são juízes competentes.

Euph. O quê? Os atributos divinos e as revelações para a humanidade, o verdadeiro fim e felicidade das criaturas racionais, com os meios de melhorar e aperfeiçoar sua existência, são pontos mais fáceis e claros do que aqueles que constituem o objeto de qualquer profissão comum?

Lys. Talvez não, mas uma coisa eu sei, que algumas coisas são tão manifestamente absurdas que nenhuma autoridade poderá fazer com que as aceite. Por exemplo, se todos os seres humanos pretendessem me persuadir

---

203 Platão, *Fédon*, 85e, 86d. (N. T.)

de que o Filho de Deus nasceu na Terra, em uma família pobre, que se cuspiu nele, que foi esbofeteado e crucificado, que viveu como um mendigo e morreu como um ladrão, eu jamais acreditaria sequer em uma sílaba de tudo isso. O senso comum mostra a todos que um príncipe ou a um embaixador terrestre devem aparecer com decência, e o // Filho de Deus, como embaixador do céu, deveria necessariamente ter feito uma aparição com grande *éclat*, superior a todas as outras, e em todos os aspectos exatamente o contrário daquela que, pelos relatos de seus próprios historiadores, Jesus Cristo teria feito.

Euph. Oh! Lysicles, embora eu sempre tenha tido vontade de aprovar e aplaudir o seu engenhoso raciocínio, não ousarei assentir a este por ter medo de Crito.

Lys. Por que isso?

Euph. Porque ele observou agora mesmo que os homens julgam as coisas que não conhecem de acordo com preconceitos extraídos das coisas que conhecem. E temo que ele objetará que você, que frequentou o *grand monde*, tendo a cabeça cheia de noções sobre séquitos, carruagens e roupagens, que são os emblemas familiares da grandeza humana, seria o menos capaz de julgar o que é realmente divino; e que alguém que tivesse visto menos e pensado mais estaria mais apto a imaginar que uma exibição pomposa de grandeza mundana não seria a mais apropriada ao autor de uma religião espiritual, destinada a resgatar os homens do mundo e elevá-los acima dele.

Cri. Você acha, Lysicles, que se um homem se apresentasse em Londres com um traje luxuoso, com uma centena de coches dourados, e mil lacaios engalanados, essa seria uma aparição mais divina, e teria maior grandeza, do que se ele tivesse o poder com uma palavra de curar todos os tipos de doenças, de ressuscitar os mortos e ainda acalmar a fúria dos ventos e do mar?

Lys. Sem dúvida alguma, deve ser muito conforme ao senso comum supor que poderia restaurar a vida a outros quem não pôde salvar a sua própria. Você nos diz, na verdade, que ele ressuscitou dentre os mortos. Mas, que motivo havia para que ele morresse, o justo pelos injustos, o Filho de Deus pelos homens pecadores? E por que naquele lugar em particular? Por que precisamente naquele tempo antes que em qualquer outro? Por que não fez sua aparição antes, e pregou em todas as partes do mundo, para que o bene-

fício fosse mais amplo [e justo]? Explique-me todos estes pontos e concilie-
-os, se puder, com as noções comuns e o senso natural da espécie humana.

Cri. E se esses pontos, assim como muitos outros, se situarem fora do
alcance de nosso conhecimento, devemos então reprová-los e estabelecer
como regra condenar como absurdo todo procedimento que não se enqua-
dra com o senso vulgar dos homens? // [[204]Sem dúvida, tem todo direito
de não acreditar em tudo o que evidentemente contradiz o bom senso e a
razão. E, quando você é tratado injustamente, tem o mesmo direito de re-
clamar. Mas acho que você deveria distinguir entre o que é objeto de dívida
e o que é objeto de favor. Com muita frequência se observa em todas as
relações entre os homens que os atos de estrita benevolência não são recomendados ou examinados e valorizados com o mesmo cuidado com que o
são as questões de justiça. Quem, senão um filósofo minucioso, mediante
a distribuição gratuita de favores, perguntaria por que isso agora, e não
antes? Por que aquelas pessoas e não outras? Diversas são as habilidades e
oportunidades naturais da espécie humana. Que grande diferença existe em
relação à lei natural, entre um dos nossos estúpidos lavradores e um filósofo
minucioso, entre um lapão e um ateniense! Aquela conduta, portanto, que
parece a você parcial e injusta, pode ser encontrada tanto na dispensação da
religião natural, quanto na revelada, e, se assim for, deixo que você explique
por que se deveria objetar contra uma mais do que contra a outra. Quanto
ao resto], se os preceitos e certos princípios básicos da religião aparecem
aos olhos da razão como bons e úteis; e se eles também o são por seus efeitos; podemos, por causa deles, admitir certos outros pontos ou doutrinas
recomendadas junto com aqueles como tendo uma boa tendência, como
sendo certos e verdadeiros; embora não possamos discernir sua bondade ou
verdade pela simples luz da razão humana, que pode muito bem ser considerada um juiz insuficiente das ações, intenções e desígnios da Providência,
e isso é suficiente para tornar a nossa convicção razoável.

16. É um ponto admitido que nenhum homem pode julgar esta ou
aquela parte de uma máquina, tomada por si mesma, sem conhecer o todo,

---

204 Acréscimo da edição B. (N. T.)

a relação mútua ou dependência de suas partes, e o fim para o qual ela foi feita. E, como este é um ponto reconhecido nas coisas corpóreas e naturais, não deveríamos por uma equivalência da razão, suspender nosso julgamento [a respeito da adequação moral][205] de uma simples parte inexplicável da economia divina, até que estejamos mais plenamente familiarizados com o sistema moral ou mundo dos espíritos, e tenhamos descoberto os desígnios da Providência divina, e tenhamos uma visão ampla de suas dispensações passadas, presentes e futuras? Ai de mim! Lysicles, o que você sabe até de si mesmo, de onde você vem, o que você é, ou para onde vai? Parece-me que um filósofo minucioso é como um espectador // presunçoso, que nunca olhou atrás dos bastidores e, no entanto, julga seu maquinismo; que, por um vislumbre rápido de apenas uma parte de uma cena, se atreve a censurar o enredo de uma obra teatral.

Lys. Quanto ao enredo, nada direi; mas, com base em meia cena se pode julgar como ridículo um ator. Com que desculpa ou pretexto você pode justificar ou defender o comportamento vingativo, obstinado e caprichoso de alguns mestres ou profetas inspirados? As particularidades que não dão lucro nem prazer, eu trato de esquecê-las, mas em geral a verdade dessa acusação a recordo muito bem.

Cri. Você não precisa se preocupar em provar um ponto que não justificarei nem negarei. [[206]Eu só pediria permissão para observar que parece um sinal claro de sinceridade nos escritores sagrados que, longe de atenuar os defeitos, chegam mesmo a publicar as ações criminosas e absurdas daquelas mesmas pessoas de quem dizem que foram inspirados. Quanto às demais], que tenha havido paixões humanas, enfermidades e defeitos em pessoas inspiradas por Deus, eu livremente reconheço, e não só isso, mas também que homens muito ímpios foram inspirados, Balaão e Caifás, por exemplo,[207] isso não se pode negar. Mas o que você concluirá disso? Você pode provar que é impossível que um homem fraco ou pecador se torne um instrumento para o Espírito divino para comunicar seus desígnios a outros

---

205 Acréscimo da edição B. (N. T.)

206 Acréscimo da terceira edição, de 1752. (N. T.)

207 Sobre Balaão ver *Números* 22-24; sobre Caifás, *João*, 11: 51; Flávio Josefo, *História*, 11.18; 27.14. (N. T.)

pecadores? Ou que a luz divina não pode, assim como a luz do sol, brilhar sobre um antro de iniquidade sem contaminar seus raios?

Lys. Para abreviarmos o trabalho, a maneira certa seria arrancar nossos olhos e não julgar de jeito nenhum.

Cri. Eu não digo isso, mas acho que seria correto se algumas pessoas otimistas sobre determinados pontos suspeitassem de seu próprio julgamento.

Alc. Mas precisamente as coisas que diz que são inspiradas, tomadas por si mesmas e em sua própria natureza, são às vezes tão erradas, para não dizer péssimas, que à primeira vista alguém pode dizer que não são divinas sem perturbar seu espírito com o plano da Providência ou com a conexão dos eventos, como pode dizer que a grama é verde sem saber nem considerar como ela cresce, para que serve ou como se relaciona com o sistema do mundo. Assim, por exemplo, o saque dos egípcios e o extermínio dos cananeus, uma e outra coisa, à primeira vista, parecem ser cruéis e injustas, e podem, portanto, sem ulterior reflexão, ser consideradas indignas de Deus.[208]

251   *Cri.* Mas Alciphron, para julgar corretamente essas coisas, não // seria adequado considerar quanto tempo os israelitas trabalharam submetidos àqueles severos feitores do Egito, quantas injúrias e sofrimentos receberam deles, de que crimes e abominações os cananeus eram culpados, que direito tinha Deus de dispor das coisas deste mundo, de punir os delinquentes, e de designar tanto a maneira como os instrumentos de sua justiça? Não é improvável que o homem, que não tem tal direito sobre seus semelhantes, que é também um pecador junto com eles, que está sujeito ao erro tanto quanto à paixão, cujas visões são imperfeitas, que é governado mais pelo preconceito do que pela verdade das coisas, possa se enganar, quando ele se arvora em juiz dos métodos do criador sagrado, onisciente, impassível e governador de todas as coisas.

17. *Alc.* Acredite em mim, Crito, os homens nunca se aplicam tanto a enganar a si mesmos como quando se empenham em defender seus preconceitos. Você pretende nos persuadir racionalmente sem nos deixar usar

---

208 Tindal, *Christianity as Old as the Creation*, 1730, p.245-8. (N. T.)

a razão. Pode haver algo mais irracional? Proibir-nos de raciocinar sobre as leis divinas é supor que elas não suportarão o teste da razão, ou, em outras palavras, que Deus age sem razão, o que não se deve admitir nem sequer em um só caso. Pois, se se admitisse em um, por que não em outro? Portanto, qualquer pessoa que admita um Deus deve admitir também que Ele sempre age racionalmente. Eu, portanto, não atribuirei a Ele ações e decisões que são irracionais. Ele me deu a razão para julgar com ela; e julgarei com essa luz infalível, iluminada pela lâmpada universal da natureza.

Cri. Oh, Alciphron! Como admito sinceramente que a observação comum é verdadeira, que quando um homem é contra a razão é um sinal evidente de que a razão é contra ele, assim também jamais tratarei de dissuadir ninguém, muito menos a quem conhecesse perfeitamente seu valor, de usar esta nobre faculdade. Pelo contrário, sobre todos os assuntos do momento, em minha opinião, um homem deve usar sua razão, mas, então, talvez não seja fora de propósito considerar se não é razoável usá-la com certo respeito a uma razão superior. [[209]Aquele que tem uma visão exata da medida e da coisa a ser medida, se aplicar uma à outra, pode, admito, medir com exatidão. Mas aquele que se propõe a medir sem conhecer nenhuma das duas não pode ser exato, da mesma forma que não é modesto. Todavia, não é impossível encontrar uma pessoa que, // não tendo uma ideia abstrata da adequação moral, nem uma ideia adequada da economia divina, pretenda, contudo, medir uma pela outra.]

Alc. É certamente uma derrogação da sabedoria de Deus supor que sua conduta não possa suportar ser examinada, nem mesmo pela luz fraca da razão humana.

Euph. Você admite, então, que Deus seja sábio?

Alc. Admito.

Euph. O quê! Infinitamente sábio?

Alc. Também infinitamente.

Euph. Sua sabedoria, então, excede em muito a do homem.

Alc. Imensamente.

---

209 Acréscimo da edição B. (N. T.)

Alciphron, ou o filósofo minucioso

Euph. Provavelmente mais do que a sabedoria de um homem adulto excede a de uma criança.

Alc. Sem dúvida alguma.

Euph. O que você acha, Alciphron, não deve a conduta de um pai parecer muito inexplicável para uma criança quando suas inclinações são contrariadas, quando ela é obrigada a aprender as letras, quando é obrigada a tomar um remédio amargo, a renunciar ao que ela gosta, e suportar, fazer e ver muitas coisas contrárias a seu próprio julgamento, por mais razoáveis ou agradáveis que pareçam aos outros?

Alc. Isso eu concedo.

Euph. Portanto, não se seguirá disso, por uma analogia, que esta pequena criança que é o *homem*, quando se encarrega de julgar os métodos da Providência paterna, e, alguém nascido ontem como ele, a criticar a economia do Patriarca eterno; não se seguirá, digo eu, que tal juiz, de tais questões, deve estar inclinado a fazer julgamentos muito errôneos? Pensará que estas coisas são em si mesmas inexplicáveis, porque ele não pode explicá-las, e concluirá, pela aparência de uma conduta caprichosa em relação a ele, como corresponde a sua infância e ignorância, que certos pontos são em si mesmos caprichosos ou absurdos, e que não podem proceder de um Deus sábio, justo e benevolente. Eu realmente penso que esta simples consideração, se devidamente observada [e aplicada],[210] iria pôr um fim a muitos raciocínios presunçosos contra a religião revelada.

Alc. Então você pretende que concluamos que as coisas inexplicáveis para nossa sabedoria podem, contudo, provir de um abismo de sabedoria que não podemos sondar; e que as perspectivas vistas apenas parcialmente e à luz intermitente e tênue de // nosso intelecto, ainda que possam nos parecer desproporcionais e monstruosas, podem, no entanto, parecer completamente diferentes a outros olhos, e em uma posição diferente; em uma palavra, que, assim como a sabedoria humana não passa de insensatez infantil em relação à divina, a sabedoria de Deus pode às vezes parecer loucura para os homens.

---

210 Acréscimo da edição B. (N. T.)

18. *Euph.* Eu não gostaria que você tirasse conclusões a menos que fosse com base na razão. Mas, se as conclusões são razoáveis, por que você não as deduziria?

Alc. Algumas coisas podem parecer razoáveis em um momento, e não em outro; e acho que, precisamente, a justificativa que você apresenta para a credulidade e a superstição é uma dessas coisas. Quando a examino em seus princípios, parece seguir-se naturalmente de concessões justas; mas, quando considero suas consequências, não posso concordar com ela. Um homem que renunciasse o uso da razão deveria abdicar igualmente de sua natureza. Uma doutrina é inexplicável, portanto, deve ser divina!

Euph. A credulidade e a superstição são qualidades tão desagradáveis e degradantes para a natureza humana, tão certamente um efeito de sua debilidade, e tão frequentemente uma causa de maldade, que eu ficaria muito surpreso se descobrisse que uma forma correta de raciocinar conduzisse a elas. Jamais poderei pensar que a razão conduza cegamente à loucura, ou que haja qualquer conexão entre a verdade e a falsidade, assim como não posso pensar que a existência de uma coisa que é inexplicável seja uma prova de que ela é divina: embora, ao mesmo tempo, não possa deixar de reconhecer, segue-se de seus próprios princípios declarados que o fato de uma coisa ser inexplicável ou incompreensível para a nossa razão não é um argumento seguro para concluir que ela não é divina; especialmente quando existem provas indiretas de que ela o é. Uma criança é influenciada pelas numerosas provas que recebeu de amor, de cuidado paternal e sabedoria superior, para acreditar e fazer várias coisas com uma fé e obediência implícitas; e se nós, da mesma maneira, pela verdade e racionalidade que claramente vemos em tantos pontos dentro dos limites de nosso conhecimento, e pelas vantagens que experimentamos da semente do Evangelho semeada em boa terra, estivéssemos dispostos a uma crença implícita em outros pontos determinados, relativos a desígnios que não conhecemos, ou a assuntos para os quais nossos dotes talvez sejam insuficientes, sou tentado a pensar que essa fé poderia tornar-se nosso dever sem desonrar a nossa razão; e que a razão nunca é tão desonrada como quando é frustrada, e nunca corre mais perigo de ser frustrada do que quando julga sem ter os meios nem o direito de julgar.

// Lys. Eu daria muito para ver aquele engenhoso jogador Glauco[211] discutir com Euphranor numa noite dessas em nosso círculo. Reconheço que ele está num nível alto demais para mim em algumas de suas noções, mas ele é admirável em sua defesa da razão humana contra as imposições do poder sacerdotal.

19. *Alc.* Ele se encarregaria de deixar tão claro como a luz do dia que não existe nada de valioso no cristianismo, a não ser o que todo mundo sabe ou poderia saber muito bem com ele ou sem ele, antes ou depois de Jesus Cristo.

Cri. Aquele grande homem, ao que parece, ensina que só o senso comum é a estrela polar pela qual a humanidade deveria se guiar; e que aquela que se chama de revelação deve ser ridícula, porque é desnecessária e inútil, sendo os talentos naturais de cada homem suficientes para torná-lo feliz, bom e sábio, sem qualquer correspondência com o céu, seja em busca de luz ou de ajuda.[212]

Euph. Já reconheci o quanto estou ciente de que a minha situação neste recanto obscuro do país me priva das muitas vantagens que podem ser extraídas da conversação com homens engenhosos da cidade. Para remediar a situação, sou obrigado a conversar com os mortos e com meus próprios pensamentos, os quais, pelo que sei, têm pouco peso contra a autoridade de Glauco ou de semelhantes grandes homens da filosofia minuciosa. Mas o que podemos dizer de Sócrates, visto que ele também tinha uma opinião muito diferente da atribuída a Glauco?[213]

Alc. Por enquanto, não precisamos insistir em autoridades, antigas ou modernas, nem perguntar quem foi o homem mais importante, se Sócrates ou Glauco. Todavia, em minha opinião, por mais que a autoridade possa significar, os tempos atuais, encanecidos e vetustos pela idade e experiência, têm uma vantagem manifesta sobre aqueles que são falsamente chamados

---

211 Alusão a Tindal.

212 Tese de Tindal em *Christianity as Old as the Creation,* 1730. (N. T.)

213 Platão, *Apologia de Sócrates,* 31d. (N. T.)

de *antigos*.[214] Mas, para não insistir nas autoridades, digo a você claramente, Euphranor, que não queremos suas revelações; e isso por esta simples razão, que em relação às coisas que são claras todos já as conheciam, e em relação àquelas que são obscuras, ninguém se encontra em situação melhor.

Euph. [Como é impossível que um homem acredite nos princípios práticos da religião cristã e não obtenha // proveito deles, é igualmente evidente que esses princípios podem ser mais facilmente ensinados como pontos de fé do que demonstrados ou descobertos como pontos de ciência. Chamo isso de evidente, porque é um fato manifesto, visto que diariamente vemos que muitos são instruídos em questões de fé; que poucos são ensinados por demonstração científica; e que há ainda menos pessoas que podem descobrir a verdade por si mesmas. Acaso os filósofos minuciosos refletiram sobre o quão raramente os homens são movidos ou governados pelo mero raciocínio, e quantas vezes o são pela fé, nos assuntos naturais ou civis do mundo? Sobre quão pouco sabem, e como acreditam tanto? Sobre o quão incomum é encontrar um homem que raciocine justamente, que seja realmente um mestre da razão ou se guie por esta regra? Sobre quão mais qualificados (conforme o mundo avança) são os homens para julgar os fatos do que as razões, para receber a verdade sobre o testemunho do que para deduzi-la a partir de seus princípios? Sobre quão universal é o espírito de confiança ou segurança que atravessa todo o sistema de vida e opinião? E, ao mesmo tempo, sobre quão raramente se segue ou descobre a luz pura da natureza sem preconceitos? Digo que se nossos pensadores pensassem sobre essas coisas, eles talvez achassem difícil oferecer uma boa razão sobre por que a fé, que tem uma participação tão grande em todos os demais assuntos, não teria nenhuma participação na religião. Mas, para se aproximar mais de seu ponto,][215] não está em questão agora se é possível que os seres humanos conheçam todos os artigos da religião cristã, além dos mistérios e instituições positivas; e que eles realmente não os conhecem é muito claro para ser

---

214 Alusão à querela entre os "antigos" e "modernos" que ocupou amplamente os debates intelectuais durante o Renascimento. Contemporâneo de Berkeley, Swift a satiriza em *A Batalha dos Livros*. (N. T.)

215 Acréscimo da edição B. (N. T.)

negado. Isso, talvez, seja consequência de não usar devidamente a razão. Mas, quanto à utilidade da revelação, parece quase a mesma coisa dizer que os homens não podem saber ou que não se esforçam para conhecer as doutrinas reveladas. E, quanto àquelas doutrinas que eram muito obscuras para serem penetradas, ou muito sublimes para serem alcançadas pela razão natural, em que medida a humanidade pode ser melhor com elas, isso supera, eu quase diria, o que você mesmo ou Glauco podem dizer.

20. *Alc.* Mas, seja o que for que se pretenda quanto às doutrinas obscuras e leis, tudo isso nada tem a ver com // as profecias,[216] que, sendo totalmente relativas à humanidade, e aos eventos deste mundo, a respeito dos quais as nossas faculdades são suficientemente capazes de compreender, poderíamos esperar que fossem muito claras, de tal maneira que possam nos informar em vez de nos confundir.

Euph. E, no entanto, deve-se admitir que, assim como algumas profecias são claras, há outras muito obscuras; mas, entregue a mim mesmo, duvido que jamais pudesse deduzir disso que não são divinas. Segundo meu entendimento, deveria estar inclinado a concluir que as profecias que compreendemos constituem uma prova da inspiração, mas aquelas que não compreendemos não constituem provas contra ela. Quanto a estas últimas, nossa ignorância ou a reserva do Espírito Santo pode explicá-las, mas, quanto às outras, nada, pelo que vejo, pode explicá-las, a não ser a inspiração.

Alc. Conheço vários homens sagazes que concluem de maneira muito diferente de você, a saber, que algumas profecias são absurdas e outras inventadas após os acontecimentos. Eis a diferença entre um livre-pensador e um homem de princípios estreitos!

Euph. Parece então que eles rejeitam as revelações porque elas são obscuras, e as profecias de Daniel porque elas são claras.

---

216 As profecias estiveram no centro das discussões e ocuparam diversos deístas e teólogos da época, dentre os quais: Antony Collins, *A Discourse of the Grounds and Reasons of the Christian Religion,* 1724, e *Schema of Literal Prophecy*, 1727; Edward Chaudler, *Defence of Christianity of Prophecy*, 1724; William Whiston, *Essay towards restoring the True Text of the Old Testament and of Vindicating the Citations made thence in the New Testament* (1722) e *Literal Accomplishment of Scripture Prophecies* (1724). (N. T.)

Alc. De qualquer maneira, um homem sensato pode encontrar motivos para suspeitar que houve jogo sujo.

Euph. Seus homens sensatos, ao que parece, são difíceis de agradar.

Alc. Nossos filósofos são homens de olhar penetrante.

Euph. Suponho que tais homens nunca emitiram julgamentos apressados a partir de visões apressadas, mas sempre estabeleceram conclusões irrefutáveis após uma inspeção completa das coisas. De minha parte, não ouso me envolver com um homem que examinou esses pontos com tanta sutileza, como se pode presumir que você fez. Mas eu poderia citar alguns eminentes escritores nossos, ainda vivos, cujos livros sobre as profecias têm dado grande satisfação a cavalheiros que passam por homens sensatos e doutos aqui neste país.

Alc. Saiba, Euphranor, que não tenho tempo para ler atentamente os escritos eruditos dos teólogos sobre um assunto que se pode compreender de um relance. Para mim, é suficiente que o ponto em si seja estranho e fora do curso da natureza. Quanto ao resto, deixo que discutam e se decidam entre eles sobre em que momento exato Judá perdeu o cetro, ou se devemos calcular a profecia de Daniel sobre o Messias pelo calendário caldeu ou pelo Juliano. Minha única // conclusão a respeito de todas estas matérias é que jamais me preocuparei com elas.

Euph. Para um gênio extraordinário, que vê as coisas de um relance, não sei o que dizer. Mas, para o restante dos homens, poder-se-ia pensar que seria muito precipitado da parte deles concluir, sem uma maior e mais cuidadosa investigação, sobre o lado incerto de uma questão que diz respeito a seus interesses capitais.

Alc. Anote bem isso: um verdadeiro gênio, em sua busca da verdade, avança rapidamente nas asas de máximas gerais, enquanto as mentes inferiores se arrastam e rastejam em meio a particularidades insignificantes. Estabeleço como verdade infalível que, pelas artes falaciosas da lógica e da crítica, forçando e impondo, mitigando, reconciliando e distinguindo, pode-se justificar ou explicar qualquer coisa, e essa observação, com uma ou duas sobre o preconceito, me poupa de inúmeras preocupações.

Euph. Você, Alciphron, que paira sublime sobre opiniões fortes e livres, estenda a mão para aqueles a quem você vê enredados no engodo do pre-

Alciphron, ou o filósofo minucioso

conceito. De minha parte, acho muito provável supor que uma profecia possa ser divina, embora deva haver alguma obscuridade a esta distância, com respeito às datas ou tipos de calendários. Você mesmo admitiu que a revelação é possível; e, admitindo isso, posso facilmente conceber que pode ser estranha e fora do curso da natureza. Posso, sem espanto, encontrar nas Sagradas Escrituras diversas profecias das quais não vejo suas realizações, diversos textos que eu não entendo, diversos mistérios acima de minha compreensão, e caminhos de Deus para mim inexplicáveis. Por que não pode haver algumas profecias que se relacionam a fatos históricos que não conheço bem ou a acontecimentos que ainda não aconteceram? Parece-me que profecias insondáveis para o ouvinte, e até mesmo para quem as enunciou, foram depois verificadas e corroboradas pelos acontecimentos; e esta é uma de minhas máximas, que *o que foi pode ser*. Embora eu esfregue meus olhos e faça o máximo esforço para me livrar dos preconceitos, todavia ainda me parece muito possível que o que eu não compreendo, uma pessoa mais perspicaz do que eu, mais atenta ou mais erudita possa compreender. Pelo menos isso está claro. A dificuldade de alguns pontos ou passagens não impede a clareza de outros, e não temos obrigação de conhecer o sentido daquelas partes das Escrituras que não podemos interpretar. Que mal ou que inconveniência existe se não podemos compreender o que não estamos obrigados a compreender, ou se não podemos explicar as coisas que não cabe a nós explicar? As partes das Escrituras não // compreendidas em uma determinada época, ou por uma pessoa, podem ser compreendidas em outra época, ou por outras pessoas. Não podemos perceber, retrospectivamente sobre o que passou, um certo progresso de uma obscuridade maior para uma clareza maior, na série da economia divina em relação ao homem? E não podem os acontecimentos futuros esclarecer os pontos que no presente põem à prova a fé dos crentes? Assim, não posso deixar de pensar (tal é a força da verdade ou do preconceito) que em tudo isso não há nada forçado ou imposto, ou que não seja razoável ou natural supor.

21. *Alc.* Bem, Euphranor, eu lhe estenderei uma mão, já que você deseja, mas considero oportuno alterar o meu método, pois, como você sabe, os principais artigos da fé cristã foram infundidos muito cedo, e inculcados

tão frequentemente por amas de leite, pedagogos e clérigos que, por mais evidentes que sejam as provas, é muito difícil dissuadir uma mente assim impregnada e influenciada, argumentando contra a religião revelada a partir de suas próprias características internas. Por conseguinte, tratarei de considerar as coisas sob outra perspectiva e examinarei a sua religião por determinadas características externas ou circunstanciais, comparando a doutrina da revelação com explicações paralelas de antigos escritores pagãos, e demonstrando o quanto a sua religião está em desacordo com elas. Saiba, então, que a revelação cristã pressupõe a judaica, de onde se deduz que, se a judaica for destruída, a cristã deve logicamente cair por terra.[217] Assim, pois, para resumir, atacarei aquela revelação judaica em sua raiz. Diga-me, não somos obrigados, se acreditamos no relato mosaico das coisas, a admitir que o mundo foi criado há aproximadamente seis mil anos?

Euph. Admito que sim.

Alc. O que você dirá agora, se outros registros antigos fixassem a história do mundo em vários milhares de anos além deste período? E se os egípcios e chineses possuem relatos que se estendem por trinta ou quarenta mil anos? O que aconteceria se a primeira dessas nações tivesse observado mil e duzentos eclipses, durante o espaço de quarenta e oito mil anos, antes da época de Alexandre, o Grande? E se os chineses também efetuaram numerosas observações anteriores ao relato judaico da criação? // E se os caldeus observaram as estrelas há mais de quatrocentos mil anos? E o que diremos se tivermos sucessões de reis e de seus reinados, registradas por vários milhares de anos, antes do início do mundo estabelecido por Moisés? Poderemos rejeitar os relatos e os registros de todas as nações, as mais famosas, antigas e cultas do mundo, e preservar uma reverência cega pelo legislador dos judeus?

Euph. E, diga-me, se merecem ser rejeitados, por que não devemos rejeitá-los? E se essas cronologias extraordinárias não contiverem nada além de nomes destituídos de ações, e fábulas manifestas? E se essas supostas observações dos egípcios e dos caldeus fossem desconhecidas ou desconsideradas pelos antigos astrônomos? E se os jesuítas mostraram a inconsistência das

---

217 Collins, *Dicourse of the Christian Religion,* 1724, parte I; Toland, *Letters to Serena.* (N. T.)

pretensões dos chineses com a verdade das efemérides? E se as observações chinesas mais antigas reconhecidas como autênticas forem aquelas das duas estrelas fixas, uma no solstício de inverno, a outra no equinócio da primavera, sob o reinado de seu imperador Yao, que ocorreu depois do dilúvio?*

Alc. Permita-me observar que os missionários católicos merecem pouco crédito sobre este ponto.

Euph. Mas que conhecimento nós temos ou podemos ter desses acontecimentos chineses, senão através deles? As mesmas pessoas que nos falam desses relatos que os refutem! Se rejeitamos sua autoridade em um caso, que direito temos de nos apoiar nela em outro?

Alc. Quando considero que os chineses têm anais de mais de quarenta mil anos, e que são um povo culto, engenhoso e perspicaz, muito curioso e devotado às artes e às ciências, confesso que não posso deixar de sentir certa consideração por seus relatos cronológicos.

Euph. Quaisquer que sejam as vantagens que sua situação e suas máximas políticas possam ter lhes dado, não parece que sejam tão cultos ou tão perspicazes em questões de ciência como os europeus. O caráter geral dos chineses, se podemos acreditar em Trigault e em outros escritores, é que eles são homens de uma curiosidade superficial e ingênua, dedicada a buscar a pedra filosofal e uma medicina que tornasse os homens imortais, a astrologia, // a adivinhação e presságios de todos os tipos. Sua ignorância da natureza e da matemática é evidente pela grande contribuição que os jesuítas deram para esta espécie de conhecimento entre eles. Mas o que devemos pensar desses anais extraordinários, se os próprios chineses não deram nenhum crédito a eles durante mais de três mil anos antes de Jesus Cristo? Se eles não pretendem ter começado a escrever a sua história há mais de quatro mil anos? Se os livros mais antigos que eles conservam agora, em caracteres inteligíveis, não têm mais de dois mil anos? Alguém poderia pensar que um homem de sua sagacidade, tão inclinado a suspeitar de qualquer coisa fora do curso comum da natureza, não deveria, sem uma prova mais clara, admitir como autênticos aqueles anais, que registram coisas tão estranhas como que o sol não se pôs durante dez dias, e que choveu ouro durante

---

* Bianchini, *Histor. Univers.* c. 17.

três dias ininterruptos. Diga-me, Alciphron, você pode realmente acreditar nessas coisas sem perguntar por que meios a tradição foi preservada, por que mãos ela passou, ou que recepção ela teve, ou quem primeiro a escreveu?

Alc. Deixando de lado os chineses e sua história, servirá também ao meu propósito apoiar-me na autoridade de Manetão, aquele erudito sacerdote egípcio, que teve tantas oportunidades de investigar os relatos mais antigos da época e de transcrever em suas dinastias os mais veneráveis e autênticos registros gravados nas colunas de Hermes.

Euph. Diga-me, Alciphron, onde se podiam ver aquelas colunas cronológicas?

Alc. Na terra Seriadica.[218]

Euph. E onde fica esse país?

Alc. Eu não sei.

Euph. Como esses registros foram preservados por tantas eras até a época deste Hermes, de quem se diz que foi o primeiro inventor do alfabeto?

Alc. Eu não sei.

Euph. Será que algum outro escritor, antes ou depois de Manetão, pretendeu ter visto, transcrito ou conhecido alguma coisa sobre aquelas colunas?

Alc. Não que eu saiba.

Euph. Ou, acerca do lugar onde se diz que elas estavam?

Alc. Se o fizeram, desconheço ainda mais.

261 // *Euph.* Será que os autores gregos que foram ao Egito e consultaram os sacerdotes egípcios estão de acordo com esses relatos de Manetão?

Alc. Suponhamos que não.

Euph. Porventura Diodoro, que viveu depois de Manetão, segue, cita ou ao menos menciona este mesmo Manetão?

Alc. O que você quer inferir de tudo isso?

Euph. Se eu não conhecesse você e seus princípios, e com que vigilância você se protege contra a impostura, eu inferiria que você foi um homem muito crédulo. Pois, do que podemos chamar, senão de credulidade, acre-

---

218 "Seriadical". Designação dada às terras do Egito nas quais fluem o rio Nilo, denominado por autores profanos, a exemplo de Manetão, de *Siris*, de onde derivaria o termo "seriadico". (N. T.)

Alciphron, ou o filósofo minucioso

ditar nas coisas mais inacreditáveis com base na mais exígua autoridade, tais como os fragmentos de um escritor obscuro, em desacordo com todos os outros historiadores, apoiados pela obscura autoridade das colunas de Hermes, em razão das quais você acredita em suas palavras, e que contêm coisas tão improváveis como sucessões de deuses e semideuses, por muitos milhares de anos, tendo Vulcano sozinho reinado durante nove mil anos? Naquelas veneráveis dinastias de Manetão, há pouco mais que nomes e números; e, no entanto, neste pouco nos deparamos com coisas muito estranhas que poderiam parecer românticas em outro escritor: por exemplo, o Nilo que transbordava de mel, a lua que se tornava maior, uma ovelha que falava, setenta reis que reinavam tantos dias, um após o outro, um rei por dia.* Se você é conhecido, Alciphron, por dar crédito a essas coisas, receio que você perderá a honra de ser considerado incrédulo.

Alc. E, no entanto, esses fragmentos ridículos, como você pretende representá-los, foram considerados dignos do esforço e das elucubrações de muito eruditos. Como você pode explicar as obras que o grande Joseph Scaliger e Sir John Marsham dedicaram a eles?

Euph. Não tenho a pretensão de explicá-las. Ver Scaliger acrescentar outro período Juliano para abrir espaço para coisas como as dinastias de Manetão, e ver Sir John Marsham fazer tantos esforços para remendar, compor e unir aqueles fragmentos obscuros para arranjá-los em ordem cronológica e tentar ajustá-los com a cronologia sagrada, ou torná-los coerentes consigo próprios e com outros relatos, tudo isso é para mim muito estranho e inexplicável. Por que eles, ou Eusébio, ou você mesmo, ou qualquer outro homem culto deveriam imaginar que essas coisas merecem alguma consideração, deixo que você explique.

262 // 22. *Alc.* Afinal, não é fácil conceber o que persuadiu, não só Manetão, mas também outros sacerdotes egípcios, muito antes de seu tempo, a estabelecer aquelas grandes conjecturas sobre a Antiguidade, que, por muito divergentes que sejam umas das outras, coincidem em refutar a história mosaica. Como se pode explicar isso sem algum fundamento real? Que prazer,

---

* Scal. *Can. Isag.* l. 2. [Joseph Scaliger, *Isagogici chronologiae canones*, 1606. (N. T.)]

George Berkeley

proveito ou poder poderia levar os homens a inventar sucessões de nomes antigos e períodos de tempo para épocas anteriores ao começo do mundo?

Euph. Diga-me, Alciphron, há algo tão estranho ou singular neste vão capricho de estender a antiguidade das nações para além da verdade? Não se observou isso na maior parte do mundo? Não se manifestou, mesmo em nossos tempos, especialmente entre aqueles povos dependentes e subjugados, que têm pouca coisa de que se vangloriar? Ao negligenciar nossos compatriotas, que, na medida em que são inferiores a seus vizinhos em riqueza e poder, reivindicam para si uma antiguidade mais remota, não são as pretensões dos irlandeses sobre este ponto extravagantes? Se posso confiar em minha memória, O'Flaherty, em sua *Ogygia*, menciona alguns negócios na Irlanda antes do dilúvio. O mesmo capricho, e pela mesma causa, parece ter prevalecido na Sicília, um país submetido durante alguns séculos passados ao domínio de estrangeiros; durante esse tempo, os sicilianos publicaram diversos relatos fabulosos sobre a origem e antiguidade de suas cidades, nos quais elas rivalizavam umas com as outras. Pretende-se demonstrar por inscrições antigas, cuja existência ou autoridade parece estar no mesmo nível das colunas de Hermes, que Palermo foi fundada nos tempos do patriarca Isaac, por uma colônia de hebreus, fenícios e sírios, e que um neto de Esaú foi governador de uma fortaleza que existia ainda naquela cidade duzentos anos depois.* A antiguidade de Messina foi aumentada ainda mais por alguns que querem nos fazer pensar que foi ampliada por Nimrod.** As mesmas pretensões são mantidas em relação a Catânia e outras cidades daquela ilha, que encontraram em seu apoio autores dignos de tão bom crédito como Manetão. Agora, gostaria de saber por que os egípcios, um povo subjugado, não pode provavelmente // ter inventado relatos fabulosos pelo mesmo motivo, e, como outros, reivindicado para eles mesmos extravagantes pretensões de antiguidade, quando, em todos os demais aspectos, eles eram muito inferiores aos seus dominadores? Esse povo havia sido sucessivamente conquistado pelos etíopes, assírios, babilônios, persas e gregos, antes que aparecessem as extraordinárias dinastias de Manetão e

---

* Fazelli, *Hist. Sicul. Decad.* l. l. 8. [Tomazo Fazello, *Historia de Sicilia,* l. l. 8. (N. T.)]

** Reina, *Notizie Istoriche di Messina.*

que se ouvisse falar das colunas de Hermes. Como eles haviam sido conquistados pelos dois primeiros povos antes da época do próprio Sólon, o primeiro grego que se sabe que consultou os sacerdotes do Egito, cujos relatos eram tão extravagantes que mesmo os historiadores gregos, embora não estivessem familiarizados com as Sagradas Escrituras, estavam longe de dar todo o crédito a eles. Heródoto, referindo-se à sua autoridade, disse que aqueles a quem tais coisas parecem críveis podem tirar delas o melhor proveito, mas quanto a si mesmo, diz que seu propósito era escrever o que ouviu dizer.* E tanto ele como Diodoro mostram, em diversas ocasiões, a mesma desconfiança das narrativas daqueles sacerdotes egípcios. E, como observamos dos egípcios, não é menos certo que os fenícios, os assírios e os caldeus tenham sido, cada qual, povos conquistados e submetidos antes que o resto do mundo tivesse ouvido qualquer coisa sobre suas pretensões à tão remota antiguidade.

Cri. Mas que motivo pode haver para esforçar-se tanto para explicar o capricho dos escritores fantásticos? Não é suficiente ver que eles relatam coisas absurdas; que não são corroborados por nenhuma evidência externa; que não parecem ter recebido crédito nem mesmo entre seus próprios compatriotas, e que são contraditórios uns com os outros? Que os homens tenham a vaidade de se impor ao mundo por meio de relatos falsos não é nada estranho; muito mais estranho é que, depois do que tem sido feito por tantos críticos eruditos para abrir os olhos ao mundo, se encontrem, no entanto, homens suscetíveis de serem enganados pelos insignificantes fragmentos de Manetão, Beroso, Ctésias, ou outros escritores de fábulas ou impostores semelhantes.

Alc. Permita-me observar que esses críticos eruditos podem reverlar-se eclesiásticos e talvez alguns deles católicos.

Cri. O que você acha de Sir Isaac Newton, era católico ou eclesiástico? Talvez você não possa conceder que ele tenha sido, em sagacidade ou inteligência, igual aos grandes homens da filosofia minuciosa. Mas, não se pode negar que ele estudou e refletiu muito sobre o assunto, e que o resultado

---

* Herodotus in Euterpe. [Heródoto, *História,* 2. O livro 2, Euterpe, corresponde à história do Egito. (N. T.)]

264 de sua // investigação foi um desprezo completo de todos aqueles célebres rivais de Moisés.[219]

Alc. Homens engenhosos observaram que Sir Isaac Newton, embora um leigo, era profundamente preconceituoso, como atesta seu grande respeito à Bíblia.

Cri. E o mesmo se pode dizer do Sr. Locke, do Sr. Boyle, de Lord Bacon, e de outros leigos famosos, que, embora sendo especialistas em alguns pontos, deve-se admitir, no entanto, que não alcançaram aquele aguçado discernimento que é a distinção peculiar de sua seita.

23. Mas talvez possa haver outras razões, além do preconceito, para inclinar um homem a dar preferência a Moisés sobre a verdade de cuja história se fundou e arranjou o governo, os costumes e a religião do seu país; de cuja história há vestígios manifestos nos livros e tradições mais antigos dos pagãos, particularmente dos brâmanes e pársis; [sem mencionar o testemunho geral da Natureza, bem como a antiguidade, de seu relato de um dilúvio;][220] cuja história é confirmada pela invenção tardia das artes e ciências, o povoamento gradual do mundo, os próprios nomes das nações antigas, e até mesmo pela autoridade e argumentos daquele renomado filósofo Lucrécio, que, em outros pontos, é tão admirado e seguido por aqueles de sua seita.[221] Sem mencionar que a contínua diminuição das águas, a diminuição dos montes, e o retardo dos movimentos planetários fornecem tantas provas naturais, que mostram que este mundo teve um começo; como as provas civis ou históricas acima mencionadas claramente mostram, esse começo deve ter sido por volta da época assinalada na Sagrada Escritura. Depois de tudo isso, peço licença para acrescentar uma observação. Para qualquer um que considere, ao cavar na terra, a grande quantidade de conchas, e, em alguns lugares, de ossos e de chifres de animais que se encontram conservados e intactos depois de ter permanecido lá com toda a probabilidade alguns milhares de anos, deveria parecer provável que joias, medalhas e utensílios

---

219 Ver Newton, *The Chronology of Ancient Kingdoms Amended*, 1728. (N. T.)
220 Acréscimo da terceira edição, de 1752. (N. T.)
221 Lucrécio, *Sobre a natureza das coisas*, 5.324. (N. T.)

de metal ou de pedra poderiam ter se conservado intactos, enterrados sob o solo por quarenta ou cinquenta mil anos, se o mundo fosse tão antigo. Como é possível então que não se encontre nenhum resto, nenhum objeto antigo daquelas numerosas épocas que precedem os relatos cronológicos das Escrituras; nenhum fragmento de // construção, nenhum monumento público, nenhum entalhe, camafeu, estátua, baixo-relevo, medalhas, inscrições, utensílios, ou obras artificiais de qualquer tipo foram descobertos, capazes de testemunhar a existência daqueles impérios poderosos, aquelas sucessões de monarcas, de heróis e semideuses, por tantos milhares de anos? Olhemos para a frente e suponhamos que se passaram dez ou vinte mil anos, tempo durante o qual vamos supor que pestes, fomes, guerras e terremotos causem grandes devastações no mundo; não é altamente provável que no final de tal período, colunas, vasos e estátuas atualmente existentes em granito, em pórfiro, ou jaspe (pedras de tal dureza, como sabemos, que duraram dois mil anos acima do solo sem qualquer alteração considerável), testemunhariam esta época e épocas passadas? Ou que algumas de nossas moedas atuais podem então ser desenterradas, ou velhas muralhas e fundações de edifícios descobertas, assim como as conchas e as pedras do mundo primitivo foram preservadas até nossos tempos. Parece-me que decorre dessas considerações, de cujo senso comum e experiência são juízes todos os homens, que temos boas razões para concluir que o mundo foi criado aproximadamente no tempo assinalado nas Sagradas Escrituras. E se admitirmos algo tão extraordinário como a criação deste mundo, deveria parecer que admitimos algo estranho, singular e novo para compreensão humana, superior a qualquer outro milagre possível.

24. Alciphron permaneceu pensativo e não respondeu; após o que Lysicles se expressou da seguinte maneira: devo confessar que preferia supor, como Lucrécio, que o mundo foi feito pelo acaso e que os homens brotaram da terra, como abóboras, do que sujeitar minha fé àqueles fragmentos absurdos e fabulosos da história oriental. E quanto aos homens eruditos, que se deram ao trabalho de juntá-los e elucidá-los, eles não me parecem melhores que muitos pedantes antiquados. Um livre-pensador engenhoso pode talvez de vez em quando fazer algum uso de suas elucubrações e lançar um absurdo

contra outro. Mas nem por isso você deve pensar que ele sinta um verdadeiro respeito pela autoridade de semelhantes escritores apócrifos, ou acredite numa só sílaba das tradições chinesas, babilônicas ou egípcias. Se parecemos dar-lhes preferência antes que à Bíblia, é apenas porque elas não são estabelecidas por lei. Esta é a minha sincera opinião // sobre a questão, e ouso dizer que é a opinião geral dos membros de nossa seita; que são demasiado racionais para levar a sério essas ninharias, embora às vezes deem sinais de profunda erudição, e façam uma cara séria para se divertir com os fanáticos.

Alc. Uma vez que Lysicles assim o deseja, tratarei de não apoiar-me nos relatos de épocas anteriores aos relatos mosaicos. Devo, no entanto, pedir licença para observar que há outro ponto, de uma natureza diferente, contra o qual não existem as mesmas objeções, que merece ser considerado, e pode servir também ao nosso propósito. Presumo que se admitirá que os historiadores que tratam do tempo compreendido no relato mosaico deveriam ser colocados, por homens imparciais, em pé de igualdade com Moisés. Por conseguinte, pode-se esperar que aqueles que pretendem defender seus escritos devam conciliá-los com relatos paralelos de outros autores, tratando dos mesmos tempos, mesmas coisas e pessoas. E, se não nos apegarmos unicamente a Moisés, mas extrairmos nossas conclusões de outros escritores, e da probabilidade das coisas, descobriremos boas razões para acreditar que os judeus eram apenas uma horda de egípcios leprosos, expulsos de seu país por causa daquela doença repugnante; e que sua religião, que pretendiam ter recebido do céu no monte Sinai, na verdade a aprenderam no Egito, e a trouxeram de lá.

Cri. Para não insistir no que não se pode negar, que um historiador que escreve sobre seu próprio tempo merece maior crédito que outros que tratam do mesmo assunto muitos anos depois, parece-me que é absurdo esperar que devamos reconciliar Moisés com os historiadores profanos, enquanto não os reconciliamos primeiro uns com os outros. Em resposta, portanto, ao que você observa, desejo que você considere, em primeiro lugar, que Manetão, Queremón e Lisímaco publicaram relatos contraditórios sobre os judeus e seu êxodo do Egito;* em segundo lugar, que sua língua é uma

---

* Joseph. *Contra Apion*, l. I. [Flávio Josefo, *Contra Apião*, I. (N. T.)]

Alciphron, ou o filósofo minucioso

prova evidente de que não eram de origem egípcia, mas sim fenícia, ou síria, ou caldeia; e, em terceiro lugar, que não me parece muito provável supor que sua religião, cuja base ou princípio fundamental era a adoração de um único Deus supremo, e cujo objetivo principal era abolir a idolatria, poderia provir do Egito, a mais idólatra de todas as nações. É preciso reconhecer que a situação independente e as instituições dos judeus fizeram com que fossem tratados por alguns estrangeiros com grande ignorância e desdém 267 por eles e por sua origem. Mas Estrabão, // que se reconhece que foi um escritor judicioso e inquisitivo, embora não conhecesse sua verdadeira história, menciona-os de maneira mais honrosa. Ele relata que Moisés, junto com muitos outros adoradores de um Deus infinito, não aprovando o culto às imagens dos egípcios e de outras nações, saiu do Egito e se estabeleceu em Jerusalém, onde construiu um templo a um único Deus, sem imagens.*

25. *Alc.* Nós, que defendemos a causa da liberdade contra a religião, nestas épocas mais recentes do mundo, estamos em grande desvantagem devido à perda dos livros antigos que esclareciam muitos pontos aos olhos daqueles grandes homens como Celso, Porfírio, e Juliano, o que a uma distância maior e com menos ajuda não podemos compreender tão facilmente, mas, se tivéssemos esses registros, não duvido que nós poderíamos demolir todo o sistema de uma só vez.

Cri. No entanto, tenho alguma dúvida sobre isso; porque aqueles grandes homens, como você os chama, com todas aquelas vantagens não o conseguiram.

Alc. Isso deve necessariamente ter sido devido ao embotamento e estupidez do mundo naquela época, quando a arte de raciocinar não era tão conhecida e cultivada como ultimamente. Mas aqueles homens de verdadeiro gênio perceberam o engano eles próprios e foram muito claros em suas opiniões, o que me convence de que eles tinham boas razões do seu lado.

Cri. E, no entanto, aquele grande homem, Celso, parece ter tido noções muito superficiais e inconstantes. Às vezes ele fala como um completo

---

* Strab. l. 16. [Estrabão, *Geografia*, 16. (N. T.)]

George Berkeley

epicurista, outras, ele admite milagres, profecias, e uma vida futura de recompensas e punições. O que você acha, Alciphron, não é algo excêntrico em um homem tão destacado, entre outras vantagens que ele atribui aos animais sobre a espécie humana, supor que eles são magos e profetas; que afirme que eles têm uma comunicação e união mais íntima com a divindade; que eles sabem mais que os homens; e que os elefantes, em particular, são dentre todos os outros animais os mais religiosos e observadores estritos de um juramento?*

Alc. Um grande gênio pode às vezes ser extravagante. Mas o que você diria do imperador Juliano? Não era um homem extraordinário?

Cri. A julgar por seus escritos, ele parece ter sido espirituoso e satírico. Além disso, não tenho nenhuma dificuldade em admitir que foi um imperador generoso, moderado, galante e brincalhão. Mas, ao mesmo tempo, é preciso admitir, porque seu próprio panegirista pagão Amiano Marcelino** admite, que ele foi um homem loquaz, // leviano, vaidoso e supersticioso. E, portanto, seu julgamento ou sua autoridade podem ter pouco peso para aqueles que não estejam predispostos em seu favor.

Alc. Mas, de todos os grandes homens que escreveram contra a religião revelada, o maior, sem dúvida, foi aquele verdadeiro grande homem, Porfírio, cuja perda de sua obra inestimável nunca será suficientemente lamentada. Este filósofo perspicaz foi até o fundo e até a origem das coisas. Ele refutou as Escrituras da maneira mais erudita, mostrou o absurdo dos relatos mosaicos, minou e desmascarou as profecias e ridicularizou as interpretações alegóricas.*** Os modernos, deve-se reconhecer, fizeram grandes coisas e mostraram-se homens capazes; no entanto, não posso deixar de lamentar a perda do que foi feito por uma pessoa de tão vasta capacidade, e que viveu muito mais perto da fonte; embora sua autoridade sobreviva a seus escritos e deva ter seu peso entre os homens imparciais, apesar dos inimigos da verdade.

---

* Origen. *Contra Celsum*, l. 4. [Orígenes, *Contra Celso*, 4. (N. T.)]

** Am. Marcellin. l. 25. [Amiano Marcelino, *Res Gestae/Os feitos*, 25. (N. T.)]

*** Luc. Holstenius de vita & Scriptis Porphyrii. [Lucas Holstenius, *Vita et scriptsis Porphirii*, 1630. (N. T.)]

Cri. Admito que Porfírio era um infiel completo, embora não pareça de forma alguma ter sido incrédulo. Parece que ele tinha uma ótima opinião sobre os feiticeiros e necromantes, e acreditava nos mistérios, milagres e profecias dos teurgistas e sacerdotes egípcios. Ele estava longe de ser um inimigo do jargão obscuro, e pretendia ter tido êxtases extraordinários. Em suma, esse grande homem parece ter sido tão ininteligível quanto um escolástico, tão supersticioso quanto um monge e tão fanático quanto qualquer quietista ou quaker; e, para completar seu caráter de filósofo minucioso, teve fortes tentações de se suicidar. Podemos ter uma noção desse patriarca da infidelidade a partir de seu modo judicioso de pensar sobre outros pontos, assim como sobre a religião cristã. Ele foi sagaz a ponto de descobrir que as almas dos insetos, quando separadas de seus corpos, tornam-se racionais; que demônios de mil formas ajudam a fazer poções mágicas e encantamentos, cujos corpos espirituais são nutridos e engordados pelos vapores das libações e sacrifícios; que os fantasmas daqueles que morrem de morte violenta costumavam assombrar e aparecer sobre seus túmulos. O mesmo filósofo extraordinário aconselha a um homem sábio a não comer carne, com receio de que a alma impura do animal que foi submetido à morte violenta entre, junto com // a carne, naqueles que a comem. Ele acrescenta, como uma questão de fato confirmada por muitos experimentos, que aqueles que queiram introduzir em si mesmos as almas de tais animais, para ter o dom de predizer as coisas futuras, precisam apenas comer uma parte principal, o coração, por exemplo, de um cervo ou de uma toupeira, e assim receber a alma do animal, que profetizará neles como um deus.* Não é de se admirar que os homens cujas mentes estavam absortas pela fé e por princípios de um tipo tão peculiar tivessem aversão à aceitação do Evangelho. De um modo geral, desejamos ser desculpados se não prestamos a mesma atenção aos julgamentos dos homens que nos parecem extravagantes, supersticiosos, fracos e visionários, como aquela que prestam aqueles cavalheiros imparciais, que admiram seus talentos e estão orgulhosos de trilhar seus passos.

---

* *Vide* Porphyrium, *De abstinentia, De sacrificiis, De diis, & Daemonibus.* [Porfírio: *Sobre a abstinência; Sobre os sacrifícios; Sobre deuses e demônios.* (N. T.)]

Alc. Os homens veem as coisas de pontos de vistas diferentes, o que um admira, outro despreza; é mesmo possível para uma mente preconceituosa, cuja atenção está voltada para os defeitos e imperfeições das coisas, imaginar alguma sombra de defeito naquelas grandes luzes que em nossos dias iluminaram e continuam a iluminar o mundo.

26. Mas diga-me, Crito, o que você acha de Josefo? Admite-se que foi um homem de saber e juízo. Ele mesmo era um defensor da religião revelada. E os cristãos, quando sua autoridade serve a seus fins, costumam citá-lo com respeito.

Cri. Tudo isso eu reconheço.

Alc. Não deve então parecer muito estranho e muito suspeito para todo investigador imparcial que este judeu erudito, escrevendo a história de seu próprio país, precisamente daquele mesmo lugar e daqueles mesmos tempos, onde e quando Jesus Cristo apareceu, todavia não diga nada sobre o caráter, os milagres e a doutrina daquela pessoa extraordinária? Alguns cristãos antigos eram tão conscientes disso que, para repará-lo, inseriram uma passagem famosa naquele historiador[222] cuja impostura foi suficientemente revelada por hábeis críticos da época recente.

Cri. Embora não faltem críticos competentes que opinem contrariamente sobre esta questão, contudo, para não entrar na discussão sobre aquela célebre passagem, contentar-me-ei em conceder a você tudo o que você possa desejar, e a considerá-la não genuína, mas a fraude piedosa de algum cristão obstinado, que não pôde tolerar a omissão de Josefo. Mas isso nunca converterá tal omissão em uma verdadeira objeção contra // o cristianismo. Tampouco há, pelo que posso ver, nada nele que sirva de base para admiração ou desconfiança; porquanto deveria parecer muito natural, supondo que o relato do Evangelho seja exatamente verdadeiro, que Josefo nada tenha dito a respeito; considerando que a intenção daquele escritor era oferecer aos olhos do mundo uma boa imagem de seu país, que havia sido muito preconceituoso contra os judeus, e pouco sabia de sua história, para cujo fim a vida e a morte de nosso Salvador não havia contribuído de forma alguma;

---

222 Flávio Josefo, *Antiguidades judaicas*, 18.3. (N. T.)

considerando que Josefo não poderia ter sido uma testemunha ocular de nosso Salvador e de seus milagres; considerando que era um fariseu de mérito e conhecedor tanto da cultura estrangeira como da judaica, que ocupava uma grande posição no estado, e que o Evangelho era pregado para os pobres; que os primeiros difusores do Evangelho e os primeiros convertidos a ele eram homens humildes e iletrados, para que não parecesse obra humana ou devida a interesses ou poderes humanos; considerando o preconceito geral dos judeus, que esperavam no Messias um príncipe temporal e conquistador, e que este preconceito era tão forte que preferiram atribuir os milagres de nosso Salvador ao diabo, antes que reconhecer que ele era o Cristo; considerando também a desordem e confusão infernal do Estado judeu na época de Josefo, quando as mentes dos homens estavam cheias e atônitas com guerras, dissensões, massacres e sedições sem precedentes daquele povo devotado. Colocando todas essas coisas juntas, não acho estranho que tal homem, que escrevia com tal intenção, num tal tempo, e em tais circunstâncias, omitisse relatar a vida e a morte de nosso bendito Salvador, ou mencionar seus milagres ou tomar conhecimento do estado da Igreja cristã, que era então como um grão de mostarda que começava a criar raízes e a germinar. E isso parecerá ainda menos estranho se for considerado que os apóstolos, alguns anos depois da morte de nosso Salvador, saíram de Jerusalém, dedicando-se a converter os pagãos, e se dispersaram por todo o mundo; que os convertidos em Jerusalém não foram só os mais humildes, senão também muito poucos, dado que os três mil que se uniram à Igreja em um dia para a pregação de Pedro naquela cidade, parece que não eram habitantes, mas estrangeiros de todas as partes reunidos para celebrar a festa de Pentecostes; e que durante toda vida de Josefo e durante vários anos depois, durante uma sucessão de quinze bispos, os cristãos de Jerusalém observaram a lei mosaica,* e foram, consequentemente, // em aparência externa, um povo idêntico aos demais judeus, o que deve tê-los tornado menos dignos de nota. Gostaria de saber por que razão nós temos de supor que o Evangelho, que em sua primeira propagação parecia ignorar os homens importantes ou notáveis deste mundo, também não poderia ter

---

* Sulp. Sever. Sacr. Hist. l. 2 & Euseb. Chron. Lib. poster. [Sulpício Severo, *História sagrada*, 2; e Eusébio, *História universal*. (N. T.)]

sido negligenciado por eles como algo não adequado às suas apreensões e maneiras de pensar?

Além disso, naqueles primeiros tempos não poderiam outros judeus cultos, assim como Gamaliel,* suspender seu julgamento sobre essa nova doutrina, não sabendo o que fazer ou dizer dela, sendo por um lado incapazes de abandonar as noções e as tradições nas quais foram educados e, por outro, não ousando resistir ou falar contra o Evangelho, com receio de que se pensasse que se opunham contra Deus? Certamente, em todo caso, nunca se poderia esperar que um judeu não convertido fizesse o mesmo relato da vida, dos milagres e da doutrina de Jesus Cristo, como poderia ter feito um cristão; nem, por outro lado, era absolutamente improvável que um homem sensato devesse tomar cuidado para desprezar ou difamar o que, por tudo o que ele sabia, poderia ter sido uma revelação celestial. Entre esses dois caminhos, o caminho do meio era não dizer nada, mas guardar um ambíguo e respeitoso silêncio. E pode-se observar que, onde este historiador ocasionalmente menciona Jesus Cristo em seu relato da morte de São Tiago, ele o faz sem qualquer reflexão, ou não falando nem bem nem mal, embora ao mesmo tempo mostre um respeito pelo apóstolo. Pode-se observar, eu disse, que ao falar de Jesus ele usa a expressão "aquele que foi chamado de Cristo", não aquele que pretendeu ser o Cristo, ou que foi falsamente chamado de Cristo, mas simplesmente τοῦ λεγομένου χριστοῦ.** É evidente que Josefo sabia que existia um homem como Jesus, e que se dizia que ele era o Cristo; no entanto, ele não condena nem a ele nem a seus seguidores; o que para mim parece um argumento a seu favor. Certamente, se supormos que Josefo soube ou foi persuadido de que ele era um impostor, será difícil explicar por que ele não disse isso em termos claros. Mas se presumirmos que, na maneira de pensar de Gamaliel, ele suspendeu o juízo, e receava que se pensasse que se opunha contra Deus, deveria parecer natural que ele se comportasse daquela mesma maneira que, de acordo com você, depõe contra a nossa fé, mas eu acho que, em verdade, depõe a favor dela. Mas o que dizer se Josefo

---

* Acts v. [*Atos*, 5, p.34-39. (N. T.)]

** Jos. Ant. l. 20, c. 8. [Flávio Josefo, *Antiguidades judaicas*, 20.8, "do chamado Cristo". (N. T.)]

foi um fanático, ou mesmo um saduceu, um infiel, um ateu? E então? Nós prontamente admitimos que pode ter havido // pessoas de posição, políticos, generais e homens de letras, outrora, bem como agora, judeus bem como ingleses, que não acreditavam em nenhuma religião revelada; e que algumas dessas pessoas poderiam eventualmente ter ouvido sobre um homem de vida humilde, que fazia milagres por magia, sem se informar, ou talvez nunca se indagar, sobre sua missão e doutrina.

De um modo geral, não consigo compreender por que alguém deveria concluir contra a verdade do Evangelho em consequência de Josefo omitir falar sobre ele, mais do que por omitir abraçá-lo. Se os primeiros cristãos tivessem sido sumos sacerdotes e governantes, ou homens de ciência e saber, como Fílon e Josefo, talvez se pudesse objetar que sua religião era invenção humana com maior plausibilidade do que se diz agora que aprouve a Deus confundir os fortes com meios fracos. Acho que isso explica suficientemente por que, no início, os homens de certa classe e posição não tomaram conhecimento do Evangelho ou o negligenciaram.

27. *Alc.* E, no entanto, parece um argumento estranho como prova de qualquer doutrina que ela tenha sido pregada por pessoas simples e para pessoas simples.

Cri. De fato, se não houvesse nenhum outro testemunho da verdade da religião cristã, este deveria ser considerado muito fraco. Mas, se uma doutrina começou com instrumentos privados de todas as vantagens humanas, e se, fazendo seus primeiros progressos entre aqueles que não tinham nenhuma riqueza, nem arte para incentivá-la ou encorajá-la, pôde num curto espaço de tempo, por sua própria excelência inata, pela poderosa força dos milagres e manifestação do Espírito, não apenas sem mas contra todos os motivos mundanos, difundir-se neste e conquistar homens de todas as classes e condições, não seria irracional rejeitá-la ou desconfiar dela por falta de meios humanos? E esta não podia ser, com muito mais razão, considerada uma prova de que provém de Deus?

Alc. Mas ainda assim um homem curioso desejará o testemunho de homens de saber e conhecimento.

Cri. Mas, a partir do primeiro século em diante, nunca faltou o testemunho de homens desse gênero, que escreveram de maneira erudita em defesa da religião cristã, que viveram, muitos deles, quando a memória das coisas estava fresca, que tinham capacidade de julgar e meios para saber, e que deram as provas mais claras de sua convicção e sinceridade.

Alc. Mas o tempo todo esses homens foram cristãos, cristãos preconceituosos e, portanto, seu testemunho é suspeito.

273   // *Cri.* Parece então que você gostaria que os judeus ou pagãos atestassem as verdades do cristianismo.

Alc. Isso é exatamente o que eu quero.

Cri. Mas como isso poderia ser? E se pudesse, nenhum homem razoável estaria inclinado a suspeitar de tais evidências e perguntar como alguém poderia realmente ter acreditado em tudo isso e não se tornar um cristão. Os apóstolos e os primeiros convertidos eram eles próprios judeus, e foram educados na veneração à lei de Moisés, e em todos os preconceitos daquele povo. Muitos padres, filósofos cristãos e apologistas eruditos da fé, que haviam sido criados como pagãos, estavam, sem dúvida, impregnados de preconceitos da educação. E, se o dedo de Deus e a força da verdade converteram tanto uns quanto os outros, do judaísmo ou paganismo, apesar de seus preconceitos contra o cristianismo, não é seu testemunho tanto mais forte? Você tem então os testemunhos tanto dos judeus como dos pagãos, atestando a verdade de nossa religião nos primeiros séculos. Mas esperar ou desejar o testemunho dos judeus que permaneceram judeus, ou dos pagãos que permaneceram pagãos, parece irracional. Tampouco se pode imaginar que o testemunho de homens que não se converteram, seja o mais apropriado para converter os outros. Na verdade, temos o testemunho de escritores pagãos[223] para provar que, na época do nascimento de nosso Salvador, havia uma expectativa geral no oriente de um Messias ou Príncipe; que deveria fundar um novo reino; que havia pessoas como os cristãos; que eles foram cruelmente perseguidos e condenados à morte; que eles eram inocentes e santos em suas vidas e em seus cultos; e que realmente existiam naquela época certas pessoas e fatos mencionados no Novo Testamento. E quanto a outros pontos temos

---

223 Por exemplo, Virgílio, *Bucólicas*, Écloga 4. (N. T.)

os doutos Padres, vários dos quais tinham sido, como já observei, educados no paganismo, para atestar sua veracidade.

Alc. De minha parte, não tenho uma opinião elevada sobre a capacidade ou o saber dos padres, e muitos homens eruditos, especialmente das Igrejas reformadas estrangeiras, pensam da mesma forma, o que me poupa o trabalho de eu mesmo examinar seus volumosos escritos.

274   // *Cri.* Não assumirei o encargo de dizer, com o filósofo minucioso Pomponazzi,* que Orígenes, Basílio, Agostinho e vários outros padres eram iguais a Platão, Aristóteles, e os mais notáveis entre os pagãos, no conhecimento humano. Mas, se me for permitido fazer um julgamento a partir do que tenho visto de seus escritos, diria que vários deles foram homens de grandes qualidades, de eloquência e saber, e muito superiores àqueles que parecem subestimá-los. Sem qualquer afronta a certos críticos ou tradutores modernos, Erasmo pode ser considerado um homem de gosto refinado, e um juiz adequado do bom senso e do bom estilo, embora seu julgamento neste ponto fosse muito diferente do deles. Alguns de nossos irmãos reformados, sob o pretexto de que os católicos romanos apreciam demasiado os padres, parecem estimá-los muito pouco, em virtude de uma oposição muito comum, embora não muito judiciosa; oposição que é capaz de levar os homens a observar os defeitos sem fazer as devidas concessões, e a dizer coisas que nem a piedade, nem a sinceridade, nem o bom senso, exigem que eles digam.

28. *Alc.* Mas, embora eu deva reconhecer que um testemunho concorrente de muitos homens eruditos e competentes ao longo dos primeiros séculos do cristianismo pode ter seu peso, ainda assim, quando considero o grande número de falsificações e heresias que surgiram naqueles tempos, isso enfraquece muito seu crédito.

Cri. Por favor, Alciphron, seria considerado um bom argumento contra a Reforma, na boca de um católico romano, o fato de muitas seitas absurdas terem surgido contemporaneamente a ela? Devemos nos maravilhar de que, ao semear a boa semente, o inimigo semeia o joio? Mas, para evitar muitas

---

* Lib. *De Immortalitate Animae.* [*Tratado sobre a imortalidade da alma*, 1516. (N. T.)]

objeções, suponhamos como certo, o que você nega que seja possível, que exista um Deus, um diabo, e uma revelação celeste depositada por escrito há muitos séculos. Considere a natureza humana e considere o que provavelmente se seguiria de tal suposição; e não é muito provável que haja crentes pela metade, fanáticos equivocados, fraudes piedosas, homens ambiciosos, interessados, discutidores, presunçosos, cismáticos, heréticos e homens absurdos entre os professores de tal religião revelada, assim como, no transcurso dos anos, diversas correções, omissões, transposições e obscuridades no texto dos oráculos sagrados? E em caso afirmativo, deixo a você julgar se é razoável tornar esses eventos uma objeção contra a existência de uma coisa que provavelmente e naturalmente se deduz da suposição mesma de sua existência.

275   // *Alc.* Afinal, diga o que você quiser, essa variedade de opiniões deve necessariamente abalar a fé de um homem razoável. Onde há tantas opiniões diferentes sobre o mesmo assunto, é absolutamente certo que nem todas podem ser verdadeiras, mas é certo que todas podem ser falsas. E os meios para descobrir a verdade! Quando um homem de bom senso se lança nesta investigação, ele se encontra repentinamente surpreso e divertido com palavras difíceis e questões espinhosas. Isso o faz abandonar a busca, pensando que o jogo não vale a pena.

Cri. Mas este homem sensato não faria bem em considerar que deve revelar falta de discernimento rejeitar verdades divinas por causa da estupidez humana? Mostre a mesma franqueza e imparcialidade no tratamento da religião que aquela que você considera adequada em relação a outros assuntos. Não desejamos mais, nem esperamos menos. No direito, na medicina, na política, onde quer que os homens tenham se aperfeiçoado, não é evidente que eles sempre estiveram inclinados a disputas e chicanas? Mas acaso isso o impedirá de admitir que existam muitas regras boas, noções justas e verdades úteis em todas aquelas profissões? Os médicos podem discutir, talvez em vão e de maneira ininteligível, sobre o sistema animal. Eles podem atribuir diferentes causas às doenças, alguns as explicando pelas qualidades elementares, quente e frio, úmido e seco; outros por princípios químicos; outros por princípios mecânicos, mas isso não impede que a casca de quina possa ser boa para a febre, e o ruibarbo, como um purgante. Tampouco se pode inferir das diferentes seitas que, de tempos em tempos, surgiram nessa profissão, a dogmática, a empírica, a metódica, a galênica, a paracelsiana, por exemplo, ou das palavras difíceis, das questões espinhosas e das teorias vãs que nasceram a partir delas ou se enxertaram nelas, que devemos, portanto, negar a circulação do sangue, ou rejeitar suas excelentes prescrições sobre o exercício, o clima e a dieta.

Alc. Parece que você quer ocultar a religião com o exemplo de outras profissões, todas as quais produziram seitas e disputas, assim como o cristianismo, que [de acordo com você,] pode ser em si mesmo verdadeiro e útil, apesar das muitas noções falsas e estéreis enxertadas nele pelo espírito humano. Mas, certamente, se isso tivesse sido observado ou acreditado por muitos pensadores perspicazes, eles jamais teriam considerado a multiplicidade das opiniões e controvérsias religiosas um argumento contra a religião em geral.

276   *Cri.* Como uma verdade tão óbvia escapa a homens sensatos // e investigativos, deixo para você explicar; mas posso facilmente explicar os erros grosseiros daqueles que se passam por livres-pensadores sem nunca pensar; ou, se pensam, cujas meditações são empregadas sobre outros pontos de uma natureza muito diferente de uma investigação séria e imparcial sobre religião.

29. Mas voltando ao tema, qual é ou onde está a profissão humana que nunca se dividiu em cismas, ou nunca proferiu absurdos? Não é evidente que, de todos os tipos de conhecimento sobre os quais a mente humana se ocupa, surgem certas excrescências, que podem ser cortadas como se corta o cabelo ou as unhas do corpo, e sem nenhuma má consequência? Independentemente do que os fanáticos ou entusiastas, do que os teólogos especulativos ou escolásticos podem dizer ou pensar, é certo que a fé derivada de Cristo e seus apóstolos não era um sofisma vazio; eles não nos entregaram e transmitiram κενὴν ἀπάτην, ["vãs sutilezas" (N. T.)] mas γυμνὴν γνώμην, ["a opinião sincera" (N. T.)] para usar a expressão de um santo confessor.*
E pretender destruir seu fundamento por causa da superestrutura humana,

---

* Socr. *Histor. Eccles.*, I. [Sócrates Escolástico, *História eclesiástica*, I.8 (N. T.)]

seja ela feno ou palha ou o que for, não é um argumento válido ou razoável; como não é razoável supor que seja certo um sentido duvidoso, e argumentar a favor de um dos lados da questão disputada. Se, por exemplo, o início do Gênesis deve ser entendido em um sentido literal ou alegórico. Se o livro de Jó é uma história ou uma parábola. Sendo pontos discutidos entre os cristãos, um incrédulo não pode ter o direito de inclinar-se a favor de um lado da questão, nem neste nem em casos semelhantes. Não discutimos agora este ou aquele dogma de uma seita, esta ou aquela noção controvertida, mas a fé geral ensinada por Cristo e seus apóstolos, e preservada pela tradição universal e perpétua em todas as Igrejas até os nossos próprios tempos. Acusar ou atacar esta doutrina divina por causa de coisas alheias e acidentais, como especulações e disputas de homens curiosos é, a meu ver, um absurdo da mesma espécie que derrubar uma bela árvore, que dá frutos e sombra, porque suas folhas servem de alimento para as lagartas, ou porque as aranhas de vez em quando tecem suas teias entre os ramos.

Alc. Dividir e distinguir levaria tempo. Temos vários cavalheiros muito capazes de julgar de modo geral, mas que não têm nenhum interesse pelos estudos cansativos e áridos, ou pelas investigações minuciosas. Como seria muito difícil obrigar as pessoas a fazer isso contra a sua vontade, seria um grande tormento para todos, assim como para // elas mesmas, negar-lhes o direito de decidir de acordo com seu senso natural das coisas.

Cri. Seria desejável que aquelas pessoas capazes empregassem o seu julgamento e atenção sobre os mesmos objetos. Se as investigações teológicas são desagradáveis, o campo da natureza é imenso. Quantas descobertas a serem feitas! Quantos erros a serem corrigidos nas artes e nas ciências! Quantos vícios a serem emendados na vida e nos costumes! Por que os homens escolhem essas questões inocentes e úteis quando há tantos erros perniciosos a serem corrigidos? Por que se dispõem a destruir as esperanças da espécie humana e seus encorajamentos à virtude? Por que se deleitam em julgar onde desdenham perguntar? Por que não empregam seus nobres talentos no estudo da distância ou do movimento perpétuo?

Alc. Admira-me que você não veja a diferença entre as questões especulativas e as religiosas. As primeiras ocupam apenas as pessoas de uma índole ou humor adequado a elas; mas todos os seres humanos têm o direito de criticar, e estão interessados em julgar as segundas, a menos que queiram submeter-se cegamente a serem governados pela sabedoria obsoleta de seus antepassados e pelas leis estabelecidas de seu país.

Cri. Parece que, se estão interessados em julgar, não deveriam estar menos preocupados em examinar antes de julgar.

Alc. Mas apesar de todo o exame e investigação que um mortal possa fazer sobre a religião revelada, é impossível que chegue a qualquer base racional e segura. [Contam-se coisas estranhas e, como prova delas diz-se que os homens sacrificaram suas vidas. Mas pode-se facilmente imaginar, como muitas vezes têm sucedido, que os homens morreram por causa de opiniões, cujas crenças, verdadeiras ou falsas, já haviam se apoderado de suas mentes.

Cri. Admito que você pode encontrar exemplos de homens que morreram por falsas opiniões nas quais acreditavam. Mas você pode me dar um exemplo de um homem que tenha morrido por causa de uma opinião na qual ele não acreditava? Este caso é inconcebível; e não obstante deve ter ocorrido isso, se consideramos que o testemunho dos milagres e da ressurreição de Cristo são imposturas].[224]

30. Há, sem dúvida, muita conversa capciosa sobre a fé baseada nos milagres; mas, quando examino essa questão a fundo e sigo o curso da fé cristã até a suas origens, descubro que ela se apoia em muita obscuridade, escrúpulos e incertezas. Em vez de pontos evidentes ou em conformidade com a razão humana, encontro // uma narrativa maravilhosa do Filho de Deus tentado no deserto pelo demônio, algo totalmente inexplicável, sem qualquer fim ou uso, ou razão. Deparo-me com estranhas histórias de aparições de anjos e vozes do céu, com relatos surpreendentes de endemoninhados, coisas absolutamente contrárias ao senso comum ou à observação, com várias proezas incríveis que se diz que foram realizadas pelo poder divino, mas que muito provavelmente são invenções humanas; e não é menos provável que elas sejam isso, ainda que eu não possa dizer com que fim foram inventadas. Os planos misteriosamente traçados são obscuros, e quanto menos os conhecemos, mais suspeitamos deles. Mas,

---

224 Acréscimo da terceira edição, de 1752. (N. T.)

admitindo que sejam verdadeiros, não reconhecerei que sejam miraculosos, até que conheça inteiramente o poder daquelas que são chamadas de causas secundárias e a força da magia.

Cri. Você parece, Alciphron, analisar não a fé mas a falta de fé, e rastreá-la até seus princípios; os quais, segundo suas próprias palavras, deduzo que são conjecturas e suposições obscuras e duvidosas, julgamentos precipitados e pensamentos estreitos, baseados numa noção fantasiosa que sobrevaloriza o alcance limitado de sua própria experiência, e na real ignorância dos propósitos da Providência, e das qualidades, operações, e relações mútuas dos vários tipos de seres que existem, ou podem existir, pelo que você sabe, no universo. Assim obscuros, incertos, presunçosos e conjeturais são os princípios da incredulidade. Por outro lado, os princípios da fé parecem ser pontos simples e claros. É um ponto claro que esta fé em Cristo se espalhou por todo o mundo logo após a morte dele. É um ponto claro que isso não foi realizado pelo saber, pela política ou poder humano. É um ponto claro que nos primeiros tempos da Igreja havia várias pessoas de saber e íntegras que abraçaram esta fé, não por algum motivo temporal, mas contra todos os motivos temporais. É um ponto claro que, quanto mais perto estavam da nascente, mais oportunidade tiveram de se satisfazer quanto à verdade daqueles fatos em que acreditavam. É um ponto claro que, quanto menos interesse havia para persuadir, maior era a necessidade de evidências para convencê-las. É um ponto claro que eles confiaram na autoridade daqueles que se declararam testemunhas oculares dos milagres e da ressurreição de Cristo. É um ponto claro que essas testemunhas oculares declaradas sofreram muito por causa do seu testemunho, e finalmente o ratificaram com seu sangue. É um ponto claro que essas testemunhas, por mais fracas e desprezíveis que fossem, conquistaram o mundo, espalharam mais // luz, pregaram uma moral mais pura e beneficiaram mais a humanidade do que todos os filósofos e sábios juntos.[225]

Esses pontos me parecem claros e certos e, sendo assim, são motivos claros, justos e razoáveis de assentimento; eles não se apoiam em nenhum fundamento falacioso, não contêm nada fora de nossa esfera, nem supõe

---

225 Butler, *Analogy*, 2.7. (N. T.)

Alciphron, ou o filósofo minucioso

mais conhecimento ou outras faculdades além daquelas que nós realmente possuímos; e, se não deveriam ser admitidos como moralmente certos, como acredito que serão por investigadores imparciais e livres de preconceitos, admitir que sejam apenas prováveis é suficiente para calar a boca de um incrédulo. Esses pontos claros, digo, são os pilares de nossa fé, e não aqueles obscuros que você supõe, que são na verdade os princípios infundados e incertos da incredulidade, para um espírito precipitado, preconceituoso e arrogante. Suscitar uma discussão ou responder a uma objeção apelando a poderes ocultos da natureza ou da magia é tatear no escuro; mas, pela luz evidente dos sentidos, os homens podem certificar-se suficientemente dos efeitos sensíveis e das questões de fato, tais como os milagres e a ressurreição de Cristo; e o testemunho de tais homens pode ser transmitido para épocas posteriores com a mesma certeza moral de outras narrativas históricas; e esses mesmos fatos miraculosos, comparados pela razão com as doutrinas em apoio das quais eles foram aduzidos, podem fornecer a uma mente imparcial fortes indicações de que procedem de Deus, ou de um princípio superior, cuja bondade restabeleceu o mundo moral, cujo poder ordenou o mundo natural, e cuja providência se estende sobre ambos. Permita-me dizer que nada obscuro, nada incompreensível, ou misterioso, ou inexplicável, é a base ou motivo, o princípio ou fundamento, a prova ou razão de nossa fé, embora possa ser o seu objeto. Porque deve-se reconhecer que, se por princípios claros e seguros somos racionalmente levados a acreditar em um ponto menos claro, não o rejeitamos porque é misterioso de conceber, ou difícil de explicar, nem seria justo fazê-lo.

Quanto aos judeus e pagãos que outrora atribuíam à magia os milagres do nosso Salvador, isso está tão longe de ser uma prova contra eles que me parece antes uma prova dos fatos, sem negar a causa a que os atribuímos. Como não pretendemos conhecer a natureza e as operações dos demônios, a história, as leis e o sistema dos seres racionais, e os planos ou os propósitos da Providência, a ponto de dar conta de todas as ações e fenômenos relatados no Evangelho, assim tampouco você conhece // suficientemente essas coisas a ponto de ser capaz, a partir desse seu conhecimento, de se opor a relatos tão bem atestados. É fácil suscitar dificuldades sobre muitas partes autênticas da história civil, que, exigindo um conhecimento mais

George Berkeley

perfeito dos fatos, das circunstâncias e das assembleias, do que dispomos para explicá-las, devem ser para nós inexplicáveis. E isso é ainda mais fácil no que diz respeito à história da natureza, na qual, se suposições forem admitidas como provas contra coisas absurdas, estranhas e inexplicáveis, se nossa experiência limitada fosse convertida em regra e medida da verdade, e todos esses fenômenos rejeitados, que nós, por nossa ignorância dos princípios, das leis e do sistema da natureza, não poderíamos explicar, deveríamos de fato fazer descobertas, mas seria apenas de nossa própria cegueira e presunção. E por que os homens que tão facilmente e tão frequentemente se enganam em questões comuns, nas coisas naturais e visíveis, deveriam todavia ser tão perspicazes e dogmáticos sobre o mundo invisível e seus mistérios, é para mim uma coisa totalmente inexplicável segundo todas as regras da lógica e do bom senso.

De modo geral, portanto, não posso deixar de pensar que há pontos suficientemente simples, claros e completos sobre os quais uma pessoa pode fundamentar uma fé razoável em Cristo, mas que os ataques dos filósofos minuciosos contra esta fé são baseados na obscuridade, ignorância e presunção.

Alc. Receio que ainda permaneça na obscuridade quanto às provas da religião cristã, e sempre presumo que elas não provam nada.

31. Pois como é possível a esta distância remota chegar a qualquer conhecimento ou arranjar qualquer demonstração sobre essa fé?

Cri. Por que não? O conhecimento, eu admito, em sentido estrito, não pode ser obtido sem evidência ou demonstração; mas argumentos prováveis são uma base suficiente de fé. Quem supôs que para fazer um cristão são necessárias provas científicas? Só se requer a fé, contanto que, de um modo geral e sobretudo, as pessoas sejam persuadidas de que esta fé salvadora pode ser compatível com certo grau de obscuridade, dúvida e erro. Pois, embora a luz da verdade seja imutável, e a mesma em sua fonte eterna que é o Pai das luzes, contudo, no que diz respeito a nós, // ela se debilita e obscurece de diversas maneiras, ao atravessar uma grande distância ou um meio intermediário espesso, onde ela é interceptada, distorcida ou impregnada pelos preconceitos e paixões humanas. Mas, apesar de tudo isto, aquele

Alciphron, ou o filósofo minucioso

que usar seus olhos poderá ver o suficiente para os propósitos da natureza ou da graça, embora por uma luz realmente mais fraca, ou mais clara, de acordo com o lugar, ou a distância, ou a hora, ou o meio. E será suficiente, se tal analogia aparecer entre as leis da graça e da natureza, como é provável, (ainda que seja inexplicável em ambas) supor que derivem do mesmo autor, e do trabalho de uma só e mesma mão.

Alc. Pode-se dizer que aqueles que viram, tocaram e tiveram contato com Jesus Cristo após sua ressurreição, se houve alguém, viram através de uma luz clara. Mas para nós a luz é muito fraca, e não obstante se espera que acreditemos neste ponto, assim como eles. De minha parte, acredito, com Espinosa, que a morte de Cristo foi literal, mas sua ressurreição, alegórica.*

Cri. E, de minha parte, nada vejo neste célebre infiel que me faça abandonar as questões de fato e evidências morais para adotar suas noções. Não obstante, devo necessariamente reconhecer que admito uma ressurreição alegórica que prova a ressurreição real, a saber, uma ressurreição dos discípulos de Cristo da fraqueza à resolução, do medo à coragem, do desespero à esperança, da qual, pelo que posso ver, não se pode dar nenhuma explicação racional a não ser a evidência sensível de que o nosso Senhor ressuscitou verdadeira, real e literalmente dentre os mortos. Mas como não se pode negar que seus discípulos, que foram testemunhas oculares dos seus milagres e ressurreição, tinham evidências mais fortes que a que podemos ter desses pontos, igualmente não se pode negar que tal evidência era então mais necessária para induzir os homens a abraçar uma nova religião, contrária a todo o sistema de sua educação, de seus preconceitos, de suas paixões, de seus interesses, e de todos os motivos humanos. No entanto, parece-me que as evidências morais e os argumentos prováveis ao nosso alcance são abundantemente suficientes para fazer com que pessoas prudentes e pensantes adiram à fé que nos foi transmitida pelos nossos antepassados, estabelecida pelas leis do nosso país, exigindo // submissão em pontos acima de nosso conhecimento, e quanto ao resto recomendando doutrinas as mais conformes a nosso interesse e nossa razão. E, por mais forte que a luz possa

---

* Vid. Spinosa, *Epist. Ad Oldenburgium*. [Espinosa, *Correspondência com Oldenburg.* Carta 24, de 14 de janeiro de 1676. (N. T.)]

ter sido na origem, sua longa continuação e propagação no mundo, por instrumentos tão pouco promissores, foi realmente maravilhosa. Podemos agora ter uma visão mais abrangente da conexão, ordem e progresso das leis divinas; e, por uma retrospectiva de uma longa série de eras passadas, perceber a unidade do desígnio que perpassa a totalidade, uma revelação gradual e cumprimento dos propósitos da Providência, um progresso regular dos tipos aos antítipos, das coisas carnais às coisas espirituais, da terra ao céu. Podemos contemplar o Cristo crucificado, essa pedra no caminho para os judeus e loucura para os gregos,[226] colocando um fim ao culto nos templos de uns e à idolatria de outros, e aquela pedra que foi extraída da montanha sem a ajuda das mãos, quebrou em pedaços todos os outros reinos, convertendo-se ela mesma numa grande montanha.

32. Se uma devida reflexão sobre essas coisas não bastasse para suscitar nas mentes das pessoas uma reverência pela fé cristã, eu a atribuiria de preferência a qualquer outra causa do que a uma sábia e prudente incredulidade; quando vejo a facilidade com que as pessoas creem nos assuntos comuns da vida, onde não há preconceito ou inclinação para enviesar ou perturbar seu julgamento natural; quando vejo essas mesmas pessoas, que em religião não dão um passo sem uma evidência, e a cada passo esperam uma demonstração, confiar sua saúde a um médico ou suas vidas a um marinheiro com uma fé implícita, não posso pensar que elas mereçam a honra de ser consideradas mais incrédulas do que outras pessoas, ou que estejam mais acostumadas a saber, e por esta razão menos inclinadas a crer. Pelo contrário, nos sentimos tentados a suspeitar que a ignorância tem uma maior participação do que a ciência em nossa incredulidade moderna, e que procede mais de uma cabeça equivocada ou de uma vontade irregular, do que de pesquisas profundas.

Lys. Devemos admitir que não pensamos que, para fazer um julgamento correto das coisas, seja necessário erudição ou investigação profunda. Às vezes suspeito que a erudição é capaz de produzir e justificar fantasias, e sinceramente acredito que estaríamos melhor sem ela. Nossa seita está

---

226 *Primeiro Coríntios* I: 23. (N. T.)

dividida a esse respeito, mas a maioria pensa como eu. Já ouvi mais de uma vez pessoas muito observadoras notarem que a erudição foi o verdadeiro meio humano // para conservar a religião no mundo; e que, se estivesse em nosso poder nomear pessoas estúpidas para o serviço religioso, imediatamente estaria tudo bem.

Cri. Os homens devem estar estranhamente apaixonados por suas opiniões para preferir arrancar seus olhos em vez de libertar-se delas. Mas tem sido frequentemente notado por homens observadores que não há maiores fanáticos do que os incrédulos.

Lys. O quê? Um livre-pensador e um fanático? Impossível!

Cri. Não é tão impossível que um incrédulo seja fanático por sua incredulidade. Considero fanática qualquer pessoa arrogante e dogmática sem ter razão, que dá a máxima importância às coisas menos importantes, que é precipitada em julgar a consciência, os pensamentos e as intenções dos outros homens; que não tolera os argumentos contra as suas próprias opiniões, e as escolhe por inclinação em vez de mediante julgamento, uma inimiga da ciência e apegada a autoridades insignificantes. Até que ponto esta descrição dos nossos incrédulos modernos é adequada deixo que seja examinado por aqueles que realmente refletem e pensam por si mesmos.

Lys. Não somos fanáticos, somos pessoas que descobrem dificuldades na religião, que problematizam e suscitam dúvidas; que perturbam o repouso e interrompem os sonhos dourados dos fanáticos, os quais, portanto, não podem nos suportar.

Cri. Aqueles que buscam dificuldades com certeza as encontrarão ou inventarão sobre qualquer assunto. Mas aquele que, com base na razão, queira erigir-se em juiz a fim emitir um julgamento sensato sobre um tema dessa natureza não considerará apenas as suas partes duvidosas e difíceis, mas terá uma visão abrangente do todo, examinará todas as suas partes e relações, o seguirá até as suas origens, examinará seus princípios, efeitos e tendências, suas provas internas e externas; ele distinguirá entre os pontos claros e obscuros, os certos e os incertos, os essenciais e acidentais, entre o que é genuíno e o que é estranho; ele considerará os diferentes tipos de prova que são próprios a coisas diferentes, onde se deve esperar evidência, onde a probabilidade pode ser suficiente, e onde é razoável supor que deva haver dúvidas e escrúpulos.

George Berkeley

Ele regulará seus esforços e a exatidão que espera de acordo com a importância da investigação, e controlará aquela disposição de sua mente para inferir todas aquelas noções, preconceitos infundados, com os quais estava imbuída antes de conhecer a sua razão.

Ele silenciará suas paixões e ouvirá a verdade; ele se esforçará tanto para desatar nós como para // atá-los, e se deterá mais nas partes claras das coisas do que nas obscuras; ele equilibrará a força de seu entendimento com a dificuldade do assunto, e para tornar seu julgamento imparcial, ouvirá o testemunho de todos os lados, e quando for conduzido pela autoridade, escolherá seguir a dos homens mais honestos e mais sábios. Agora, em minha sincera opinião, a religião cristã pode muito bem resistir ao teste de tal investigação.

Lys. Mas tal investigação custaria muitos esforços e tempo. Pensamos em outro método, o de submeter a religião ao teste da inteligência e do humor:[227] achamos esse método muito mais breve, fácil e eficaz. E, como todos os inimigos têm liberdade para escolher as suas armas, escolhemos aquelas que manejamos melhor; e ficamos mais satisfeitos com esta escolha, tendo observado que, mais que todas as coisas, um verdadeiro teólogo odeia uma piada.

Euph.[228] Considerar o assunto em sua totalidade, investigar e examinar todos os seus lados, objetar abertamente e responder diretamente, com base na razão e em argumentos áridos, seria uma tarefa muito tediosa e desagradável. Além disso, seria atacar os pedantes com suas próprias armas. Quanto mais delicado e ardiloso é fazer uma insinuação, ocultar-se atrás de um enigma, deixar no ar um duplo sentido, manter o poder de recuperá-lo, escapar para o lado e deixar o seu adversário dando golpes no ar?

Lys. É o que tem sido praticado com grande sucesso, e acredito que seja o melhor método para ganhar adeptos e confundir os pedantes.

Cri. Já vi várias coisas escritas dessa maneira, que, suponho, foram copiadas do comportamento de um tipo malicioso de escarnecedores com os quais alguém às vezes pode se encontrar. Suponhamos um homem vaidoso,

---

227 Shaftesbury, *Características*, I. (N. T.)
228 Fala atribuída a Lysicles na edição A. (N. T.)

Alciphron, ou o filósofo minucioso

que passaria por espirituoso, piscando o olho para um, mostrando a língua para outro; enquanto para um ele sorri abertamente, para outro ele exibe um rosto sério e olhos cômicos; afetando muitas vezes a expressão de alguém que contém o riso, e outras vezes explodindo em uma gargalhada ruidosa; que impressão produziria, não digo no senado ou numa assembleia, mas em uma reunião privada entre pessoas bem-educadas! E, no entanto, esta é a impressão que causam alguns grandes autores, que nesta época pretendem passar e realmente se passam por modelos, com seus escritos rebuscados sobre as questões mais importantes.

285 // *Alc.* Eu, que me considero um admirador, um adorador da razão, sou obrigado a reconhecer que, em alguns casos, a veemência do ridículo pode ser superior à força da argumentação. Mas, se nos empenhamos no uso da hilaridade e do humor, não é por falta de outras armas. Nunca se dirá que um livre-pensador tinha medo de argumentar. Não, Crito, nós temos razões na reserva, as melhores ainda não foram expostas; e se conseguirmos encontrar um tempo para outra conversa antes de partimos amanhã de manhã, prometo que lhe fornecerei razões tão claras, expressivas e precisas quanto você possa desejar.

// Sétimo diálogo

I. Uma vez que os filósofos haviam decidido partir para Londres na manhã seguinte, reunimo-nos ao raiar do dia na biblioteca.

Alciphron começou com uma declaração de sua sinceridade, assegurando-nos que havia refletido profundamente e com o espírito mais imparcial sobre tudo o que havíamos dito no dia anterior. Ele acrescentou que, de modo geral, não podia negar que várias razões prováveis foram apresentadas para abraçar a fé cristã. Mas, disse ele, essas razões, sendo apenas prováveis, nunca poderão prevalecer contra a certeza absoluta e a demonstração.

Se, portanto, posso demonstrar que sua religião é uma coisa completamente absurda e incoerente, seus argumentos prováveis em sua defesa perderão, a partir desse momento, toda a sua força e, com ela, todo o direito de ser contestados e examinados. A coincidência dos depoimentos de testemunhas sinceras e qualificadas tem, sem dúvida, grande peso nos assuntos humanos. Admitirei mesmo que coisas estranhas e inexplicáveis para o julgamento ou experiência humana podem às vezes reivindicar nosso assentimento por esse único motivo. E também admitirei que é possível que uma tradição seja transmitida com uma evidência moral ao longo de muitos séculos. Mas, ao mesmo tempo, você me concederá que uma coisa comprovada e palpavelmente falsa não deve ser admitida em nenhum depoimento, seja qual for, o que, na melhor das hipóteses, nunca pode equivaler a uma demonstração. Para ser claro, nenhum depoimento pode fazer de algum absurdo algo com sentido; nenhuma evidência moral pode tornar as contradições consistentes. Saiba então que, como a força de nossa causa não depende de quaisquer pontos críticos da história, da cronologia ou da linguagem, não deve tampouco ser decidida por eles. Você não deve se surpreender se o mesmo tipo de tradição e prova moral, que determina nosso assentimento com respeito aos fatos da história civil ou natural, não seja admitido como uma garantia suficiente para absurdos metafísicos e impossibilidades absolutas. É possível que existam coisas obscuras e inexplicáveis nos assuntos humanos, ou nas operações da natureza, e, se bem atestadas, podemos admiti-las; mas pode-se evidentemente mostrar que o assentimento religioso ou a fé, por sua própria natureza, é impraticável, impossível e absurdo. Este é o principal motivo da incredulidade. Esta é a nossa cidadela e fortaleza, que pode, sem dúvida, ser embelezada com obras externas de erudição variada, mas, se estas forem // demolidas, permanecerá de pé e por sua própria força indestrutível.

Euph. Isso, deve-se admitir, reduz nossa investigação a um âmbito muito restrito. Mas explique-me apenas isso e eu não terei mais nada a dizer.

Alc. Saiba, então, que a mente superficial do vulgo, visto que se detém apenas na superfície externa das coisas e as examina em geral, pode facilmente enganar-se. Disso nasce uma reverência cega pela fé religiosa e pelo mistério. Mas, quando um filósofo perspicaz trata de dissecar e analisar esses pontos, a impostura aparece claramente, e, como ele não tem nenhuma cegueira, do mesmo modo não tem nenhuma reverência por noções vazias ou, para falar mais apropriadamente, por meras palavras vazias,[229] que nada significam, e não tem nenhum uso para os seres humanos.

2. As palavras são signos. Elas representam ou deveriam representar ideias; e as ideias, na medida em que sugerem, são significantes. Mas as palavras que não sugerem ideias não são significantes.[230] Aquele que anexa uma ideia clara a cada palavra de que faz uso, fala com sentido; mas, quando essas ideias estão ausentes, o falante profere absurdos. Para saber, pois, se o

---

229 No original: *"forms of speech"*.
230 Locke, *Ensaio* 3.2; Collins, *Investigação sobre a liberdade humana*, 1717, p.2-10. (N. T.)

discurso de um homem é sem sentido e sem significação, não temos nada a fazer senão deixar de lado as palavras e considerar as ideias por elas sugeridas. Os homens, não podendo comunicar imediatamente suas ideias uns aos outros, são obrigados a fazer uso de signos sensíveis ou palavras. O uso das palavras é suscitar na mente do ouvinte as ideias que estão na mente do falante; e, se falharem nesse objetivo, não servem para nenhum propósito. Aquele que realmente // pensa tem uma série de ideias que se sucedem umas às outras e se conectam em sua mente; e quando ele se expressa mediante o discurso, cada palavra sugere uma ideia distinta para o ouvinte ou leitor, que dessa forma tem em sua mente a mesma série de ideias que estavam na mente do falante ou escritor. Quanto mais se produz esse efeito, mais o discurso é inteligível, tem sentido e significado. Portanto, segue-se que qualquer pessoa que compreenda o que lê ou ouve deve ter uma série de ideias suscitadas em sua mente, correspondente à série de palavras lidas ou ouvidas. Essas verdades claras, às quais os homens facilmente assentem em teoria, são pouco seguidas na prática e, por isso, merecem ser explicadas e inculcadas, por mais óbvias e inegáveis que sejam. Os homens geralmente têm aversão a pensar, embora sejam muito inclinados a entreter discursos consigo mesmos ou com os outros; o efeito disso é que suas mentes estão mais cheias de termos do que de ideias, com o superficial da ciência e não com o substancial. E, no entanto, essas palavras sem significado frequentemente criam distinções de partidos, o assunto de suas disputas e o objeto de seu zelo. Esta é a causa mais usual de erro, que não influencia apenas as mentes comuns, mas mesmo aqueles que passam por filósofos perspicazes e eruditos se ocupam frequentemente com os termos em vez de que com as coisas ou ideias, e se supõe que sabem quando apenas pronunciam palavras difíceis sem um significado.

3. Embora seja evidente que, uma vez que o conhecimento é a percepção da conexão ou desacordo entre as ideias,[231] aquele que não percebe distintamente as ideias designadas pelos termos, de modo a formar uma proposição mental correspondente à verbal, possivelmente não pode ter conhecimento;

---

231 Definição de conhecimento oferecida por Locke, *Ensaio*, 4.1.2. (N. T.)

não se pode tampouco dizer que ele tem opinião ou fé,[232] o que implica um assentimento mais fraco, mas, ainda assim, deve ser assentimento a uma proposição, cujos termos são entendidos com clareza, embora a concordância ou discordância entre as ideias possa não ser tão evidente, como no caso do conhecimento. Digo que todos os graus de assentimento, sejam fundados na razão ou na autoridade, mais ou menos convincentes, são atos internos da mente que da mesma forma terminam em ideias como seu objeto adequado, sem as quais não pode haver realmente algo como o conhecimento, a fé, ou a opinião. Podemos talvez // levantar a poeira[233] e discutir acerca de princípios puramente verbais; mas o que é isso, no fundo, senão mera ninharia? Tudo isso será facilmente admitido no que diz respeito à aprendizagem e à ciência humana, na qual é um método permitido expor qualquer doutrina ou princípio, despojando-os das palavras, e examinando quais ideias subjazem, ou mesmo se há alguma ideia. Muitas vezes, esse é o caminho mais curto para pôr fim às disputas que, de outro modo, poderiam crescer e se multiplicar sem fim, sem que os litigantes se compreendessem uns aos outros, nem a si mesmos. Seria desnecessário ilustrar o que brilha por sua própria luz e é aceito por todas as pessoas pensantes. Meu esforço será apenas aplicá-lo ao presente caso. Suponho que não preciso me esforçar para provar que as mesmas regras da razão e do bom senso que prevalecem em todos os outros assuntos devem ser aplicadas à religião. Quanto àqueles que consideram a fé e a razão como duas províncias distintas e querem nos fazer pensar que o bom senso nada tem a ver com aquilo que mais lhe concerne, estou decidido a nunca discutir com tais homens, mas deixá-los na posse sossegada de seus preconceitos. E agora, para a aplicação particular do que eu disse, não destacarei nenhum dos pontos sutis e controvertidos da teologia escolástica, nem aqueles que se referem à natureza e à essência de Deus, que sendo considerada infinita, você pode pretender ocultá-la sob a noção geral das dificuldades inerentes à natureza da infinitude.

4. A *graça* é o principal ponto da revelação cristã. Nada é mais frequentemente mencionado ou mais considerado em todo o Novo Testamento,

---

232 Locke, *Ensaio*, 4.2. (N. T.)
233 *Princípios*, Introdução, § 3. (N. T.)

Alciphron, ou o filósofo minucioso

no qual ela é representada como uma coisa de uma índole muito particular, distinta de qualquer coisa revelada aos judeus, ou conhecida pela luz natural. Essa mesma graça se diz que é uma dádiva de Deus, que provém de Jesus Cristo, que é soberana, abundante e operante.[234] Diz-se que os homens falam por meio da graça e acreditam por meio da graça. Fala-se da glória da graça, da riqueza da graça, dos administradores da graça. Diz-se que os cristãos são herdeiros da graça, que recebem a graça, crescem na graça, são fortes na graça, que estão em estado de graça e que perdem o estado de graça. E, por último, diz-se que a graça os justifica e os salva. Por isso o cristianismo é denominado de aliança ou dispensação da graça. E sabe-se muito bem que nenhum ponto originou mais controvérsia na Igreja do que esta doutrina da graça. Quantas disputas sobre sua natureza, extensão e efeitos, sobre a graça universal, eficaz, suficiente, preventiva, irresistível, ocuparam a escrita tanto dos teólogos protestantes quanto dos católicos, dos jansenistas[235] e molinistas,[236] // dos luteranos, calvinistas e arminianos,[237] que não tenho a menor curiosidade de conhecer, nem preciso mencionar. É suficiente observar que houve e ainda há, todavia, grandes polêmicas sobre esses pontos. Somente sobre uma coisa eu gostaria de ser informado, a saber, qual é a ideia clara e distinta designada pela palavra graça? Presumo que um homem possa conhecer o significado simples de um termo sem se aprofundar em todas essas investigações eruditas. Isso certamente é um assunto fácil, desde que haja uma ideia anexada a esse termo. E, se não houver, não pode ser nem objeto de uma discussão racional, nem objeto de verdadeira fé. Os homens podem, de fato, enganar-se ou enganar aos outros, e pretender raciocinar e acreditar, quando, no fundo, não há nenhum argumento ou crença além de um simples jogo de palavras. A graça, tomada no sentido vulgar, seja como beleza seja como favor, eu posso compreender facilmente. Mas quando denota um princípio ativo, vital, regulador, influente e operante sobre a mente humana, distinto de qualquer outro poder ou causa natural, declaro-

---

234 Ver *Efésios*, 1: 7, 2: 8, 4: 7; *Romanos*, 3: 24, 5: 21, *Segundo Coríntios*, 6: 1, 9: 14; *Gálatas*, 5.4. (N. T.)

235 Adeptos da doutrina proposta por Cornélio Jansênio. (N. T.)

236 Adeptos da doutrina proposta por Luís de Molina. (N. T.)

237 Adeptos da doutrina proposta por Jacob Armínio. (N. T.)

George Berkeley

-me completamente incapaz de compreendê-la, ou de formar qualquer ideia distinta a seu respeito; e, portanto, não posso dar assentimento a nenhuma proposição relativa a ela, nem, consequentemente, ter qualquer fé acerca dela; e é uma verdade evidente por si mesma que Deus não obriga ninguém a impossibilidades.

A pedido de um amigo filosófico, lancei um olhar nos escritos que ele me mostrou de alguns teólogos, e conversei com outros sobre este assunto, mas depois de tudo o que eu li e ouvi, não pude deduzir nada a respeito, tendo sempre encontrado, quando deixava de lado a palavra graça, e examinava minha própria mente, um vazio perfeito ou privação de todas as ideias. E, como estou inclinado a pensar que as mentes e faculdades humanas são muito semelhantes, suspeito que outras pessoas, se examinassem o que elas chamam de graça com a mesma exatidão e imparcialidade, concordariam comigo que não é senão um nome vazio. Este não é o único exemplo em que acreditamos que uma palavra frequentemente ouvida e pronunciada é inteligível pela única razão de que ela nos é familiar. E da mesma natureza são muitos outros pontos considerados como artigos de fé necessários. No presente caso, penso que isto é, em parte, o que engana os homens. Os homens falam deste princípio sagrado como algo que atua, move e determina, tomando suas ideias das coisas corpóreas, do movimento e da força ou *momentum* dos corpos, que, sendo de uma natureza óbvia e sensível, eles substituem por algo espiritual e incompreensível, que é uma ilusão manifesta. Pois, embora a ideia de força corpórea seja sempre tão // clara e inteligível, não se seguirá, portanto, que a ideia de graça, uma coisa perfeitamente incorpórea, deva ser assim também. E embora possamos raciocinar distintamente, perceber, assentir e formar opiniões sobre uma, de modo algum se segue que possamos fazê-lo com a outra. Assim, sucede que uma ideia clara e sensível do que é real produz, ou antes, serve de pretexto para uma fé espiritual imaginária que não termina em nenhum objeto, uma coisa impossível! Pois não pode haver assentimento onde não há ideias; e onde não há assentimento, não pode haver fé; e ninguém é obrigado ao que é impossível. Isso é tão claro quanto qualquer axioma de Euclides.[238]

---

238 As edições A e B, de 1732, incluíam aqui três seções, suprimidas na 3ª edição, de 1754. Neste volume elas são reproduzidas no *Apêndice*, p.377. (N. T.)

Alciphron, ou o filósofo minucioso

5. *Euph.* Seja qual for o uso das palavras ou dos termos, não creio que consista em fazer coisas impossíveis. Examinemos, então, qual é, e vejamos se podemos encontrar sentido para nossa prática diária. As palavras, concorda-se, são signos. Portanto, pode não ser fora de propósito examinar o uso de outros signos a fim de saber o das palavras. As fichas, por exemplo, são utilizadas nas mesas dos jogos não por elas mesmas, mas apenas como signos substitutos do dinheiro, como as palavras o são para as ideias. Diga-me agora, Alciphron, é necessário cada vez que as fichas são usadas ao longo de todo andamento de um jogo, formar uma ideia da soma ou valor concreto que cada uma representa?

Alc. De maneira nenhuma. É suficiente que os jogadores concordem inicialmente sobre os seus respectivos valores e, no final, substituam as fichas por esses valores.

Euph. E ao calcular uma soma, na qual as cifras representam libras, xelins e pences, você acha necessário, ao longo de todo o curso da operação, formar em cada etapa as ideias de libras, xelins e pences?

Alc. Não, é suficiente que no final aquelas cifras orientem nossas ações com relação às coisas.

Euph. A partir disso parece seguir-se que as palavras não podem // deixar de ter significado, embora elas não suscitem em nossa mente, cada vez que são usadas, as ideias que elas significam, sendo suficiente que tenhamos o poder de substituir seus signos por coisas ou ideias quando se apresente a ocasião. Parece deduzir-se também que as palavras podem ter outro uso, além de designar e sugerir ideias distintas, a saber, influenciar a nossa conduta e nossas ações; o que pode ser feito seja através da formulação de regras segundo as quais devemos agir, seja suscitando em nossas mentes certas paixões, disposições e emoções. Um discurso, portanto, que direcione nossas ações ou nos estimule a fazer ou a nos abstermos de uma ação pode, ao que parece, ser útil e significativo, embora as palavras que o compõem não suscitem em nossa mente nenhuma ideia clara e distinta.

Alc. Parece que sim.

Euph. Por favor, diga-me, Alciphron, uma ideia não é totalmente inativa?[239]

---

239 *Princípios*, § 25. (N. T.)

Alc. É.

Euph. Um agente, portanto, uma mente ativa, ou espírito, não pode ser uma ideia ou semelhante a uma ideia. Portanto parece seguir-se que aquelas palavras que denotam um princípio ativo, alma, ou espírito, não representam ideias, em um sentido estrito e próprio; e, no entanto, elas não são palavras sem significado, uma vez que compreendo o que significa o termo *eu*, ou *eu mesmo*, ou sei o que significa, embora não seja uma ideia, ou semelhante a uma ideia, mas aquilo que pensa, deseja e apreende as ideias e atua sobre elas. [Certamente, deve admitir-se que temos alguma noção,[240] que compreendemos, ou sabemos o que significam os termos *eu mesmo, vontade, memória, amor, ódio*, e outros, embora, para falar exatamente, essas palavras não sugiram tantas ideias distintas.][241]

Alc. O que você infere disso?

Euph. O que já foi inferido, que as palavras podem ser significativas, embora não representem ideias. O contrário do que // se presume parece ter produzido a doutrina das ideias abstratas.

Alc. Você não admitirá então que a mente possa abstrair?

Euph. Não nego que possa abstrair em um certo sentido, na medida em que as coisas que podem realmente existir, ou ser realmente percebidas em separado, podem ser concebidas separadamente ou abstraídas umas das outras; por exemplo, a cabeça de um homem, de seu corpo; a cor, do movimento; a figura, do peso. Mas disso não se seguirá que a mente pode formar ideias gerais abstratas, que parecem ser impossíveis.

Alc. E, no entanto, é uma opinião corrente que todo nome substantivo designa e exibe à mente uma ideia distinta, separada de todas as outras.

Euph. Diga-me, Alciphron, não é a palavra *número* um tal nome substantivo?

Alc. É.

Euph. Experimente então, se você puder, formar uma ideia do número em abstrato, excluindo todos os signos, palavras e coisas numeradas. De minha parte, confesso que não posso.[242]

---

240 Com este sentido, o termo "noção" foi introduzido na 3ª edição dos *Princípios*, de 1734. (N. T.)

241 Acréscimo da terceira edição, de 1752. (N. T.)

242 *Princípios*, Introdução e §§ 119-122. (N. T.)

Alc. Pode haver uma coisa tão difícil como formar uma ideia simples de número, o objeto da ciência mais evidentemente demonstrável? Espere, deixe-me ver se não posso abstrair a ideia de número dos termos e caracteres numéricos, e de todas as coisas numeráveis particulares.

Diante disso, Alciphron refletiu um pouco e depois disse: Para dizer a verdade, não acho que posso.

Euph. Mas, embora pareça que nem você nem eu possamos formar ideias simples e distintas de número, podemos, não obstante, fazer um uso muito apropriado e significativo dos termos numéricos. Eles nos guiam na disposição e administração de nossos negócios, e seu uso é tão necessário que não saberíamos o que fazer sem eles. E, no entanto, se as faculdades de outros homens podem ser julgadas pelas minhas, alcançar uma ideia precisa, simples e abstrata de número é tão difícil quanto compreender qualquer mistério na religião.

6. Mas, para utilizar o seu próprio exemplo, examinemos que ideia nós podemos formar da força,[243] abstraída do corpo, do movimento e dos efeitos sensíveis externos. Quanto a mim, acho que não tenho ou posso ter tal ideia.

Alc. Certamente todos sabem o que significa força.

Euph. E, no entanto, pergunto se cada um pode formar uma // ideia distinta de força. Permita-me suplicar-lhe, Alciphron, não se entretenha com os termos, deixe de lado a palavra força e exclua todas as outras coisas de seus pensamentos, e depois veja que ideia precisa você tem de força.

Alc. Força é aquilo que nos corpos produz o movimento e outros efeitos sensíveis.

Euph. É então alguma coisa distinta desses efeitos?

Alc. É.

Euph. Faça o favor agora de excluir a consideração de seu objeto e de seus efeitos, e contemple a força mesma em sua própria ideia precisa.

Alc. Confesso que não acho que seja uma tarefa fácil.

Euph. Siga o seu próprio conselho e feche os olhos para ajudar a sua meditação.

---

243 *Sobre o movimento*, §§ 8-19. (N. T.)

Depois disso Alciphron, tendo fechado os olhos e refletido por alguns minutos, declarou que não fazia nenhuma ideia dela.

E, respondeu Euphranor, dado que parece que nem você nem eu podemos formar uma ideia, pela sua própria observação de que as mentes e as faculdades humanas são muito semelhantes, podemos supor que os outros não têm tal ideia mais do que nós?

Alc. Podemos.

Euph. Mas, apesar de tudo isso, é certo que existem muitas especulações, raciocínios e disputas, sutilezas sofisticadas e distinções escrupulosas sobre esta mesma força. E, para explicar a sua natureza e distinguir as diversas noções ou suas espécies, os homens doutos têm usado os termos gravidade, reação, *vis inertiae, vis insita, vis impressa, vis mortua, vis viva, impetus, momentum, solicitatio, conatus,*[244] e muitas outras expressões semelhantes; e não pequenas controvérsias têm surgido sobre as noções ou definições desses termos. Os homens ficaram intrigados em saber se a força é espiritual ou corpórea, se ela permanece após a ação, como se transmite de um corpo para outro. Estranhos paradoxos têm sido suscitados sobre a sua natureza, suas propriedades e proporções. Por exemplo, que forças contrárias podem subsistir ao mesmo tempo no mesmo corpo em repouso; que a força de percussão em uma pequena partícula é infinita; sobre esta e outras curiosidades da mesma natureza, você pode consultar Borelli, *De vi percussionis,* as *Lezioni accademiche,* de Torricelli, os *Exercitations,* de Herman, e outros escritores. É bem conhecida no mundo erudito a controvérsia travada entre matemáticos, // particularmente entre o senhor Leibniz e o senhor Papin, em *Leipsic Acta Eruditorum,* sobre a proporção das forças, se elas estão relacionadas umas com as outras em uma proporção composta das proporções simples dos corpos e de sua celeridade, ou em uma proporção composta das proporções simples dos corpos e da proporção duplicada de sua celeridade. Um ponto sobre o qual, ao que parece, ainda não há acordo, dado que, na verdade, se questiona a realidade da própria coisa. Leibniz distingue entre o *nisus elementaris* e o *impetu,* que é formado por uma repetição do *nisus elementaris,* e parece pensar que eles não existem na natureza, mas que nascem apenas de uma abstração

---

244 "Força de inércia, força inata, força impressa, força morta, força viva, impulso, momento, atração, esforço." (N. T.)

Alciphron, ou o filósofo minucioso

mental. O mesmo autor, tratando da força ativa originária, para explicar seu tema recorreu às formas substanciais e à enteléquia de Aristóteles. E o engenhoso Toricelli disse da força e do *impetus* que são quintessências sutis, abstratas e espirituais; e a respeito do *momentum* e da velocidade da queda dos corpos pesados, disse que são *un certo che* e *un non so che*, ou seja, para falar claramente, ele não sabe o que fazer com eles. De modo geral, portanto, não podemos afirmar que, excluindo o corpo, o tempo, o espaço, o movimento e todas as suas medidas e efeitos sensíveis, acharemos tão difícil formar uma ideia da força como da graça?

Alc. Eu não sei o que pensar disso.

7. *Euph.* E, no entanto, presumo, você admitirá que existem proposições ou teoremas muito evidentes relativos à força, que contêm verdades úteis. Por exemplo, que um corpo submetido a forças conjuntas descreve a diagonal de um paralelogramo, ao mesmo tempo que o faria com os lados submetidos a forças separadas.[245] Não é este um princípio de grande utilidade? Não depende dele a doutrina da composição e decomposição de forças e, em consequência disso, inúmeras regras e teoremas que orientam os homens a como agir, e explicam os fenômenos em toda a mecânica e na filosofia matemática? E se, ao considerar esta doutrina da força, os homens chegam ao conhecimento de muitas invenções em mecânica, e aprendem a construir máquinas por meio das quais podem ser realizadas coisas difíceis e de outro modo impossíveis sem elas, e se essa mesma doutrina, que é tão benéfica na terra, servir também como uma chave para descobrir a natureza dos movimentos celestes, devemos negar sua utilidade, tanto prática como especulativa, porque não temos nenhuma ideia distinta de força? E o que admitimos com respeito à força, sob que pretexto podemos negar a respeito da graça? Se há indagações, disputas, perplexidades, diversidade de noções e opiniões sobre uma, há também sobre a outra; se não podemos formar uma ideia precisa e distinta de uma, também não podemos formar da outra. Não deveríamos, portanto, por uma equivalência da razão, concluir que pode haver diversas proposições verdadeiras e úteis, relativas tanto a uma como a outra? E que a graça [pelo que você sabe], possa ser um objeto de nossa

---

245 *Sobre o movimento*, § 18. (N. T.)

George Berkeley

fé e influenciar nossa vida e nossas ações, como um princípio destrutivo de maus hábitos e produtivo de bons, embora não possamos ter uma ideia distinta dela, separada ou abstraída de Deus, seu autor, do homem, seu objeto, e da virtude e piedade, seus efeitos?

8. Não devemos admitir o mesmo método de argumentação, as mesmas regras da lógica, da razão e do bom senso, que prevalece nas coisas espirituais e nas coisas materiais, na fé e na ciência? E não devemos usar a mesma imparcialidade, e fazer as mesmas concessões, ao examinar as revelações de Deus e as invenções dos homens?[246] Pelo que vejo, o filósofo que mantém a doutrina da força e rejeita a da graça, que admite a ideia abstrata de um triângulo, e ao mesmo tempo ridiculariza a da Santíssima Trindade, não pode estar livre de inclinações e preconceitos, nem se pode dizer que julga as coisas com imparcialidade. Mas, por mais parciais ou preconceituosos que outros filósofos minuciosos possam ser, você estabeleceu como uma máxima que a mesma lógica que vale em outros assuntos deve ser admitida na religião.

Lys. Acho, Alciphron, que seria mais prudente aderir ao método da espirituosidade e do humor, do que tentar submeter a religião à prova árida da razão e da lógica.[247]

Alc. Não receie. De acordo com todas as regras da reta razão, é absolutamente impossível que qualquer mistério, e muito menos o da Trindade, seja realmente objeto da fé humana.

Euph. Não me surpreende que você pense assim, já que você afirmou que nenhum homem poderia assentir a uma proposição sem perceber ou formar em sua mente ideias distintas designadas pelos seus termos. Mas embora os termos sejam signos, no entanto, tendo admitido que esses signos podem ser significativos, embora eles não devam // sugerir ideias representadas por eles, desde que sirvam para regular e influenciar a nossa vontade, nossas paixões, ou nossa conduta, você admitiu, consequentemente, que a mente humana pode assentir a proposições que contêm tais termos, sempre que é dirigida ou afetada por eles, não obstante não perceba ideias distintas designadas por esses termos. Daí parece seguir-se que um homem pode acreditar

---

246 Ver *O analista*, §§ 57-67. (N. T.)
247 Alusão a Shaftesbury, *An Essay on the Freedom of Wit and Humour, Características*, I. (N. T.)

na doutrina da Trindade, se descobrir que é revelada na Sagrada Escritura, que o Pai, o Filho, e o Espírito Santo são Deus, e que há apenas um Deus. Embora ele não forme em sua mente quaisquer ideias abstratas ou distintas de Trindade, substância, ou personalidade, contanto que esta doutrina de um Criador, Redentor e Santificador exerça uma influência adequada em sua mente, gerando nela amor, esperança, gratidão e obediência, e assim se torna um princípio ativo e operativo, influenciando sua vida e suas ações, de acordo com a noção da fé salvadora que se exige de um cristão. Isso que digo, seja certo ou errado, parece seguir-se de seus próprios princípios e concessões. Mas, para maior satisfação talvez não seja inoportuno indagar se há algo paralelo à esta fé cristã na filosofia minuciosa. Imaginemos que um cavalheiro distinto ou uma dama da moda, que estejam muito ocupados para pensar por si mesmos, e só sejam livres-pensadores de segunda mão, tenham tido o privilégio de terem sido iniciados cedo nos princípios de sua seita, conversando com homens profundos e geniais, que muitas vezes declararam sua opinião que o mundo é governado pelo destino ou pelo acaso, não importa por qual. Você negaria a possibilidade de que essas pessoas deem seu assentimento a qualquer uma dessas proposições?

Alc. Não negaria.

Euph. E esse assentimento não pode ser propriamente chamado de fé?

Alc. Pode.

Euph. E, no entanto, é possível que os discípulos da filosofia minuciosa não mergulhem tão fundo a ponto de serem capazes de formar qualquer ideia abstrata ou precisa, ou qualquer ideia determinada que seja, seja do destino ou do acaso?

Alc. Admito também isso.

Euph. De modo que, de acordo com você, pode-se dizer que este mesmo cavalheiro ou aquela dama acredita ou tem fé quando não tem ideias.

Alc. Sim.

298   *Euph.* E não pode esta fé ou persuasão produzir // efeitos reais, e manifestar-se na conduta e no rumo de suas vidas, libertando-os dos temores da superstição e proporcionando-lhes um verdadeiro encanto do mundo, com uma nobre indolência ou indiferença pelo que suceda no futuro?

Alc. Pode.

341

Euph. E não se pode admitir que os cristãos, com igual razão, acreditem na divindade de nosso Salvador, ou que nele Deus e o homem constituam uma só pessoa, e estejam verdadeiramente persuadidos disso, a tal ponto que tal fé ou crença se torne um verdadeiro princípio de vida e de conduta, visto que em virtude de tal persuasão eles se submetem ao seu governo, acreditam em sua doutrina e praticam seus preceitos, embora não formem nenhuma ideia abstrata da união entre a natureza divina e a humana; tampouco sejam capazes de esclarecer a noção de pessoa, como desejaria um filósofo minucioso? Parece-me evidente que, se ninguém, a não ser aqueles que examinaram cuidadosamente e puderam explicar por si mesmos o princípio de individuação no homem ou resolver os problemas e responder às objeções que podem ser levantadas até mesmo sobre a identidade pessoal humana, exigisse de nós uma explicação dos mistérios divinos, não seríamos tão frequentemente instados a fornecer uma ideia clara e distinta de pessoa em relação à Trindade, tampouco as dificuldades sobre esse assunto seriam alegadas contra nossa fé.

Alc. Acho que não existe tal mistério na identidade pessoal.

Euph. Diga-me, em que você acha que ela consiste?

Alc. Na consciência.

Euph. Tudo o que é possível pode ser suposto?

Alc. Pode.

Euph. Suponhamos então (o que é possível na natureza das coisas, e relatado como um fato) que uma pessoa, por causa de algum acidente violento ou de uma enfermidade, caia num esquecimento completo a ponto de perder toda a consciência de sua vida passada e de suas ideias anteriores.[248] Pergunto se ela continua a ser a mesma pessoa?

Alc. Ela é o mesmo homem, mas não a mesma pessoa. Na verdade, você não deve supor que uma pessoa perde sua consciência anterior, pois isso é impossível, embora um homem talvez a perca; mas então ele se torna outra pessoa. Na mesma // pessoa, deve-se reconhecer, algumas ideias antigas podem ser perdidas e algumas novas, adquiridas; mas uma mudança total é incompatível com a identidade pessoal.

---

248 Locke, *Ensaio*, 2.27.10. (N. T.)

Euph. Suponhamos então que uma pessoa tem ideias, e está consciente durante um certo espaço de tempo, que dividiremos em três partes iguais, das quais os termos sucessivos são designados pelas letras A, B e C. Na primeira parte do tempo, a pessoa obtém um certo número de ideias, que são retidas em A; durante a segunda parte do tempo, ela retém a metade de suas ideias antigas e perde a outra metade, no lugar da qual adquire outras tantas novas, de modo que em B suas ideias são metade velhas e metade novas. E na terceira parte, suponhamos que ela perca o restante das ideias adquiridas na primeira, e que obtenha novas em seu lugar, que são retidas em C, junto àquelas adquiridas na segunda parte do tempo. Será esta uma suposição possível e razoável?

Alc. Sim.

Euph. Com base nessas premissas, inclino-me a pensar que se pode demonstrar que a identidade pessoal não consiste na consciência.

Alc. Como?

Euph. Você julgará, mas é o que me parece. As pessoas em A e B são as mesmas, estando supostamente conscientes de ideias comuns. A pessoa em B é, pela mesma razão, uma e a mesma pessoa que em C. Portanto, a pessoa em A é a mesma que a pessoa em C, por aquele axioma indubitável: *Quae conveniunt uni tertio conveniunt inter se.*[249] Mas a pessoa em C não tem nenhuma ideia em comum com a pessoa em A. Portanto, a identidade pessoal não consiste na consciência. O que você acha, Alciphron, não é esta uma inferência clara?

Alc. Eu direi a você o que penso: você nunca ajudará a minha fé confundindo meu entendimento.

9. Há, se não me engano, uma fé prática, ou assentimento, que se mostra na vontade e nas ações de um homem, embora seu entendimento possa não estar equipado com aquelas ideias abstratas, precisas e distintas que, independentemente do que um filósofo possa pretender, são consideradas além

---

249 "As coisas que convém a uma terceira convém entre si". Referência ao princípio lógico segundo o qual, num raciocínio silogístico, a premissa que está de acordo com uma das três está de acordo com as demais. Ver Stephanus Chauvin, *Lexicon philosophicum*, 1713, p.146; Espinosa, *Princípios da filosofia*, 1663, p.2.15. (N. T.)

da capacidade dos homens comuns, entre os quais, não obstante, podem ser encontrados, ainda de acordo com a sua própria concessão, muitos exemplos de tal fé prática, em outros assuntos que não dizem respeito à religião. O que impediria, então, que as doutrinas relativas aos mistérios celestiais pudessem ser ensinadas naquele sentido redentor às // mentes vulgares, as quais você considera incapazes de todo ensinamento e fé no sentido que você supõe?

Esse sentido equivocado, disse Crito, deu ocasião para muitas zombarias profanas e inoportunas. Mas tudo isso pode muito justamente ser replicado contra os próprios filósofos minuciosos, que confundem a escolástica com o cristianismo e imputam aos outros homens aquelas perplexidades, quimeras e ideias inconsistentes que muitas vezes são obra de seus próprios cérebros, e procedem de sua própria maneira errada de pensar. Quem não vê que uma fé assim ideal e abstrata nunca entra no pensamento da maioria dos cristãos, por exemplo, dos lavradores, artesãos ou servos? Ou que indicações existem nas Sagradas Escrituras para nos fazer pensar que a elaboração sutil de ideias abstratas foi uma tarefa ordenada tanto a judeus quanto a cristãos? Existe alguma coisa na lei ou nos profetas, nos evangelistas ou nos apóstolos, que se pareça com isso? Todo aquele cujo entendimento não é pervertido pela assim chamada falsa ciência pode ver que a fé salvadora dos cristãos é de natureza muito diferente, é um princípio vital operativo, que produz caridade e obediência.

Alc. O que devemos pensar então das disputas e decisões do famoso Concílio de Niceia, e de tantos concílios posteriores? Qual foi a intenção daqueles veneráveis padres, os *homoousians* e os *homoiousians*?[250] Por que eles perturbaram a si mesmos e ao mundo com palavras difíceis e controvérsias sutis?

Cri. Qualquer que fosse sua intenção, não poderia ser suscitar ideias abstratas sutis de mistérios nas mentes dos cristãos comuns, sendo isso evidentemente impossível. Nem parece que a maior parte dos homens cris-

---

250 No Concílio de Niceia (325) prevaleceu a tese dos teólogos *homoousians,* que defendiam que Cristo teria a *mesma* substância que o Pai, contra a tese dos *homoiousians,* que mantinham que seria de substância *similar.* (N. T.)

Alciphron, ou o filósofo minucioso

tãos naqueles tempos considerasse como um de seus deveres deixar de lado as palavras, fechar seus olhos e formar aquelas ideias abstratas; não mais do que os homens atuais fazem com a força, o tempo, o número, ou várias outras coisas, sobre as quais, no entanto, acreditam, sabem, argumentam e disputam. Parece-me que, qualquer que tenha sido a fonte dessas controvérsias, e como quer que tenham sido conduzidas, nas quais se deve supor que a debilidade humana deve ter tido sua parte, o objetivo principal não era, em nenhum dos lados, transmitir ideias positivas e precisas às mentes dos homens, pelo uso desses termos discutidos, mas antes um sentido negativo, **301** // visando rejeitar o politeísmo por um lado, e o sabelianismo[251] por outro.*

Alc. Mas o que diremos de tantos teólogos eruditos e engenhosos, que de tempos em tempos têm presenteado o mundo com novas explicações dos mistérios, e que, tendo trabalhado eles mesmos abertamente para adquirir ideias precisas, pretendem recomendar suas descobertas e especulações aos outros como artigos de fé?

Cri. A todos esses inovadores em religião eu diria como Jerônimo: "Por que depois de tantos séculos pretendeis nos ensinar o que antes não foi ensinado? Por que explicar o que nem Pedro nem Paulo consideraram necessário ser explicado?"** E é preciso admitir que a explicação dos mistérios na teologia, admitindo que é uma tentativa tão vã como a busca da pedra filosofal na química, ou o movimento perpétuo na mecânica, não é mais do que eles imputável à própria profissão, mas apenas aos seus obstinados professores.

10. Parece que o que acabo de dizer pode ser aplicado a outros mistérios de nossa religião. Por exemplo, um homem pode achar que é impossível formar uma ideia abstrata do pecado original, ou da maneira de sua transmissão, e ainda assim a crença no pecado pode produzir em sua mente um sentido adequado de sua própria indignidade e da bondade de seu Redentor;

---

251 Doutrina proposta por Sabélio. (N. T.)

* Vid. Sozomen, l. 2, c. 8.[Hermas Sozomenus, *Historia Eclesiástica*, 2.8. (N. T.)]

** Hieronym. ad. Pammachium & Oceanum de erroribus Origenis. [São Jerônimo, *Cartas a Pamáquio e Oceano, sobre os erros de Orígenes.* (N. T.)]

George Berkeley

de onde podem derivar os bons hábitos, e destes as boas ações, os genuínos efeitos da fé, que, considerada em sua verdadeira luz, não é uma coisa nem contraditória nem incompreensível, como alguns homens pretendem nos persuadir, mas adequada até mesmo para faculdades comuns, situada na vontade e nas afecções mais que no entendimento, e produzindo vidas santas, no lugar de teorias sutis. A fé, afirmo, não é uma percepção indolente, mas uma persuasão operativa da mente, que sempre produz alguma ação, disposição, ou emoção adequada em quem a possui; como seria fácil de provar e ilustrar por inúmeros exemplos tomados dos assuntos humanos. E, certamente, enquanto considerarmos a religião cristã como uma institui-**302** ção adaptada às mentes comuns, em vez de aos // talentos mais refinados, avançados ou perplexos, de um homem especulativo, e enquanto as nossas noções sobre a fé forem, em consequência, tomadas emprestadas do comércio do mundo e da prática dos homens, mais do que de sistemas peculiares dos refinadores especulativos, não será difícil, eu acredito, conceber e justificar o significado e o uso de nossa crença nos mistérios, contra as afirmações e objeções mais confiantes dos filósofos minuciosos, que são facilmente apanhados nas mesmas armadilhas que eles têm armado e espalhado para os outros. E esse espírito de controvérsia, mãe e ama das heresias, sem dúvida diminuiria muito se se considerasse que as coisas devem ser avaliadas não tanto pela cor, forma ou aparência, tão verdadeiramente quanto por seu peso. Se alguns teólogos litigiosos tivessem adequado seu zelo à importância das opiniões, teriam talvez evitado muitos problemas tanto para eles mesmos como para os outros. Certamente aquele que toma suas noções de fé, opinião e assentimento do senso comum, e do uso comum, e sopesa cuidadosamente a natureza dos signos e da linguagem, estará menos inclinado a disputar sobre a formulação verbal de um mistério, ou a romper a paz da Igreja para manter ou rejeitar um termo.

[Mas, para convencê-lo, com um exemplo simples, sobre o uso eficaz e necessário da fé sem ideias, imaginemos um homem do mundo, um filósofo minucioso, pródigo e ávido, de grandes apetites e de escassos recursos, que tivesse a oportunidade de se apoderar de uma só vez de uma grande fortuna por um ato infame, com uma única quebra de confiança, que poderia come-

Alciphron, ou o filósofo minucioso

ter impunemente e em segredo. Não é natural supor que ele argumentaria desta maneira? Todos os homens ajuizados perseguem seus interesses. Os interesses nesta vida presente são os interesses do espírito, do corpo ou da fortuna. Se eu cometer este fato, meu espírito ficará tranquilo (não tendo nada a temer agora nem depois da morte) meus prazeres corporais serão multiplicados e minha fortuna, aumentada.[252] Suponha agora que um de seus teóricos refinados fale com ele sobre a harmonia do espírito e das afecções, do valor interior, da sinceridade do caráter, em uma palavra, da beleza da virtude, que é o único interesse que ele pode propor para equilibrar a balança contra todos os outros interesses seculares e prazeres sensuais.[253] Você não acha que seria um esforço inútil? Em tal conjuntura, repito, o que pode a mais plausível // e refinada filosofia de sua seita oferecer para dissuadir a tal homem de seu propósito, senão assegurar-lhe que o deleite abstrato da mente, os prazeres de um sentido moral interior, o τὸ καλόν[254] é o que constitui o seu verdadeiro interesse? E que efeito isso pode ter em uma mente insensível a todas essas coisas e, ao mesmo tempo, fortemente afetada por um sentido dos prazeres corporais, pelo interesse externo, pelo luxo e confortos da vida? Considerando que aquele mesmo homem apenas produz nele uma crença sincera em uma vida futura, ainda que esta seja um mistério, ainda que os olhos não possam vê-la, nem os ouvidos escutá-la, tampouco o coração humano imaginá-la, contudo, em virtude de tal crença, ele será incapaz de executar seu projeto perverso, e isto por razões que todos os homens podem compreender, embora ninguém possa ser objeto delas. Admito que os pontos defendidos por seus refinados moralistas sejam tão encantadores e excelentes quanto você quiser para uma mente filosófica racional e reflexiva. Mas, arrisco-me a dizer que, tal como o mundo se encontra, poucos, muito poucos, serão influenciados por eles. Vemos, portanto, o uso necessário, assim como os efeitos poderosos da fé, mesmo quando não temos ideias.][255]

---

252 Referência a Mandeville. (N. T.)
253 Referência a Shaftesbury. (N. T.)
254 "O belo", "o bem", ou "a virtude". (N. T.)
255 Acréscimo da edição B. (N. T.)

George Berkeley

11. *Alc.* Parece que Euphranor e você querem me persuadir a ter a opinião de que não há nada tão singularmente absurdo na crença nos mistérios quanto nos inclinamos a pensar, e que um homem não precisa renunciar à sua razão para manter sua religião. Mas, se isso fosse verdade, como é possível que, à medida que os homens têm mais conhecimento, mais diminui sua fé?

Euph. Oh, Alciphron! Eu aprendi com você que não há nada como ir ao fundo das coisas e analisá-las em seus primeiros princípios. Portanto, experimentarei este método para esclarecer a natureza da fé. Quanto ao seu sucesso, deixarei que você decida, pois não ouso me pronunciar sobre meu próprio julgamento, se é mesmo certo, embora assim me pareça. As objeções apresentadas contra a fé não são de forma alguma um efeito do conhecimento, mas procedem antes de uma ignorância do que é o conhecimento. Essa ignorância pode possivelmente ser encontrada mesmo naqueles que passam por mestres deste ou daquele ramo específico do conhecimento. A ciência e a fé coincidem nisso, que ambas implicam um assentimento da mente. E, como a natureza da primeira é mais clara e evidente, deve ser examinada em primeiro lugar a fim de lançar uma luz sobre a segunda. Para seguir o curso das coisas desde sua origem, parece que a mente humana, naturalmente // abastecida com ideias de coisas particulares e concretas, e sendo projetada, não para a mera intuição de ideias, mas para a ação ou operação sobre elas, e buscando sua própria felicidade nisso, necessita de certas regras gerais ou teoremas para dirigir suas operações nesta busca; a satisfação desta necessidade é a finalidade verdadeira, fundamental e lógica do estudo das artes e das ciências. Assim, pois, sendo estas regras gerais, segue-se que não devem ser obtidas pela mera consideração das ideias originais, ou coisas particulares, mas por meio de símbolos ou signos que, na medida em que são universais, se convertem em instrumentos e materiais imediatos da ciência. Não é, portanto, pela mera contemplação de coisas particulares, e muito menos de suas ideias gerais abstratas, que a mente faz seu progresso, mas por uma escolha adequada e um emprego habilidoso de signos. Por exemplo, força e número, tomados em concreto, com seus aditamentos, objetos, e signos, são o que todos sabem, mas, considerados em abstrato, para ter ideias precisas deles mesmos, são algo que ninguém pode compreender. É evidente, pois, que a sua natureza abstrata não é o

Alciphron, ou o filósofo minucioso

fundamento da ciência. E é algo que todo aquele que reflete pode ver, que a simples consideração de suas ideias em concreto não é o método para avançar nas respectivas ciências, uma vez que nada é mais evidente que aquele que não sabe ler nem escrever compreende, pelo uso comum, o significado dos termos numerais tão bem quanto o melhor filósofo e matemático.

12. Mas aqui reside a diferença: aquele que entende a notação dos números, por meio dela é capaz de expressar de forma breve e distinta toda a variedade e os graus dos números, e realizar com facilidade e executar várias operações aritméticas, com a ajuda de regras gerais. Como o uso de todas estas operações na vida humana é muito evidente, não é por isso menos evidente que sua realização depende da aptidão da notação. Se supusermos que os homens seriam rudes sem o uso da linguagem, pode-se presumir que eles seriam ignorantes de aritmética. Mas o uso de termos, mediante a repetição dos quais em uma certa ordem eles poderiam expressar uma interminável quantidade de números, seria o primeiro passo em direção a essa ciência. O próximo passo seria conceber símbolos adequados de uma natureza permanente e visíveis a olho nu, cuja espécie e ordem devem ser escolhidas com juízo e acomodar-se aos termos. Estes símbolos, ou notações, na medida em que fossem dispostos e ordenados, facilitariam a invenção e // a aplicação de regras gerais para ajudar a mente a raciocinar e a julgar, a ampliar, recordar e comunicar seu conhecimento acerca dos números; teorias e operações em que a mente se ocupa imediatamente com os signos ou cifras, por meio dos quais é levada a agir sobre as coisas, ou número em concreto (como os lógicos o chamam), sem nunca considerar a ideia simples, abstrata, intelectual e geral de número. [Os signos, de fato, em seu uso implicam relações ou proporções das coisas, mas essas relações[256] não são ideias gerais abstratas, que se fundam em coisas particulares, e não produzem ideias distintas de si mesmas na mente, separadas das ideias particulares e dos signos.][257] Imagino que não seja preciso pensar muito para se convencer de que a ciência da

---

256 *Princípios*, §§ 89, 101, onde as referências às "relações" também foram introduzidas na edição de 1734. (N. T.)

257 Acréscimo da terceira edição, de 1752. (N. T.)

aritmética, em sua origem, operações, regras e teoremas, versa inteiramente sobre o uso artificial de signos, termos e caracteres. Esses termos e caracteres são universais, na medida em que são signos. Os termos se referem às coisas, e os caracteres aos termos, e ambos às operações. Dado que os termos são poucos, e procedem por uma certa analogia, os caracteres serão tanto mais úteis quanto mais simples forem, e mais adequadamente expressarem essa analogia. Por esta razão a antiga notação por letras era mais útil do que palavras escritas por extenso, e a notação moderna por cifras, expressando a progressão ou analogia dos termos por sua simples colocação, é ainda preferível àquela por sua comodidade e brevidade, assim como a invenção dos símbolos algébricos é preferível a esta, por seu uso mais amplo e geral. Como a aritmética e a álgebra são ciências de grande clareza, certeza e extensão, que se ocupam imediatamente com os signos, de cujo uso e emprego habilidoso dependem inteiramente, então um pouco de atenção a elas pode possivelmente nos ajudar a julgar o progresso da mente em outras ciências, que, embora diferindo em natureza, objetivo e objeto, podem, contudo, concordar nos métodos gerais de prova e de investigação.

13. Se não me engano, todas as ciências, na medida em que são universais e demonstráveis pela razão humana, podem ser consideradas como versando sobre signos como seu objeto imediato, embora estes, em sua aplicação, façam referência às coisas. A razão disto não é // difícil de imaginar. Pois, como a mente está mais familiarizada com alguns tipos de objetos que são apresentados mais cedo para ela, que a atingem de maneira mais sensível, ou que são mais facilmente compreendidos do que outros, ela é naturalmente inclinada a substituir esses objetos por aqueles que são mais sutis, fugazes, ou mais difíceis de compreender. Nada, digo eu, é mais natural do que fazer das coisas que conhecemos um passo na direção daquelas que não conhecemos; e explicar e representar as coisas menos familiares por outras que são mais familiares. Ora, é certo que imaginamos antes de refletir, e percebemos pelos sentidos antes de imaginar, e de todos os nossos sentidos a visão é o mais claro, preciso, variado, adequado e abrangente. Consequentemente, é natural auxiliar o intelecto com a imaginação, a imaginação com os sentidos e os outros sentidos com a visão. Daí as figuras, as metáforas e os

símbolos. Ilustramos as coisas espirituais com as corpóreas, substituímos os pensamentos por sons, e os sons por caracteres escritos; os emblemas, símbolos e hieróglifos por coisas muito obscuras para serem alcançadas e demasiado fugazes para que se possa retê-las. Representamos coisas inteligíveis com coisas imagináveis e coisas imagináveis com coisas inteligíveis, coisas demasiado grandes para serem compreendidas facilmente com outras menores, e as que são muito pequenas com outras maiores para serem distinguidas com clareza, as coisas ausentes por meio das presentes, as perecíveis, por meio das permanentes, as invisíveis, com as visíveis. Daí porque o uso de modelos e diagramas. Daí porque representamos por meio de linhas o tempo e a velocidade e outras coisas de naturezas muito diferentes. Daí porque falamos de espíritos em um sentido figurado, expressando as operações da mente por alusões e termos tomados emprestados de coisas sensíveis, tais como *apreender, conceber, refletir, discursar*, e outros semelhantes a estes; e daí porque aquelas alegorias que ilustram coisas intelectuais por visões apresentadas à imaginação.

Platão, por exemplo, representa a alma dirigindo seu veículo, como o condutor de um carro alado, que às vezes sobe e às vezes desce, e é puxado por dois cavalos, um bom e de boa raça, outro de natureza contrária,[258] expressando simbolicamente a tendência da alma para a divindade, à medida que ela se eleva ou é mantida no alto por dois instintos, como asas, um do entendimento para a verdade, o outro da vontade para a perfeição, instintos que se fortalecem ou se debilitam pelas inclinações sensuais, // expressando também suas alternadas elevações e depressões, a luta entre a razão e o apetite, como cavalos que marcham num ritmo desigual ou puxam para caminhos diferentes, impedindo a alma no seu progresso rumo à perfeição. Inclino-me a pensar que a doutrina dos signos[259] é um ponto de grande importância e de alcance geral que, devidamente analisada, lançaria muita luz sobre as coisas e proporcionaria uma solução justa e genuína para muitas dificuldades.

---

258 Platão, *Fedro*, 296a. (N. T.)
259 Locke, *Ensaio*, 4.21.4. (N. T.)

George Berkeley

14. Assim, em geral, pode-se dizer de todos os signos que eles nem sempre sugerem ideias significativas para a mente; que, quando sugerem ideias, não são ideias gerais abstratas; que têm outros usos além de apenas representar e expor ideias, tal como despertar emoções apropriadas, produzir certas disposições ou hábitos intelectuais, e dirigir nossas ações em busca dessa felicidade que constitui o fim e propósito último, a causa e motivo fundamental que coloca os agentes racionais em ação; [que os signos podem implicar ou sugerir as relações das coisas; relações, hábitos ou proporções estas que, visto que não podem ser por nós compreendidas a não ser com a ajuda de signos, e sendo expressadas e refutadas por estes, nos guiam e permitem agir em relação às coisas];[260] que o verdadeiro fim da linguagem, da razão, da ciência, da fé, do assentimento em todos os seus diferentes graus, não é apenas, nem principalmente, nem sempre, a comunicação ou aquisição de ideias, mas antes algo de natureza ativa e operativa, que tende a um bem que se concebe,[261] coisa que às vezes se pode conseguir, não apenas quando as ideias designadas não se apresentam à mente, mas mesmo quando não haveria possibilidade de oferecer ou mostrar à mente qualquer ideia desse tipo. Por exemplo, o símbolo algébrico, que denota a raiz de um quadrado negativo, tem sua utilidade em operações logísticas, embora seja impossível formar uma ideia de tal quantidade. E o que é verdadeiro em relação aos signos algébricos também é verdadeiro em relação às palavras ou à linguagem, sendo a álgebra moderna, de fato, uma espécie de linguagem mais breve, apropriada, e artificial, e sendo possível expressar por palavras extensas, embora menos convenientemente, todas as etapas de um procedimento algébrico. E é preciso reconhecer que até as próprias ciências matemáticas, que acima de todas são // consideradas como as mais claras e exatas, se forem consideradas não como instrumentos para guiar nossa prática, mas como especulações para empregar nossa curiosidade ficarão aquém, em muitos casos, daquelas ideias claras e distintas que, ao que parece, os filósofos minuciosos de nossa época, conscientemente ou por ignorância, esperam e insistem em relação aos mistérios da religião.

---

260 Acréscimo da terceira edição, de 1752. (N. T.)
261 *Princípios,* Introdução, § 20. (N. T.)

Alciphron, ou o filósofo minucioso

15. Seja a ciência ou assunto que for, sempre que os homens prefiram as coisas gerais às particulares, as abstrações às coisas concretas, quando abandonarem as visões práticas e os propósitos úteis do conhecimento, pela especulação estéril, considerando os meios e instrumentos como fins últimos, e trabalhando para adquirir ideias precisas que eles supõem anexadas indiscriminadamente a todos os termos, eles certamente se verão envolvidos em dificuldades e disputas. Tais são aquelas que surgiram na geometria sobre a natureza do ângulo de contato, a doutrina das proporções, dos indivisíveis, dos infinitesimais e vários outros pontos; não obstante, essa ciência é muito acertadamente considerada excelente e útil, e é realmente assim em muitas ocasiões da vida humana, em que a ciência governa e dirige as ações dos homens, de modo que, com sua ajuda ou influência, essas operações se tornam justas e precisas, as quais de outra forma seriam imperfeitas e incertas. E, por uma equivalência da razão, não devemos concluir que todas as outras doutrinas que governam, influenciam ou dirigem a mente humana sejam, do mesmo modo que aquela, menos verdadeiras ou excelentes porque suscitam matéria de controvérsia e especulações estéreis para inteligências curiosas ou licenciosas; particularmente aqueles artigos de nossa fé cristã que, na medida em que se acredita neles, persuadem, e, na medida em que persuadem, influenciam a vida e as ações dos homens.

Quanto à perplexidade das contradições e noções abstratas, em todos os artigos, seja da ciência humana ou da fé divina, os caviladores podem igualmente levantar objeções e as pessoas incautas podem cair nelas, enquanto as sensatas as evitam. Não há necessidade de se afastar das regras de raciocínio aceitas para justificar a crença dos cristãos. E, se algum homem piedoso pensa o contrário, pode-se considerar um efeito, não da religião ou da razão, mas apenas da fraqueza humana. Se nossa época for singularmente fecunda em incrédulos, não concluirei por isso que seja mais inteligente, mas apenas mais presunçosa do que as épocas anteriores; e sua presunção, receio, não é efeito da reflexão. Parece-me que, quanto mais profunda e extensamente se **309** consideram e examinam os princípios, // os objetos e os métodos de proceder nas artes e nas ciências, maior será o convencimento de que aquelas objeções plausíveis feitas contra os mistérios da fé carecem de importância; e não será difícil mantê-los ou justificá-los pelo método de raciocínio aceito, segundo os princípios comuns da lógica e por inúmeros casos paralelos reconhecidos em todos os vários ramos do conhecimento humano, em todos os quais a suposição de ideias abstratas cria as mesmas dificuldades.

[*Alc.* De acordo com esta doutrina, todos os pontos podem ser igualmente mantidos. Não haverá nada de absurdo no catolicismo, nem mesmo na transubstanciação.

Crit. Perdoe-me. Esta doutrina não justifica nenhum artigo de fé que não esteja contido nas Escrituras, ou que seja contrário à razão humana, que implique uma contradição, ou que conduza à idolatria ou a uma maldade de qualquer tipo. Tudo isso é muito diferente de não termos uma ideia distinta ou abstrata de algo.][262]

16. *Alc.* Admitirei, Euphranor, que esse seu raciocínio tem toda a força que você pretendia que tivesse. Admito livremente que pode haver mistérios; que podemos acreditar quando não entendemos; e que a fé pode ser útil, embora seu objeto não seja distintamente apreendido. Em uma palavra, admito que pode haver fé e mistérios em outras coisas, mas não na religião; e isso pela simples razão de que é absurdo supor que deveria haver algo como a religião; e se não há religião, segue-se que não pode haver fé religiosa ou mistérios. A religião, é evidente, implica o culto a um Deus, e este culto supõe recompensas e punições; que supõem méritos e deméritos, ações boas e más, e essas supõem a liberdade humana, uma coisa impossível;[263] e, por conseguinte, a religião, baseada nela, é uma coisa irracional e absurda. Não pode haver temores racionais onde não há culpa, nem qualquer culpa onde não se faz outra coisa a não ser o que se segue inevitavelmente da estrutura do mundo e das leis do movimento. Os objetos corpóreos atingem os órgãos dos sentidos, de onde se segue // uma vibração nos nervos que, sendo comunicada à alma ou ao espírito animal, no cérebro ou na raiz dos nervos, produz ali aquele movimento que chamamos de volição, e esta produz uma nova determinação nos espíritos, fazendo com que eles fluam para os nervos que devem necessariamente, pelas leis do mecanismo, produzir certas ações

---

262 Acréscimo da edição B. (N. T.)

263 Collins, *Philosophical Inquiry Concerning Human Liberty*, 1717: 3. (N. T.)

determinadas. Sendo este o caso, segue-se que as coisas que vulgarmente são consideradas ações humanas devem ser consideradas mecânicas, e que elas são falsamente atribuídas a um princípio livre. Não há, portanto, fundamento para o louvor ou para a censura, para o medo ou para a esperança, para a recompensa ou para a punição, nem, consequentemente, para a religião; que, como observei, se baseia e supõe essas coisas.

Euph. Você imagina, Alciphron, se o compreendo bem, que o homem é uma espécie de órgão, tocado por objetos externos, que, de acordo com as diferentes formas e texturas dos nervos, produzem diferentes movimentos e efeitos neles.

Alc. O homem pode, de fato, ser adequadamente comparado a um órgão; mas é mais exatamente uma marionete. Você deve saber que certas partículas, que saem em linha reta de todos os objetos sensíveis, compõem tantos raios, ou filamentos, que impulsionam, puxam e acionam cada parte da alma e do corpo humano, exatamente como os fios ou cabos impulsionam e acionam as articulações desses pequenos artefatos, vulgarmente chamados de *marionetes;* com esta única diferença, que os últimos são grosseiros e perceptíveis aos olhos comuns, ao passo que os primeiros são muito finos e sutis para serem discernidos por alguém que não seja um livre-pensador sagaz. Isso explica admiravelmente todas as operações que fomos ensinados a atribuir a um princípio pensante dentro de nós.

Euph. Este é um pensamento engenhoso e deve ser de grande utilidade para libertar os homens de toda inquietude sobre noções morais, pois transfere o princípio da ação da alma humana para as coisas externas e alheias. Mas tenho minhas dúvidas sobre isso. Pois você supõe que a mente, em um sentido literal, seja movida, e que suas volições sejam meros movimentos. Agora, se outro afirmasse, já que não é impossível que um outro possa fazê-lo, que a alma é incorpórea e que o movimento é uma coisa e a volição outra, gostaria de saber como você poderia esclarecer o seu ponto de vista para tal pessoa. Deve-se admitir que é muito claro para aqueles que admitem que a alma é corpórea e que todos os seus atos não são mais que movimentos. Com base nessa suposição, de fato, o ponto de vista que você oferece sobre a natureza humana não é menos verdadeiro do que é belo e novo. Mas, se alguém nega esta suposição, o que é fácil de fazer, toda a superestrutura

311 cairá por terra. Se admitirmos os pontos acima // mencionados, não negarei que deve seguir-se deles uma necessidade fatal. Mas não vejo nenhuma razão para admiti-los. Pelo contrário, parece claro que movimento e pensamento são duas coisas tão reais e tão manifestamente distintas quanto um triângulo e um som.[264] Parece, portanto, que, para provar a necessidade das ações humanas, você supõe tanto o que necessita ser provado quanto o próprio ponto a ser provado.

17. *Alc.* Mas, supondo que a mente seja incorpórea, serei, não obstante, capaz de provar o meu ponto. Para não entreter você com argumentos rebuscados, desejo apenas que você examine o seu próprio peito e observe o que sucede nele quando um objeto se apresenta à mente. Em primeiro lugar, o entendimento o examina; em segundo lugar, o julgamento decreta se é algo a ser aceito ou rejeitado, a ser evitado ou realizado, desta ou daquela maneira; e este decreto do julgamento determina necessariamente a vontade, cuja função é simplesmente executar o que lhe ordena outra faculdade. Por conseguinte, não existe tal coisa como a liberdade da vontade, pois o que é necessário não pode ser livre. Na liberdade deve haver uma indiferença em relação a um ou outro lado da questão, um poder de agir ou não agir, sem prescrição ou controle, e sem essa indiferença e este poder é evidente que a vontade não pode ser livre. Mas não é menos evidente que a vontade não é indiferente em suas ações, sendo absolutamente determinada e governada pelo julgamento. Agora, seja o que for que mova o julgamento, seja a maior inquietação presente, ou o maior bem aparente, ou qualquer outra coisa, não faz diferença para o ponto em questão. A vontade, sendo sempre determinada e controlada pelo julgamento, encontra-se em todos os casos submetida à necessidade. Com efeito, não existe em toda a natureza humana nada semelhante a um princípio da liberdade, sendo cada faculdade determinada em todos os seus atos por algo que lhe é exterior. O entendimento, por exemplo, não pode alterar sua ideia, mas deve necessariamente vê-la tal como ela se apresenta. Os apetites, por uma necessidade natural, são conduzidos aos seus respectivos objetos. A razão não pode inferir indiferentemente nada

---

264 *Princípios,* § 144; *Sobre o movimento,* §§ 3, 24, 30. (N. T.)

de qualquer coisa, mas é limitada pela natureza e pela conexão das coisas, e pelas regras eternas do raciocínio. E como este é reconhecidamente o caso de todas as outras faculdades, também é válido com respeito // à própria vontade, como já foi mostrado. E se podemos dar crédito ao divino caracterizador do nosso tempo, a vontade deve ser considerada como a faculdade mais escrava de todas. "O apetite", diz aquele nobre escritor, "que é irmão mais velho da razão, sendo o jovem de compleição mais forte, está seguro em todas as competições de aproveitar a vantagem de atrair todos para seu próprio lado; e a vontade, tão alardeada, não passa, na melhor das hipóteses, de uma bola ou de um pião nas mãos dos dois jovens que se encontram infelizmente em disputa; até que o mais jovem, em vez de dar um chute ou lançar o pião sem propósito, abandona a bola ou o pião e começa a atacar seu irmão mais velho".[265]

Cri. Esta bela parábola, pelo estilo e pela forma poderia ser comparada àquelas de um conhecido escritor inglês, renomado entre as pessoas da classe baixa por suas alegorias, se não fosse um pouco inexato supor que o mais fraco tenha razões para vencer o mais forte.

Alc. Isto é apoiado pela hipótese de que o rapaz mais forte seja o mais covarde. Mas, seja como for, no que se refere ao ponto em questão, este é um caso claro. O mesmo ponto também pode ser provado sobre a presciência de Deus. O que é certamente conhecido de antemão, certamente o será. E o que é certo é necessário.[266] E as ações necessárias não podem ser o efeito do livre-arbítrio. Assim, você demonstrou de diferentes maneiras este ponto fundamental de nossa filosofia do livre pensamento.

Euph. Diga-me, Alciphron, você acha que implica uma contradição que Deus crie um homem livre?

Alc. Não.

Euph. É possível, então, que exista tal coisa?

Alc. Não nego isso.

Euph. Você pode, portanto, conceber e supor tal agente livre?

Alc. E admitindo que eu possa, e daí?

---

265 Shaftesbury, *Características*, I, p.187. (N. T.)
266 Collins, *Inquiry concerning Human Liberty*, 83-6. (N. T.)

Euph. Não pensaria ele então que é ativo?

Alc. Sim.

Euph. E censuraria a si mesmo por algumas ações e aprovaria a si mesmo por outras?

Alc. Também admito isso.

Euph. E ele não pensaria que mereceria recompensa ou punição?

Alc. Pensaria.

313 // *Euph.* E não se encontram efetivamente todas essas características no homem?

Alc. Sim.

Euph. Diga-me, então, que outra caraterística do seu suposto agente livre não se encontra efetivamente no homem? Pois, se não há nenhuma, devemos concluir que o homem possui todas as características de um agente livre.

Alc. Deixe-me ver! Eu certamente me equivoquei quando concedi que fosse possível, mesmo para um poder onipotente, criar uma tal coisa como um agente humano livre. Eu me pergunto como cheguei a fazer uma concessão tão absurda, depois do que havia sido demonstrado, como já observei, de tantas formas diferentes.

Euph. [Certamente, tudo o que é possível pode ser suposto, e tudo o que não implica uma contradição é possível para um poder infinito. Portanto, se um agente racional não implica nenhuma contradição, pode-se supor tal ser. Talvez a partir desta suposição eu possa inferir que o homem é livre, mas não vou supor que ele seja um agente livre, visto que, ao que parece, você pretende ter demonstrado o contrário][267] Oh, Alciphron! Observa-se vulgarmente que os homens julgam os outros por si próprios. Mas, julgando-me por esta regra, você pode estar enganado. Muitas coisas que são claras para alguém de sua sagacidade, não o são para mim, que muitas vezes fico mais perplexo do que esclarecido por essas mesmas provas que você considera claras e evidentes. E, de fato, por mais justa que possa ser a inferência, ainda assim, enquanto as premissas não forem claras, não posso estar completamente convencido. Você deve me dar licença, portanto, para

---

267 Acréscimo da edição B. (N. T.)

Alciphron, ou o filósofo minucioso

propor algumas questões cuja solução pode mostrar o que no momento não sou capaz de perceber.

Alc. Deixarei que você considere e reflita sobre o que falamos. Agora é hora de empreender a nossa viagem. Não há tempo, portanto, para uma longa série de perguntas e respostas.

18. *Euph.* Então pedirei permissão apenas para fazer uma ou duas observações, a título de resumo, sobre o que você expôs. Em primeiro lugar, observo que você toma como certo algo que não posso admitir, quando afirma que tudo o que é certo é igualmente necessário. Para mim, certo e necessário parecem muito diferentes, // não havendo nada na primeira noção que implique restrição, nem, consequentemente, que seja incompatível com a responsabilidade humana por suas ações. Se se prevê que tal ação será realizada, não se pode também prever que será efeito da escolha e liberdade humanas? Em seguida, observo que você abstrai e distingue muito sutilmente as ações da mente, o julgamento e a vontade; que você faz uso de termos como poder, faculdade, ato, determinação, indiferença, liberdade, necessidade, e outros semelhantes, como se eles representassem ideias abstratas distintas, e que essa suposição parece enredar a mente nas mesmas perplexidades e erros que, em todos os outros casos, observa-se que acompanham a doutrina da abstração. É evidente que existe algo como o movimento; e, contudo, encontraram-se filósofos que, mediante argumentos sutis, trataram de provar que não existe tal coisa. Caminhar diante deles foi considerado a maneira mais adequada de refutar aqueles homens engenhosos.[268] Não é menos evidente que o homem é um agente livre, e ainda que mediante raciocínios abstratos você pretenda me confundir e parecer provar o contrário, ainda assim, enquanto eu estiver consciente de minhas ações, esta evidência interior de um fato claro me manterá firme contra todos os seus raciocínios, por mais sutis e refinados que sejam. A refutação de pontos claros mediante outros obscuros pode talvez me convencer da habilidade de seus filósofos, mas nunca de seus princípios. Não posso conceber por que

---

268 Alusão a Zenão de Eleia e à atitude de Diógenes, o cínico, que supostamente respondeu ao paradoxo do movimento ao simplesmente se levantar e andar. (N. T.)

o perspicaz Crátilo deveria supor um poder de ação no apetite e na razão, e absolutamente nenhum na vontade. Admitindo, repito, a distinção desses três seres na mente, não vejo como isso poderia ser verdade. Mas, se não posso abstrair e distinguir tantos seres na alma do homem com tanta precisão quanto você, não acho necessário, uma vez que para mim é evidente, em geral e em particular, que sou um agente livre. Tampouco adiantará dizer que a vontade é governada pelo julgamento, ou determinada pelo objeto, enquanto em cada caso comum imprevisto eu não posso discernir nem abstrair o decreto do julgamento do comando da vontade, enquanto eu sei que o objeto sensível é absolutamente inerte. E, por último, enquanto estou consciente de que sou um ser ativo, que posso e determino a mim mesmo. Se suponho que as coisas espirituais são corpóreas, ou refino as coisas reais e

315 verdadeiras // até convertê-las em noções gerais abstratas ou com habilidade metafísica divido as coisas simples e individuais em múltiplas partes, não sei o que pode acontecer. Mas, se considero as coisas como elas são, e pergunto a qualquer homem simples e sem instrução se ele atua ou é livre nesta ou naquela ação particular, ele prontamente assentirá, e eu também prontamente acreditarei nele baseando-me no que descubro em mim mesmo. E assim, por uma indução de particulares, posso concluir que o homem é um agente livre, embora possa ficar confuso ao definir ou conceber uma noção geral e abstrata de liberdade. E se o homem for livre, ele é evidentemente responsável. Mas, se você tiver que definir, abstrair, supor, seguir-se-á que, de acordo com suas definições, abstrações e suposições, não pode haver liberdade humana, e se a partir disso você inferir que ele não é responsável, eu ousarei me afastar de seu sentido metafísico abstrato, e apelarei para o senso comum da humanidade.

19. Se considerarmos as noções de culpa e mérito, aprovação e reprovação, responsabilidade e irresponsabilidade que prevalecem no mundo, descobriremos que a pergunta comum, para poder aplaudir ou censurar, absolver ou condenar um homem é se foi ele mesmo que praticou tal ação e se tinha consciência quando a praticou. Parece, portanto, que nas relações pessoais ordinárias entre os homens, qualquer pessoa é considerada responsável simplesmente por ser um agente. E embora você me diga que o homem

é inativo, e que os objetos sensíveis atuam sobre ele, todavia minha própria experiência me assegura do contrário. Eu sei que atuo e que sou responsável pelo que faço. E, se isso for verdade, o fundamento da religião e da moralidade permanece inabalável. Tudo o que a religião requer, eu acho, é que o homem seja responsável, e isso ele é, segundo meu critério e o senso comum do mundo, se ele age; e que ele age é evidente. Portanto, os fundamentos e fins da religião estão assegurados; quer a sua noção filosófica de liberdade esteja de acordo com as ações do homem ou não, e quer suas ações sejam necessárias ou contingentes, a questão não é se ele as praticou com livre arbítrio, ou o que determinou a sua vontade, nem se era certo ou previsto de antemão que ele faria isso, mas apenas se ele o fez intencionalmente. Pois é esta que determina a culpabilidade ou o mérito de suas ações.

Alc. Mas ainda assim subsiste a questão de se o homem é livre.

316 // *Euph.* Para resolver esta questão não deveríamos primeiro determinar o significado da palavra *livre*?

Alc. Deveríamos.

Euph. Em minha opinião, diz-se que um homem é livre na medida em que pode fazer o que quiser. É assim ou não é?

Alc. Parece que sim.

Euph. Portanto, o homem que age de acordo com a sua vontade deve ser considerado livre.

Alc. Admito que isso seja certo no sentido vulgar. Mas um filósofo vai além disso e pergunta se o homem é livre para querer?

Euph. Ou seja, se ele pode querer como ele quer? Não sei quão filosófica pode ser esta pergunta, mas parece muito ininteligível. As noções de culpa e de mérito, de justiça e de recompensa estão nas mentes dos homens, anteriormente a todas as investigações metafísicas, e, de acordo com aquelas noções naturais aceitas, é indubitável que o homem é responsável, que ele age e é autodeterminado.

20. Mas um filósofo minucioso, em virtude de falsas suposições, confundirá as coisas mais evidentemente distintas; corpo, por exemplo, com espírito; movimento com volição; certeza com necessidade. E alguém que faz abstrações ou elucubrações sutis analisará o ato instantâneo mais sim-

ples da mente para distinguir nele diversas faculdades e tendências, princípios e operações, causas e efeitos; e, tendo abstraído, suposto e raciocinado sobre princípios sem fundamento e obscuros, concluirá que não existe ato algum, e que o homem não é um agente, senão uma marionete ou um órgão tocado por objetos externos, e sua vontade é um pião ou uma bola. E isso passa por filosofia e livre-pensamento. Talvez isso seja o que se passa, mas de forma alguma parece uma maneira natural ou justa de pensar. Parece-me que, se começarmos pelas coisas particulares e concretas e delas passarmos às noções e conclusões gerais, não haverá nenhuma dificuldade nesta matéria. Mas, se começarmos com generalidades, e nos basearmos em ideias abstratas, nós nos encontraremos emaranhados e perdidos em um labirinto criado por nós mesmos. Não necessito observar, o que todo mundo deve ver, o ridículo de provar que // o homem não é agente e, contudo, invocar a liberdade de pensamento e de ação, fazendo-se passar, ao mesmo tempo, por defensores da liberdade e da necessidade. Reuni apressadamente estas observações e sugestões sobre o que você chama de um artigo fundamental da filosofia minuciosa, e sobre seu método de prová-lo, que parece oferecer um exemplo admirável do sofisma das ideias abstratas. Se, nesta exposição abreviada, fui mais dogmático do que devia, peço que me desculpe pelo que você ocasionou, ao recusar uma análise coerente e detida da verdade.

Alc. Acho que examinamos as coisas suficientemente.

Cri. Para tudo o que você disse contra a liberdade humana, constitui uma resposta suficiente observar que seus argumentos procedem de uma suposição errônea, seja de que a alma é corpórea, seja das ideias abstratas, [para não mencionar outros erros grosseiros e princípios sem fundamento. Você poderia supor que a alma é vermelha ou azul, como também que é sólida. Você poderia igualmente reduzir a vontade a qualquer outra coisa, bem como ao movimento. E qualquer coisa que você possa inferir de tais premissas, que (para falar de maneira mais suave) não são provadas nem prováveis, não terei dificuldade de rejeitá-las. Você distingue em todas as ações humanas entre a decisão última do julgamento e o ato da vontade. Você confunde certeza com necessidade. Você indaga, e sua indagação é uma questão absurda: se o homem pode querer como ele quer. Tanto quanto essa semelhante proposição é evidentemente verdadeira, deve ser evidentemente falsa essa maneira de pensar que levou você a fazer uma pergunta dessas. {Você diz que os apetites têm, por uma necessidade da natureza, uma tendência para seus respectivos objetos. Isso nós admitimos, e além disso aceitamos, caso queira, que o apetite não é livre. Mas você vai mais longe, e nos diz que o entendimento não pode alterar sua ideia, nem inferir indiferentemente uma coisa de outra qualquer. E então? Não podemos atuar se não podemos alterar a natureza dos objetos, e não podemos ser livres em outras coisas se não tivermos liberdade para fazer inferências absurdas?}[269] Você pressupõe que a mente é inativa, mas que suas ideias atuam sobre ela, como se o contrário não fosse evidente para todo homem de senso comum, que não pode deixar de saber que é a mente que considera suas ideias, escolhe, rejeita, examina, delibera, decreta, em uma palavra, age sobre elas e não elas sobre a mente. De modo geral, sendo suas premissas obscuras e falsas, o ponto fundamental que você pretende demonstrar de tantas // maneiras diferentes não tem sentido nem é verdadeiro sobre nenhuma delas.][270] E, por outro lado, não é necessário investigar muito para convencer-se de dois pontos, dos quais nenhum é mais evidente, mais óbvio e mais universalmente admitido por homens de todos os tipos, cultos ou não, em todos os tempos e lugares, a saber, que o homem age e que é responsável por suas ações. Quaisquer que sejam as pretensões dos defensores da abstração e das elucubrações sutis, ou dos homens preconceituosos, em favor de uma falsa hipótese, é evidente, se não me engano, para todo homem pensante de senso comum, que as mentes humanas estão longe de ser máquinas ou bolas conduzidas ou golpeadas por objetos corpóreos, sem qualquer princípio interior de liberdade ou ação, que as únicas noções originais e verdadeiras que temos de liberdade, agente ou ação, se obtêm refletindo sobre nós mesmos, e sobre as operações de nossa própria mente. A singularidade e credulidade dos filósofos minuciosos, que se deixam enganar pelos paralogismos de três ou quatro eminentes patriarcas da infidelidade da época precedente, penso que não pode ser igualada, não havendo nenhum exemplo de superstição fanática, cujos líderes foram capazes de seduzir seus

---

269 Acréscimo da terceira edição, de 1752. (N. T.)
270 Acréscimo da edição B. (N. T.)

George Berkeley

seguidores de forma mais aberta e amplamente a partir dos claros ditames da natureza e do senso comum.

21. *Alc.* Sempre se objetou contra as descobertas da verdade, que elas se afastam das opiniões aceitas. O caráter de singularidade é um encargo sobre o livre-pensamento e como tal o aceitamos de boa vontade e nos orgulhamos dele. Um filósofo genuíno nunca é modesto em um sentido falso, a ponto de preferir a autoridade antes que a razão, ou uma opinião antiga e comum a uma verdadeira. Esta falsa modéstia, que desencoraja os homens a trilhar caminhos inexplorados, ou encontrar uma nova luz, é, acima de todas as outras qualidades, o maior inimigo do livre-pensamento.

Cri. A autoridade, em pontos discutíveis, terá seu peso em uma mente judiciosa, a qual, todavia, seguirá as evidências aonde quer que estas a conduzam. Sem preferi-la, podemos admitir que a autoridade é uma boa auxiliar da razão. Portanto, seus cavalheiros da filosofia minuciosa podem poupar uma grande quantidade de lugares-comuns sobre a razão, a luz e as descobertas. Não estamos presos à autoridade contra a razão, nem tememos os caminhos não trilhados que conduzem à verdade, e estamos prontos para seguir uma nova luz sempre que estivermos seguros de que não é um *ignis fatuus*.[271] A razão pode obrigar uma pessoa a acreditar contra suas inclinações; mas por que uma pessoa deveria abandonar noções salutares por outras não menos irracionais que perniciosas? Seus sistemas e princípios, e alardeadas demonstrações foram amplamente propostos e // examinados. Você mudou suas noções, recuou sucessivamente de um sistema para outro e, no final, renunciou a todos eles. Suas objeções foram tratadas da mesma maneira e com idêntico resultado. Se deixarmos de lado tudo o que se relaciona com os erros e faltas de determinadas pessoas, e às dificuldades que, pela natureza das coisas, não somos obrigados a explicar, é surpreendente ver, depois de ameaças tão notáveis, que pouco resta que possa manter-se como uma objeção pertinente contra a religião cristã. Tudo que você propôs foi submetido ao crivo da razão, e ainda que espere persuadir mediante o ridículo quando não pode fazer isso pela razão, no entanto, no final, penso

---

271 "fogo-fátuo" (N. T.)

que você achará impossível destruir todo o sentido da religião. Por mais viciosos, ignorantes e profanos que você represente os seus conterrâneos, os homens seguirão ainda dispostos a erguer os olhos para um ser supremo. A religião, verdadeira ou falsa, subsistirá de uma forma ou outra, e certamente haverá algum culto a Deus ou à criatura. Quanto ao seu ridículo, pode haver algo mais ridículo do que ver os homens de nossa época que menos pensam apresentar-se como livres-pensadores, homens tão categóricos em suas afirmações mas demasiado fracos na argumentação, defensores da liberdade que introduz a fatalidade, patriotas que atropelam as leis de seu país, e aspirantes à virtude que destroem os motivos para ela? Que qualquer pessoa imparcial lance um olhar sobre as opiniões dos filósofos minuciosos e depois diga se pode haver algo mais ridículo do que acreditar em tais coisas e, ao mesmo tempo, rir da credulidade.

22. *Lys.* Diga o que quiser, nós temos os que riem do nosso lado, e quanto ao seu raciocínio, considero que seja outro nome para sofisma.

Cri. E suponho que pela mesma regra você toma seus próprios sofismas como argumentos. Para falar francamente, não conheço nenhum tipo de sofisma que não tenha sido empregado pelos filósofos minuciosos contra a religião. Eles são culpados de uma *petitio principii*, por presumir que acreditamos em contradições; de *non causa pro causa*, ao afirmar que as contendas e discórdias pouco indulgentes são efeitos do cristianismo; de *ignoratio elenchi*,[272] por esperar demonstração onde pretendemos apenas a fé. Se eu não temesse ofender // a delicadeza de ouvidos educados, nada seria mais fácil do que dar exemplos de cada um dos tipos de sofismas, o que mostraria quão hábeis são os filósofos de seu partido na prática desses sofismas que você imputa aos outros.

Euph. De minha parte, se a sofística é a arte ou faculdade de enganar os outros homens, devo absolver dela esses senhores. Parece que eles me conduziram ao ateísmo, à libertinagem, ao entusiasmo e ao fatalismo, não tanto para me convencer da verdade de nenhum deles, quanto para me confirmar

---

272 Referência às falácias da *petição de princípio*, da *falsa causalidade* e da *conclusão irrelevante*. (N. T.)

em meu próprio modo de pensar. Eles expuseram suas mercadorias falsas, não para nos enganar, mas para nos distrair. Como sei que são mestres professos do ridículo, então em um sentido sério não sei o que pensar deles.

Alc. Você não sabe o que pensar a nosso respeito! Lamentaria se soubesse. Deve ser um filósofo superficial aquele que é logo compreendido.

23. *Cri.* O caráter ambíguo é, ao que parece, o caminho seguro para a fama e para a estima no mundo erudito, tal como está constituído atualmente. Quando o leitor habilidoso não consegue determinar se o seu autor é ateu, deísta ou politeísta, estoico ou epicurista, cético ou dogmático, infiel ou entusiasta, zombador ou sério, conclui sem hesitação que ele é enigmático e profundo. Para dizer a verdade, isso é certo com relação aos mais admirados escritores de nossa época, dos quais nenhum homem vivo pode dizer o que pensa deles, ou o que eles pretendem.

Alc. Temos entre nós toupeiras que cavam profundamente sob a terra e águias que voam para além da vista. Podemos representar todos os papéis e defender todas as opiniões, aceitando-as ou recusando-as com grande liberdade de espírito e de humor.

Euph. Parece então que vocês são um par de filósofos inescrutáveis, insondáveis, e da moda.

Lys.[273] Não se pode negar isso.

Euph. Mas, recordo que você começou com um ar abertamente dogmático e que falou de princípios simples e de raciocínios evidentes, prometeu tornar as coisas tão claras quanto a luz do meio-dia, e extirpar as noções erradas e plantar as certas em seu lugar. Logo depois, você começou a abandonar as suas primeiras noções e a adotar outras; você às vezes avançou, e outras vezes recuou, concedeu e se retratou, disse e se desdisse, e depois de ter seguido você por tantos caminhos inexplorados e labirintos intrincados, vejo que não avancei em nada.

// *Alc.* Não dissemos a você que os cavalheiros de nossa seita são grandes especialistas em zombarias?

Euph. Mas, parece-me, é uma tentativa vã para um homem simples, de qualquer crença ou princípios estabelecidos, envolver-se com filósofos tão

---

273 Fala atribuída a Alciphron nas Edições A e B. (N. T.)

escorregadios, evasivos e inconstantes. É como se um homem permanecesse parado no mesmo lugar, enquanto o seu adversário escolhe e muda sua posição, tem poder e liberdade total para atravessar o campo e atacá-lo por todos os lados e de todas as formas, de uma distância maior ou menor, a cavalo ou a pé, com armadura leve ou pesada, num duelo ou com armas de arremesso.

Alc. É preciso reconhecer que um cavalheiro tem grande vantagem sobre um pedante puritano ou um fanático.

Euph. Mas, afinal, que benefício eu obtive da conversa com esses dois cavalheiros tão cultos? Eu esperava ter corrigido os meus erros e aprendido verdades com você, mas, para minha grande decepção, acho que não corrigi nem aprendi nada.

Alc. Desensinar os preconceitos dos homens é uma tarefa difícil, e isso deve ser levado a cabo em primeiro lugar, antes de pretender ensinar-lhes a verdade. Além disso, agora não temos tempo para provar nem argumentar.

Euph. Mas suponha que minha mente seja um papel em branco, e sem dar-se ao trabalho de extirpar as minhas opiniões ou de provar as suas próprias, diga-me apenas o que você escreveria sobre ela, ou o que você me ensinaria caso eu pudesse ser instruído. Fale seriamente pelo menos uma vez e permita-me saber alguma conclusão sua antes de nos separarmos; ou suplicarei a Crito que viole as leis da hospitalidade para com aqueles que violaram as leis da filosofia, mostrando falsas luzes a quem se encontra perdido na noite da ignorância e do erro. Apelo a você (disse ele, voltando--se para Crito) se estes cavalheiros errantes da filosofia não devem ser confinados neste seu castelo até que ofereçam uma reparação.

Euphranor tem razão, disse Crito, e minha sentença é que vocês permaneçam aqui até que tenham feito algo para satisfazer o compromisso que contraí com ele, tendo lhe prometido que saberia as vossas opiniões de vocês mesmos, coisa com a qual vocês também concordaram.

24. *Alc.* Já que deve ser assim, revelarei agora o que considero ser a essência e a substância, o grande arcano e a conclusão definitiva de nossa seita, e isso em duas palavras, πάντα ὑπόληψις.[274]

---

274 "Tudo é suposição" ou "tudo é opinião". (N. T.)

322   *// Cri.* Você então é um cético absoluto. Mas, por mais cético que seja, você admite que é provável que exista um Deus, que é certo que a religião cristã é útil, que é possível que seja verdadeira, que é certo que se ela for verdadeira os filósofos minuciosos estão equivocados. Sendo este o caso, como se pode questionar que caminho um homem sábio deve tomar? Pode-se colocar em questão se os princípios dos cristãos ou dos infiéis são os mais verdadeiros, mas não pode haver nenhuma dúvida sobre quais são os mais seguros. Certamente, se você duvidar de todas as opiniões, deve duvidar da sua própria; e então, pelo que você sabe, a cristã pode ser verdadeira. Quanto maior for a dúvida, mais espaço haverá para a fé, pois dentre todos os homens o cético é o que menos direito tem de exigir provas. Mas, seja qual for a incerteza que possa haver em outros pontos, isso é certo: ou há ou não há um Deus; há ou não há uma revelação; o homem é ou não é um agente; a alma é ou não é imortal. Se as proposições negativas não são certas, as afirmativas são possíveis. Se as negativas forem improváveis, as afirmativas serão prováveis. Na medida em que qualquer um de seus homens engenhosos se sinta incapaz de provar qualquer uma dessas proposições negativas, ele terá motivos para suspeitar que pode estar enganado. Um filósofo minucioso, portanto, que quisesse desempenhar um papel coerente, deveria ter a desconfiança, a modéstia e a timidez, bem como as dúvidas, de um cético; não pretender um oceano de luz e em seguida levar-nos a um abismo de obscuridade. Se tenho alguma noção do ridículo, isso é muito ridículo. Mas não consigo compreender o fato de você ridicularizar o que, pelo que você sabe, pode ser verdadeiro. Isso não é agir como um homem sábio em relação aos seus próprios interesses, nem como um homem bom em relação aos de seu país.

25. Cícero disse em algum lugar: *Aut undique religionem tolle, aut usquequaque conserva.* "Ou não tenhamos religião alguma, ou que ela seja respeitada".[275] Se se puder apresentar um só exemplo de um povo que prosperou sem nenhuma religião, ou se houver alguma religião melhor do que a cristã, proponha na grande assembleia da nação mudar nossa constituição, e viver sem religião ou introduzir essa nova religião. Um cético, assim como outros

---

275 Cícero, *Filípicas*, 2.43. (N. T.)

homens, é membro de uma comunidade, e pode distinguir entre o bem e o mal, natural ou político. Que seja este então seu guia como um patriota, embora ele não seja um cristão. Ou, se ele não pretende nem mesmo ter esse discernimento, que não pretenda corrigir ou alterar o que não sabe. Tampouco deixe que aquele que somente duvida se comporte como se pudesse demonstrar. // Timágoras costuma dizer: "Acho que meu país possui certos princípios. Eles parecem ter uma tendência útil, e como tal, são fomentados pela legislação; eles constituem uma parte importante de nossa constituição. Não acho que esses inovadores possam contestá-los ou substituí-los por coisas mais úteis e certas em seu lugar. Portanto, para o bem da humanidade e das leis de meu país, eu me submeterei a eles." Não sei dizer se Timágoras é um cristão, mas o considero um patriota. Não examinar um ponto de tamanha importância é insensatez, mas é ainda maior insensatez condená-lo sem investigá-lo.

Lysicles parecia muito cansado com essa conversa. Já é tarde, disse ele a Alciphron, e está tudo pronto para a nossa partida. Cada um tem a sua própria maneira de pensar, e é impossível para mim adotar a de um outro homem, tanto como fazer minhas a compleição e feições suas.

Alciphron alegou que, tendo cumprido as condições de Euphranor, eles estavam agora livres, e Euphranor respondeu que, dado que tudo o que ele desejava era conhecer as suas opiniões, não pretendia mais nada.

26. Depois que os filósofos partiram, observei a Crito como era inexplicável que homens tão fáceis de refutar fossem tão difíceis de convencer.

Isso, disse Crito, é explicado por Aristóteles, que nos diz que os argumentos não têm um efeito sobre todos os homens, mas apenas sobre aqueles cujas mentes estão preparadas pela educação e pelos costumes, como a terra para a semente.* Nunca apresente uma coisa muito claramente, é grande a probabilidade de que um homem, cujos hábitos e inclinações de sua mente tendem para um caminho contrário, seja incapaz de compreendê-la. Tão débil é a razão em sua luta contra a inclinação.

---

* *Ethic. ad Nicom.* l. 10, c. 9. [Aristóteles, *Ética a Nicômaco*, 10.9, 1179b 4. (N. T.)]

Repliquei que esta resposta poderia ser válida para outras pessoas e outros tempos, mas, tratando-se de homens curiosos, em uma época em que a razão era tão cultivada e o pensamento tão em voga, não me parecia satisfatória.

Eu soube, disse Crito, por um homem muito observador, que na época atual se fala mais do pensamento, mas que ele é menos praticado do que nos tempos antigos; e que, desde o renascimento da cultura, os homens leram muito e escreveram muito, mas pensaram pouco, de tal maneira que, para nós, pensar com rigor e adequadamente tem muito pouca importância para um homem culto, e nenhuma para um homem educado. Deve-se reconhecer que os livres-pensadores // têm a presunção de pensar muito, contudo mostram pouca exatidão em seu pensamento. Um homem sagaz, e aquele a quem o mundo chama um homem sensato, carece muitas vezes desse talento, que não é um mero dom da natureza, senão que deve ser aprimorado e aperfeiçoado com muita atenção e exercício sobre temas muito diferentes; uma coisa que requer mais esforço e tempo do que aquele que os apressados homens de nossa época lhe dedicam. Essas eram as opiniões de um judicioso amigo meu. E se, todavia, você ainda não está suficientemente convencido dessas verdades, você só precisa lançar um olhar para os escritores obscuros e confusos, mas todavia admirados, desta famosa seita, e então você será capaz de julgar se aqueles que são liderados por homens com tais cabeças erradas podem ter suas próprias cabeças muito boas. Tal foi, por exemplo, Espinosa, o grande líder de nossos modernos infiéis, nos quais se encontram muitos sistemas e noções muito admirados e seguidos nos últimos anos; tais como minar a religião sob o pretexto de justificá-la e explicá-la; manter que não é necessário crer em Cristo segundo a carne; persuadir os homens de que os milagres devem ser entendidos apenas no sentido espiritual e alegórico; que o vício não é uma coisa tão ruim quanto costumamos pensar; que os homens são meras máquinas movidas por uma necessidade fatal.

Ouvi falar de Espinosa, eu disse, representado como um homem de argumentação e demonstração rigorosas.

Ele, respondeu Crito, fez demonstrações, mas de tal maneira que qualquer um pode demonstrar qualquer coisa. Conceda a um homem o privilégio de estabelecer as suas próprias definições das palavras comuns, e não será difícil para ele inferir conclusões, que em um sentido serão verdadeiras e em outro falsas, ao mesmo tempo aparentes paradoxos e manifestos truísmos. Por exemplo, deixemos que Espinosa defina o direito natural como o poder natural, e ele demonstrará facilmente "que qualquer coisa que um homem possa fazer, ele tem o direito de fazer."* Não há nada mais evidente do que a loucura desse procedimento; mas nossos aspirantes ao *lumen siccum*[276] são tão apaixonadamente preconceituosos contra a religião que aceitam como demonstrações os mais grosseiros e absurdos sofismas de escritores fracos e perniciosos.

27. E esses homens fazem um barulho tão grande com seu pensamento, raciocínio e demonstrações, a ponto de prejudicar algumas pessoas bem-intencionadas contra todo uso e aperfeiçoamento da razão. O // honesto Demea, tendo visto um vizinho seu arruinado pelos vícios do seu filho, que era um livre-pensador, contraiu tal preconceito contra o pensamento que não permitia que seu próprio filho lesse Euclides, tendo ouvido dizer que isso podia ensiná-lo a pensar, até que um amigo o convenceu de que a doença epidêmica não era pensar, mas apenas a afetação e a falta de pensamento. Conheço um eminente livre-pensador que nunca vai dormir sem um garrafão de vinho em seu estômago, e, com certeza, se reabastece antes que os vapores se esfumem de seu cérebro, razão pela qual não teve um pensamento sóbrio durante os últimos sete anos; outro, que não perderia por nada deste mundo o privilégio e a reputação de livre-pensador, que joga durante a noite toda, e durante todo o dia fica na cama. E quanto ao aspecto ou aparência de pensamento naquele mesquinho filósofo minucioso Ibycus, é um efeito, não do pensamento, mas de se preocupar, trapacear, e escrever em um escritório. É estranho, disse ele, que tais homens se apresentem como

---

* *Tract. Politic.* c. 2. [Espinosa, *Tratado político*, 2, §§ 4, 146. (N. T.)]

276 Ou seja, "uma luz seca", do fragmento obscuro de Heráclito "*Lumen siccum optima anima*" [a luz seca é a melhor alma], citado por Bacon, que o explica como uma mente não "impregnada e infundida nos humores das afeições". Bacon, 2007, p.23. (N. T.)

livres-pensadores! Mas é ainda mais estranho que outros homens se neguem a pensar e raciocinar por causa de semelhantes embusteiros.

Respondi que alguns homens honestos imaginam uma oposição entre razão e religião, fé e conhecimento, natureza e graça; e que, por conseguinte, a maneira de promover a religião era apagar a luz natural e desencorajar toda investigação racional.

28. Não posso dizer quão corretas podem ser as intenções desses homens, respondeu Crito, mas certamente suas noções são muito erradas. Pode haver alguma coisa mais desonrosa para a religião do que representá-la como uma instituição irracional, antinatural e ignorante? Deus é o Pai de todas as luzes, sejam naturais ou reveladas. A concupiscência natural é uma coisa, e a luz da natureza, outra. Você não pode, portanto, argumentar com base na primeira contra esta última; nem tampouco com base em uma falsa ciência contra o verdadeiro conhecimento. Portanto, qualquer coisa que se diga na Sagrada Escritura acerca de uma, não deve ser interpretado sobre a outra.

Insisti que a ciência humana nas mãos dos teólogos deu lugar de tempos em tempos a grandes disputas e divisões na Igreja.

Como a metafísica abstrata, respondeu Crito, sempre teve a tendência de produzir disputas entre os cristãos, assim como entre outros homens, parece então que a verdade e o conhecimento genuíno é que poderiam aplacar esse mau humor que leva os homens a sacrificar os incontestáveis deveres da paz e da caridade em favor de noções discutíveis. // Afinal, disse eu, seja o que for que se diga em defesa da razão, é evidente que não curará os céticos e infiéis de nosso tempo.

Não contestarei este ponto, disse Crito, para curar uma doença você deve considerar o que a produziu. Se ao raciocinar os homens caíram numa opinião errônea, esperaríamos que pudessem ser libertados pela razão. Mas este não é o caso, dado que a infidelidade dos filósofos minuciosos parece ser um efeito de causas muito diferentes do pensamento e da razão. Sabe-se que pequenos incidentes, vaidade, desgostos, mau humor, inclinação, sem a menor ajuda da razão, muitas vezes engendram infiéis. Quando a tendência geral de uma doutrina é desagradável, a mente está preparada para apreciar e aproveitar tudo o que, com o mínimo pretexto, parece opôr-se a ela. Daí porque os modos grosseiros de um vigário de aldeia, o comportamento educado de um capelão, a sagacidade de um filósofo minucioso, uma piada, uma canção, um conto, podem servir em vez disso de motivo para a incredulidade. Bupalus promoveu um libertino na Igreja, e depois o utilizou como um argumento contra a Igreja. O vício, a indolência, o sectarismo e a moda, engendram os filósofos minuciosos, e a simples petulância um bom número. Então, quem pode esperar que uma coisa tão irracional e caprichosa se renda à razão? Não obstante, pode valer a pena argumentar contra tais homens e expor suas falácias, se não para seu próprio bem, para o bem dos outros; pois isso pode diminuir seu crédito e impedir o crescimento de sua seita, removendo um preconceito em seu favor, que às vezes inclina os outros, bem como a si mesmos, a pensar que têm o monopólio da razão humana.

29. O pretexto mais frequente, que se aduz como razão, é extraído da variedade de opiniões sobre a religião. Esta é a pedra de descanso para uma mente indolente e superficial, mas alguém de mais espírito e uma maneira de pensar mais justa a converte em um degrau para olhar ao redor, e passa a examinar e comparar as diferentes instituições religiosas. Ele observará qual delas é a mais sublime e racional em suas doutrinas, a mais venerável em seus mistérios, a mais útil em seus preceitos, a mais conveniente em seu culto; a que produz as mais nobres esperanças e as perspectivas mais dignas. Ele considerará a sua origem e seu progresso, qual é a que deve menos às artes ou armas humanas; qual a que agrada aos sentidos e as inclinações vulgares dos homens; qual a que embeleza e melhora o que há de mais excelente em nossa natureza; qual a que foi propagada da // maneira mais maravilhosa; qual a que superou as maiores dificuldades, ou mostrou o mais desinteressado zelo e sinceridade nos que a professam. Ele indagará: qual a que melhor se coaduna com a natureza e a história? Ele considerará sobre qual parece ser deste mundo e qual parece ser sabedoria vinda do alto. Ele terá o cuidado de separar a liga humana daquilo que é divino; e, de um modo geral, formará seu julgamento como um livre-pensador racional. Mas, em vez de seguir tal curso racional, um desses céticos apressados concluirá sem vacilação que não há sabedoria na política, nenhuma honestidade nos

negócios, nenhum conhecimento em filosofia, nenhuma verdade na religião; e tudo por um e o mesmo tipo de inferência, a partir dos inúmeros exemplos de loucura, velhacaria, ignorância e erro que se encontram no mundo. Mas como aqueles que são ignorantes em quaisquer outras matérias se imaginam perspicazes em religião, este conhecido sofisma é frequentemente dirigido contra o cristianismo.

30. Em minha opinião, aquele que pretende persuadir um infiel de que este pode ser conduzido à razão deveria, em primeiro lugar, convencê-lo claramente da existência de Deus, dado que me parece que qualquer homem que seja realmente um teísta não pode ser um inimigo da religião cristã. E, no fundo, é a ignorância ou incredulidade deste ponto fundamental o que constitui o filósofo minucioso. Imagino que aqueles que estão familiarizados com os grandes autores da filosofia minuciosa não precisam ser informados sobre isso. A existência de um Deus pode ser provada claramente e é um objeto adequado da razão humana, enquanto tentar explicar e provar pela razão os mistérios de sua natureza e, na verdade, qualquer outro mistério da religião, é uma tentativa vã. É suficiente se pudermos mostrar que não há nada de absurdo nem contraditório em nossa fé nesses pontos e, em vez de formular hipóteses para explicá-los, usarmos nossa razão apenas para responder as objeções levantadas contra eles. Mas, em todas as ocasiões, devemos distinguir o homem sério, modesto, ingênuo e de bom senso, que tem escrúpulos sobre a religião e se comporta como um homem prudente na dúvida, dos filósofos minuciosos, homens profanos e orgulhosos, que precisam converter os outros às suas próprias dúvidas. Quando se apresenta alguém dessa classe, devemos considerar a que espécie pertence, se é um filósofo de primeira ou de segunda mão, um libertino, um escarnecedor ou um cético, uma vez que cada personagem requer um tratamento peculiar. Alguns homens são muito ignorantes para serem humildes, // sem o que não pode haver nenhuma docilidade. Mas, embora um homem deva em alguma medida ter pensado e considerado ser suscetível de ser convencido, ainda assim é possível que o mais ignorante o faça, rindo, abandonar suas opiniões. Eu soube que uma mulher sensata rebaixou dois filósofos minuciosos, que há muito tempo eram um incômodo para a vizinhança, atacando

Alciphron, ou o filósofo minucioso

sua excessiva afetação. Um se considerava o homem mais incrédulo da terra, o outro, a favor da liberdade mais ilimitada. Ela fez notar ao primeiro que ele, que tinha suficiente credulidade para confiar nas coisas mais valiosas, em sua vida e fortuna, em seu farmacêutico e em seu advogado, afetava ridiculamente o personagem de incrédulo ao recusar-se a confiar sua alma, em sua opinião uma coisa mas uma simples ninharia, a seu pároco. Ao outro, sendo o que você chama de galanteador, ela o fez ver o quanto ele era um escravo absoluto no que se refere ao vestuário, para ele a coisa mais importante do mundo, enquanto ele lutava fervorosamente por uma liberdade de pensamento, com a qual sua cabeça nunca havia se ocupado nem perturbado; e quanto mais lhe convinha e importava defender uma independência em relação à moda e obter espaço para seu gênio, naquilo para o qual estava mais qualificado para se exercer. Os filósofos minuciosos de primeira mão são muito poucos e, considerados em si mesmos, de pouca importância. Mas seus seguidores, que depositam a sua fé neles, são numerosos, e não menos presunçosos do que crédulos; havendo algo na aparência e na conduta desses filósofos de segunda mão muito apropriado para desconcertar um homem sério e argumentativo, e muito mais difícil de suportar do que o peso de suas objeções.

31. Tendo Crito terminado, Euphranor declarou que pensava que contribuiria mais para o benefício público se, em vez de desencorajar o pensamento livre, fosse erigida no centro deste país livre uma Academia Dianoética ou seminário para livres-pensadores, provido de aposentos reservados, galerias, alamedas e bosques sombreados, onde, depois de sete anos passados em silêncio e meditação, um homem poderia começar a ser um verdadeiro livre-pensador e, a partir desse momento, ter licença para pensar o que quisesse, e um distintivo para distingui-lo dos impostores.

Para ser sincero, disse Crito, imagino que pensar seja o grande *desideratum* da época presente; e que a verdadeira causa de tudo o que está errado pode ser justamente considerada a negligência geral da educação, naqueles que mais precisam dela, as pessoas da moda. // O que se pode esperar quando aqueles que têm mais influência são os menos sensatos e aqueles que estão seguros de ser seguidos dão o pior exemplo? Quando jovens tão incultos

George Berkeley

são, todavia, tão audazes? Quando a modéstia é considerada pusilanimidade e uma deferência à idade, conhecimento, religião, leis, falta de senso e espírito? Um crescimento tão intempestivo do gênio não teria sido valorizado nem incentivado pelos sábios da Antiguidade, cujas opiniões sobre este ponto se adaptam tão mais ao gênio do nosso tempo, que é de temer que os ouvidos modernos não podem suportá-las. Mas, por mais ridículas que tais máximas possam parecer para nossos jovens britânicos, que são tão capazes e ávidos de tentar experimentos e reformar a Constituição de seu país, acredito que os homens sensatos admitirão que, se a parte governante da humanidade se considerasse nesses dias, a título de experimento, segundo a antiga imagem homérica, como pastores do povo, cujo dever era melhorar seu rebanho, descobriria que isso deve ser levado a cabo com uma educação muito diferente da moderna, e com máximas de outra natureza daquelas da filosofia minuciosa. Se nossos jovens estivessem realmente acostumados com o pensamento e a reflexão, e estivessem familiarizados com os excelentes escritores da Antiguidade, veríamos esse humor licencioso, vulgarmente chamado de *livre-pensamento*, banido da presença dos cavalheiros, junto com a ignorância e o mau gosto; os quais, como são inseparáveis do vício, os homens seguem o vício por causa do prazer, e fogem da virtude por sua aversão à dor. Suas mentes, portanto, devem ser preparadas e acostumadas cedo para receber prazer e dor de objetos adequados, ou, o que é a mesma coisa, para que suas inclinações e aversões sejam dispostas corretamente. Καλῶς χαίρειν ἢ μισεῖν. Esta, segundo Platão e Aristóteles, era a ὀρθὴ παιδεία,[277] a educação correta. E aqueles que sentem, em suas próprias mentes, em sua saúde, ou em sua fortuna, os efeitos perniciosos de uma má educação, fariam bem em considerar que não podem reparar melhor o que está errado neles, do que impedir o mesmo em seus descendentes. Enquanto Crito estava dizendo isso, chegou uma comitiva que pôs fim à nossa conversa.

---

277 Platão, *Protágoras*, 357; Aristóteles, *Ética a Nicômaco*, 2.2. 1104b, 13; 10.9 1172a, 22. (N. T.)

// Apêndice

331 //

Três seções suprimidas[278]

5. O mesmo método de raciocinar pode ser aplicado por qualquer homem sensato para refutar todos os outros artigos mais essenciais da fé cristã. Portanto, você não deve se surpreender que um homem que procede em bases tão sólidas, princípios tão claros e evidentes, seja surdo a tudo o que você pode dizer a partir de evidências morais, ou argumentos prováveis, que não pesam na balança contra a demonstração.

Euph. Quanto mais luz e força houver neste discurso, mais censura você merece por não o ter feito antes. De minha parte, nunca deveria ter dito uma palavra contra as evidências. Mas deixe-me ver se o entendo bem. Você diz, cada palavra em um discurso inteligível deve representar uma ideia; ideias que, quanto mais clara e distintamente são apreendidas, maior significado tem o discurso, sem o qual é inútil e insignificante.

Alc. Sim.

Euph. Por exemplo, quando ouço pronunciadas as palavras homem, triângulo, cor, elas devem despertar em minha mente ideias distintas daquelas coisas das quais são signos, caso contrário, não posso dizer que as compreendo.

---

278 Seções 5-7 do sétimo diálogo, suprimidas na 3a edição, de 1752. (N. T.)

Alc. Certo.

Euph. E este é o único uso verdadeiro da linguagem.

Alc. Isso é o que eu afirmo.

Euph. Mas toda vez que a palavra homem ocorre em uma leitura ou conversa, não tenho consciência de que a ideia particular e distinta de um homem seja excitada em minha mente. Por exemplo, quando leio na Epístola de São Paulo aos Gálatas estas palavras: "Se um homem crê ser alguma coisa, quando não é nada, ele se engana"[279] parece-me que compreendo a força e o significado desta proposição, embora eu não forme a ideia particular e distinta de um homem.

Alc. É bem verdade, você não forma em sua mente a ideia particular de Pedro, Tiago ou João, de um homem ruivo ou negro, alto ou baixo, gordo ou magro, ereto ou curvado, sábio ou // tolo, de um homem adormecido ou acordado, mas a ideia geral abstrata de homem, prescindindo de, e exclusiva de todas as formas, tamanhos, aparências, paixões, faculdades, e de todas as circunstâncias individuais particulares. Para explicar este assunto mais completamente, você deve compreender que existe na mente humana uma faculdade de contemplar a natureza geral das coisas, separada de todas as particularidades que distinguem os indivíduos uns dos outros. Por exemplo, em Pedro, Tiago e João, você pode observar em cada um certa coleção de estatura, figura, cor e outras propriedades peculiares pelas quais eles são conhecidos separadamente, distintos de todos os outros homens e, se assim posso dizer, individualizados. Agora, deixando de fora da ideia de homem aquilo que é peculiar ao indivíduo, e retendo apenas o que é comum a todos os homens, você forma uma ideia universal abstrata de homem ou de natureza humana, que não inclui nenhuma estatura, forma, cor particular, nem outra qualidade, seja da mente ou do corpo. Da mesma maneira, você pode observar que triângulos específicos diferem uns dos outros, segundo seus lados sejam iguais ou desiguais, e seus ângulos maiores ou menores; por essa razão são denominados equiláteros, isósceles ou escalenos, obtusangulares, acutangulares ou retangulares.[280] Mas a mente, excluindo de sua ideia todas essas propriedades e distinções peculiares, forma a ideia geral abstrata de um triângulo; que não é

---

279 *Epístola aos Gálatas* 6, p.3. (N. T.)

280 Locke, *Ensaio*, 4.7. (N. T.)

Alciphron, ou o filósofo minucioso

nem equilátero, isósceles ou escaleno, nem obtusangular, acutangular, nem retangular, mas todos e nenhum deles ao mesmo tempo.* O mesmo se pode dizer da ideia geral abstrata de cor, que é algo distinto e que exclui o azul, o vermelho, o verde, o amarelo, e todas as outras cores particulares, incluindo apenas aquela essência geral com a qual todos concordam. E o que se disse destes três nomes gerais e das ideias gerais abstratas que eles representam pode aplicar-se a todos os outros. Pois você deve saber que se cada uma das coisas ou das ideias particulares que são infinitas fosse marcada ou significada por um nome próprio distinto, as palavras deveriam ser inumeráveis e a linguagem uma coisa infinita e impossível. Consequentemente, ocorre que nomes apelativos ou gerais representam, imediata e apropriadamente, não ideias gerais particulares, mas ideias gerais abstratas, que eles nunca deixam de excitar na mente todas as vezes que são usados para qualquer propósito significativo. E sem isso não poderia haver nem comunicação nem ampliação do conhecimento, nem tal coisa como ciência universal ou teoremas de **333** qualquer tipo. Agora, para // compreender qualquer proposição ou discurso, é suficiente que surjam em sua mente ideias distintas, correspondentes às do falante, quer as ideias assim suscitadas sejam particulares ou apenas ideias abstratas e gerais. No entanto, visto que estas não são tão óbvias e familiares às mentes vulgares, sucede que alguns homens podem pensar que não têm nenhuma ideia em absoluto, quando eles não têm uma ideia particular; mas a verdade é que você teve a ideia geral abstrata de homem, no exemplo mencionado, e por isso você pensava não ter nenhuma. Da mesma maneira, quando se diz que os três ângulos de um triângulo são iguais a dois retos; ou que a cor é o objeto da visão, é evidente que as palavras não representam este ou aquele triângulo ou cor, mas sim ideias gerais abstratas, excluindo tudo o que é peculiar aos indivíduos, e incluindo apenas a natureza universal comum a toda a espécie de triângulos ou de cores.

6. *Euph.* Diga-me, Alciphron, essas ideias gerais abstratas são claras e distintas?

Alc. São, acima de todas as outras, claras e distintas, dado que são o único objeto apropriado da ciência que se ocupa inteiramente com universais.

---

* Ver Locke, *Ensaio sobre o entendimento humano*, 4. 7.

Euph. E você não acha que é bem possível que qualquer homem saiba se ele tem, ou não, esta ou aquela ideia clara e distinta?

Alc. Sem dúvida. Para saber isso, ele precisa apenas examinar seus próprios pensamentos, e examinar sua própria mente.

Euph. Mas, olhando minha própria mente, não descubro que tenho ou possa ter essas ideias gerais abstratas acima mencionadas de um homem ou de um triângulo, ou a ideia de cor separada de todas as cores particulares.* Embora eu feche meus olhos e faça os maiores esforços, e reflita sobre tudo o que se passa em minha própria mente, acho que é absolutamente impossível formar tais ideias.

Alc. Refletir com a devida atenção e voltar a mente inteiramente sobre si mesma é uma tarefa difícil, e não está ao alcance de todos.

Euph. Para não insistir sobre o que você admitiu, que ninguém pode facilmente saber por si mesmo se tem ou não esta ou aquela ideia, inclino-me a pensar que ninguém mais, melhor do que eu, pode formar tais ideias. Diga-me, Alciphron, quais são essas coisas que você chamaria de absolutamente impossíveis?

334 // *Alc.* Aquelas que incluem uma contradição.

Euph. Você pode formar uma ideia daquilo que inclui uma contradição?

Alc. Não posso.

Euph. Consequentemente, de tudo aquilo que é absolutamente impossível, você não pode formar uma ideia.

Alc. Admito.

Euph. Mas pode realmente existir uma cor ou um triângulo, tal como você descreve suas ideias gerais abstratas?

Alc. É absolutamente impossível que tais coisas existam na natureza.

Euph. Não deveria seguir-se disso, então, que elas não podem existir em sua mente, ou, em outras palavras, que você não pode concebê-las ou formar uma ideia delas?

Alc. Parece, Euphranor, que você não distingue entre o intelecto puro e a imaginação. Considero as ideias gerais abstratas como o objeto do in-

---

* Ver a Introdução ao *Tratado sobre os princípios do conhecimento humano*, publicado no ano de 1710, onde o absurdo das ideias abstratas é totalmente considerado.

telecto puro, o qual pode concebê-las, embora talvez elas não possam ser imaginadas.

Euph. Não percebo que eu possa por qualquer faculdade, seja pelo intelecto ou pela imaginação, conceber ou formar uma ideia do que é impossível e inclui uma contradição. E não consigo explicar como você pode admitir em casos comuns o que você utiliza como argumento contra a fé divina e os mistérios.

7. *Alc.* Deve haver algum engano nisso. Como é possível haver conhecimento geral sem proposições gerais, ou estas sem nomes gerais, os quais não podem existir sem ideias gerais, uma vez que se tornam gerais quando as representam?

Euph. Mas as palavras não podem se tornar gerais ao representar indiscriminadamente todas as ideias particulares que, por uma mútua semelhança, pertencem à mesma espécie, sem a intervenção de qualquer ideia geral abstrata?

Alc. Não há então tal coisa como uma ideia geral?

Euph. Não podemos admitir ideias gerais, ainda que não admitamos que sejam formadas por abstração, ou ainda que não admitamos ideias gerais abstratas? Parece-me que uma ideia particular pode se tornar geral ao ser usada no lugar de outras ideias ou para representá-las; e que o conhecimento geral versa sobre signos ou ideias gerais que são tais por seu significado, e que são consideradas antes em sua // capacidade relativa, e como representativas de outras, do que em sua própria natureza ou por si mesmas. Uma linha preta, por exemplo, de uma polegada de comprimento, embora em si mesma seja particular, pode, não obstante, tornar-se universal se for usada como um signo para representar uma linha qualquer.[281]

Alc. É sua opinião, então, que as palavras se tornam gerais por representar um número indefinido de ideias particulares?

Euph. Isso é o que me parece.

Alc. Por conseguinte, sempre que ouço um nome geral, deve-se supor que desperte em minha mente uma ou outra ideia particular daquela espécie.

---

281 *Princípios*, Introdução, § 12. (N. T.)

Euph. Não posso dizer que seja assim. Diga-me, Alciphron, acaso lhe parece necessário, sempre que a palavra homem aparece na leitura ou na conversação, que você forme em sua mente a ideia de um homem particular?

Alc. Admito que não é necessário; e, ao não encontrar ideias particulares sempre sugeridas pelas palavras, fui levado a pensar que tinha ideias gerais abstratas sugeridas por elas. E esta é a opinião de todos os homens pensantes, que estão de acordo que a único uso das palavras é o de sugerir ideias. E, de fato, que outro uso podemos lhes atribuir?

185 //

Uma visita à glândula pineal*

> *O vitae philosophia dux, virtutis indagatrix!*
> Cícero[282]

Ao cavalheiro Nestor Ironside,
Ilustríssimo senhor

Sou alguém que gastou a maior parte desse tempo, que os jovens cavalheiros geralmente passam na universidade, vagando sem rumo por países estrangeiros. Vivendo dessa maneira, apesar de ter adquirido um grande discernimento sobre os costumes e as conversações dos homens, não pude, no entanto, fazer progressos semelhantes no campo da ciência e da especulação.

Em meu regresso, de passagem pela França, ocorreu-me certo dia conversar sobre isso com um cavalheiro daquela nação, com quem estabeleci uma amizade. Depois de alguma hesitação, ele me conduziu ao seu gabinete, abriu um pequeno armário cor de âmbar e tirou uma caixinha de rapé, que, segundo ele, lhe havia sido dada por um tio, o autor da *Viagem ao mundo de Descartes*.[283] E, expressando muita gratidão e afeto, presenteou-me com ela,

---

* Ensaio publicado no *The Guardian*, n. 35, terça-feira, 21 de abril de 1713. Luce & Jessop, 1955, v. 7, 185-92. (N. T.)

282 "Oh filosofia, guia da vida, indagadora da virtude!" Cícero, *Discussões tusculanas*, 5.2.5. (N. T.)

283 Obra de Gabriel Daniel, publicada em francês e traduzida para o inglês em 1692. (N. T.)

Alciphron, ou o filósofo minucioso

dizendo-me ao mesmo tempo que não conhecia nenhuma maneira mais fácil para suprir e guarnecer uma mente de conhecimento nas artes e nas ciências do que com aquele pó, se utilizado de maneira correta.

"Você precisa saber", disse ele, "que Descartes foi o primeiro a descobrir que uma determinada parte do cérebro, chamada pelos anatomistas de glândula pineal, é o receptáculo imediato da alma, o lugar onde ela é afetada por todos os tipos de percepções, e onde realiza todas as suas operações pelo intercurso dos espíritos animais que passam pelos // nervos que dali se espalham a todas as partes do corpo. Acrescentou que esse filósofo, tendo considerado o corpo como uma máquina ou uma engrenagem de relógio, capaz de realizar todas as funções vitais sem a cooperação da vontade, começou a pensar que se poderia descobrir uma maneira de separar por algum tempo a alma do corpo, sem causar qualquer dano a ela. Depois de meditar muito sobre o assunto, o referido virtuose compôs o rapé, que então me dava de presente, e que, se usado numa certa quantidade, não deixaria de separar minha alma de meu corpo.

"Sua alma," (continuou ele) "sendo livre para transportar-se com um pensamento para onde ela quiser, poderá entrar na glândula pineal do filósofo mais instruído e, estando assim localizada, tornar-se expectadora de todas as ideias em sua mente, o que a instruirá num tempo muito menor que o dos métodos usuais." Agradeci e aceitei o seu presente, e com ele uma folha de instruções.

Você pode imaginar que foi muito proveitoso e divertido passar meu tempo na glândula pineal de filósofos, poetas, namorados, matemáticos, damas e políticos. Certa vez vi um teorema matemático definir-se progressivamente através de um longo labirinto de sutilezas e de giros intrincados do pensamento; outra vez, tornei-me consciente das ideias sublimes e das visões abrangentes de um filósofo, sem qualquer fadiga ou desperdício de energia.

Às vezes eu vagava pelos bosques perfumados e prados deslumbrantes, na imaginação de um poeta; outras vezes assistia quando uma batalha ou uma tempestade, ou um palácio rosa reluzente, irrompia em sua imaginação; ou contemplava os prazeres de uma vida no campo, a paixão de um amor generoso, ou o calor da devoção levada ao êxtase. Ou (para usar as palavras de um autor muito engenhoso), ocorreu-me experimentar os êxtases que um escritor conhecia,

quando em seu peito brilhava a veia da fantasia,

perceber seu esforço quando sua obra estava a forjar,

e seu estado de espírito quando ele a via a brilhar.[284]

Isso me proporcionou um prazer indescritível. Não era um espetáculo desagradável às vezes descer dessas sublimes e magníficas ideias para as impertinências de um namorado, para os áridos raciocínios dos políticos em um café, ou para as delicadas imagens na mente de uma moça. E como, a fim de formar uma ideia adequada da felicidade humana, achei oportuno experimentar os diferentes modos como os homens de diferentes ocupações eram // afetados, um dia entrei na glândula pineal de uma certa pessoa que me parecia muito apropriada para me dar uma ideia de tudo o que constitui a felicidade daquele que é chamado de um *homem de prazer*. Mas fiquei muito desapontado ao constatar quais são os prazeres de um voluptuoso que se livrou dos freios da razão.

Observei que as suas faculdades intelectivas eram agora inúteis por falta de exercício, e que os seus sentidos estavam enfraquecidos e esgotados pelo uso excessivo. Esta inércia absoluta das faculdades mais elevadas impedia que o desejo lhe fornecesse satisfações sensuais; e o esgotamento natural do apetite produzia um desgosto em vez de um prazer. Pude observar os desejos ardentes dos jovens sem os prazeres que deles derivam, e a debilidade da velhice, sem a tranquilidade que a acompanha. Quando as paixões eram provocadas e despertadas por algum objeto poderoso, o efeito não era o de deleitar nem o de acalmar a mente, mas o de torturá-la entre os recorrentes extremos dos desejos e da saciedade. Vi um miserável, atormentado ao mesmo tempo pela recordação dolorosa dos erros passados, pelo desgosto dos objetos presentes que solicitavam os seus sentidos e pelo secreto pavor do futuro. Na alma deste homem miserável eu não podia ver qualquer forma de alívio

---

284 "Behold the raptures which a writer knows,/ When in his breast a vein of fancy glows, / Behold his business while he works the mine, / Behold his temper when he sees it shine". Versos do *Essay on the different stiles of poetry*, de Thomas Parnell (1679-1718), publicados anonimamente, Londres, B. Tooke, 1713. (N. T.)

Alciphron, ou o filósofo minucioso

ou conforto, a não ser a que consistia em impedir sua cura, inflamando suas paixões e suprimindo sua razão. Mas, embora se deva reconhecer que ele tinha quase extinto completamente a luz que o seu Criador havia colocado em sua alma, todavia, apesar de todos os seus esforços, observei em determinadas ocasiões frequentes lampejos de remorso atravessarem a escuridão e interromperem a satisfação que ele gozava ao esconder de si mesmo as suas próprias deformidades.

Estive também presente na formação original ou produção de um certo livro na mente de um livre-pensador,[285] e, acreditando que não seja proibido fazer você penetrar nas maneiras secretas e princípios íntimos pelos quais se deu aquele *fenômeno*, em minha próxima carta deverei lhe oferecer um relato sobre isso. Neste meio tempo, digo-lhe que sou

Seu mais humilde e devoto servo,
Ulysses Cosmopolita.

N.B. O Sr. Ironside recebeu recentemente da França 10 gramas desse pó filosófico, e informa que o usará a fim de distinguir os verdadeiros sentimentos de todas as pessoas eminentes nas cortes, na cidade, nos países e nos campos, daqueles sentimentos professados por elas.

188 //

A glândula pineal (*continuação*)*

Aegri somnia

Horácio.[286]

Neste escrito, dando continuidade a uma carta anterior, comunicarei ao público a história das descobertas úteis feitas pelo meu correspondente, que adquiriu o poder de entrar nos pensamentos dos outros homens, com a ajuda daquela invenção.

---

285 Referência a Collins. (N. T.)
* Ensaio publicado no *The Guardian*, n. 39, sábado, 25 de abril. (N. T.)
286 "Sonhos de um homem doente", Horácio, *Arte poética*, 7. (N. T.)

"Sr. Ironside,

No segundo dia de outubro, no ano de 1712, tendo deixado o meu corpo trancado, seguro, em meu escritório, dirigi-me ao café Grego, onde, entrando na glândula pineal de um eminente livre-pensador, fui diretamente para a parte mais elevada, que é a sede do Entendimento, esperando encontrar um conhecimento abrangente de todas as coisas humanas e divinas. Mas, para minha grande surpresa, achei o lugar mais estreito do que o normal, de tal maneira que não havia nenhum espaço para um milagre, profecia, ou para um *espírito separado*.

Isso me obrigou a descer para um andar inferior, para a Imaginação, que eu achei maior, de fato, mas frio e desconfortável. Ali descobri o Preconceito sob a forma de uma mulher que estava de pé num canto, com seus olhos vendados e seus dedos indicadores tapando seus ouvidos.[287] De sua boca saíam muitas palavras numa ordem confusa, mas pronunciadas com grande ênfase. Essas palavras condensavam-se com o frio do lugar, formando uma espécie de névoa, através da qual me parecia ver um grande castelo com uma fortificação erguida ao redor, e uma torre contígua que podia ser vista, desde a janela, cheia de instrumentos de tortura e de cordas de enforcamento. Nos subterrâneos do castelo eu podia discernir imensas masmorras, e em toda parte havia ossos humanos espalhados. Parecia estar guarnecida por alguns homens de preto, de tamanho gigantesco, e das mais terríveis formas. Mas, à medida que eu me aproximava, aquelas aparências horríveis desapareceram, e percebi que aquele castelo era apenas uma Igreja, e que eu havia confundido o campanário com seu relógio e as cordas do sino com uma torre cheia de instrumentos de tortura e cordas de enforcamento. Os // terríveis gigantes vestidos de preto se reduziram a alguns sacerdotes inocentes. As masmorras se transformaram em algumas criptas projetadas apenas para a morada dos mortos, e as fortificações se revelaram um cemitério, com alguns ossos espalhados aqui e ali, cercado por um simples muro de pedra.

---

287 Na edição de 1732 do *Alciphron*, em dois volumes, a imagem aqui descrita aparece numa gravura inserida no frontispício do segundo volume. (N. T.)

Não fazia muito tempo que eu estava ali quando minha curiosidade aumentou com um forte barulho que eu ouvi na região inferior. Desci para aquela parte e encontrei uma turba de paixões reunidas de uma maneira desordenada. Essa conduta tumultuada logo me convenceu de que estavam simulando uma democracia. Depois de muito barulho e discussão agitada, no final todas prestaram atenção à Vaidade, que propôs a mobilização de um grande exército de noções, que ela mesma se ofereceu para conduzir contra esses terríveis fantasmas da imaginação que haviam ocasionado todo esse tumulto.

A Vaidade dirigiu-se, e eu atrás dela, para o depósito das ideias.[288] Lá vi um grande número de noções inertes, confusamente misturadas; mas, no momento da chegada da Vaidade, elas começaram a se mover lentamente. Neste lugar se podia ver, entre outras coisas singulares, divindades adormecidas, espíritos corpóreos e mundos formados aleatoriamente, junto com uma variedade infinita de noções pagãs, as mais extravagantes e grotescas que se possa imaginar. E junto com estas havia também algumas de origem cristã, mas tal era a aparência e o aspecto que possuíam, e suas características tão distorcidas, que pareciam pouco melhores do que as pagãs. Além disso, estavam ali reunidas um grande número de figuras fantasmagóricas de roupas estranhas, que revelou-se que eram sacerdotes idólatras de diferentes nações. A Vaidade deu a ordem, e imediatamente os Talapões, os Faquires, os brâmanes e Bonzos alinharam-se num exército. A ala direita consistia de antigas noções pagãs, e a esquerda das noções cristãs naturalizadas. Todas juntas, elas formaram um formidável exército, quanto ao número; mas a precipitação da Vaidade era tão grande, e tal era a sua própria aversão inata à tirania das regras e da disciplina, que elas pareciam mais uma multidão confusa do que um exército regular. No entanto, observei que todas tinham em comum o olhar estrábico, ou lançavam seu olhar para uma pessoa mascarada que se encontrava bem no centro, e que por certos sinais e indícios seguros descobri que se tratava do Ateísmo.

Assim que a Vaidade, no comando do seu exército, chegou perto da Imaginação, decidiu atacar o castelo, e sem trégua. Elas começaram o assalto

---

288 Expressão empregada por Locke no *Ensaio*, 2.10.2. (N. T.)

com um violento grito de guerra e uma grande confusão. Eu, de minha parte, fiz o melhor que pude e retornei a meu alojamento. Depois de algum tempo, perguntei numa livraria pelo // *Discurso sobre o livre-pensamento*, que tinha causado tanto rumor, e me deparei com os equivalentes de todas essas noções formulados na mesma desordem sobre o papel.

Sábio Nestor,

sou seu mais obediente e humilde servidor,

Ulysses Cosmopolita."

N.B. Recorri ao índice dos autores mencionados naquele livro, mas não consegui encontrar qualquer homem de espírito ou matemático entre eles.

Acho que essa história pode servir para prescrever o tratamento adequado para um livre-pensador. Em primeiro lugar, é claro que o seu Entendimento precisa ser aberto e alargado, e deve-se ensinar a ele a maneira de ordenar e sistematizar as suas ideias; para este efeito pode ser útil o estudo da matemática. Além disso, sou da opinião que, como sua Imaginação é cheia de atrativos decorrentes do preconceito e das obscuras ou falsas luzes sob as quais ele vê as coisas, seria necessário introduzi-lo em boa companhia, e de vez em quando levá-lo à Igreja; por esse meio, depois de algum tempo, poderá adquirir um verdadeiro sentido religioso, e apagar as más impressões que recebeu. Por último, aconselho que se empreenda a reeducação de um livre-pensador moderno, que acima de tudo se tenha o cuidado de subjugar a sua Vaidade; este é, de fato, o principal motivo que leva as mentes de pouca importância a distinguir-se por meio de excentricidades que são prejudiciais à humanidade.

Ou, se a paixão da Vaidade, uma vez que normalmente ela é muito forte em nossos livres-pensadores, não puder ser subjugada, ela deve ser conquistada para o interesse da religião, fazendo-os compreender que os maiores *gênios* dessa época respeitam as coisas sagradas; que as suas rapsódias não encontram admiradores, e que o epíteto de "livre-pensador", como outrora o de "tirano", se degenerou em comparação ao seu significado original, e atualmente se supõe que ele denota alguma coisa contrária à argúcia e à razão. Por fim, faça-os saber que, apesar de alguns homens de gênio terem

Alciphron, ou o filósofo minucioso

sido tentados, outrora, pela novidade do assunto, a se opor às opiniões aceitas pelos cristãos, atualmente essa tendência se esgotou, e a blasfêmia e a irreligião são distinções que há muito tempo se aplicam só aos rapazes e lacaios.

Mas meu interesse era evitar que todos os impostores dessa espécie prejudicassem os ignorantes e incautos. Com este objetivo, transmiti uma informação que recebi de um cavalheiro aparentemente muito arrependido que não estava bem durante um último acesso de doença, contrariamente à sua própria doutrina, que o obrigava // a estar alegre naquela ocasião, a menos que não estivesse seguro de recuperar-se. Com este conselho para o mundo, foi publicado o seguinte anúncio no jornal *Post-Boy*:

> Considerando que no jornal chamado *Guardian*, de sábado, 02 de abril do mês corrente, o Senhor D., – um membro da Academia Real das Ciências de Paris, autor de um livro publicado recentemente, intitulado, *Um ensaio filológico, ou reflexões sobre a morte dos livres-pensadores, com os personagens antigos e modernos mais eminentes de ambos os sexos que morreram alegre e indiferentemente*, vendido por J. Baker em *Pater noster-Row* –, fez uma reflexão adicional sugerindo que se esse cavalheiro, que agora está em Londres, "estivesse muito indisposto, num ataque final da doença, até ele estava numa condição razoável de recuperação". Isso é para assegurar ao público que o referido cavalheiro nunca expressou a menor preocupação com a iminência da morte, mas esperou a hora fatal com a mais heroica e filosófica resignação; e disso uma cópia dos versos que escreveu nos intervalos serenos de sua enfermidade é uma prova invencível.

Tudo o que eu afirmo é que esse cavalheiro estava de mau humor quando estava doente; e o anunciante, para me refutar, disse, que "nos intervalos serenos de sua enfermidade", isto é, quando não estava doente, ele escreveu versos. Não vou desdizer o meu anúncio até ver aqueles versos, e depois escolherei em que acreditar, a não ser que eles sejam assinados por sua enfermeira, e nem então, a não ser que ela seja uma governanta. Devo relacionar esse cavalheiro com a discussão, pois se não for assim, na realidade não haveria nada corajoso na coisa, nem contribuiria para o seu propósito, nem seriam versos heroicos.

A questão de estar alegre na hora da morte é uma questão que deve ser resolvida por teólogos; mas o editor do *Ensaio filosófico* apresenta suas principais autoridades desde Lucrécio, o conde de Rochester, e o Sr. John Dryden, que eram senhores que não se achavam eles mesmos obrigados a provar tudo o que diziam, ou então provaram suas afirmações dizendo ou jurando que todos eles eram tolos que acreditavam no contrário. Se for absolutamente necessário que um homem deva estar alegre em sua morte, seria muito bom se esses senhores, o Sr. D. e o Sr. B, se arrependessem a tempo, e não confiassem no leito de morte ingenuamente; pelo que apareceu até agora, eles só aumentaram nosso desejo de ver suas obras póstumas.

192   // O autor de *Poetae Rusticantis Litteratum Otium* não passa de um mero fazedor de frases; o editor filológico é apenas um tradutor; mas eu esperava um melhor tratamento do Sr. Abel Roper, que é um sujeito original.

206   //

Filósofos minuciosos*

... mentisque capacius altae.

Ovídio[289]

Enquanto estava outro dia andando sozinho na Catedral de St. Paul, abandonei meus pensamentos na busca de uma certa analogia entre a estrutura daquela construção e a Igreja Cristã no sentido mais amplo. Pareceu-me que a ordem e a economia divinas da segunda foram emblematicamente representadas pela arquitetura proporcional, simples e majestosa da primeira. Além disso, como uma consiste em uma grande variedade de partes unidas no mesmo plano simétrico, de acordo com a arte mais autêntica, e segundo proporções muito precisas, do mesmo modo a outra contém uma adequada hierarquia de seus membros, várias instituições sagradas, doutrinas sublimes e sólidos preceitos de moralidade subsumidos no interior de

---

* Ensaio publicado no *The Guardian*, n. 70, segunda-feira, 1 de junho 1713. Luce & Jessop, 1955, v. 7, p.206-9. (N. T.)

289 Ovídio, *Metamorfoses*, 1.76. "dotado de alto intelecto". (N. T.)

um mesmo plano, e que tendem com maravilhosa harmonia para uma só finalidade: a felicidade e elevação da natureza humana.

No meio de minha contemplação, vi uma mosca sobre uma das colunas, e imediatamente comecei a pensar que aquela mosca era um livre-pensador. Pois é necessário que o espectador tenha certa amplitude de visão para abranger com um só olhar as diferentes partes de um edifício a fim de observar sua simetria e seu plano. Mas, para a mosca, cuja perspectiva estava confinada a uma pequena parte de uma das pedras de uma única coluna, a beleza global do conjunto e a função específica das suas partes eram imperceptíveis, e nada poderia mostrar-se a não ser pequenas desigualdades sobre a superfície daquela pedra cortada, desigualdades que à vista daquele inseto pareceriam como outras tantas rochas deformadas e precipícios.

Os pensamentos de um livre-pensador se concentram em certas particularidades e minúcias da religião, sobre as dificuldades de um único texto, sobre a inexplicabilidade de algumas ações da Providência ou de algum ponto **207** // doutrinal para suas estreitas faculdades, sem compreender o alcance e intenção do cristianismo, a perfeição a que ele eleva a natureza humana, a luz que ele irradia sobre o mundo, e a estreita conexão que tem tanto com o bem público da sociedade como com o das pessoas particulares.

Isso fez surgir em mim algumas reflexões sobre essa estrutura ou disposição que se chama de *amplidão de espírito*, sobre sua necessidade de formar um juízo verdadeiro sobre as coisas, e, onde a alma não é irremediavelmente limitada pela natureza, sobre quais são os métodos mais adequados para ampliá-la.

É evidente que a Filosofia abre e alarga a mente, graças às considerações gerais às quais são acostumados os homens que a estudam, e à contemplação dos objetos mais numerosos e distantes daqueles que se inserem na esfera da vida comum dos homens. É por isso que os filósofos julgam muitas coisas de forma completamente diferente das pessoas comuns. Alguns exemplos disso podem ser vistos no *Teeteto* de Platão, quando Sócrates faz as seguintes considerações, entre outras do mesmo gênero:

"Quando um filósofo ouve falar de dez mil acres como se fosse de uma grande propriedade de terra, ele os considera um ponto insignificante, porque está acostumado a contemplar todo o globo terrestre. E quando vê um homem orgulhoso da nobreza da sua estirpe porque pode contar uma série de sete antepassados ricos, o filósofo o considera uma pessoa estúpida e ignorante, cuja mente não é capaz de chegar a um ponto de vista geral sobre a natureza humana, o qual lhe mostraria que temos todos inúmeros antepassados, e que entre eles há uma multidão de ricos e de pobres, de reis e de escravos, de gregos e de bárbaros".[290]

Isso disse Sócrates, que foi considerado o mais sábio dentre todos os outros pagãos, porque suas noções estão muito próximas do Cristianismo.

Todos os partidos e os ramos da filosofia, ou conhecimento especulativo, são úteis a este respeito, mas a *Astronomia é particularmente adequada para remediar um espírito pequeno e estreito*. Nesta ciência encontram-se boas razões para demostrar que o Sol é cem mil vezes maior do que a nossa Terra, e que a distância das estrelas é tão prodigiosa que uma bala de canhão que continuasse o seu movimento à velocidade normal, não chegaria daqui até a estrela mais próxima no espaço de cento e cinquenta mil anos. Essas ideias dilatam e expandem maravilhosamente a mente. Há algo na imensidão dessa distância que abala e oprime a imaginação; ela é demasiado grande para que o intelecto humano a abarque: propriedades, províncias e reinos desaparecem se comparados com ela. É lamentável que um // certo príncipe,[291] que estimulou os seus súditos ao estudo daquela ciência, não tenha ele mesmo se dedicado à astronomia. Esta poderia ter lhe mostrado o quão desprezível é uma ambição que aspira a uma pequena parte daquilo que em si é apenas um ponto em relação à parte do universo que se encontra ao alcance da nossa visão.

Mas a religião cristã enobrece e alarga a mente mais do que qualquer outra profissão ou ciência. De acordo com essa doutrina, enquanto a Terra e os prazeres transitórios desta vida se reduzem a dimensões mínimas, e são considerados como "a poeira de uma balança, a gota de um balde, de fato, menos que nada",[292] o mundo intelectual se abre, amplamente à nossa visão: as perfeições da Divindade, a natureza e a excelência da virtude, a dig-

---

290 Platão, *Teeteto*, 174c-175a. (N. T.)
291 Provável referência a Luiz XIV. (N. T.)
292 *Isaías*, 40,15-17. (N. T.)

nidade da alma humana se revelam com a máxima clareza. A mente humana parece adaptar-se à diferente natureza dos seus objetos; ela se desvaloriza e se restringe quando se ocupa de coisas pequenas e baixas, e experimenta uma ampliação proporcional quando se eleva à contemplação dessas ideias grandes e sublimes.

A grandeza das coisas é relativa; e isso não é verdade apenas a respeito da extensão, mas também a respeito da dignidade, da duração, e de todos os tipos de perfeição. A astronomia abre a mente e modifica o nosso julgamento em relação ao tamanho dos seres extensos; enquanto o cristianismo produz uma grandeza universal da alma. A filosofia aumenta os nossos pensamentos em todos os aspectos, mas o cristianismo os estende a um grau que excede a luz natural.

Quão insignificante o mais absoluto monarca sobre a terra deve parecer aos olhos que contemplam as inúmeras ordens dos espíritos bem-aventurados, diversos pela glória e perfeição! Quão desprezível devem parecer o prazer dos sentidos e as ocupações ordinárias dos homens mortais vistos por quem se dedica a uma busca tão nobre como a assimilação de si mesmo à Divindade, que é o emprego apropriado de cada cristão!

Não se deve pensar que o aperfeiçoamento que se obtém habituando a mente aos pontos de vistas abrangentes da religião não diga respeito completamente ao entendimento. Nada é mais eficaz para conter os movimentos desordenados do coração, e para regular a vontade. Se um homem age seguindo as próprias paixões ou a própria razão, estas são movidas primeiro por algum objeto que estimula a alma em proporção a suas dimensões aparentes. Então, os homens irreligiosos, cujas perspectivas limitadas são formadas a partir da terra, dos sentidos e da vida mortal, são incitados por estas ideias baixas a ações proporcionalmente // medíocres e vis. Mas uma mente cujos pensamentos são iluminados e alargados pela religião é incitada a atividades mais nobres por objetos mais sublimes e mais afastados dos sentidos.

Não há nenhum exemplo de fraqueza nos livres-pensadores que suscite mais a minha indignação do que a sua pretensão de ridicularizar os cristãos como pessoas de inteligência limitada, e de passar eles mesmos aos olhos do mundo como pessoas de inteligência superior, e de visões mais amplas.

George Berkeley

Mas deixo que cada homem imparcial julgue quem possui os sentimentos mais nobres, quem possui as visões mais amplas: aquele cujas noções se limitam a alguns miseráveis dados dos sentidos, ou aquele cujos sentimentos se erguem acima do modo de sentir comum, antecipando para si mesmo essas delícias que saciarão a alma quando toda a capacidade de sua natureza se amplifica em novas faculdades? Aquele que não olha para além deste curto período de tempo, ou aquele cujas perspectivas são coestendidas à infinita duração da eternidade? Aquele que deriva seu espírito dos elementos, ou aquele que acredita que ele foi inspirado pelo Todo-poderoso?

Siris

Uma cadeia de reflexões e investigações filosóficas acerca das virtudes da água de alcatrão e diversos outros assuntos relacionados entre si e derivados uns dos outros

Sempre que tenhamos oportunidade,
façamos o bem a todos os homens.
Gal., VI, 10.*

Hoc opus, hoc studium, parvi properemus et ampli.
Hor.**

---

* São Paulo, *Epístola aos Gálatas* 6.10. (N. T.)

** Horácio, *Epistolae* I, III, 28. "A esta obra, a este estudo, pequenos e grandes dediquemo-nos imediatamente". (N. T.)

Índice do autor*

27 //

A água de alcatrão, como prepará-la, 1

Que quantia se deve tomar de cada vez, 3, 116, 217

Quanto tempo se deve continuar, 110

Como fazê-la agradável, 115

Um preventivo e curativo da varíola, 2

Sua utilidade nesta doença, 74, 83

Uma cura contra a impureza do sangue, a ulceração das entranhas e dos pulmões, a tosse tísica, a pleurisia, a peripneumonia, a eripsela, a asma, a indigestão, os casos de caquexia e histeria, os cálculos, a hidropisia e todas as inflamações, 4-7

Tem todas as propriedades do *elixir proprietatis*, das gotas de Stoughton, da melhor terebentina, da decocção das madeiras e das águas minerais, 53, 61, 65

E dos bálsamos mais caros, 21, 22, 62, 63

Pode ser dada às crianças, 67

É muito útil na gota, 68, 80

Nas febres, 75-77

Cura a gangrena e a erisipela, 82, 83

---

* Índice incluído por Berkeley na 3ª edição, de 1747. A numeração remete ao número dos parágrafos. (N. T.)

O escorbuto e todas as enfermidades hipocondríacas, 86-109

De onde provém esta doença inglesa, 88, 89

Efeitos prejudiciais da boa comida, 66, 104

E mais particularmente dos licores espirituosos, 103, 109

Um protetor dos dentes e das gengivas, 114

É recomendada em especial aos marinheiros, às damas e aos homens de vidas estudiosas e sedentárias, 117-119

Suas virtudes específicas residem em seus sais voláteis, 8, 123

O alcatrão preserva as árvores das mordidas das cabras e de outros danos, 9

Suas virtudes eram conhecidas nos tempos antigos, mas só parcialmente, 9, 11, 111

O alcatrão, de onde provém, 10-17

A resina, de onde provém, 18, 19

28 // A terebentina, o que é, 20

O alcatrão misturado com mel é um remédio para a tosse, 21

A resina é um remédio eficaz contra diarreia hemorrágica, 79

Recomendada aos vitivinicultores para o tratamento de seus vinhos, 111

O abeto da Escócia, qual é e como pode ser melhorado, 25

Pinheiros e abetos, suas diferentes espécies, 26-28

A maravilhosa estrutura das árvores, 29-38

Os sucos produzidos com a menor violência são os melhores, 46

Se a mirra fosse solúvel no corpo humano, prolongaria a vida, 49

A água de alcatrão, para que e de que modo opera, 50-57

É ao mesmo tempo um sabão e um vinagre, 59

O sabão, o ópio e o mercúrio, embora se apresentem como remédios universais, são perigosos em alguns aspectos, 69-71

Os sabores aromáticos dos vegetais dependem tanto da luz como das cores, 165, 181

Um espírito fino e sutil é o princípio distintivo de todos os vegetais, 121

O princípio da vegetação, o que é e como estimulá-lo, 126-128

Teoria dos ácidos, sais e álcalis, 129-136, 227

O ar é o sementeiro comum de todos os princípios vivificantes, 137-144-151

O ar: sua composição, 195-197

Siris

O éter puro ou fogo invisível, o espírito do universo, que age em todas as coisas, 152-162

Como deve entender-se que o mundo é um animal, 152-156, 166, 175, 261, 262, 273, 279

Opinião dos antigos a respeito desse tema, 166-179, 229

E a dos chineses, conforme a deles, 180-182

O que significam as formas dos peripatéticos, 167, 310

O fogo é adorado em diversas nações, 183-185

Opinião dos melhores químicos modernos a respeito, 189, 190

Finalmente, é o único solvente na natureza, 191

Aumenta o peso dos corpos, e até se pode fazer ouro introduzindo-o no mercúrio, 169, 192-196

O fogo puro elemental, como é inerente aos corpos sem estar exposto aos sentidos, 198-201

Opinião de Hipócrates e do Dr. Willis em relação à chama vital, 204, 205

A teoria de Ficino e de outros sobre a luz, 206-213

29 // Exame da hipótese de Sir Isaac Newton sobre um éter sutil, 221-228, 237, 246

Não se pode dar conta dos fenômenos nem por atração nem por repulsão, nem por um éter elástico, sem a presença de um Agente incorpóreo, 231-238, 246-249, 294-297

A doutrina do desenvolvimento de todas as coisas a partir das sementes está mal fundada, 233

Ela é mais antiga do que muitos acreditam, 282

A natureza é explicada melhor pela atração do que pelos princípios cartesianos da extensão e da figura, 243, 244

A atração foi descoberta em certo sentido por Galileu, 245

Os fenômenos não são senão aparências na alma e não podem ser explicados por meio de princípios mecânicos, 251, 252, 310

Os antigos não ignoravam muitas coisas de física e de metafísica que nós cremos que foram descobertas nos tempos modernos, 265-269

Eles tinham algumas vantagens sobre nós, 298

Sobre o espaço absoluto e o destino, 270-273

Sobre o *anima mundi* de Platão, 276-284, 322

George Berkeley

Que significavam para os egípcios Ísis e Osíris, 268, 299

A tripla distinção dos objetos em Platão e em Aristóteles, 306, 307

A opinião deles sobre se as ideias são ou não inatas, 308, 309

Nenhum dos dois acreditava na existência absoluta das coisas corpóreas, 311, 312, 316-318

O estudo da filosofia de Sócrates e de Pitágoras teria resguardado as mentes dos homens do egoísmo que a filosofia mecanicista introduziu, 331, 332

Recomenda-se o estudo de Platão, 332, 338

Platão concorda com a Escritura em numerosos pontos particulares, 339

A concepção de Platão sobre a Divindade, e, em particular, sobre a Trindade, está de acordo com a Revelação, 341-364

Siris

31 //

Como introdução à obra a seguir, asseguro ao leitor que nada em minha situação atual poderia ter me induzido ao trabalho de escrevê-la a não ser a firme convicção de que seria um presente valioso para o público. Qualquer que seja o entretenimento que o raciocínio ou a parte especulativa possa proporcionar à mente, arrisco-me a dizer que a outra parte parece tão bem calculada para fazer bem ao corpo que ambos devem sair ganhadores. Pois, se o alaúde não estiver bem afinado, o músico não consegue obter sua harmonia.[1] E, em nosso estado presente, as operações da mente dependem de tal modo da boa constituição e disposição de nosso corpo, seu instrumento, que qualquer coisa suscetível de contribuir para preservar ou recuperar a sua saúde merece ser recomendada à atenção da mente. Essas considerações me levaram a comunicar ao público as virtudes salutares da água de alcatrão. Sinto-me obrigado a isso pelo dever que todo homem tem em relação à humanidade. E, como os efeitos estão ligados às suas causas, meus pensamentos sobre esse tema vulgar, mas útil, levaram a investigações adicionais, e essas a outras, talvez mais remotas e especulativas, mas, espero, não completamente inúteis ou desinteressantes.

---

1 Plotino, *Enéada* 2. 3. 13, 45-57. (N. T.)

George Berkeley

I. Em determinadas regiões da América a água de alcatrão é preparada colocando-se num recipiente um quarto[2] de água fria e um quarto de alcatrão, e, misturando-os bem, deixa-se a composição em repouso até que o alcatrão se deposite no fundo. Um copo de água decantada, ao ser vertido para uma dose, é substituído pela mesma quantidade de água fresca, depois o recipiente é agitado e deixado em repouso como antes. E isso é repetido para cada copo, desde que o alcatrão continue a impregnar suficientemente a água, o que se perceberá pelo cheiro e sabor. Mas, como // este método produz água de alcatrão com diferentes graus de concentração, eu decidi prepará-la da seguinte maneira: despejo um galão de água fria em um quarto de alcatrão, mexo e misturo bem com uma concha ou espátula, pelo espaço de três ou quatro minutos, após o que o recipiente deve repousar durante 48 horas para que o alcatrão possa ter tempo de decantar; neste ponto se despeja a água decantada, mantendo-a coberta para uso,* não se preparando mais do mesmo alcatrão, que ainda pode servir para outros usos comuns.

2. A infusão fria de alcatrão foi usada em algumas de nossas colônias para prevenir ou curar a varíola, e essa prática estrangeira me induziu a experimentá-la entre meus vizinhos durante uma violenta epidemia de varíola.[3] O experimento satisfez plenamente às minhas expectativas: entre os meus conhecidos, todos aqueles que tomaram a água de alcatrão escaparam da doença, ou a tiveram de uma forma muito leve. Numa família houve o notável caso de sete crianças que sobreviveram muito bem à varíola, exceto uma criança pequena que não pôde ser levada a beber água de alcatrão como as demais fizeram.

3. Graças ao uso desta solução, muitos escaparam da varíola; outros a tiveram de maneira mais branda; e outros, embora expostos ao risco de

---

2 Isto é, ¼ de galão, que por sua vez corresponde a 4,54 litros. (N. T.)

* "Preparo essa água mais forte do que havia prescrito pela primeira vez em *Siris*, porque descobri, com base em uma experiência mais geral, que a água que é agitada durante cinco ou seis minutos, uma vez purificada e espumada com cuidado, é melhor tolerada pela maioria dos estômagos". [Nota acrescentada na sexta edição (N. T.)]

3 Alusão à epidemia que eclodiu na Irlanda após a carestia do inverno de 1739-1740. Ver adiante, § 77. (N. T.)

Siris

contrair a infecção, se viram obrigados a deixar de beber a água de alcatrão. Descobri que ela pode ser tomada com grande segurança e sucesso durante qualquer período de tempo, e isso não apenas antes, mas também durante a doença. A regra geral para o seu consumo é cerca de meio quartilho à noite e pela manhã, com o estômago vazio, quantidade essa que pode variar de acordo com as condições e a idade do paciente, desde que seja tomada sempre com o estômago vazio, e cerca de duas horas antes ou depois de uma refeição. Para crianças e pessoas mais melindrosas, // pode-se prepará-la mais fraca, e subministrá-la em menor quantidade e frequentemente. Adicionando-se água fria ou agitando-a menos, ela se torna mais fraca; com menos água ou agitando-a mais, ela se torna mais forte. Ela não deve ser mais clara do que o vinho branco francês, nem mais escura do que o vinho branco espanhol. Se, bebendo-a, não se percebe distintamente o teor alcoólico, significa que a água de alcatrão é ruim, já foi usada, ou que foi preparada sem cuidado.

4. Parecia provável que um medicamento tão eficaz contra uma doença acompanhada de tantas úlceras purulentas também pudesse ser útil contra outras impurezas do sangue. Por conseguinte, eu o experimentei em várias pessoas infectadas com erupções cutâneas e úlceras, as quais logo foram aliviadas, e em seguida foram curadas. Encorajado por esses sucessos, ousei recomendar seu emprego nas doenças mais nocivas, nas quais se revelou mais eficaz que as salivações[4] e bebidas obtidas por decocção de madeira.

5. Depois de experimentar a água de alcatrão em uma grande variedade de casos, descobri que ela dava mais resultados do que eu esperava — contra uma ulceração dos intestinos penosa e dolorosa; contra a tosse tísica, e (como se tornou visível pelo pus expetorado) contra uma úlcera nos pulmões; contra uma pleurisia e peripneumonia. E quando uma pessoa que há alguns anos sofria de febres de erisipela percebeu o aparecimento dos

---

4 Segundo o *Ditionary* de Samuel Johnson, de 1755, método de cura muito praticado na época para tratar doenças venéreas, tuberculoses linfáticas (à época denominadas de escrófulas) e outros casos persistentes, mediante o estímulo de secreções salivares. (N. T.)

habituais sintomas precursores da doença, aconselhei-a a beber água de alcatrão, o que preveniu as erisipelas.

6. Nunca conheci algo tão bom para o estômago como a água de alcatrão: ela cura a indigestão e abre o apetite. É um excelente medicamento para a asma. Ela transmite um calor agradável e uma rápida circulação aos fluídos sem aquecer, sendo, portanto, útil não apenas como um fortificante e balsâmico, mas também como um poderoso e seguro desobstruente em casos de caquexias e histerias. Como ela é ao mesmo tempo curativa e diurética, é muito boa contra cálculos renais. Acredito que seja de grande utilidade na hidropisia, pois soube que curou de um grave edema uma pessoa cuja sede, embora muito extraordinária, foi em pouco tempo removida pela ingestão de água de alcatrão.

7. A utilidade deste medicamento em doenças inflamatórias é evidente pelo que já foi observado (§ 5). // E ainda assim alguns talvez possam suspeitar que, como o alcatrão em si é sulfuroso, a água de alcatrão deve ser de uma natureza escaldante e inflamatória. Mas é preciso notar que todos os bálsamos contêm um espírito ácido, que na verdade é um sal volátil. A água é um solvente que dissolve todos os tipos de sais e os remove de suas substâncias. O alcatrão, portanto, por ser um bálsamo, seu ácido salutar é extraído pela água, que contudo é incapaz de dissolver suas partes resinosas mais grossas, cujo próprio solvente é o espírito do vinho. Portanto, a água de alcatrão, não sendo impregnada com resina, pode ser usada com segurança em casos de inflamações; e, de fato, foi considerada um admirável antitérmico, ao mesmo tempo o mais seguro refrescante e cordial.

8. Pode-se supor que os sais voláteis separados do alcatrão por infusão contêm suas virtudes específicas. O Sr. Boyle e outros químicos posteriores concordam que os sais fixos são praticamente os mesmos em todos os corpos. Mas se sabe muito bem que os sais voláteis apresentam grandes diferenças, e, quanto mais facilmente se separam das substâncias, mais eles possuem suas qualidades específicas. Ora, a separação mais fácil é pela infusão de alcatrão em água fria, e, no momento em que esta se revela bem impregnada ao olfato e ao paladar, pode-se presumir que extrai e retém as partículas voláteis e ativas mais puras desse bálsamo vegetal.

Siris

9. O alcatrão era considerado pelos antigos[5] bom contra os venenos, úlceras, picadas de criaturas peçonhentas; também para pessoas tísicas, escrofulosas, paralíticas e asmáticas. Mas o método de torná-lo um medicamento inofensivo e agradável ao estômago, extraindo suas virtudes em água fria, era desconhecido para eles. As folhas e os brotos tenros de pinheiros e de abetos são, em nossos tempos, usados para bebidas dietéticas, e são considerados antiescorbúticos e diuréticos. Mas o suco, o sal e o espírito mais elaborados dessas árvores de folhas perenes se encontram no alcatrão, cujas virtudes se estendem não apenas aos animais, mas também aos vegetais.

35 O Sr. Evelyn, em seu tratado *Forest Trees*, observa com admiração que // os troncos das árvores, quando revestidos com alcatrão são preservados de serem feridos pelos dentes envenenados de cabras e de outros tipos de danos, enquanto qualquer outra coisa de uma natureza untuosa lhes é altamente prejudicial.

10. Parece que o alcatrão e a terebintina podem ser extraídos, mais ou menos, de todos os tipos de pinheiros e abetos, sem exceção; e que os espíritos nativos e os sais essenciais desses vegetais são os mesmos na terebintina e no alcatrão comum. Com efeito, esse alcatrão vulgar, que o preço baixo e a abundância podem ter tornado desprezível, parece ser um bálsamo excelente, que contém as virtudes da maioria dos outros bálsamos; as quais ele facilmente transmite à água, e por esse meio prontamente e inofensivamente as introduz na constituição do corpo.

11. As exsudações resinosas dos pinheiros e abetos são um ramo importante da *Matéria médica*, e não são úteis apenas nas prescrições dos médicos, mas também foram consideradas benéficas para a saúde. Plínio[6] nos diz que o vinho, na época dos antigos romanos, era utilizado com fins medicinais misturado com breu e resina; e Jonston, em sua *Dendrographia*, observa que é saudável caminhar em bosques de pinheiros, pois estes impregnam o ar de partículas balsâmicas. Que todas as terebintinas e resinas são boas para os pulmões, bem como contra os cálculos e as obstruções renais, não é nenhum

---

5 Plínio, *Historia naturalis*, 24, 22. (N. T.)

6 Plínio, *Hist. nat.*, 14. 25, "a resina dá ao vinho aroma e uma pitada de sabor". (N. T.)

segredo; e que as propriedades medicinais dessas drogas se encontram na água de alcatrão, sem aquecer o sangue, ou gerar desordens estomacais, é confirmado pela experiência; e, particularmente, que as pessoas tísicas e asmáticas recebem de seu uso um rápido e grande alívio.

12. Os bálsamos, como todos os medicamentos untuosos e oleosos, provocam náuseas no estômago. Portanto, eles não podem ser ingeridos em estado puro, nem em grande quantidade, nem durante muito tempo, de modo a produzir todos os efeitos salutares que, se completamente misturados com o sangue e os fluídos, seriam capazes de produzir. Portanto, deve ser muito benéfico poder introduzir qualquer quantidade necessária de suas partes voláteis nos mais finos ductos e capilares, de modo a não ofender o estômago, mas, ao contrário, para aliviá-lo e fortificá-lo em alto grau.

// 13. De acordo com Plínio,[7] o breu líquido (como ele o chama) ou alcatrão, era obtido colocando-se fogo nos troncos resinosos de velhos pinheiros ou abetos. O primeiro a escoar era o alcatrão, o segundo, mais espesso, era o breu. Teofrasto[8] entra em mais detalhes. Ele nos diz que os macedônios faziam grandes montes de troncos rachados dessas árvores, colocando as achas em posições verticais uma ao lado da outra. Esses montes ou pilhas de lenha chegavam às vezes a medir cento e oitenta côvados de circunferência e sessenta, ou até mesmo cem, de altura; e que, depois de cobri-los com torrões de terra para impedir que a chama irrompesse (em cujo caso o alcatrão seria perdido), eles ateavam fogo naqueles enormes montões de pinheiros ou de abetos, deixando o alcatrão e o breu escoarem numa vala.

14. Plínio[9] diz que os antigos tinham o costume de segurar tosões de lã sobre o vapor de alcatrão em ebulição, e espremer a sua umidade, o que gerava uma substância aquosa chamada *pissinum*. Ray sustenta que se trata da mesma coisa que o *pisselaeum* dos antigos; mas Hardouin, em suas anotações sobre Plínio, acha que o *pisselaeum* era produzido a partir das pinhas dos cedros. Desconheço o uso que se fazia antigamente dessas substâncias

---

7 Plínio, *Hist. nat.*, 16. 22. (N. T.)

8 Teofrasto, *Hist. plant.*, 9. 3. (N. T.)

9 Plínio, *Hist. nat.*, 15. 7. (N. T.)

líquidas; mas pode-se presumir que elas eram usadas na medicina, embora atualmente, pelo que sei, elas não sejam usadas de forma alguma.

15. Da maneira de obter alcatrão (§ 13), ele claramente parece ser um produto natural, alojado nos veios das árvores, de onde é apenas liberado e solto (não produzido) por meio do fogo. Se pudermos acreditar em Plínio,[10] a primeira secreção ou alcatrão era chamada de *cedrium*, e era de tal eficácia para preservar da putrefação que no Egito era usada para embalsamar os corpos dos mortos. E atribuía a ela o fato de suas múmias durarem sem corromper-se por tanto tempo.

16. Alguns escritores modernos sustentam que o alcatrão dimana dos troncos dos pinheiros e abetos, quando são muito velhos, através de incisões feitas na casca perto da raiz; que o breu é alcatrão condensado; e que ambos são o óleo da árvore que se tornou espesso e amadurecido com o passar dos anos e com o sol. As árvores, como os homens idosos, ao serem // incapazes de transpirar, e seus ductos secretores obstruírem, são, por assim dizer, sufocadas e asfixiadas com suas próprias secreções.

17. O método usado em nossas colônias na América para produzir o alcatrão e o breu é na verdade o mesmo que o dos macedônios antigos; como aparece na explicação dada em *Philosophical Transactions*.[11] E o relato de Leão, o Africano, que descreve, como testemunha ocular, a preparação do alcatrão no Monte Atlas, corresponde substancialmente aos métodos utilizados pelos antigos macedônios e pelos habitantes da Nova Inglaterra em nossos dias.

18. Jonston, em sua *Dendrographia*, sustenta que o breu era antigamente feito a partir do cedro, assim como de pinheiros e de abetos envelhecidos e oleosos. Na verdade, parece que uma e a mesma palavra foi usada pelos antigos em um sentido amplo, de modo a abarcar os fluídos que emanam de todas as árvores. O alcatrão e todos os tipos de exsudações que provêm de árvores de folhas perenes estão incluídos, de maneira geral, sob o nome de resina. A resi-

---

10 Plínio, *Hist. nat.*, 15. 21. O *cedrium* (κεδρία) é o óleo de κεδρελάτη (Juniperus excelsa, cedro-abeto); Heródoto relata que entre os Egípcios era usado para o embalsamento, *História*, 2.87. (N. T.)

11 *Philosophical Transactions*, n. 243. (N. T.)

na dura, comum, ou breu seco, é feita de alcatrão, deixando-a queimar até que a umidade evapore. A resina líquida é propriamente um fluído viscoso oleoso que escorre da casca das árvores de folhas perenes, seja espontaneamente ou por incisão. Acredita-se que seja o óleo da casca condensado pelo sol. Quando sai da árvore é líquido, mas torna-se seco e duro ao ser condensado pelo sol ou pelo fogo.

19. De acordo com Teofrasto,[12] a resina era obtida pela remoção da casca dos pinheiros e por incisões feitas no abeto prateado e no pinheiro resinoso. Os habitantes do Monte Ida, diz ele, descascavam o tronco do pinheiro no lado exposto ao sol, a dois ou três côvados do chão. Ele observa que se pode fazer com que um pinheiro vigoroso produza resina todos os anos; um pinheiro comum a cada dois anos, e as árvores mais fracas uma vez a cada três anos; e que três sangrias era o máximo que uma árvore podia tolerar. O mesmo autor observa que um pinheiro não produz, ao mesmo tempo, frutos e resina, mas os primeiros apenas quando ele é novo, e a segunda quando ele está velho.

20. A terebintina é uma resina fina. Há quatro tipos que estão em uso. A terebintina de Quios ou Chipre, que flui da árvore de terebentina; a terebintina de Veneza, que se obtém perfurando a árvore do lariço; a terebintina de Strasburg, que o Sr. Ray nos informa[13] que é obtida dos nós do abeto prateado, // é perfumada e se torna amarela com o tempo; o quarto tipo é a terebintina comum, que não é nem transparente nem tão líquida quanto as anteriores e, de acordo com o Sr. Ray, dimana do pinheiro das montanhas. Todas essas terebintinas são úteis para os mesmos propósitos. Teofrasto diz[14] que a melhor resina ou terebintina é obtida a partir do *terebinthus* cultivado na Síria e em algumas das ilhas gregas; a segunda melhor é a do abeto prateado e pinheiro resinoso.

21. Todos reconhecem que a terebintina possui grandes virtudes medicinais. O alcatrão e sua infusão contêm essas virtudes. A água do alcatrão é extremamente peitoral e restauradora e, a julgar pela experiência que tive,

---

12 Teofrasto, *Hist. plant.*, 9. 2. (N. T.)

13 Ray, *Hist. gen. plant.*, v. 2, p.1403. (N. T.)

14 Teofrasto, *Hist. plant.*, 9. 2. (N. T.)

possui as qualidades mais valiosas atribuídas aos vários bálsamos do Peru, de Tolu, de Capivi e até mesmo ao bálsamo de Gileade, tal é a sua virtude na asma e na pleurisia, nas obstruções e erosões ulcerosas das partes internas. Descobri que o alcatrão não diluído misturado com mel é um excelente medicamento para a tosse. Os bálsamos, como já se observou, tendem a irritar o estômago, mas a água de alcatrão pode ser ingerida sem ofender o estômago, pois para o seu fortalecimento ela é o melhor medicamento que já experimentei.

22. A insensatez dos homens avalia as coisas por sua escassez, mas a Providência tornou mais abundantes as coisas mais úteis. Entre esses líquidos oleosos extraídos das árvores e arbustos que são denominados de bálsamos e valorizados pelas virtudes medicinais, o alcatrão pode ocupar seu lugar como um bálsamo muito valioso. Sua fragrância mostra que ele possui qualidades ativas, e sua oleosidade que ele é adequado para retê-las. Pode-se comprar este excelente bálsamo por um pêni a cada libra, ao passo que o bálsamo da Judeia, quando muito abundante, era vendido no mesmo local que o produzia pelo dobro de seu peso em prata, se podemos dar crédito a Plínio;[15] que também nos informa que o melhor bálsamo da Judeia escorria apenas da casca da árvore, e que era adulterado com resina e óleo de terebintina. Agora, comparando as virtudes que experimentei no alcatrão com aquelas que encontro atribuídas ao precioso bálsamo da Judeia, de Gileade ou de Meca (como é diversamente chamado), minha opinião é de que este último não é um medicamento de maior valor ou eficácia do que o primeiro.

23. Plínio[16] supôs que o âmbar fosse uma resina destilada por algumas espécies de pinheiros – o que ele deduziu a partir de seu aroma. Não obstante, o fato de ter sido extraído da terra mostra que ele é um fóssil, // embora de um tipo muito diferente de outros fósseis. É bastante certo, porém, que as virtudes medicinais do âmbar podem ser encontradas nos fluídos balsâmicos dos pinheiros e dos abetos. Em particular, as virtudes da preparação mais valiosa, ou seja, o sal de âmbar, se encontram em grande medida na água de alcatrão, como um detergente, diaforético e diurético.

---

15 Plínio, *Hist. nat.*, 12. 54. (N. T.)
16 Plínio, *Hist. nat.*, 37. 3. (N. T.)

George Berkeley

24. Como já se observou, existe óleo e bálsamo em maior ou menor quantidade em todas as árvores de folhas perenes, as quais retêm o espírito ácido, aquele princípio de vida e verdor; a sua não retenção em quantidade suficiente faz com que outras plantas murchem e definhem. Destas árvores de folhas perenes que produzem resina, breu e alcatrão, Plínio enumera[17] seis espécies na Europa; Jonston calcula três vezes esse número da família dos pinheiros e abetos. E, de fato, seu número, sua variedade e sua seme-lhança tornam difícil um calculo exato.

25. Tanto Teofrasto[18] como Jonston observam que as árvores que cres-cem em lugares baixos e sombreados não produzem alcatrão tão bom quanto aquelas que crescem em lugares mais altos e mais expostos. E Teofrasto observa ainda que os habitantes do monte Ida, na Ásia, que distinguem o pinheiro de Ida do pinheiro marítimo, afirmam que o alcatrão que flui do primeiro é mais abundante e mais perfumado do que o outro. Conse-quentemente, parece que os pinheiros ou abetos das montanhas da Escócia poderiam ser empregados de maneira simples, e tornados valiosos, mesmo onde a madeira é de menor valor devido à sua distância das vias fluviais. O que chamamos de abeto escocês é erroneamente chamado assim, já que na verdade é um pinheiro silvestre e (como o Sr. Ray nos informa) parecendo--se muito com a descrição de um pinheiro que cresce no monte Olimpo na Frígia, provavelmente o único lugar onde ele é encontrado fora destas ilhas, onde nos últimos anos ele é plantado em abundância mas cultivado com muito pouco proveito, ao passo que o cedro do Líbano talvez pudesse ser plantado com pouco mais trabalho mas muito mais proveito e ornamento.

26. Os pinheiros, que diferem dos abetos no comprimento e na disposição de suas folhas e na dureza da madeira, não produzem, de acordo com o relato de Plínio,[19] tanta resina quanto as árvores dos abetos. Diversas espécies de pinheiros e abetos são descritas e delineadas com precisão pelos naturalistas. Mas todos eles concordam que elas parecem pertencer à mesma família. Teo-frasto[20] prefere a resina que é obtida do // abeto prateado e da árvore de breu

---

17 Plínio, *Hist. nat.*, 16. 16. (N. T.)

18 Teofrasto, *Hist. plant.*, 9. 2.5. (N. T.)

19 Plínio, *Hist. nat.*, 16. 16-18. (N. T.)

20 Teofrasto, *Hist. plant.*, 9. 2. 2. (N. T.)

(ἐλάτη e πίτυς) àquela produzida pelo pinheiro, embora diga que esta apresenta-se em maior abundância. Plínio, ao contrário, afirma que o pinheiro produz uma quantidade menor. Portanto, parece que o tradutor de Teofrasto pode ter se equivocado ao verter πεύκη por *pinus*; assim como Jonston, que da mesma forma confundiu o pinheiro com o πεύκη de Teofrasto. Hardouin considera que o pínus de Plínio foi chamado de πεύκη por outros mas de πίτυς por Teofrasto.[21] Ray pensa que o abeto comum, ou *picea* dos latinos, é o abeto macho de Teofrasto.[22] Este era provavelmente o abeto vermelho; pois a *picea*, de acordo com Plínio,[23] produz muita resina, se adapta bem em lugares frios e montanhosos, e se distingue, *tonsili facilitate*, por ele se prestar a ser podado, o que convém bem ao abeto vermelho, que eu vi podado em forma de sebe.

27. Parece ter havido alguma confusão ao nomear essas árvores, tanto entre os antigos quanto entre os modernos. Os antigos nomes gregos e latinos foram utilizados de maneira muito diferente por autores posteriores. O próprio Plínio[24] reconhece que não é fácil, nem mesmo para os entendidos, distinguir as árvores por suas folhas e conhecer seus sexos e suas espécies; e essa dificuldade aumentou muito desde então devido a descoberta de muitas novas espécies daquela família de árvores de folhas perenes que crescem em várias partes do globo. Mas as descrições não são tão fáceis de confundir como os nomes. Teofrasto diz que o πίτυς difere do πεύκη, entre outras coisas, por não ser tão alto nem tão reto, nem ter uma folha tão larga. Ele distingue o abeto em macho e fêmea, o abeto fêmea tem uma madeira mais macia que o abeto masculino; é também uma árvore mais alta e mais bela, e este é provavelmente o abeto prateado.

28. Para não me alongar sobre este assunto obscuro, que deixo para os críticos, observarei que, de acordo com Teofrasto, não apenas as árvores de terebintina, os pinheiros e os abetos produzem resina ou alcatrão, mas também os cedros e as palmeiras; e as palavras *pix* e *resina* são interpretadas

---

21 Teofrasto, *Hist. plant.*, 3. 9. (N. T.)
22 Ray, *Hist. gen. plant.*, v. 2, 1688, p.1396. (N. T.)
23 Plínio, *Hist. nat.*, 16. 18. (N. T.)
24 Plínio, *Hist. nat.*, 16. 19. (N. T.)

por Plínio em um sentido tão amplo que inclui as exsudações do *lentiscus* e do cipreste, e os bálsamos da Arábia e da Judeia; todos os que talvez sejam parentes próximos e em suas qualidades mais úteis coincidem com o alcatrão comum, especialmente o norueguês, que é o mais líquido e melhor para uso medicinal do que qualquer um dos que já experimentei. Aquelas árvores que crescem nas montanhas, expostas ao sol ou ao vento norte, são consideradas por Teofrasto // como as que produzem o melhor e mais puro alcatrão;[25] e os pinheiros do monte Ida se distinguiam daqueles que crescem na planície, por produziam um alcatrão mais fino, mais doce e mais perfumado, diferenças essas que eu creio ter observado entre o alcatrão que provém da Noruega e aquele que provém de países baixos e pantanosos.

29. Descobrimos, em conformidade com a antiga observação dos peripatéticos, de que o calor reúne coisas homogêneas e dispersa as heterogêneas, que a química é adequada para a análise dos corpos. Mas a química da natureza é muito mais perfeita do que a da arte humana, na medida em que junta ao poder do calor aquele de um mecanismo extraordinário. Aqueles que examinaram a estrutura das árvores e das plantas por meio de microscópios descobriram uma variedade admirável de tubos e vasos capilares finos, adaptados para vários propósitos, como a absorção ou a atração de nutrientes adequados, a distribuição dos mesmos por todas as partes do vegetal, a eliminação do que é supérfluo, a secreção de determinados fluidos. Descobriu-se que eles têm ductos que correspondem à traqueia nos animais, para a passagem do ar; eles têm outros que correspondem aos vasos quilíferos, artérias e veias. Eles se alimentam, digerem, respiram, transpiram e se reproduzem, e estão providos de órgãos perfeitamente adaptados para todas essas funções.

30. Observa-se que os vasos da seiva são tubos finos que percorrem o tronco desde a raiz. Os vasos secretores se encontram na casca, nos brotos, nas folhas e nas flores. Os vasos excretores, para expelir os resíduos impuros, são descobertos em toda a superfície do vegetal. E (embora este ponto não seja tão bem-aceito), o Dr. Grew, em sua *Anatomy of Plants*, acha que se observa uma circulação da seiva, que desce até a raiz e ao subir alimenta o tronco.

---

25 Teofrasto, *Hist. plant.*, 9. 2. 3. (N. T.)

Siris

31. De fato, existe certo desacordo entre os homens eruditos a respeito da função própria de certas partes dos vegetais. Mas quer os descobridores tenham adivinhado corretamente ou não todos os seus usos, isso é bastante certo, que existem inúmeras partes sutis e curiosas em um corpo vegetal, e uma maravilhosa semelhança ou analogia // entre o mecanismo das plantas e o dos animais. E talvez alguns pensem que é razoável supor que o mecanismo das plantas seja mais curioso do que o dos animais, se considerarmos não apenas os vários fluídos secretados por diferentes partes da mesma planta, mas também a infinita variedade de fluídos extraídos e formados a partir do mesmo tipo de solo por várias espécies de vegetais, que devem, portanto, diferir em uma variedade infinita quanto à textura de seus vasos absorventes e ductos secretores.

32. Um corpo, portanto, animal ou vegetal, pode ser considerado como um sistema organizado de tubos e vasos, contendo vários tipos de fluidos. E como nos corpos dos animais os fluidos se movem através dos vasos pela sístole e pela diástole do coração, pela expansão e condensação alternadas do ar, e pelas oscilações nas membranas e invólucros dos vasos, da mesma forma, na planta, graças à expansão e contração do ar na traqueia ou vasos compostos de fibras elásticas, a seiva é impelida através dos tubos arteriais, e os fluidos vegetais, à medida que são rarefeitos pelo calor ou condensados pelo frio, ascendem e evaporam no ar, ou descem na forma de uma substância líquida espessa.

33. Os fluidos, portanto, purificados primeiramente pela filtragem através dos finos poros da raiz, são posteriormente sublimados pela ação do ar e dos vasos da planta; mas, sobretudo, pela ação da luz do sol, que, ao mesmo tempo que aquece, rarefaz e eleva maravilhosamente a seiva até que ela transpire e forme uma atmosfera, como os eflúvios dos corpos dos animais. E, embora se suponha que são as folhas que desempenham principalmente a função de pulmões, exalando vapores impuros e aspirando vapores alimentícios, parece todavia provável que as ações recíprocas de repulsão e atração sejam realizadas em toda a superfície dos vegetais, tal como nos animais. É nessa reciprocidade, supõe Hipócrates,[26] que consiste

---

26 Hipócrates, *De diaeta*, 1. 6. 2; 1. 7. 2. (N. T.)

sobretudo a maneira de agir da natureza para a nutrição e a saúde dos corpos dos animais. E, de fato, não é fácil determinar qual porção da alimentação de uma planta, extraída desse ambiente heterogêneo e fluido chamado ar, é transportada através das folhas e da casca. Parece muito considerável, e absolutamente necessária, tanto para a vida vegetal como para a vida animal.

34. É uma opinião aceita por muitos que a seiva circula nas plantas como o sangue nos animais; que ela sobe através das artérias capilares do tronco, no qual se juntam por anastomose outros vasos da casca que correspondem às veias, que devolvem à // raiz o restante da seiva, o excedente que havia sido depositado durante sua ascensão pelos vasos arteriais e secretado para os diversos usos do vegetal em todas as suas partes – tronco, galhos, folhas, flores e frutos. Outros negam essa circulação, e afirmam que a seiva não retorna através dos vasos da casca. No entanto, todos concordam que existem fluidos que sobem e fluidos que descem; mas, enquanto alguns mantêm que a ascensão e a descida é uma circulação dos mesmos fluidos através de vasos diferentes, outros sustentam que o fluido que sobe é de um tipo atraído pela raiz, e o outro que desce é absorvido pelas folhas, ou extremidades dos ramos; por último, outros pensam que o mesmo fluido, segundo seja rarefeito ou condensado pelo calor ou pelo frio, sobe e desce pelo mesmo tubo. Não me encarregarei de decidir esta controvérsia. Só não posso deixar de observar que o argumento comum da analogia entre plantas e animais perde muito de sua força se se considerar que a suposta circulação da seiva, desde a raiz ou vasos quilíferos através das artérias, e daí retornando novamente, por inosculações através das veias ou dos vasos da casca até a raiz ou vasos quilíferos, não é de forma alguma compatível ou análoga à circulação do sangue.

35. É suficiente observar, o que todos devem reconhecer, que uma planta ou árvore é uma máquina muito requintada e complexa (§§ 30, 31), pelas diversas partes e movimentos por meio dos quais os fluidos em estado natural, incorporados através dos vasos absorventes da raiz, do tronco ou dos ramos, são diversamente misturados, separados, alterados, digeridos e sublimados, de uma maneira muito maravilhosa. O suco orgânico, à medida que entra e sai, sobe e desce através de tubos de diversas texturas, formas e tamanhos, e é afetado pela compressão e expansão alternadas dos vasos

elásticos, pelas vicissitudes das estações, pelas mudanças climáticas e a ação variável da luz solar, torna-se sempre cada vez mais elaborado.

36. Portanto, não há química como a da natureza, que acrescenta à força do fogo a mais delicada, variada e artificiosa percolação (§ 29). Supõe-se que a ação incessante do sol sobre os elementos do ar, da terra e da água, e sobre todos os tipos de corpos mistos, animais, vegetais e fósseis, realiza todos os tipos de operações químicas. Donde se deve concluir que o ar contém todos os tipos de produções químicas, os vapores, exalações, óleos, sais e espíritos de todos os corpos que conhecemos; de cujo agregado geral ou massa, aqueles que são apropriados para ser atraídos através dos finos vasos das folhas, ramos e tronco da árvore, sofrem, em seus vários órgãos, novas alterações, secreções e // digestão, até o momento que eles assumem a forma mais elaborada.

37. Não é de se admirar também que a textura peculiar de cada planta ou árvore, cooperando com o fogo solar e os fluidos preexistentes, deva assim alterar a fina nutrição extraída da terra e do ar (§ 33), a ponto de produzir diversas qualidades específicas de grande eficácia em medicina; especialmente se considerarmos que na opinião dos eruditos existe uma influência sobre as plantas, derivada do sol, além de seu mero calor. Certamente, o Dr. Grew, esse curioso anatomista das plantas, afirma que a influência solar difere daquela de um mero fogo culinário pelo único fato de ser um calor mais temperado e uniforme.[27]

38. O suco nutritivo absorvido pelos vasos quilíferos, se assim posso me expressar, dos animais ou vegetais, consiste de partículas oleosas, aquosas e salinas que, sendo dissolvidas, volatilizadas e agitadas de diferentes maneiras, uma parte delas se consome e exala no ar; e a parte que permanece é, em virtude da economia da planta e da ação do sol, filtrada, purificada, preparada e maturada em um óleo condensado ou bálsamo, e depositada em algumas células situadas principalmente na casca, o qual se crê que corresponde ao *pannicidus adiposus* dos animais, e que protege as árvores do clima e, quando se apresenta em quantidade suficiente, as mantém sempre verdes. Quando esse

---

27 Grew, "An idea of a Philosophical History of Plants". In: *The Anatomy of Plants*, 1682, p.61. (N. T.)

bálsamo exsuda ou goteja da casca, solidifica-se em resina; e isto é mais abundante nas várias espécies de pinheiros e abetos, cujo óleo, encontrando-se em maior quantidade e mais impregnado de espírito ácido ou alma vegetal (como talvez se possa chamá-lo sem inconveniente), recebe a ação do sol, atrai os seus raios, e assim é sublimado e enriquecido, de modo a transformar-se em um excelente medicamento: tal é o último produto da árvore, perfeitamente maturado pelo tempo e pelo sol.

39. Teofrasto[28] observa que todas as plantas e árvores possuem mais líquido orgânico quando brotam, mas, quando acabam de germinar e frutificar, o líquido orgânico é mais forte e mostra em grau máximo a natureza da planta, e que, portanto, as árvores que produzem resina devem ser cortadas após a germinação. Também parece muito razoável supor que o suco orgânico das árvores velhas, cujos órgãos não produzem mais seiva nova, deva ser mais amadurecido do que o das outras.

45 // 40. Os perfumes aromáticos dos vegetais, assim como as cores, parecem depender da luz solar. Da mesma forma como na produção das cores existe cooperação entre os poderes refletivos do objeto e o sol, de igual modo na produção do aroma os poderes atrativos e orgânicos da planta cooperam com o sol (§§ 36, 37). E, assim como a partir dos experimentos de Sir Isaac Newton[29] parece que todas as cores estão virtualmente na luz branca do sol, e se mostram quando os raios são separados pelos poderes de atração e repulsão dos objetos, de igual modo as qualidades específicas dos sucos orgânicos elaborados pelas plantas parecem estar virtualmente ou eminentemente contidas na luz solar, e são realmente exibidos na separação dos raios, pelos poderes peculiares dos órgãos capilares dos vegetais, atraindo e absorvendo certos raios, que produzem certos sabores e qualidades, da mesma maneira como certos raios, sendo refletidos, produzem certas cores.

41. Alguns anatomistas curiosos têm observado que os vasos secretores nas glândulas dos corpos dos animais são revestidos com uma penugem fina, os quais nas diferentes glândulas têm cores diferentes. E acredita-se que cada

---

28 Teofrasto, *Hist. plant.*, 9. 1. 6. (N. T.)

29 Os resultados dos experimentos de Newton sobre a composição da luz branca encontram-se em *Nova teoria sobre a luz e cores*, 1672. (N. T.)

Siris

penugem particular, sendo originalmente embebida com seu próprio suco orgânico, atrai apenas aquele tipo; e que por esse meio uma grande variedade de sucos orgânicos é secretada nas diferentes partes do corpo. E talvez possa haver algo análogo a isso nos finos vasos absorventes das plantas, que podem cooperar para a produção daquela infindável variedade de sucos orgânicos elaborados nas plantas a partir da mesma terra e do mesmo ar.

42. O bálsamo ou óleo essencial dos vegetais contém um espírito, o qual compõe o cheiro e o sabor, qualidades específicas da planta. Boerhaave[30] considera que o espírito nativo e principal não é o óleo, nem o sal, nem a terra, nem a água, mas algo demasiado fino e sutil para ser capturado sozinho e tornado visível aos olhos. Quando esse espírito se desprende do óleo de alecrim, por exemplo, deixa-o desprovido de todo o aroma. Esta centelha de vida, esse espírito ou alma do vegetal, se se pode dizer assim, evola sem produzir qualquer diminuição perceptível do óleo ou da água na qual estava alojado.

43. Parece que as formas, almas ou princípios da vida vegetal subsistem na luz ou emanação solar (§ 40), que é em relação ao macrocosmo o que o espírito animal // é em relação ao microcosmo — o tegumento interior, o instrumento sutil e veículo de poder. Não é de se admirar, então, que o *ens primum* ou *scintilla spirituosa* das plantas, como é chamado, seja algo tão fino e fugaz a ponto de escapar à nossa mais escrupulosa investigação. É evidente que a natureza desenvolve-se com a aproximação do sol e definha com seu afastamento; este globo terrestre parece ser apenas uma matriz disposta e preparada para receber a vida de sua luz; daí porque Homero, em seus *Hinos*, denomina a terra de esposa do céu, ἄλοχ' οὐρανοῦ ἀστερόεντος.[31]

44. O espírito luminoso que constitui a forma ou a vida de uma planta, de onde dimanam suas diferenças e propriedades, é algo extremamente volátil. Não é o óleo, mas algo mais sutil, do qual o óleo é o veículo, que o impede de desprender-se, e que se aloja em diversas partes da planta, principalmente nas células da casca e nas sementes. Este óleo, purifica-

---

30 Boerhaave, *Elementa Chemiae*, 1732, 1, p.75.

31 Homero, *Hinos*, 30. 17, "In terram" (Hino à terra); "esposa do céu estrelado". (N. T.)

do e sublimado pelos poderes orgânicos da planta, e agitado pelo calor, transforma-se em um receptáculo apropriado do espírito; parte do qual o espírito exala através das folhas e das flores, e parte é capturada por esse líquido orgânico untuoso que o detém na planta. Deve-se notar que esse óleo essencial, animado, como se poderia dizer, pelo perfume da planta, é muito diferente de qualquer outro espírito que se possa obter da mesma planta por fermentação.

45. A luz impregna o ar (§§ 37, 43), o ar impregna o vapor; e este se converte, por destilação, em um suco aguado, após elevar-se primeiro no alambique frio sob a ação de um calor moderado. Essa água aromática vegetal possui o odor e o sabor específicos da planta. Observa-se que os óleos destilados adicionados à água para imitar a água vegetal nunca podem igualá-la, pois a química artificial fica aquém da natural.

46. Quanto menos se violenta a natureza, melhor serão seus produtos. O melhor suco orgânico de azeitonas ou de uvas é o que sai pela pressão mais leve. As resinas mais puras e aromáticas são as que caem espontaneamente dos galhos, ou gotejam ante a menor incisão. E observa-se que as infusões atuam mais fortemente do que as decocções das plantas; os sais e espíritos mais sutis e voláteis, que podem perder-se ou corromper-se pelas decocções, podem ser obtidos em seu estado natural pelas infusões. Observa-se também que a parte mais fina, mais pura e mais volátil é aquela que primeiro ascende na destilação. E, de fato, parece que é necessário menos força para desprender as partículas // mais leves e ativas do seu substrato.

47. Os sais, portanto, e os espíritos mais ativos do alcatrão, são obtidos por infusão em água fria; mas a parte resinosa não deve ser dissolvida desse modo (§ 7). Por isso, o preconceito que alguns talvez possam nutrir contra a água de alcatrão como um medicamento, cujo uso pode estimular o sangue por seu enxofre e resina, parece não estar bem fundamentado; sendo de fato impregnada com um espírito ácido sutil, balsâmico, refrescante, diurético e possuidor de muitas outras virtudes (§§ 42, 44). Supõe-se que os espíritos consistam em sais e flegmas,[32] e provavelmente, também, de alguma coisa

---

32 Na química antiga, a parte aquosa, insípida e inodora que a destilação libera dos corpos. (N. T.)

de uma natureza oleosa fina, que difere do óleo por se misturar com a água, e é similar a ele porque flui em correntes por destilação. Assim, admite-se amplamente que a água, a terra e o sal concentrado sejam os mesmos em todas as plantas; aquilo, portanto, que diferencia uma planta, ou a faz ser o que ela é – a *centelha natural* ou *forma*, na linguagem dos químicos ou das escolas – não é nenhuma dessas coisas, nem sequer o mais fino óleo, que parece ser apenas seu receptáculo ou veículo. Os químicos observam que todos os tipos de madeiras balsâmicas produzem um espírito ácido, que é o sal oleoso e volátil dos vegetais; no qual estão contidas principalmente suas virtudes medicinais; e, pelas provas que realizei, parece que o espírito ácido na água de alcatrão possui em sumo grau as virtudes do *guáiaco* e de outras madeiras medicinais.

48. Quando as qualidades possuem um grau muito forte para que a natureza humana possa dominá-las e assimilá-las, elas devem ferir sua constituição. Portanto, os ácidos talvez não sejam todos saudáveis nem inofensivos. Mas parece que este de que falamos é um ácido tão cuidadosamente preparado, tão leve, suave e temperado, e, além disso, um espírito tão puro e volátil, que pode penetrar prontamente nos vasos mais finos e ser assimilado com a maior facilidade.

49. Se alguém quisesse dissolver um pouco de resina, junto com o sal ou o espírito, bastaria misturar um pouco do espírito do vinho com a água. Mas talvez seja impossível obter uma solução semelhante, tão cheia de resinas e gomas, que as qualifiquem para entrar e permear o sistema animal, como o espírito ácido refinado que primeiro se desprende do substrato. Há uma máxima entre os químicos, que provém de Helmont,[33] que diz que qualquer um que possa tornar a mirra // solúvel para o corpo humano possui o segredo para prolongar seus dias; e Boerhaave[34] reconhece que parece haver verdade nisso, dada a resistência da mirra à putrefação. Agora, essa qualidade é igualmente notável no alcatrão, com o qual os antigos embalsamavam e preservavam os cadáveres. E, embora o próprio Boerhaave e outros químicos antes dele tenham apresentado métodos para fazer soluções com a mirra,

---

33 *Arcana Paracelsi*, in *Opera omnia*, 1707, p.740. (N. T.)
34 Boerhaave, *Elementae chemiae*, 1732, v. 2, p.231. (N. T.)

não obstante esta é feita por meio do álcool, o qual extrai apenas as partes inflamáveis. E não parece que qualquer solução de mirra esteja impregnada com seu sal ou espírito ácido. Portanto, não há nada de surpreendente se essa água for considerada mais benéfica para conservar a saúde e prolongar a vida do que qualquer solução de mirra.

50. Certamente diversas resinas e gomas podem ter virtudes, e contudo não ser capazes, por sua espessura, de passar pelos vasos quilíferos e outros vasos mais finos, nem tampouco, talvez, transmitir prontamente aquelas virtudes a um solvente que possa transportá-las com segurança e rapidez por todo o corpo humano. Com base em todos os relatos, acredito que se descobrirá que a água do alcatrão possui vantagens singulares. Observa-se que os espíritos ácidos demonstram ser tanto mais fortes quanto mais alto é o grau de calor necessário para desprendê-los. E, de fato, parece que não há ácido mais suave do que aquele obtido pela simples afusão de água fria, a qual extrai do substrato as partes mais leves e sutis e, se assim se pode dizer, a própria nata de suas qualidades específicas. E aqui se deve notar que o sal volátil e o espírito dos vegetais, ao estimular suavemente os sólidos, atenuam os fluidos contidos neles e promovem secreções, e que eles são penetrantes e ativos, ao contrário da natureza geral de outros ácidos.

51. É uma grande máxima para a saúde que os sucos orgânicos do corpo se mantenham fluidos na devida proporção. Portanto, o espírito ácido volátil da água de alcatrão, ao mesmo tempo atenuador e refrescante em grau moderado, deve em grande medida conduzir à saúde, como um desobstruente salutar suave, acelerando a circulação dos fluidos sem prejudicar os sólidos, removendo ou prevenindo suavemente desse modo essas obstruções que são a causa principal e geral da maioria das doenças crônicas; respondendo assim aos anti-histéricos, *assafoetida*, *galbanum*, mirra, âmbar e, em geral, a todas as resinas e gomas de árvores ou arbustos úteis em casos de distúrbios nervosos.

52. A água morna é ela própria um desobstruente. Portanto, a // infusão de alcatrão bebido quente se introduz mais facilmente em todos os vasos capilares finos, e atua não apenas em virtude do bálsamo, mas também em virtude da água, seu veículo. O seu sabor, a sua qualidade diurética, o fato de ser um cordial eficaz, revelam a ação desse medicamento. E, ao

mesmo tempo que estimula o sangue inerte dos histéricos, sua natureza oleosa balsâmica diminui o movimento demasiado rápido do sangue ácido e rarefeito dos tísicos. O sangue das pessoas fortes e saudáveis apresenta uma viscosidade e suavidade; ao contrário, o das pessoas fracas e doentes é muitas vezes acrimonioso e diluído. As partículas finas do alcatrão não são apenas quentes e ativas, senão também balsâmicas e emolientes, suavizando e enriquecendo o sangue ácido e insípido, e curando as erosões ocasionadas por elas nos vasos sanguíneos e nas glândulas.

53. A água de alcatrão possui as qualidades estomacais e cardíacas do *Elixir proprietatis*, das gotas de Stoughton[35] e de muitas tinturas e extratos similares; com esta diferença, que produz seu efeito de modo mais seguro, visto que não possui absolutamente aquele espírito do vinho, que, por mais misturado e disfarçado que possa estar, pode ainda ser considerado em algum grau um veneno.

54. Supõe-se que tais medicamentos sejam diaforéticos, que, sendo de natureza ativa e sutil, atravessam todo o organismo e produzem seu efeito nos capilares e ductos sudoríficos mais finos, os quais limpam e desobstruem suavemente. A água de alcatrão é extremamente adequada para produzir uma diaforese imperceptível, graças à sutileza e atividade de seu espírito volátil ácido. E certamente essas partes devem ser muito finas para poder limpar os ductos sudoríficos, sob a epiderme ou pele, se é verdade que um grão de areia poderia cobrir mais de cem mil orifícios.

55. A água de alcatrão atua também através da urina, sendo talvez o que há de mais seguro e eficaz para purificar o sangue e eliminar seus sais. Mas ela parece produzir seu principal efeito como um remédio restaurador, seguro e fácil, muito mais seguro do que aqueles medicamentos fortes, purgativos, eméticos e salivares que violentam a natureza.

---

35 Referência a Richard Stoughton, farmacêutico britânico que patenteou em 1712 o "great cordial elixir" (o grande elixir tônico). O termo elixir (do árabe *Al-iksir*, ou seja, pedra filosofal) era usado para se referir a diversos tipos de soluções hidroalcoólicas que continham substâncias aromáticas e medicamentosas. O *Elixir proprietatis* consistia numa solução de morra, aloé e açafrão. Usado por Paracelso e por Helmont, encontram-se receitas na obra de Michael Ettmüller, *Chimia rationalis ac experimentalis curiosa*, 1684, e de Boerhaave, *Elementa chemiae*, 1732. (N. T.)

George Berkeley

56. Uma obstrução de alguns vasos faz com que o sangue se mova mais rapidamente em outros vasos que não estão obstruídos. Por isso surgem várias doenças. Uma substância líquida que dilui e atenua dissolve as concreções que obstruem. A água de alcatrão é uma substância líquida desse tipo. Pode-se dizer, de fato, da água comum, que ela é um atenuante; também das preparações de mercúrio, que elas // atenuam. Mas deve-se considerar que a água pura sozinha distende os vasos, e por isso enfraquece seu vigor; e que o mercúrio, pelo seu grande momentum,[36] pode com razão ser suspeito de prejudicar os finos vasos capilares. Estes dois desobstrutores, por conseguinte, poderiam facilmente exercer sua função e (diminuindo a força dos vasos elásticos), produzir indiretamente aquelas concreções que estão destinados a remover.

57. Os médicos mais sérios consideram que a fraqueza e a rigidez das fibras causam dois tipos de doenças: um movimento lento dos líquidos ocasiona a fraqueza das fibras; e, portanto, a água de alcatrão é boa para fortalecê-las, pois acelera suavemente seu conteúdo. Por outro lado, como é um fluido untuoso e suave, umedece e amacia as fibras secas e rígidas, demonstrando-se assim um remédio para ambos os extremos.

58. Os sabões comuns são compostos de sais lixiviais e óleos. A acrimônia corrosiva das partículas salinas, sendo amolecidas pela mistura de uma substância untuosa, se introduzem nos pequenos ductos com menos dificuldade e perigo. A combinação destas diferentes substâncias constitui um medicamento muito sutil e ativo, adequado para se misturar com todos os humores e dissolver todas as obstruções. O sabão, por conseguinte, é justamente considerado um medicamento muitíssimo eficaz em muitas doenças. Admite-se que o sabão alcalino purifica, atenua, desobstrui, dissolve e suaviza; ele é fortificante, vulnerário, diurético e possui outras boas qualidades que também podem encontrar-se na água de alcatrão. Admite-se que os óleos e os sais ácidos combinados existem nos vegetais e que, em consequência, existem sabões ácidos e também alcalinos. E a natureza saponácea dos espíritos vegetais ácidos é o que os torna tão diuréticos, sudoríficos,

---

36 O *momentum* é definido mais adiante, no § 71, como "o produto comum do peso e da velocidade". (N. T.)

penetrantes, abstersivos e dissolventes. Tal é, por exemplo, o espírito ácido do *guáiaco*. E todas essas mesmas virtudes parecem encontrar-se na água de alcatrão em um grau suave e salutar.

59. É uma opinião generalizada que todos os ácidos coagulam o sangue. Boerhaave[37] exclui o vinagre, que ele considera ser um sabão, dado que contém tanto um óleo e também um espírito ácido. É por isso que o vinagre é ao mesmo tempo untuoso e penetrante, um poderoso anti-inflamatório e conservante contra a putrefação e a infecção. Agora, parece evidente que a água de alcatrão é um sabão, bem como vinagre. Pois, embora a resina, que é um óleo condensado e denso, tenha entre suas características não dissolver-se na água (§ 47), contudo // os sais atraem algumas partículas finas do óleo essencial, cujo óleo fino serve como veículo para os sais ácidos e revela sua presença na cor da água de alcatrão, pois todos os sais puros são incolores. E, embora a resina não se dissolva na água, contudo o óleo sutil, no qual os sais vegetais estão alojados, pode se misturar com a água tanto como o vinagre, que contém óleo e sal. E, assim como o óleo na água de alcatrão se mostra aos olhos, os sais ácidos se manifestam ao paladar. A água de alcatrão, portanto, é um sabão e, como tal, tem as qualidades medicinais dos sabões.

60. A água de alcatrão atua mais suavemente à medida que os seus sais ácidos, sendo revestidos em óleo, perdem a sua acrimônia, o que os aproxima da natureza dos sais neutros, e os torna mais benéficos e apropriados para o organismo animal; e sua ação é mais eficaz porque esses mesmos sais, com a ajuda de um óleo volátil, suave e penetrante, são mais facilmente introduzidos nos ductos capilares. Portanto, seja nas febres ou nas doenças epidêmicas, assim como nas doenças crônicas, é (como comprovei) um medicamento muito seguro e eficaz, sendo bom contra a fluidez excessiva como um balsâmico, e contra a viscosidade como um sabão. Há algo na natureza abrasadora e corrosiva dos sais lixiviais que torna o sabão alcalino um remédio perigoso em todos os casos em que se detecta uma inflamação. E, como as inflamações são frequentemente ocasionadas por obstruções, um sabão ácido parece ser o mais seguro dos desobstruentes.

---

37 Boerhaave, *Elementa chemiae*, 1732, 2, p.218. (N. T.)

61. Observou-se que mesmo as melhores terebintinas, por mais famosas que sejam por suas qualidades vulnerárias e detergentes, tendem a favorecer, no entanto, por causa de seu calor, a formação de tumores inflamatórios. Mas o espírito ácido (§§ 7, 8), que se encontra em proporção tão grande na água de alcatrão, converte-a em um medicamento mais fresco e seguro. E o óleo etéreo da terebintina, embora seja um admirável secante, curativo e anódino, quando aplicado externamente nas feridas e úlceras, e embora não menos útil na limpeza das vias urinárias e na cura de suas ulcerações, é, no entanto, conhecido por ser de uma natureza tão relaxante que às vezes, quando introduzido no organismo, pode fazer muito mal. A água de alcatrão não é acompanhada desses mesmos efeitos nocivos, os quais, acredito, se devem em grande parte aos óleos etéreos que, pela destilação, são despojados de seu espírito ácido. Esse espírito ácido que, por sua ação exitante e contraente, à maneira de um estimulante, poderia ser capaz de contrabalançar as qualidades excessivamente lubrificantes e relaxantes do óleo.

62. As decocções de madeiras não parecem produzir um suco orgânico tão maduro e elaborado quanto aquele que se deposita nas células ou nos **52** *loculi // terebinthiaci* e goteja espontaneamente delas. E, de fato, embora o bálsamo do Peru, que se obtém fervendo a madeira e tirando a espuma da decocção, seja um medicamento muito valioso e de grande importância em diversos casos, particularmente contra a asma, dores nefríticas, cólicas nervosas e obstruções, não obstante eu em verdade acho (e não digo isso sem tê-la experimentado) que a água de alcatrão, em todos esses casos, constitui um remédio mais eficaz do que aquela droga custosa.

63. Já observamos que a água de alcatrão possui em alto grau as virtudes revigorantes, peitorais e antiestéricas dos bálsamos e gomas mais preciosos (§§ 9, 21, 22, 23). E eu não conheço nenhum resultado obtido pelas bebidas obtidas por decocção de madeira para o qual não se possa usar a água de alcatrão com, pelo menos, o mesmo sucesso. Ela contém igualmente as virtudes do *guáiaco*, que parece a mais eficaz de todas as madeiras, ao aquecer e suavizar os humores, é diaforética e útil na gota, na hidropsia e reumas, bem como nas doenças venéreas. Nem deveria parecer estranho se as virtudes obtidas pela fervura de uma velha madeira seca se revelassem inferiores àquelas extraídas de um bálsamo.

64. Há um espírito volátil fino nas águas de Géronstère, a mais estimada de todas as fontes de Spa,[38] mas cujas águas não suportam ser transportadas. As qualidades estomacais, cardíacas e diuréticas desta fonte se assemelham de alguma forma às da água de alcatrão, que, se não estou muito enganado, contém as virtudes das melhores águas minerais e sulfurosas; com esta diferença, que essas águas, quando se as bebe, podem ocasionar dor de cabeça, o que não ocorre com a água do alcatrão. Além disso, há um regime de dieta que se deve observar, principalmente com as águas minerais, que nunca achei necessário com a de alcatrão. A água de alcatrão não impõe nenhuma restrição de dieta, de horário ou de trabalho. Pode-se estudar, fazer exercícios, repousar, manter as horas habituais, passar o tempo dentro ou fora de casa e ingerir alimentos saudáveis de qualquer tipo.

65. O uso de águas minerais, embora excelente para os nervos e o estômago, é frequentemente suspenso durante resfriados e doenças inflamatórias, nas quais se reconhece que são muito perigosas; ao passo que a água de alcatrão está tão longe de fazer mal nesses casos, ou de seu uso ser suspenso por causa disso, de modo que contribui enormemente para a sua cura (§ 7).

66. Os remédios vulgarmente chamados de cordiais atuam imediatamente no estômago e, por meio dos nervos, na cabeça. Mas os medicamentos // cuja intervenção é muito sutil e leve para produzir um efeito perceptível nas *primae viae* podem, no entanto, em sua passagem pelos capilares, agir sobre as paredes desses pequenos vasos de modo a acelerar suas oscilações e, em consequência, o movimento de seus conteúdos. Tais medicamentos terminam assim por produzir todos os benefícios de um cordial; mas sua ação é mais durável e salutar do que a dos espíritos destilados, que por suas qualidades cáusticas e coagulantes fazem incomparavelmente mais mal do que bem. Esse medicamento para o coração é a água de alcatrão. Os acessos passageiros de alegria produzidos pelos licores fermentados e pelas bebidas destiladas são acompanhados, em seus intervalos, de estados de ânimo depressivos proporcionais. Mas a alegria serena que surge dessa água salutar (como se pode justamente chamá-la) é permanente. Deste modo, a água de

---

38 Pequena cidade belga situada no território de Ardennes, próximo a Lièges, famosa pelas suas fontes termais desde o século XVI. (N. T.)

George Berkeley

alcatrão emula as virtudes daquela famosa planta Ginseng,[39] tão valorizada na China como o único cordial que levanta o ânimo sem deprimir. A água de alcatrão está tão longe de prejudicar os nervos, como fazem os cordiais comuns, que ela pode ser amplamente utilizada nas cólicas, espasmos das vísceras e dormência paralítica.

67. Os eméticos são, em certas ocasiões, administrados com grande sucesso. Mas um tratamento excessivo com eméticos pode certamente provocar o esgotamento e debilitamento do corpo. No entanto, eles são prescritos para substituir os exercícios. Mas Platão, no *Timeu*,[40] observa justamente que os vômitos e purgações são o pior exercício do mundo. Há algo na ação benéfica da água de alcatrão que parece mais favorável ao equilíbrio do corpo, e que ajuda a digestão e as secreções de uma maneira mais natural e benigna; a benignidade desse medicamento é tal que sei que crianças o tomaram durante seis meses com grande benefício e sem qualquer inconveniente; e, depois de longa e repetida experiência, considero que a água de alcatrão é uma excelente bebida dietética, adequada para todas as estações e idades.

68. Acredito que se admite que a origem da gota se encontra numa má digestão. Os médicos mais competentes observam que a gota é muito difícil de curar porque os medicamentos que aquecem agravam sua causa imediata e os que refrescam agravam sua causa remota. Mas a água de alcatrão, embora contenha princípios ativos que fortalecem a digestão mais que qualquer coisa que eu conheço, e que, por conseguinte, deve ser muito útil, seja para prevenir ou diminuir o próximo ataque, // seja para revigorar o sangue empurrando-o às extremidades, não é, contudo, de uma natureza tão quente a ponto de causar danos, até mesmo durante um acesso. Nada é mais difícil ou desagradável do que dissuadir os homens de seus preconceitos. Não entrarei, por conseguinte, em controvérsias sobre este assunto, mas, se os homens disputarem e objetarem, deixarei que o tempo e a experiência decidam.

---

39 Ginseng, *Panax ginseng*, planta herbácea originária da Ásia oriental, cujas raízes aromáticas teriam propriedades tônicas e afrodisíacas. (N. T.)

40 Platão, *Timeu*, 89a-b, se refere à catársis (purificação) por meio de fármacos como inferior à purificação pela ginástica. (N. T.)

Siris

69. Na prática moderna, o sabão, o ópio e o mercúrio atendem melhor o requisito de medicamentos universais. Fala-se muito bem do primeiro deles, mas seus partidários mais fervorosos o recusam, no entanto, nos casos onde a obstrução é acompanhada de um álcali putrefativo, ou quando aparece uma disposição inflamatória. Considera-se que é muito perigoso nos casos de tísica, febres, e em alguns outros casos, nos quais a água de alcatrão não é apenas segura, mas útil.

70. Embora o ópio seja um medicamento muito eficaz e difundido, sabe-se que frequentemente produz graves distúrbios em pessoas histéricas ou hipocondríacas, que representam uma grande parte, talvez a maior, daqueles que levam vidas sedentárias nessas ilhas. Além disso, erros perigosos podem ser cometidos com o uso de ópio, e isso se aplica a todas as constituições físicas.

71. O mercúrio tornou-se nos últimos anos um medicamento de uso muito geral;[41] a extrema pequenez, a mobilidade e o *momentum* de suas partes o convertem em um poderosíssimo purificador de todas as obstruções, mesmo nos capilares mais diminutos. Mas, então, deveremos ser cautelosos no seu uso, se considerarmos que a própria coisa que lhe dá poder de fazer o bem acima de outros desobstrutores também o dispõe para causar dano. Refiro-me a seu grande *momentum*, cujo peso é aproximadamente dez vezes maior do que o sangue, e o *momentum* sendo o produto comum do peso e da velocidade, o mercúrio deve necessariamente operar com grande força; e não se pode justamente temer que uma força tão grande, ao entrar nos vasos mais diminutos e destruir a obstrução, também possa romper ou lesionar as finas e tenras películas desses pequenos vasos, e assim provocar prematuramente os efeitos da velhice, produzindo talvez mais e piores obstruções do que aquelas que foram removidas? Consequências semelhantes podem ser justamente receadas de outros medicamentos minerais e pesados. Portanto, de um modo geral, talvez não se encontre nenhum medicamento mais geral em seu uso, ou mais salutar em seus efeitos, do que a água de alcatrão.

72. Supor que todas as doenças que decorrem de causas muito diferentes
55 // e às vezes contrárias possam ser curadas por um só e mesmo medicamento

---

41 Boerhaave, *Elementa chemiae*, 1732, 2, p.483, havia aprovado este remédio dos alquimistas. (N. T.)

deve parecer quimérico.[42] Mas pode-se afirmar, com certeza, que a virtude da água de alcatrão se estende a uma surpreendente variedade de casos muito distantes e diferentes (§§ 3, 4, 5, 6, 21, etc.). Isso eu experimentei entre meus vizinhos, em minha família e em mim mesmo. E como eu vivo em um lugar remoto, entre vizinhos pobres, que por falta de um médico regular muitas vezes recorrem a mim, tenho tido frequentes oportunidades de experimentá-la, o que me convenceu de que ela possui uma natureza tão equilibrada a ponto de ser uma inimiga de todos os extremos. Sei que ela faz um grande bem em uma constituição fria e aquosa, como um tônico cardíaco e estomacal, e ao mesmo tempo alivia o calor e a sede febril em outra. Eu sei que ela corrige a constipação habitual em alguns, e em outros o estado contrário. E isto não parecerá incrível, se considerarmos que as qualidades intermediárias reduzem naturalmente as extremas. A água morna, por exemplo, misturada com água quente ou com a água fria, diminuirá o calor da primeira e o frio da segunda.

73. Aqueles que conhecem as grandes virtudes do sabão comum, cujos sais lixiviais não refinados são o produto do fogo culinário, não acharão incrível que virtudes de grande força e alcance possam ser encontradas em um sabão ácido e fino (§ 58), cujos sais e óleos são os mais elaborados produtos da natureza e da luz solar.

74. É certo que a água do alcatrão aquece e, portanto, alguns talvez ainda pensem que ela não possa refrescar. O mais eficaz para remover este preconceito é considerar que, por um lado, causas opostas às vezes produzem o mesmo efeito – por exemplo, o calor por rarefação e o frio por condensação: ambos aumentam a elasticidade do ar; então, por outro lado, a mesma causa pode produzir, às vezes, efeitos opostos: o calor, por exemplo, dilui e coagula o sangue. Portanto, não é estranho que a água de alcatrão aqueça uma constituição física e esfrie outra, que produza bons efeitos em uma constituição fria e outros bons efeitos em uma constituição inflamada; nem, se assim for, que deve curar doenças opostas. Tudo isso justifica racionalmente aquilo que verifiquei ser verdadeiro na realidade. Os sais,

---

42 Em sua primeira carta a Thomas Prior, de 1747, Berkeley se refere à água como uma possível panaceia. (N. T.)

os espíritos e o calor da água de alcatrão têm uma temperatura adequada à constituição humana, que dela recebe um calor suave, mas // não um calor inflamatório. É digno de nota que duas crianças na minha vizinhança, que estavam sob tratamento com água de alcatrão, durante as interrupções do tratamento não deixaram de ter suas incisões inflamadas por um humor orgânico muito mais quente e ácido do que de costume. Mas sua grande utilidade na varíola, nas pleurisias e nas febres é uma prova suficiente de que a água de alcatrão não é por natureza inflamatória.

75. Eu me estendi longamente sobre esse assunto porque alguns senhores da Faculdade acharam oportuno declarar que a água de alcatrão deve inflamar, e que eles nunca visitariam um paciente com febre que a tivesse bebido. Mas arrisco-me a afirmar que está tão longe de aumentar uma inflamação febril que, pelo contrário, a água de alcatrão é um meio mais rápido para aliviá-la e extingui-la. Ela se presta a uma admirável utilização nas febres, sendo ao mesmo tempo o mais seguro, o menos perigoso, e mais eficaz dos paregóricos e cordiais. Para demonstrar a verdade dessas afirmações recorro à experiência de qualquer pessoa que tome um gole abundante de água de alcatrão quente no acesso de uma febre, mesmo quando se verificar que água pura ou chá de ervas tiverem pouco ou nenhum efeito. Para mim, parece que seu uso singular e surpreendente em febres de todos os tipos, ainda que só fosse por isso, seria por si só suficiente para recomendá-la ao público.

76. Os melhores médicos acreditam que a febre consiste em uma aceleração muito rápida dos batimentos do coração, junto com uma resistência muito grande nos capilares. A água de alcatrão, ao amolecer e estimular suavemente esses vasos delicados, ajuda a impulsionar seu conteúdo e, assim, contribui para eliminar o segundo aspecto do transtorno. E, quanto ao primeiro, a acrimônia irritante que acelera o movimento do coração é diluída por remédios aguados, corrigida por remédios ácidos e suavizada por remédios balsâmicos, sendo todos estes propósitos alcançados por este medicamento balsâmico aquoso e ácido. Além disso, os sucos orgânicos viscosos, coagulados pelo calor febril, são dissolvidos pela água de alcatrão enquanto ela atua como um sabão, e como é um sabão ligeiramente ácido, não os dissolve excessivamente. A tudo isso se pode acrescentar que a água

de alcatrão remove os humores orgânicos e sais nocivos, graças às suas qualidades diaforéticas e diuréticas.

77. Descobri que tudo isso foi confirmado por minha própria experiência na última ocorrência da doença no ano de 1741, tendo tido 25 casos de febres em minha própria família curados pelo emprego dessa água medicinal, bebida copiosamente. O mesmo // método foi praticado em vários de meus vizinhos pobres com igual sucesso. Ela acalmava instantaneamente as ansiedades febris, e parecia que cada copo refrescava e infundia vida e vigor no paciente. No início, alguns desses pacientes foram induzidos ao vômito, mas depois descobri que sem induzir vômitos, nem sangrias nem vesicatórios ou qualquer outro tipo de evacuação ou medicamento, as piores febres podiam ser curadas com a simples ingestão de água de alcatrão morna e em uma boa quantidade, talvez um copo grande a cada hora ou mais frequentemente, tomado em repouso. E foi admirável ver que aqueles que foram curados por este conveniente cordial recuperaram a saúde e o ânimo imediatamente, ao passo que aqueles que foram curados mediante evacuações frequentemente languesciam por muito tempo, mesmo depois que a febre os tinha deixado, antes que pudessem se recuperar de seus medicamentos e recuperar suas forças.

78. Nas peripneumonias e pleurisias, observei que a água de alcatrão é excelente, pois soube que algumas pessoas com pleurisias foram curadas sem sangrias, por meio de um vesicatório aplicado logo no lugar em que se sente dor, e doses abundantes de água de alcatrão, quatro ou cinco litros, ou mesmo mais, em 24 horas. E recomendo ampliar a prova para verificar se em todos os casos de pleurisia, uma hemorragia moderada, um vesicatório no lugar, e uma abundante quantidade água de alcatrão morna, são suficientes, sem aquelas sangrias moderadas e frequentes, cujos maus efeitos talvez nunca sejam superados. Chego a suspeitar que um paciente com pleurisia, que procure repousar cedo e beber água de alcatrão em grande quantidade, pode ser curado apenas com esse medicamento, sem sangrias nem vesicatórios ou qualquer outro medicamento. De fato, verifiquei esse sucesso com a dose de um copo a cada meia hora.

79. Tomei conhecimento de um caso de diarreia hemorrágica de longa duração, depois que vários medicamentos foram experimentados em vão,

curada com água de alcatrão. Mas o que considero ser o remédio mais rápido e eficaz na diarreia hemorrágica é um clister de uma onça[43] de resina marrom comum dissolvida no fogo com duas onças de óleo e adicionado a um quartilho de caldo, o que há pouco tempo eu tive a ocasião de experimentar, quando essa doença tornou-se epidêmica, e posso dizer que não foi prejudicial a ninguém a quem o recomendei. Fui levado a fazer essa experiência graças à opinião que eu tinha de que o alcatrão é balsâmico, e que a resina não é mais que o alcatrão condensado.

80. Nada que eu saiba fortifica o estômago tanto quanto a água de alcatrão (§ 68). Donde se conclui que ela deve ser de // extraordinária utilidade para as pessoas que sofrem de gota. E, pelo que observei em cinco ou seis casos, realmente acredito que seja o melhor e mais seguro medicamento para prevenir a gota, ou então para fortalecer a natureza contra o seu ataque de modo a afastá-la dos órgãos vitais; ou, em outras ocasiões, para transformar uma doença pior em gota, e assim se livrar dela. O Dr. Sydenham, em seu *Treatise Of the Gout*, declara que quem achar um remédio mais eficaz para fortalecer a digestão prestará o maior serviço para a cura da gota e de outras doenças crônicas que se possa imaginar. E deixo para que se submeta a prova se a água de alcatrão não é precisamente esse medicamento, como estou convencido que é, por todos os experimentos que pude fazer. Mas em todos os testes eu recomendaria discrição; por exemplo, um homem com gota no estômago não deve beber água de alcatrão fria. Este ensaio, que não pretende ser um tratado completo, deixa espaço para futuros experimentos relativos a todos os pontos analisados.

81. É evidente que o sangue, a urina e outros sucos orgânicos animais, ao serem deixados repousar, contraem rapidamente uma grande acrimônia. Portanto, os sucos orgânicos de uma má digestão, retidos e estagnados no corpo, tornam-se ácidos e pútridos. Por conseguinte, um calor que fermenta é a causa imediata da gota. A sua cura por meio de medicamentos refrescantes é uma tentativa vã, dado que eles aumentariam a causa antecedente. Por outro lado, os condimentos e os licores alcoólicos, ao mesmo tempo que contribuem para eliminar a causa antecedente ou má digestão, ao in-

---

43 Antiga unidade de medida, equivalente a cerca de 30 gramas. (N. T.)

George Berkeley

flamar o sangue poderiam aumentar a causa próxima ou imediata da gota, a saber, o calor da fermentação. O objetivo deve ser, portanto, encontrar um medicamento que fortifique, mas sem inflamar. As ervas amargas são recomendadas; mas elas são fracas se comparadas com a água do alcatrão.

82. Em nenhum lugar a grande força da água de alcatrão para corrigir a acrimônia do sangue se manifesta melhor do que na cura de uma gangrena decorrente de uma causa interna. Esta cura foi realizada em um dos meus criados, a quem se havia prescrito o uso abundante e constante da água de alcatrão durante algumas semanas. Por apresentar a água de alcatrão como sendo boa para tantas coisas, alguns talvez possam concluir que ela não serve para nada. Mas a caridade me obriga a dizer o que sei e o que penso, pouco importando como possa ser interpretado. Os homens podem censurar e objetar quando quiserem, mas apelo ao // tempo e à experiência. Efeitos atribuídos erroneamente, casos mal contados, circunstâncias negligenciadas, talvez também preconceitos e parcialidades contra a verdade, podem prevalecer durante algum tempo e mantê-la no fundo de sua fonte, de onde, no entanto, ela emerge mais cedo ou mais tarde, e atinge os olhos de todos aqueles que não os mantêm fechados.

83. Boerhaave pensa[44] que se pode encontrar um antídoto específico para esse veneno peculiar que infecta o sangue na varíola, e que a perspectiva de um benefício público tão grande deveria estimular os homens a buscá-lo. Os maravilhosos sucessos da água de alcatrão na prevenção e mitigação dessa doença (§§ 2, 3) deveria nos inclinar a suspeitar que se trata de tal medicamento específico, especialmente porque comprovei que ela é de grande utilidade tanto durante a varíola como antes dela. Alguns acham que a erisipela e a peste diferem apenas em grau. Neste caso, a água de alcatrão deveria ser útil na peste, pois sei que cura uma erisipela.

84. A água de alcatrão, uma vez que é purificadora, curativa e balsâmica, é boa em todas as doenças das vias urinárias, obstruídas ou ulceradas. O Dr. Lister supõe, de fato, que as terebintinas atuam graças a uma qualidade cáustica, que irrita as paredes dos ductos urinários para expelir a ureia ou

---

44 Boerhaave, *Aphorismi de cognoscendis et curandis morbis*, 1709. Aforismos 1390, 1391. (N. T.)

Siris

cálculos renais. Mas parece que essa virtude diurética e expulsiva consiste antes nos sais do que na resina e, consequentemente, reside na água de alcatrão, a qual estimula suavemente mediante seus sais, sem a perigosa força de um cáustico. A ação violenta da ipecacuanha se encontra em sua resina, mas o extrato salino é um purgante suave e diurético, pelo estímulo de seus sais.

85. Aquilo que atua como um cordial moderado (§ 66), sem ferir os vasos capilares como um cáustico, nem afetar os nervos, nem coagular os sucos orgânicos, deve em todos os casos ser um aliado da natureza e ajudar a *vis vitae*[45] em sua luta contra todos os tipos de doenças contagiosas. E, segundo o que observei, a água de alcatrão previne de maneira muito eficaz contra todas as doenças epidêmicas e contra todas as outras infecções, sejam quais forem, assim como contra a varíola. Os efeitos dos *animi pathemata*, das paixões da alma, nas doenças humanas, são bem conhecidos e, consequentemente, pode-se razoavelmente imaginar o benefício geral de semelhante cordial.

60   // 86. Assim como se diz que o corpo veste a alma, pode-se dizer do mesmo modo que os nervos constituem sua vestimenta interior. E assim como a alma anima o todo, o que toca de perto a alma se relaciona com todo. Por conseguinte, a aspereza dos sais tartáricos e a acrimônia ígnea dos sais alcalinos, que irritam e ferem os nervos, produzem crescentes paixões e ansiedades na alma; estas agravam as doenças e tornam a vida dos homens desassossegadas e miseráveis, mesmo quando não estão afligidos por nenhuma doença aparente. Esta é a fonte latente de muita angústia, melancolia e *taedium vitae*.[46] Pequenas e imperceptíveis irritações das fibras ou filamentos mais diminutos, causadas pelos sais picantes dos vinhos e molhos, agitam e perturbam os microcosmos[47] das pessoas que vivem no luxo, a ponto de gerar frequentes tempestades nas cortes e nos senados; ao passo que as vibrações suaves que são produzidas nos nervos por um ácido fino e sutil, revestido em um óleo volátil suave (§§ 59, 61), estimulando delicadamente e fortalecendo os vasos e fibras nervosas, favorece uma circulação adequada e a secreção dos sucos orgânicos animais, e geram uma sensação de saúde

---

45 "força vital". (N. T.)

46 "cansaço vital". (N. T.)

47 Isto é, os corpos humanos. (N. T.)

George Berkeley

tranquila e agradável. E, de acordo com isso, vi muitas vezes a água de alcatrão suscitar o sono e tranquilizar os espíritos daqueles que sofrem de terríveis insônias, ocasionadas pela doença ou por uma aplicação mental muito intensa.

87. No curso das doenças, às vezes sucedem acidentes externos por causa de um mau tratamento, outras vezes há causas internas latentes que operam junto com a infecção específica ou a causa particular da doença. As causas das doenças são frequentemente complexas, e pode haver algo na idiossincrasia do paciente que confunde o médico. Portanto, pode-se presumir que nenhum medicamento, em nenhuma doença, é infalível. Mas, como a água de alcatrão possui tanto as virtudes de fortificar o estômago como as de purificar e revigorar o sangue, mais do que qualquer medicamento que eu conheço, pode-se presumir que ela seja de grande e geral eficácia em todas aquelas numerosas doenças que surgem da impureza e insipidez do sangue, ou da má digestão. Os espíritos animais[48] são elaborados a partir do sangue. Por conseguinte, conforme seja o sangue, os espíritos animais serão mais ou menos abundantes, mais ou menos fortes. Isso mostra a utilidade da água de alcatrão em todos os casos de histeria e hipocondria, os quais, junto com as doenças provenientes da indigestão, abrangem quase a totalidade do grupo de doenças crônicas.

61 // 88. O *escorbuto* pode ser considerado nestes climas uma doença universal, a qual as pessoas em geral estão sujeitas, e que se mistura mais ou menos com quase todas as doenças. Quer esta doença provenha da falta de elasticidade de nosso ar, do qual depende a tensão dos vasos, e desta as diversas secreções, quer ela provenha da umidade de nosso clima ou do peso de nossa comida, ou dos sais em nossa atmosfera, ou de todas essas circunstâncias juntas, não me parece absurdo supor que, como os médicos

---

48 A noção de "espíritos animais" remonta aos estoicos. Na filosofia moderna, remete a uma teoria fisiológica da percepção sensorial amplamente partilhada ou referida por filósofos como Descartes, Malebranche, Locke e outros. Essa teoria descrevia os nervos como canais ocos com um fluido sutil, denominado "espírito animal", movendo-se dentro deles. Até 1749, quando David Hartley apresentou a teoria dos nervos como filamentos que vibram quando estimulados, era um conceito bastante aceito. (N. T.)

na Espanha e na Itália estão propensos a suspeitar que a contaminação venérea seja um princípio latente e que está presente em toda as doenças, então, por uma boa razão, o escorbuto deveria ser considerado por nossos médicos como responsável, em alguma medida, pela maior parte das doenças e abalos de saúde que aparecem em seu caminho. É certo que a nossa transpiração não é tão livre como em um ar mais arejado e em climas mais quentes. Os humores orgânicos transpiráveis que não são expelidos ficam estagnados e apodrecem. Uma dieta com carne animal será propensa a tornar alcalescentes os sucos orgânicos de nossos corpos. Por isso produz humores orgânicos serosos e corrosivos, assim como muitas doenças. O ar úmido torna o sangue viscoso, e o ar salino o inflama. Daí porque os vasos capilares se rompem, o sangue extravasa, e aparecem manchas e úlceras e outros sintomas escorbúticos. O corpo humano atrai e absorve a umidade, e os sais do ar e tudo o que flutua na atmosfera, a qual, como é comum a todos, afeta a todos em maior ou menor medida.

89. O Dr. Musgrave[49] acha que o escorbuto de Devonshire é um vestígio da lepra, e que não se deve às qualidades do ar. Mas como esses ilhéus em geral vivem em um ar denso e salino, e como seus vasos são menos elásticos e consequentemente menos capazes de assimilar e eliminar o que seus corpos absorvem como esponjas, poderíamos ser tentados a suspeitar que o ar tem algo a ver, especialmente em uma situação como a dos habitantes de Devonshire. Em todas essas ilhas britânicas gozamos de um clima bastante temperado, cujo efeito é que não temos nem calor suficiente para que os vapores densos se exalem e dissipem, como na Itália, nem frio suficiente para que sejam condensados e precipitados, como na Suécia. Assim, eles ficam flutuando no ar que respiramos constantemente e absorvemos através de toda a superfície de nossos corpos. E isso, junto com as exalações de carvão queimado e os vários vapores fósseis que se encontram em abundância, contribui amplamente para nos tornarmos escorbúticos e hipocondríacos.

90. Há algumas pessoas que derivam todas as doenças do escorbuto, o qual, de fato, devemos reconhecer, provoca ou imita a maior parte das

---

49 Musgrave, *De arthritide symptomatica dissertatio*, 1703, 6.6, p.33. (N. T.)

62 outras // doenças. Boerhaave nos diz[50] que ele produz as dores pleuríticas, cólicas, dores nefríticas e hepáticas, diversas febres ardentes e malignas, disenterias intermitentes, desvanecimentos, ansiedades, hidropesias, tísica, convulsões, paralisias e hemorragias. Em suma, pode-se dizer que contém as sementes e a origem de quase todas as doenças. De tal maneira que um medicamento que cura todos os tipos de escorbuto pode ser considerado bom para a maioria das outras doenças.

91. O escorbuto se assemelha à maioria das doenças não só pela variedade de sintomas, mas também, quando chega à sua plena manifestação, iguala-se em seu grau de virulência. Temos uma notável prova disto na horrível descrição dos pacientes com escorbuto nos hospitais de Paris, dada pelo senhor Poupart,[51] nas *Memórias da Academia Real de Ciências* do ano de 1699. Esse autor crê ter visto alguma semelhança com a peste de Atenas.[52] É difícil imaginar algo mais terrível do que o caso daqueles homens, apodrecendo vivos por causa do escorbuto em seu mais alto grau. Para evitar tal putrefação, acredito que o método mais eficaz seria embalsamar (se assim se pode dizer) o corpo vivo com água de alcatrão bebida copiosamente; e essa crença não carece de base na experiência.

92. É opinião aceita que os sais animais de um corpo sadio são de uma natureza neutra, suave e benigna; isto é, os sais nos sucos orgânicos, passadas as *prima viae*, não são nem ácidos nem alcalinos, tendo sido integrados na constituição do corpo e transformados em uma terceira natureza. Quando a constituição carece de força para fazer isso, o alimento não é devidamente assimilado; e na medida em que os sais retêm suas qualidades primitivas, surgem sintomas doentios; os ácidos e os álcalis não perfeitamente subjugados produzem fermentos fracos nos sucos orgânicos. Daí o escorbuto, a caquexia e uma longa série de males.

93. A caquexia ou mau hábito é muito similar ao escorbuto, procede das mesmas causas e é acompanhada de sintomas semelhantes, que são tão numerosos e variados que o escorbuto pode muito bem ser visto como uma

---

50 Boerhaave, *Aphorismi de cognoscendis et curandis morbis*, 1728, p.280. (N. T.)

51 Poupart, *Philosophical Transactions*,1708, n. 318 (N. T.)

52 Peste do ano de 430 a.C., descrita por Tucídides na *História da Guerra do Peloponeso*, 47, 3-54 e por Lucrécio em *Sobre a natureza das coisas*, 6, p.1138-1286. (N. T.)

caquexia geral, que contagia toda a constituição física, e perturba todas as

63 digestões. Alguns calcularam que há // tantos tipos de escorbuto quantas são as diferentes infecções do sangue. Outros supõem que seja uma conjunção de várias doenças juntas. Alguns supõem que seja um acúmulo de várias doenças *in fieri*.[53] Outros, finalmente, o tomam como uma reunião das sequelas de doenças passadas.

94. Em todo caso, é certo que a cura do escorbuto não pode ser tentada por meio de medicamentos fortemente ativos, como não se pode (para usar a comparação de um escritor engenhoso) remover à força um espinho da carne, ou uma mancha de breu da seda. O humor orgânico viscoso deve ser suavemente dissolvido e diluído, a elasticidade dos vasos deve ser recuperada por uma estimulação moderada, e é necessário que as fibras delicadas e os vasos capilares sejam gradualmente liberados do material concreto que adere a eles e os obstrui. Tudo isso se realiza da maneira mais adequada com um diluente aquoso que contenha um sabão vegetal fino. E, embora uma cura completa por meio de remédios restauradores que operam nos pequenos capilares, e por descargas insensíveis, requeira certo tempo, ainda assim os bons efeitos deste medicamento em pessoas caquéticas e com escorbuto são logo percebidos pela mudança que produz em seu aspecto pálido e descorado, ocasionando um semblante corado e saudável em menos tempo do que talvez qualquer outro medicamento.

95. Os médicos supõem que a causa imediata do escorbuto se encontra no sangue, cuja parte fibrosa é demasiado espessa e o soro demasiado rarefeito e ácido; e que por isso surge a grande dificuldade na cura, porque na correção de uma parte se deve prestar atenção na outra. Sabe-se muito bem como é extremamente difícil curar um escorbuto crônico: quantos pacientes com escorbuto pioraram mediante um uso indiscriminado de evacuações; quantos até mesmo se tornaram incuráveis pelo tratamento de médicos imprudentes; e quão difícil, tediosa e incerta é a cura nas mãos mesmo dos melhores médicos, que são obrigados a usar tal variedade de medicamentos e trocá-los nas diferentes fases dessa doença, que, no entanto, pode ser curada (a julgar pelas minhas próprias experiências) pelo uso exclusivo, regular, constante e abundante de água de alcatrão.

---

53 "em vias de aparecer". (N. T.)

George Berkeley

96. A água de alcatrão engrossa moderadamente, com as suas virtudes balsâmicas, a parte rarefeita e ácida do sangue, tornando-o mais suave. Ao mesmo tempo, sendo um medicamento saponáceo, dissolve as concreções grumosas da parte fibrosa. Como um bálsamo, ela destrói a acrimônia ulcerosa dos humores orgânicos e, como um desobstruente, abre e limpa os vasos, restaura sua elasticidade e fortalece a digestão, cujos defeitos são a principal causa do escorbuto e da caquexia.

// 97. Na cura do escorbuto, o objetivo principal é reduzir a acrimônia do sangue e dos sucos orgânicos. Mas, como essa acrimônia procede de causas diferentes, ou mesmo de causas opostas entre si, umas ácidas, outras alcalinas, o que é bom em um tipo de escorbuto se mostra perigoso ou mesmo mortal em outro. Sabe-se muito bem que os antiescorbúticos quentes, nos casos em que os sucos orgânicos corporais são alcalescentes, agravam a doença. E as frutas e os vegetais azedos produzem um efeito semelhante no escorbuto, causado por uma acrimônia ácida. Consequentemente, erros fatais são cometidos por médicos incautos, que, não distinguindo a natureza da doença, frequentemente a agravam em vez de curá-la. Se posso confiar nas experiências que consegui realizar, essa água é boa nos vários tipos de escorbuto, ácido, alcalino e muriático, e acredito que seja o único medicamento que cura a todos sem causar dano a ninguém. Como contém um ácido volátil (§ 7) com um óleo volátil fino, não vejo por que um medicamento em parte refrescante e em parte escaldante não possa ser um remédio para ambos os extremos (§ 72). Observei que ele produz um calor moderado agradável sem esquentar, algo que deve ser buscado em todos os tipos de escorbuto. Além disso, o bálsamo na água de alcatrão recobre igualmente todos os sais escorbúticos, e suas grandes virtudes como um digestivo e desobstruente são de uso geral em todos os casos de escorbuto e, devo acrescentar, em todas os casos crônicos.

98. Não posso estar seguro de ter experimentado a água de alcatrão em um caso de escrofulose, embora a tenha experimentado com sucesso em um caso que suspeitava que fosse. E creio que ela seria muito útil em semelhantes doenças. Pois, embora o Dr. Gibbs, em seu tratado sobre o mal do rei derive essa doença de um ácido coagulante, o que também é aceito por alguns outros médicos, e embora a água de alcatrão contenha um ácido, contudo, como

Siris

ela é um sabão (§ 58), ela dissolve em vez de coagular os sucos orgânicos do corpo.

99. Para as doenças de histeria e hipocondria, as quais são tão frequentes entre nós, comumente se supõe que todos os ácidos são ruins. Mas me aventurarei a excetuar o sabão ácido da água de alcatrão, tendo descoberto, graças a minha experiência e à de muitos outros, que ele anima os espíritos e é um excelente anti-histérico, não menos inofensivo do que potente, o que não se pode dizer daqueles outros de uso comum, que muitas vezes deixam as pessoas em situação pior do que se encontravam.

100. Muitos médicos consideram que a salivação mercurial é a única cura para o escorbuto quando ele se manifesta em alto grau. Pelo choque veemente // que a salivação produz em todo o organismo, e pela secreção perceptível que produz, pode ser considerada mais adequada para semelhante efeito. Mas é preciso temer que a desordem ocasionada por esse processo violento nunca termine. O perigo imediato, os frequentes efeitos negativos, a extrema dificuldade e os delicados cuidados que acompanham este tratamento, fazem com razão com que as pessoas tenham motivos para temê-lo. E, embora a secreção perceptível nele seja, com tal tratamento, muito abundante, contudo, em um longo período de tempo, o uso da água de alcatrão pode produzir uma igualmente grande eliminação de sais escorbúticos pela urina e pela transpiração, cujo efeito duradouro, embora não seja tão perceptível, pode, não obstante, ser maior do que o da salivação, sobretudo se for verdade que na vida comum a transpiração imperceptível está para a nutrição, e para todas as excreções perceptíveis, como o cinco em relação ao três.

101. Muitos padecimentos causados pela histeria e pelo escorbuto, muitas infecções contraídas diretamente ou herdadas de seus ancestrais, afligem as pessoas que nestas ilhas gozam de boas condições, tornando-as, em geral, muito mais infelizes do que aqueles a quem a pobreza e o trabalho reservaram um destino de vida pior; cujos padecimentos poderiam ser eliminados ou aliviados com segurança com o simples uso da água de alcatrão, e aquelas vidas que parecem quase não valer a pena ser vividas devido à falta de apetite, desânimo, noites insones, dores e angústias assoladoras, poderiam tornar-se tranquilas e agradáveis.

102. Como os nervos são instrumentos da sensação, segue-se que os espasmos nos nervos podem produzir todos os sintomas e, por conseguinte, um distúrbio no sistema nervoso deve imitar todas as doenças e ocasionar, na aparência, uma asma, por exemplo, uma pleurisia ou um ataque de cálculo renal. Ora, tudo o que é bom para os nervos em geral é bom contra todos esses sintomas. Mas a água de alcatrão, uma vez que ela inclui em um grau eminente as virtudes das gomas e das resinas quentes, é de grande utilidade para aliviar e fortalecer os nervos (§ 86), curar os espasmos das fibras nervosas, também cãibras e dormência nos membros, removendo ansiedades e promovendo o sono; em todos esses casos, sei que ela tem muito êxito.

103. Este medicamento seguro e barato se adapta a todas as circunstâncias e a todas as constituições físicas, agindo suavemente, curando sem gerar efeitos colaterais, elevando os espíritos sem deprimi-los, uma circunstância que merece atenção reiterada, especialmente nestes climas, onde os licores fortes tão fatal e tão frequentemente produzem aqueles mesmos sofrimentos para os quais foram concebidos para remediar e, se não estou mal informado, mesmo entre as próprias damas, que são verdadeiramente dignas de compaixão. Sua condição de vida as torna vítimas de // desgraças imaginárias, que nunca deixam de crescer em mentes não exercitadas e desocupadas. Para se livrar delas, dizem, há aqueles que recorrem às bebidas alcoólicas. E não é improvável que sejam levados gradativamente, por algum farmacêutico complacente, ao uso desses venenos muito em voga na prática moderna: gotas contra a paralisia, cordiais à base de papoula, água contra a peste, e outros similares, que na verdade nada mais são do que bebidas alcoólicas disfarçadas, ainda que, como são provenientes dos boticários, sejam considerados medicamentos.

104. Muitos sábios antigos supunham que a alma humana estava encerrada no corpo humano como numa prisão, como castigo pelas faltas passadas.[54] Mas a pior prisão é o corpo de um epicurista indolente, cujo sangue é inflamado por licores fermentados (§ 66) e molhos picantes, ou que se tornou putrefeito, ácido e corrosivo pela estagnação dos sucos orgânicos

---

54 Noção órfica da alma. A esse respeito, ver os diálogos de Platão, *Fédon*, 62b; *Crátilo*, 400c; *Górgias*, 493a. (N. T.)

Siris

animais pela preguiça e indolência, cujas membranas são irritadas por sais pungentes; cuja mente é agitada por dolorosas oscilações do sistema nervoso (§ 86); e cujos nervos são mutuamente afetados pelas paixões irregulares de sua mente. Esse fermento introduzido na economia animal obnubila e confunde o intelecto. Produz terrores vãos e esperanças vazias, e estimula a alma com desejos insensatos, os quais, não sendo naturais, nada encontram na natureza que possa satisfazê-los. Não é de se admirar, portanto, que haja tantas pessoas distintas de ambos os sexos, que brilham por si mesmas, e pela sua fortuna, mas que dentro de si são miseráveis e fartas da vida.

105. A constituição física vigorosa e robusta das pessoas comuns as torna insensíveis a milhares de coisas que incomodam e irritam aquelas pessoas mais delicadas que, como se tivessem sua pele arrancada, sentem vivamente tudo o que as toca. O remédio para essa sensibilidade extraordinária e dolorosa é comumente procurado em licores fermentados ou talvez destilados, os quais tornam miseráveis muitas vidas que, de outra forma, seriam apenas ridículas. Os nervos sensíveis e o desânimo dessas pobres criaturas seriam muito aliviados pelo uso da água de alcatrão, que poderia prolongar e animar suas vidas. Portanto, recomendo a eles o uso de um cordial, não apenas seguro e inofensivo, mas também restaurador da saúde e do vigor com a mesma certeza que outros fortificantes o destroem.

106. Eu realmente acho que não há nenhum outro medicamento, qualquer que seja, tão eficaz para restabelecer uma constituição desequilibrada e animar uma mente melancólica, ou tão apropriado para destruir esse poder obscuro da // melancolia (§ 103) que exerce sua tirania sobre a classe superior (como é chamada) dessas nações livres, e as torna, apesar de sua liberdade e dos bens que gozam, escravas mais miseráveis do que até mesmo os súditos de um poder absoluto, que respiram ar puro em um clima ensolarado; enquanto os homens das classes inferiores frequentemente desfrutam de uma tranquilidade e satisfação que nenhuma vantagem de nascimento ou fortuna pode igualar. Esse, de fato, era o caso, quando apenas os ricos podiam se dar ao luxo de ser devassos; mas a situação mudou quando os próprios mendigos se tornaram devassos.

107. A virtude pública e o espírito da legislatura britânica nunca se mostraram mais evidentes em qualquer ato do que nessa lei que proíbe o

uso imoderado das bebidas alcoólicas entre as pessoas, cuja força e número constituem a verdadeira riqueza de uma nação, ainda que se tema que a arte do subterfúgio prevaleça enquanto forem toleradas bebidas alcoólicas de qualquer tipo, sendo o caráter dos ingleses em geral semelhante ao de Brutus, *Quicquid vult, valde vult.*[55] Mas, por que se toleraria semelhante cancro nos órgãos vitais do Estado, sob qualquer pretexto ou forma que seja? Seria muito melhor que todas os destiladores atuais fossem aposentados pelo público e que seu comércio fosse abolido por lei; uma vez que todo o benefício reunido que ele proporciona não compensaria a centésima parte do dano que causa.

108. Para provar os efeitos destrutivos de tais licores com respeito à espécie humana e aos indivíduos, não precisamos ir a um lugar tão longe quanto nossas colônias, ou onde vivem os selvagens nativos da América. Uma prova evidente pode ser obtida mais perto de nossa casa. Pois, embora haja em cada cidade ou distrito da Inglaterra algum bebedor contumaz, que serve como o chamariz do diabo para atrair prosélitos; no entanto, a saúde e a moral arruinadas, e a indigência de tantas pessoas, mostram de modo evidente que não precisamos de nenhum outro inimigo para completar nossa própria destruição além desse luxo barato acessível aos mais necessitados da nação, e se uma nação arde em ambos os extremos, deve ser logo consumida.

109. É muito lamentável que nossos ilhéus, que agem e pensam tanto por si mesmos, contudo, por causa da densidade do ar e da alimentação, se tornem estúpidos ou senis mais cedo do que outros povos, os quais, graças à elasticidade do ar, da ingestão de água e de alimentos leves, preservam // suas faculdades até a velhice extrema; uma vantagem que talvez possa ser aproximada, se não igualada, mesmo nessas regiões, pela água de alcatrão, pela temperança e hábito de levantar cedo. Este último é um acréscimo seguro à vida, não só em relação ao tempo que se acrescenta às horas de vigília, subtraindo-as do sono, essa imagem da morte, senão também em relação à longevidade e à duração no sentido vulgar. Posso dizer também o mesmo em relação à energia e à vivacidade, das quais se pode dizer certamente e com propriedade que, dentro de uma igual extensão de tempo, aumentam a vida humana; sendo manifesto que um homem, devido a um movimento mais

---

55 Cícero, *Ad Atticus*, 14.1. "O que ele quer, ele quer muito". (N. T.)

Siris

vigoroso de seus espíritos e uma sucessão mais rápida de suas ideias, pode viver mais em uma hora do que outro em duas; e que a quantidade de vida deve ser estimada não apenas pela duração, mas também pela intensidade com que é vivida. Essa intensidade de vida, ou, se assim posso dizer, vida animada, não é mais promovida por um regime de hábitos matinais do que pela água de alcatrão como um cordial que atua não apenas como um medicamento de ação lenta, mas também como um medicamento que produz um efeito reconfortante e imediato sobre os espíritos (§ 66).

110. Deve-se reconhecer que a luz atraída, secretada e retida no alcatrão (§§ 8, 29,40) e, posteriormente, transmitida a suas partículas balsâmicas mais sutis pelo mênstruo suave de água fria, não é um desses medicamentos violentos e repentinos, que sempre produzem seus efeitos de uma só vez (os quais, por irritarem, muitas vezes fazem mais mal do que bem), mas um remédio restaurador seguro e suave, que penetra em todo o organismo, abre, cura e fortalece os vasos remotos, altera e impulsiona seus conteúdos e penetra nos capilares mais diminutos, e não pode, portanto, a não ser aos poucos e com o passar do tempo, operar uma cura radical de doenças crônicas. No entanto, ele proporciona alívio rápido na maioria dos casos, como experimentei em mim mesmo e em muitos outros. Surpreendi-me ao ver que pessoas que ficaram abatidas e fracas por causa de uma má digestão, depois de algumas semanas recuperam o funcionamento do estômago, e com isso ganharam peso e força, como se estivessem renovadas, pelo consumo de água de alcatrão. A intensidade e quantidade dessa água a ser ingerida por cada pessoa são mais bem determinadas com base na experiência. E quanto à duração do tratamento, eu nunca soube que resultasse qualquer mal por maior que fosse o tempo de sua aplicação, mas, pelo contrário, muitas e grandes vantagens, que às vezes não se faziam notar senão depois de dois ou três meses de tratamento.

111. Sabemos por Plínio que na primeira fermentação do vinho novo ou do *mustum*, os antigos costumavam borrifá-lo com resina em pó, o que lhe conferia uma certa vivacidade, *quaedam saporis acumina*.[56] Consideravam que isso melhorava seu aroma // e sabor, e, não duvido, também sua salubridade. A resina velha e marrom, ou seja, o alcatrão endurecido, era a mais

---

56 "algum toque de sabor acentuado". (N.T.)

requisitada para esse fim, por ser a mais fácil de pulverizar e peneirar. Eles também costumavam aromatizar com breu ou resina os barris nos quais amadureciam seus vinhos. E eu não tenho dúvidas de que, se nossos vinicultores tentassem tratar seus vinhos com os mesmos ingredientes, poderiam melhorá-los e preservá-los com menos dificuldade e despesas para eles próprios e menos perigo para os outros. Quem quiser saber mais detalhes sobre este assunto pode consultar Plínio[57] e Columella.[58] Devo apenas acrescentar que sem dúvida a cerveja poderia ser melhorada da mesma maneira.

112. A ῥητίνη de Teofrasto e a *resina* de Plínio são algumas vezes usadas em um sentido geral para significar todos os tipos de exsudações oleosas e viscosas de plantas ou árvores. O suco orgânico aguado e em estado natural que se eleva no início da primavera é gradualmente amadurecido e condensado pelo calor solar, convertendo-se, seguindo a ordem das estações, em um óleo, um bálsamo, e, por fim, uma resina. E os químicos observaram que a terebintina dissolvida sem fogo brando é, pela operação constante do calor, sucessivamente transformada em óleo, bálsamo, breu, e em resina dura e friável, que se incorporará ao óleo ou espírito retificado,[59] mas não à água.

113. Sir John Floyer[60] observa que precisamos de um método para o uso da terebintina; e nos diz também que aquele que acertar no melhor método para administrar a terebintina produzirá grandes curas na gota, cálculos, catarros, hidropsias, escorbutos frios, reumatismos, úlceras e obstruções das glândulas. Por último, acrescenta que, por sua utilidade para alterar e corrigir os sucos orgânicos e fibras, a terebintina deve ser administrada com frequência, e em pequenas quantidades de cada vez, e de uma maneira muito suave, para não ofender o estômago (§ 9) e permanecer mais tempo no corpo sem ser eliminada; dado que em grandes doses (diz ele) atravessa muito rápido o organismo, além de produzir dor de cabeça. Ora, a infusão de alcatrão ou terebintina em água fria parece proporcionar o próprio método desejado, pois permite eliminar as partes mais grossas e untuosas

---

57 Plínio, *Hist. nat.*, 14. 25. (N. T.)

58 Columella, *De re rústica*, 12. 23, 24. (N. T.)

59 Ou seja, depurado novamente por destilação. (N. T.)

60 Floyer, *Medicina gerocomica, or the gallenic art of preserving old men's healths*, 1725, p.155-7. (N. T.)

(§ 47), que podem ofender o estômago, os intestinos e a cabeça; além disso, pode ser facilmente ingerida, e com tanta frequência, e em tal quantidade e tal grau de força, como for adequado ao caso do paciente. Não se deve supor que o espírito sutil e o óleo volátil obtidos pela infusão de alcatrão (§§ 7, 42, 58) sejam inferiores aos da terebintina, aos quais // adiciona-se a virtude da fuligem da madeira, que se sabe que é benéfica para dor de cabeça e para os nervos; e isso parece evidente pela maneira como se obtém o alcatrão (§ 13). E, como as partes sutis e voláteis do alcatrão ou terebintina são extraídas mediante infusão em água fria e facilmente transportadas por todo o sistema do corpo humano, parece portanto que se poderia utilizar o mesmo método com todos os tipos de bálsamos ou resinas, como o modo mais rápido, fácil e inofensivo, e em muitos casos o mais efetivo para obter e transmitir suas virtudes.

114. Depois de ter falado tanto sobre os usos do alcatrão, devo acrescentar ainda que, escovando-se os dentes com ele, é excelente para conservar os dentes e as gengivas, que purifica o hálito e que clareia e fortalece a voz. E, como seus efeitos são diversos e úteis, não há nada a temer da ação de um remédio restaurador tão suave e favorável à natureza. Era uma máxima sábia de certos filósofos antigos, que as doenças não deveriam ser irritadas por medicamentos. Mas nenhum medicamento perturba menos que este a economia animal (§ 133), e, se posso confiar em minha própria experiência, nunca produz nenhum distúrbio no paciente quando bem administrado.

115. Na verdade, conheci uma pessoa que tomou um copo grande de água de alcatrão pouco antes do café da manhã, o que lhe causou náusea e mal-estar invencíveis, embora antes já tivesse recebido dela o maior benefício. Mas, se a água de alcatrão for tomada e preparada da maneira prescrita no início deste ensaio, ela terá, se não me engano, sal suficiente para ser benéfica e bem pouco óleo para ser inofensiva. Refiro-me à minha própria maneira de prepará-la, e não à maneira dos americanos, que às vezes a preparam muito forte e às vezes fraca demais; ainda que esta água de alcatrão possa servir como preventivo contra a varíola, talvez não seja útil em todos aqueles casos nos quais descobri que ela tem sucesso. As pessoas mais delicadas do que o normal podem torná-la mais palatável misturando em cada copo uma gota de óleo químico e de noz-moscada ou uma colher de vinho

da montanha. Talvez não seja inoportuno observar que conheci algumas pessoas, cujos estômagos delicados não a suportam pela manhã, // que, no entanto, podem tomá-la à noite antes de ir para a cama sem qualquer inconveniente; e que para alguns assenta melhor quente, para outros, fria. Ela pode ser preparada mais forte para os animais, como os cavalos, em cujas doenças eu a achei muito útil, e acredito que é melhor que aquela substância betuminosa chamada alcatrão de Barbados.

116. Em casos muito perigosos e graves, pode-se tomá-la em grande quantidade, e frequentemente, tanto quanto o estômago pode suportar. Mas, em casos crônicos, pode bastar cerca de meio quartilho à noite e de manhã ou, no caso de que uma dose tão forte se mostre desagradável, a metade dessa quantidade pode ser tomada em quatro momentos, a saber, de manhã, cerca de duas horas depois do café da manhã, cerca de duas horas depois do jantar e à noite, antes de dormir. Um medicamento de tão grande virtude contra tantas doenças diferentes, e especialmente contra esse grande inimigo que é a febre, deve ser um grande benefício para a humanidade em geral. No entanto, existem três tipos de pessoas a quem eu o recomendaria de maneira peculiar: para os marinheiros, para as mulheres e para os homens estudiosos e de vida sedentária.

117. Estou convencido de que esta água de alcatrão seria muito benéfica para os marinheiros e para todos os navegadores que estão sujeitos às doenças do escorbuto e a febres infecciosas, especialmente durante as longas viagens ao sul. E isso deveria merecer uma atenção especial no curso atual das expedições marítimas, quando muitos de nossos compatriotas morreram por causa de tais doenças, contraídas no mar e em climas estrangeiros. O que, é provável, poderia ter sido prevenido mediante o uso abundante de água de alcatrão.

118. Esta mesma água também proporcionará uma assistência caritativa às mulheres (§ 103), que muitas vezes a necessitam mais do que os pobres da paróquia; sendo muitas delas incapazes de fazer uma boa refeição, sentando-se pálidas, fracas e pavorosas como fantasmas ante suas próprias mesas, vítimas da depressão e da indigestão.

119. Também são dignas de compaixão as pessoas estudiosas, que estão encerradas em espaços estreitos, respirando um ar pesado e curvando-se

sobre seus livros. Como estão privadas do livre uso do ar e de exercícios, atrevo-me a recomendar a água de alcatrão como o melhor substituto para ambos. Embora fosse desejável que os estudantes atuais, como os da Antiguidade, meditassem e conversassem mais em passeios e jardins e ao ar livre, o que de um modo geral talvez não constituísse um obstáculo para sua aprendizagem e seria de grande vantagem para sua saúde. Meu próprio modo sedentário de vida me levou há muito tempo a uma grave enfermidade, // acompanhada de muitos padecimentos, especialmente uma cólica nervosa, que tornou minha vida um fardo, e mais ainda porque minhas dores eram exasperadas pelo exercício. Mas desde que uso a água de alcatrão noto que, embora não tenha me recuperado perfeitamente da minha velha e enraizada doença, pelo menos experimento um retorno gradual de saúde e bem-estar, que considero que se deve ao fato de ter tomado esse medicamento, a maior de todas as bênçãos temporais; e estou convencido de que, depois da providência, é a ele que devo minha vida.

120. Na destilação da terebintina e outros bálsamos por um calor suave, observou-se que surge primeiro um espírito ácido ($\S$ 7) que se mistura com a água, cujo espírito se perderia se o fogo não fosse muito suave. Um químico e médico versado[61] nos informa que este agradável espírito ácido que se desprende primeiro é altamente refrigerador, diurético, sudorífico, balsâmico, ou que previne contra a putrefação, excelente em casos de doenças nefríticas e para saciar a sede — todas essas virtudes que estão contidas na infusão fria, que extrai do alcatrão apenas sua fina nata ou quintessência, se assim posso me expressar, ou o espírito vegetal nativo, junto com um pouco de óleo volátil.

121. O princípio que distingue a todos os vegetais, e do qual dependem seu aroma, sabor e suas propriedades específicas, parece ser algum espírito extremamente fino e sutil, cujo veículo imediato é um óleo volátil também muito fino, que é ele mesmo retido em uma resina ou bálsamo mais denso e viscoso, alojado em células adequadas na casca e nas sementes, e que é mais abundante no outono ou no inverno, depois que os sucos orgânicos em estado natural foram completamente misturados, amadurecidos e

---

61 Boerhaave, *Elementa chemiae*, 1732, 2, p.150. (N. T.)

impregnados com luz solar. O próprio espírito é considerado por alguns como um óleo altamente refinado, de modo a se misturar com a água. Mas esse óleo volátil não é o espírito, senão apenas seu veículo, uma vez que os óleos aromáticos por muito tempo expostos ao ar perderão seu cheiro e sabor específicos, que evolam com o espírito ou o sal vegetal, sem qualquer diminuição perceptível do óleo.

122. Pode-se com razão supor que os sais voláteis que são liberados e elevados por um calor moderado são essenciais (§ 8), e preexistentes no vegetal; considerando que os químicos mais recentes supõem, com base em bons fundamentos, que os sais lixiviais fixos, obtidos pela incineração do substrato, cujas partes naturais constituintes foram alteradas ou destruídas pela força extrema do fogo, não preexistiam, já que, de acordo com os experimentos do Signor Redi,[62] parece claro que nenhum desses sais preserva as virtudes dos respectivos substratos vegetais, e que são todos igualmente purgativos e, em igual grau, qualquer que seja a forma de suas pontas, sejam pontiagudas ou obtusas. Mas, embora os sais fixos ou lixiviados possam não conter as propriedades originais do substrato, ainda assim os sais voláteis, desprendidos dos vegetais por um calor moderado, podem preservar suas virtudes naturais, e esses sais são facilmente absorvidos pela água.

73 // 123. Pode-se supor que o mais volátil dos sais, e a parte mais atenuada do óleo, seja a primeira e mais pronta para impregnar uma infusão fria (§§ 1, 7). E isso nos ajudará a explicar as virtudes da água de alcatrão. Esse ácido volátil dos vegetais, que resiste à putrefação e é o seu grande conservante, está encerrado em um óleo sutil misturável com água, óleo que por sua vez está ele mesmo aprisionado na resina ou na parte mais grossa do alcatrão, da qual é facilmente desprendido e obtido em estado puro pela ação da água fria.

124. Observa-se que os ácidos nativos suaves atuam com maior moderação e mais a fundo para dissolver os corpos metálicos do que os espíritos ácidos mais fortes produzidos por um fogo veemente; e pode-se suspeitar que têm a mesma vantagem de um medicamento. E como nenhum ácido, pela observação de alguns dos melhores químicos, pode ser obtido da

---

62 Redi, *Esperienze intorno a'sali fattizi*, 1674. (N. T.)

Siris

substância dos animais completamente assimilada, segue-se que os ácidos recebidos em um corpo saudável devem ser bastante subjugados e modificados pelos poderes vitais: mas é mais fácil subjugar e assimilar os ácidos mais suaves do que os ácidos mais fortes (§ 48).

125. Sei bem que em tais assuntos os argumentos carecem de evidências, e que os meus não alcançam o que poderiam ter alcançado se tivesse melhor saúde, ou as oportunidades // que um intercâmbio com pessoas versadas oferece, do qual estou privado neste canto remoto.[63] No obstante, continuarei como comecei, e prosseguirei, por meio da razão, fazendo conjecturas e recorrendo a autoridades, para iluminar o melhor que eu puder as passagens obscuras que se encontram no caminho.

126. Sir Isaac Newton,[64] Boerhaave[65] e Homberg[66] estão todos de acordo que o ácido é uma substância fina e sutil, que permeia todo o globo terrestre; que produz diversos tipos de corpos, visto que se une a diferentes substratos. O ácido, segundo Homberg, é o sal puro, o sal como princípio, em si mesmo semelhante e uniforme, mas que nunca se encontra sozinho. E, embora este princípio seja chamado de sal da terra, parece não obstante que pode ser mais apropriadamente chamado de sal do ar, já que a terra revolvida e em repouso o recebe do ar. E parece que este é o grande princípio da vegetação, que se introduz na terra por meio de todos os tipos de adubos, bem como por meio do ar. Admite-se que este ácido é a causa da fermentação em todos os licores fermentados. Por que, então, não se pode supor que ele fermenta a terra e constitui aquele princípio sutil e penetrante que introduz e assimila o alimento das plantas, e que é tão fugidio a ponto de escapar de todas as filtrações e investigações dos mais meticulosos observadores?

127. Sir Isaac Newton e Monsieur Homberg sustentam a doutrina de que o ácido aquoso é o que torna o sal solúvel na água, e que é também o que, unido às partes terrosas, faz delas um sal. Portanto, deve-se considerar que os órgãos das plantas são vasos (§§ 30, 31, 35), que o emprego,

---

63 Em Cloyne, no condado irlandês de Cork. (N. T.)

64 Newton, *De natura acidorum*, 1692. (N. T.)

65 Boerhaave, *Elementa chemiae*, 1732, I, p.75. (N. T.)

66 Homberg, "Essais de chimie", 1702, p.36. (N. T.)

a extensão e a dilatação dos vasos pelos licores constitui o que se chama de vegetação ou crescimento da planta. Mas a terra mesma não é solúvel em água, de modo a formar com ela um fluido vegetal. Portanto, as partículas da terra devem ser unidas com um ácido aquoso; ou seja, devem se tornar sais, a fim de se dissolverem na água, para que, na forma de um suco orgânico vegetal, possam passar pelos // filtros e vasos da raiz para o corpo da planta, inchando e distendendo suas partes e órgãos, ou seja, aumentando seu volume. Portanto, o que a terra fornece aos vegetais é, na realidade, a terra transformada em sal. E tornar a terra fértil é fazer com que muitas de suas partículas assumam uma forma salina.

128. Por isso, observa-se que há mais sais na raiz do que na casca, mais sais nos vegetais durante a primavera do que no outono ou inverno, já que os sucos orgânicos salinos em estado natural nos meses de verão são em parte evaporados e em parte amadurecidos pela ação e mistura de luz. É também o que explica por que arar a terra favorece a vegetação, já que revolvê-la aumentará sua superfície e permitirá que ela receba mais ácido do ar, e por que as cinzas, a cal e a argila queimadas são adubos tão proveitosos – sendo o fogo na realidade o ácido, como se prova mais adiante (§ 202). As margas e as conchas também são úteis, uma vez que esses corpos alcalinos atraem o ácido e, em contato com ele, produzem uma efervescência, que favorece assim a fermentação na terra. Os excrementos dos animais e os vegetais em decomposição contribuem da mesma maneira para a vegetação, aumentando os sais da terra. E onde a terra não cultivada está bem revolvida e permanece muito tempo em repouso para receber o ácido do ar em todas as suas partes, isso por si só será suficiente para transformar muitas partículas do terreno em sais e, consequentemente, torná-las solúveis em água e, portanto, um alimento adequado para os vegetais.

129. O ácido, diz Homberg,[67] está sempre ligado a algum enxofre, que o determina a esta ou aquela espécie, produzindo diferentes sais, segundo seja o enxofre vegetal, betuminoso ou metálico. Mesmo os sais alcalinos, sejam eles voláteis ou lixiviais, não são supostamente outra coisa senão o mesmo

---

67 Homberg, "Essais de chimie", 1702, p.37. (N. T.)

Siris

ácido estritamente retido pelo óleo e pela terra, apesar da extrema força do fogo, que se aloja neles sem ser capaz de expelir alguns restos do ácido.

130. "Os sais", de acordo com Sir Isaac Newton, "são terra seca e ácido aquoso unidos por atração",[68] o ácido tornando-os solúveis na água (§ 127). Ele supõe que o ácido aquoso flui ao redor da parte terrestre, assim como o oceano o faz ao redor da terra, sendo atraído por ela; e compara cada partícula de sal a um caos, do qual a maior parte interna é dura e terrosa, mas a superfície é suave e aquosa. Neste sentido, tudo o que atrai e é atraído com maior força é um ácido.

// 131. Parece impossível determinar as figuras dos sais particulares. Todos os dissolventes ácidos, junto com os corpos dissolvidos, são propensos a projetar-se em determinadas figuras, e se supõe que as figuras nas quais os sais fósseis se cristalizam são as próprias formas naturais desses sais e seus ácidos. Mas Homberg[69] mostrou claramente o contrário, visto que o mesmo ácido, ao dissolver corpos diferentes assume formas diferentes. O espírito do salitre, por exemplo, quando dissolve o cobre, forma cristais hexagonais; quando dissolve o ferro, forma quadrados irregulares; e, novamente, quando dissolve a prata, forma cristais finos de figura triangular.

132. Homberg, no entanto, sustenta em geral que os ácidos têm a forma de adagas, e os álcalis, de bainhas, e que, movendo-se no mesmo líquido, as adagas penetram nas bainhas preparadas para recebê-los com tal violência que aumenta aquela efervescência observada na mistura de ácidos e de álcalis. Mas parece muito difícil imaginar como ou por que a mera configuração das adagas e das bainhas flutuando no mesmo líquido deveria fazer com que as primeiras entrassem com tal veemência e dirigissem suas pontas tão acertadamente para as segundas, da mesma forma como seria difícil imaginar que uma quantidade de pinos e plugues flutuando juntos na mesma água devessem se introduzir uns nos outros.

133. Parece que se pode explicar o fenômeno de uma maneira mais satisfatória pela hipótese de Sir Isaac Newton. Ele atribui a todos os ácidos uma

---

68 Newton, *Óptica*, III, 1, q. 31. (N. T.)

69 Homberg, "Essais de chimie", 1702, p.45. (N. T.)

atração veemente em virtude da qual supõe que eles atacam, penetram, agitam e dividem os corpos mais sólidos, e que fazem fermentar o líquido dos vegetais. É nessa atração que Sir Isaac situa toda a sua atividade: e parece, de fato, que as figuras dos sais não teriam tal eficácia para produzir seus efeitos quanto os fortes poderes de atração pelos quais eles são agitados e agitam os outros corpos; especialmente se for verdade (o que foi observado antes) que os sais lixiviosos são igualmente purgativos, seja qual for a forma de seus ângulos, sejam mais ou menos agudas ou obtusas.

134. Sir Isaac Newton explica por que o ácido aquoso torna os corpúsculos terrosos solúveis em água, supondo que o ácido seja um meio termo entre a terra e a água, sendo suas partículas maiores do que as da água e menores do que as da terra, e que ele atrai a ambas intensamente. Mas talvez não haja nenhuma razão necessária para supor que as partes do ácido sejam mais grossas do que as partes da água a fim de produzir // esse efeito. Isso não pode ser explicado também atribuindo-lhes apenas uma forte atração ou coesão com os corpos aos quais elas se unem?

135. O espírito ácido ou sal, esse poderoso instrumento nas mãos da natureza, que reside no ar e está difundido por todo esse elemento, é discernível também em muitas partes da terra, particularmente nos fósseis, como enxofre, vitríolo e alúmen. Homberg já havia observado que esse ácido nunca se encontra em estado puro, mas que sempre está unido com o enxofre, e que é classificado pela diferença de seus enxofres, segundo sejam minerais, vegetais ou animais.

136. Os sais são vulgarmente considerados como os princípios químicos mais ativos. Mas Homberg[70] deriva toda a sua atividade do enxofre unido a eles; dos quais também, como já foi dito, ele deriva todos os seus tipos e diferenças (§ 129). O sal, a água, o óleo e a terra parecem ser em sua origem os mesmos em todos os vegetais. Toda a diferença, de acordo com os químicos, provém de um espírito que reside no óleo, que se chama *rector* ou *archaeus*.[71] Os químicos o chamam ainda de *ens primum*, ou o espírito nativo;

---

70 Homberg, "Essais de chimie", 1702, p.37. (N. T.)
71 Referência a um dos princípios da biologia e da química de Paracelso. (N. T.)

é dele que dependem e no qual estão contidos o sabor e odor peculiar, as qualidades e as virtudes específicas da planta.

137. Esses espíritos nativos ou almas vegetais são todos aspirados ou exalados no ar, que parece ser o receptáculo e também a fonte de todas as formas sublunares, a grande massa ou caos que os comunica e os recebe. O ar ou atmosfera que envolve nossa terra contém uma mistura de todas as partes voláteis ativas de todo o mundo habitável, isto é, de todos os vegetais, minerais e animais. Tudo o que transpira, se corrompe ou exala, impregna o ar, o qual, ao receber a ação do fogo solar, produz dentro de si mesmo todos os tipos de operações químicas, distribuindo mais uma vez, em novas gerações, aqueles sais e espíritos que havia recebido das putrefações.

138. As oscilações perpétuas deste elemento elástico e em perene movimento operam sem cessar em todas as coisas que têm vida, sejam animais ou vegetais, mantendo suas fibras, vasos e fluidos em um movimento sempre cambiante, enquanto que o calor, o frio, a umidade, a sequidão e outras causas alteram a elasticidade do ar; o que // explica, deve-se reconhecer, numerosos efeitos. Mas há muitos outros que devem ser derivados de outros princípios ou qualidades que se encontram no ar. Assim, o ferro e o cobre são corroídos e se oxidam no ar, e os corpos de todos os tipos são dissolvidos ou corrompidos, o que mostra que um ácido abunda e se espalha pelo ar.

139. É por causa desse mesmo ar que o fogo ascende, que a chama da vida se preserva, que a respiração, a digestão, a nutrição, o ritmo cardíaco e o movimento de todos os músculos parecem ser realizados. O ar, portanto, é um agente geral, que não apenas exerce suas próprias qualidades ou poderes, mas que as faz surgir de todos os outros corpos, através da divisão, fragmentação e agitação de suas partículas, fazendo com que elas se desprendam e se tornem voláteis e ativas.

140. Nada fermenta, medra ou se putrefaz sem o ar, o qual opera com todas as virtudes dos corpos nele incluídos, isto é, de toda a natureza, não havendo droga, salutar ou venenosa, cujas virtudes não sejam exaladas no ar. Este, por conseguinte, é uma massa ativa de inúmeros princípios diferentes, a fonte geral da corrupção e da geração; por um lado, divide, desgasta e carrega as partículas dos corpos, isto é, corrompendo-as ou dissolvendo-as;

por outro, produzindo a existência de novas; destruindo e produzindo formas sem interrupção.

141. As sementes das coisas parecem estar latentes no ar, prontas para aparecer e produzir sua espécie sempre que pousam em uma matriz adequada. As sementes extremamente pequenas de samambaias, musgos, cogumelos e algumas outras plantas estão ocultas e flutuam no ar, e cada parte do qual parece repleta de sementes de um tipo ou outro. Toda a atmosfera parece viva. Em toda parte há ácido para corroer e sementes para engendrar. O ferro enferruja e o mofo cresce em todos os lugares. A terra virgem torna-se fértil, plantas novas aparecem regularmente; tudo isso monstra que o ar é um sementeiro comum e receptáculo de todos os princípios vivificantes.

142. Também se pode dizer que o ar é o sementeiro dos minerais e metais, assim como dos vegetais. O Sr. Boyle[72] nos informa que os // minérios exauridos de estanho e ferro expostos ao ar tornam-se novamente impregnados de metal, e que o minério de alúmen, tendo perdido seu sal, o recupera da mesma maneira. E há incontáveis exemplos de sais produzidos pelo ar, aquela vasta coleção ou tesouro de princípios ativos, da qual todos os corpos sublunares parecem obter suas formas, e da qual os animais dependem para sua vida e respiração.

143. Que há algum espírito vivificante latente disperso por todo o ar é o que a experiência comum monstra; na medida em que é necessário tanto para os vegetais quanto para os animais (§§ 138, 139), sejam terrestres ou aquáticos. Nem animais, nem insetos, nem pássaros, nem peixes subsistem sem o ar. Mas nem todo o ar é suficiente, já que existe uma certa qualidade, um ingrediente particular, cuja falta torna o ar impróprio para alimentar tanto a vida quanto a chama. E isso é assim apesar de o ar reter sua elasticidade; o que, aliás, é um argumento que prova que o ar não age apenas como um antagonista dos músculos intercostais. Ele tem esse e muitos outros usos. Dá e preserva um tom adequado aos vasos; esse fluido elástico promove todas as secreções; as suas oscilações mantêm todas as partes em movimento; ele permeia e atua em todo o organismo animal, produzindo grande variedade de efeitos, e mesmo opostos em diferentes partes, resfrian-

---

72 Boyle, *Philosophical Works*, 1738, v. 3, p.94, 97 e 80. (N. T.)

Siris

do e aquecendo ao mesmo tempo, distendendo e contraindo, coagulando e dissolvendo, dando e recebendo, sustentando a vida e prejudicando-a, pressionando por fora e expandindo por dentro, desgastando algumas partes, e ao mesmo tempo introduzindo e fornecendo outras, produzindo várias vibrações nas fibras e fermentações nos fluidos; tudo o que deve necessariamente resultar desse fluido tão sutil, ativo, heterogêneo e elástico.

144. Mas há, como observamos, alguma qualidade ou ingrediente no ar, do qual a vida depende mais imediata e principalmente. Ainda que os homens não estejam de acordo sobre que coisa é, contudo estão de acordo que deve ser a mesma coisa que sustenta a chama vital e a comum; verificando-se que quando o ar, por ser respirado muitas vezes, torna-se impróprio para uma pessoa, ele não servirá mais tampouco para // outra. O mesmo se observa nas exalações e vapores venenosos, onde a chama não pode ser acesa, como é evidente na *Grotta del Cane*, perto de Nápoles.[73] A esse propósito, aconselho experimentar submergir em água fria as pessoas afetadas pela respiração de gases venenosos em velhas galerias, minas, cavernas profundas ou cavidades subterrâneas. Acredito que deste modo é possível salvar muitas vidas, pelo que vi ser feito com um cão asfixiado e aparentemente morto, mas que instantaneamente se recuperou depois de ser retirado da gruta acima mencionada, e jogado num lago contíguo.

145. O ar, este solvente e sementeiro geral, parece ser apenas um agregado das partes voláteis de todos os seres naturais, as quais, combinadas e agitadas de diferentes maneiras, produzem muitos efeitos diferentes. As pequenas partículas próximas e em estreito contato entre si atuam com força umas sobre as outras, atraindo, repelindo, vibrando. Daí provêm as diversas fermentações e toda a variedade de fenômenos atmosféricos, tempestades e tremores tanto da terra quanto do firmamento. Mas tampouco o microcosmo[74] é afetado em menor grau. Com os seus sais, enxofres, e poder elástico, o ar, por estar contido nas vísceras, vasos e membranas do corpo, produz cólicas, espasmos, doenças histéricas e outros males.

---

73 Lugar visitado por Berkeley em sua segunda viagem à Itália, em 1717, e descrito em um diário. (N. T.)

74 Isto é, o corpo humano. (N. T.)

George Berkeley

146. Considera-se que a qualidade específica do ar é a elasticidade permanente. O Sr. Boyle mantém expressamente essa opinião. E, no entanto, pode-se duvidar da existência de algo semelhante a um ar elástico permanente, havendo muitas coisas que parecem privar o ar dessa qualidade, ou, pelo menos, reduzir e suspender seus efeitos. Os sais e enxofres, por exemplo, que flutuam no ar, reduzem muito sua elasticidade por causa de sua atração.

147. De modo geral, é manifesto que o ar não é um elemento distinto, mas uma massa ou mistura de coisas as mais heterogêneas e mesmo opostas entre si (§§ 137, 145), que se tornam ar ao adquirirem elasticidade e volatilidade a partir da atração de alguma substância sutil ativa – seja ela chamada de fogo, éter, luz ou o espírito vital do mundo; da mesma maneira como as partículas de antimônio, que em si mesmas não são voláteis, são extraídas por // sublimação e se tornam voláteis ao unir-se com as partículas de sal amoníaco. Mas, sendo a ação e a reação iguais, a elasticidade desse espírito etéreo é diminuída ao ser transmitida. Sua velocidade e sutileza também são menores ao serem misturadas com as partículas mais grossas. Por isso, o som se move mais lentamente do que a luz, e a lama, mais lentamente do que a água.

148. Quer o ar seja apenas liberado e fixado, ou gerado e destruído, é certo que o ar começa e cessa de atuar ou de se manifestar. Através de experimentos, pode-se extrair grandes quantidades de ar, não somente de animais, frutas e vegetais, mas também de corpos duros. Sir Isaac Newton observa que o ar produzido a partir de corpos duros é mais elástico. A transmutação dos elementos, uns nos outros, foi sustentada antigamente. Em Plutarco,[75] encontramos que era a opinião de Heráclito,[76] que a morte do fogo era o nascimento do ar e a morte do ar era o nascimento da água. Esta opinião também é sustentada por Sir Isaac Newton.[77] Não obstante, pode-se questionar se o que se considera uma mudança não é apenas um disfarce.

149. O fogo parece o mais elástico e expansivo de todos os corpos. Ele comunica essa qualidade aos vapores úmidos e às exalações secas, quando

---

75 Plutarco, "De E apud Delphos", *Moralia*, 18, 392. (N. T.)

76 DK, 76, v. I, 1934, p.168. (N. T.)

77 Newton, *Óptica*, 3. I, q. 3o. (N. T.)

aquece e agita suas partes, aderindo estreitamente a elas, vencendo a atração recíproca anterior e fazendo com que, em vez disso, se repilam reciprocamente e se separem com uma força proporcional àquela com que haviam se unido.

150. Portanto, no ar podemos conceber duas partes; uma mais grosseira, que se elevou e desprendeu dos corpos dessa massa terrestre; a outra, um espírito sutil e refinado, por meio do qual a primeira se torna volátil e elástica. Juntas, elas compõem um meio cuja elasticidade é menor que a do éter, fogo ou espírito puro, em proporção à quantidade de sais, vapores e partículas heterogêneas contidas nele. Conclui-se, portanto, que o ar não é um elemento puro e simples; conclui-se também que nas montanhas mais altas o ar deveria ser mais rarefeito do que em proporção à regra comum segundo a qual os espaços são inversamente proporcionais às pressões; e, de fato, diz-se que isto foi descoberto pelos membros da *Academia francesa de ciências*.

151. O éter, fogo ou espírito, sendo atraídos e bloqueados por partículas **82** heterogêneas, torna-se menos ativo; e as partículas, // aderindo às do éter, tornam-se mais ativas do que antes. O ar, portanto, é uma massa de várias partículas, desgastada e sublimada de corpos úmidos e secos de todos os tipos, aderindo com partículas de éter; o todo é permeado por éter puro, ou luz, ou fogo — pois essas palavras são usadas indiscriminadamente pelos filósofos antigos.[78]

152. Este éter ou fogo invisível puro, o mais sutil e elástico de todos os corpos, parece permear e expandir-se por todo o universo. Se o ar é o agente ou instrumento imediato nas coisas naturais, é o fogo puro invisível que é o primeiro motor natural ou a fonte de onde o ar deriva seu poder (§§ 139, 149, 151). Este poderoso agente está em todas as partes, ao nosso alcance, pronto para entrar em ação, se não for contido e dirigido com grande sabedoria.[79] Estando sempre agitado e em movimento, ele impulsiona e anima a totalidade da massa visível, é igualmente capaz de produzir e destruir, distingue as várias fases da natureza, e mantém o ciclo perpétuo da geração

---

78 Diógenes Laércio, *Vidas*, 7. 137. (N. T.)

79 Cícero, *Sobre a natureza dos deuses*, 2. 36. 92. (N. T.)

George Berkeley

e corrupção, prenhe de formas que ele constantemente expele e reabsorve. É tão rápido em seus movimentos, tão sutil e penetrante em sua natureza, tão extenso em seus efeitos, que não parece ser senão a alma vegetativa ou o espírito vital do mundo.

153. O espírito animal no homem é a causa instrumental ou física tanto da sensação quanto do movimento. Supor que o mundo tenha sensibilidade seria vulgar e injustificado. Mas as faculdades locomotrizes são evidentes em todas as suas partes. Os pitagóricos,[80] os platônicos[81] e os estoicos[82] consideravam o mundo um animal; embora alguns tenham preferido considerá-lo um vegetal. No entanto, os fenômenos e efeitos mostram claramente que há um espírito que move e uma Mente ou Providência que preside. Esta Providência, disse Plutarco, era considerada como sendo em relação ao mundo o que a alma é em relação ao homem.

// 154. A ordem e o curso das coisas, e os experimentos que fazemos diariamente, mostram que existe uma Mente que governa e move esse sistema mundano, como sendo na verdade o verdadeiro agente e causa; e que a causa instrumental inferior é o éter puro, o fogo ou a substância da luz (§§ 29, 37, 136, 149), que é aplicada e determinada por uma Mente Infinita no *macrocosmo* ou universo, com poder ilimitado, e de acordo com regras estabelecidas; assim como é no *microcosmo*,[83] com o poder e habilidade limitados pela mente humana. Não temos nenhuma prova, seja por experiência ou pela razão, de qualquer outro agente ou causa eficiente além da mente ou do espírito.[84] Quando, portanto, falamos de agentes corpóreos ou causas corpóreas, isso deve ser entendido em um sentido diferente, subordinado e impróprio.

155. Os princípios pelos quais uma coisa é composta, o instrumento usado em sua produção, e o fim para o qual foi projetada, são todos vulgarmente chamados de *causas*, embora nenhuma delas seja, estritamente falando, agente ou eficiente. Não há nenhuma prova de que uma causa corpórea ex-

---

80 Diógenes Laércio, *Vidas*, 8. (N. T.)

81 Platão, *Timeu*, 30 b e 34b. (N. T.)

82 Diógenes Laércio, *Vidas*, 7; Cícero, *Sobre a natureza dos deuses*, 1. 10; 2. 11. (N. T.)

83 Ou seja, no corpo humano. (N. T.)

84 *Princípios*, §§ 26-28. (N. T.)

tensa ou mecânica atue real e propriamente, mesmo o próprio movimento sendo na verdade uma paixão. Portanto, embora falemos dessa substância ígnea como algo que atua, devemos no entanto entendê-la apenas como um meio ou um instrumento, o que é, na realidade, o caso de todas as causas mecânicas. No entanto, elas são às vezes denominadas agentes e causas, embora não sejam, de forma alguma, ativas em sentido estrito e apropriado. Quando, portanto, se fala da força, do poder, da virtude ou da ação como subsistentes em um ser extenso, corpóreo ou mecânico, isso não deve ser tomado em um sentido verdadeiro, genuíno e real, mas apenas em um sentido vulgar e popular, que se atém às aparências e não analisa as coisas de acordo com seus primeiros princípios. Em conformidade com a linguagem estabelecida e o uso comum, devemos empregar as expressões populares comuns, mas em relação à verdade, devemos distinguir seus significados. Espero que seja suficiente ter feito esta declaração de uma vez por todas, a fim de evitar erros.

156. Supõe-se que o *calidum innatum*, a chama vital ou espírito animal do homem, seja a causa de todos os movimentos nas diversas partes de seu corpo, sejam eles voluntários ou naturais. Ou seja, é o // instrumento por meio do qual a mente atua e se manifesta nos movimentos do corpo. No mesmo sentido, não se pode dizer que o fogo tem força para operar e agitar todo o sistema do mundo, que é mantido unido e informado por uma mente que o preside, e animado inteiramente por uma única e mesma substância ígnea, como um instrumento e agente mecânico, e não como um agente eficiente real e primeiro?

157. Este espírito puro ou fogo invisível está sempre pronto para atuar e manifestar-se em seus efeitos (§ 152), nutrindo, aquecendo, fermentando, dissolvendo, iluminando e operando de várias maneiras, em toda parte onde um substrato se oferece ao emprego ou determinação de sua força. Ele está presente em todas as partes da terra e do firmamento, embora talvez latente e inobservado, até que algum acidente o coloque em ação e o torne visível em seus efeitos.

158. Não há na natureza nenhum efeito grande, maravilhoso ou terrível, que não proceda do fogo,[85] esse princípio difuso e ativo que, ao mesmo

---

85 "Separado do fogo, sem dúvida que nada pode ser visível", Platão, *Timeu,* 31b. (N. T.)

tempo que estremece a terra e os céus,[86] penetra, divide e dissolve os corpos mais pequenos, mais densos e compactos. Em cavidades remotas da terra ele permanece quieto, até que talvez uma faísca acidental, provinda da colisão de uma pedra contra a outra, ascenda uma exalação que dá origem a um terremoto ou tempestade que divide montanhas ou destrói cidades. Esse mesmo fogo permanece invisível no foco de um vidro ustório, até que substâncias sobre as quais ele atua se interponham em seu caminho, quando então se descobre que ele derrete, calcina ou vitrifica os corpos mais duros.

159. Nenhum olho poderia jamais discernir, e nenhum sentido perceber, o espírito animal em um corpo humano, a não ser por seus efeitos. O mesmo se pode dizer do fogo puro, ou do espírito do universo, que é percebido apenas por meio de alguns outros corpos, nos quais opera e com os quais está unido. O que os químicos dizem acerca de ácidos puros nunca encontrados sozinhos pode muito bem ser dito do fogo puro.

160. A mente do homem age necessariamente por meio de um instrumento. O τὸ ἡγεμονικόν, ou Mente que preside o mundo, atua livremente por meio de um instrumento. Sem causas instrumentais e secundárias, não poderia haver nenhum curso regular da natureza. E sem um curso regular, a natureza nunca poderia ser entendida; os seres humanos estariam sempre perdidos, sem saber o que esperar, ou como se governar, ou dirigir suas ações com vistas a alcançar algum fim. // Portanto, no governo do mundo, os assim chamados, indevidamente, agentes físicos ou mecânicos, ou causas secundárias, ou causas naturais, ou instrumentos, são necessários para auxiliar, não o Governador, mas os governados.[87]

161. No corpo humano, a mente ordena e move os membros; mas supõe-se que o espírito animal seja a causa física imediata de seu movimento. Da mesma forma, no sistema mundano, uma mente preside: mas a causa imediata, mecânica, ou instrumental que move e anima todas as suas partes, é o fogo puro elementar ou espírito do mundo. Supõe-se que as partes mais finas e sutis, ou espírito, recebam as impressões do Primeiro motor e as comuniquem às partes sensíveis mais grossas deste mundo. O movimento,

---

86 *Epístola aos Hebreus*, 12:26-29. (N. T.)
87 *Princípios*, §§ 60-66. (N. T.)

Siris

embora segundo o rigor e a verdade metafísica seja uma paixão ou mero efeito, na Física passa por uma ação. E por esta ação supõe-se que todos os efeitos sejam produzidos. Daí as várias comunicações, determinações e acelerações de movimento que constituem as leis da natureza.

162. O éter puro ou fogo invisível contém partes de diferentes tipos, as quais são impressas com diferentes forças, ou sujeitas a diferentes leis de movimento, atração, repulsão e expansão, e dotadas de diversos hábitos distintos em relação a outros corpos. Estes parecem constituir as várias qualidades (§§ 37, 40, 44), virtudes, sabores, odores e cores que distinguem as produções naturais. Os diferentes modos de coesão, atração, repulsão e movimento parecem ser a fonte de onde derivam as propriedades específicas, em vez das diferentes formas ou figuras. Isso, como já foi observado,[88] parece confirmado pelo experimento dos sais fixos que agem sempre do mesmo modo, não obstante a diferença de seus ângulos. As partículas originais que produzem os odores, os sabores e outras propriedades, bem como as cores, estão todas, pode-se suspeitar, contidas e misturadas juntas no mesmo sementeiro universal e original do fogo elementar puro; do qual elas são separadas e atraídas por diversos substratos dos reinos animal, vegetal e mineral, que assim se tornam classificados em espécies, e dotados // daquelas propriedades distintas, as quais permanecem até que suas diversas formas, ou proporções específicas do fogo, retornem à massa comum.

163. Assim como a alma age imediatamente no fogo puro, da mesma forma o fogo puro opera imediatamente no ar; ou seja, as partes obtidas por abrasão de todas as coisas terrestres sendo tornadas voláteis e elásticas pelo fogo (§§ 149, 150, 153) e, ao mesmo tempo, diminuindo a volatilidade e a força expansiva do fogo, cujas partículas elas atraem e aderem (§ 147), é produzido um novo fluido, mais volátil do que a água ou a terra, e mais fixo que o fogo. Portanto, as virtudes e as operações imputadas ao ar devem ser atribuídas, em última instância, ao fogo, como aquele que confere atividade ao próprio ar.

164. O elemento do fogo etéreo, ou luz, parece compreender, em um estado misto, as sementes, as causas naturais e as formas (§ 43), de todas

---

88 Ver acima, § 132. (N. T.)

as coisas sublunares. Os corpos mais densos separam, atraem e repelem as diferentes partículas constituintes daquele elemento heterogêneo; as quais, estando separadas da massa comum, formam essências distintas, produzindo e combinando juntas qualidades e propriedades peculiares aos diversos substratos, e daí muitas vezes extraídas em óleos essenciais ou águas de cheiro, de onde exalam ao ar livre, e retornam ao seu elemento original.

165. Sir Isaac Newton descobriu que azul, vermelho, amarelo e outras cores dependem da separação dos raios ou partículas de luz. E, da mesma maneira, um odor ou sabor particular parece depender de partículas peculiares de luz ou fogo (§ 40); como se torna manifesto da necessidade do calor para toda a vegetação, e da extrema minúcia e volatilidade dessas almas ou formas vegetais que se desprendem dos substratos sem qualquer diminuição perceptível de seu peso. Essas partículas, misturadas em um oceano comum, parecem ocultar a diversidade de formas, mas, quando separadas e atraídas por substratos próprios, elas as revelam ou produzem; como as partículas de luz, que, quando separadas, formam cores distintas, e quando se misturam se perdem em uma única aparência uniforme.

166. Em concordância com isto, Heráclito admitia que uma substância etérea ou fogo fosse a semente da geração de todas as coisas, ou aquela da qual todas as coisas obtinham sua origem. Os estoicos // também ensinaram que todas as substâncias eram, em suas origens, fogo, e que retornariam ao fogo; que um fogo ativo e sutil estava difundido ou expandido por todo o universo; e que suas diversas partes eram produzidas, sustentadas e mantidas juntas, por sua força. E a opinião dos pitagóricos era, segundo Diógenes Laércio nos informa,[89] que o calor ou o fogo era o princípio da vida, que anima todo o sistema e penetra em todos os elementos (§§ 152, 153). Os platônicos também, assim como os pitagóricos, consideravam que o fogo era o agente natural imediato, ou espírito animal. Alimentar, aquecer, queimar, iluminar, medrar, produzir a digestão, a circulação, as secreções e os movimentos orgânicos em todos os corpos vivos, vegetais ou animais, seriam os efeitos desse elemento, que, à medida que atua no macrocosmo,

---

89 Diógenes Laércio, *Vidas*, 9. 7; 7. 139; 8. 27. (N. T.)

também anima o microcosmo. No *Timeu*[90] de Platão supõe-se que há algo como uma rede de fogo e raios de fogo em um corpo humano. Isto não parece significar que o espírito animal flui, ou melhor, se lança através dos nervos?

167. De acordo com os peripatéticos, a forma do céu, ou a substância ígnea e etérea, contém as formas de todos os seres inferiores (§ 43). Pode-se dizer que ela está repleta de formas, e as comunica aos substratos aptos a recebê-las. A força vital, no sentido peripatético, é vital para todos, mas é recebida de maneira diversa segundo a diversidade dos substratos. Portanto, todas as cores estão virtualmente contidas na luz; mas suas reais distinções em azul, vermelho, amarelo e etc., dependem da diferença dos objetos que ela ilumina. Aristóteles, no livro *De mundo*,[91] supõe uma certa quinta-essência, uma natureza etérea, imutável e impassível; e em seguida, em ordem, uma substância flamejante sutil, iluminada ou acendida por aquela natureza divina e etérea. Ele supõe, de fato, que Deus está no céu, mas que Seu poder, ou uma força derivada Dele, move e permeia o universo.[92]

168. Se podemos dar crédito a Plutarco,[93] Empédocles pensava que o éter ou o calor era Júpiter. Os antigos filósofos utilizavam a palavra éter para significar indistintamente o fogo e o ar, pois eles distinguiam dois tipos de ar. Platão, no *Timeu*,[94] falando do ar, diz que há dois tipos, um mais fino e sutil, chamado éter, o outro mais denso e repleto de vapores. Este éter, ou meio mais puro, parece ter sido o ar ou o princípio a partir do qual todas as coisas, de acordo com Anaxímenes,[95] derivaram // seu nascimento, e para o qual elas voltarão novamente a dissolver-se em sua morte. Hipócrates, em seu tratado *De diaeta*,[96] fala de um fogo puro e invisível; e este fogo, de acordo com ele, é aquele que, agitando e proporcionando movimento a todas as coisas, faz com que elas apareçam, ou, em seus próprios termos,

---

90 Platão, *Timeu*, 78b 2-6. (N. T.)

91 Aristóteles (Pseudo-), *De mundo*, 2. 392a 31b 2. (N. T.)

92 Aristóteles (Pseudo-), *De mundo*, 2. 397b 19-20. (N. T.)

93 Plutarco (Pseudo-), *De placitis philosophorum*, 1. 3. (N. T.)

94 Platão, *Timeu*, 58d 1-4. (N. T.)

95 DK, 13 A 1. 4. 5. (N. T.)

96 Hipócrates, *Diaeta*, 1.10. (N. T.)

entrem em evidência, ou seja, as faz existir, a cada uma em seu tempo, e de acordo com seu destino.

169. Este fogo puro, éter ou substância da luz era considerado em si mesmo invisível e imperceptível a todos os nossos sentidos, sendo percebido apenas por seus efeitos, como calor, chama e rarefação. A isso podemos acrescentar que os modernos pretendem ainda tê-lo percebido pelo peso, visto que os óleos aromáticos, que são os que mais abundam no fogo, por ser os que se inflamam mais rápida e veementemente, são também os mais pesados de todos. E, segundo um experimento do Sr. Homberg,[97] quatro onças de régulo de antimônio, calcinadas por meio de um vidro ustório durante uma hora, absorveram e fixaram sete dracmas da substância da luz.

170. A força de rarefação e expansão deste elemento é tal que pode produzir, em um instante de tempo, os maiores e mais espantosos efeitos: uma prova suficiente não somente do poder do fogo, mas também da sabedoria com a qual ele é administrado, e que o impede de explodir a cada momento para a mais completa devastação e destruição de todas as coisas. E é muito notável que esse mesmo elemento, tão violento e destrutivo, possa entretanto ser moderado e aplicado de maneira tão variada a ponto de ser, ao mesmo tempo, calor salutar, chama confortável, alimentícia e vital de todas as criaturas vivas. Portanto, não é de admirar que Aristóteles pensasse[98] que o calor de um corpo vivo era algo divino e celestial, derivado deste éter puro ao qual ele supunha que a Deidade incorpórea (χωριστὸν εἶδος)[99] estava imediatamente unida, ou sobre o qual ele supôs que atuasse imediatamente.

171. Os platônicos sustentavam que o intelecto residia na alma e a alma em um veículo etéreo.[100] E que, como a alma era uma natureza intermediária, que conciliava o intelecto com o éter, então o éter era outra natureza intermediária, que reconciliava e conectava a alma com // corpos mais densos (§§ 152, 154). Galeno também ensinou que, admitindo que a alma seja incorpórea, ela tem como seu tegumento ou veículo imediato um corpo de

---

97 Homberg, *Histoire de l'Académie Royale des Sciences*, 1705, p.94. (N. T.)

98 Aristóteles, *De generatione animalium*, 2. 3. 736b 35. (N. T.)

99 Plutarco, *De placitis philosophorum*, 1. 7; "forma separada". (N. T.)

100 Platão, *Timeu*, 30b e 31b. (N. T.)

éter ou fogo, pela intervenção do qual move outros corpos, e é reciprocamente afetada por eles. Supunha-se que esse revestimento interior deveria permanecer sobre a alma não apenas após a morte, mas após a mais perfeita purificação, a qual, no decorrer do tempo, segundo os discípulos de Platão e Pitágoras, limpava a alma,

> *... purumque reliquit*
> *æthereum sensum atque aurai simplicis ignem.*[101]

Esta túnica da alma, seja ela chamada de éter puro, ou veículo luciforme, ou espírito animal, parece ser o que move e atua sobre os órgãos densos, segundo seja determinada pela alma, da qual recebe imediatamente a impressão, e na qual reside verdadeira e propriamente a força motriz. Alguns modernos consideraram adequado ridicularizar tudo o que se diz dos veículos etéreos como mero jargão ou palavras sem sentido. Mas eles deveriam ter considerado que todo discurso relativo à alma é totalmente, ou em sua maior parte, metafórico; e que, neste sentido, Platão fala da mente ou alma como um cocheiro que guia e conduz uma carruagem,[102] a qual não é inapropriadamente denominada de αὐγήειδές, um veículo etéreo luciforme, ou ὄχημα,[103] termos que expressam a pureza, leveza, sutileza e mobilidade daquela excelsa natureza celestial na qual a alma imediatamente reside e opera.

172. Constituía um dogma dos estoicos que o mundo era um animal[104] e que a Providência correspondia à alma racional humana. Mas supunham também que a Providência ou a Mente residisse imediatamente ou estivesse presente no fogo, que ela o habitava e agia por meio dele. Em resumo, eles conceberam Deus como um espírito intelectual e ígneo, πνεῦμα νοερὸν καὶ πυρῶδες.[105] Portanto, embora eles olhassem para o fogo (§ 166) como

---

101 Virgílio, *Eneida*, 6. 746-747; "e limpa tornar-se/ a etérea essência de origem, o fogo do início de tudo". (N. T.)

102 Platão, *Fedro*, 24b 2. (N. T.)

103 Proclo, *In Timeum*, 3. 20-21. (N. T.)

104 Diógenes Laércio, *Vidas*, 7. 142. (N. T.)

105 Plutarco (Pseudo-), *De placitis philosophorum*, 1. 6, "um sopro dotado de inteligência e fogo". (N. T.)

τὸ ἡγεμονικὸν ou o princípio governante do mundo, contudo este não era simplesmente fogo, mas algo animado por uma mente.

173. Os sinais brilhantes e vivos de uma Mente divina que opera e se manifesta através do fogo e da luz em todo o mundo são tais que, como observa Aristóteles em seu livro *De mundo*,[106] // todas as coisas parecem cheias de divindades, cujas aparições em todos os lugares atingem e deslumbram nossos olhos. E deve-se reconhecer que os principais filósofos e sábios da Antiguidade, por maior que fosse o papel que tenham atribuído às causas secundárias e a força do fogo, supunham que uma Mente ou Intelecto sempre residia no fogo, ativa ou previdente, restringindo sua força e dirigindo suas operações.

174. Assim, Hipócrates, em seu tratado *De diaeta*,[107] fala de um fogo poderoso mas invisível (§ 168), que governa todas as coisas em silêncio. Aqui, diz ele, reside a alma, o entendimento, a prudência, o crescimento, o movimento, a diminuição, a mudança, o sono e a vigília. Isso é o que governa todas as coisas e nunca se encontra em repouso. E o mesmo autor, em seu tratado *De carnibus*, depois de um solene prefácio em que manifesta que está prestes a declarar sua própria opinião, expressa-a nestes termos: "Aquilo que chamamos de calor, θερμόν, parece-me algo imortal, que compreende todas as coisas, que vê e conhece tanto o que está presente como o que está por vir.[108]

175. Esse mesmo calor é também o que Hipócrates chama de natureza, o autor da vida e da morte, do bem e do mal. Deve-se ainda notar a respeito desse calor que ele não é objeto de nenhum sentido. É essa natureza universal oculta, e força invisível interior, que atua e anima o mundo inteiro, e era adorada pelos antigos sob o nome de Saturno; que Vossius julga, não improvável, ser derivada da palavra hebraica *satar*, permanecer oculto ou escondido. E o que Hipócrates ensinou também está de acordo com as noções de outros filósofos; Heráclito (§ 166), por exemplo, que considerava[109] o

---

106 Aristóteles (Pseudo-), *De mundo*, 6. 397b, 16-19. (N. T.)

107 Hipócrates, *De diaeta*, I. 10. (N. T.)

108 Hipócrates, *De carnibus*, 2. (N. T.)

109 DK, 22 B, 30. (N. T.)

Siris

fogo o princípio e a causa da geração de todas as coisas, não quis dizer com isso um elemento inanimado, mas, como ele o denominou, πῦρ ἀείζωον, um fogo sempre vivo.

176. Teofrasto, em seu livro *De igne*,[110] distingue entre calor e fogo. Ele considera o primeiro como um princípio ou causa; não aquele que aparece aos sentidos como uma paixão ou um acidente existente em um substrato, e que é na verdade o efeito daquele princípio invisível. E é notável que ele remeta o exame desse fogo ou calor invisível à investigação das primeiras causas. O fogo, que é princípio, não é gerado nem destruído, está em toda parte e sempre presente (§ 43); enquanto seus efeitos em // diferentes tempos e lugares se mostram em diferentes graus, e são muito variados, suaves e favoráveis, ou violentos e destrutivos, terríveis ou agradáveis, transmitindo o bem e o mal, o crescimento e a decadência, a vida e a morte, por todo o sistema do mundo.

177. Todos admitem que os gregos derivaram grande parte de sua filosofia das nações orientais. E alguns pensam que Heráclito extraiu seus princípios de Orfeu, assim como Orfeu o fez dos egípcios; ou, como outros escreveram, que ele foi discípulo de Hipaso,[111] um pitagórico, que sustentava a mesma noção acerca do fogo, e poderia ter sido obtida no Egito por seu mestre Pitágoras, que viajou para o Egito, e foi instruído pelos sábios daquela nação, de quem um de seus princípios era que esse fogo era o princípio de toda ação; o que está de acordo com a doutrina dos estoicos, de que todas as coisas são governadas por um espírito intelectual e ígneo. No *Diálogo Asclepiano*,[112] encontramos esta noção de que todas os elementos do mundo desenvolvem-se em virtude de um éter fino e sutil, que atua como uma máquina ou instrumento sujeito à vontade do Deus supremo.

178. Do mesmo modo como os platônicos consideravam que o intelecto está alojado na alma, e a alma no éter (§ 157); assim também se admite como uma doutrina de Trismegisto no *Pimandro*,[113] que a mente é revestida pela alma

---

110 Teofrasto, *De igne*, 6. (N. T.)
111 DK 22 A, Ia. (N. T.)
112 *Diálogo asclepiano*, 16. (N. T.)
113 *Pimandro*, 10. 13. (N. T.)

e a alma pelo espírito. Portanto, assim como o espírito animal do homem, sendo sutil e luminoso, é o tegumento imediato da alma humana, ou aquele onde e por meio do qual ela atua; do mesmo modo se supõe que o espírito do mundo, aquela substância de luz ativa, ígnea e etérea, que permeia e anima todo o sistema, reveste a alma, a qual reveste por sua vez a mente universal.

179. Os magos também disseram de Deus que ele tinha a luz como seu corpo e a verdade como sua alma. E segundo os oráculos dos caldeus[114] se supõe que todas // as coisas são governadas por um πῦρ νοερόν, ou fogo intelectual. E nos mesmos oráculos[115] se diz que a mente criadora está revestida de fogo, ἐσσάμενος πυρὶ πῦρ, e que esta repetição oriental da palavra "fogo" parece implicar a extrema pureza e força da mesma. Assim também nos *Salmos*, "Tu estás coberto de luz como se fosse um manto",[116] onde a palavra traduzida por "luz" poderia ter sido traduzida por "fogo", já que as letras hebraicas são as mesmas em ambas as palavras, e toda a diferença está no uso dos pontos, que se considera justamente uma invenção posterior. Esta outra sentença da Escritura é também notável: "Aquele que faz de seus ministros um fogo ardente",[117] que poderia, talvez, ser traduzida de modo mais conforme com o contexto e coerentemente com o hebraico, da seguinte maneira: "Aquele que faz do fogo ardente os seus ministros"; e a frase completa poderia ser: "Aquele que faz dos ventos os seus mensageiros e do fogo ardente os seus ministros."

180. A noção de que há algo divino no fogo, que anima o mundo inteiro e que ordena suas várias partes, era um dogma muito difundido (§§ 156, 157, 163, 166, 167, 168, 170, 172, 173, 174, 175, 177, etc.), sendo adotado nas épocas e lugares mais distantes, mesmo entre os próprios chineses, que consideravam o *tien*, o éter ou o céu, o princípio soberano ou a causa de todas as coisas, e ensinavam que a virtude celestial, por eles chamada de *li*, quando unida à substância corpórea, dá forma, distingue e especifica todos os seres naturais. Este *li* dos chineses parece corresponder

---

114 *Oráculos caldeus*, 37. (N. T.)
115 *Oráculos caldeus*, 42: "vestindo seu fogo com fogo". (N. T.)
116 *Salmos*, 104: 2. (N. T.)
117 *Salmos*, 104: 4. (N. T.)

às formas dos peripatéticos; e ambos têm analogia com a recém-mencionada filosofia de fogo.

181. Supõe-se que o céu está prenhe de virtudes e formas, que constituem e diferenciam as várias espécies de coisas. E observamos mais de uma vez que, como a luz, o fogo ou o éter celestial, ao ser separada pelos corpos refratários ou refletivos, produz uma variedade de cores, mesmo assim, aquela mesma substância aparentemente uniforme, ao ser separada e secretada pelos poderes de atração e de repulsão dos diversos ductos secretores das plantas e dos animais, ou seja, pela química natural, produzem ou transmitem as várias propriedades específicas dos corpos naturais. Daí provêm os sabores e os odores e as virtudes medicinais tão variadas dos vegetais.

93 // 182. O *tien* é considerado e adorado pelos eruditos chineses como um éter vivo e inteligente, o πῦρ νοερὸν dos caldeus e dos estoicos. E a adoração das coisas celestiais, o sol e as estrelas, entre as nações orientais menos remotas, se devia à sua natureza ígnea, seu calor e luz, e a influência delas. Pelas mesmas razões, o sol era visto pelos teólogos gregos como o espírito do mundo e o poder do mundo. A qualidade purificadora do fogo, sua luz e seu calor, são símbolos naturais de pureza, conhecimento e poder, ou, se assim posso dizer, as coisas mesmas, na medida em que são perceptíveis aos nossos sentidos, ou no mesmo sentido que se diz que o movimento é uma ação. Em conformidade com isso, encontramos um respeito religioso pelo fogo, tanto entre os gregos quanto entre os romanos, e de fato pela maioria, senão por todas as nações do mundo.

183. O culto de Vesta em Roma era, na verdade, o culto do fogo.

Nec tu aliud Vestam quam vivam intellige flammam,

disse Ovídio em seus *Fastos*.[118] E, como na antiga Roma o fogo eterno era guardado religiosamente pelas virgens, também na Grécia, particularmente em Delfos e Atenas, era guardado pelas viúvas. Sabe-se muito bem que Vulcano, ou fogo, era adorado com grande distinção pelos egípcios. Sabe-se

---

118 "Por Vesta tu não deves entender outra coisa senão a chama vivente". *Fastos*, I. 6. 291. (N. T.)

George Berkeley

também que os *zabii* ou sabeus eram adoradores do fogo. Parece também, a julgar pelos oráculos caldeus, que o fogo era considerado divino pelos sábios daquela nação. E supõe-se que a Ur dos caldeus era assim chamada por causa da palavra hebraica que significa fogo, porque o fogo era adorado publicamente naquela cidade. Toda a Antiguidade atesta que os antigos persas e seus magos rendiam culto religioso ao fogo. E a seita dos pársis, ou antigos gentios, dos quais existem consideráveis vestígios até hoje, tanto no país da Mongólia quanto na Pérsia, testemunha a mesma coisa.

184. Não parece que suas prostrações diante de fogos perpétuos, que os Pársis preservaram com grande cuidado em sua *Pyreia*, ou templos do fogo, eram simplesmente um culto civil, como o Dr. Hyde parece ter pensado; embora ele ofereça boas provas de que eles não invocavam o fogo em seus altares, nem oravam a ele, nem o chamavam de Deus, e que eles reconheciam uma divindade suprema invisível. Os cultos civis são rendidos // a coisas relacionadas ao poder civil; mas semelhante relação não aparece no caso presente. Parece, portanto, que eles adoram a Deus como presente no fogo, que eles o adoram ou reverenciam não como uma última instância ou por si mesmo, mas em relação ao Ser supremo. Não é de todo improvável que isso tenha ocorrido no início também entre outros povos, e que mais tarde a prática dos homens, especialmente do vulgo, possa com o passar do tempo ter degenerado o culto originário, transferindo-o para o objeto sensível.

185. O doutor Hyde, em sua *Historia da religião dos persas antigos*, supõe que eles tomaram emprestado o uso e a veneração aos fogos perpétuos da prática judaica, prescrita na lei Levítica,[119] de manter um fogo perpétuo aceso no altar. Independentemente de se este foi o caso ou não, podemos nos aventurar a dizer que parece provável que, qualquer que tenha sido a origem desse costume entre os persas, os costumes semelhantes entre os gregos e romanos tiveram a mesma origem.

186. Deve-se reconhecer que há muitas passagens nas Sagradas Escrituras (§ 179) que fariam alguém pensar que o Ser supremo estava de uma maneira peculiar presente e se manifestava no elemento do fogo. Sem insistir que Deus é, mais de uma vez, chamado de fogo que consome, o que pode

---

119 *Levítico*, 6: 2; 24: 2-4. (N. T.)

ser entendido em um sentido metafórico; as aparições divinas foram sob a forma de fogo, na sarça,[120] no Monte Sinai,[121] no Tabernáculo,[122] nas línguas divididas.[123] Deus é representado nos escritos inspirados como descendo no fogo, como acompanhado pelo fogo, ou precedido pelo fogo. As coisas celestiais, como anjos, carruagens e fenômenos semelhantes, são revestidas de fogo, luz e esplendor. Ezequiel,[124] em suas visões, viu fogo e esplendor, lâmpadas, brasas acesas e relâmpagos. Em uma visão de Daniel,[125] o trono de Deus apareceu como uma chama ígnea, e suas rodas como fogo ardente. Também uma chama ígnea saiu e apareceu diante dele.

187. Na transfiguração,[126] os apóstolos viram o rosto de nosso Salvador brilhando como o sol, e suas vestes brancas como a luz, também uma nuvem resplandecente, ou corpo luminoso, de onde provinha a voz. E há muitos séculos a Igreja grega sustentava que esta luz visível e esplendor eram divinos e incriados, e a verdadeira glória de Deus (como se pode ler na *História* escrita pelo imperador Juan Cantacuceno).[127] E nos tempos recentes, o bispo

95 // Patrick dá a sua opinião de que na origem do mundo a *Shekinah*, ou presença divina, que era então frequente e comum, se manifestou como luz ou fogo. Ao comentar a passagem na qual se diz que Caim se distanciou da presença do Senhor, o bispo observa que se Caim depois disso se tornou um idólatra absoluto, como muitos pensam, é muito provável que tenha introduzido o culto ao sol, como a melhor imagem que ele poderia encontrar da glória do Senhor, que costumava aparecer em uma luz flamejante. Seria interminável enumerar todas as passagens das Sagradas Escrituras que confirmam e ilustram essa noção, ou representam a Divindade como aparecendo e operando através do fogo. A interpretação errônea dessas passagens pode possivelmente ter induzido os gnósticos, os basilidianos e outros hereges antigos a uma opinião errônea de que Jesus Cristo fosse o sol corpóreo visível.

---

120 *Êxodo*, 3: 2. (N. T.)

121 *Êxodo*, 19: 18. (N. T.)

122 *Êxodo*, 40: 38. (N. T.)

123 *Atos dos Apóstolos*, 2: 3. (N. T.)

124 *Ezequiel*, 1: 4. (N. T.)

125 *Daniel*, 7: 9. (N. T.)

126 *Mateus*, 17: 1ss. (N. T.)

127 Cantacuceno, *Historiae Byzantinae*, 2. 39, 332. 40; 334. (N. T.)

George Berkeley

188. Vimos que nas épocas e países mais remotos, tanto os vulgos quanto os eruditos, tanto as instituições dos legisladores como os raciocínios dos filósofos, sempre consideraram o elemento do fogo sob uma luz particular e o trataram com um respeito nada usual, como se fosse algo de uma natureza muito singular e extraordinária. Tampouco faltam autores de primeira ordem entre os modernos que nutrem noções semelhantes a respeito do fogo, especialmente entre aqueles que estão mais familiarizados com esse elemento, e que parecem conhecê-lo melhor.

189. O Sr. Homberg, o famoso químico moderno que levou essa arte a uma tão grande perfeição, sustenta[128] que a substância da luz ou fogo é o verdadeiro princípio químico do enxofre (§ 129), e que se estende por todo o universo. Segundo sua opinião, este é o único princípio ativo; o qual, misturado com várias coisas, forma vários tipos de produções naturais; com os sais, forma o óleo; com a terra, o betume; com o mercúrio, o metal. Também sustenta que esse princípio do enxofre, do fogo ou da substância da luz é em si mesmo imperceptível, e só se torna perceptível à medida que se une a outro princípio, que lhe serve como um veículo; afirma que, embora seja a mais ativa de todas as coisas, é, não obstante, ao mesmo tempo, a mais firme ligação e cimento para combinar e manter juntos os princípios, e dar forma a todos os corpos mistos; e que na análise dos // corpos sempre se perde, passando através dos vasos mais estreitos e escapando à habilidade do cientista.

190. Boerhaave,[129] Nieuwentyt[130] e vários outros modernos pensam da mesma maneira. Eles, como os antigos, distinguem um fogo puro, elementar e invisível, do fogo culinário, ou aquele que aparece nos corpos inflamados (§§ 163, 166). Eles não admitem que este último seja fogo puro. O fogo puro é discernido apenas pelos seus efeitos, tais como o calor, a dilatação de todos os corpos sólidos, e a rarefação dos fluidos, a separação dos corpos heterogêneos e a união daqueles que são homogêneos. Portanto, o fogo que lança fumaça e arde não é fogo puro, mas aquele que é reunido no foco de um espelho ou de um vidro ustório. Esse fogo parece ser a fonte

---

128 Homberg, *Histoire de l'Académie Royale des Sciences*, 1705, p.88. (N. T.)
129 Boerhaave, *Elementa chemiae*, I, p.284. (N. T.)
130 Nieuwentyt, *The Religious Philosopher*, 1718-9, v. 2, p.612. (N. T.)

474

Siris

de todas as operações na natureza; sem ele nada medraria ou apodreceria, nada viveria ou se moveria ou fermentaria, nada se dissolveria, se combinaria ou se alteraria em todo o mundo natural no qual vivemos. Se não fosse por isso, o todo seria uma grande massa inanimada e sem inteligência. Mas se supõe que este elemento ativo se encontra em toda parte, e está sempre presente, transmitindo diferentes graus de vida, calor e movimento aos vários animais, vegetais e outros produtos naturais, bem como aos próprios elementos onde são produzidos e nutridos.

191. Assim como a água age sobre o sal, ou a *aqua fortis*[131] sobre o ferro, igualmente o fogo dissolve todos os outros corpos. Fogo, ar e água são três solventes, mas os dois últimos parecem derivar toda a sua força e atividade do primeiro (§ 149). E, de fato, parece haver, originalmente ou essencialmente, um único solvente na natureza, ao qual todos os outros solventes podem ser reduzidos. Os sais ácidos são um solvente, mas sua força e poderes distintos provêm do enxofre. Considerados em si mesmos, ou em estado puro, são todos da mesma natureza. Mas, ao ser obtidos por destilação, estão constantemente unidos a algum enxofre, que os caracteriza e do qual não podem ser separados. Esta é a doutrina do senhor Homberg. Mas o que é que caracteriza ou diferencia os próprios enxofres? Se o enxofre é a substância da luz, como sustenta este autor, a que se deve que os enxofres animais, vegetais e metálicos // conferem qualidades diferentes ao mesmo sal ácido? Isso pode ser explicado com base nos princípios de Homberg? E não somos obrigados a supor que a luz, separada pelos poderes de atração e repulsão que se encontram nos filtros, ductos e poros desses corpos, forma vários tipos distintos de enxofre, todos os quais, antes dessa separação, estavam perdidos e misturados em uma massa comum de luz ou fogo, aparentemente homogênea?

192. Na análise dos corpos inflamáveis, o fogo ou enxofre se perde, e a diminuição do peso revela a perda (§ 169). O óleo se dissolve em água, terra e sal, nenhum dos quais é inflamável. Mas o fogo ou *vinculum* que conectou essas coisas e deu a forma ao óleo, escapa ao químico. Ele desaparece, mas não é destruído. A luz ou o fogo aprisionado formava parte do corpo composto, proporcionava a união às outras partes, e a forma ao todo. Mas,

---

131 Ou seja, o ácido nítrico. (N. T.)

tendo escapado, ele se mistura com o oceano geral do éter, até que, sendo novamente separado e atraído, ele entra em algum novo substrato do reino animal, vegetal ou mineral e o especifica. O fogo, portanto, no sentido dos filósofos, também é fogo, embora nem sempre seja chama.

193. Observa-se que certos corpos aumentam seu peso ao serem calcinados pelo fogo ou pela luz solar. Portanto, não há dúvida de que a luz pode fixar-se e entrar na composição de um corpo. E, embora possa permanecer latente por muito tempo, não obstante, ao ser libertada de sua prisão, ainda se mostrará como fogo. O chumbo, o estanho ou o régulo de antimônio, expostos ao fogo de um vidro ustório, embora percam muito na fumaça e no vapor, considera-se não obstante que possuem um peso consideravelmente aumentado, o que prova que a luz ou fogo se introduziram em seus poros. Observa-se também que a urina não produz fósforo, a menos que seja exposta por muito tempo à luz solar. Tudo isso nos leva a concluir que os corpos atraem e fixam a luz. Isto explica por que, como alguns observaram, o fogo, sem arder, como a água sem molhar, entra como um ingrediente em muitas coisas.

194. Não pode haver uma prova melhor disso do que o experimento do senhor Homberg, que fez ouro a partir do mercúrio, introduzindo luz em seus poros, mas com tanto trabalho e despesa que suponho que ninguém tentará o experimento para obter lucro. Por essa junção de luz e mercúrio, ambos os corpos se fixaram e // produziram um terceiro diferente deles, a saber, o ouro autêntico. Para a confirmação dessa verdade remeto às *Memórias da Academia Francesa de Ciências*. A partir do experimento precedente, parece que o ouro é apenas uma massa de mercúrio penetrada e cimentada pela substância da luz, as partículas desses corpos se atraindo e fixando mutuamente. Isso não parece ter sido totalmente desconhecido dos antigos filósofos; Marsílio Ficino, o platônico, em seu comentário sobre o primeiro livro da segunda *Enéada* de Plotino, e outros igualmente antes dele, consideravam o mercúrio como a mãe dos metais, e o enxofre como o pai; e o próprio Platão, em seu *Timeu*,[132] descreve o ouro como um fluido denso com uma luz amarela brilhante, a qual se adapta bem a uma composição de luz e mercúrio.

---

132 Platão, *Timeu*, 59a 9b 4. (N. T.)

Siris

195. O fogo ou luz se mistura com todos os corpos (§ 157), até mesmo com a água, como o testemunham as luzes brilhantes no mar, cujas ondas parecem frequentemente todas em chamas. Suas operações variam de acordo com seu tipo, quantidade e grau de veemência. Um grau mantém a água líquida, e outro a transforma em ar elástico (§ 149). E o próprio ar não parece ser nada mais do que vapores e exalações, tornados elásticos pelo fogo. Somente o óleo queima, e o enxofre com água, sal e terra compõem o óleo, cujo enxofre é o fogo; portanto, o fogo encerrado atrai o fogo e faz que os corpos, em cuja composição ele entra, queimem e ardam.

196. O fogo reunido no foco de um espelho opera *in vacuo* e, por isso, acredita-se que não precisa de ar para mantê-lo. O óxido de chumbo se dissipa com uma explosão *in vacuo*, o que Nieuwentyt e outros interpretam como prova de que o fogo pode queimar sem ar. Mas o Sr. Hales atribui este efeito ao ar contido no tetróxido de chumbo, e talvez também no recipiente, o qual não pode ser completamente esvaziado. Quando o chumbo comum é colocado no fogo para produzir tetróxido de chumbo, o maior peso deste resulta do que foi posto no chumbo comum. Portanto, o tetróxido de chumbo deve parecer impregnado de fogo. O Sr. Hales acha que ele está impregnado de ar. Segundo o senhor Nieuwentyt, a vasta dilatação do composto de *aqua fortis* provém unicamente do fogo. O Sr. Hales afirma que o ar deve necessariamente cooperar. Contudo, pelo experimento de Nieuwentyt, // parece que o fósforo arde igualmente com ou sem ar.

197. Talvez aqueles que defendem as teses opostas sobre esta questão possam se reconciliar observando que o ar nada mais é na realidade do que partículas de corpos úmidos e secos, volatilizadas e que se tornaram elásticas pelo fogo (§§ 147, 150, 151). Portanto, tudo o que é feito pelo ar deve ser atribuído ao fogo; este é uma coisa sutil e invisível, cuja operação não pode ser notada, a não ser por meio de algum corpo mais denso, que serve não como um *pabulum*[133] para nutrir o fogo, mas como um veículo para aprisioná-lo e torná-lo visível – o que parece ser a única utilidade do óleo, do ar ou de qualquer outra coisa que vulgarmente passe por um *pabulum* ou alimento do fogo.

---

133 Ou seja, como "pasto" ou "sustento". (N. T.)

George Berkeley

198. Para explicar este assunto mais claramente, deve-se observar que o fogo, para se tornar perceptível, deve ter algum substrato sobre o qual atuar. Este, sendo penetrado e agitado pelo fogo, nos afeta com luz, calor ou alguma outra alteração sensível. E este substrato assim elaborado pode ser chamado de fogo culinário. No foco de um vidro ustório exposto ao sol, há um fogo efetivo real, embora não seja percebido pelos sentidos até que tenha algo sobre o qual atuar, e possa se mostrar em seus efeitos: aquecimento, combustão, fusão e outros semelhantes. Todo o corpo ígneo é, no sentido anterior, fogo culinário. Mas não se segue disso, portanto, que possa se converter em fogo puro elementar. Este, pelo que se sabe, não pode ser engendrado e nem corrompido pelo curso da natureza. Ele pode ser fixado e aprisionado em um composto (§§ 169, 192, 193), e não obstante reter sua natureza, embora escape aos sentidos, e embora retorne à massa elementar invisível, após a análise do corpo composto; como se manifesta na dissolução da pedra cal pela água.

199. Portanto, parece que, quando se diz que o ar é o *pabulum* do fogo, ou que se converte em fogo, isso deve ser entendido apenas neste sentido, a saber, que o ar, sendo menos denso do que outros corpos, é de uma natureza intermediária e, portanto, mais apto para receber as impressões de um fino fogo etéreo (§ 163), e transmiti-las a outras coisas. De acordo com os antigos, a alma serve como um veículo para o intelecto[134] (§ 178), e a luz ou fogo como um // veículo para a alma; e, da mesma maneira, pode-se supor que o ar é um veículo para o fogo, fixando-o em algum grau e comunicando seus efeitos a outros corpos.

200. O fogo puro invisível ou éter permeia todos os corpos, mesmo os mais duros e sólidos, como o diamante. O fogo por si só, portanto, não pode, como alguns homens eruditos supuseram, ser a causa do movimento muscular; este se produz, segundo eles, por um mero impulso dos nervos, comunicado do cérebro às membranas dos músculos e, portanto, ao éter encerrado, cujo movimento expansivo, estando assim aumentado, pensa-se que incha os músculos e gera uma contração das fibras carnais. Isso, ao que parece, o éter puro não pode fazer imediatamente e por si mesmo, porque, supondo que seu movimento expansivo seja aumentado, ele ainda deve

---

134 Platão, *Timeu*, 30b. (N. T.)

Siris

passar através das membranas e, por conseguinte, não intumescê-las, visto que se supõe que o éter penetra livremente os corpos mais sólidos. Parece, portanto, que esse efeito deve ser atribuído, não ao éter puro, mas ao éter em alguma parte fixado e detido pelas partículas de ar.

201. Embora este éter seja extremamente elástico, todavia, como às vezes se descobre pela experiência que ele é atraído, aprisionado e retido em corpos densos (§ 169), então podemos supor que seja atraído pelas partículas soltas de ar, e que sua força expansiva é diminuída, embora não deva ser completamente fixado por elas, as quais, ao combinar-se e aderir a ele, podem levá-lo a se depositar, e capacitá-lo a entrar em relação com as coisas mais densas. Pode-se dizer que o fogo puro anima o ar, e o ar as demais coisas. O fogo puro é invisível; portanto, a chama não é fogo puro. O ar é necessário tanto para a vida quanto para a chama. E a experiência mostra que o ar perde nos pulmões o poder de alimentar a chama. Portanto, conclui-se que a mesma coisa no ar contribui tanto para a vida quanto para a chama. A chama vital sobrevive à chama culinária *in vacuo*; por conseguinte, ela requer, para subsistir, uma quantidade menor daquela substância.

202. Não é fácil dizer o que isso pode ser, se uma certa proporção ou uma parte peculiar do éter. Mas isto ao menos parece muito evidente, que tudo o que é atribuído ao ácido também pode ser atribuído ao fogo ou éter. As partículas de éter se dispersam com a maior força: portanto, de acordo com a doutrina de Sir Isaac Newton, quando se encontram unidas devem atrair-se com a maior força. Portanto, elas constituem o ácido; pois tudo o que atrai e é atraído fortemente pode ser chamado de ácido, como nos informa Sir Isaac Newton em seu tratado *De acido*. Por isso, parece que o enxofre de Homberg e o ácido de Sir Isaac são, no fundo, uma e a mesma coisa, a saber, fogo puro ou éter.

101   // 203. A chama vital ou espírito etéreo, sendo atraída e aprisionada em corpos mais densos, parece ser libertada e carregada pela atração superior de uma chama sutil e pura. É por isso talvez que o raio mata os animais e torna os licores alcoólicos insípidos em um instante.

204. Hipócrates, em seu livro *Sobre o coração*,[135] observa que a alma do homem não se nutre de comidas e bebidas do baixo-ventre, mas de uma

---

135 Hipócrates, *De corde*, 8. (N. T.)

substância pura e luminosa que lança seus raios e distribui um alimento não natural, como ele o chama, da mesma maneira que aquele que provém dos intestinos é distribuído a todas as partes do corpo. Este alimento luminoso e não natural, embora seja secretado pelo sangue, segundo ele diz expressamente não provém da parte inferior do ventre. É evidente, portanto, que ele crê que chega ao sangue pela respiração ou pela atração através dos poros. E deve-se reconhecer que algo ígneo ou etéreo, trazido para o sangue pelo ar, parece nutrir, se não a própria alma, pelo menos a túnica interior da alma, o *aurai simplicis ignem*.[136]

205. Alguns modernos, em particular do Dr. Willis em seu tratado *De sanguinis accensione*, mantêm a opinião de que existe verdadeiramente algo como uma chama vital, realmente acesa, nutrida e extinta como a chama comum, e pelos mesmos meios; mantêm ainda que a chama vital requer uma constante ventilação, através da traqueia e dos poros do corpo, para a eliminação de um vapor fuliginoso e impuro; e que esta chama vital, sendo extremamente sutil, não poderia ser percebida, assim como os vaga-lumes ou *ignes fatui*[137] à luz do dia. E, todavia, às vezes ela se torna visível em diversas pessoas, das quais há exemplos indiscutíveis. Esta é a opinião do Dr. Willis; e talvez possa haver alguma verdade nisso, se se entende que essa luz ou fogo pode de fato constituir o espírito animal ou o veículo imediato da alma.

206. Não faltam aqueles que, não se contentando em supor que a luz é o mais puro e refinado de todos os seres corpóreos, foram mais longe, e lhe conferiram alguns atributos de uma natureza ainda mais elevada. Juliano,[138] o filósofo platônico, conforme citado por Ficino, diz que, segundo uma doutrina teológica dos fenícios, em todo o universo encontra-se difundida uma natureza translúcida e // luminosa, pura e impassível, o ato de uma inteligência pura. E o próprio Ficino se propõe a provar, por diversos argumentos, que a luz é incorpórea; porque ilumina e cobre um grande espaço em um instante, e sem oposição; porque várias luzes se encontram sem resistência mútua; porque a luz não pode ser manchada por nenhum tipo de sujeira; porque a luz solar não se fixa em nenhuma substância; por último,

---

136 Virgílio, *Eneida*, 6. 747. Ver § 171, "o fogo do início de tudo". (N. T.)

137 "Fogos-fátuos". (N. T.)

138 Juliano, *Discursos*, 11. 7. (N. T.)

Siris

porque ela se contrai e se expande com muita facilidade, sem colisão, condensação, rarefação ou demora através de todo o espaço mais vasto. Essas razões são fornecidas por Ficino em seu comentário sobre o primeiro livro da segunda *Enéada* de Plotino.[139]

207. Mas atualmente se sabe muito bem que a luz se move; que seu movimento não é instantâneo; que é suscetível de condensação, rarefação e colisão; que pode ser misturada com outros corpos, entrar em sua composição e aumentar seu peso (§§ 169, 192, 193). Tudo isso parece ser suficiente para derrubar os argumentos de Ficino e mostrar que a luz é corpórea. Mas uma dificuldade surge, à primeira vista, em relação à não resistência dos raios ou das partículas de luz que se encontram umas com as outras, em todas as direções possíveis ou provenientes de todos os pontos. Mais precisamente, se supusermos a superfície côncava de uma grande esfera cravejada de olhos que se olham uns para os outros, talvez pareça difícil conceber como distintos raios provenientes de cada olho possam chegar a cada um dos outros olhos sem chocar-se, repelir-se, nem confundir-se uns com os outros.

208. Mas essas dificuldades podem ser superadas considerando-se, em primeiro lugar, que os pontos visíveis não são pontos matemáticos[140] e, consequentemente, que não devemos supor que todo ponto do espaço seja um ponto de irradiação. Em segundo lugar, ainda que se admita que muitos raios resistem e se interceptam uns aos outros, isso não impede a realização do ato da visão. Como não se veem todos os pontos do objeto, não é necessário que os raios de cada um desses pontos cheguem ao olho. Muitas vezes vemos um objeto, embora de forma mais indistinta, quando muitos raios são interceptados por um meio denso.

209. Além disso, podemos supor que as partículas de luz são indefinidamente pequenas, isto é, tão pequenas quanto quisermos, e que seu agregado tenha, em relação ao vazio, uma proporção tão pequena quanto quisermos, não havendo nada nisso que contradiga os fenômenos. E não precisa de mais nada para conceber a possibilidade de // os raios passarem de e para todos os pontos visíveis, sem precisar supor que sejam incorpóreos. Suponha cem portos situados ao redor de um mar circular e navios

---

139 Ficino, *De lumine*, 9. (N. T.)
140 *Um ensaio para uma nova teoria da visão*, §§ 150-152; *Princípios*, § 123. (N. T.)

navegando de cada porto para os demais portos; quanto maior se supõe o mar, e quanto menores os navios, menor perigo haverá de se chocarem uns contra os outros. Mas como não há, por hipótese, nenhuma proporção limitada entre o mar e os navios, como entre o vazio e as partículas sólidas de luz, então não há dificuldade que nos obrigue a concluir que a luz do sol é incorpórea, dada a sua livre passagem; especialmente quando há tantas provas claras do contrário. Quanto à dificuldade, portanto, concernente à suposição da esfera cravejada de olhos olhando uns para os outros, só pode ser resolvida se supormos que as partículas de luz são excessivamente pequenas em comparação com os espaços vazios.

210. Plotino supõe[141] que da luz do sol, que é corpórea, surge outra luz equívoca que é incorpórea e, por assim dizer, o brilho da primeira. Marsílio Ficino também sugere, observando ser uma doutrina no *Timeu*[142] de Platão que existe um fogo ou espírito oculto difundido por todo o universo, que esse mesmo fogo ou luz invisível oculta é, por assim dizer, a visão da alma do mundo. E Plotino, em sua quarta *Enéada*,[143] declara ser sua opinião que o mundo vê a si mesmo e todas as suas partes. Os filósofos platônicos fizeram admiráveis especulações sobre a luz e se elevaram muito alto – do carvão à chama; da chama à luz; desta luz visível à luz oculta da alma celestial ou mundana, a qual, eles supunham, permeia e agita a substância do universo com seu movimento vigoroso e expansivo.

211. Se podemos acreditar em Diógenes Laércio,[144] os filósofos pitagóricos pensavam que havia um certo calor ou fogo puro, que continha algo divino, e que ao participar nele os homens se tornavam aliados dos deuses. E, de acordo com os platônicos, o céu não se define tanto pela sua localização no espaço como por sua pureza. O fogo mais puro e mais excelente é o céu, diz Ficino. E, novamente, chama de celestial o fogo oculto que em toda parte manifesta sua ação. Ele representa o fogo como o mais poderoso e ativo, dividindo todas as coisas, abominando toda a composição ou mistura

---

141 Plotino, *Enéada* 2. 1. 7. 26-30. "Essa luz é uma substância corpórea, mas é dela que irradia a outra luz, a qual leva o mesmo nome, mas é incorpórea". (N. T.)

142 Platão, *Timeu* 34b 3-8. (N. T.)

143 Plotino, *Enéada* 4. 5. 8. (N. T.)

144 Diógenes Laércio, *Vidas*, 8. 27. (N. T.)

104 // com outros corpos; e, assim que é liberado, recai instantaneamente na massa comum do fogo celestial, que está em toda parte presente e latente.

212. Este fogo é a fonte geral de vida, espírito e força e, portanto, de saúde para todos os animais, que constantemente recebem os eflúvios envoltos no ar, através dos pulmões e dos poros do corpo. O mesmo espírito, aprisionado em alimentos e medicamentos, é transportado para o estômago, intestinos, vasos quilíferos, posto em circulação e secretado por diversos ductos e distribuídos por todo o organismo (§§ 37, 42, 44). Platão, em seu *Timeu*,[145] ao enumerar os sucos orgânicos ígneos, menciona o vinho em primeiro lugar e o alcatrão, em segundo. Mas o vinho é extraído da uva e fermentado pela indústria humana. Portanto, de todos os sucos orgânicos ígneos puramente naturais, o alcatrão ou resina deve ser considerado o melhor.

213. O éter luminoso vivificante existe em todos os lugares, mesmo nas cavernas mais escuras; como é evidente a partir do fato que muitos animais veem nesses lugares escuros, e que o fogo pode ser aceso nesses lugares pela colisão ou atrito dos corpos. Sabe-se também que certas pessoas têm acessos de visão no escuro. Dizia-se que Tibério tinha essa faculdade ou anomalia.[146] Eu mesmo conheci um homem engenhoso que o havia experimentado várias vezes em si mesmo. E o Dr. Willis, em seu tratado *De sanguinis accensione*, menciona outra pessoa de seu próprio conhecimento. É por isso que Virgílio diz que esse éter ou espírito luminoso nutre ou conserva tanto as partes mais internas da terra, como os céus e os corpos celestes.

> *Principio caelum ac terras, camposque liquentes*
> *Lucentemque globum Lunae Titaniaque astra*
> *Spiritus intus alit*[147]

214. Os princípios do movimento e força vegetativa nos corpos vivos parecem ser emanações do fogo invisível ou do espírito do universo (§§ 43,

---

145 Platão, *Timeu*, 60a 5-8. (N. T.)

146 Suetônio, *De Vita Cesarum*, 3. 68. (N. T.)

147 "Desde o princípio de tudo almo espírito o céu aviventa/ a terra extensa, as campinas untuosas, o globo da lua/ resplandecente e as estrelas titânias". Virgílio, *Eneida*, 6. 724-6. (N. T.)

157, 164, 171), que, embora presente em todas as coisas, não é, contudo, assimilado por todas da mesma maneira; ele é diversamente absorvido, atraído e secretado pelos finos capilares e refinadíssimos filtros nos corpos das plantas e animais, por meio dos quais se mistura e é retido em seus sucos orgânicos.

215. Alguns observadores da natureza pensaram que os finos vasos glandulares acolhem da massa comum do sangue apenas os sucos orgânicos que são homogêneos àqueles com os quais foram originalmente impregnados. Ignoramos como eles chegaram a ser tão impregnados. // Mas ao menos é claro que os tubos finos atraem os fluidos, que as glândulas são tubos finos e que atraem da massa comum sucos orgânicos muito diferentes. A mesma coisa ocorre também no que diz respeito aos vasos capilares dos vegetais (§§ 30, 31, 33, 35), sendo evidente que, através dos finos filtros das folhas e por todo o corpo da planta, há sucos orgânicos ou fluidos de um tipo particular, que são extraídos e separados da massa comum do ar e da luz; e que o espírito mais elaborado, do qual depende o caráter ou virtude e as propriedades peculiares das plantas, é de natureza luminosa (§ 37, 43) e volátil, perdendo-se ou escapando no ar ou no éter, dos óleos essenciais e das águas odoríficas, sem qualquer diminuição perceptível de tais substâncias.

216. Assim como diferentes tipos de luz ou fogo secretados produzem diferentes essências, virtudes ou propriedades específicas, assim também diferentes graus de calor produzem diferentes efeitos. Desse modo, um grau de calor impede que o sangue coagule e outro grau coagula o sangue. Ou seja, observou-se que um fogo mais violento liberta e leva embora aquela mesma luz que um fogo mais moderado introduziu e fixou no régulo de antimônio calcinado. Da mesma forma, um tipo ou quantidade desse espírito etéreo e ígneo pode ser congenial e favorável aos espíritos de um homem, ao passo que outro tipo pode ser nocivo.

217. E a experiência mostra que isso é verdade. Pois o espírito fermentado do vinho ou de outras bebidas produz movimentos irregulares e subsequentes depressões nos espíritos animais; ao passo que o espírito luminoso alojado e retido no bálsamo nativo de pinheiros e abetos é de uma natureza tão suave e benigna, e bem-conformada à constituição humana, que aquece sem queimar, anima sem embriagar, e produz uma alegria calma e constante

como a que geram as boas notícias, sem que se produza esse naufrágio dos espíritos que é um efeito derivado de todos os cordiais fermentados. Posso acrescentar que não possui nenhum inconveniente, a não ser que seja tomado, como todos os outros medicamentos, em quantidade excessiva para um estômago delicado. Neste caso, seria conveniente diminuir a dose, ou tomá-lo apenas uma vez a cada vinte e quatro horas, com o estômago vazio, antes de ir para a cama (quando é menos ofensivo), ou mesmo suspender o tratamento por algum // tempo, até que a natureza pareça desejá-lo e se regozijar em seu espírito benigno e confortável.

218. A água de alcatrão, servindo como um veículo para este espírito, é ao mesmo tempo diurética e diaforética, mas parece causar o seu principal efeito auxiliando a *vis vitae*, como um remédio restaurador e cordial, que permite a natureza, por um aumento do espírito adequado, assimilar aquilo que não poderia ser assimilado por sua própria força, e assim conter o *fomes morbi*.[148] E este parece ser, na maioria dos casos, o melhor e mais seguro procedimento. Grandes evacuações enfraquecem a natureza e também a doença. E é de se temer que aqueles que usam salivações e sangrias copiosas, apesar de poderem se recuperar da doença, nunca possam recuperar-se dos remédios durante toda a sua vida.

219. É verdade, de fato, que nos casos crônicos é necessário tempo para completar a cura; e, todavia, sei que nas doenças dos pulmões e do estômago a água de alcatrão se revelou um remédio muito instantâneo para atenuar a agitação e o calor febril, dando alívio e ânimo ao paciente. Tive essa experiência muitas vezes, não sem surpresa ao ver, depois de tomar um copo de água de alcatrão, esses efeitos salutares se seguirem tão imediatamente à febre. Tal é a força desses princípios ativos e vivificantes contidos neste bálsamo

220. A força ou poder, estritamente falando, encontra-se apenas no Agente que comunica uma força equívoca ao fogo elementar invisível, ou espírito animal do mundo (§§ 153, 156, 157), e este ao corpo ígneo ou chama visível, que produz a sensação de luz e calor. Nessa cadeia, o primeiro e o último elos são considerados incorpóreos; os dois intermediários são corpóreos, sendo capazes de movimento, rarefação, gravidade e outras qualidades dos

---

148 "As causas da doença". (N.T.)

corpos. É conveniente distinguir essas coisas, a fim de evitar ambiguidades quanto à natureza do fogo.

221. Sir Isaac Newton, em sua *Óptica*,[149] pergunta: "não é o fogo um corpo aquecido a uma temperatura tão elevada a ponto de emitir luz em abundância?" E acrescenta, "o que é um ferro incandescente senão fogo?" Agora, parece que definir o fogo pelo calor é explicar uma coisa por ela mesma. Um corpo aquecido a tal temperatura a ponto de emitir luz é um corpo ígneo, ou seja, contém em si fogo, é penetrado e agitado pelo fogo, mas ele mesmo não é fogo. E, embora na terceira acepção indicada anteriormente, ou seja, no sentido vulgar, possa ser considerado fogo, não é contudo o fogo elementar puro (§ 190) no segundo sentido, ou sentido filosófico, tal como foi entendido // pelos sábios da Antiguidade, e tal como é convergido no foco de um vidro ustório; muito menos é a *vis*, a força ou o poder de queimar, destruir, calcinar, derreter, vitrificar e suscitar as percepções de luz e de calor. Este poder se encontra verdadeira e realmente no Agente incorpóreo, e não no espírito vital do universo. O movimento, e mesmo o poder em um sentido ambíguo, podem ser encontrados neste espírito etéreo puro, que incendeia corpos, mas que não é ele mesmo o corpo inflamado, sendo um instrumento ou meio (§ 160) pelo qual o Agente real opera corpos mais densos.

222. A *Óptica* de Sir Isaac Newton mostrou que a luz não é refletida por colidir com os corpos, mas por alguma outra causa.[150] E para ele parece provável que muitos raios que colidem com as partes sólidas dos corpos não sejam refletidos, mas absorvidos e retidos nos corpos. E é certo que a grande porosidade de todos os corpos conhecidos proporciona espaço para que grande parte dessa luz ou fogo possa se alojar neles. O próprio ouro, o mais sólido de todos os metais, parece ter muito mais poros do que partes sólidas, a julgar pelo fato de que a água sob pressão passa através dele, conforme o experimento realizado em Florença;[151] e a julgar pelo fato de que os eflúvios magnéticos e a absorção do mercúrio se fazem muito

---

149 Newton, *Óptica*, 3. q. 9. (N. T.)
150 Newton, *Óptica*, 2. 3. 8. (N. T.)
151 Locke, *Ensaio*, 2. 4. 4. (N. T.)

Siris

livremente por seus poros. E admite-se que a água, embora impossível de ser comprimida, tem, pelo menos, quarenta vezes mais poros do que partes sólidas. E, da mesma forma como as partículas ácidas, unidas às da terra em certas proporções, estão tão estreitamente unidas a elas que ficam completamente ocultas e aparentemente perdidas, como no *mercurius dulcis* e no enxofre comum, podemos também conceber que as partículas da luz ou fogo se encontram absorvidas e latentes nos corpos mais densos.

223. Sir Isaac Newton sustenta[152] a opinião de que algo desconhecido permanece *in vacuo*, quando o ar é exaurido. A este meio desconhecido ele chama de *éter*. Ele supõe que é mais sutil em sua natureza, e mais rápido em seus movimentos, do que a luz, que penetra livremente todos os corpos, e em virtude de sua imensa elasticidade se expande por todos os céus. Supõe-se que sua densidade é maior em espaços livres e abertos do que no interior dos poros de corpos compactos. E se supõe também que ao passar dos corpos celestes a grandes distâncias, torna-se continuamente cada vez mais denso e, por isso, faz com que esses grandes corpos gravitem uns em direção aos outros, e suas respectivas partes em direção aos seus centros, cada corpo se esforçando para passar das partes mais densas do meio para as mais rarefeitas.

224. Acredita-se que a extrema pequenez das partes deste meio, e a velocidade de seu movimento, junto com sua gravidade, densidade // e força elástica, o qualificam para ser a causa de todos os movimentos naturais do universo. A esta causa são atribuídas a gravidade e a coesão dos corpos. Acredita-se também que a refração da luz procede da diferente densidade e da força elástica deste meio etéreo em diferentes lugares. As vibrações desse meio, que alternadamente favorecem ou obstruem os movimentos dos raios de luz, supõe-se que produzem os impulsos de fácil reflexão e transmissão. Acredita-se que pelas vibrações deste meio a luz comunica calor aos corpos. O movimento e a sensação animal também são explicados pelos movimentos vibratórios desse meio etéreo, propagados através dos capilares sólidos dos nervos. Em uma palavra, todos os fenômenos e propriedades dos corpos, que antes eram atribuídos à atração, segundo as ideias mais recentes parecem atribuídos a este éter, junto com as várias atrações mesmas.

---

152 Newton, *Óptica*, 3. q. 18. (N. T.)

225. Mas, na filosofia de Sir Isaac Newton,[153] os impulsos (como os chama) de fácil transmissão e reflexão também parecem ser explicados por vibrações suscitadas nos corpos pelos raios de luz, e a refração da luz pela atração dos corpos. Explicar as vibrações da luz por aquelas de um meio mais sutil parece uma explicação grosseira. E a gravidade não parece um efeito da densidade e elasticidade do éter, mas sim o produto de alguma outra causa, que o próprio Sir Isaac insinua ter sido a opinião até mesmo daqueles antigos que tomaram o vácuo, os átomos e a gravidade dos átomos por princípios de sua filosofia, tacitamente atribuindo (como ele bem observa) a gravidade a uma outra causa distinta da matéria, dos átomos e, consequentemente, daquele éter homogêneo ou fluido elástico. A elasticidade, da qual se supõe que o fluido depende, é definida e medida por sua densidade; e esta pela quantidade de matéria em uma partícula, multiplicada pelo número de partículas contidas em um dado espaço; e a quantidade de matéria em qualquer partícula ou corpo de um dado tamanho é determinada por sua gravidade. Portanto, a gravidade não deveria parecer a propriedade original e a primeira a ser suposta? Por outro lado, se a força for considerada como prescindida da gravidade e da matéria, e como existindo apenas em pontos ou centros, o que isso pode significar senão uma força abstrata, espiritual e incorpórea?

226. Não parece necessário, a partir dos fenômenos, supor qualquer meio mais ativo e sutil do que a luz ou o fogo. // Admitindo que a luz se move à razão aproximadamente de dez milhões de milhas por minuto, que necessidade há de conceber outro meio com partes ainda mais diminutas e móveis? A luz ou fogo parece ser a mesma coisa que o éter. Assim o entendiam os antigos, e é o que a palavra grega implica. O éter permeia todas as coisas (§ 157), e está presente em toda parte. E este mesmo meio sutil, de acordo com suas várias quantidades, movimentos e determinações, se mostra em diferentes efeitos ou aparências, e é éter, luz ou fogo.

227. As partículas de éter se desprendem com a maior força; portanto, quando unidas devem (de acordo com a doutrina newtoniana) atrair-se mutuamente com a maior força; portanto, são ácidos, ou constituem o ácido

---

153 Newton, *Óptica*, 3. q. 18. (N. T.)

(§ 130); mas este, unido com partes terrestres, produz o álcali, como Sir Isaac ensina em seu tratado *De acido*;[154] o álcali, como aparece nas cantáridas e nos sais lixiviais, é um cáustico; os cáusticos são fogo; portanto, o ácido é fogo; portanto, o éter é fogo; e se é fogo, é luz. Não somos, portanto, obrigados a admitir um novo meio distinto da luz, e de uma substância mais sutil e mais requintada para a explicação dos fenômenos que parecem ser tão bem explicados sem ela. Como pode a densidade ou elasticidade do éter explicar a trajetória rápida de um raio de luz do sol, ainda mais rápida à medida que se afasta do sol? Ou como podem explicar os diversos movimentos e atrações de diferentes corpos? Por que o óleo e a água, o mercúrio e o ferro se repelem, ou por que outros corpos se atraem reciprocamente? Ou por que uma partícula de luz deveria repelir por um lado e atrair por outro, como no caso do cristal islandês? Explicar a coesão por átomos ganchudos é explicar *ignotum per ignotius*.[155] E não é exatamente isso o que se faz quando se explica a gravidade dos corpos pela elasticidade do éter?

228. Uma coisa é chegar a leis gerais da natureza a partir da contemplação dos fenômenos, e outra, formular uma hipótese e a partir dela deduzir os fenômenos. Aqueles que supuseram epiciclos, e por eles explicaram os movimentos e aparências dos planetas, não podem, portanto, ser considerados como tendo descoberto princípios verdadeiros na realidade e na natureza. E, embora possamos a partir das premissas inferir uma conclusão, não decorre daí que possamos argumentar reciprocamente, e da conclusão inferir as premissas. // Por exemplo, supondo um fluido elástico, cujas diminutas partículas constituintes sejam equidistantes umas das outras, e de densidades e diâmetros iguais, e que se afastam umas das outras com uma força centrífuga que é inversamente proporcional à distância dos centros; e admitindo que de tal suposição deve seguir-se que a densidade e a força elástica de tal fluido estão na proporção inversa do espaço que ele ocupa quando comprimido por qualquer força, ainda assim não podemos inferir reciprocamente que um fluido dotado dessa propriedade deve, portanto, consistir em tais partículas supostamente iguais; pois se seguiria então que

---

154 Newton, *De natura acidorum*, 126. (N. T.)
155 "O desconhecido pelo ainda mais desconhecido". (N. T.)

as partículas constitutivas do ar teriam densidades e diâmetros iguais; ao passo que é certo que o ar é uma massa heterogênea, que contém em sua composição uma variedade infinita de exalações, que provêm dos diferentes corpos que compõem este globo terrestre.

229. Os fenômenos da luz, espírito animal, movimento muscular, fermentação, crescimento vegetativo e outras operações naturais, parecem não exigir nada mais que o fogo intelectual e artificial de Heráclito, de Hipócrates, dos estoicos (§§ 166, 168), e de outros antigos. O intelecto, somado ao espírito etéreo, fogo ou luz, move-se, e move-se regularmente, procedendo com método, como dizem os estoicos, ou aumenta e diminui com medida, como Heráclito disse.[156] Os estoicos sustentavam[157] que o fogo compreendia e incluía as razões ou formas espermáticas (λόγους σπερματικούς) de todas as coisas naturais. Assim como as formas das coisas têm sua existência ideal no intelecto, do mesmo modo parece que os princípios seminais têm sua existência natural na luz (§ 164), um meio que se compõe de partes heterogêneas, que diferem umas das outras por diversas qualidades que se mostram aos sentidos, e que possuem provavelmente numerosas propriedades, atrações, repulsões e movimentos originais, cujas leis e naturezas são indiscerníveis para nós de outra forma a não ser em seus efeitos remotos. E este fogo heterogêneo animado deveria parecer uma causa mais adequada para explicar os fenômenos da natureza do que um único meio etéreo uniforme.

230. Aristóteles, de fato, rejeita a teoria da natureza animada dos elementos. No entanto, nada impede que a potência da alma, chamada por ele de κινητική, ou locomotora, possa residir neles, sob a direção de um Intelecto, no mesmo sentido e com a mesma propriedade como se disse que reside nos corpos animais.[158] Todavia, deve-se // reconhecer que, embora esse filósofo admita uma força ou energia divina no fogo, parece-lhe igualmente absurdo dizer que o fogo é vivo ou que, tendo uma alma, não deveria estar vivo.[159] Veja seu segundo livro do *De partibus animalium*.[160]

---

156 DK, 22 B 30. (N. T.)

157 Diógenes Laércio, *Vidas*, 8. 136. (N. T.)

158 Aristóteles, *De anima*, 1. 2. 404b 7-8; 3. 9-11. (N. T.)

159 Aristóteles, *De anima*, 1. 5. 411a 13-16. (N. T.)

160 *De partibus animalium*, 2. 7. 652b 7-13. (N. T.)

Siris

231. As leis da atração e da repulsão devem ser consideradas como leis do movimento; e estas, apenas como regras ou métodos observados na produção de efeitos naturais, cujas causas eficientes e finais não dependem de considerações mecânicas.[161] Certamente, se explicar um fenômeno equivale a assinalar a sua causa eficiente própria e sua causa final (§§ 154, 155, 160), então parece que os filósofos mecanicistas nunca explicaram nada, sendo sua competência apenas descobrir as leis da natureza, isto é, as regras gerais e os métodos do movimento, e dar conta dos fenômenos particulares reduzindo--os àquelas regras gerais, ou mostrando sua conformidade com elas.

232. Alguns filósofos corpuscularistas do século passado tentaram explicar a formação deste mundo e de seus fenômenos mediante algumas leis mecânicas simples. Mas se considerarmos as várias produções da natureza, nas partes mineral, vegetal e animal da criação, acredito que encontraremos motivos para afirmar que nenhuma delas foi até agora, ou pode ser, explicada com base em princípios puramente mecânicos; e que nada poderia ser mais vão e imaginário do que supor, com Descartes,[162] que a partir da simples comunicação, pelo Agente supremo, de um movimento circular sobre as partículas da substância extensa, se tenha produzido, por uma consequência necessária, a partir das leis do movimento, o mundo inteiro, com todas as suas partes principais e secundárias, e seus fenômenos.

233. Outros supõem que Deus fez mais no princípio, tendo então feito as sementes de todos os vegetais e animais, contendo suas partes orgânicas sólidas em miniatura, cujo desenvolvimento e evolução graduais, pela afluência dos sucos orgânicos apropriados, constituem a geração e o crescimento de um corpo vivente. De modo que a estrutura artificiosa das plantas e dos animais gerada diariamente não requer nenhum exercício presente da arte para ser produzida, já tendo sido concebida na origem do mundo, que com todas as suas partes desde então subsistiu, // funcionando como um relógio ou máquina, por si mesmo, de acordo com as leis da natureza, sem que intervenha a mão imediata do artista. Mas como essa hipótese pode explicar a mistura de caracteres de diferentes espécies, como a das mulas e

---

161 *Sobre o movimento*, §§ 22, 35-7, 41; *Princípios*, §§ 62 e 107. (N. T.)
162 Descartes, *Principia Philosophiae*, 3. 30. (N. T.)

George Berkeley

outros animais mestiços? Ou ainda, a adição ou transformação de partes, e às vezes a falta de membros inteiros, se houver um molde no útero? Ou como se explica a ressurreição de uma árvore a partir de seu toco, ou o poder do crescimento vegetativo em seus galhos cortados? Em todos esses casos devemos necessariamente conceber algo mais do que a mera evolução de uma semente.

234. As leis mecânicas da natureza ou do movimento nos orientam como agir e nos ensinam o que esperar. Onde o intelecto preside, haverá método e ordem e, portanto, regras que, se não fossem fixas e constantes deixariam de ser regras. Há, portanto, uma constância nas coisas, que é denominada o Curso da Natureza (§ 160). Todos os fenômenos da natureza são produzidos pelo movimento. Ali se manifesta uma operação uniforme nas coisas grandes e pequenas, por meio das forças de atração e repulsão. Mas as leis particulares da atração e da repulsão são diversas. Tampouco estamos preocupados com as forças, pois não podemos conhecê-las ou medi-las de outro modo a não ser pelos seus efeitos, ou seja, pelos movimentos; e estes movimentos apenas, e não as forças, estão de fato nos corpos (§ 155). Os corpos são movidos uns em direção aos outros ou se distanciam uns dos outros, e isto se realiza de acordo com diferentes leis. O filósofo natural ou mecanicista se esforça por descobrir essas leis por meio de experimentos e raciocínios. Mas o que se diz das forças que residem nos corpos, quer sejam as de atração ou repulsão, deve ser considerado unicamente como uma hipótese matemática[163] e não como algo realmente existente na natureza.

235. Portanto, não devemos supor seriamente, como alguns filósofos mecanicistas, que as partículas diminutas dos corpos têm forças ou poderes reais, por meio dos quais atuam umas sobre as outras, para produzir os diversos fenômenos da natureza. Os corpúsculos diminutos são impulsionados e dirigidos, ou seja, se aproximam e se distanciam uns dos outros conforme as diversas regras ou leis do movimento. As leis // da gravidade, do magnetismo, e da eletricidade são diferentes. E não sabemos que outras diferentes regras ou leis do movimento podem ter sido estabelecidas pelo

---

163 *Sobre o movimento*, § 67ss. (N. T.)

Autor da natureza. Alguns corpos se atraem, outros se repelem, e alguns outros talvez não façam nem uma coisa nem outra.[164] Quando o sal de tártaro flui *per deliquium*,[165] é visível que as partículas de água que flutuam no ar se movem em direção às partículas de sal e se unem a elas. E quando observamos que o sal comum não flui *per deliquium*, não podemos concluir que a mesma lei da natureza e do movimento não se aplica entre suas partículas e as dos vapores flutuantes? Uma gota de água assume uma forma redonda, porque suas partes se movem umas em direção às outras. Mas as partículas de óleo e vinagre não têm essa disposição para se unir. E quando as moscas caminham sobre a água sem molhar os pés, atribui-se isso a uma força repelente ou faculdade nos pés da mosca.[166] Mas esta explicação é obscura, embora o fenômeno seja claro.

236 Não é improvável, e a experiência não parece desmentir, que, assim como na álgebra, onde as quantidades positivas cessam, começam as negativas, assim como na mecânica, onde cessam as forças de atração, começam as forças de repulsão; ou (para expressá-lo em termos mais adequados) onde os corpos cessam de se mover uns em direção aos outros, eles começam a se mover distanciando-se uns dos outros. Sir Isaac Newton infere isso da produção do ar e dos vapores, cujas partículas se separam em pedaços com uma força muito veemente. Nós contemplamos o movimento do ferro em direção ao ímã, a palha em direção ao âmbar, os corpos pesados em direção à terra. As leis desses movimentos são diversas. E quando se diz que todos os movimentos e mudanças no vasto mundo derivam da atração – e se atribuem a este mesmo princípio a elasticidade do ar, o movimento da água, a queda dos corpos pesados e a ascensão dos corpos leves; quando das atrações imperceptíveis da maioria das partículas mais diminutas na menor distância se derivam a coesão, a dissolução, a coagulação, a secreção animal, a fermentação e todas as operações químicas; quando se afirma que sem esses princípios nunca poderia ter havido qualquer movimento no mundo, e que sem a sua persistência cessaria todo movimento; tudo isso quer dizer

---

164 *Princípios*, § 106. (N. T.)

165 Isto é, absorvendo a umidade do ar até tornar-se líquida. (N. T.)

166 Newton, *Óptica*, 3. q. 31.

apenas que os corpos se movem segundo uma certa ordem, e que não se movem a si próprios.

237. Da mesma forma, parece incompreensível querer explicar todos aqueles diversos movimentos e efeitos pela densidade e elasticidade do éter (§§ 153, 162). // Por exemplo, por que as partículas de ácido deveriam atrair as partículas de água, e se repelem umas às outras? Por que alguns sais atraem vapores do ar, e outros não? Por que as partículas de sal comum deveriam se repelir entre si, para não desaparecer na água? Por que as partículas que mais se repelem são as que, ao contato, mais se atraem? Ou, por que a faculdade de repulsão começa onde termina a de atração? Esses, e inúmeros outros efeitos, parecem inexplicáveis com base em princípios mecânicos, ou de outra forma, a não ser recorrendo a uma mente ou agente espiritual (§§ 154, 220). Tampouco será suficiente, a partir dos fenômenos e efeitos presentes, e por meio de uma cadeia de causas naturais e de agentes cegos subordinados, retroceder até um Intelecto divino como a causa original remota, que no princípio criou o mundo e depois o pôs em funcionamento. Não podemos dar um único passo na explicação dos fenômenos sem admitir a presença e ação imediata de um Agente incorpóreo, que conecta, move e dispõe todas as coisas, segundo aquelas regras, e em vista daqueles fins, que Ele julga bons.

238. É uma opinião antiga, adotada pelos modernos, que os elementos e outros corpos naturais se transformam uns nos outros (§ 148). Agora, como as partículas de diferentes corpos são agitadas por diferentes forças de atração ou de repulsão, ou, para falar mais precisamente, são movidas segundo diferentes leis, como essas forças e leis podem ser alteradas, e essa alteração explicada por um éter elástico? Não há nada que prove a existência de tal meio – distinto da luz ou do fogo –, ou que prove sua utilidade para a explicação dos fenômenos. Mas, se houver algum meio empregado como causa subordinada ou instrumento de atração, parece que seria antes a luz (§§ 152, 156); uma vez que, um experimento do Sr. Boyle atesta que o âmbar, o qual na sombra não mostra nenhum sinal de atração, ao ser colocado onde os raios de sol incidem sobre ele, atrai imediatamente os corpos de luz. Além disso, Sir Isaac Newton[167] descobriu, e foi uma descoberta admirá-

---

167 Newton, *Óptica*, 1.1. prop. 2. (N. T.)

Siris

vel, que a luz é um meio heterogêneo (§§ 40, 181), composto de partículas dotadas de propriedades originais distintas. E, // se posso me aventurar a apresentar minhas conjecturas, parece provável que as propriedades específicas dos corpos, e a força dos medicamentos específicos, dependem das diversas partículas que compõem aquele meio. Um dos lados de um mesmo raio luminoso é atraído pelo cristal islandês, e o outro repelido, como se pode explicar isso pela elasticidade de um meio sutil, ou pelas leis gerais do movimento, ou por quaisquer princípios mecânicos? E se não é possível, o que é que impede a existência de medicamentos específicos, cuja eficácia não depende de princípios mecânicos, por mais que esta doutrina tenha sido atacada nos últimos anos?

239. Por que não podemos supor certas idiossincrasias, simpatias e oposições nos sólidos ou nos fluidos, ou no espírito animal de um corpo humano, com relação às partes finas e imperceptíveis dos minerais ou vegetais, impregnadas por raios de luz de diferentes propriedades, não dependendo do tamanho, figura, número, solidez ou peso diferente dessas partículas, nem das leis gerais do movimento, nem da densidade ou elasticidade de um meio, mas apenas e totalmente do beneplácito do Criador, na formação original das coisas? De onde podem surgir movimentos inexplicáveis e imprevistos na economia animal; de onde também se pode conceber o surgimento de várias virtudes peculiares e específicas, que se encontram em certos medicamentos, e que não podem ser explicadas por princípios mecânicos. Pois embora as leis gerais conhecidas do movimento devam ser consideradas mecânicas, os movimentos peculiares das partes imperceptíveis, e as propriedades peculiares que delas dependem, são ocultos e específicos.

240. Os termos atração e repulsão podem ser utilizados, em conformidade com o uso, onde, falando com precisão, somente o movimento é significado. E, nesse sentido, pode-se dizer que atrações ou repulsões peculiares nas partes são acompanhadas de propriedades específicas nos todos. As partículas de luz se movem impetuosamente na direção ou a partir dos objetos, são retidas ou rejeitadas por eles; o que é equivalente a dizer, com Sir Isaac Newton, que as partículas dos ácidos são dotadas de grande força atrativa (§ 202), na qual sua atividade consiste; e de onde provêm a fermentação e a dissolução; e que as partículas que mais se repelem são, ao produzir-se o contato, as partículas que mais atraem.

George Berkeley

241. A gravidade e a fermentação são consideradas dois princípios muito amplos. Da fermentação derivam o movimento e o calor do coração e do sangue nos animais, o calor subterrâneo, os fogos, e os terremotos, os meteoros, e as mudanças atmosféricas. E que estas forças de atração e de repulsão operam na // nutrição e dissolução dos corpos animais e vegetais é a doutrina tanto de Hipócrates como de Sir Isaac Newton. O primeiro desses célebres autores, em seu tratado *Sobre a dieta ou regime*,[168] observa que, na nutrição humana, há por um lado repulsão e, por outro, atração. No mesmo tratado ele fala de dois carpinteiros que serram um pedaço de madeira; um puxa, e o outro empurra. Essas duas ações tendem a um só e mesmo fim, embora em direções contrárias, uma para cima, a outra para baixo; isso imita a natureza do homem: πνεῦμα τὸ μὲν ἕλκει τὸ δὲ ὠθέει.[169]

242. É uma máxima geral de Hipócrates que a maneira pela qual a natureza age consiste em atrair o que é conveniente e bom, e repelir o que é desagradável ou prejudicial. Ele considera que toda a economia animal é administrada pelas faculdades ou poderes da natureza. Por conta própria, diz ele, a natureza fornece tudo para aos animais. Ela sabe por si mesma o que é necessário para eles. É manifesto, por conseguinte, que ele se refere a uma natureza inteligente e consciente, que preside e move o espírito etéreo. E embora ele declare que todas as coisas são realizadas no homem por necessidade, ainda assim não se trata de um destino cego ou de uma cadeia de meras causas corpóreas, mas de uma necessidade divina, como ele mesmo a chama expressamente.[170] E o que é isso senão um poder inteligente que prevalece sobre tudo e dispõe todas as coisas?

243. A atração não pode produzir e, nesse sentido, explicar os fenômenos, sendo ela mesma um dos fenômenos produzidos e a ser explicado (§§ 160, 235). A atração se realiza segundo leis diferentes e, portanto, não pode ser em todos os casos o efeito da elasticidade de um meio uniforme. Os fenômenos dos corpos elétricos, as leis e variações do magnetismo e,

---

168 Hipócrates, *De diaeta*, 1. 6. (N. T.)

169 Hipócrates, *De diaeta*, 1. 7 e 16: "O espírito, por um lado tira, por outro empurra". (N. T.)

170 Hipócrates, *De diaeta*, 1. 5. (N. T.)

para não dar outros exemplos, a gravidade mesma, não são explicados pela elasticidade, um fenômeno não menos obscuro que a gravidade. Todavia, embora não se revele o agente, a atração evidencia uma regra e uma analogia na natureza ao dizer que as partes sólidas dos animais são dotadas de poderes atrativos, em virtude dos quais atraem as partículas semelhantes contidas nos fluidos contíguos; e que as glândulas possuem determinados poderes atrativos de certos sucos orgânicos (§ 41). Pode-se conhecer e explicar melhor a natureza mediante atrações e repulsões do que por esses outros princípios mecânicos do tamanho, figura e similares; ou seja, melhor por Sir Isaac Newton do que por Descartes. E os filósofos da natureza se destacam na medida em que estão mais // ou menos familiarizados com as leis e os métodos observados pelo Autor da natureza.

244. O tamanho e a forma das partículas e as leis gerais do movimento nunca podem explicar as secreções sem a ajuda da atração, que talvez seja obscura quanto à sua causa, mas clara enquanto uma lei. Incontáveis exemplos disso podem ser dados. Lémery, o jovem, viu-se obrigado a supor que as partículas da luz ou do fogo (contrariamente a qualquer razão) eram de uma espécie muito grosseira, ainda maior do que os poros do calcário queimado, para justificar o fato de que este as retém ou aprisiona; mas esse fenômeno é facilmente reduzido à atração. Se enumerássemos todos os casos semelhantes, nunca terminaríamos. A atividade e a força do espírito etéreo ou fogo, mediante as leis da atração, são transmitidas às partículas mais grossas (§§ 152, 163), e assim sustenta admiravelmente a economia dos corpos vivos. Graças a tais composições e atrações peculiares, os fluidos mais densos podem passar onde o próprio ar não passa (como o óleo através do couro) e, portanto, através dos filtros mais sutis e delicados de um animal ou de um vegetal.

245. Os antigos tinham alguma ideia geral dos poderes de atração e de repulsão como princípios naturais (§§ 241, 242). Galileu, em particular, considerou a atração da gravidade, descobrindo algumas de suas leis. Mas foi Sir Isaac Newton, com sua extraordinária capacidade de penetração, profundo conhecimento da geometria e da mecânica, e a grande precisão dos seus experimentos, que projetou uma nova luz sobre a ciência natural. Em muitos aspectos, as leis de atração e repulsão foram descobertas pela pri-

meira vez por ele. Ele mostrou seu alcance geral e, com isso, como com uma chave, revelou vários segredos profundos da natureza, no conhecimento da qual ele parece ter feito um progresso maior do que todas as seitas dos corpuscularistas juntas haviam feito antes dele. O próprio princípio de atração, porém, não deve ser explicado por meio de causas físicas e corpóreas.

246. Os cartesianos tentaram explicá-la pelo *nisus* de um elemento sutil, que se afasta do centro do movimento e impele os corpos mais grossos em sua direção. Sir Isaac Newton em seus pensamentos posteriores parece (como já se observou) ter adotado // algo não completamente estranho a essa noção, atribuindo ao seu meio elástico (§§ 237, 238) aquilo que Descartes atribuiu ao seu segundo elemento.[171] Mas os grandes homens da Antiguidade consideravam a gravidade a ação imediata de um ser inteligente e incorpóreo. Sir Isaac Newton[172] também confirma e subscreve esta opinião, embora às vezes se possa pensar que ele se esquece dela, quando fala de agentes físicos, que num sentido estrito, não existem, e quando supõe que nos corpos existem efetivamente forças, nos quais, para falar a verdade, atração e repulsão devem ser consideradas apenas tendências ou movimentos, ou seja, meros efeitos, e suas leis, leis do movimento.

247. Embora se suponha que a principal tarefa de um filósofo natural seja retroceder dos efeitos às causas, estas não devem ser entendidas como agentes (§ 155), mas como princípios, isto é, como partes componentes em certo sentido, ou como leis ou regras em outro sentido. A rigor, todos os agentes são incorpóreos, e, como tais, não podem ser examinados de um ponto de vista físico. Portanto, o astrônomo, o filósofo mecanicista ou o químico, não estão preocupados com as causas reais, agentes ou eficientes, enquanto tais, mas apenas acidentalmente. Nem mesmo parece, como supõem os principais filósofos mecanicistas, que a verdadeira maneira de proceder em sua ciência seja aquela que vai dos movimentos conhecidos na natureza à investigação das forças motrizes; pois a força, de fato, não é corpórea, nem pertence a qualquer coisa corpórea (§ 220), nem pode ser descoberta por experimentos ou por raciocínios matemáticos, os quais não

---

171 Isto é, o ar. Ver Descartes, *O mundo*, 5.
172 Newton, *Óptica*, 3. q. 31. (N. T.)

vão além dos efeitos perceptíveis, e dos movimentos nas coisas passivas e movidas.

248. A *Vis* ou força é para a alma o que a extensão é para o corpo, diz Santo Agostinho em seu tratado *Sobre a potencialidade da alma*;[173] e sem força nada pode ser feito ou produzido e, consequentemente, não pode haver agente. Mas não cabe à autoridade decidir neste caso. Que cada um consulte suas próprias noções e sua razão, bem como sua experiência, a respeito da origem do movimento e das respectivas naturezas, propriedades e diferenças da alma e do corpo, e perceberá claramente, se não me engano, que não há nada ativo no corpo. Agentes naturais ou forças corpóreas não são a causa da coesão das partículas dos corpos. Nem é a tarefa dos filósofos experimentais fazer essas descobertas.

// 249. O filósofo mecanicista, como já disse, busca propriamente apenas as regras e os modos de operação, e não a causa; uma vez que nada mecânico é ou pode realmente ser uma causa (§§ 236, 247). Embora um filósofo mecanicista ou matemático possa falar de um espaço absoluto, de um movimento absoluto e da força como se fosse inerente aos corpos, e proporcional ao movimento que causa; é muito difícil, para não dizer impossível, para homens reflexivos, conceber e explicar o que são essas forças que supostamente residem nos corpos, que são impressas neles, se multiplicam, dividem e são comunicadas de um corpo a outro, e que parecem animar os corpos como espíritos abstratos ou almas; tal como se pode verificar consultando *De vi percussionis*, de Borellus e *Lezioni accademiche* de Torricelli, entre outros autores.*

250. Se considerarmos a propensão que os seres humanos têm de confundir suas noções com as coisas reais, não parecerá estranho que os filósofos mecanicistas e os geômetras, como outros homens, sejam enganados por preconceitos e confundam hipóteses matemáticas com seres reais existentes nos corpos, a ponto de fazer do cálculo e da medição desses fantasmas o verdadeiro objetivo e meta de sua ciência; quando, na verdade, não há

---

173 Santo Agostinho, *De quantitate animae*, 17, 30. (N. T.)

 * Esse tema é tratado detalhadamente em meu tratado latino *De motu*, publicado há vinte anos.

George Berkeley

nada que possa ser mensurado ou calculado além dos próprios efeitos ou movimentos. Sir Isaac Newton se pergunta se as partículas minúsculas dos corpos não possuem certas forças ou poderes em virtude dos quais agem umas sobre as outras, bem como sobre as partículas de luz, para assim produzir a maioria dos fenômenos da natureza.[174] Mas, na realidade, essas partículas minúsculas são apenas agitadas de acordo com certas leis da natureza, por algum outro agente, no qual a força é inerente, e não nelas, que têm apenas o movimento. Os peripatéticos julgaram corretamente que esse movimento nos corpos movidos é uma mera paixão, enquanto que no motor é ἐνέργεια ou ato.

251. Muitos, não sei como, acham que os princípios mecânicos fornecem uma explicação clara dos fenômenos. A hipótese de Demócrito, diz o Dr. Cudworth,[175] salva os fenômenos de uma maneira muito mais elegante e inteligível do que a de Aristóteles e Platão. Mas, considerando-se corretamente as coisas, talvez se descubra que ela não explica absolutamente nenhum fenômeno; pois todos os fenômenos são, para falar a verdade, aparências na alma ou mente; e // nunca foi explicado, nem pode ser explicado, como os corpos externos, figuras e movimentos podem produzir uma aparência na mente. Portanto, esses princípios não explicam as aparências, se por explicar se entende indicar a causa real, seja eficiente ou final, mas apenas reduzem as aparências a regras gerais.

252. Há uma certa analogia, constância e uniformidade nos fenômenos ou aparências da natureza, o que serve de fundamento para as regras gerais; e estas são uma gramática para a compreensão da natureza, ou essa série de efeitos no mundo visível por meio da qual somos capazes de prever o que acontecerá no curso natural das coisas. Plotino observa, em sua terceira *Enéada*,[176] que a arte do presságio é, de alguma forma, a leitura dos caracteres naturais que denotam uma ordem, e que, na medida em que essa analogia é válida para o universo, pode haver vaticínio. E, na realidade, pode-se dizer que quem prediz os movimentos dos planetas, ou os efeitos dos medica-

---

174 Newton, *Óptica*, 3. 1, qu. 31. (N. T.)
175 Cudworth, *The True Intellectual System of the Universe*, 1678, 1. 1. 45. (N. T.)
176 Plotino, *Enéada* 3. 3. 6, 17-33. (N. T.)

mentos, ou o resultado de experimentos químicos ou mecânicos, o faz em virtude de um vaticínio natural.

253. Conhecemos uma coisa quando a compreendemos; e nós a compreendemos quando podemos interpretá-la ou dizer o que ela significa. A rigor, os sentidos não sabem nada. É verdade que percebemos sons pela audição, e caracteres pela visão; mas isso não significa que os compreendemos. Da mesma maneira, os fenômenos da natureza são igualmente visíveis para todos; mas nem todos aprendem a conexão das coisas naturais da mesma maneira, nem compreendem o que significam, ou sabem como predizer por meio delas. Não há discussão, diz Sócrates no *Teeteto*,[177] sobre o que é agradável para cada um; mas, sobre o que no futuro será agradável, nem todos os homens são igualmente juízes. Aquele que conhece de antemão o que acontecerá em cada caso é o mais sábio. De acordo com Sócrates, nós e o cozinheiro podemos julgar igualmente bem um prato na mesa, mas, enquanto o prato está sendo preparado, o cozinheiro pode prever melhor o que resultará desta ou daquela maneira de compô-lo. A validade dessa maneira de raciocinar não se limita apenas à moral ou à política; ela se estende também às ciências naturais.

254. Visto que a conexão natural dos signos com as coisas significadas é regular e constante, ela forma uma espécie de discurso racional (§ 252), sendo, por conseguinte, o efeito imediato de uma Causa inteligente. // Isso está de acordo com a filosofia de Platão, e de outros antigos. Plotino, de fato, afirma[178] que o que atua naturalmente não é a intelecção, mas um certo poder de mover a matéria, destituído de conhecimento, e que apenas opera. E deve-se admitir que a *vontade* pode ser distinguida do *intelecto*, visto que os filósofos multiplicam as faculdades da alma de acordo com suas operações. Mas, ainda que se admita que nem a vontade compreende, nem o intelecto quer, não se segue que a Vontade, que opera no curso da natureza, não seja guiada e dirigida por um intelecto. Portanto, os fenômenos da natureza que afetam os sentidos e são compreendidos pela mente não só formam um espetáculo magnífico, mas também um Discurso mais coerente, interessante

---

177 Platão, *Teeteto*, 178d 8-e 4. (N. T.)
178 Plotino, *Enéada*, 2. 3. 17. (N. T.)

George Berkeley

e instrutivo; e para lograr isso, esses fenômenos são guiados, ajustados e ordenados por uma sabedoria maior. Esta Linguagem[179] ou Discurso pode ser estudada com diferentes graus de atenção, e interpretada com diferentes graus de habilidade. Mas, quanto mais os homens tenham estudado e observado suas regras, e sejam capazes de interpretá-las corretamente, tanto mais profundo é seu conhecimento da natureza. Um animal é como um homem que ouve uma língua estrangeira, mas não compreende nada.

255. A natureza, diz o erudito Dr. Cudworth,[180] não ensina nem a arte nem a sabedoria: a natureza é *ratio mersa et confusa*,[181] razão imersa e mergulhada na matéria, e como se ela estivesse obnubilada e confundida com ela. Mas a formação de plantas e animais, os movimentos dos corpos naturais, suas diversas propriedades, aparências e vicissitudes, em suma, a série completa de coisas neste mundo visível, que chamamos de Curso da Natureza, é administrada e conduzida com tal sabedoria que a mais aperfeiçoada razão humana não é capaz de compreender plenamente nem mesmo a menor partícula dela; tão longe ela está de parecer produzida por uma razão obnubilada e confusa.

256. É verdade que produções naturais não são todas igualmente perfeitas, mas nem se ajusta à ordem das coisas, à estrutura do universo ou aos fins da Providência que assim sejam. As regras gerais, vimos (§§ 249, 252), são necessárias para tornar o mundo inteligível; e // a partir da constante observação dessas regras, às vezes os males naturais decorrem inevitavelmente; as coisas serão produzidas em um lento período de tempo e chegarão a diferentes graus de perfeição.

257. Deve-se admitir que não temos consciência da sístole e da diástole do coração, ou dos movimentos do diafragma. Não obstante, não se deve inferir disso que uma natureza inconsciente pode agir tão regularmente, assim como nós mesmos. A conclusão correta é que o indivíduo autoconsciente, ou pessoa humana, não é o verdadeiro autor desses movimentos naturais.

---

179 Ver *Um ensaio para uma nova teoria da visão*, § 147; *Princípios*, §§ 44, 66, 108; *Alciphron*, 4. 12. (N. T.)

180 Cudworth, *Treatise on eternal and immutable Morality*, 1731, 3. 13.

181 Sêneca, *Sobre o ócio*, 5.5. (N. T.)

Siris

E, de fato, ninguém se culpa se eles são defeituosos, nem se elogia se são regulares. O mesmo se pode dizer dos dedos de um músico, que alguns objetam que se movem em virtude de um hábito que o próprio músico não compreende; sendo evidente que o que é produzido segundo uma regra deve proceder de algo que conhece esta regra; portanto, senão do próprio músico, de alguma outra inteligência ativa, a mesma talvez que governa as abelhas e as aranhas, e que move os membros dos sonâmbulos.

258. Os instrumentos, ocasiões e signos (§ 160) caracterizam, ou melhor, constituem todo o Curso visível da Natureza. Eles, embora não sejam agentes, estão sob a direção de um Agente que planeja tudo para um único fim, que é o bem supremo. Todos aqueles movimentos, seja nos corpos animais ou em outras partes do sistema da natureza, os quais não são efeitos de vontades particulares, parecem se originar da mesma causa geral que produz o crescimento vegetativo das plantas – um espírito etéreo posto em movimento por uma Mente.

259. Os primeiros poetas e teólogos da Grécia e do Oriente considera-vam a geração das coisas como atribuída antes a uma causa divina, enquanto que os *physici* a atribuíam a causas naturais, subordinadas e dirigidas todavia por uma causa divina; exceto alguns corporealistas e mecanicistas, que ti-nham a vão presunção de fazer um mundo sem um Deus. A força oculta que une, ajusta e faz com que todas as coisas se unam e movam em harmonia – a força que Orfeu e Empédocles chamaram de Amor[182] – não é um princípio de união cego, mas que age com a inteligência. Este amor e intelecto divinos não são em si mesmos óbvios para nossa visão, nem percebidos de outra forma senão por seus efeitos. O intelecto ilumina, o amor une e o bem soberano atrai todas as coisas.

123   // 260 Todas as coisas são feitas para o bem supremo, todas as coisas tendem para esse fim; e pode-se dizer que explicamos uma coisa quando mostramos que ela é assim em vista do melhor. No *Fédon*,[183] Sócrates de-clara ser sua opinião que quem supõe que todas as coisas foram dispostas e ordenadas por uma Mente (§§ 154, 160) não deve pretender atribuir

---

182 Aristófanes, *As aves*, 696.700; DK 31 B 17. (N. T.)
183 Platão, *Fédon*, 98a 4-7. (N. T.)

qualquer outra causa a elas. Ele culpa os fisiólogos por tentarem explicar os fenômenos, sobretudo a gravidade e a coesão, por vórtices e éter, negligenciando o τὸ ἀγαθόν e o τὸ δέον,[184] o vínculo e o cimento mais forte que mantêm unidas todas as partes do universo, e de não discernir a causa em si de todas aquelas coisas que simplesmente a acompanham.

261. Assim como no microcosmo,[185] o regime regular e constante dos movimentos das vísceras e dos sucos orgânicos nelas contidos não impede a mente de imprimir certos movimentos voluntários no espírito animal; assim também, no sistema do mundo, a invariável observância de certas leis da natureza, nas massas mais grossas e movimentos mais visíveis, não impede que um agente voluntário possa às vezes comunicar certas impressões ao meio sutil e etéreo que corresponde, no mundo, ao espírito animal no homem. Esses dois meios (supondo que sejam dois), embora invisíveis e inconcebivelmente pequenos, parecem constituir os verdadeiros mananciais latentes do movimento de todas as partes deste mundo visível — ainda que eles não devam ser considerados como causas autênticas, mas apenas um instrumento do movimento; e esse instrumento não como uma ajuda para o Criador, mas apenas como um signo para a criatura.[186]

262. Plotino supõe[187] que a alma do universo não seja a causa original ou autora das espécies, mas que as receba do Intelecto, o verdadeiro princípio da ordem e distinção, a fonte e doador de formas. Outros consideram a alma vegetativa simplesmente como uma faculdade inferior de uma alma superior que anima o espírito etéreo e ígneo (§ 178). Quanto às máculas e defeitos evidentes no curso deste mundo — que alguns pensaram que procedem de uma fatalidade ou necessidade da natureza, e outros, de um princípio maligno — esse mesmo filósofo observa que pode ser a Razão que governa, a que produz e ordena todas essas // coisas; e, não pretendendo que todas as partes sejam igualmente boas, fez intencionalmente algumas piores do que outras; assim como nem todas as partes de um animal são olhos; e em uma cidade, numa comédia, ou em um quadro, nem todas as classes, persona-

---

184 "O bem"; "o necessário". (N. T.)

185 Ou seja, no corpo humano. (N. T.)

186 Ver *Princípios*, §§ 60-66. (N. T.)

187 Plotino, *Enéada*, 3. 2. 11. 2-9. (N. T.)

gens e cores são iguais ou semelhantes; mesmo assim os excessos, defeitos e qualidades contrárias contribuem para a beleza e a harmonia do mundo.

263. Não se pode negar que, no que diz respeito ao universo das coisas, nós, na condição de mortais, somos como os homens criados na caverna de Platão,[188] olhamos para as sombras e damos as costas para a luz. Mas, embora nossa luz seja fraca e a condição na qual nos encontramos seja ruim, ainda assim, se fizermos o melhor uso de ambas, talvez possamos ver algo. Proclo, em seu *Comentário sobre a teologia de Platão*,[189] observa que existem dois tipos de filósofos. Uns, que colocam o corpo em primeiro lugar na ordem dos seres e dele fazem depender a faculdade de pensar, supondo que os princípios de todas as coisas são corpóreos; que o corpo existe de forma mais real e eminente, e todas as outras coisas em um sentido secundário, e em virtude dele. Outros, que fazem com que todas as coisas corpóreas sejam dependentes da Alma ou Mente, acreditam que esta existe antes de mais nada e em sentido primário, e que a existência dos corpos deriva totalmente da mente e a pressupõe.

264. Os sentidos e a experiência nos familiarizam com o curso e a analogia das aparências ou efeitos naturais. O pensamento, a razão e o intelecto nos introduzem no conhecimento de suas causas. As aparências sensíveis, embora de natureza flutuante, instável e incerta, e ainda que tenham ocupado a mente primeiro, por uma prevenção precoce tornam mais difícil a tarefa posterior do pensamento; e, como tais aparências deleitam os olhos e ouvidos, e são mais adequadas aos usos comuns e às artes mecânicas da vida, obtêm facilmente uma preferência, na opinião da maioria dos homens, sobre aqueles princípios mais elevados, os quais são o produto tardio da mente humana que atingiu a maturidade e a perfeição; mas, como não afetam os sentidos corpóreos, acredita-se que são muito deficientes do ponto de vista da solidez e realidade; sensível e real, segundo a compreensão comum, são a mesma coisa; embora seja certo que os princípios da ciência não são objetos dos sentidos nem da imaginação, e que o intelecto e a razão são os únicos guias seguros para a verdade.

---

188 Platão, *República*, 7. (N. T.)
189 Proclo, *In Platonis Theologiam*, 1. 3. (N. T.)

George Berkeley

265. A curiosidade coroada de sucesso dos tempos atuais, seja nas artes, nos experimentos e nos novos sistemas, tende a exaltar os homens e fazê-los **125** // esquecer os antigos. Mas, não obstante o incentivo e fomento financeiro dos príncipes, e os esforços conjuntos das grandes sociedades, tenham nos últimos tempos estendido muito longe o conhecimento experimental e mecânico, deve-se reconhecer, porém, que também os antigos não ignoravam muitas coisas (§§ 166, 167, 168, 241, 242, etc.), tanto na Física quanto na Metafísica, as quais nestes tempos modernos talvez sejam conhecidas de forma mais geral, embora não tenham sido descobertas agora.

266. Os pitagóricos e os platônicos tinham uma noção do verdadeiro sistema do mundo. Eles admitiam princípios mecânicos, mas acionados pela alma ou mente; eles distinguiam nos corpos as qualidades primárias das secundárias, fazendo com que as primeiras fossem causas físicas, e eles entenderam as causas físicas no sentido correto; eles viram que uma mente dotada de poder infinito, inextensa, invisível e imortal, governa, conecta e contém todas as coisas; viram que não havia uma tal coisa como um espaço real e absoluto; que a mente, alma ou espírito existe verdadeira e realmente; que os corpos existem apenas em um sentido secundário e dependente; que a alma é o lugar das formas; que as qualidades sensíveis devem ser consideradas como atos apenas na causa, e como paixões em nós; eles levaram em consideração as diferenças entre o intelecto, a alma racional e a alma sensitiva, com seus distintos atos de intelecção, raciocínio e sensação, pontos estes sobre os quais os cartesianos[190] e seus seguidores, que consideram a sensação como um modo do pensamento, parecem ter falhado. Eles sabiam que havia um éter sutil que permeia toda a massa de seres corpóreos, e que, por sua vez, ele próprio é movido e dirigido por uma mente; e que as causas físicas são meros instrumentos, ou melhor, marcas e signos.

267. Aqueles filósofos antigos entendiam que a geração dos animais consistia no desenvolvimento e dilatação das partes diminutas imperceptíveis dos animálculos preexistentes, o que passa por uma descoberta moderna. Eles tomaram isso como obra da natureza, mas de uma natureza animada e inteligente (§ 172); compreenderam que todas as coisas estavam vivas e em movimento; supunham uma concórdia e discórdia, união e desunião,

---

190 Descartes, *Principia Philosophiae*, I. 9. (N. T.)

entre as partículas, algumas atraindo, outras repelindo umas às outras; e que aquelas atrações e repulsões tão diversas, regulares e úteis, não poderiam ser explicadas senão por uma inteligência que preside e dirige todos os movimentos particulares, para a preservação e benefício do todo.

// 268. Os egípcios, que personificavam a natureza, haviam feito dela um princípio distinto, e até mesmo a divinizaram sob o nome de Ísis; mas se entendia Osíris, por outro lado, como a Mente ou Razão, chefe e soberano de todas as coisas. Osíris, se podemos acreditar em Plutarco,[191] era um princípio primeiro, puro, sem mistura e sagrado, não perceptível pelas faculdades inferiores; um vislumbre do qual, como um relâmpago, ilumina o entendimento; a esse respeito Plutarco acrescenta que Platão e Aristóteles denominaram ἐποπτικόν[192] a uma parte da filosofia, a saber, aquela na qual, depois de ter se elevado acima dos objetos mistos comuns e ultrapassado os limites dos sentidos e da opinião, chega-se a contemplar o primeiro e mais simples Ser livre de toda matéria e composição. Este é o que Platão[193] chama de οὐσία ὄντως οὖσα, que emprega apenas a mente; que sozinho governa o mundo; e a alma é o que imediatamente informa e anima a natureza.

269. Embora os egípcios representassem simbolicamente a divindade suprema sentada sobre um lótus, e esta atitude tenha sido interpretada como significando que o mais santo e venerável Ser está em repouso absoluto, e repousa dentro de si mesmo; no entanto, ao que parece, essa atitude pode denotar tanto dignidade como repouso. E não se pode negar que Jâmblico,[194] tão bem informado das ideias egípcias, ensinou que havia um Intelecto que procedia a geração, trazendo à luz os poderes latentes na formação das coisas. Mas nem isso deveria ser entendido como um mundo externo, subsistindo no espaço absoluto e real; pois era uma doutrina daqueles antigos sábios que a alma era o lugar das formas, como se pode ver no décimo segundo livro dos *Arcanos da sabedoria divina segundo os egípcios*.[195] Essa noção foi adotada

---

191 Plutarco, *De Iside et Osiride*, 77-78. (N. T.)

192 "O mais alto grau de iniciação". (N. T.)

193 Platão, *Fedro*, 247c-e: "realidade que verdadeiramente é". (N. T.)

194 *De mysteriis aegyptiorum*, 8. 3. (N. T.)

195 Obra de tendência neoplatônica, conhecida também como *Teologia de Aristóteles*. Foi traduzida para o latim sob o título de *Aristotelis libri XIV de Secretione Parte Divinae Sapientiae secundum Aegyptios*, 1571. Referência a 12. 3. (N. T.)

por diversos filósofos da Grécia, e pode-se supor que eles a obtiveram da mesma fonte de onde extraíram muitas de suas outras opiniões.

270. A doutrina de um espaço exterior absoluto e real[196] induziu alguns filósofos modernos[197] a concluir que esse espaço é uma parte ou atributo de Deus, ou que o próprio Deus é espaço; porquanto os atributos incomunicáveis da Divindade, como infinitude, imutabilidade, indivisibilidade, incorporeidade, ser incriado, // impassível, sem começo nem fim, pareciam estar de acordo com ela – sem considerar que todas essas propriedades negativas podem pertencer ao nada. Porque o nada não tem limites, não pode ser movido, nem alterado, nem dividido, não foi criado nem jamais será destruído. Uma maneira diferente de pensar aparece nos escritos herméticos, bem como em outros escritos dos antigos. No que diz respeito ao espaço absoluto, observa-se no *Diálogo de Asclépio*[198] que a palavra *espaço* ou *lugar* não tem em si mesma nenhum significado; e, novamente, que é impossível compreender o que é o espaço sozinho ou o espaço puro. E Plotino não admite nenhum lugar a não ser a alma ou mente, afirmando expressamente que a alma não está no mundo, mas o mundo está na alma. E afirma também que o lugar da alma não é o corpo, mas a alma está na mente, e o corpo, na alma. Ver o terceiro capítulo do quinto livro da quinta *Enéada*.[199]

271. No que diz respeito ao espaço absoluto, esse fantasma dos filósofos mecanicistas e geométricos (§ 250), pode ser suficiente observar que ele não é percebido por nenhum sentido, nem provado por qualquer razão, e foi consequentemente tratado pelo maior dentre os antigos como uma coisa puramente quimérica.[200] Da noção de espaço absoluto derivamos a de movimento absoluto;* e nestas estão, em última análise, fundadas as noções

---

196 Newton, *Principia Mathematica*, Escólio às Definições. (N. T.)

197 Clarke, Samuel. *A Demonstration of the Being and Attributes of God,* 1705.

198 *Hermética, Asclépio,* 34a. (N. T.)

199 Plotino, *Enéada,* 5. 5. 9. 27-39. (N. T.)

200 *Princípios,* §§ 116-7 e *Sobre o movimento,* § 53. (N. T.)

* Nosso julgamento a esse respeito não deve ser anulado pela alegada evidência de noções e raciocínios matemáticos, uma vez que é claro que os matemáticos desta época abraçam noções obscuras e opiniões incertas que os deixam perplexos, pelas quais se contradizem e disputam com os outros homens. Prova disso é a doutrina das fluxões, sobre a qual foram publicados, nestes últimos dez anos, cerca de uns vinte tratados e dissertações, em que seus autores pensam de maneiras comple-

de existência externa, independência, necessidade e destino. Este último, que é o ídolo de muitos modernos, foi concebido pelos filósofos antigos em um sentido diferente, e de forma a não destruir a αὐτεξούσιον[201] de Deus ou do homem. Parmênides, // que acreditava que todas as coisas aconteciam por necessidade ou em virtude do destino, identificou o destino com a justiça e a providência;[202] e que por mais fixo e irresistível que o destino seja em relação ao homem, pode não obstante ser voluntário em relação a Deus. Empédocles declarou[203] que o destino é uma causa que faz uso dos princípios e dos elementos. Heráclito ensinou[204] que o destino é a razão geral que abrange toda a natureza do universo; e ele suponha que esta natureza era um corpo etéreo, a semente da geração de todas as coisas. Platão sustentava que o destino é a razão eterna ou lei da natureza. Crisipo supôs que o destino era um poder espiritual que colocava o mundo em ordem; que era a razão e a lei daquelas coisas que são administradas pela Providência.

272. Todas as noções de destino anteriores, como Plutarco as reproduz,[205] mostra claramente que aqueles antigos filósofos não concebiam o destino como um princípio cego, precipitado e ininteligente, mas como um curso ordenado e regular das coisas, guiado por uma Mente sábia e providente. No que diz respeito à doutrina egípcia, é verdade que em *Pimandro*[206] está escrito que todas as coisas são produzidas pelo destino. Mas Jâmblico, que extraiu suas noções do Egito, afirma[207] que a totalidade das coisas não está submetida ao destino, mas que existe um princípio da alma, superior à natureza, por meio do qual podemos ser elevados a uma união com os deuses e nos eximirmos do destino. E no *Diálogo Asclépio*[208] é dito expressamente que o destino segue os decretos de Deus. E, de fato, visto que todos os

---

tamente diferentes, e se contradizem uns aos outros, de tal modo que instruem assim os espectadores sobre o que pensar de suas alegadas evidências.

201 "Liberdade" ou "poder independente". (N. T.)

202 DK, 28 A 32. (N. T.)

203 DK, 31 A 45. (N. T.)

204 DK, 22 A 8. (N. T.)

205 Plutarco (Pseudo-), *De placitis philosophorum*, 1. 25-28. (N. T.)

206 *Pimandro*, 12. 7. (N. T.)

207 Jâmblico, *De mysteriis aegyptiorum*, 10. 5. (N. T.)

208 *Asclépio*, 39. (N. T.)

movimentos na natureza são evidentemente o produto da razão (§ 154), parece que não há espaço para a necessidade em qualquer outro sentido, exceto o de um curso constante e regular.

273. No fundo, o destino cego e o acaso cego são praticamente a mesma coisa, e um não é mais inteligível que o outro. As relações recíprocas, a conexão, o movimento e a simpatia existentes entre as partes deste mundo são tais que estas parecem ser vivificadas e mantidas juntas por uma alma; e a sua harmonia, sua ordem e // seu curso regular são tais que mostram que a alma é governada e dirigida por uma mente. Segundo uma opinião que remonta à antiguidade, o mundo é um animal (§§ 153, 172). Se pudermos confiar nos escritos herméticos, os egípcios pensavam que todas as coisas participavam da vida.[209] Essa opinião era tão geral e difundida entre os gregos que, de acordo com Plutarco,[210] todos, exceto Leucipo, Demócrito e Epicuro, sustentavam que o mundo é um animal governado por uma Providência. E embora um animal contendo todos os corpos dentro de si não pudesse ser tocado ou afetado sensivelmente do exterior, é claro não obstante que eles atribuíam a ele um sentido e sentimento internos, bem como apetites e aversões; e supunham que de todos os diversos tons, ações e paixões do universo, resultava uma única sinfonia, um único ato e uma única vida animal.

274. Jâmblico declara[211] que o mundo é um animal, no qual as partes, embora distantes umas das outras, estão, todavia, relacionadas e conectadas por uma natureza comum. E ele ensina, o que é também uma noção recebida dos pitagóricos e platônicos, que não há nenhum salto na natureza, mas uma Cadeia ou Escala de seres que se eleva por gradações moderadas e ininterruptas dos seres inferiores aos mais elevados, cada natureza recebendo sua forma e sendo aperfeiçoada pela participação em uma superior. Assim, à medida que o ar se torna ígneo, o fogo mais puro se torna animal, e a alma animal se torna intelectual, o que não se deve entender como mudança de uma natureza em outra, senão como a conexão das diferentes naturezas,

---

209 *Pimandro*, 12. 18. (N. T.)

210 Plutarco (Pseudo-), *De placitis philosophorum*, 2. 3. (N. T.)

211 Jâmblico, *De mysteriis aegyptiorum*, 4.12. (N. T.)

cada natureza inferior sendo, de acordo com aqueles filósofos, como um receptáculo ou substrato no qual reside e atua a natureza imediatamente superior.

275. Os filósofos platônicos afirmam também que o Intelecto é a própria vida das coisas vivas, o primeiro princípio e modelo de todas as outras, das quais derivam em graus diferentes as classes inferiores de vida: em primeiro lugar a racional, em seguida a sensitiva, após esta a vegetativa; mas, assim como no animal racional há ainda algo intelectual, também na sensitiva há algo racional, e na vegetativa há algo de sensitivo e, por último, nos corpos mistos, como os metais e os minerais, algo da vegetativa. // Dessa forma, acredita-se que o todo está conectado da maneira mais perfeita. Esta doutrina implica que todas as faculdades, instintos e movimentos dos seres inferiores, em suas várias subordinações respectivas, derivam e dependem da Mente e do Intelecto.

276. Tanto os estoicos quanto os platônicos sustentaram que o mundo é um ser vivo, embora às vezes seja mencionado como um animal senciente, às vezes como uma planta ou vegetal. Mas nisso, não obstante o que foi suposto por alguns homens eruditos, não parece haver ateísmo. Pois, enquanto se supõe que o mundo é animado pelo fogo ou espírito elementar, que é ele próprio animado pela alma e dirigido pelo entendimento, segue-se que todas as suas partes dependem originalmente dele, e podem ser remontadas à mesma raiz ou princípio indivisível, a saber, uma Mente Suprema, que é a doutrina comum aos pitagóricos, platônicos e estoicos.

277. Há, de acordo com esses filósofos, uma vida infundida em todas as coisas, o πῦρ νοερὸν, πῦρ τεχνικόν, um fogo intelectual e artificial (§§ 166, 168, 174, 175, etc.), um princípio interior, espírito animal ou vida natural, que produz e conforma internamente como a arte o faz externamente; que regula, modera e reconcilia os vários movimentos, qualidades e partes deste sistema do mundo. Em virtude desta vida, as grandes massas são mantidas juntas em seus cursos ordenados, assim como as partículas mais diminutas são governadas em seus movimentos naturais, de acordo com as várias leis de atração, gravidade, eletricidade, magnetismo e outras. É essa vida que dá os instintos, que ensina a aranha a tecer sua teia, e a abelha a fazer seu mel. É ela que dirige as raízes das plantas para que extraiam os sucos

orgânicos da terra, e as folhas e vasos da casca para que separem e atraiam as partículas do ar e do fogo elementar, conforme o que convém às suas respectivas naturezas.

278. A natureza não parece distinguir-se da *anima mundi*[212] mais do que a vida se distingue da alma, e, de acordo com os princípios dos filósofos mais antigos, não parece impróprio ou incongruente, portanto, defini-la como a vida do mundo. Alguns platônicos, de fato, consideram a vida // como o ato da natureza, assim como a intelecção é o ato da mente ou intelecto. Assim como o Primeiro Intelecto age compreendendo, também a natureza, de acordo com eles, age ou engendra vivendo. Mas a vida é o ato da alma, e parece coincidir com a própria natureza, que não é o princípio mas o resultado de outro e mais elevado princípio, sendo uma vida que resulta da alma, assim como o pensamento resulta do intelecto.

279. Se a natureza é a vida do mundo, animada por uma alma, consolidada em uma única estrutura, e dirigida ou governada em todas as suas partes por uma só Mente, este sistema não pode ser acusado de ateísmo, embora talvez possa ser acusado de erro ou impropriedade. E, no entanto, uma vez que uma mente que preside confere unidade ao infinito agregado de coisas, em virtude da mútua comunhão de ações e paixões, e um ajuste das partes, fazendo com que todas contribuam em vista de um único e mesmo fim – que é o Bem último e supremo do todo – pareceria razoável afirmar, com Ocelo Lucano, o pitagórico, que da mesma forma como a vida mantém unidos os corpos dos animais, sendo sua causa a alma, e da mesma forma como uma cidade é mantida unida pela concórdia, sendo sua causa a lei, da mesma forma também o mundo é mantido unido pela harmonia, sendo Deus a sua causa. E, nesse sentido, o mundo ou o universo pode ser considerado como um animal (§§ 172, 277) ou uma cidade.

280. Aristóteles desaprova a opinião daqueles que afirmam que há uma alma difundida por todo o mundo;[213] e por esta razão, porque os elementos não estão vivos. Contudo, talvez não seja fácil provar que o sangue e o espírito animal estão mais vivos no homem do que a água e o fogo no

---

212 "Alma do mundo". (N. T.)
213 Aristóteles, *De anima*, I. 5. 411a 7-8. (N. T.)

Siris

mundo. Este filósofo, em seu livro *Sobre a alma*,[214] comenta a propósito de uma opinião exposta nos *Órficos*, segundo a qual a alma do universo, levada pelos ventos, penetra nas criaturas, que isso não pode ser verdade para as plantas, ou para certos animais que não respiram. No entanto, alguns experimentos mais recentes permitiram mostrar a presença de vasos condutores de ar em todas as plantas e em todos os animais. E, em certo sentido, não é impróprio dizer que o ar é o portador ou veículo da alma, visto que é o veículo do fogo, que por sua vez é o espírito imediatamente movido e animado pela alma (§§ 163, 171).

132   // 281. O fogo vivente, o sementeiro vivente e oniforme do mundo e outras expressões da mesma natureza, que se encontram na filosofia antiga e platônica, como poderiam ser compreendidas sem a luz ou o fogo elementar? Sabe-se que as partículas deste elemento são heterogêneas, e, pelo que sabemos, pode ser que algumas estejam organizadas, e, apesar da espantosa pequenez, contenham sementes originais que, uma vez formadas e semeadas em uma matriz adequada, se desenvolvem e se manifestam gradualmente, crescendo até atingir as dimensões próprias da espécie.

282. Não se pode supor que este sementeiro etéreo, de acordo com as noções daquela filosofia que atribuía grande parte da geração à influência celestial, impregne plantas e animais com os primeiros princípios, os estâmina, ou os animálculos que Platão, em seu *Timeu*,[215] diz que são invisíveis por causa de sua pequenez, mas que, sendo semeados em uma matriz adequada, ali gradualmente crescem e se desenvolvem pela nutrição e, por fim, aparecem à luz sob a forma de animais? Esta doutrina foi recentemente reavivada e admitida por muitos que talvez não estejam cientes de sua antiguidade, ou que ela se encontrava em Platão. Timeu de Lócrida, em seu livro *Sobre a alma do mundo*,[216] supõe que também as almas derivam dos astros celestes, exceto apenas a parte racional ou intelectual. Mas qual influência ou influxo proveniente dos corpos celestes não usa a luz como seu veículo (§ 43)?

283. É difícil compreender que outra natureza intermediária poderia haver entre a Alma do mundo (§ 171) e este enorme sistema corpóreo,

---

214 Aristóteles, *De anima*, 1. 5. 410b 27-411a 2. (N. T.)
215 Platão, *Timeu*, 91d 1-5. (N. T.)
216 *De natura mundi et anima*, 218. (N. T.)

que pode ser o veículo da vida, ou, para usar a linguagem dos filósofos, que recebe as formas das coisas ou sofre suas impressões. Costuma-se dizer que as obras de arte não toleram uma rigorosa inspeção microscópica; pelo contrário, quanto mais recursos são utilizados, e quanto mais meticulosamente se perscrutam as produções naturais, mais se descobre acerca dos mecanismos sutis da natureza, que é infinita e inesgotável. Partes novas e outras, mais sutis e delicadas do que as precedentes, continuam sempre a se oferecer aos olhos. E essas observações microscópicas // confirmaram a antiga teoria sobre geração, exposta no *Timeu* de Platão. Esta teoria ou hipótese, entretanto, embora esteja de acordo com as descobertas modernas, não é suficiente por si mesma para explicar os fenômenos, sem a ação imediata de uma mente. E Ficino, não obstante o que ele mesmo e outros platônicos dizem sobre a natureza plástica, é obrigado a reconhecer que com a força ou Alma do mundo se deve entender que está unida uma Inteligência, da qual a natureza seminal depende constantemente, e pela qual é governada.

284. Alcino, em seu tratado *Sobre a doutrina de Platão*,[217] diz que Deus deu ao mundo tanto a mente como a alma; outros incluem ambas na palavra alma, e supõem que a Alma do mundo seja Deus. Fílon parece ser dessa opinião em diversas passagens de seus escritos.[218] E Virgílio, que não ignorava os princípios pitagóricos e platônicos, escreve com o mesmo propósito:

> *Deum namque ire per omnes*
> *Terrasque, tractusque maris, cœlumque profundum.*
> *Hinc pecudes, armenta, viros, genus omne ferarum,*
> *Quemque sibi tenues nascentem arcessere vitas.*[219]

As escolas de Platão e Pitágoras parecem concordar pelo menos nisso, a saber, que a Alma do Mundo (§§ 153, 172), quer possua uma mente dis-

---

217 Alcino, *Epítome*, 14. 3. (N. T.)

218 Fílon de Alexandria, *De opificio mundi*, 69. (N. T.)

219 Virgílio, *Geórgicas* 4. 221-224. "pois deus se espalha por todas / as terras, e pela profundidade do mar e do céu; / As ovelhas, os bois, os homens, e todas as espécies de feras / cada um recebe ao nascer o sutil sopro da vida". (N. T.)

tinta própria, quer seja dirigida por uma mente superior (§§ 154, 279), abrange todas as suas partes, conecta-as por meio de uma cadeia invisível e indissolúvel, e as preserva sempre bem ajustadas e em boa ordem.

285. Os naturalistas, cujo campo de conhecimento específico é considerar os fenômenos, os experimentos, os órgãos e os movimentos mecânicos, preocupam-se principalmente com a estrutura visível das coisas ou do mundo corpóreo, e supõe que uma alma está contida no corpo. E esta hipótese pode ser tolerada na física, uma vez que, nas artes do quadrante e da navegação, não é necessário mencionar o verdadeiro sistema mundo ou o movimento da Terra. Mas aqueles que, não satisfeitos com as aparências sensíveis, querem penetrar nas causas verdadeiras e reais (objeto da teologia, da metafísica ou da *philosophia prima*), terão que retificar esse erro, e falar de um mundo como contido na alma, e não de uma alma como estando contida no mundo.

286. Aristóteles observou que havia de fato alguns que pensavam de forma tão grosseira a ponto de supor que o universo consiste apenas em uma // única natureza extensa e corpórea: mas, no primeiro livro de sua *Metafísica*[220] ele corretamente observa que tais filósofos cometeram um grave erro; pois eles levaram em consideração apenas os elementos dos seres corpóreos, ao passo que no universo existem também seres incorpóreos; e ao mesmo tempo que tentaram descobrir as causas da geração e da corrupção, e explicar a natureza de todas as coisas, acabaram destruindo a própria causa do movimento.

287. Nos escritos herméticos encontramos, entre outras especulações, a doutrina de que todas as coisas são Uma. E não é improvável que Orfeu, Parmênides, e outros entre os gregos, possam ter derivado sua noção do τὸ ἕν, o Uno, do Egito. Contudo, esse metafísico sutil que foi Parmênides parece ter acrescentado algo original em sua doutrina do ἕν ἑστως.[221] Não me parece que haja nada de ateu ou de ímpio na suposição de que uma só e mesma Mente é o princípio universal da ordem e da harmonia em todo o mundo, que contém e conecta todas as suas partes, e dá unidade ao sistema.

---

220 Aristóteles, *Metafísica*, 1. 3, 984a 16-27. (N. T.)
221 DK, fragmento B 8. "uno em repouso". (N. T.)

288. O número não é um objeto dos sentidos; é um ato da mente. A mesma coisa, dependendo de como é considerada, pode ser uma ou muitas.[222] Se compreendermos Deus e as criaturas em uma única noção geral, podemos dizer que todas as coisas juntas formam um só universo, ou τὸ πᾶν. Mas se, em vez disso, dissermos que todas as coisas formam um só Deus, essa seria, em verdade, uma noção errônea de Deus, mas não equivaleria ao ateísmo, contanto que se admitisse que a mente ou o intelecto é τὸ ἡγεμονικόν, a parte governante. Todavia, é mais respeitoso e mais consistente com a verdadeira noção de Deus supor que Ele não é constituído de partes, e que Ele mesmo não forma parte de nenhum todo.

289. Todos aqueles que conceberam o universo como um animal tiveram que supor, em consequência dessa noção, que todas as coisas eram uma. Mas conceber Deus como a alma senciente de um animal é totalmente indigno e absurdo. Não há em Deus nenhum sentido nem sensório, nem nada parecido com os sentidos ou um sensório. O sentido implica uma impressão de algum outro ser, e denota uma dependência na alma que o possui. O sentido é uma paixão; e paixões implicam imperfeição. Deus conhece todas as coisas como uma mente ou intelecto puro; mas ele não sabe nada pelos sentidos, nem em um sensório ou por meio dele. Portanto, supor a existência de um sensório de qualquer tipo – seja o espaço ou qualquer outro // – em Deus, seria muito errado,[223] e nos levaria a falsas concepções sobre Sua natureza. Parece-me que a hipótese da existência de um espaço real, absoluto e incriado é o que ocasionou esse erro moderno. Mas esta hipótese é sem fundamento.

290. O corpo é o oposto do espírito ou mente.[224] Temos uma noção do espírito a partir do pensamento e da ação. Temos uma noção do corpo a partir da resistência. Na medida em que há poder real, há espírito. Na medida em que há resistência, há uma incapacidade ou falta de poder; ou seja, há uma negação do espírito. Somos dotados de corpo, ou seja, somos impedidos pelo peso e detidos pela resistência. Mas para um espírito perfeito não

---

222 *Princípios,* §§ 12-13 e 120. (N. T.)
223 *Três diálogos,* 3.240; *Um ensaio para uma nova teoria da visão,* § 153. (N. T.)
224 *Princípios,* §142; *Sobre o movimento,* §§ 21 e 30. (N. T.)

há nada duro ou impenetrável; não há resistência para a Divindade; ela não têm nenhum corpo; tampouco o supremo Ser está unido ao mundo como a alma de um animal está ao seu corpo, uma vez que essa união implica necessariamente uma imperfeição, seja porque é instrumento, seja porque é um peso e impedimento constantes.

291. Assim, está em conformidade com a piedade religiosa dizer que um Agente divino, por sua virtude, permeia e governa o fogo ou a luz elementar (§§157, 172), que este fogo atua como um espírito animal para animar e colocar em ação a massa inteira e todos os membros deste mundo visível. E esta doutrina não é menos filosófica do que piedosa. Vemos que toda a natureza está viva e em movimento. Vemos que a água se transforma em ar, e que o ar se rarefaz e se torna elástico (§§ 149, 152, 200) pela atração de outro meio mais puro, mais sutil e mais volátil do que o ar. E, novamente, uma vez que este meio é um ser móvel, extenso e consequentemente corpóreo (§ 207), ele mesmo não pode ser o princípio do movimento, mas naturalmente e necessariamente nos leva a um espírito ou agente incorpóreo. Sabemos que um espírito pode iniciar, alterar ou determinar o movimento; mas nada disso aparece nos corpos; na verdade, tanto a experiência quanto a reflexão mostram claramente o contrário.

292. Os fenômenos naturais são meras aparências naturais. Eles são, portanto, tais como os vemos e percebemos.[225] Portanto, suas // naturezas real e objetiva são todas igualmente passivas e sem nada de ativo, fugazes e cambiantes, sem nada de estável e permanente. No entanto, uma vez que tais fenômenos produzem as primeiras impressões, e a mente levanta seu primeiro voo e salta, por assim dizer, repousando sobre esses objetos, eles não são apenas os primeiros a serem considerados por todos os homens, mas são também os mais considerados pela maioria dos homens. Tais aparências, e os fantasmas que resultam delas, filhos da imaginação enxertados sobre os sentidos, como o espaço puro (§ 270), são considerados por muitos como os primeiros quanto a existência e estabilidade, e como abarcando e compreendendo todos os outros seres.

---

225 Referência ao princípio *"esse is percipi"*, ver *Princípios*, §§ 3-6. (N. T.)

George Berkeley

293. Agora, embora estes fantasmas como as forças corpóreas, os movimentos absolutos e os espaços reais sejam considerados, na física, como causas e princípios (§§ 220, 249, 250), eles não são, na verdade, senão hipóteses, nem podem ser objetos de uma de verdadeira ciência.[226] No entanto, são aceitos na física, que se ocupa com as coisas sensíveis e se limita aos experimentos e à mecânica. Mas, quando ingressamos no campo de conhecimento da *philosophia prima*, descobrimos outra ordem de seres, a mente e seus atos, o ser permanente, que não depende das coisas corpóreas, nem resulta delas, nem está conectado com elas, nem contido nelas; mas que as contém, conecta, anima toda a estrutura, e transmite aqueles movimentos, formas, qualidades, e aquela ordem e simetria, a todos os fenômenos transitórios que chamamos de Curso da Natureza.

294. Com as nossas faculdades ocorre o mesmo que com nossas afecções; o que primeiro se apodera de nós se mantém firme (§ 264). É um lugar-comum, que o homem é uma mistura de contrários, que geram em sua natureza uma luta incessante entre a carne e o espírito, a besta e o anjo, a terra e o céu, sempre oprimido e sempre se levantando. Durante esse conflito o caráter oscila: quando um dos lados prevalece, é então fixado como vício ou como virtude. E a vida segue um curso diferente partindo de princípios diferentes. A mesma coisa acontece com as nossas faculdades. Os sentidos a princípio cercam e dominam a mente; as aparências sensíveis são absolutamente tudo, nossos raciocínios se exercem sobre elas; nossos desejos terminam nelas; não buscamos por realidades ou causas mais remotas, até que o intelecto comece a despontar e a lançar um raio de luz // sobre esta cena sombria. Então percebemos o verdadeiro princípio de unidade, identidade e existência. Aquelas coisas que antes pareciam constituir a totalidade do ser, após assumir uma visão intelectual revelam-se que não passam de fantasmas fugazes.

295. A partir da forma exterior das grandes massas que mantêm as pessoas comuns ocupadas, um investigador curioso passa a examinar a estrutura interna e as partes diminutas e, a partir da observação dos movimentos na natureza, passa à descoberta das leis desses movimentos. No

---

226 *Princípios*, §§ 103-117; *Sobre o movimento*, §§ 17, 18, 28, 35, 41, 66 e 71. (N. T.)

Siris

decorrer de sua própria investigação, ele formula suas hipóteses e adapta sua linguagem a essa filosofia natural. Elas servem à ocasião e atendem aos fins de um realizador de experimentos, ou mecanicista, que pretende apenas aplicar os poderes da natureza, e reduzir os fenômenos a regras. Mas se, continuando sua análise e investigação, ele ascende do mundo sensível ao mundo intelectual, e considera as coisas sob nova luz e uma nova ordem, então ele não pode deixar de mudar seu sistema, quando percebe que o que ele tomou como substâncias e causas são apenas sombras passageiras; e que a Mente contém tudo, e age em tudo, e é para todos os seres criados a fonte de unidade e identidade, harmonia e ordem, existência e estabilidade.

296. O agente real não é nem o ácido, nem o sal, nem o enxofre, nem o ar, nem o éter, nem o fogo corpóreo visível (§ 155), muito menos o destino ou uma necessidade quimérica, mas, por uma análise determinada, uma conexão regular e ascensão constante, através de todos estes meios ascendemos à visão do Primeiro Motor, invisível, incorpóreo, sem extensão, fonte intelectual de vida e de ser. É verdade que na linguagem e raciocínio humanos há sempre uma certa mistura de obscuridade e preconceito. Isso é inevitável, uma vez que os véus do preconceito e do erro não são removidos a não ser lenta e individualmente, um a um. Mas, ainda que haja muitos elos na cadeia que conecta os dois extremos, representados pelo que é grosseiramente sensível e o que é puramente inteligível; ainda que o esforço de subir em direção à luz da verdade pelos meios lentos da memória, da imaginação e da razão parece um esforço penoso – oprimidos e angustiados como somos pelos sentidos, por meio de princípios errôneos e longas emboscadas de palavras e noções – apesar de tudo isso, à medida que a luz da verdade gradualmente vai surgindo, novas descobertas corrigem sem cessar o discurso e esclarecem suas noções.

297. A mente, seus atos e faculdades fornecem uma nova e distinta classe de objetos[227] (§§ 163, 266), de cuja contemplação se originam outras noções, princípios e verdades; e estes são // tão distantes, e às vezes tão contrários com respeito aos primeiros preconceitos que surpreendem o bom senso dos homens, a ponto de se poder excluir dos discursos e dos escritos correntes, como abstraídos de questões sensíveis, e mais adequados para a

---

227 *Princípios,* §§ 89 e 142. (N. T.)

especulação da verdade, que é o trabalho e o objetivo de alguns, do que para a prática do mundo, ou objetos de investigação experimental ou mecânica. No entanto, embora isso talvez não seja apreciado por alguns leitores modernos, ainda assim o tratamento de questões metafísicas e teológicas nos livros de física pode ser justificado por grandes autoridades entre os antigos; sem mencionar que aquele que se propõe a transmitir os elementos de uma ciência está mais obrigado a seguir um método e um sistema, e preso a leis mais rígidas, do que um mero autor de ensaios. Portanto, pode-se perdoar se este ensaio tosco levar o leitor, por transições imperceptíveis, a indagações e especulações remotas, que no início não foram pensadas por ele, nem pelo autor.

298. Na filosofia platônica, pitagórica, egípcia e caldeia há vestígios de um pensamento profundo, assim como de uma tradição primeva (§§ 179, 266). Naqueles tempos remotos, os homens não eram sufocados com as línguas e a literatura; parece que suas mentes eram mais treinadas e menos sobrecarregadas do que em épocas posteriores; e, estando mais próximos da origem do mundo, os antigos tinham a vantagem de desfrutar quase diretamente as luzes transmitidas pelos patriarcas. Não se pode afirmar com certeza (por mais provável que possa parecer), que Moisés foi o mesmo Mochus, com cujos sucessores, sacerdotes e profetas, Pitágoras teria conversado em Sidon.[228] No entanto, parece que o estudo da filosofia é muito mais antigo e tem uma origem mais remota, na medida em que Timeu de Lócrida, aquele antigo pitagórico, autor do livro *Sobre a alma do mundo*,[229] fala de uma filosofia mais antiga, até mesmo para seu tempo, ά πρεσβύστα φιλοσοφία, que despertava a alma e a recuperava de seu estado de ignorância para a contemplação das coisas divinas. E // embora nenhum dos livros atribuídos a Hermes Trismegisto tenha sido escrito por ele, e embora tenha se verificado que eles contêm falsificações evidentes, reconhece-se, todavia, que esses livros apresentam os princípios da filosofia egípcia antiga, embora revestidos, talvez, em uma forma literária mais moderna. É o que explica Jâmblico ao observar[230] que os

---

228 Jâmblico, *Vida de Pitágoras*, 3. (N. T.)
229 *De natura mundi et anima*, 224. (N. T.)
230 Jâmblico, *De mysteriis aegyptiorum*, 7. 5. (N. T.)

livros escritos que levam o nome de Trismegisto contêm, na verdade, opiniões herméticas,[231] embora muitas vezes expressas no estilo dos filósofos gregos, uma vez que foram traduzidos do idioma egípcio para o grego.

299. A diferença entre Ísis e Osíris (§ 268) assemelha-se à diferença entre a lua e o sol, a fêmea e o macho, a *natura naturata* (como dizem os escolásticos) e a *natura naturans*. Mas, embora na maioria das vezes Ísis represente a natureza (sendo as divindades pagãs coisas muito flutuantes), outras vezes significa também τὸ πᾶν. Em Montfaucon encontramos uma Ísis de forma comum com a seguinte inscrição, Θεοῦ παντός.[232] E na *Mensa Isiaca*[233] que parece expôr um sistema geral da religião e da superstição dos egípcios, Ísis em seu trono ocupa o centro da mesa. Isso pode significar que o universo, τὸ πᾶν, era o centro da antiga religião secreta dos egípcios, e que sua Ísis, ou τὸ πᾶν, compreendia tanto Osíris, o autor da natureza, quanto a sua obra.

300. Platão e Aristóteles consideravam Deus como separado ou distinto do mundo natural. Mas os egípcios consideravam que Deus e a natureza constituíam um todo, ou que o conjunto das coisas constituía o universo. Não excluíam, com isso, a mente inteligente, mas acreditavam que ela continha todas as coisas. Portanto, seja o que for que houvesse de errado em seu modo de pensar, isso não implicava ateísmo ou levava a ele.

301. A mente humana está tão obstruída e oprimida pelas primeiras e fortes impressões dos sentidos (§ 264), que é surpreendente que os antigos possam ter feito tal progresso, e ver tão longe em questões intelectuais, sem qualquer vislumbre de uma tradição divina. Quem quer que considere um grupo de selvagens rudes abandonados à sua própria sorte, e o quanto estão afundados e imersos nos sentidos e nos preconceitos, quão incapazes são por sua força natural de sair deste estado, estará inclinado a pensar que a primeira centelha da filosofia derivou do céu, e // que ela foi, como um escritor pagão o expressa, θεοπαράδοτος φιλοσοφία.[234]

---

231 No original: "mercurial", ou seja, relativas a Mercúrio ou Hermes Trismegisto. (N. T.)

232 "Divindade de todas as coisas". (N. T.)

233 Plaqueta de bronze que se encontra atualmente no Regio Museo di Antichità de Turim, na Itália. (N. T.)

234 Damascio, *in Parmenides*, 177, "filosofia transmitida pela divindade". (N. T.)

George Berkeley

302. O estado decaído da espécie humana é um tema ao qual os filósofos antigos não eram estranhos. A λύσις, a φυγή, a παλλιγγενεσία[235] mostram que os egípcios e os pitagóricos, os platônicos e os estoicos, tinham, todos, alguma noção dessa doutrina, cujos contornos parecem ter sido esboçados nesses princípios. A teologia e a filosofia desatam suavemente os laços que prendem a alma à terra e a auxiliam em seu voo em direção ao Bem supremo. Há na mente um instinto ou tendência ascendente, que revela um esforço natural para nos recuperar e elevar-nos de nossa atual condição sensual e inferior para um estado de luz, ordem e pureza.

303. As percepções dos sentidos são grosseiras; mas mesmo nos sentidos há uma diferença. Embora a harmonia e a proporção não sejam objetos dos sentidos,[236] ainda assim os olhos e os ouvidos são órgãos capazes de oferecem à mente esses materiais, por meio dos quais ela pode apreender tanto uma como a outra. Por meio das experiências sensoriais nos familiarizamos com as faculdades inferiores da alma; e a partir delas, seja por uma gradual (§ 275) evolução ou ascensão, chegamos às superiores. Os sentidos fornecem imagens à memória. Estas se tornam objetos sobre os quais a imaginação trabalha. A razão considera e julga os produtos da imaginação. E esses atos da razão tornam-se novos objetos para o entendimento. Nesta escala, cada faculdade inferior é um degrau que leva a um superior. E o superior conduz naturalmente à Divindade, que é objeto do conhecimento intelectual mais que da faculdade discursiva, para não falar da sensitiva. Há uma cadeia que percorre todo o sistema dos seres. Nessa cadeia, cada elo leva a outro. As coisas mais baixas estão conectadas às mais elevadas. Não será, portanto, uma calamidade da qual se deva estranhar, nem se queixar, se um leitor vil e sensual, levado pelo simples amor à vida animal, se sentir atraído, surpreso e entregue a alguma curiosidade a respeito das coisas intelectuais.

304. De acordo com Platão,[237] não há propriamente conhecimento, mas apenas opinião a respeito das coisas sensíveis e perecíveis (§§ 263, 264); não porque estas sejam naturalmente abstrusas e envoltas em // obscuridade,

---

235 A "libertação" da alma do corpo, a "evasão ou fuga", e a "palingenesia" ou "renascimento". (N. T.)

236 *Alciphron*, 3.8. (N. T.)

237 Platão, *República*, 6. 509d 7ss. (N. T.)

mas porque sua natureza e existência são incertas, sempre fugazes e mutáveis, ou melhor, porque, em sentido estrito, as coisas sensíveis não existem, estando sempre se gerando ou *in fieri*, isto é, em um fluxo perpétuo, sem nada de estável ou permanente nelas para constituir um objeto de uma ciência real. Os pitagóricos e os platônicos distinguem entre τὸ γιγνόμενον e τὸ ὄν[238] entre o que é sempre gerado e o que existe. As coisas sensíveis e as formas corpóreas são perpetuamente produzidas e perpetuamente perecem, aparecem e desaparecem, nunca permanecendo no mesmo estado, mas sempre em movimento e mudança e, portanto, não constituem um único ser, mas uma sucessão de seres; enquanto τὸ ὄν é entendido como algo de natureza abstrata ou espiritual, e o objeto próprio do conhecimento intelectual. Portanto, como não pode haver conhecimento de coisas que fluem e que são instáveis, a opinião de Protágoras e Teeteto, segundo a qual a sensação é a ciência,[239] é absurda. E, na verdade, não há nada mais evidente do que o fato de que os tamanhos e as formas aparentes das coisas, por exemplo, estão em um fluxo constante, que sempre diferem segundo sejam vistas de diferentes distâncias, ou por meio de lentes mais ou menos precisas. Quanto àquelas magnitudes e figuras absolutas, que alguns cartesianos e outros modernos supõem que existem nas coisas, deverá parecer uma vã suposição para qualquer um que considere que isso não está fundamentado por nenhum argumento racional, e por nenhuma experiência sensível.

305. Assim como o entendimento não percebe, isto é, não ouve, nem vê, nem sente, da mesma forma os sentidos não conhecem; e embora a mente possa usar tanto os sentidos como a imaginação como meios para alcançar o conhecimento, ainda assim os sentidos, ou a alma na medida em que é sensitiva, não conhece nada. Pois, segundo a correta observação do *Teeteto* de Platão, a ciência não consiste nas percepções passivas, mas no raciocínio a seu respeito – τῷ περὶ ἐκείνων συλλογισμῷ.[240]

306. Na antiga filosofia de Platão e de Pitágoras, encontramos três tipos distintos de objetos. Em primeiro lugar, há uma forma ou espécie que não é

---

238 Platão, *Timeu*, 27d 6, "o que devém"; "o que é". (N. T.)
239 Platão, *Teeteto*, 151d 7-e 2, "conhecimento não é mais do que sensação". (N. T.)
240 Platão, *Teeteto*, 186d 3. (N. T.)

George Berkeley

nem gerada nem destruída, que é imutável, invisível e totalmente impercep-tível aos sentidos, sendo compreendida apenas pelo intelecto. Depois, existe uma segunda espécie, sempre em fluxo e cambiante (§§ 292, 293), gerando e perecendo, aparecendo e desaparecendo; esta é compreendida pelos sentidos e pela opinião. A terceira espécie é a matéria, que, como ensina Platão, não

142   sendo nem objeto do entendimento nem dos sentidos, dificilmente // pode ser identificada, com base em uma forma espúria de raciocínio, λογισμῷ τινι νόθῳ νόθῳ πιστόν (Ver seu *Timeu*).[241] A mesma doutrina está contida no tratado pitagórico *De anima mundi*,[242] que, distinguindo ideias, coisas sensí-veis, e matéria, faz com que as primeiras sejam apreendidas pelo intelecto, as segundas pelos sentidos, e a última, a saber, a matéria, pelo λογισμῷ νόθῳ. Temisto, o peripatético, assinala[243] a razão disso: pois, diz ele, deve estimar--se espúrio o ato cujo objeto nada tem de positivo, sendo apenas uma mera privação, como o silêncio ou a obscuridade. E deste modo ele considera que é a matéria.

307. Aristóteles faz uma tríplice distinção de objetos, de acordo com as três ciências especulativas. Ele supõe que a Física se refere às coisas que têm em si mesmas um princípio de movimento; a Matemática, sobre as coisas permanentes mas não abstraídas; e a Teologia sobre o Ser separado e imóvel. Essa distinção pode ser vista no nono livro de sua *Metafísica*,[244] onde por separado, χωριστόν, ele entende separável dos seres corpóreos e das qualidades sensíveis.

308. Esse filósofo sustentava que a mente humana era uma *tabula rasa*[245] e que não havia ideias inatas. Platão, ao contrário, sustentava a existência, na mente, de ideias originais, ou seja, noções que nunca estiveram nem pode-riam estar nos sentidos, tais como, por exemplo, as de ser, beleza, bondade, igualdade, semelhança. Alguns, talvez, podem pensar que a verdade seja esta – que não há propriamente *ideias*, ou objetos passivos, na mente, a não

---

241 Platão, *Timeu*, 52b 3. "com um raciocínio falso, que dificilmente pode ser digno de fé". (N. T.)

242 *De anima mundi*, 1. 2. 6. (N. T.)

243 *De anima*, 6. 6. 111. (N. T.)

244 Aristóteles, *Metafísica*, 11. 7. 1064a 28-b 6. (N. T.)

245 Aristóteles, *De anima*, 3. 4. 429b 31-430a 2. (N. T.)

Siris

ser os que foram derivados dos sentidos, mas que há também, além dessas ideias, os próprios atos ou operações da mente; e estes são *noções*.

309. É uma máxima da filosofia platônica que a alma humana foi originalmente dotada de noções congênitas e inatas, e que necessita de ocasiões sensíveis, não absolutamente para produzi-las, mas apenas para despertar, suscitar ou realizar em ato o que já preexistia, de modo adormecido e latente, na alma; // como se diz que há coisas que estão armazenadas na memória, embora não sejam realmente percebidas até que sejam evocadas e trazidas à vista por outros objetos. Essa noção é um tanto diferente daquela das ideias inatas, tal como é entendida por alguns modernos que tentaram refutá-las.[246] De acordo com Parmênides, compreender e ser são a mesma coisa.[247] E Platão, em sua sétima *Carta*,[248] não faz diferença entre νοῦς e ἐπιστήμη, mente e conhecimento. De onde se segue que mente, conhecimento e noções, seja em potencial ou em ato, sempre andam juntos.

310. E embora Aristóteles considerasse a alma em seu estado original como um papel em branco, não obstante ele sustentou que ela era o lugar apropriado das formas, τὴν ψυχὴν εἶναι τόπον εἰδῶν[249] (§ 269). Esta doutrina, primeiramente adotada por outros, ele admite, sob certa restrição, que não deve ser entendida de toda a alma, mas apenas da νοετική, como se pode ver em seu terceiro livro, *De Anima*. Donde, de acordo com Temistio[250] em seu comentário sobre aquele tratado, pode-se inferir que todos os seres estão na alma. Pois, diz ele, as formas são os seres. Em virtude da forma, tudo é o que é. E ele acrescenta, é a alma que confere formas à matéria; τὴν ὕλην μορφῶσα ποικίλαις μορφαῖς.[251] Portanto, as formas estão em primeiro lugar na alma. Ele acrescenta ainda que a mente é todas as coisas; assumindo a forma de todas as coisas, torna-se todas as coisas graças ao intelecto e aos sentidos. Alexandre de Afrodísia disse isso, ao afirmar que a mente é

---

246 Locke, *Ensaio*, 1. (N. T.)

247 DK, 28 B 3. (N. T.)

248 Platão, *Carta* 7. 342c 4-5. (N. T.)

249 Aristóteles, *De anima*, 3. 4. 429a 27-28. "a alma é o lugar das formas" (N. T.)

250 *De anima mundi*, 6. 7. 115. 32. (N. T.)

251 *De anima*, 92: "segundo o pensar e o sentir". (N. T.)

todas as coisas, κατά τε τὸ νοεῖν καὶ τὸ αἰσθάνεσθαι. E esta é, de fato, a própria doutrina de Aristóteles, em seu terceiro livro *De anima*, onde ele também afirma, com Platão, que o conhecimento verdadeiro e a coisa conhecida são idênticos: τὸ αὐτό δέ ἐστιν ἡ κατ᾽ ἐνέργειαν ἐπιρτήμη ηῷ πράγμτι.[252] Donde se segue que as coisas estão onde o conhecimento está, isto é, na mente. Ou, como é expresso de outra forma, que a alma é todas as coisas. Outras coisas poderiam ser ditas para explicar a doutrina de Aristóteles, mas isso nos levaria longe demais.

311. Quanto a uma existência real absoluta (§§ 264, 292, 294) das coisas sensíveis ou corpóreas, não parece ter sido admitida nem por Platão nem por Aristóteles. No *Teeteto*[253] somos // informados de que se alguém diz que uma coisa é, ou é feita, deve também dizer, para quê, ou de quê, ou a respeito de quê ela é, ou é feita; porque é um absurdo que uma coisa possa existir por si mesma ou absolutamente. De acordo com essa doutrina, Platão também afirma que é impossível que uma coisa seja doce sem que seja doce para alguém. Não obstante, deve-se reconhecer, em relação a Aristóteles, que mesmo em sua *Metafísica* existem algumas expressões que parecem favoráveis à existência absoluta das coisas corpóreas. Por exemplo, no décimo primeiro livro, falando das coisas sensíveis corpóreas, diz: "Qual é o espanto se elas nunca nos aparecem iguais, não mais do que a homens enfermos", já que sempre estamos mudando e nunca permanecemos os mesmos? E novamente, ele diz, "as coisas sensíveis, embora não sofram nenhuma mudança em si mesmas, no entanto, em pessoas doentes produzem sensações diferentes e não as mesmas".[254] Essas passagens parecem implicar uma existência distinta e absoluta dos objetos dos sentidos.

312. Mas deve-se observar que Aristóteles distingue uma existência dupla, potencial e atual.[255] Portanto, não se segue que, de acordo com Aristóteles, porque uma coisa é, ela deve existir em ato. Isto é evidente a partir

---

252 Aristóteles, *De anima*, III, 7, 431a 1-2. "A ciência em atividade é idêntica ao seu objeto". (N. T.)

253 Platão, *Teeteto*, 160b 7-c 2. (N. T.)

254 Aristóteles, *Metafísica*, 10. 6. 1063a 35-b 4. (N. T.)

255 Aristóteles, *Metafísica*, 8. 3. 1047a 17-19. (N. T.)

do livro oitavo de sua *Metafísica*,[256] onde ele critica os filósofos megáricos[257] por não admitirem uma existência possível distinta da existência em ato: de onde, diz ele, deve seguir-se "que não há nada frio, ou quente, ou doce, ou qualquer coisa sensível em absoluto, onde não há nenhuma percepção". Ele acrescenta que, em consequência dessa doutrina megárica, não podemos ter nenhum sentido a não ser enquanto os exercemos em ato: somos cegos quando não vemos, e, portanto, "cegos e surdos várias vezes por dia".[258]

313. Os peripatéticos distinguiram as ἐντελέχειαι πρῶται,[259] ou seja, as ciências, as artes e os hábitos, dos atos ou ἐντελέχειαι δεύτεραι,[260] as quais supunham que existiam na mente, ainda que não fossem exercidas ou colocadas em ato. Isso parece ilustrar a maneira pela qual Sócrates, Platão e seus discípulos conceberam noções inatas (§ 309) como estando na alma humana. Segundo a doutrina platônica, as almas ou mentes humanas descendiam do alto e foram semeadas de geração em geração; de tal modo que elas ficaram atordoadas, estupefatas e intoxicadas por essa descida e imersão na natureza animal; e que a alma, nesta ὀνείρωξις[261] ou sonolência, esquece suas noções originais, que são sufocadas e oprimidas // por muitos princípios falsos e preconceitos dos sentidos, de tal maneira que Proclo[262] compara a alma, que em sua descida se cobre de preconceitos em número crescente, ao mergulho de Glauco até o fundo do mar, onde é coberto por diversas algas marinhas, conchas e corais que aderem estreitamente a ele e ocultam sua verdadeira forma.

314. É por isso que, de acordo com essa filosofia, a mente humana está tão impaciente para se livrar dessa sonolência, para se libertar e se emancipar desses preconceitos e falsas opiniões que a assaltam e se agarram tão

---

256 Aristóteles, *Metafísica*, 9. 3. 1046b, 29. (N. T.)

257 Pertenceram à escola megárica filósofos como Euclides de Mégara, e Fílon, o dialético.

258 Aristóteles, *Metafísica*, 9. 3. 1047a 4-10. (N. T.)

259 "Enteléquias primeiras". (N. T.)

260 "Enteléquias segundas". (N. T.)

261 Platão, *Timeu*, 52b 8; "condição onírica". (N. T.)

262 *Comment. In Alcibiadem Platonis Priorem*, 224. A mesma imagem se encontra em Platão, *República*, 10. 61c 7-d 7. (N. T.)

estreitamente a ela, para remover os véus que escondem sua forma original, e recuperar seu estado primitivo e suas primeiras noções. Daí essa luta perpétua para recuperar a região perdida da luz, aquela sede ardente e esforço pela verdade e pelas ideias intelectuais, que ela jamais buscaria alcançar, nem se regozijaria ao possuir, nem saberia ter alcançado, a menos que ela tivesse alguma prenoção ou antecipação delas, e elas estivessem depositadas na mente de forma inata e latente, como hábitos e ciências, ou coisas armazenadas, que são evocadas e despertadas pela lembrança ou reminiscência. De tal modo que essa aprendizagem parece ser, na prática, reminiscência.[263]

315. Os próprios peripatéticos distinguem entre reminiscência e mera memória. Temístio observa[264] que as melhores memórias geralmente acompanham os menos dotados, enquanto que a reminiscência é mais perfeita nas mentes mais engenhosas. E apesar da *tabula rasa* de Aristóteles (§ 308), alguns de seus discípulos a interpretaram no sentido de Platão. Por exemplo, Plutarco, o peripatético, ensina, de acordo com a doutrina de seu mestre, que a aprendizagem é reminiscência, e que o νοῦς καθ' ἕξιν[265] está nas crianças. Simplício também, em seu comentário sobre o terceiro livro de Aristóteles, Περὶ ψυχῆς,[266] fala de uma certa razão interior na alma, que atua por si mesma, e que está desde o princípio cheia de suas próprias noções, πλήρης ἀφ' ἑαυτοῦ τῶν οἰκείων γνωσίων.

316. E assim como a filosofia platônica supôs que as noções intelectuais existiam originalmente ou eram inatas na alma (§§ 309, 314), supôs também que as qualidades sensíveis existem (embora // não desde o início) na alma, e somente ali. Sócrates disse a Teeteto: O que você denomina cor branca não é algo com existência própria, nem fora de teus olhos nem dentro de teus olhos, nem em qualquer outro local.[267] E no *Timeu*[268] Platão ensina que a figura e o movimento das partículas de fogo que dividem as partes de nossos corpos produzem aquela sensação dolorosa que chamamos de calor.

---

263 Platão, *Fédon*, 72e 2; *Mênon*, 86a. (N. T.)

264 Temístio, *Aristotelis libros de memoria et reminiscentia*, 1.1. (N. T.)

265 "intelecto em potência". (N. T.)

266 Simplício, *Libros Aristotelis de anima commentarii*, 2.4. (N. T.)

267 Platão, *Teeteto*, 153d. (N. T.)

268 Platão, *Timeu*, 61d 6-62 a 5. (N. T.)

E Plotino, no sexto livro da segunda *Enéada*,[269] observa que o calor e outras qualidades não são qualidades nas próprias coisas, mas atos; que o calor não é uma qualidade, mas um ato no fogo; que o fogo não é realmente o que percebemos nas qualidades da luz, do calor e da cor. De tudo isso fica claro que quaisquer que sejam as coisas reais que esses filósofos supõem existir independentemente da alma, elas não são nem coisas sensíveis, nem coisas revestidas de qualidades sensíveis.

317. Nem Platão nem Aristóteles entendiam por matéria, ὕλη, a substância corpórea, seja o que for que os modernos possam entender por essa palavra. Para eles, certamente, não significava nenhum ser positivo real. Aristóteles a descreve como composta de negações, não tendo quantidade, nem qualidade, nem essência.[270] E não só os platônicos e os pitagóricos, mas também os próprios peripatéticos afirmam que a matéria não é conhecida nem pelos sentidos, nem por qualquer raciocínio direto e justo, senão só por algum método espúrio ou adulterado, como se observou antes. Simone Porzio, um famoso peripatético do século XVI, nega que a matéria seja qualquer substância, porque, diz ele, *Nequit per se subsistere, quia sequeretur, id quod non est in actu esse in actu.*[271] Se se pode acreditar em Jâmblico, os egípcios supunham que a matéria estava tão longe de incluir algo substancial ou essencial, que, segundo eles, Deus a produziu por uma separação de toda a substância, essência ou ser, ἀπὸ οὐσιότητος ἀποχισθείσης ὑλότητος.[272] Essa matéria em ato não é nada, mas em potência é todas as coisas; esta é a doutrina de Aristóteles, de Teofrasto e de todos os peripatéticos antigos.

318. Segundo aqueles filósofos, a matéria é apenas *pura potentia*, uma mera possibilidade. Mas Anaximandro, sucessor de Tales, é representado como tendo pensado que a Divindade suprema é a matéria infinita. Não obstante, embora Plutarco a chame de matéria,[273] era simplesmente τὸ ἄπειρον,[274] o que

---

269 Plotino, *Enéada*, 2. 6. 3. 14-20. (N. T.)

270 Aristóteles, *Metafísica*, 7. 3. 1029a 21-24. (N. T.)

271 Porzio, *De humana mente disputatio*, 1551, 7, p.42. "Ela não pode subsistir por si mesma, porque se seguiria que o que não é em ato seria em ato". (N. T.)

272 Jâmblico, *De mysteriis aegyptiorum*, 8. 3, "a materialidade separada da essencialidade". (N. T.)

273 Plutarco (Pseudo-), *De placitis philosophorum*, 1. 3. (N. T.)

274 DK, 12 A 14. (N. T.)

George Berkeley

147 nada mais significa do que o infinito ou o indefinido. E embora os modernos ensinem que o espaço é // real e infinitamente estendido, não obstante, se considerarmos que ele não é uma noção intelectual, nem é percebido por nenhum de nossos sentidos, talvez estejamos inclinados a pensar com Platão em seu *Timeu*[275] que isso também é o resultado de λογισμὸς νόθος, ou raciocínio espúrio, e uma espécie de sonho acordado. Platão observa que sonhamos, por assim dizer, quando pensamos no lugar, e quando acreditamos que é necessário que tudo o existe deva existir em algum lugar. Ele também observa que esse lugar ou espaço (§§ 250, 270) é μετ' ἀναισθησίας ἀπτόν,[276] isto é, sentido tal como a escuridão é vista, ou o silêncio ouvido, sendo uma mera privação.

319. Se alguém pensa poder inferir a realidade ou existência real da matéria do princípio moderno segundo o qual a gravidade é sempre proporcional à quantidade de matéria, que examine com atenção a demonstração moderna desse princípio, e descobrirá que é um círculo vicioso, que não conclui, na verdade, nada mais do que isso – que a gravidade é proporcional ao peso, isto é, a si mesma.[277] Visto que a matéria é concebida apenas com defeito e mera possibilidade; e visto que Deus é perfeição e ato absolutos; segue-se que existe a maior distância e oposição imagináveis entre Deus e a matéria. De tal modo que um Deus material seria totalmente inconsistente.

320. A força que produz todas as coisas, o intelecto que as ordena, a bondade que as aperfeiçoa, é o Ser supremo. O mal, o defeito, a negação, não são o objeto do poder criativo de Deus. A partir do movimento, os peripatéticos descobrem um primeiro Motor imóvel. Os platônicos fazem de Deus o autor de todo o bem, o autor de nenhum mal, e o consideram imutável. De acordo com Anaxágoras,[278] havia uma massa confusa de todas as coisas em um caos; mas a Mente superveniente, ἐπελθών,[279] as distinguiu e dividiu. Anaxágoras, ao que parece, atribuiu a faculdade motriz à mente;

---

275 Platão, *Timeu*, 52b 3. (N. T.)

276 "apreendido de maneira não sensível". (N. T.)

277 *Comentários filosóficos*, 361. (N. T.)

278 DK, 59 A 1. (N. T.)

279 DK, 59 A 42; Diógenes Laércio, *Vidas*, 2. 6. (N. T.)

mente essa que alguns filósofos subsequentes distinguiram com precisão da alma e da vida, atribuindo-lhe unicamente a faculdade de intelecção.

321. Deus, no entanto, sempre foi considerado o primeiro agente, a fonte e a origem de todas as coisas, que Ele produz, não ocasionalmente // ou instrumentalmente, mas com uma efetiva e real eficácia. Assim, o tratado *De secretiore parte divinae sapientiae secundum aegyptios*, no décimo livro, diz de Deus, que Ele não é apenas o primeiro Agente, mas também Aquele que verdadeiramente age e cria, *qui vere efficit*.

322. Varrão, Cícero e Santo Agostinho concebem que a alma é *vis*, o poder ou força que age, move e vivifica. Agora, embora, em nossa concepção, *vis*, ou espírito, possa ser distinguido da mente, não se segue daí que ela atue cegamente ou sem a mente, ou que não esteja intimamente conectada ao intelecto. A se acreditar em Plutarco, em seu relato das opiniões dos filósofos, Tales afirmava que a mente do mundo era Deus; Demócrito, que a alma do mundo fosse uma divindade igniforme (§§ 166, 168, 277); Pitágoras ensinou que Deus era a mônada e o bem, o τ' ἀγαθόν; Sócrates e Platão também declararam que ele era o τὸ ἕν (§ 287), o Um simples, causa de si e essencialmente bom. Cada uma dessas denominações e modos de se expressar se refere diretamente a Mente e se determina nela, εἰς τὸν νοῦν σπεύδει, diz Plutarco.[280]

323. Por isso esse autor conclui que, no sentido desses filósofos, Deus é uma Mente, χωριστὸν εἶδος,[281] não uma ideia abstrata composta de inconsistências e prescindida de todas as coisas reais, assim como alguns modernos compreendem a abstração; senão um Espírito realmente existente, distinto ou separado de todos os seres sensíveis e corpóreos. E embora os estoicos sejam representados como sustentando uma divindade corpórea, ou que o próprio sistema do mundo seja Deus, é certo não obstante que eles, no fundo, não discordavam da doutrina acima mencionada; na medida em que eles supunham que o mundo é um animal (§§ 276, 279), composto de alma ou mente, assim como de corpo.

---

280 Plutarco (Pseudo-), *De placitis philosophorum*, I. 7. (N. T.)
281 "Forma separada". (N. T.)

George Berkeley

324. Esta noção foi derivada dos pitagóricos, que consideravam o mundo, como ensina Timeu de Lócrida,[282] como um animal perfeito, dotado de alma e razão; eles, entretanto, acreditavam que ele havia sido gerado, enquanto os estoicos viam o mundo como o Deus supremo, incluindo nele a mente ou o intelecto. Pois o fogo elementar, ou, se assim se pode falar, o espírito animal // do mundo, parece, de acordo com eles, ter sido o veículo da alma (§§ 277, 284), o veículo do intelecto ou νοῦς, já que eles chamaram a Divindade de πῦρ νοερὸν (§ 272), ou fogo intelectual.

325. Os egípcios, se podemos acreditar nos escritos herméticos, afirmavam que Deus é todas as coisas, não apenas as que existem em ato, mas também as possíveis. Eles o chamavam, o que é feito e o que não é feito. E nestes livros se diz: 'Devo louvar-te pelas coisas que fizestes manifestas ou por aquelas que escondeste?'.[283] Portanto, segundo eles, manifestar era criar, e as coisas criadas estavam antes ocultas em Deus.

326. Agora, se o νοῦς for abstraído do mundo sensível e considerado por si mesmo, como distinto do sistema criado e presidindo-o; ou se todo o universo, incluindo nele a mente junto com o corpo do mundo, for concebido como Deus (§ 300), e as criaturas como manifestações parciais da essência divina; não há ateísmo em nenhuma das duas concepções, sejam quais forem os equívocos que possam existir nelas, ao menos desde que se entenda que uma mente ou um intelecto preside, governa e conduz toda a estrutura das coisas. E esta era a opinião que prevalecia geralmente entre os filósofos.

327. Se alguém negasse, como faz Aristóteles em sua *Metafísica*,[284] que Deus conhece algo fora de Si mesmo, já que Deus compreende todas as coisas, nem mesmo neste caso se poderia corretamente considerar esta opinião ateísta. Tampouco se deve acusar de ateísmo a seguinte noção do mesmo autor, a saber, que há algumas coisas indignas do conhecimento de Deus, como sendo muito desprezíveis, mesquinhas e vis; por mais que esta opinião possa parecer errada e indigna da perfeição divina.

328. Não poderíamos conceber que se pudesse dizer que Deus é o Todo em diferentes sentidos? Na verdade, ele é a causa e a origem de todos os

---

282 *De natura mundi et anima*, 207. (N. T.)
283 Pimandro, 5. 11, *Hermetica*, v. 1, p.164. (N. T.)
284 Aristóteles, *Metafísica*, 12. 7. 1072b 18-21. (N. T.)

seres, na medida em que o νοῦς é o νοητὰ,[285] uma doutrina que é tanto dos platônicos quanto dos peripatéticos (§§ 309, 310), uma vez que o νοῦς é o lugar de todas as formas; e na medida em que ele é o mesmo que compreende, ordena (§ 320) e sustenta todo o sistema do mundo. Aristóteles declara que a força ou a influência divina permeia o universo inteiro (§ 173), e que aquilo que o piloto é em um navio, o cocheiro em uma // carruagem, o mestre em um coro, a lei em uma cidade, o general em um exército, o mesmo é Deus no mundo. Ele expõe isso amplamente em seu livro *Do mundo*,[286] um tratado que, tendo sido outrora atribuído a ele, não deve ser rejeitado pela diferença de estilo, que (como Patrizi corretamente observa), por estar na forma de uma carta a um rei, pode-se corretamente presumir que difere das outras partes, áridas e difíceis, de seus escritos.[287]

329. E embora às vezes se encontrem certas expressões, mesmo de filósofos pertencentes às seitas platônicas e aristotélicas, que falam de Deus como misturado com ou permeando toda a natureza e todos os elementos; no entanto, isso deve ser explicado pela força e não pela extensão, que nem Aristóteles ou Platão jamais atribuíram à mente (§§ 290, 293, 297, 319). Eles sempre afirmaram que a mente é incorpórea; e, como observa Plotino,[288] as coisas incorpóreas estão distantes umas das outras não pelo lugar, mas (para usar sua própria expressão) pela *alteridade*.

330. Essas disquisições provavelmente parecerão áridas e inúteis para os leitores que estão acostumados a considerar apenas os objetos sensíveis. A aplicação da mente a questões puramente intelectuais é penosa para a maioria dos homens, ao passo que as faculdades sensíveis adquirem força por seu uso constante. Consequentemente, os objetos dos sentidos nos afetam com mais força (§§ 264, 294), e também são frequentemente considerados o bem principal. Por estas coisas os homens lutam, trapaceiam e disputam. Portanto, a fim de subjugar os seres humanos e introduzir neles um senso de virtude, o melhor meio humano é exercitar seu entendimento, dar-lhes um vislumbre de outro mundo, superior ao sensível, e, enquanto

---

285 "Seres inteligíveis". (N. T.)

286 Aristóteles (Pseudo-), *De mundo*, 6. 4000b 6-8. (N. T.)

287 Patrizi, *Discursionum peripateticarum*, I.6, p.68-9.

288 Plotino, *Enéada* 6. 4. 4. 23-26. (N. T.)

George Berkeley

eles se esforçam para cuidar e preservar a vida animal, ensiná-los a não negligenciar a vida intelectual.

331. Num estado, o predomínio de determinados estudos é de grande importância, uma vez que a religião, os costumes e o governo civil de um país sempre assumem algum viés de sua filosofia, o que afeta não apenas as mentes de seus professores e estudantes, mas também as opiniões de toda a classe superior, e o modo de viver de todo o povo, certamente de modo remoto e distante, mas que não deixa de ser considerável. // Não se observou a filosofia escolástica e polêmica gerar controvérsias no direito e na religião? E o fatalismo e o saduceismo[289] não ganharam terreno durante a paixão geral pela filosofia corpuscular e mecânica, a qual prevaleceu por cerca de um século? Esta filosofia, sem dúvida, pode ter ocupado de maneira bastante útil uma parte do ócio e da curiosidade das pessoas curiosas. Mas, a partir do momento em que ingressou nos estabelecimentos de ensino como uma realização necessária, e parte mais importante da educação, absorvendo os pensamentos dos homens e fixando suas mentes de tal modo nos objetos corpóreos e nas leis do movimento, ela, ainda que de modo involuntário, indireto e acidental, os indispôs um pouco com respeito às questões espirituais, morais e intelectuais. Certamente, se a filosofia de Sócrates e Pitágoras tivesse prevalecido nesta época entre aqueles que se julgam demasiado sábios para aceitar os ditames do Evangelho, não deveríamos ter visto o interesse tomar conta das mentes dos homens de maneira tão rápida e profunda, nem o espírito público seria reputado uma loucura generosa, γενναῖαν εὐήθειαν[290] entre aqueles que são considerados os mais sábios e também a parte mais ávida da humanidade.[291]

332. Pode-se muito bem considerar uma obviedade banal dizer aos meus leitores que os maiores homens sempre tiveram uma grande estima por Platão, cujos escritos são um teste para uma mente precipitada e superficial, cuja filosofia tem sido admirada em todas as épocas; a qual forneceu patrio-

---

289 Doutrina religiosa dos saduceus, pertencente ao judaísmo posterior ao séc. III a.C., que negava a imortalidade da alma, a ressurreição dos mortos e a existência dos anjos. O termo foi usado por Joseph Glanvill (1636-1680) na obra *Sadducismus triumphatus*, 1681. (N. T.)

290 Platão, *República*, I. 348 d I. (N. T.)

291 *Alciphron*, 2. 25. (N. T.)

Siris

tas, magistrados e legisladores para os Estados mais prósperos, bem como padres para a Igreja e doutores para as escolas. Não obstante, em nossos dias as profundezas dessa sabedoria ancestral raramente são sondadas; e, no entanto, seria uma felicidade para nosso país se nossos jovens aristocratas e nobres, em vez das máximas modernas, absorvessem as noções dos grandes homens do passado. Mas, nesses tempos de livre-pensamento, muitos balançam suas cabeças vazias quando se fala de Aristóteles e de Platão, assim como das Sagradas Escrituras. E os escritos desses célebres antigos são, pela maioria dos homens, equiparados às elucubrações áridas e bárbaras dos escolásticos. Pode-se presumir modestamente que não há muitos entre nós, mesmo entre os que são chamados de classe superior, que têm mais senso, **152** virtude e amor por seu país do que Cícero, que em uma carta para // Ático não pôde deixar de clamar *O Socrates et Socratici viri! Numquam vobis gratiam referam.*[292] Quisera Deus que muitos de nossos compatriotas tivessem o mesmo reconhecimento que Cícero em relação aqueles escritores Socráticos. Sem dúvida, onde as pessoas são bem-educadas, a arte de governar um estado não pode ser mais bem aprendida do que nos escritos de Platão. Mas entre os homens maus, sem disciplina e educação, Platão, Pitágoras e Aristóteles, eles mesmos, se estivessem vivos, pouco poderiam fazer. Platão traçou um quadro irônico e instrutivo de tal Estado;[293] o qual não vou transcrever aqui por certas razões. Mas quem desejar pode ver isso na página 78 do segundo volume da edição aldina das obras de Platão.[294]

333. Proclo, no primeiro livro de seu *Comentário sobre a Teologia de Platão*,[295] observa que, assim como nos mistérios, aqueles que são iniciados a princípio encontram deuses múltiplos e multiformes, mas logo que são introduzidos e completamente iniciados recebem a iluminação divina e participam da própria Divindade; da mesma maneira, se a alma olha para fora, ela contempla as sombras e as imagens das coisas, mas quando se volta para dentro

---

292 Cícero, *Epistulae ad Atticum.* 14. 9. "Oh, Sócrates, oh, socráticos! Nunca lhes serei grato o suficiente". (N. T.)

293 Platão, *República*, 6. 488a 1. (N. T.)

294 Edição das obras de Platão organizada pelo editor e tipógrafo Aldo Manúcio. *Omnia Platonis opera*, 1513. A passagem a que Berkeley se refere é da *República* (VI 488). (N. T.)

295 Proclo, *Comentário sobre a teologia de Platão*, 1. 3. (N. T.)

de si mesma ela desvenda e contempla sua própria essência. A princípio, ela parece apenas contemplar a si mesma, mas quando penetra mais fundo ela descobre a mente. E finalmente, quando avança ainda mais no santuário mais íntimo da alma, ela contempla o θεῶν γένος.[296] E este, diz ele, o mais excelente de todos os atos humanos, realizado no silêncio e no repouso das faculdades da alma, é tender para o alto em direção à própria Divindade, aproximar-se e unir-se intimamente àquilo que é inefável e superior a todos os seres. Quando a alma chega tão alto até o primeiro princípio, termina sua viagem e descansa. Essa é a doutrina de Proclo.

334. Por outro lado, no *Alcibíades Primeiro*[297] Sócrates ensina que a contemplação de Deus é o meio adequado para conhecer ou compreender nossa própria alma. Assim como o olho, diz ele, olhando fixamente para a parte visiva ou pupila de outro olho, contempla a si mesmo, da mesma forma a alma contempla e se compreende a si mesma enquanto ela contempla a Divindade, que é sabedoria e virtude, ou algo semelhante a ela. No *Fédon*,[298] Sócrates fala de Deus como sendo // τἀγαθὸν e τὸ δέον, o bom e o conveniente (§§ 260, 322); Plotino representa a Deus como ordem;[299] Aristóteles como lei.[300]

335. Pode ser que aqueles que apreenderam a falar sobre substratos considerem mais razoável e piedoso atribuir à Divindade um ser mais substancial do que as entidades nocionais de sabedoria, ordem, lei, virtude ou bondade. Estas, sendo apenas ideias complexas formadas e reunidas pelo entendimento, são suas próprias criaturas, e nada têm nelas de substancial, real e independente. No entanto, deve-se considerar que, no sistema platônico, ordem, virtude, lei, bondade e sabedoria não são criaturas da alma humana, mas ideias inatas e originalmente existentes nela, não como um acidente em uma substância, mas como luz que ilumina e como um guia para governar. Na linguagem de Platão, o termo *ideia* não significa simplesmente um objeto inativo e inerte do entendimento, mas é utilizado como sinônimo de αἴτιον

---

296 Platão, *Fedro*, 246d 7: "a estirpe dos deuses". (N. T.)

297 Platão, *Alcebíades I*, 133c 8-15. (N. T.)

298 Platão, *Fédon*, 99c 6. (N. T.)

299 Plotino, *Enéada*, 4. 4, 10. 9-11. (N. T.)

300 Aristóteles (Pseudo-), *De mundo*, 400b 28. (N. T.)

Siris

e de ἀρχή, causa e princípio. De acordo com esse filósofo, bondade, beleza, virtude e afins não são ficções da mente, nem simples modos mistos, nem tampouco ideias abstratas no sentido moderno,[301] mas os seres mais reais, intelectuais e imutáveis, e, portanto, mais reais do que os objetos fugazes e transitórios dos sentidos (§ 306), que, destituídos de estabilidade, não podem ser objetos de ciência (§§ 264, 266, 297), e muito menos ainda de conhecimento intelectual.

336. Parmênides, Timeu e Platão fazem uma distinção, como já foi observado, entre *genitum* e *ens*.[302] A primeira espécie está sempre se engendrando ou *in fieri* (§§ 304, 306), mas nunca existe, porque nunca permanece a mesma, estando em constante mudança, sempre perecendo e produzindo. Por *entia*, eles entendem coisas afastadas dos sentidos, invisíveis e intelectuais, que nunca mudando são sempre as mesmas e, portanto, pode-se dizer que existem verdadeiramente. Acreditava-se que οὐσία, que se traduz geralmente por substância, mas com mais propriedade por essência, não pertence às coisas sensíveis e corpóreas, que não têm estabilidade; mas, antes, às ideias intelectuais, ainda que estas sejam discernidas com mais dificuldade e causem menos impressão em uma mente entorpecida e imersa na vida animal do que os objetos grosseiros que continuamente assediam e solicitam nossos sentidos.

337. O intelecto humano mais refinado, exercido ao máximo de suas possibilidades, só pode captar alguns vislumbres imperfeitos das Ideias divinas // (§§ 313, 330), abstraídas de todas as coisas corpóreas, sensíveis e imagináveis. Por essa razão Pitágoras[303] e Platão as trataram de uma maneira misteriosa, ocultando-as em vez de expô-las aos olhos do vulgo; longe estavam eles de pensar que aquelas coisas abstratas, embora as mais reais, eram as mais adequadas para influenciar as mentes comuns, ou para converter-se em princípios de conhecimento, para não dizer de dever e virtude, para a humanidade em geral.

---

301 Sobre os "modos mistos", ver Locke, *Ensaio* 2. 22. 2; sobre as ideias abstratas, ver *Princípios*, Introdução, §§ 6*ss.* (N. T.)

302 Em termos gregos, distinção entre γενόμενον e ὄν. (N. T.)

303 Diógenes Laércio, *Vidas*, 8. 15. (N. T.)

George Berkeley

338. Aristóteles[304] e seus seguidores forneceram uma versão muito adulterada das ideias platônicas; e alguns membros da própria escola de Platão disseram coisas muito estranhas sobre elas. Se, no entanto, esse mesmo filósofo não fosse apenas lido, mas também estudado com cuidado, e tomado como seu próprio intérprete, acredito que os preconceitos que agora se encontram difundidos contra ele logo se dissipariam (§§ 309, 313), ou mesmo se converteriam em alta estima por aquelas noções sublimes e ideias sutis que brilham e resplandecem em todos os seus escritos, os quais parecem conter não apenas o aprendizado mais valioso de Atenas e da Grécia, mas também um tesouro das tradições mais remotas e dos primórdios da ciência do Oriente.

339. No *Timeu*[305] de Platão se menciona personagens antigos, iniciadores de tradições e descendentes de deuses. É muito notável que, no relato da criação contido na mesma obra, se diga que Deus ficou satisfeito com essa obra, e que a noite precedeu o dia.[306] Quanto mais se pensa nisso, mais difícil parece conceber como o homem simples, tendo crescido nos hábitos comuns da vida, e oprimido pela sensualidade, seja capaz de chegar à ciência sem alguma tradição (§§ 298, 310, 302) ou ensinamento capaz de semear as sementes do conhecimento, ou despertar e estimular aquelas sementes latentes que foram originalmente semeadas na alma.

340. As almas humanas, nessa situação inferior, beirando a uma simples vida animal, suportam o peso e enxergam através da névoa de uma atmosfera espessa, formada pelos julgamentos errôneos que se acumulam diariamente, pelas falsas opiniões aprendidas diariamente, e pelos hábitos precoces formados antes de qualquer julgamento e opinião. Mesmo o olho mais aguçado não pode ver claramente através de tal meio (§§ 292, 293, 294). E se por algum esforço extraordinário a mente supera essa região de névoa e vislumbra a pura luz, ela logo será atraída de volta e abatida pelo peso da natureza animal à qual está acorrentada. E se, novamente, ela por acaso tentar se elevar, // em meio à agitação de fantasias selvagens e paixões

---

304 Aristóteles, *Metafísica*, I. 9. 990a 33*ss*. (N. T.)
305 Platão, *Timeu*, 20d 8*ss*. (N. T.)
306 Platão, *Timeu*, 37b 2-c I. (N. T.)

violentas uma segunda recaída rapidamente a precipitará nesta região de obscuridade e sonhos.

341. No entanto, à medida que a mente ganha força através de atos repetidos, não devemos desanimar, mas continuar a exercer a plenitude e a fina-flor de nossas faculdades, continuamente nos recuperando e indo adiante, lutando para chegar à região superior, com o que nossa fraqueza e cegueira naturais poderão ser em algum grau remediadas, e um gosto da verdade e vida intelectual poderá ser alcançado. Além da opinião constante e predominante dos grandes homens da Antiguidade, de que existe tanto um Espírito universal, autor da vida e do movimento, como uma Mente universal, que ilumina e ordena todas as coisas, era um princípio aceito entre eles que também existe o τὸ ἕν ou o τἀγαθὸν (§ 329), que eles consideravam como a *Fons Deitatis*,[307] a primeira hipóstase da divindade.

342. Acreditava-se que o Uno, ou τὸ ἕν sendo imutável e indivisível, sempre o mesmo e sempre inteiro, existe verdadeira e originalmente, e as outras coisas apenas na medida em que são unas e as mesmas, pela participação no τὸ ἕν. Este proporciona unidade, estabilidade e realidade às coisas (§§ 264, 306). Platão, assim como Moisés,[308] descreve Deus a partir de seu ser. De acordo com ambos, Deus é Aquele que verdadeiramente é ὁ ὄντως ὄν. A mudança e a divisão eram consideradas defeitos ou males. O mal dispersa, divide, destrói. O bem, ao contrário, produz a concórdia e união, agrega, reúne, aperfeiçoa e preserva a integridade. Os vários seres que compõem o universo são partes do mesmo sistema; eles cooperam para alcançar um mesmo fim e a perfeição do todo. E essa capacidade e cooperação para alcançar isso proporciona uma ideia particular e parcial do Bem nas distintas criaturas. Pode ser por isso que se chegou a considerar o τἀγαθὸν e o τὸ ἕν como uma só e mesma coisa.

343. A luz e a vista (diz Platão no sexto livro de sua *República*)[309] não são o sol; da mesma forma, a verdade e o conhecimento não são o próprio Bem, embora se aproximem dele. E, novamente, o que, em um lugar visível, o sol é

---

307 "Fonte da divindade". (N. T.)
308 *Êxodo*, 3: 14: "Eu sou aquele que sou". (N. T.)
309 Platão, *República*, VI, 508a 10ss. (N. T.)

com respeito à vista e às coisas vistas, esse mesmo τἀγαθὸν, ou Bem, é em um lugar inteligível // com respeito ao entendimento e às coisas compreendidas. Portanto, o Bem e o Uno não é a luz que ilumina, mas a fonte dessa luz.

344. A cada instante alguma mudança se produz nas partes desta criação visível. Algo se acrescenta ou se perde, ou algo é alterado em sua essência, quantidade, qualidade ou hábito. Consequentemente, todos os seres gerados foram considerados pelos antigos como estando em um fluxo perpétuo (§§ 304, 336). E aquilo que, de um ponto de vista confuso e geral, parece um ser único e constante, em um exame mais atento se revela uma série contínua de seres diferentes. Mas Deus sempre permanece um e o mesmo. Portanto, só Deus existe. Esta era a doutrina de Heráclito, Platão e outros antigos.

345. Platão e seus discípulos acreditavam que na alma humana, antes e acima do intelecto, havia algo de natureza superior, em virtude do qual somos pessoas únicas; e que, graças a nossa singularidade ou unidade, estamos mais intimamente ligados à Divindade. E assim como por nosso intelecto participamos do Intelecto divino, de igual modo também por nosso τὸ ἕν, ou unidade, a verdadeira fina-flor de nossa essência, como Proclo[310] a expressa, participamos da Unidade primeira.

346. De acordo com a filosofia platônica, *ens* e *unum* são a mesma coisa. E, por conseguinte, nossas mentes participam da existência na medida que participam da unidade. Mas parece que a personalidade é o centro indivisível da alma ou mente, que é uma mônada na medida em que ela é uma pessoa. Portanto, a pessoa é realmente o que existe, na medida em que participa da unidade divina. No homem, a mônada ou o indivisível é o αὐτὸ τὸ αὐτό, o eu idêntico a si mesmo, ou verdadeiro eu, algo que, na opinião de Sócrates,[311] deve ser examinado e discutido, muito e atentamente, a fim de que, conhecendo-nos a nós mesmos, possamos conhecer o que pertence a nós e à nossa felicidade.

347. Depois de uma reflexão cuidadosa, parece-me que entre todos os seres criados a pessoa ou mente é a única indivisível, e a que mais participa da unidade. As coisas sensíveis, no entanto, são consideradas unas, embora

---

310 Proclo, *In platonis theologiam*, 3.1. (N. T.)
311 Platão, *Alcebíades I*, 129a-b; 130d; *Cármides* 164d e *Apologia* 28e, 29e. (N. T.)

Siris

não o sejam verdadeiramente, uma vez que estão em um fluxo ou sucessão perpétua, mudando e variando sem cessar. // No entanto, todas as coisas tomadas em conjunto podem ser consideradas como um só universo (§§ 287, 288), uno em virtude da conexão, relação e ordem de suas partes, que é o trabalho da mente, cuja unidade, como os platônicos a consideram, consiste numa participação no primeiro τò ἕν.

348. No *Teeteto* de Platão, Sócrates fala de duas categorias de filósofos — os ῥέοντες e os οἱ τοῦ ὅλου στασιῶται,[312] os filósofos da flutuação, que acreditam que todas as coisas estão num fluxo perpétuo, sempre se tornando e nunca existindo, e os outros, que consideram que o universo é fixo e imutável. A diferença, provavelmente, está no fato de que Heráclito, Protágoras, Empédocles, e em geral os da seita anterior, levam em consideração as coisas sensíveis e naturais; enquanto Parmênides e seus seguidores consideraram τò πᾶν, não como o mundo sensível mas como o mundo inteligível (§§ 293, 294, 295), abstraído de todas as coisas sensíveis.

349. Com efeito, se por *coisas* queremos dizer os objetos sensíveis, é evidente que estes estão sempre fluindo; mas se queremos dizer coisas puramente inteligíveis, então podemos dizer, por outro lado, com igual verdade, que elas são imutáveis e imóveis. Assim, aqueles que pensavam que o Todo, ou τò πᾶν, era fixo ἕν ἑστώς, um Uno fixo ou permanente, parecem ter se referido à Totalidade dos seres reais, que em seu sentido era apenas o mundo intelectual, dado que não concediam uma existência real às coisas não permanentes.

350. Talvez alguns leitores experimentem algum descontentamento por serem assim conduzidos de surpresa a reflexões e investigações para as quais não têm nenhuma curiosidade. Mas talvez alguns outros possam ficar satisfeitos em encontrar um assunto árido variado por digressões, que seguiu através de inferências remotas, e até os tempos antigos, cujas máximas veneráveis (§§ 298, 301), espalhadas neste ensaio, não são propostas como princípios, mas somente como dicas para despertar e exercitar o leitor inquisitivo sobre pontos que não são indignos da atenção dos homens mais capazes. Todos aqueles grandes homens, Pitágoras, Platão e

---

312 Platão, *Teeteto*, 181a 5-7, "os que estão em fluxo permanente", e "os que imobilizam o Todo". (N. T.)

Aristóteles, os mais consumados na política, que fundaram os Estados, ou instruíram príncipes, ou escreveram com grande precisão sobre o governo público, foram ao mesmo tempo os mais agudos em todas as especulações abstratas e sublimes; a luz mais clara sendo sempre necessária para guiar as ações mais importantes. E, seja o que for que o mundo pense acerca disso, o certo é que aquele que não meditou muito sobre Deus, a mente humana e o *summum bonum*, pode eventualmente fazer figura de uma // próspera pessoa abjeta, mas, sem dúvida, fará o papel de um lastimável patriota e um lastimável homem de Estado.

351. De acordo com a sutil metafísica daqueles filósofos antigos, o τὸ ἕν, sendo considerado como o que havia de primeiro e mais simples na Divindade, prescindia até mesmo da entidade, à qual era considerado anterior e superior; e é por isso que os platônicos o chamavam de superessencial.[313] E no *Parmênides*[314] diz-se que τὸ ἕν não existe; o que pode parecer implicar uma negação do Ser divino. A verdade é que Zenão e Parmênides argumentavam que uma coisa que existe no tempo é mais antiga e mais jovem do que ela mesma; portanto, o constante e imutável τὸ ἕν não existe no tempo; e, se não existe no tempo, tampouco em nenhuma das distinções temporais: passado, presente ou futuro; logo, não podemos dizer que foi, que é ou será. Mas, não obstante, admite-se no mesmo *Parmênides*[315] que o τὸ νῦν[316] está em toda parte presente no τὸ ἕν, isto é, que em vez de uma sucessão temporal de momentos, existe um eterno agora, ou *punctum stans*, como é denominado pelos escolásticos.

352. A simplicidade do τὸ ἕν (o Pai na Trindade pitagórica e platônica) é concebida de tal modo que exclui o intelecto ou a mente, com respeito aos quais se supõe anterior; e isso é o que criou uma suspeita de ateísmo em relação a essa opinião: pois, diz o versado Doutor Cudworth,[317] poderemos dizer que a primeira Hipóstasis ou Pessoa é ἄνους e ἄλογος, inanimada e irracional, e totalmente desprovida de mente e entendimento? Ou isso não seria

---

313 Platão, *República*, 6. 509b; Plotino, *Enéada* 6. 8.14. (N. T.)
314 Platão, *Parmênides*, 142a. (N. T.)
315 Platão, *Parmênides*, 152e. (N. T.)
316 "O agora". (N. T.)
317 Cudworth, *The True Intellectual System of the Universe*, 1678, I. 4. 36. (N. T.)

Siris

introduzir uma espécie de ateísmo misterioso? A isso se pode responder que quem quer que reconheça que o universo é feito e governado por uma mente eterna não pode ser considerado merecidamente um ateu (§§ 154, 276, 279, 287). E esta era a doutrina daqueles filósofos antigos. Na doutrina platônica, a geração do νοῦς ou λόγος não era contingente, mas necessária, não temporária, senão eterna. Nela jamais se supôs que houvesse um tempo em que o τὸ ἕν pudesse subsistir sem intelecto; a prioridade foi entendida unicamente como uma prioridade de ordem ou concepção, mas não uma prioridade de idade. Por conseguinte, afirmar que existe uma distinção // de prioridade entre τὸ ἕν e νοῦς não implica que um tivesse existido sem o outro. Portanto, segue-se disso que o Pai ou o τὸ ἕν pode, em certo sentido, ser chamado ἄνους sem cair no ateísmo, ou sem destruir a noção de uma Divindade; como não se destruiria a noção de alma humana, se concebêssemos uma distinção entre o eu e o intelecto, ou entre o intelecto e a vida. Ao que podemos ainda acrescentar, que é uma doutrina dos platônicos,[318] e está de acordo com os princípios de seu mestre, dizer que o τὸ ἕν ou a primeira Hipóstase contém toda a excelência e perfeição, da qual é a sua fonte originária, e é *eminenter*, como dizem os escolásticos, intelecto e vida, como também bondade; enquanto a segunda Hipóstase é essencialmente intelecto, e, por participação, bondade e vida; e a terceira, essencialmente vida, e, por participação, bondade e intelecto.

353. Por conseguinte, tudo bem considerado, não parece justo dirigir a acusação de ateísmo contra aqueles filósofos que sustentavam a doutrina do τὸ ἕν, quer ela seja tomada em sentido abstrato ou coletivo, em sentido metafísico ou simplesmente vulgar (§ 300); ou seja, se prescindimos da unidade da essência e do intelecto, uma vez que as distinções metafísicas dos atributos divinos não implicam sua real distinção; quer nós consideremos o sistema universal dos seres como sendo Uno, uma vez que a união, a conexão e a ordem de seus membros implica manifestamente que uma mente ou intelecto é sua causa.

354. O Uno ou τὸ ἕν pode ser concebido tanto por composição como por divisão. Pois assim como, por um lado, podemos dizer que o mundo ou o

---

318 Neste caso, da doutrina de Plotino e seus seguidores. (N. T.)

universo é um único todo, ou um único animal; da mesma forma podemos, por outro lado, considerar o uno, τὸ ἕν, por divisão ou abstração, como algo anterior à mente na ordem das coisas. Em ambos os sentidos não há ateísmo, desde que se admita que a mente preside e dirige o animal; e enquanto se supõe que o *Unum* ou o τὸ ἕν não existe sem mente (§§ 287, 288). De modo que nem Heráclito, nem Parmênides, nem Pitágoras, nem Platão, nem os egípcios, nem os estoicos, com sua doutrina de um Todo ou de um Animal divino, nem Xenófanes com seu ἕν καὶ πᾶν,[319] podem, com razão, ser // considerados ateus. Por conseguinte, o ateísmo moderno, seja o de Hobbes, Espinosa, Collins, ou de quem quisermos, não pode ser aprovado pelo saber e pelos grandes nomes da Antiguidade.

355. Platão ensina[320] que a doutrina concernente ao Uno ou Unidade é um meio para conduzir e elevar a mente ao conhecimento daquele que verdadeiramente é (§§ 294, 295). E é um princípio tanto de Aristóteles quanto de Platão que a identidade é uma certa unidade. Os pitagóricos também, assim como os filósofos platônicos, mantiveram que *unum* e *ens* são uma mesma coisa. De maneira coerente com isso, pode-se dizer que existe unicamente o que é uno e o mesmo. Nas coisas sensíveis e imagináveis, enquanto tais, parece não haver unidade, nada que possa ser chamado de uno, anterior a todo ato da mente; já que elas, sendo em si mesmas agregados, consistindo de partes ou compostos por elementos, são na realidade múltiplos. Por conseguinte, Temístio, o versado intérprete de Aristóteles, observa[321] que reunir numerosas noções em uma e considerá-las como sendo uma, é obra do intelecto e não dos sentidos ou da imaginação.

356. O próprio Aristóteles, no terceiro livro de *Sobre a alma*, diz que é a mente a que faz que cada coisa seja una — τὸ δὲ ἕν ποιοῦν, τοῦτο ὁ νοῦς ἕκαστον.[322] Temístio explica[323] com maior precisão como isso é feito, observando que, como o ser confere a essência, a mente, em virtude de sua

---

319 DK, 21 A 31. "uno e todo". (N. T.)

320 Platão, *República*, 7. 525a 1-2. (N. T.)

321 Temístio, *Aristotelis libros de memoria et reminiscentia*, 6. 6. 110. 47-50. (N. T.)

322 Aristóteles, *De anima*, 3. 6.430b 5-6. "E o que produz, em cada caso, uma unidade é o intelecto". (N. T.)

323 Temístio, *Aristotelis libros de memoria et reminiscentia*, 6. 6, 109, 7. (N. T.)

simplicidade, confere simplicidade aos seres compostos. E, na realidade, parece que a mente, enquanto é uma pessoa, é individual (§§ 345, 346, 347); nisso se assemelhando, por participação, ao Uno divino, e transmitindo às outras coisas o que ela mesma recebe por participação na superior. Isto está de acordo com a doutrina dos antigos, não obstante a opinião contrária, que supõe que o número é uma qualidade primária e original nas coisas, independente da mente, tenha prevalecido entre os modernos.[324]

357. Os peripatéticos ensinavam que em todas as coisas divisíveis há algo indivisível, e em todas as coisas compostas algo simples. Isto eles derivavam de um ato da mente. E nem esta simples unidade indivisível, nem qualquer soma de unidades repetidas, por conseguinte nenhum número, podem ser separados das coisas mesmas, e da operação da mente. Temístio // chega ao ponto de afirmar que a unidade e o número não podem ser separados das palavras ou signos; e, como não podem ser expressos sem tais palavras ou signos, tampouco podem, diz ele, ser concebidos sem tais palavras ou signos. De tudo isso se pode concluir, de um modo geral, que não há nos seres criados nem unidade nem número apartados da mente e de suas operações.

358. Dos seres inferiores, a mente humana, o eu ou a pessoa, é a essência mais simples e indivisa (§ 347). E o Pai supremo é a Unidade mais perfeita. Portanto, o voo da mente em direção a Deus é chamado pelos platônicos φυγὴ μόνου πρὸς μόνον.[325] O Ser supremo, diz Plotino, como Ele exclui toda a diversidade, está sempre igualmente presente. E então estamos presentes n'Ele quando, absortos e separados do mundo e dos objetos sensíveis, estamos mais livres e desvinculados de toda a variedade (§ 268). Ele acrescenta que na intuição da Suprema Divindade a alma encontra seu fim e repouso desejados; é o que esse filósofo chama de despertar do seu corpo para dentro de si mesmo.[326]

359. No décimo livro dos *Arcanos, ou sabedoria divina dos egípcios*,[327] aprendemos que o Ser supremo não é a causa de nenhuma coisa criada; mas que Ele produziu ou fez a Palavra; e que todos os seres criados foram feitos pela

---

324 Locke, *Ensaio* 2. 8. 9. (N. T.)
325 Plotino, *Enéada*, 6. 9. 11. 50-51; "a fuga do uno em direção ao Uno". (N. T.)
326 Plotino, *Enéada*, 5. 5. 9. (N. T.)
327 *Aristotelis libri XIV de secretione parte divinae sapientie secundum aegyptios*, 10. 17. (N. T.)

George Berkeley

Palavra, a qual é em consequência chamada de Causa de todas as causas; e que esta era também a doutrina dos caldeus. Platão, da mesma forma, em sua Carta a Hermias,[328] Erasto e Corisco, fala de Deus, o soberano e a causa de todas as coisas, como se tivesse um Pai: e, em seu *Epinomis*,[329] ele ensina expressamente que a Palavra ou λόγος criou o mundo. Em conformidade com isso, Santo Agostinho, em seu comentário sobre o início do *Evangelho de São João*,[330] depois de declarar que Cristo é a sabedoria de Deus pela qual todas as coisas foram criadas, assinala que essa doutrina também se encontrava nos escritos dos filósofos que ensinavam que Deus tinha um Filho único por quem existem todas as coisas.

360. Mas, ainda que Platão tenha reunido em si a imaginação mais esplêndida e magnífica, um intelecto não menos profundo e claro, não obstante não se deve supor que ele ou quaisquer outros filósofos da Grécia ou do Oriente tenham podido alcançar, pela luz natural, uma noção adequada da Santíssima Trindade; nem // que a sua concepção imperfeita, mesmo dentro de seus limites, seja inteiramente correta; nem talvez que aquelas sublimes alusões, que brilham como lampejos de luz no meio de uma escuridão profunda, tenham surgido originalmente da dura rocha da razão humana, senão que derivam, antes, pelo menos em parte, de uma tradição divina (§§ 298, 301), do autor de todas as coisas. Parece uma notável confirmação disso o que Plotino observa em sua quinta *Enéada*,[331] ou seja, que a doutrina de uma Trindade – Pai, Mente e Alma – não era invenção tardia, mas um dogma antigo.

361. É certo que a noção de uma Trindade pode ser encontrada nos escritos de muitos filósofos pagãos antigos – ou seja, a doutrina das três Hipóstases divinas. A autoridade, a Luz e a Vida pareciam, aos olhos da razão, claramente apoiar, penetrar e animar o sistema do mundo ou macrocosmo. O mesmo se manifesta no microcosmo,[332] preservando a alma e o corpo, iluminando a mente e suscitando as afecções. E estas eram concebidas como princípios universais necessários, coexistindo e cooperando de tal modo que

---

328 Platão, *Carta* 6, 323d 3-6. (N. T.)
329 Pseudo-Platão, *Epinomis*, 986c 4. (N. T.)
330 Santo Agostinho, *In Johannis Evangelium, Tractatus*, 2. 4. (N. T.)
331 Plotino, *Enéada*, 5. 1. 8. 10-14. (N. T.)
332 Ou seja, no corpo humano. (N. T.)

Siris

jamais existem separadamente, senão, ao contrário, constituem um único Soberano de todas as coisas. E, na verdade, como poderiam o poder e a autoridade se exercer ou subsistir sem o conhecimento? Ou sem vida e ação?

362. Na administração de todas as coisas, a autoridade estabelece, a lei dirige e a justiça executa. Existe em primeiro lugar a fonte de toda a perfeição, ou *Fons Deitatis*; em segundo lugar, a razão suprema, ordem ou λόγος; e finalmente, o espírito que vivifica e inspira. Proviemos do Pai, somos iluminados ou instruídos pelo Filho e movidos pelo Espírito. Certamente, existem o Pai, o Filho e o Espírito; que têm analogia com o sol, a luz e o calor; e que, de outro modo, são expressos pelos termos Princípio, Mente e Alma, por Uno ou τὸ ἕν, Intelecto e Vida; por Bem, Palavra e Amor; e a geração não é atribuída à segunda Hipóstasis, ou νοῦς ou λόγος, em relação ao tempo (§ 352), mas unicamente em relação à origem e à ordem, como uma emanação necessária e eterna; estes são os princípios expressos pelos platônicos, pitagóricos, egípcios e caldeus.

363. Embora se possa presumir corretamente que não se pode encontrar nada sobre esse tema sublime nos escritos humanos que // não leve a inconfundível marca da humanidade, não se pode negar, contudo, que vários Padres da Igreja julgaram adequado ilustrar a doutrina cristã da Santíssima Trindade por comparações e expressões tomadas dos mais eminentes pagãos, a quem eles não consideravam, de maneira nenhuma, estranhos a esse mistério, como foi claramente provado por Bessarion,[333] Eugubinus[334] e o Dr. Cudworth.

364. Portanto, por pouco filosófica que essa doutrina possa parecer para muitos dos meus contemporâneos, ainda assim é certo que os homens de maior fama e saber entre os antigos filósofos aceitaram uma Trindade na Divindade. Deve-se admitir que, sobre esse ponto, alguns dos platônicos tardios do mundo gentio parecem ter se confundido (da mesma forma que muitos cristãos), enquanto perseguiam com muita curiosidade as sugestões que provinham de seus predecessores.

---

333 Bessarion, *In calumniatorem Platonis*, 1462, 4. 2. 3. (N. T.)
334 Eugubinus, *De perenni philosophia*, 1540, 2. 3. 19. (N. T.)

365. Mas o próprio Platão considerava essa doutrina um mistério venerável, que não devia ser tratado levianamente nem divulgado indiscriminadamente. É por esta razão que em uma carta a Dionísio ele escreve (como ele mesmo confessa) de forma enigmática e concisa, nos seguintes termos, que ele apresenta como um resumo de sua noção sobre o Ser supremo, e que, sendo passível de várias interpretações, deixo para que seja decifrada pelo sábio leitor: Περὶ τὸν πάντων βασιλέα πάντ᾽ ἐστὶ, καὶ ἐκείνου ἕνεκα πάντα, καὶ ἐκεῖνο αἴτιον ἁπάντων τῶν καλῶν, δεύτερον δὲ περὶ τὰ δεύτερα, καὶ τρίτον περὶ τὰ τρίτα.[335] Platão não se cansa de recomendar a Dionísio, com grande determinação, que o que ele está comunicando sobre os mistérios da natureza divina não caia nas mãos de pessoas iletradas ou vulgares, e oferece, além disso, como um motivo para essa advertência, que nada pareceria mais ridículo ou absurdo para a grande maioria dos seres humanos comuns. Ele acrescenta que, dado que os escritos podem ser extraviados, o mais prudente é // não escrever nada em absoluto sobre todos esses assuntos, mas ensiná-los e aprendê-los oralmente; "É por esse motivo", diz ele, "que jamais escrevi alguma coisa sobre essas questões; não há nada nem jamais haverá alguma coisa escrita de Platão sobre esse assunto". Ele acrescenta: "Quanto ao que acaba de ser dito, pertence inteiramente a Sócrates".

366. Na verdade, o que esse filósofo diz em seu *Fedro*[336] sobre a região supracelestial, e sobre a Divindade que nela reside, é algo que as mentes comuns não podem apreciar ou compreender; ou seja, que a essência é realmente existente, objeto apenas do intelecto, desprovido de cor, figura, e desprovido de qualquer qualidade tangível. Ele acreditava com razão que semelhante descrição devia parecer ridícula para os homens ligados aos sentidos.

367. Quanto à intuição perfeita das coisas divinas, Platão supõe que este é o destino das almas puras, que as contemplam imersas em uma luz pura, iniciadas, felizes, livres e não maculadas por aqueles corpos nos

---

335 Platão, *Cartas* 2, 312d-e; 314a-c, atribuída falsamente a Platão. "Todas as coisas gravitam em torno do rei de todas as coisas, e todas existem por ele, e ele é a causa de tudo o que é belo; em torno ao segundo estão as coisas segundas, em torno ao terceiro, as terceiras". (N. T.)

336 Platão, *Fedro*, 247c 3-9. (N. T.)

quais estamos atualmente aprisionados como ostras. Mas, nesta condição mortal, devemos nos contentar em tirar o melhor proveito possível desses vislumbres que estão a nosso alcance (§§ 335, 337). No *Teeteto*,[337] Platão observa que enquanto permanecermos parados jamais adquiriremos sabedoria, mas entrar no rio, explorá-lo acima e abaixo, é a maneira de descobrir suas profundezas e suas águas rasas. Se nos exercitarmos e nos mexermos, poderemos descobrir algo mesmo neste estado em que nos encontramos.

368. Nossos olhos, depois de acostumados por muito tempo, podem ver até mesmo na caverna mais escura, e não há assunto tão obscuro no qual não possamos discernir algum vislumbre da verdade após uma longa meditação sobre ele. A verdade é o lema de todos, mas o jogo de poucos. Sem dúvida, quando ela constitui a paixão predominante, não deixa espaço para preocupações e opiniões vulgares; não é suficiente buscá-la com algum ardor na juventude, a qual tem força talvez para persegui-la, mas não maturidade suficiente para sopesá-la e meditar sobre ela. Quem quiser fazer um verdadeiro progresso no conhecimento deve consagrar sua velhice e sua juventude, tanto os últimos frutos de seu outono como as primeiras flores de sua primavera, ao altar da Verdade.

Cuiusvis est errare, nullius nisi insipientis in errore perseverare.[338]

---

337 Platão, *Teeteto*, 200e 7; 201a 2. "Assim estamos nós; se levarmos adiante nosso estudo, talvez batamos com os pés no que procuramos; aqui, parados, é que nada se esclarecerá". (N. T.)

338 Cícero, *Orationes Philippicae*, 12. 2. 5. "Qualquer um pode errar, mas somente o tolo persevera no erro". (N. T.)

Notas biográficas

AFONSO II (de Aragão) (1448-95), rei de Nápoles, mecenas de importantes artistas do Renascimento.

ALCINO, (c. séc. II), filósofo grego neoplatônico, autor da obra intitulada *O manual do platonismo*.

ANTÔNIO, Marco (c. 83-30 a.C.), general romano, nomeado cônsul em 44, 34 e 31 a.C. com Júlio César e Públio Cornélio Dolabela.

ARIOSTO, Ludovico (1474-1533), poeta italiano, autor do poema *Orlando furioso* (1532).

ARMÍNIO, Jacob (1560-1609), teólogo holandês cuja doutrina, conhecida como arminianismo, procurava conciliar a soberania de Deus e o livre arbítrio.

ARISTÓTELES (384-22 a.C.), filósofo nascido em Estagira, ofereceu contribuições à lógica, metafísica e várias áreas do saber. Berkeley faz referências a várias obras aristotélicas, dentre as quais a *Metafísica, Física, Ética a Nicômaco* e *Da geração dos animais*.

AUGUSTO, César (63 a.C.- 14 d.C.), primeiro imperador romano, governou de 27 a.C. até sua morte, em 14 d.C.

BACON, Francis (1561-1626), político, filósofo, ensaísta inglês, autor de *Novum organum* e *Instauratio magna*.

BASÍLIO, São (330-99), bispo de Cesareia, célebre Padre grego.

BEMBO, Pietro (1470-1547), gramático, escritor, humanista, historiador e cardeal veneziano.

BEROSO (séc. III a.C.), astrólogo, astrônomo e historiador caldeu, autor de uma *História da Bailônia*, da qual o que sobreviveu se deve a fontes secundárias como Flávio Josefo.

George Berkeley

BESSARION, Basilius (c.1403-1472), erudito bizantino, arcebispo de Niceia, depois cardeal de Roma, tradutor para o latim dà obra de George de Trebizond *In calumniatorem Platoniss,* 1516.

BEZA, Teodore de (1519-1605), teólogo protestante francês, discípulo de Calvino.

BIANCHINI, Francesco (1662-1729), filósofo e historiador italiano, autor de *La istoria universale, provata con monumenti, e figurata con simboli degli antichi,* Roma, 1697 e 1747.

BLOUNT, Charles (1654-93), um dos primeiros filósofos deístas, autor de *The Oracles of Reason,* 1693, e *Miscellaneous Works,* 1695, duas coletâneas de textos que incluem um prefácio do seu amigo e editor, Charles Gildon, justificando o suicídio.

BOERHAAVE, Herman (Hermanus Boerhaave) (1668-1738), médico, botânico e humanista neerlandês. Autor de *Institutiones rei medicae in usus annuae exercitationis domestica,* 1708; *Aphorismi de cognoscendis et curandis morbis* (1709, Leyden; trad. inglesa, 1715 e 1735); *Opera Omnia Medica,* apud Laurentium Basilium, 1723; *Elementa chemiae,* Leiden, apud Casparum Fritsch, v. I, 1732; v. II 1733.

BORELLI, Giovanni (1608-79), matemático, físico, astrônomo e fisiólogo italiano, autor de *De vi percussionis,* 1667.

BOYLE, Richard (1694-1753), arquiteto inglês e um dos criadores do estilo neo--palladiano.

BOYLE, Robert (1627-1691), filósofo natural, químico e físico irlandês.

BROWNE, Peter (1665-1735), teólogo e sacerdote anglicano, Bispo de Cork. Reitor do Trinity College, Dublin, quando Berkeley era estudante.

BRUTUS, Lúcio Júnio. Considerado o fundador da república romana, e um dos dois primeiros cônsules de Roma, em 509 a.C.

BUTLER, Joseph (1692-1752), bispo anglicano e filósofo Inglês, ao qual Berkeley faz diversas alusões. Autor de *Fifteen Sermons and other writings on ethic,* 1726; *Analogy of Religion, Natural and Revealed, to the Constitution and Course of Nature,* 1736.

CAETANO, Tomás (Tommaso De Vio) (1470-1534), frade dominicano, exegeta, filósofo, teólogo e cardeal italiano.

CAMILO, Marco Fúrio (c. 446 a.C.-365 a.C.), senador e cônsul nos primeiros anos da República Romana.

CANTACUCENO, Juan VI (c. 1292-1383), imperador bizantino, retirou-se ao Monte Atos onde escreveu suas *Historiae Byzantinae* (1341-54).

CATÃO, Marco Pórcio Catão Uticense, o Jovem (95-46 a.C), senador romano, conhecido por seguir princípios estoicos rígidos.

CATILINA, Lúcio Sérgio (morto em 62 a.C).

CELSO (séc. II), filósofo grego pagão, autor de um ataque mordaz ao Cristianismo em seu *Discurso verdadeiro,* combatido por Orígenes de Alexandria em *Contra Celso.*

Alciphron • Siris

CÍCERO, Marco Túlio (106-43 a.C.) orador, estadista e filósofo romano, autor de obras que tiveram grande influência no século XVIII, o que também se reflete em Berkeley, em suas alusões ou referências a obras como *De Officiis, De finibus bonus et malorum, De natura deorum, Academica* e *Tusculanae disputationes.*

COLATINO, Lúcio Tarquínio. Um dos quatro líderes da revolução que derrubou a monarquia romana e um dos dois primeiros cônsules de Roma em 509 a.C, junto com Lúcio Júnio Brutus.

COLLINS, Anthony (1676-1729), filósofo deísta e um dos primeiros livres-pensadores ingleses, amigo de Jonh Locke. Collins é um dos principais alvos da crítica de Berkeley no *Alciphron*. Autor de *A Discourse of Free-thinking, Occasion'd by the Rise and Growth of a Sect Call'd Free-thinkers* 1713; *Philosophical Inquiry concerning Human Liberty,* 1717.

CONFÚCIO (551-479 a.C.), filósofo chinês.

CORVINO, Matias (1443-90), rei da Hungria que durante seu reinado patrocinou diversos artistas a estabeleceram-se na corte húngara e erigiu sua *Bibliotheca Corviniana,* uma das maiores da Europa no século XV.

COSMO DE MÉDICI (1389-1464), duque de Florença, fundador da Academia Platônica, cuja direção foi encomendada a Marsílio Ficino.

CTÉSIAS DE CNIDO (séc. V a.C), historiador e médico grego, autor de *Pérsica* e *Indica.*

CUDWORTH, Ralph (1617-88), clérigo anglicano e filósofo inglês, importante entre os platônicos de Cambridge, autor de *The True Intellectual System of the Universe.* London, Richard Royston, 1678; *Treatise on eternal and immutable Morality* (posth.), 1731.

DANIEL, Gabriel (1649-1728), jesuíta, teólogo e historiador francês, autor de *Voyage du monde de Descartes,* 1690.

DESCARTES, René (1596-1650), filósofo moderno, autor, dentre outras obras, de *Discurso do método,* 1637; *Meditações de filosofia primeira,* 1641; e, *Princípios de filosofia,* 1644.

DIODORO SÍCULO, ou Diodoro da Sicília (ca. 90 a.C. -30 a.C.), historiador grego, autor de uma *História universal,* que abarca desde os mais remotos tempos até o ano 60 a.C.

DIÓGENES LAÉRCIO (180-240), historiador e doxógrafo dos antigos filósofos gregos, autor de *Vitae Philosophorum (Vida e doutrina dos filósofos ilustres).*

DIONÍSIO DE ALEXANDRIA (190-265), chamado o Grande, foi patriarca de Alexandria entre os anos de 248 e 265.

ERASMO DE ROTTERDAM (1466-1536), teólogo e humanista neerlandês, autor do *Elogio da Loucura.*

EUGUBINUS, (Agostino Steuco) (1497-1548), filólogo, antiquário e filósofo italiano que cunhou o termo *philosophia perennis.*

553

George Berkeley

EUSÉBIO DE CESAREIA (ca. 265-339), bispo de Cesárea, autor de *Historia Ecclesiastica*, motivo pelo qual é referido por Berkeley como pai da história da Igreja.

EVELYN, John (1620-1706), naturalista inglês, membro fundador da *Royal Society*, autor de *Sylva, or a Discourse on Forest Trees, and the Propagation of Timber in His Majesty's Dominions*, London: John Martyn, 1664.

FAZELLO, Tomazo (1498-1579), historiador italiano, autor de *Historia de Sicilia*, 1558.

FICINO, Marsílio (1433-1499), humanista italiano, tradutor e comentador das *Enéadas* de Plotino, entre muitas outras obras.

FLÁVIO JOSEFO (ca. 37 a 100), historiador e apologista judaico-romano, que registrou a destruição de Jerusalém, em 70 d.C. Autor de *A Guerra dos Judeus* (c. 75) e *Antiguidades judaicas* (c. 94), obras que fornecem um importante panorama do judaísmo no século I.

FLETCHER, John (1579-1625), dramaturgo inglês, sucessor de Shakespeare como escritor da companhia teatral King's Men.

FLOYER, John (1649-1734), médico inglês, autor de *Medicina Gerocomica, or the Gallenic Art of Preserving Old Men's Healths*, 2.ed. 1725.

GALILEU (Galileo Galilei) (1546-1642), astrônomo, físico e filósofo italiano.

GIBBS, James (?-1724), médico inglês, autor de *Observations of Various eminent Cures of the Scrophulous Distempers, commonly called the King's Evil*, 1712.

GIOVIO, Paolo (1483-1552), humanista, médico, historiador, biógrafo e prelado florentino.

GREW, Nehemiah (1641-1712), botânico inglês, fundador, com Marcello Malpighi, da anatomia vegetal, autor de *The Anatomy of Plants: with an Idea of The Philosophical History of Plants*, 1682.

GUIDO RENI (1575-1642), pintor do Barroco italiano.

HALES, Stephen (1677-1761), naturalista inglês, autor de *Statical Essays*, 1733, e de diversas obras sobre a fisiologia vegetal e animal.

HARDOUIN, Jean (1646-1729), jesuíta francês, responsável por uma edição comentada da *Naturalis Historiae* de Plínio, publicada em Paris em 1685, 2.ed. 1723.

HELMONT, Jean-Baptiste van (1580-1644), médico, alquimista e fisiologista belga, um dos principais nomes da química antes de Lavoisier, autor de *Orpus Medicinae*, publicada postumamente em 1648; *Arcana Paracelsi*, In *Opera omnia*, 1707.

HERMES TRISMEGISTO (ca. 1330 a.C), lendário legislador e filósofo egípcio ao qual os gregos atribuíam a invenção das artes e ciências e a composição dos *Livros Herméticos*.

HERÓDOTO (485-425 a.C.), geógrafo e historiador grego, autor de *História*.

HIÉROCLES (séc. II), filósofo estoico autor *Philosophoumena*, fragmentos morais recolhidos por Estobeu.

HIPASO (de Metaponto) (sec. VI a.C.), filósofo pitagórico, também autor de uma constituição espartana.

HIPÓCRATES (c. 460 a.C.- 377 a.C.), médico grego, considerado o pai da medicina, autor de inúmeras obras, dentre as quais *De diaeta; De carnibus; De corde.*

HOMBERG, Wilhelm (1652-1715), médico e químico alemão, descobridor do ácido bórico (*Sal Sedativum Hombergi*). Membro da *Academie des Sciences*, autor de "Essais de chimie", publicados em *Histoire de l'Académie Royale des Sciences*, 1702.

HOMERO (séc. IV a.C.?), poeta épico grego, autor da *Ilíada* e da *Odisseia.*

HORÁCIO (65-8 a.C.), poeta lírico, satírico e filósofo romano. Autor de *Odes, Sátiras, Ensaios e* da *Arte poética* (*Ars Poetica*).

HUTCHESON, Francis (1694-1746), teólogo presbiteriano e filósofo irlandês, autor de *Inquiry into the Origin of Ideas of Beauty and Virtue*, 1725.

HYDE, Thomas (1636-1703), orientalista inglês, autor de *Historia Religionis Veterum Persarum eurumque Magorum*,1700.

INCHOFER, Melchior (1584-1648), jesuíta austríaco, a quem é atribuída a autoria de *De monarchia solipsorum*, 1646, obra que satiriza os jesuítas.

JÂMBLICO (c-245-325), filósofo neoplatônico assírio, discípulo de Porfírio e chefe da escola platônica, autor de *De mysteriis aegyptiorum*, 1497.

JANSÊNIO, Cornélio (1585-1638), filósofo e teólogo neerlandês cujas ideias inspiraram a doutrina religiosa conhecida como jansenismo.

JONSTON, John (Joannes Jonstonus) (1603-75), naturalista polonês de origem escocesa, autor de *Dendrographia, sive Historiae Naturalis de Arboribus et Fructibus tam Nostri quam Peregrini Orbis Liber*, 1662.

LEÃO, o Africano (Johannes Leo Africanus) (c.1485-1552), diplomata, explorador e geógrafo árabe, autor de *Della descrittione dell'Africa et delle cose notabili che ivi sono*, 1550, edição inglesa, *The History and Description of Africa*, 3v. 1600.

LÉMERY, Jacques (1678-c.1721), físico e químico francês. Membro da *Académie des Sciences*, filho do químico Nicolas Lémery (1645-1715).

LISÍMACO de Alexandria (séc. I a.C.), gramático e autor de uma *História do Egito.*

LISTER, Martin (c. 1638-1712), naturalista inglês, colaborador da revista *Philosophical Transactions*, publicada pela *Royal Society*.

LOCKE, Jonh (1632-1704), filósofo inglês, um dos principais expoentes do empirismo, autor do *Ensaio sobre o entendimento humano*, 1690.

LUCANO, Ocelo (sec. IV a.C.), filósofo pitagórico nascido em Lucania. Em *Siris*, § 279, Berkeley alude a um fragmento de *De Legibus*, citado por Estobeu em *Eclogarum Physicarum et Ethicarum*, I. 13.

LUCRÉCIO (Tito Lucrécio Caro) (c.98-55 a.C.), poeta e filósofo romano, autor do poema filosófico *De rerum natura* (*Sobre a natureza das coisas*), no qual expõe os princípios e a filosofia do epicurismo.

MANDEVILLE, Bernard de (1670-1733), filósofo, médico, economista e satírico nascido em Rotterdam, mas que viveu na Inglaterra, onde publicou sua obra-prima *A fábula das abelhas,* um dos primeiros autores a responder ao *Alciphron* de Berkeley, em *A Letter to Dion, Occasion'd by his Book call'd* Alciphron, 1732.

MANETÃO (séc. III a.C.), historiador e sacerdote egípcio que escreveu em grego uma *História do Egito,* cujo texto original foi perdido, frequentemente utilizada como marco de referência para a cronologia dos faraós.

MANÚCIO, Aldo (1450-1515), impressor italiano, organizador da edição *princeps* das obras de Platão em grego, publicadas em Veneza a partir de 1513.

MARCO AURÉLIO, (121-180), imperador romano e filósofo estoico, autor de *Meditações.*

MARSHAM, John (1623-85), egiptólogo e cronologista inglês, autor de *Chronicus Cânon Aegyptiacus,* 1672.

MILTON, Jonh (1608-74), poeta inglês, autor, dentre outras obras, de *Paraíso perdido* (1667), *Paraíso reencontrado* (1671) e *Samson Agonistes* (1671).

MOLINA, Luís de (1535-1600), jesuíta e teólogo espanhol, cuja doutrina, conhecida como molinismo, visava conciliar o livre-arbítrio com a graça e a presciência divina.

MOLINOS, Miguel de (1628-96), místico e sacerdote espanhol, defensor da teoria mística conhecida como "quietismo", segundo a qual a alma, para falar a Deus e alcançar a perfeita contemplação, deve manter-se em absoluta inação.

MONTFAUCON, Bernard de (1655-1741), frade beneditino francês, autor de *L'antiquité expliquée et représentée en figures (Antiquitas explenatiore et schematibus illustrata).* Paris: Florentin Delaulne, 10 v.,1719-1724.

MUSGRAVE, William (1655-1721), médico inglês e secretário da Royal Society em 1685, autor de *De arthritide symptomatica dissertatio,* 1703.

MUSURO, Marco (1470–1517), humanista, literato e poeta grego. Foi nomeado arcebispo de Monemvasia e atuou como professor de grego em Pádua, Veneza e Roma.

NEWTON, Sir Isaac (1643-1727), matemático, físico, astrônomo inglês amplamente reconhecido, autor de *New Theory about Ligh and Colours,* 1672; *Philosophiae naturalis principia mathematica,* 1686; *Optique* 1704; *De natura acidorum,* 1710.

NIEUWENTYT, Bernard (1654-1718), filósofo e matemático holandês, autor de *The Religious Philosopher, or the Right Use of Contemplating the Works of the Creator,* 1718-1719.

O'FLAHERTY, Roderic (1629-1716), historiador irlandês, autor de *Ogygia seu rerum Hibernicarum Chronologia,* 1677.

ORÍGENES DE CESAREIA (c. 185-253), um dos maiores teólogos e escritores do começo do cristianismo.

Alciphron • Siris

OVÍDIO (Públio Ovídio Naso) (43 a.C.-17 d.C.), poeta romano, autor de *Arte de amar*, *Metamorfoses*, *Fastos* e outras obras.

PAPIN, Denis (1647-1710), físico e inventor francês. Sua controvérsia com Leibniz aparece em *Fasciculus Disertationum*, 1695.

PATRICK, Simon (1626-1707), bispo de Ely, autor de *Commentary on the Historical and Poetical Books of the Old Testament*, 1694.

PATRIZI, Francesco (1529-1597), filósofo neoplatônico nascido na ilha de Cherso, autor de *Discursionum Peripateticarum*, 1581; *Nova de universis philosophie*, 1581.

PÉRSIO (Aulo Persio Flacco) (34-62), poeta satírico da Roma antiga, adepto do estoicismo, autor de *Sátiras*.

PICO DELLA MIRANDOLA, Giovanni (1463-94), filósofo neoplatônico e humanista do Renascimento italiano.

PLATÃO (427-347 a.C.), filósofo ateniense, fundador da Academia. Foi aluno de Sócrates e mestre de Aristóteles. Autor de inúmeros diálogos, vários deles referidos tanto em *Alciphron* quanto em *Siris*, o que revela que Berkeley foi um grande leitor de Platão. O próprio diálogo de Berkeley, *Alciphron*, tem inspiração platônica, e sua beleza literária está a altura dos melhores diálogos platônicos.

PLÍNIO, o Velho (23-79), historiador romano, autor de uma *Historia naturalis (História natural)*.

PLOTINO (c. 205-270), filósofo grego helenístico, neoplatônico, autor das *Enéadas*.

PLUTARCO (c. 46-120), historiador, biógrafo e filósofo grego, autor das *Vidas paralelas*. As referências a PSEUDO-PLUTARCO indicam o autor (ou autores) de textos que foram anteriormente atribuídos a Plutarco.

POMPONAZZI, Pietro (1462-1525), filósofo italiano, figura central da tradição aristotélica da primeira metade do século XVI, considerado um precursor dos livres-pensadores.

PORFÍRIO (c. 234-c. 304), filósofo neoplatônico, discípulo de Plotino, de quem escreveu uma biografia, *Vita Plotini*.

PORZIO, Simone (1496-1554), filósofo italiano, contemporâneo de Pietro Pompanazzi, estudou sob orientação de Agostinho Nifo.

POUPART, François (1661-1709), anatomista e médico francês, membro da *Academie des Sciences*, autor de *Mémoires de l'Académie* (nov. 1699: 169-76), artigo republicado em inglês na revista *Philosophical Transactions*, n. 318, Londres, 1708, citado por Berkeley no § 91 de *Siris*.

PSEUDO-DIONÍSIO, o Areopagita (séc. V ou VI), nome pelo qual é conhecido o provável autor do Corpus Areopagiticum, que incluiria os tratados: 1. *De coelesti hierarchia* (Sobre a hieraquia celestial); 2. *De ecclesiastica hierarchia* (Sobre a hierarquia eclesiástica); 3. *De divinis nominibus* (Sobre os nomes divinos) e 4. *De mystica theologia* (Sobre a teologia mística). Teria sido uns dos convertidos por São Paulo. Atos 17: 34.

PROCLO (412-485), filósofo neoplatônico grego, autor de *Comentário sobre a teologia de Platão*, *Comentário sobre o Timeu*, e outras obras.

QUEREMÓN de Alexandria (séc. I), gramático, historiador e filósofo estoico.

RADICATI, Alberto (1698-1737), livre-pensador, autor de *Philosophical Dissertation upon Death, composed for the consolation of the unhappy*, 1732, obra na qual defende explicitamente a permissão moral e a ocasional conveniência do suicídio.

RAFAEL (Raffaello Sanzio) (1483-1520), pintor italiano nascido em Urbino, mestre da pintura renascentista.

RAY, John (1627-1705), naturalista inglês, autor de *Catalogus plantarum circa Cantabrigiam nascentium*, 1660; *Methodus plantarum nova*, 1682; *Historia Generalis Plantarum*, 3v., 1686, 1688, 1704.

REDI, Francesco (1626-1698), médico e poeta florentino, autor de *Esperienze intorno a'sali fattizi*, 1674, obra publicada em 1675 em latim com o título de: *Experimenta circa res diversas naturales, speciatim illas, quae ex Indiis adferuntur*.

REINA, Placido (m. 1671), filósofo e historiador que nos anos de 1658-1668 publicou a obra *Notizie istoriche della città di Messina*.

ROCHESTER, John Wilmot, conde de (1647-80), poeta, satirista e libertino inglês, ligado à corte de Carlos II.

ROPER, Abel (1665-1726), jornalista político e editor que fundou em 1695 o jornal conservador *Post Boy*.

SABÉLIO (ca. 215), sacerdote e teólogo cristão do século III, que ensinou em Roma e negou o dogma da Santíssima Trindade.

SADOLETO, Jacob (1477-1547), cardeal italiano, amigo de Pietro Bembo.

SALÚSTIO (Caio Salústio Crispo) (86-34 a.C.), historiador romano, autor de *Bellum Catilinae* (*A conjuração de Catilina*).

SANTO AGOSTINHO (Aurélio Agostinho) (354-430), teólogo e filósofo, bispo de Hipona, autor de *A cidade de Deus* e *Confissões*.

SARPI, Paolo (1552-1623), polímata italiano, autor de *Historia della sacra Inquisitione*, 1638.

SCALIGER, Joseph Justus (1590-1609), historiador e erudito francês, estudioso de filologia clássica e cronologia histórica, autor de *De emendatine temporum*, 1583, e de *Thesaurus temporum*, 1606.

SÊNECA (Lúcio Aneu Sêneca) (4 a.C.-65 d.C.), filósofo e político romano, autor de escritos éticos de inspiração estoica.

SEVERO, Sulpício (c. 363-c.425), escritor cristão nascido na Aquitânia, conhecido por sua *Historia Sacra*.

SHAFTESBURY, Anthony Ashley Cooper, terceiro conde de (1671-1713), filósofo inglês, autor de *Characteristics of Men, Manners, Opinions, Times*, 1711 [*Características*], segunda edição, revista e ampliada em 1714, obra influente no século XVIII.

SIGONIO, Carlo (1520-1584), erudito italiano que alegou ter descoberto uma versão completa da *Consolatio* de Cícero, publicando-a em 1583 com o título *Pro consolatione Ciceronis Orationes duae*, mas cuja autenticidade não resta provada, sendo a obra conhecida atualmente como *Pseudo-Ciceronian Consolatio*.

SIMPLICIO (c.490 – c.560), filósofo e matemático neoplatônico, comentador de Aristóteles.

SÓCRATES ESCOLÁSTICO (Sócrates de Constantinopla c. 380-439), historiador grego da igreja cristã, autor de *História eclesiástica*.

SYDENHAM, Thomas (1624-89), médico inglês, amigo de Locke, autor de *Tractatus de Podagra et Hydrope*, 1683.

TÁCITO (Caio Cornélio) (56-117), historiador romano, autor de *Anais* e *História*.

TASSO, Torquato (1544-95), poeta italiano, conhecido pelo poema *A Jerusalém libertada*, de 1580, autor também de *Aminta, Rinaldo* e outros escritos.

TEMÍSTIO (317 - ca. 387), filósofo grego antigo, comentador de Aristóteles, autor de *Paraphrasis in Aristotelis libros de memoria et reminiscentia*.

TEOFRASTO (372 a.C.-287 a.C.), filósofo grego, sucessor de Aristóteles na escola peripatética, autor de inúmeras obras, dentre as quais *Historia plantarum* [*História das plantas*] e *De igne* [*Do fogo*].

TIBÉRIO (Cláudio Nero César) (42 a.C.-37 d.C.), imperador romano de 14 a 37.

TINDAL, Mathew (1655-1733), teólogo e deísta inglês, autor de *Christianity as Old as the Creation*, 1730.

TITO LÍVIO (59 a.C.-17 d.C.), historiador romano, nascido em Pádua, autor da obra histórica intitulada *Ab urbe condita* ("Desde a fundação da cidade").

TOLAND, John (1670-1722), filósofo e livre-pensador irlandês, autor de *Pantheisticon, sive formula celebrandae sodalitatis socraticae*, 1720; *Critical History of the Celtic Religion*, (post.) 1726.

TOMÁS DE AQUINO (1225-1274), frade e teólogo católico italiano, autor da *Suma teológica*.

TORRICELLI, Evangelista (1608-47), físico e matemático italiano, autor de *Lezioni Accademiche*, 1715.

TRIGAULT, Nicolas (1577-1628), jesuíta e literato francês, autor de *Histoire de l'expédition chrestienne au royaume de la Chine*, 1616.

TUCÍDIDES (c. 460-399 a.C.), historiador grego, autor de *História da Guerra do Peloponeso*.

VIDA, Marco-Girolamo (1480-1566), poeta, humanista e bispo italiano, Sua principal obra foi o poema épico em latim *Christiados libri sex*.

VIRGÍLIO (Públio Virgílio Maro) (70-19 a.C.), poeta romano, autor da *Eneida*, de quem encontram-se em Berkeley referências também às obras *Géorgicas* e *Bucólicas*.

VITRUVIO POLLIONE, Marco (ca. 80 a.C. a 15 a.C.), arquiteto e escritor romano, autor da obra traduzida para o italiano *Dieci libri dell'architettura* em 1556, e para o latim, 1567, por Daniele Bárbaro (1513-1570).

VOSSIUS, Issac (1618-89), erudito holandês, filho do humanista Gerhard Johann Vossius (1577-1649).

WILLIS, Thomas (1621-1675), médico inglês, autor de *Affectionum quae dicuntur hystericae et hypochondriacae pathologia*, 1670.

XENOFONTE (c. 430-354 a.C.), soldado e escritor ateniense, discípulo de Sócrates, sobre quem escreveu as *Memorabilia* e *Banquete*. Autor também da obra histórica *Anabasis*, e da biografia fictícia *Ciropédia*.

Seleção bibliográfica

Obras completas de George Berkeley

FRASER, A. C. *The Works of George Berkeley, including his posthumous works, with prefaces, annotations, appendices and an account of his life.* 4 volumes. Oxford, 1901.

JESSOP, T. E. e LUCE, A. A. *The Works of George Berkeley, Bishop of Cloyne.* Edimburgo/ Londres: Thomas Nelson and Sons, 1948-1957. 9 volumes.

Obras de Berkeley em português

BERKELEY, George. *Obras filosóficas.* Trad. Jaimir Conte. São Paulo: Editora Unesp, 2010.

BERKELEY, George. *Tratados sobre a visão. Um ensaio para uma nova teoria da visão & A teoria da visão confirmada e explicada.* Edição bilíngue. Trad. José Oscar de Almeida Marques. Campinas, SP: Editora da Unicamp, 2010.

Obras biográficas

JONES, Tom. *George Berkeley: A Philosophical Life.* Princeton University Press, 2021.

LUCE, A. A. *The Life of George Berkeley, Bishop of Cloyne.* London e Edimburgo: Nelson, 1949.

George Berkeley

Estudos sobre a filosofia de Berkeley*

AIRAKSINEN, Timo. "The Chain and the Animal: Idealism in Berkeley's *Siris*". In: GERSH, Stephen & MORAN, Dermot (Ed.). *Eriugena, Berkeley, and the Idealist Tradition.* Notre Dame: Notre Dame University Press, 2006, p.224-43.

_____. "The Path of Fire: The Meaning and Interpretation of Berkeley's *Siris*". In: DANIEL, Steven H. (Ed.). *New Interpretations of Berkeley's Thought.* Amherst: Humanity Books, 2008, p.261-81.

_____. "Berkeley and Newton on Gravity in *Siris*". In: PARIGI, Silvia (Ed.). *George Berkeley: Religion and Science in the Age of Enlightenment.* Dordrecht: Springer, 2010, p.87-106.

_____. "Rhetoric and Corpuscularism in Berkeley's *Siris*". *History of European Ideas*, v. 37, n. 1, 2011, p.23-34.

_____. "Berkeley's *Siris*: An Interpretation". In: BELFRAGE, Bertil, e BROOK, Richard (Ed.). *The Bloomsbury Companion to Berkeley.* New York: Bloomsbury, 2017, p.216-46.

AIRAKSINEN, Timo e BELFRAGE, Bertil (Ed.). *Berkeley's Lasting Legacy: 300 Years Later.* Newcastle upon Tyne: Cambridge Scholars Publishing, 2011.

BELFRAGE, Bertil, e BROOK, Richard (eds.). *The Bloomsbury Companion to Berkeley.* New York: Bloomsbury, 2017.

BERMAN, David. "Cognitive Theology and Emotive Mysteries in Berkeley's *Alciphron*". *Proceedings of the Royal Irish Academy*, v. 81C, 1981, p.219-229.

BERMAN, David. (ed.), *George Berkeley: Eighteenth-Century Responses.* New York, 1989, 2 v.

_____. *Alciphron in Focus.* London: Routledge, 1993.

_____. *George Berkeley: Idealism and the Man.* Oxford: Clarendon Press, 1994.

_____. *Berkeley and Irish Philosophy.* London and New York: Continuum, 2005.

BETTCHER, Talia Mae. *Berkeley: a guide for the perplexed.* London, New York: Continuum, 2008.

BRADATAN, Costica. *O outro bispo Berkeley: um exercício de reencantamento.* Trad. Jaimir Conte. Editora Argos/Editora da UFSC, 2022.

_____. "One is All, and All is One: The Great Chain of Being in Berkeley's *Siris*". In: O'GORMAN, Frank & DONALD, Diana (Eds.). *Ordering the World in the Eighteenth Century.* New York: Palgrave Macmillan, 2006, p.63-82.

BRANCACCI, Aldo. "La teoria platonica delle idee nella 'Siris' di Berkeley". *La Cultura: Rivista di Filosofia e Filologia*, 54, 2016, p.417-33.

---

* As referências aqui selecionadas são especialmente de estudos sobre as obras *Alciphron* e *Siris*. Para uma relação bibliográfica geral, ver: Berkeley, *Obras filosóficas*, p.531-7.

BREUNINGER, Scott. "A Panacea for the Nation: Berkeley's Tar-water and Irish Domestic Development". *Études Irlandaises*, 34.2, 2009, p.29-41.

BRYKMAN, Geneviève. *Berkeley et le voile des mots*. Paris: Vrin, 1993.

_____. *Berkeley, philosophie et apologétique*. 2 v., Paris: Vrin, 1984.

CARR, Sthephen L. "The rhetoric of argument in Berkeley's *Siris*". *University of Toronto Quarterly*, 51,1, 1981, p.47-60.

CHARLES, Sébastien. "La *Siris* au siècle des Lumières: panacée ou imposture?", *Hermathena*, 168, 2000, p.55-69.

CHIBENI, Silvio Seno. "Berkeley: Uma física sem causas eficientes". *Cadernos de Historia e Filosofia da Ciência*, 18, 2008, p.357-90.

_____. "Berkeley e o papel das hipóteses na filosofia natural". *Scientiae Studia* 8, 2010, p.389-419.

_____. "Berkeley e o relógio vazio. Um exercício em filosofia da ciência". *Intelligere. Revista de História Intelectual*. Número organizado por Sara Alberi e Estevão Chaves Martins, 2022. (no prelo).

DANIEL, Stephen H. (Ed.). *Reexamining Berkeley's Philosophy*. Toronto: University of Toronto Press, 2007.

_____. *New Interpretations of Berkeley's Thought*. Journal of the History of Philosophy Books Series. Amherst, NY: Humanity Books, 2007.

_____. *George Berkeley and Early Modern Philosophy*. Oxford University Press, 2021.

DAVIE, Donald A. "Berkeley's Style in *Siris*". *Cambridge Journal* 4, 1950-1, p.427-33.

DÉGREMONT, Roselyne. "Médecine et philosophie dans la *Siris* de George Berkeley". In: BRYKMAN, G. (Ed.). *La philosophie comme medicine de l'âme à l'Age Classique*. Nanterre, Université Paris X-Nanterre, 2003, p.131-146.

DOWNING, Lisa J. "Berkeley's Natural Philosophy and Philosophy of Science". In: WINKLER, 2005, p.230-65.

_____. "Siris and the scope of Berkeley's Instrumentalism", *British journal for the History of Philosophy*, 3, 1999, p.279-300.

FLAGE, Daniel E. *Berkeley's Doctrine of Notions: A Reconstruction Based on his Theory of Meaning*. New York: St Martin's Press, 1987.

_____. *Berkeley*. Cambridge: Polity Press, 2014.

FLEW, Anthony, "Was Berkeley a Precursor of Wittgenstein", in BERMAN, D. *Alciphron in Focus*. London: Routledge, 1993, p.214-26.

FURLONG, E. J., "Berkeley's directions for the making of tar-water". *Hermathena*, n. 87, 1956, p.37-48.

GRZELIŃSKI, Adam. "Alciphron; or the Minute Philosopher Berkeley's Redefinition of Free-Thinking", in BELFRAGE, Bertil, e BROOK, Richard (eds.). *The Bloomsbury Companion to Berkeley*. New York: Bloomsbury, 2017, p.174-95.

HOLTZMAN, Matthew. "Berkeley's Two Panaceas". *Intellectual History Review* 21, 2011, p.473-95.

JAFFRO, L., BRYKMAN, G, SCHWARTZ, C. (eds.). *Berkeley's Alciphron. English Text and Essays in Interpretation.* Hildesheim/Zürich/New York: Georg Olms Verlag, 2010.

JAKAPI, Roomet. "Emotive Meaning and Christian Mysteries in Berkeley's *Alciphron.*" *British Journal for the History of Philosophy* 10 (3): 2002, p.401-11.

JOHNSTON, G. A. *The Development of Berkeley's Philosophy.* New York, Russell & Russell, 1965.

KLINE, A.D., "Berkeley's Divine Language Argument", in BERMAN, D. *Alciphron in Focus.* London: Routledge, 1993, p.185-99.

LINNELL, Jonh. "Berkeley's *Siris*". *Personalist,* 41,1960, p.5-12.

LOVEJOY, Arthur O. *The Great Chain of Being. A Study of a History of an Idea.* New York: Harper, 1936; Cambridge/Mass., Harvard University Press, 1950.

LUCE, A. A. "The original title and the first edition of *Siris*". *Hermathena,* 84, 1954, p.45-58.

MANZO, Silvia Alejandra. "Éter, espírito animal e causalidade no *Siris* de George Berkeley: uma visão imaterialista da analogia entre macrocosmo e microcosmo". *Scientiae Studia,* São Paulo, v. 2, n. 2, 2004, p.179-205.

MOKED, Gabriel. "A note on Berkeley's corpuscularian theories in *Siris*". *Studies in History and Philosophy of Science,* 2, 1971, p.247-71.

_____. "Two central issues on bishop Berkeley's corpuscularian philosophy in the Siris. *History of European Ideas,* 7, 1986, p.633-41.

MOKED, Gabriel. *Particles and Ideas: Berkeley's Corpuscularian Philosophy.* Oxford: Oxford University Press, 1988.

NERI, Luigi. "Il caso *Siris,* ovvero la 'seconda filosofia' di George Berkeley vescovo di Cloyne". *Giornale critico della filosofia italiana,* 1990, p.320-41.

_____. *George Berkeley. Filosofia e critica dei linguaggi scientifici.* Bologna: Clueb, 1991.

NICHOLSON, Marjorie e ROUSSEAU, George. S. "Bishop Berkeley and Tar--Water". *The Augustan Milieu Essays presented to* Louis A. Landa. Oxford, Clarendon Press, 1970, p.102-37.

OLSCAMP, Paul J. *The Moral Philosophy of George Berkeley.* The Hague: Martinus Nijhoff, 1970.

PARIGI, Silvia. "Lo spirito etereo e l'acqua di catrame." In: PARIGI, S. (Ed.). *George Berkeley: Religion and Science in the Age of Enlightenment.* Dordrecht: Springer, 2010, p.248-51.

_____. "*Scire per causas* Versus *scire per signa*: George Berkeley and Scientific Explanation in *Siris*". In: PARIGI, S. (Ed.). *George Berkeley: Religion and Science in the Age of Enlightenment.* Dordrecht: Springer, 2010, p.107-19.

PARIGI, Silvia. *"Siris* and the Renaissance: Some Overlooked Berkeleian Sources". *Revue Philosophique de la France et de l'Ètranger*,135, 2010, p.151-62.

PEARCE, Kenneth L. "Berkeley's Philosophy of Religion", in BROOK Richard & BELFRAGE, Bertil (eds.), *The Bloomsbury Companion to Berkeley*. London: Bloomsbury Academic, 2017, p.458-83.

_____. *Language and the Structure of Berkeley's World*. Oxford: Oxford University Press, 2017.

_____. "Berkeley's Theory of Language". In *The Oxford Handbook of Berkeley.* Samuel C. Rickless (ed.). Oxford University Press, 2022.

PETERSCHITT, Luc. "Berkeley and Chemistry in the *Siris*. The Rebuilding of a Non-Existent Theory". In: PARIGI, S. (Ed.). George Berkeley: *Religion and Science in the Age of Enlightenment.* International Archives of the History of Ideas/Archives internationales d'histoire des idées, 2010, p.73-85.

_____. *Berkeley et la chimie. Une philosophie pour la chimie au XVIIe siécle.* Paris: Classiques Garnier, 2011.

_____. *Sciences de la nature et philosophie dans la pensée de Berkeley*, Ph. D. diss., Université Lille 3, 2005.

RICKLESS, Samuel C. *The Oxford Handbook of Berkeley.* Oxford : Oxford University Press, 2022.

RITCHIE, Arthur D. "George Berkeley's *Siris*, The Philosophy of the Great Chain of Being and the Alchemical Theory". *Proceedings of the British Academy*, 40,1954, p.41-55.

ROBERTS, John Russell. "Berkeley on the Philosophy of Language." In BELFRAGE, Bertil, e BROOK, Richard (eds.). *The Bloomsbury Companion to Berkeley*. New York: Bloomsbury, 2017, p.421-34.

STEINKRAUS, Warren E. (ed.). *New Studies in Berkeley's Philosophy.* New York: Holt, Rinehart & Winston, 1966.

TIPTON, Ian. "Two questions on Bishop Berkeley's Panacea". *Journal of the History of Ideas*, 30, 1969, p.203-24.

TURBAYNE, C. M. (ed.). *Berkeley: Critical and Interpretative Essays*. Minnesota: Minnesota University Press, 1982.

URMSON, J. O. "Berkeley's Philosophy of Science in the *Siris*". *History of European Ideas*, 7, 1986, p.563-6.

WALMSLEY, Peter. *The Rhetoric of Berkeley's Philosophy.* Cambridge: Cambridge University Press, 1990.

WILLIFORD, Kenneth, and JAKAPI. Roomet. "Berkeley's Theory of Meaning in *Alciphron* VII." *British Journal for the History of Philosophy* 2009, 17.1, p.99-118.

WINKLER, Kenneth P. *Berkeley. An Interpretation.* Oxford: Clarendon Press, 1989.

George Berkeley

WINKLER, Kenneth P. *The Cambridge Companion to Berkeley*. Cambridge: Cambridge University Press, 2005.

Principais traduções de *Alciphron*

1734 *Alciphron, ou Le petit philosophe: en sept dialogues, contenant une apologie de la religion chretienne contre ceux qu'on nomme esprits-forts.* Trad. Elias de Joncourt. 2 v. La Haye: Gosse & Neaulme/Paris: Jacques Rolin.

1915 *Alciphron oder der kleine Philosoph.* Trad. Luise e Friedrich Raab. Leipzig: Felix Meiner.

1952 *Alciphron ou Le pense-menu.* Trad. Jean Pucelle. Paris: Aubier.

1963 *Alcifrone.* Trad. de Augusto Guzzo e Cordelia, Guzzo. Bologna: Zanichelli.

1978 *Alcifrón o el filósofo minucioso.* Trad. Pablo García Castillo. Madrid: Ediciones Paulinas, 1978. Reimpresso em *Berkeley*. Madrid: Gredos, 2013.

1992 *Alciphron ou le petit philosophe.* Trad. Sandra Bernas. In: Berkeley, G. *Œuvres.* Brykman, G. (ed.). Paris: PUF, 1985-1996. [*Alciphron*, v. III].

2005 *Alcifrone. Ossia il filosofo minuzioso.* Trad. Daniele Bertini. Milão: Bompiani.

2008 *Alkifron.* Trad. Mikołaj Olszewski: Wydawnictwo Marek Derewiecki.

Principais traduções de *Siris*

1745 *Recherches sur les vertus de l'eau de goudron, où l'on a joint des réflexions philosophiques sur divers autres sujets.* Trad. David-Renaud Boullier. Amsterdam: Pierre Mortier.

1920 *Siris.* Trad. Georges Beaulavon e Dominique Parodi. *La Siris. Les Classiques de La Philosophie IX*. Paris: Librairie Armand Colin.

1944 *Siris.* Trad. A.-L. Leroy. In: *Œuvres choisies.* 2 vols. Paris: Aubier/Montaigne.

1971 *Siris.* Trad. Pierre Dubois. Paris: Librairie Philosophique J. Vrin.

1996 *Siris.* Trad. Roselyne Dégremont. In: *Œuvres.* Brykman, G. (Ed.). 4 v., Paris: PUF, 1985-1996 [Siris, v. 4]

2009 *Siris. Empirismo e idealismo platónico en el siglo XVII.* Trad. Jorge Martin. Buenos Aires: Miño y Dávila.

2009 *Siris: Catena di riflessioni e di ricerche filosofiche riguardo alle virtù dell'acqua di catrame, con vari altri argomenti connessi tra loro e derivanti l'uno dall'altro.* Trad. Silvia Parigi. In: *Opere Filosofiche.* Parigi, S. (ed.). Milão: Arnoldo Mondadori Edittore.

*Referências**

AGOSTINHO, Santo. *A cidade de Deus contra os pagãos.* Trad. J. Oliveira Santos e A. Ambrósio de Pina. Petrópolis, RJ: Vozes, 2001. Parte I e Parte II.

_____. *Confissões.* Trad. Lorenzo Mammì. São Paulo: Penguin /Companhia das Letras, 2017.

ARISTÓTELES. *Metafísica.* Giovanni Reale (Org.). Trad. Marcelo Perini. São Paulo: Edições Loyola, 2005.

_____. *De anima.* Trad. Maria Cecília Gomes dos Reis. São Paulo: Editora 34, 2006.

_____. *Le tre etiche.* Arianna Fermani (Org.). Edição bilíngue Grego-Italiano. Milão: Bompiani, 2008.

BACON, Francis. *O progresso do conhecimento.* Trad. Raul Fiker. São Paulo: Editora Unesp, 2007.

CÍCERO. *De Finibus Bonorum et Malorum* ['On Ends'] (Loeb Classical Library), H. Rackham (trans.), Cambridge: Harvard University Press, 1914.

_____.*Tusculan Disputations.* Translated by J. E. King. Cambridge, Massachussets, London: Harvard University Press, 1927 [Revised 1945.

_____. *De Natura Deorum / Academica.* Translated by H. Rackham. London: Harvard University Press, 1933 [Revised in 1952] 2005.

DESCARTES, René. *Œuvres.* Adam e Tannery (ed.), 12v., Paris: Vrin/CNRS, 1969-1974, reed. Paris: Vrin, 1996.

DIELS, H. e W. KRANZ, (DK). *Die Fragmente der Vorsokratiker* (3.v), 6a edition, Dublin and Zurich: Weidmann, 1952

---

* Relação das principais fontes de consulta para a elaboração das notas biográficas e demais notas complementares.

DIOGENES LAERTIUS, *Lives of Eminent Philosophers*, Volumes I and II (Loeb Classical Library), R.D. Hicks (trans.), Cambridge: Harvard University Press, 1991. [DIÓGENES LAÉRCIO. *Vidas e doutrinas dos filósofos ilustres*. Trad. Mário da Gama Kury. Brasília: Editora da UnB, 1988.]

FLÁVIO JOSEFO. *Antigüedades Judías*. Trad. José Vara Donado. Madrid: Akal, 1997.

ESPINOSA, Baruch. *Tratado político*. Trad. Diogo Pires Aurélio. São Paulo: Martins Fontes, 2009.

HOMERO. *Hinos homéricos*. Trad. Flávia Regina Marquetti. São Paulo: Editora Unesp, 2010.

HERÓDOTO. *História*. Trad. Brito Broca. Prestígio Editorial/Ediouro, 2011.

HORÁCIO. *Sátiras*. Trad. Antônio Luís Seabra. São Paulo: Edipro, 2011.

_____. *Arte poética*. Trad. K. M. Rosado Fernandes. Lisboa. 4ª ed. Fundação Calouste Gulbenkian, 2012.

_____. *Arte poética*. Edição bilíngue. Trad. Guilherme Gontijo Flores. Belo Horizonte: Autêntica, 2020.

HUME, David. *Investigações sobre o entendimento humano e sobre os princípios da moral*. Trad. José Oscar de Almeida Marques. São Paulo: Editora Unesp, 2004.

LOCKE, Jonh. *An Essay concerning Human Understanding*. Peter H. Nidditch (ed.). Oxford: Clarendon Press, 1975.

LUCRÉCIO. *Sobre a natureza das coisas*. Edição bilíngue. Trad. Rodrigo Tadeu Gonçalves. Belo Horizonte: Autêntica, 2021.

MANDEVILLE, Bernard de. *A fábula das abelhas ou vícios privados, benefícios públicos*. Trad. Bruno Costa Simões. São Paulo: Editora Unesp, 2017.

MARCO AURÉLIO. *Meditações*. Edição bilíngue. Trad. William Li. São Paulo: Iluminuras, 1995.

NEWTON, Sir Isaac. *Princípios matemáticos da filosofia natural / Óptica / O peso e o equilíbrio dos fluidos*. Trad. Carlos Lopes de Mattos, Pablo Rubén Mariconda e Luiz João Baraúna. Os Pensadores. São Paulo: Nova Cultural, 2005.

_____. *Nova teoria sobre a luz e cores*. Trad. Cibelle Silva e Roberto Andrade Martins. *Revista Brasileira de Ensino de Física*, 18 (4): 313-27, 1996.

ORÍGENES DE CESAREIA. *Contra Celso*. Trad. Orlando dos Reis. São Paulo: Paulus, 2004.

OVÍDIO. *Metamorfoses*. Trad. de Domingos Lucas Dias. São Paulo: Editora 34, 2017.

PÉRSIO. *Sátiras*. Trad. Fábio Paifer Cairolli. Arche Editora, Assimetria, 2019.

PLATÃO. *Tutte le opere*. Edizione integrali con testo Greco a fronte. A cura di Enrico Maltese. 5 vols. Roma: Newton, 1997.

_____. *A República*. Tradução e notas de Maria Helena da Rocha Perreira. 16.ed. Lisboa: Fundação Calouste Gulbenkian, 2021.

PLATÃO. *Mênon*. Trad. Maura Iglesias. Rio de Janeiro: PUC / São Paulo: Edições Loyola, 2001.

_____. *Teeteto / Crátilo*. Trad. Carlos Alberto Nunes. 3ª Ed. Belém: EDUFPA, 2001.

_____. *Parmênides*. Trad. Maura Inglésias e Fernando Rodrigues. Rio de Janeiro: PUC / São Paulo: Edições Loyola, 2003.

PLOTINO. *Enéada II, a organização do cosmo*. Trad. João Lupi. Petrópolis, RJ: Vozes, 2010.

SALÚSTIO. *A conjuração de Catilina*. Trad. Adriano Scatolin. São Paulo, Hedra, 2018.

SÊNECA. *Sobre a tranquilidade da alma/Sobre o ócio*. Edição bilíngue. Trad. José Paulo Paes. São Paulo: Nova Alexandria, 1994.

_____. *Cartas a Lucílio*. Trad. J. A. Segurado e Campos. 2a ed. Lisboa: Fundação Calouste Gulbenkian, 2004.

SEXTUS EMPIRICUS. *Outlines of Pyrrhonism* (Loeb Classical Library), R.G. Bury (trans.), Cambridge: Harvard University Press, 1933.

SHAFTESBURY, Anthony Ashley. *Characteristics of Men, Manners, Opinions, Times*. Lawrence E. Klein (ed.). Cambridge Texts in the History of Philosophy. University of Nevada, Las Vegas, 2000.

TUCÍDIDES. *História da Guerra do Peloponeso*. Trad. Mário da Gama Kury. Brasília: Editora da UnB /São Paulo: Imprensa Oficial do Estado, 2001.

VIRGÍLIO. *Bucólicas*. Trad. Manuel Odorico Mendes. São Paulo: Ateliê editorial/ Editora da Unicamp, 2008.

_____. *Eneida*. Trad. Carlos Alberto Nunes. São Paulo: Editora 34, 2014.

_____. *Geórgicas*. Trad. Manuel Odorico Mendes. São Paulo: Ateliê editorial, 2019.

Índice onomástico

A

Afonso II, rei de Nápoles 234
Agostinho, Santo 48*n*, 211, 315, 501,
    531, 546
Agripa, Menênio 242n
Alcifrão (sofista) 112n
Alcino 514
Alexandre de Afrodísia 525
Alexandre, o Grande 298
Amiano Marcelino 308
Anaxágoras 191, 530
Anaximandro 529
Anaxímenes 465
Aquino, Tomás de 194
Ariosto 236
Aristides 160
Aristóteles 101, 105, 114, 136, 137,
    153-5, 279, 315, 339, 369, 376, 465,
    466, 468, 490, 500, 507, 512, 515,
    521, 524, 525-6, 528, 529, 532, 533,
    535, 536, 542, 544
Armínio, Jacob 333n
Ate 279
Aurélio, Marco 72*n*, 121*n*, 155*n*, 156*n*

B

Bacon, Francis 61*n*, 304, 371*n*
Balaão 288
Bembo, Pietro 234
Beroso 303
Bessarion, Basilius 234, 279, 547
Bianchini, Francesco 299n
Blount, Charles 106n
Boerhaave, Herman (Hermanus) 419, 421,
    425, 429*n*, 434, 438, 451, 474
Borelli, Giovanni Alfonso 338
Boyle, Richard 102*n*, 145*n*
Boyle, Robert 304, 406, 456, 458, 494
Browne, Peter 189n
Brutus, Lúcio Júnio 212, 444
Butler, Joseph 165*n*, 206*n*, 263*n*, 320*n*

C

Caetano, Tomás 196
Caifás 288
Caim 473
Callicles 81
Camilo, Marco Fúrio 217
Cantacuceno, Juan VI 473

Catão, o Jovem 159, 217

Catilina 87, 114

Celso 307

César 205

César Augusto 234

Cícero, Marco Túlio 18, 23, 48n, 52, 53, 80, 158-9, 208, 212, 217, 261, 273, 368, 382, 531, 535

Címon 58n, 59

Cina 220

Cipião 158-9

Cleon 112

Clínias 106-7

Colatino, Lúcio Tarquínio 217

Collins, Anthony 8, 25n, 58n, 189n, 256n, 295n, 385n, 544

Columella (Lúcio Júnio Moderato) 446

Confúcio 67, 271

Copérnico 157

Corvino, Matias, rei da Hungria 234

Cosme de Médici 234

Crates 113

Crátilo 152, 153, 258, 360

Crisipo 511

Crítias (sofista) 48n

Ctésias 303

Ctesippus 202

Cudworth, Ralph 500, 502, 542, 547

D

Daniel 295, 296, 473

Davi, rei 272

Demócrito 500, 510, 531

Demodicus 88

Demylus 59

Descartes, René 170n, 382, 383, 436n, 491, 497, 498

Diágoras 58n, 59, 189, 190, 197

Diágoras de Melos 58n, 205

Diodoro 300, 303

Dionísio, o Areopagita 192-4, 548

E

Empédocles 279, 465, 503, 509, 541

Epicteto 121n

Epicuro 207, 510

Erasmo de Rotterdam 315

Esaú 302

Espinosa 188, 323, 370-1, 544

Estrabão 307

Eubúlides 140n

Euclides 334, 371

Eucrates 104, 111

Eugubinus (Agostino Steuco) 547

Eurípedes 279n

Eusébio 301

Evelyn, John 407

Ezequiel 473

F

Fazello, Tomazo 302n

Ferécides de Siro 279

Ficino, Marsílio 279, 476, 480-1, 482, 514

Fílon (de Alexandria) 514, 527n

Fletcher, John 231

Floyer, John 446

G

Galeno 466

Galileu 497

Gamaliel 312

Gibbs, James 440

Giovio, Paolo 234

Glanvill, Joseph 534

Glauco 58n, 90, 293, 295, 527

Górgias 59

Grew, Nehemiah 414, 417

Guido Reni 144

H

Hales, Stephen 477

Hardouin, Jean 408, 413

Hegemon 126

Helmont, Jean Baptiste van 421, 423n

Heráclito 371n, 458, 464, 468, 469, 490, 509, 540, 541, 544

Hermes Trismegisto 300-1, 302-3, 469, 520, 521

Hermócrates 107

Heródoto 303, 409n

Hesíodo 279

Hiérocles 279

Hipaso 469

Hipócrates 415, 465, 468, 479, 490, 496

Hobbes, Thomas 188, 249, 544

Holstenius, Lucas 308n

Homberg, Wilhelm 451, 452, 453, 454, 466, 474, 475, 476, 479

Homero 268, 272, 279, 421

Horácio 101, 158, 225n, 271, 385

Hutcheson, Francis 138n

Hyde, Thomas 474

I

Ibycus 371

Inchofer, Melchior 126

Isaac 302

Ísis 507, 521

J

Jâmblico 14, 279, 507, 509, 510, 520, 529

Jeremias 23, 96n, 266, 275

Jerônimo 345

Jesus Cristo 118, 286, 293, 299, 310, 312, 323, 333, 473

Johnson, Samuel 101n, 231, 405n

Jonston, Joannes (Jonstonus) 407, 409, 412-3

Josefo, Flávio 310-1, 312-3

Judá 296

Judas, São 261

Juliano, o Apóstata 296, 307, 308, 480

Júpiter 103, 465

Justino (de Roma) 58n

L

Laércio, Diógenes 464, 482

Leandro 249

Leão X, papa 234

Leão, o Africano (Leo Africanus, Johannes) 409

Leibniz, Gottfried Wilhelm 185n, 338

Lémery, Jacques, 497

Leucipo 510

Lisímaco de Alexandria 306

Lister, Martin 434

Locke, John 13, 304, 436n

Lucano, Ocelo 512

Lucílio 86n, 155

Lucrécio (Tito Lucrécio Caro) 304, 305, 390

Lycidas 113

M

Magirus 85

Mandeville, Bernard de 8, 11, 58n, 347n

Manetão 300-3, 306

Manúcio, Aldo 535

Marcelino, Amiano 308

Marco Antônio 114, 155

Marsham, Sir John 301

Milton, John 231

Mirandola, Giovanni Pico della 193, 234

Moisés 298, 304, 306-7, 314, 539

Moisés (Mochus) 520

Molina, Luiz de 333n

Molinos, Miguel de 156n

Montfaucon, Bernard de 521
Musgrave, William 437
Musuro, Marco 234

N

Newton, Sir Isaac 303-4, 418, 451, 453-4, 458, 464, 479, 486, 487, 488-9, 493, 494, 495-6, 497, 498, 500
Nieuwentyt, Bernard 474, 477
Nifo, Agostinho 61n
Nimrod 302

O

O'Flaherty, Roderic 302
Ofioneu 279
Orfeu 469, 503, 515
Orígenes 279, 315
Osíris 507, 521
Otávio, Mário 220
Ovídio (Públio Ovídio Naso) 390, 471

P

Pamáquio (de Roma) 345n
Panope 112
Papin, Denis 338
Paracelso 421n, 452n
Parmênides 509, 515, 525, 537, 541, 542, 544
Parnell, Thomas 382n
Patrick, Simon (bispo) 473
Patrizi, Francesco 533
Pérsio 211, 271
Peto, Lúcio Júnio Cesênio 244
Píndaro 272
Pitágoras 467, 469, 514, 520, 523, 531, 534, 535, 537, 542, 544
Platão 80, 86, 136, 137, 261, 273, 279, 315, 351, 376, 391, 428, 442n, 465, 466-7, 476, 482, 483, 500, 501, 505,

507, 509, 513-4, 521, 522, 523-6, 527, 528, 530, 531, 533-5, 536, 537, 538, 539-40, 541, 542, 544, 546, 548-9
Plínio, o Velho 407, 408-9, 411-3, 414, 445-6
Plotino 14, 476, 481, 482, 500, 501, 504, 508, 529, 534, 536, 543n, 545, 546
Plutarco 58n, 279, 458, 460, 465, 507, 509, 510, 528, 529, 531
Pomponazzi, Pietro 315
Porfírio 279, 307, 308, 309
Porzio, Simone 529
Poupart, François 438
Proclo 505, 527, 535-6, 540
Pródico 113, 197
Protágoras 205, 523, 541
Pythocles 203

Q

Queremon de Alexandria 306

R

Radicati, Alberto 106n
Rafael (Raffaello Sanzio) 101, 144
Ray, John 408, 410, 412, 413
Redi, Francesco 450
Reina, Placido 302n
Roper, Abel 390

S

Sabélio 345n
Sadoleto, Jacob 234
Salomão 272
Salústio (Caio Salústio Crispo) 87
Samuel 268
São Basílio 315
São João 261, 378, 546
São Judas 261

São Paulo 260, 267n, 272, 378, 397n

São Pedro 261

São Tiago 261, 312

Satanás 279Scaliger, Joseph Justus (Escalígero) 301

Sêneca 86, 155, 212

Severo, Sulpício 311n

Sexto Empírico 48n, 186n

Shaftesbury, Anthony Ashley-Cooper 8, 11, 138n, 152n, 340n, 347n

Shakespeare, William 231

Sigonio, Carlo 261Sila 220

Simplício 528

Sócrates 58n, 67, 107, 109, 158, 160, 222, 273, 280, 281, 293, 391, 392, 501, 503, 527, 528, 531, 534, 535, 536, 540, 541, 548

Sólon 303

Suárez, Francisco 195

Swift, Jonathan 294n

Sydenham, Thomas 433

T

Tácito (Caio Cornélio) 259

Tales 529, 531

Tasso, Torquato 236

Temístio 525, 528, 544, 545

Teofrasto 408, 410, 412-4, 418, 446, 469, 529

Teodore de Beza 234

Tibério 483

Timeu de Lócrida 513, 520, 532, 537

Tindal, Matthew 58n, 293n

Tito Lívio 87, 242n

Toland, John 8, 115n, 204n, 245n

Torricelli, Evangelista 338, 499

Trasímaco 235

Trigault, Nicolas 299

Tucídides 221, 438n

V

Vesta 471

Vida, Marco-Girolamo 234

Virgílio 145, 483, 514

Vitrúvio (Marco Vitruvio Pollione) 145n

Vossius, Isaac 468

Vulcano 301, 471

W

Willis, Thomas 480, 483

X

Xenófanes 544

Xenofonte 87

Y

Yao, imperador chinês 299

Z

Zenão de Eleia 359n, 542

Zeus 279

Zoroastro 271

SOBRE O LIVRO

Formato: 16 x 23 cm
Mancha: 27,8 x 48 paicas
Tipologia: Venetian 301 12,5/16
Papel: Off-white 80 g/m² (miolo)
Couché fosco encartonado 120 g/m² (capa)

1ª edição Editora Unesp: 2022

EQUIPE DE REALIZAÇÃO

Edição de texto
Sandra Brazil (Copidesque)
Marcelo Porto (Revisão)

Capa
Vicente Pimenta

Editoração eletrônica
Eduardo Seiji Seki

Assistência editorial
Alberto Bononi
Gabriel Joppert

Coleção Clássicos

A arte de roubar: Explicada em benefício dos que não são ladrões
D. Dimas Camándula

A construção do mundo histórico nas ciências humanas
Wilhelm Dilthey

A escola da infância
Jan Amos Comenius

A evolução criadora
Henri Bergson

A fábula das abelhas: ou vícios privados, benefícios públicos
Bernard Mandeville

Cartas de Claudio Monteverdi: (1601-1643)
Claudio Monteverdi

Cartas escritas da montanha
Jean-Jacques Rousseau

Categorias
Aristóteles

*Ciência e fé – 2ª edição: Cartas de Galileu sobre o acordo
do sistema copernicano com a Bíblia*
Galileu Galilei

Cinco memórias sobre a instrução pública
Condorcet

Começo conjectural da história humana
Immanuel Kant

Contra os astrólogos
Sexto Empírico

Contra os gramáticos
Sexto Empírico

Contra os retóricos
Sexto Empírico

Conversações com Goethe nos últimos anos de sua vida: 1823-1832
Johann Peter Eckermann

Da Alemanha
Madame de Staël

Da Interpretação
Aristóteles

Da palavra: Livro I – Suma da tradição
Bhartrhari

Dao De Jing: Escritura do Caminho e Escritura da Virtude com os comentários do Senhor às Margens do Rio
Laozi

De minha vida: Poesia e verdade
Johann Wolfgang von Goethe

Diálogo ciceroniano
Erasmo de Roterdã

Discurso do método & Ensaios
René Descartes

Draft A do Ensaio sobre o entendimento humano
John Locke

Enciclopédia, ou Dicionário razoado das ciências, das artes e dos ofícios – Vol. 1: Discurso preliminar e outros textos
Denis Diderot, Jean le Rond d'Alembert

*Enciclopédia, ou Dicionário razoado das ciências, das artes e dos ofícios —
Vol. 2: O sistema dos conhecimentos*
Denis Diderot, Jean le Rond d'Alembert

*Enciclopédia, ou Dicionário razoado das ciências, das artes e dos ofícios —
Vol. 3: Ciências da natureza*
Denis Diderot, Jean le Rond d'Alembert

*Enciclopédia, ou Dicionário razoado das ciências, das artes e dos ofícios —
Vol. 4: Política*
Denis Diderot, Jean le Rond d'Alembert

*Enciclopédia, ou Dicionário razoado das ciências, das artes e dos ofícios —
Vol. 5: Sociedade e artes*
Denis Diderot, Jean le Rond d'Alembert

*Enciclopédia, ou Dicionário razoado das ciências, das artes e dos ofícios —
Vol. 6: Metafísica*
Denis Diderot, Jean le Rond d'Alembert

Ensaio sobre a história da sociedade civil / Instituições de filosofia moral
Adam Ferguson

Ensaio sobre a origem dos conhecimentos humanos / Arte de escrever
Étienne Bonnot de Condillac

Ensaios sobre o ensino em geral e o de Matemática em particular
Sylvestre-François Lacroix

Escritos pré-críticos
Immanuel Kant

Exercícios (Askhmata)
Shaftesbury (Anthony Ashley Cooper)

Fisiocracia: Textos selecionados
François Quesnay, Victor Riqueti de Mirabeau, Nicolas Badeau, Pierre-Paul
Le Mercier de la Rivière, Pierre Samuel Dupont de Nemours

Fragmentos sobre poesia e literatura (1797-1803) / Conversa sobre poesia
Friedrich Schlegel

Hinos homéricos: Tradução, notas e estudo
Wilson A. Ribeiro Jr. (Org.)

História da Inglaterra — 2ª edição: Da invasão de Júlio César à Revolução de 1688
David Hume

História natural
Buffon

História natural da religião
David Hume

Investigações sobre o entendimento humano e sobre os princípios da moral
David Hume

Lições de ética
Immanuel Kant

Lógica para principiantes — 2ª edição
Pedro Abelardo

Metafísica do belo
Arthur Schopenhauer

Monadologia e sociologia: E outros ensaios
Gabriel Tarde

O desespero humano: Doença até a morte
Søren Kierkegaard

O mundo como vontade e como representação — Tomo I - 2ª edição
Arthur Schopenhauer

O mundo como vontade e como representação — Tomo II
Arthur Schopenhauer

O progresso do conhecimento
Francis Bacon

O Sobrinho de Rameau
Denis Diderot

Obras filosóficas
George Berkeley

Os analectos
Confúcio

Os elementos
Euclides

Os judeus e a vida econômica
Werner Sombart

Poesia completa de Yu Xuanji
Yu Xuanji

Rubáiyát: Memória de Omar Khayyám
Omar Khayyám

Tratado da esfera – 2ª edição
Johannes de Sacrobosco

*Tratado da natureza humana – 2ª edição: Uma tentativa de introduzir o método
experimental de raciocínio nos assuntos morais*
David Hume

Verbetes políticos da Enciclopédia
Denis Diderot, Jean le Rond d'Alembert

Impressão e Acabamento:

www.graficaexpressaoearte.com.br